中国改革开放史料丛书

改革开放大事记

迟福林　杨　睿　主编

中国工人出版社

总序

铭记改革开放历史
奋进新时代新征程

历史是一面镜子，也是一部教科书。重视历史，研究历史，借鉴历史，是中华几千年文明的一个优良传统。当代中国是历史中国的延续和发展，书写着中国人民和中华民族不懈奋斗的宏伟篇章。历史的无穷魅力在于包含了大量丰富的史料。史料是保存历史、记述历史、再现历史的基本素材和重要依据。重视历史的学习、研究和传承，必须重视史料的收集、整理、汇辑。

改革开放是中国人民和中华民族发展史上一次伟大革命，正是这场伟大革命推动了中国特色社会主义事业的伟大飞跃。1978 年底，中国共产党召开具有重大历史意义的十一届三中全会，开启了改革开放历史新时期。从那时以来，中国共产党带领全国人民以一往无前的进取精神和波澜壮阔的创新实践，谱写了壮丽史诗。改革开放 40 多年来，从农村到城市，从生产到投资、流通、分配、消费，从所有制结构到企业形式，从经济领域到生产关系和上层建筑的某些环节，都进行了系统和全面改革，成功实现了从高度集中的计划经济体制到充满活力的社会主义市场经济体制的伟大历史性转变；对外开放从建立经济特区到沿海、沿江、沿边，从东部到中西部地区，再到加入世界贸易组织，从大规模“引进来”到大踏步“走出去”，成功实现了从封闭半封闭到全方位开放的伟大历史性转变。我们在深化经济体制改革的同时，不断深化政治体制、文化体制、社会体制、生态文明体制改革和其他领域改革，不断推进国家治理体系和治理能力现代化。在改革开放推动下，我国经济和社会发展取得了举世瞩目的辉煌成就，实现了人民生活由温饱不足到小康宽裕的伟大历史性转变。事实雄辩地证明，改革开放是决定当代中国前途命运的关键一招，是当代中国发展进步的动力之源，是大踏步赶上时代前进步伐的重要法宝，为实现中华民族伟大复兴提供了充满新活力的体制保障和快速发展的物质条件，中华民族迎来了从站起来、富起来到强起来的伟大飞跃。

现在，我国在广袤大地上全面建成小康社会，正阔步迈向全面建设社会主义现代化国家的新征程。在庆祝中国共产党成立100周年大会上，习近平总书记强调，“以史为鉴，可以知兴替。我们要用历史映照现实、远观未来，从中国共产党的百年奋斗中看清楚过去我们为什么能够成功、弄明白未来我们怎样才能继续成功，从而在新的征程上更加坚定、更加自觉地牢记初心使命、开创美好未来”。改革开放以来的岁月将彪炳于中华民族发展的壮丽史册。40多年来，中国共产党从理论到实践的伟大创造，探索和积累的宝贵经验是党和人民弥足珍贵的精神财富，对于新时代坚持和发展中国特色社会主义有着极为重要的指导意义，应当倍加珍惜。

2022年，党的二十大召开。“中国改革开放史料丛书”的出版，为了铭记改革开放以来的光辉历史过程，收集、保存、传承40多年的宝贵历史资料，也为了以实际行动落实党中央关于加强改革开放史教育的部署要求，展示改革开放历史的史料价值。

这套丛书共有20卷。分别是：《中国特色社会主义市场经济体制形成与发展》《计划投资体制改革》《农业农村改革》《对外开放》《行政体制改革》《财政税收体制改革》《价格体制改革》《经济特区发展》《城市改革与发展》《国有企业改革》《金融体制改革》《教育体制改革》《收入分配改革》《科技体制改革》《外贸体制改革》《商品与要素市场改革》《就业体制改革》《社会保障体制改革》《民营经济发展》《改革开放大事记》，力求从不同领域、不同角度，全面、系统、客观记录我国改革开放40多年的历史进程，重点收录具有重要价值的史料，特别是历史文献、重要人物和事件、实物和口述史料，以期在服务全面深化改革开放事业、加强改革开放史研究和教育中提供参考、发挥作用。

这套丛书的各卷主编和参与者大多是相关领域知名的专家学者，也是我国改革开放的亲历者、见证者。丛书集结了他们长期亲历和研究我国改革开放的重要成果，凝聚了他们对改革开放伟大事业的深厚情怀和责任担当。中国工人出版社对这套丛书的出版给予了大力支持，集全社之力，不舍昼夜，为本书如期付梓出版不辞辛劳；中国（海南）改革发展研究院作为30多年如一日勇立改革开放潮头、以建言改革为己任的改革智库，为此书的策划、组织和出版作出了重要贡献，彰显出改革智库记录好、传播好改革开放历史的初心使命。我作为这套丛书的编委会主任，在此向为本套丛书付出艰辛努力的各位编委会成员、作者，对中国工人出版社的领导、编辑表示由衷的敬意和感谢！

这套丛书内容时间跨度大，涉及领域多，涵盖方面广，力图史料全面、翔实、准确，任务艰巨。由于时间较紧，难免有不足之处，恳请读者批评指正。

魏礼群

2024 年 3 月

前言

习近平总书记在庆祝中国共产党成立 100 周年大会上提出“改革开放是决定当代中国前途命运的关键一招”。回顾改革开放 40 多年来社会主义现代化建设的历程，给我们留下许多宝贵的财富。其中最重要的一条是：越是形势复杂、越是环境巨变，越需要保持战略定力，越需要坚定改革开放的决心不动摇。

未来 10~15 年，是我国开启现代化建设新征程的关键时期。14 亿人走向现代化的新征程是一个伟大创造，在世界历史上没有先例。客观分析开启现代化建设新征程的特定背景，科学把握新发展阶段经济社会结构的演变趋势，推进社会主义现代化建设新征程的伟大实践，需要深刻总结改革开放 40 多年来的基本历史经验，需要自觉地、持续地全面深化改革开放，将改革开放进行到底。

讲好改革开放故事、承传改革开放精神，既是我们这一代人的心愿，又是一份历史责任。自 2012 年以来，作为改革智库，中国（海南）改革发展研究院（以下称中改院）着力建设中国改革开放数据库、开展抢救性“口述改革历史”人物访谈、收集改革开放实物资料，并与东北大学马克思主义学院联合培养中国改革开放史方向博士研究生。2020 年 11 月，在中改院举办的“高水平开放的中国与世界”第 86 次中国改革国际论坛期间，中国工人出版社与我院萌生了策划一套出版大型改革开放史料丛书的想法。我们感到这一想法十分重要，将是一项具有重大开创性意义的历史工程。2021 年，在党迎来百年华诞之际，中改院和中国工人出版社经过多次工作会谈和征求相关意见，成立了由魏礼群主任牵头的编委会。这项丛书出版工程，自策划以来得到了各方面专家的积极响应和大力支持。有的不吝指教，为丛书出版提出了诸多好的意见；有的尽管公务繁重，但仍热心参与；有的年事已高，却仍为丛书的编写尽心尽责。在此，我们表示衷心的感谢！

《改革开放大事记》由中改院组织编纂，以 1978 年至 2021 年这一时期改革开放走过的辉煌历程为主要线索，客观记录并梳理改革开放的重大事件和历史脉络。全书分为五个篇章：第一篇“党的十一届三中全会：伟大历史转折”，主要回顾在党和国家面临何去何从的历史关头，党带领全国各族人民开启了改革开放和社会主义现代化建设新时期、实行改革开放历史性决策的历史进程；第二篇“党的十二届三中全会：从农村到城市”，主要回顾改革重点从农村转向城市、推进以城市为重点的经济体制全面改革的历史进程；第三篇“党的十四大：建立社会主义市场经济体制目标”，主要回顾在国内外形势十分复杂、世界社会主义出现严重曲折的严峻考验面前捍卫中国特色社会主义，确立社会主义市场经济体制的改革目标和基本框架的历史进程；第四篇“党的十六大：从经济领域到社会领域”，主要回顾进入21世纪以后我国完善社会主义市场经济体制，深化改革开放的历史进程；第五篇“党的十八大：新时代全面深化改革”，主要回顾以习近平为核心的党中央立足中国特色社会主义新时代，推进全面深化改革开放的历史进程。本书为2020年度国家社会科学基金重大委托项目“改革开放史专题研究”（20@ZH024）阶段性成果。

本书由我和杨睿担任主编，陈薇、张娟、刘铁奇等参与编写，王丽君、邱佳佳等参与了资料收集、校对等工作。作为本书主编，向为本书付出辛苦努力的各位同事表示衷心感谢！

迟福林

2024年1月25日

目录

总　论

决定当代中国前途命运的关键一招

▼

改革开放是决定当代中国前途命运的关键一招。全面、客观地学习改革开放史，充分了解改革开放的历史性作用，才能牢牢树立改革开放精神，将改革进行到底。

一、改革开放是中国人民和中华民族发展史上一次伟大革命

“改革开放是中国人民和中华民族发展史上一次伟大革命，正是这个伟大革命推动了中国特色社会主义事业的伟大飞跃。①”

2021年11月，党的十九届六中全会通过的《中共中央关于党的百年奋斗重大成就和历史经验的决议》（以下简称《决议》）指出，“改革开放和社会主义现代化建设的伟大成就举世瞩目，我国实现了从生产力相对落后的状况到经济总量跃居世界第二的历史性突破，实现了人民生活从温饱不足到总体小康、奔向全面小康的历

① 习近平：《在庆祝改革开放40周年大会上的讲话》，《人民日报》，2018年12月19日。

史性跨越，推进了中华民族从站起来到富起来的伟大飞跃”[①]。

（一）改革开放创造了世界发展史的奇迹

从我国40多年经济发展水平看。1978年我国GDP不足4000亿元，2000年GDP突破10万亿元，2012年GDP突破50万亿元，2020年GDP首度突破百万亿元大关、人均GDP超1万美元。比较来看，1978年，美国GDP是中国的15倍，人均GDP是中国的30倍；到2020年，美国GDP是中国的1.5倍，人均GDP是中国的6倍。

从中国对世界经济增长的影响看，中国的发展深刻影响了世界。2006年以来，中国连续多年对世界经济增长的平均贡献率超过了30%，已经成为全球经济增长的主要引擎。实践充分证明，改革开放创造了世界发展史的奇迹，这一结论符合实际、符合历史。

（二）改革开放建立了充满活力的社会主义市场经济体制

在高度集中的计划经济年代，大部分商品是靠国家指令性计划配置的。这个阶段，尽管国民经济得到了一定的发展，但是计划经济严重束缚了经济发展的活力。改革开放40多年，为什么中国能取得这么大的成就，为什么迅速激发了经济发展的动力和活力？主要在于建立了充满活力的社会主义市场经济体制。

改革开放40多年，是从计划作为资源配置的主要手段逐步到市场在资源配置中起决定性作用、更好发挥政府作用的过程，也是社会主义市场经济体制逐步确立并不断完善的过程。

---

① 《中共中央关于党的百年奋斗重大成就和历史经验的决议》，北京：人民出版社，2021年版，第22页。

1．推行家庭联产承包责任制。1978 年，安徽省凤阳县小岗村 18 户村民在分田到户的“秘密契约”上按下鲜红的手印，实行农业“大包干”。小岗村实行“包产到户”后，1979 年粮食总产量由往年的 3 万多斤猛增到 13 万多斤，相当于 1955—1970 年粮食产量的总和，人均收入从过去的 22 元增加到 400 多元。为什么？就是把土地承包权给了农民，农民有了种地的自主性。过去农民不允许拥有生产工具，主要的生产工具（生产资料）是属于公家的、属于公社的、属于生产队的、属于集体的。通过家庭联产承包责任制改革，将土地承包权给了农民，生产资料给了农民，改变了过去“出工不出力”、农业生产与自身实际利益没有挂钩的局面，极大迸发了农民生产的热情。

2．建立有计划的商品经济，推进计划和市场相结合（1978—1992 年）。1978 年，党的十一届三中全会提出“应该坚决实行按经济规律办事，重视价值规律的作用”；1982 年 9 月，党的十二大提出“正确贯彻计划经济为主、市场调节为辅原则，是经济体制改革中的一个根本性问题”；1984 年，党的十二届三中全会提出“有计划商品经济”；1987 年，党的十三大提出“国家调节市场，市场引导企业”。

3．建立社会主义市场经济体制，发挥市场配置的基础性作用（1992—2012 年）。1992 年，党的十四大提出“市场在社会主义国家宏观调控下对资源配置起基础性作用”；1997 年，党的十五大提出“进一步发挥市场对资源配置的基础性作用”；2002 年，党的十六大提出“在更大程度上发挥市场在资源配置中的基础性作用”；2007 年，党的十七大提出“从制度上更好发挥市场在资源配置中的基础性作用”；2012 年，党的十八大提出“加快完善社会主义市场经济体制，更大程度更广范围发挥市场在资源配置中的基础性作用”。

4. 发挥市场在资源配置中的决定性作用和更好发挥政府作用（2013 年至今）。2013 年，党的十八届三中全会明确提出“使市场在资源配置中起决定性作用和更好发挥政府作用”。

正如党的十九届六中全会《决议》指出的：党的十一届三中全会是划时代的，开启了改革开放和社会主义现代化建设新时期。党的十八届三中全会也是划时代的，实现改革由局部探索、破冰突围到系统集成、全面深化的转变，开创了我国改革开放新局面。①

（三）改革开放实现了走向经济现代化的历史性跨越

1. 从工业化初期到工业化后期的历史性跨越。改革开放以来，我国仅用短短 40 多年时间就走过了发达国家几百年的历程，建成了体系完整、产能巨大的工业体系，成为世界制造业第一大国，成功实现了从工业化初期到工业化后期的历史性跨越。2017 年，我国全年人均国内生产总值 59660 元，第一产业增加值占国内生产总值的比重为 7.9%，户籍人口城镇化率为 42.35%，均符合进入工业化后期的指标。

以汽车制造业为例。1978 年 10 月，邓小平访问日本。邓小平了解到，日产公司每个职工每年生产 94 辆汽车，而我国最先进的长春第一汽车制造厂，只能每个职工年产 1 辆。他不禁对“现代化”产生无限感慨。1978 年，我国轿车千人保有量不足 0.5 辆；

① 《中共中央关于党的百年奋斗重大成就和历史经验的决议》，北京：人民出版社，2021 年版，第 37 页。

2020年，我国汽车千人保有量为193辆；预计到2025年将达到238辆/千人的水平，2030年将达到289辆/千人。

2. 从短缺经济时代到消费新时代的历史性跨越。经过40多年改革开放，我国发展取得了巨大进步。生存型、物质型需求得到很大程度的满足，全社会对品质消费、服务型消费的需求明显增长，我国成功实现从短缺经济社会到消费新时代的历史性提升。

我们经历过短缺经济时代，那个年代实行粮食统供统销、计划收购、计划供应。这里有个历史背景，“一五”计划以后，我国开始大规模经济建设，由此带来一个突出问题：全国粮食严重紧缺，国家收获粮食547亿斤，需要支出的却是587亿斤，缺口很大。在此背景下，我国开始实行粮食的计划收购与计划供应，实行统购统销的产品主要是粮、棉、油，这就是粮票、油票、布票、肉票、豆腐票、副食本等各类票证的由来。

从现实看，无论是在消费的方式，还是居民消费率、最终消费率等方面，都发生了重要变化，其中一个重大变化就是消费结构的升级。我国进入消费新时代，消费结构正由物质型消费为主向服务型消费为主转型升级。

3. 从封闭半封闭到全方位开放的历史性转折。改革开放40多年来，我国成功把握经济全球化浪潮所带来的历史机遇，始终坚持对外开放的基本国策，成功实现从封闭半封闭到全方位开放的重大转折。这不仅深刻改变了中国，推动了自身较快发展，也深刻影响了世界，为全球经济可持续发展作出了重大贡献。

改革开放是一场伟大革命，这场伟大革命具有伟大的历史意义。40多年的改革开放历史是我国近现代历史中最伟大、光辉的一个时期。

二、改革开放是党领导下的一次伟大实践

习近平总书记强调，“改革开放是我们党的一次伟大觉醒，正是这个伟大觉醒孕育了我们党从理论到实践的伟大创造”[①]。

（一）坚持党的领导，全面从严治党

改革开放是我们党最鲜明的旗帜。40多年来，我们党靠什么来振奋民心、统一思想、凝聚力量？靠什么来激发全体人民的创造精神和创造活力？靠什么来实现我国经济社会快速发展、在与资本主义竞争中赢得比较优势？主要靠的就是改革开放这场新的伟大革命。

改革开放以来，中国共产党人用马克思主义的立场、观点、方法观察时代、把握时代、引领时代，不断深化对执政规律、社会主义建设规律、人类社会发展规律的认识。实践证明，改革开放开创和发展了中国特色社会主义，创造性地形成了中国特色社会主义的理论。中国共产党是领导我们事业的核心力量。中国人民和中华民族之所以能够扭转近代以后的历史命运、取得今天的伟大成就，最根本的是有中国共产党的坚强领导。没有党的领导就不可能有改革开放的伟大实践，就不可能有中国特色社会主义的形成与发展。

（二）解放思想，实事求是

1. 真理标准大讨论。1976年粉碎“四人帮”以后，面临着一

① 《习近平：在庆祝改革开放40周年大会上的讲话》，新华网，2018年12月18日。

个重大问题，即如何破除“两个凡是”。1978年5月10日，中央党校内部刊物《理论动态》刊登《实践是检验真理的唯一标准》一文。同年5月11日，《光明日报》以“特约评论员”名义公开发表这篇文章，新华社向全国转发。文章鲜明地提出，社会实践不仅是检验真理的标准，而且是唯一的标准。对“四人帮”设置的禁区“要敢于去触及，敢于去弄清是非”。真理标准问题的大讨论迅速在全党全社会展开。通过这场大讨论，党内外思想日益活跃，开始出现酝酿对外开放和对各方面进行体制改革的新局面。

2．恢复高考。1977年8月8日，邓小平在主持召开科学和教育工作座谈会时提出，“今年就要下决心恢复从高中毕业生中直接招考学生，不要再搞群众推荐。从高中直接招生，我看可能是早出人才、早出成果的一个好办法”[①]。1977年9月，教育部在北京召开全国高等学校招生工作会议，决定恢复已经停止了十余年的全国高等院校招生考试，以统一考试、择优录取的方式选拔人才上大学。1977年冬，我国570万名考生走进关闭了十余年的高考考场。高考制度的恢复，使我国的人才培养重新步入了健康发展的轨道。

3．全国科学大会。1978年3月18—31日，全国科学大会在北京召开。邓小平指出四个现代化的关键是科学技术的现代化，并着重阐述了“科学技术是生产力”这一马克思主义的重要观点。邓小平提出的“科学技术是生产力”的著名论断，对国家长远发展具有十分重要的意义，成为改革开放以来我们党一以贯之的重要思

① 邓小平：《关于科学和教育工作的几点意见》，《邓小平文选》（第二卷），北京：人民出版社，1994年版，第55页。

想。这次全国科学大会，题在科技，意在全局。它让知识和教育重新赢得了人们的尊重，让整个社会再一次萌生了对科学的崇敬。在我国科技发展史上具有里程碑的意义。

4. 党的十一届三中全会。1978 年 12 月，党的十一届三中全会召开，果断结束“以阶级斗争为纲”，实现党和国家工作重心战略转移，开启了改革开放和社会主义现代化建设新时期，实现了新中国成立以来党的历史上具有深远意义的伟大转折。邓小平同志所作报告的核心就是“解放思想，实事求是，团结一致向前看”。他指出，“一个党，一个国家，一个民族，如果一切从本本出发，思想僵化，迷信盛行，那它就不能前进，它的生机就停止了，就要亡党亡国”[①]。所以，他语重心长地说：“如果现在再不实行改革，我们的现代化事业和社会主义事业就会被葬送”[②]。没有解放思想，就不可能实事求是；没有实事求是，一切从本本出发，那我们就会失去改革开放的历史机遇。

5.《关于建国以来党的若干历史问题的决议》。1981 年 6 月 27—29 日，党的十一届六中全会在北京召开。会议通过了《关于建国以来党的若干历史问题的决议》，正确评价了毛泽东同志的历史地位和毛泽东思想。全会实事求是地总结了建国以来党的重大历史事件和重要经验教训，在重大历史关头统一了全党思想和行动，为推进党和人民的改革开放和社会主义现代化事业发挥了重要引领

---

① 邓小平：《解放思想，实事求是，团结一致向前看》，《邓小平文选》（第二卷），北京：人民出版社，1994 年版，第 143 页。

② 邓小平：《解放思想，实事求是，团结一致向前看》，《邓小平文选》（第二卷），北京：人民出版社，1994 年版，第 150 页。

作用。

（三）正确处理政府与市场的关系

改革开放40多年，我国实现从工业化初期到工业化后期的历史性跨越，根本在于社会主义市场经济体制逐步确立并不断完善，在于从计划作为资源配置的主要手段逐步转变为市场在资源配置中起决定性作用，更好发挥政府作用。

改革开放40多年来，我们在处理好政府与市场关系上经历了五方面的实践探索。一是价格改革：从计划决定价格到市场供求关系决定价格；二是市场体系：从引入竞争机制到构建公平竞争的现代市场体系；三是民营企业：从“必要补充”到“重要组成部分和重要基础”；四是国有企业：从放权让利到做强做优做大国有资本；五是宏观体制改革：从指令性计划管理到宏观调控。

（四）推动形成全面开放新格局

改革开放40多年，尤其是加入WTO以来，我国顺应时代潮流，不断扩大对外开放，实现了从封闭半封闭到全方位开放的历史性转变。

1. 适应大势、科学判断。习近平总书记指出，“改革开放是怎么搞起来的？很关键的一条是我们党正确判断世界大势。邓小平同志说：‘根据对世界大势的这些分析，以及对我们周围环境的分析，我们改变了原来认为战争的危险很迫近的看法。’由于对世界大势作出了准确判断，我们党确立了和平与发展是时代主题的认识，才有了党和国家工作重心的转移，才有了改革开放历史新时期的开启”[①]。改革开放尤其是加入WTO以来，我国积极融入世界经济，坚持以开放促改革促发展，既释放了巨大的发展潜能、促进了经济快速增长，也重塑了自身在全球经济格局中的重要地位。

2. 走向高水平、制度型对外开放。面对百年未有之大变局，以习近平同志为核心的党中央深刻认识到，开放带来进步，封闭必然落后；我国发展要赢得优势、赢得主动、赢得未来，必须顺应经济全球化，依托我国超大规模市场优势，实行更加积极主动的开放战略。进入新发展阶段，我国打造高水平、制度型对外开放格局有着鲜明的时代特征：以构建国内国际双循环新发展格局为基本要求；以推动自由贸易进程为战略目标；以服务贸易发展为重大任务；以打造高水平对外开放新高地为重要突破；以制度型开放为突出特点；以构建高水平社会主义市场体制为重要保障。

（五）以人民为中心的伟大实践

改革开放 40 多年来，人民生活总体达到小康水平，综合国力迈上新台阶。1978—2020 年，我国城镇化率由 17.92%提升到 60%左右，城镇居民人均可支配收入从 343.4 元提升到 43834 元，农村居民人均可支配收入从 134 元提升到 17131 元，社会消费品零售总额从 1559 亿元提升到 391981 亿元。

改革开放 40 多年来，我国实现利益关系协调的重大突破，主要体现在：一是城乡利益关系协调，从城乡二元经济社会结构转为统筹城乡协调发展；二是区域利益关系协调，从区域非均衡发展走

① 习近平:《论中国共产党历史》，北京：中央文献出版社，2021 年版，第 18–19 页。

向区域协调发展；三是群体利益关系协调，从一部分人、地区先富起来到逐步走向共同富裕。从改革开放初期，邓小平同志就提出“一部分地区、一部分人可以先富起来，带动和帮助其他地区、其他的人，逐步达到共同富裕”①。没有一部分人、一部分地区先富起来，就难以为共同富裕创造条件；没有城市发展，就难以拉动农村发展；没有区域的非均衡发展，就难以有区域协调发展。因此，我们说改革开放从一开始就提出了共同富裕的目标，只不过在不同历史条件下提出走向共同富裕的阶段目标。

党的十九大报告提出，“中国特色社会主义进入新时代，我国社会主要矛盾已经转化为人民日益增长的美好生活需要和不平衡不充分的发展之间的矛盾”②。为此，逐步形成共同富裕的体制机制，要以发展为第一要务，以城乡一体化为主要载体，以基本公共服务均等化为基本前提，以提高中等收入群体比重为重大任务。

三、改革开放永远在路上

习近平总书记在第十三届全国人民代表大会第一次会议闭幕会上的讲话中指出，“中国共产党要担负起领导人民进行伟大社会革命的历史责任，必须勇于进行自我革命”③。党的十九届六中全会

① 邓小平：《社会主义和市场经济不存在根本矛盾》，《邓小平文选》（第三卷），北京：人民出版社，1993 年版，第 149 页。
② 习近平：《决胜全面建成小康社会　夺取新时代中国特色社会主义伟大胜利——在中国共产党第十九次全国代表大会上的报告》，北京：人民出版社，2017 年版，第 11 页。
③《十三届全国人大一次会议在京闭幕习近平发表重要讲话》，新华网，2018 年 3 月 20 日。

《决议》指出，“党的十八大以来，党不断推动全面深化改革向广度和深度进军，中国特色社会主义制度更加成熟更加定型，国家治理体系和治理能力现代化水平不断提高，党和国家事业焕发出新的生机活力”①。

（一）坚持实事求是的思想路线

党的十一届三中全会重新确立了马克思主义思想路线。正是因为坚持解放思想、实事求是、与时俱进、求真务实，改革开放才取得巨大成就。党的十八大以来，习近平总书记高度重视思想路线问题，强调要“坚持实事求是的思想路线”。

（二）坚持人民至上

党的根基在人民、血脉在人民、力量在人民，人民是党执政兴国的最大底气。民心是最大的政治，正义是最强的力量。党的最大政治优势是密切联系群众，党执政后的最大危险是脱离群众。改革开放以来，我们党对此有着清醒认识，采取一系列措施加以防范和纠正。“江山就是人民，人民就是江山。”党的十八大以来，以习近平同志为核心的党中央采取一系列重要举措改变党的作风，加强党的建设，突出强调人民至上。

（三）坚持全面深化改革开放

改革开放和社会主义现代化建设成就举世瞩目，改革开放精神

① 《中共中央关于党的百年奋斗重大成就和历史经验的决议》，北京：人民出版社，2021 年版，第 38–39 页。

是当代中国人民最鲜明的精神标识，更重要的是，改革开放只有进行时，没有完成时，改革开放永远在路上。

当前，我国正向着全面建成社会主义现代化强国的第二个百年奋斗目标迈进。未来10—15年，是我国开启现代化建设新征程的关键时期。14亿人走向现代化的新征程，在世界历史上没有先例，是一个伟大创造。推进新发展阶段的现代化建设新征程，要深刻总结改革开放40多年来的基本经验，并在这个基础上，客观分析开启现代化建设新征程的特定背景，科学把握新发展阶段经济社会结构的演变趋势，从而自觉地、持续地全面深化改革开放，以形成现代化新征程的制度支撑。

第一章

党的十一届三中全会：伟大历史转折（1978年11月—1984年10月）

▼

“文化大革命”结束后，在党和国家面临何去何从的重大历史关头，党深刻认识到，只有实行改革开放才是唯一出路，否则我国现代化事业和社会主义事业就会被葬送。1978年12月，中共中央工作会议、党的十一届三中全会在北京相继召开。党的十一届三中全会作出了把党和国家工作重心转移到经济建设上来、实行改革开放历史性决策；开展真理标准问题大讨论，解放思想、实事求是，从各条战线对“左”的思想进行拨乱反正，为推动改革开放的发展提供思想准备。1981年6月，党的十一届六中全会通过了《关于建国以来党的若干历史问题的决议》，彻底否定了“文化大革命”，完成了指导思想上的拨乱反正。1978—1984年是中国社会主义改革的思想解放和初步探索阶段，我国完成了从以阶级斗争为纲到以经济建设为中心、从封闭到开放的思想转变，开始进行改革开放的初步探索和局部试验。

第一节　伟大历史转折
——实行改革开放历史性决策

一、“解放思想，实事求是，团结一致向前看”

1978 年 11 月 10 日—12 月 15 日，中央工作会议在北京京西宾馆召开。各省、市、自治区和各大军区的主要负责人，中央党政军各部门和群众团体的主要负责人共 212 人参加了会议。中央工作会议历时 36 天，是历史转折点的一次极其重要的会议，为党的十一届三中全会的召开作了充分准备。

1978 年 12 月 13 日，邓小平在中央工作会议闭幕式上发表《解放思想，实事求是，团结一致向前看》的重要讲话。在这篇讲话中，邓小平指出，中央已提出把全党工作的重心转移到实现“四个现代化”上来，需要强调解放思想，开动脑筋，实事求是，团结一致向前看。邓小平的讲话中突出强调了四大问题：

一是解放思想是当前的一个重大政治问题。解放思想，开动脑筋，实事求是，团结一致向前看，首先是解放思想。只有思想解放了，我们才能正确地以马列主义、毛泽东思想为指导，解决过去遗留的问题，解决新出现的一系列问题，正确地改革同生产力迅速发展不相适应的生产关系和上层建筑，根据我国的实际情况，确定实现“四个现代化”的具体道路、方针、方法和措施。

二是民主是解放思想的重要条件。邓小平突出强调了发扬经济民主的问题，指出现在我国的经济管理体制权力过于集中，应该有计划地大胆下放，否则不利于充分发挥国家、地方、企业和劳动者个人四个方面的积极性，也不利于实行现代化的经济管理和提高劳动生产率；应该让地方和企业、生产队有更多的经营管理的自主权。

三是处理遗留问题为的是向前看。邓小平指出解决了一些过去遗留下来的问题，分清了一些人的功过，纠正了一批重大的冤案、错案、假案，正是为了向前看、为了顺利实现全党工作重心的转变。

四是研究新情况，解决新问题。各方面的新问题都要解决，尤其要注意研究和解决管理方法、管理制度、经济政策这三方面的问题。

邓小平在讲话中指出，“一个党，一个国家，一个民族，如果一切从本本出发，思想僵化，迷信盛行，那它就不能前进，它的生机就停止了，就要亡党亡国”[①]。这篇讲话实际上成为随后召开的党的十一届三中全会的主题报告，为党的十一届三中全会正确处理历史遗留问题、确立改革开放战略方针做了充分的思想动员和思想准备。

二、党的十一届三中全会决定实行改革开放的历史性决策

1978 年 12 月 18—22 日，党的十一届三中全会在北京召开。全会全面认真纠正了“文化大革命”及其以前的“左”倾错误，坚决批判了“两个凡是”的错误方针，充分肯定了必须完整、准确地掌握毛泽东思想的科学体系，高度评价了关于真理标准问题的讨论，确定了解放思想、开动脑筋、实事求是、团结一致向前看的指

① 邓小平：《解放思想，实事求是，团结一致向前看》，《邓小平文选》（第二卷），北京：人民出版社，1994 年版，第 143 页。

导方针，果断停止使用“以阶级斗争为纲”的口号，作出了把党和国家工作中心转移到经济建设上来、实行改革开放的历史性决策。

全会讨论了“文化大革命”中发生的一些重大事件，审查和解决了党的历史上一批重大冤假错案和一些重要领导人的功过是非问题。

全会初步分析了传统经济体制的弊端，为经济体制改革指导思想的形成和目标的确定奠定了重要的思想基础。会议提出，“现在我国经济管理体制的一个严重缺点是权力过于集中，应该有领导地大胆下放，让地方和工农业企业在国家统一计划的指导下有更多的经营管理自主权；应该着手大力精简各级经济行政机构，把它们的大部分职权转交给企业性的专业公司或联合公司；应该坚决实行按经济规律办事，重视价值规律的作用，注意把思想政治工作和经济手段结合起来，充分调动干部和劳动者的生产积极性；应该在党的一元化领导之下，认真解决党政企不分、以党代政、以政代企的现象，实行分级分工分人负责，加强管理机构和管理人员的权限和责任”①。

会议认为社会主义现代化建设需要集中统一的领导，但是必须有充分的民主，才能做到正确的集中。必须加强社会主义法制，使民主制度化、法律化，使这种制度和法律具有稳定性、连续性和极大的权威，做到有法可依、有法必依、执法必严、违法必究。②

---

①《中国共产党第十一届中央委员会第三次全体会议公报（摘录）》，载国家体改委办公厅编：《十一届三中全会以来经济体制改革重要文件汇编》（上），改革出版社，1990年版，第3页。

②《中国共产党第十一届中央委员会第三次全体会议公报》，北京：人民出版社，1978年版，第11–12页。

第二节　解放思想、拨乱反正

一、真理标准问题大讨论

1978 年 5 月 10 日，中央党校内部刊物《理论动态》发表了由胡耀邦审定的《实践是检验真理的唯一标准》一文，次日，《光明日报》以“特约评论员”名义发表该文，指出：检验真理的标准只能是社会实践，理论与实践的统一是马克思主义的一个最基本的原则，任何理论都要不断接受实践的检验。[①] 这是从根本上对“两个凡是”的否定。文章一经发表引起了强烈反响，并引发激烈争论，全国性的真理标准问题的大讨论由此展开。6 月 2 日，邓小平在全军政治工作会议上作了重要讲话，强调实事求是、一切从实际出发、理论与实践相结合，是毛泽东思想的出发点、根本点，是政治工作必须遵循的原则，实际上批评了“两个凡是”的错误主张，讲话对真理标准讨论和实际工作发挥了巨大的促进作用。真理标准的大讨论在很大程度上澄清了“左”的迷误，对推动各条战线的拨乱反正发挥了思想先导作用，为党的十一届三中全会确定改革开放战略方针奠定了重要基础。

口述改革

胡福明：发表《实践是检验真理的唯一标准》

我认为“两个凡是”是典型的唯心主义、形而上学，而它的要害

① 《实践是检验真理的唯一标准》，《光明日报》，1978 年 5 月 11 日。

就在于否认实践标准，否认理论、路线、政策、决策都必须通过实际检验才能知道是正确的还是错的。于是我就写文章，题目确定为《实践是检验真理的唯一标准》，我的主要论点是“只有实践才是检验真理的唯一标准”。

——口述者系南京大学哲学系原总支副书记，《实践是检验真理的唯一标准》主要作者之一

资料来源：中国（海南）改革发展研究院“口述改革历史”访谈。

二、恢复高考

1977 年 7 月，党的十届三中全会恢复了邓小平的领导职务，刚复出的邓小平首先把科技教育战线作为实行拨乱反正的突破口。1977 年 8 月 4—8 日，邓小平连续五天主持召开了科学和教育座谈会（史称“八八会议”）。8 月 8 日，邓小平作了《关于科学和教育工作的几点意见》的重要讲话。讲话中提出，“我们国家要赶上世界先进水平，要从科学和教育着手”，“今年就要下决心恢复从高中毕业生中直接招考学生，不要再搞群众推荐”[①]。

1977 年 8 月 13 日—9 月 25 日，全国高等学校招生工作会议在北京召开，会上传达了邓小平“八八会议”的讲话。1977 年冬，全国 570 万名考生参加高考，录取了 27.3 万名学生，录取比例为 29∶1。1978 年夏，618 万人报考，录取 40.2 万人。至此，由于“文化大革命”的冲击而中断了十余年的中国高考制度得以恢复。

① 邓小平：《关于科学和教育工作的几点意见》，《邓小平文选》（第二卷），北京：人民出版社，1994 年版，第 48 页、第 55 页。

口述改革

温元凯：中国一个新的时代到来了

邓小平说今年恢复高考行不行，我们哪怕推迟几个月，今年就恢复高考。否则我们又要耽误一代人。邓小平讲完这句话，我们所有的代表，人民大会堂端水的女孩子，都情不自禁地站起来，鼓掌了整整5分钟，我们这些人清楚地知道，中国一个新的时代到来了。

——口述者系中国科技大学应用化学系原主任

资料来源：中国（海南）改革发展研究院“口述改革历史”访谈。

三、全国科学大会召开

1978年3月18—31日，全国科学大会在北京召开。出席大会的5586名代表中，科技人员3478人，占代表总数的62.3%。全国科学大会是在我国科技事业受到十年“文化大革命”严重摧残后召开的一次具有深远意义的大会，也是新中国科技发展史上的空前盛会。[①] 3月18日，邓小平在大会开幕式上发表重要讲话，明确指出，“四个现代化，关键是科学技术的现代化”[②]。邓小平重申了“科学技术是生产力，这是马克思主义历来的观点”，早在一百多年以前，马克思就说过：机器生产的发展要求自觉地应用自然科学。并且强调，“生产力中也包括科学”。邓小平提出，“知识分子

① 童大林：《难忘的追忆》，《科技日报》，2008年3月17日。
② 邓小平：《在全国科学大会开幕式上的讲话》，《邓小平文选》（第二卷），北京：人民出版社，1994年版，第86页。

是工人阶级的一部分”，要把“尽快培养出一批具有世界第一流水平的科学技术专家，作为我们科学、教育战线的重要任务”[①]。

这次全国科学大会确立了科学技术工作正确的指导思想，是我国科技发展史上的一个里程碑。大会之后，中国科技事业开始全面复苏，这次大会发出了向科学技术现代化进军的总动员令，对中国的社会主义现代化建设起到了极大的推动作用，被称为“科学的春天”。

四、按劳分配大讨论和工资奖金制度改革

1977 年 4 月，中国社会科学院副院长于光远等人联络国家计委宏观经济研究所、中科院经济研究所、国家劳动总局、北京大学、北京师范大学、北京经济学院和北京市委党校等作为发起单位，在北京召开第一次全国按劳分配理论讨论会。同年 6 月，又举行了第二次讨论会，参加者由第一次的 30 多个单位、100 余人扩大到 100 余个单位、400 多位经济理论工作者和外地代表；1977 年 10 月 25 日—11 月 1 日第三次讨论会在北京举行，参加讨论会的除了 135 个在京单位的 500 多人外，还有来自 23 个省、市、自治区 120 多个单位的 280 余人，会议发言者达百人之多，这次讨论会开始冲击“四人帮”在劳动报酬形式方面设置的两个“禁区”——奖金和计件工资，这在当时引起了很大震动。

1978 年 5 月 5 日，《贯彻执行按劳分配的社会主义原则》一文

① 邓小平：《在全国科学大会开幕式上的讲话》，《邓小平文选》（第二卷），北京：人民出版社，1994 年版，第 87 页、第 89 页、第 96 页。

以“特约评论员”名义在《人民日报》发表，这篇文章由国务院政治研究室的同志撰写，邓小平对这篇文章给予充分肯定。5月7日，国务院下发《关于实行奖励和计件工资制度的通知》（以下简称《通知》）。这是“文化大革命”以来第一个针对职工分配问题、一定程度上体现“按劳分配”原则的中央文件。《通知》提出，要有条件、有计划地实行奖励和计件工资制度；规定合理的奖励、计件工资办法；严格控制奖金总额和计件超额工资。[①]

1978年10月，中央工作会议前夕，更大规模的第四次全国按劳分配理论讨论会在北京召开。《人民日报》在《按劳分配理论讨论逐步深入》一文中指出，“会议开得生动活泼，一扫‘四人帮’造成的理论界万马齐喑的沉闷局面，逐渐消除了广大理论工作者心有余悸的精神状态”[②]。

五、平反冤假错案

1976年粉碎“四人帮”后，彻底清理冤假错案成为拨乱反正最为急迫的任务。1977年12月，胡耀邦接任中共组织部部长后提出“两个不管”*的实事求是方针。据此，中央组织部和各有关部门到党的十一届三中全会召开，直接办理和复查平反了130多名副省部级以上的大案要案。其中最具突破意义的是，经复查后澄清了所

*“两个不管”是指“凡是不实之词，凡是不正确的结论和处理，不管是什么时候，什么样情况下搞的，不管是哪一级组织，什么人定的、批的，都要实事求是地纠正过来。”

① 《关于实行奖励和计件工资制度的通知》，载国家经济体制改革委员会办公室编：《经济体制改革文件汇编（一九七八—一九八三）》，北京：中国财政经济出版社，1984年版，第1011-1012页。

② 《按劳分配理论讨论逐步深入》，《人民日报》，1978年11月3日。

谓“六十一人叛徒集团”案是一起重大的错案。

1980 年 1 月 10 日，中共中央发出《关于为谭震林同志平反的通知》。2 月，党的十一届五中全会通过决议，为刘少奇平反，恢复刘少奇作为伟大的马克思主义者和无产阶级革命家、党和国家主要领导人的名誉。因刘少奇案受株连错判为反革命的 2.8 万余人也得到平反。9 月 19 日，中共中央发出通知，对“文化大革命”中在中央、地方以及军队的报刊、文电上被错误点名批判的同志，宣布一律平反，强加给他们的诬蔑不实之词通通予以推倒。9 月 29 日，第五届全国人民代表大会常委会第十六次会议根据最高人民检察院的建议，作出《关于成立最高人民检察院特别检察厅和最高人民法院特别法庭检察、审判林彪、江青反革命集团案主犯的决定》。

在大规模平反冤假错案的同时，党和国家还着手对历史遗留问题进行妥善解决，对各方面的社会政治关系进行调整。一是决定对 55 万名右派分子进行甄别平反。到 1980 年 6 月，共改正错划右派 54 万多人，占原划右派分子总数的 98%以上。二是为 440 万地主富农摘了帽子，使数以万计出身于这些家庭的子女，从“唯成分论”、“血统论”的桎梏中解放出来。三是为 70 多万工商业者摘掉资产阶级的帽子，确定为自食其力的劳动者。四是对“文化大革命”中被诬陷定罪的原国民党起义、投诚人员进行了平反，落实了政策。五是调整和落实了宗教政策、民族政策、侨务政策和台胞台属政策。

到 1982 年底，全国大规模平反冤假错案工作基本结束。据不完全统计，经中共中央批准平反的影响较大的冤假错案有 30 多件，有 300 多万名干部洗雪了沉冤，近 2 万件集团性冤假错案得到平反，47 万多名共产党员恢复了党籍，无数无故受到株连的干部和群众也由此得到解脱。

大规模平反冤假错案，全面调整社会政治关系，促进了安定团结局面的形成，调动了社会各方面的积极性，为实现党和国家的工作重点向经济建设转移创造了良好的政治环境。

六、党的指导思想的拨乱反正全面完成

1981 年 6 月 27—29 日，党的十一届六中全会在北京召开。全会审议和通过了《关于建国以来党的若干历史问题的决议》。

《关于建国以来党的若干历史问题的决议》对新中国成立以来党的若干重大历史事件，特别是“文化大革命”做出了客观的总结，对毛泽东的功过是非及毛泽东在中国革命史上的地位进行了科学的、实事求是的评价。毛泽东思想是被实践证明了的关于中国革命的正确的理论原则和经验总结，是中国共产党集体智慧的结晶。毛泽东思想是我们党宝贵的精神财富，它将长期指导我们的行动。我们必须坚持毛泽东思想，并以符合实际的新原理和新结论丰富和发展我们党的理论。①

《关于建国以来党的若干历史问题的决议》标志着党在指导思想上的拨乱反正任务的胜利完成，对于统一全党、全军、全国各族人民的思想认识，对于调动一切积极因素、凝聚各方力量，同心同德地为实现新的历史任务而奋斗，动员全党全国各族人民同心同德进行社会主义现代化建设，具有划时代的意义。

① 《关于建国以来党的若干历史问题的决议》，载中共中央文献研究室编：《改革开放三十年重要文献选编》（上），北京：中央文献出版社，2008 年版，第 210-211 页。

第三节　提出建设有中国特色社会主义和现代化建设目标

一、党的十二大正式提出“建设有中国特色的社会主义”

1982 年 9 月 1—11 日，党的十二大在北京召开。邓小平在开幕词中高度概括了“十二大”精神，阐述了“十二大”的历史地位和历史任务，总结了我国建国以来的历史经验，并正式提出“走自己的路，建设有中国特色的社会主义”的重要思想，他说：“我们的现代化建设，必须从中国的实际出发。无论是革命还是建设，都要注意学习和借鉴外国经验。但是，照抄照搬别国经验、别国模式，从来不能得到成功。这方面我们有过不少教训。把马克思主义的普遍真理同我国的具体实际结合起来，走自己的道路，建设有中国特色的社会主义，这就是我们总结长期历史经验得出的基本结论。①”

党的十二大总结了十一届三中全会以来拨乱反正的历史经验，提出了党在新时期的总任务、奋斗目标和全面开创新局面的纲领，由此开创了社会主义现代化建设的新局面，标志着党成功地实现了具有重大历史性意义的伟大转变。

① 邓小平：《中国共产党第十二次全国代表大会开幕词》，《邓小平文选》（第三卷），北京：人民出版社，1993 年版，第 2–3 页。

二、“翻两番”和“小康”目标的提出

1979 年 12 月，邓小平会见日本首相大平正芳时提到，“我们要实现的四个现代化，是中国式的四个现代化。我们的四个现代化的概念，不是像你们那样的现代化的概念，而是‘小康之家’。到本世纪末，中国的四个现代化即使达到了某种目标，我们的国民生产总值人均水平也还是很低的。要达到第三世界中比较富裕一点的国家的水平，比如国民生产总值人均一千美元，也还得付出很大的努力。就算达到那样的水平，同西方来比，也还是落后的。所以，我只能说，中国到那时也还是一个小康的状态”[①]。这是邓小平第一次提出“小康”的概念。此后，1980 年 12 月 25 日，邓小平在中央工作会议上的讲话中，进一步提出“经过 20 年的时间，使我国现代化经济建设的发展达到小康水平，然后继续前进，逐步达到更高程度的现代化”的思想。[②]

1981 年党的十一届六中全会正式提出从国情出发，量力而行，有步骤、分阶段地实现现代化。1981 年 11 月，第五届全国人民代表大会第四次会议的政府工作报告明确提出，“力争用 20 年的时间使工农业总产值翻两番，使人民的消费达到小康水平”[③]。

1982 年，党的十二大进一步明确了 20 世纪末“翻两番”的

① 邓小平：《中国本世纪的目标是实现小康》，《邓小平文选》（第二卷），北京：人民出版社，1994 年版，第 237 页。

② 邓小平：《贯彻调整方针，保证安定团结》，《邓小平文选》（第二卷），北京：人民出版社，1994 年版，第 356 页。

③《当前的经济形势和今后经济建设的方针——一九八一年十一月三十日和十二月一日在第五届全国人民代表大会第四次会议上的政府工作报告》，《人民日报》，1981 年 12 月 14 日。

目标，提出要使全国工农业总产值从1980年的7100亿元增加到2000年的28000亿元，我国国民收入总额和主要工农业产品的产量将居于世界前列，国民经济的现代化过程取得重大进展，人民的物质文化生活达到小康水平。[①]

第四节　计划与市场关系的初步调整

一、“坚决实行按经济规律办事”

1978年12月18—22日，党的十一届三中全会召开，提出“解放思想，实事求是”，“应该坚决实行按经济规律办事，重视价值规律的作用”。党的十一届三中全会公报还提出，“实践证明，保持必要的社会政治安定，按照客观经济规律办事，我们的国民经济就高速度地、稳定地向前发展，反之国民经济就发展缓慢甚至停滞倒退。现在，我们实现了安定团结的政治局面，恢复和坚持了长时期行之有效的各项经济政策，又根据新的历史条件和实践经验，采取一系列新的重大的经济措施，对经济管理体制和经营管理方法着手认真的改革，在自力更生的基础上积极发展同世界各国平等互利的经济合作，努力采用世界先进技术和先进设备，并大力加强实现

① 胡耀邦：《全面开创社会主义现代化建设的新局面——在中国共产党第十二次全国代表大会上的报告》，北京：人民出版社，1982年版，第9-10页。

现代化所必需的科学和教育工作”[①]。

二、确立了“调整、改革、整顿、提高”的八字方针

1979 年 4 月 5—28 日，中共中央召开工作会议，正式确立了“调整、改革、整顿、提高”的八字方针。但是由于长期积累的“左”的思想和急于求成的心态，许多部门和地方对经济形势的严重性、经济调整的必要性认识不足，基本建设的总规模没有退下来，行政管理和各项事业费不但没有收缩反而增加，1979 年、1980 年分别出现了 170 亿元、127 亿元的巨额财政赤字。1980 年 12 月 16—25 日中央工作会议召开，着重讨论经济形势和经济调整问题，对建国以来经济建设的经验教训作了进一步总结，提出对实现四个现代化，决不要再作不切实际的预言；会议确定调整是改革的前提，要适当加强集中统一和宏观控制，实行以调整为主，改革服从调整，促进调整的原则，并批准了《关于 1981 年计划的安排》。

三、正式提出计划调节与市场调节相结合

1979 年 4 月 16 日，关于社会主义经济中价值规律问题讨论会在无锡召开。这次会议由中国社会科学院经济研究所、国家计委经济研究所和江苏省哲学社会科学研究所联合发起，由薛暮桥、

① 《中国共产党第十一届中央委员会第三次全体会议公报》，北京：人民出版社，1978 年版，第 6 页。

孙冶方主持，参加会议的多达三百余人。这次会议是新中国成立以来第二次讨论价值规律问题的盛大的会议，在全国产生了相当大的影响。

会议着重讨论了改革经济管理体制中运用价值规律的一系列问题，主要有：价值规律与扩大企业权限问题、计划调节与市场调节问题、价格形成与稳定物价问题等。与会学者一致认为，社会主义必须利用市场的作用，计划与市场必须结合，甚至有少数学者提出了“社会主义市场经济”这样的概念。也有学者提出，“现实生活中已经存在相当大量的市场经济，从江苏省来看，市场经济、半市场经济，约占工业总产值的四分之一”[①]。但由于实践的限制与传统观念的束缚，绝大多数学者至少是认为市场经济或市场调节只在一定范围内起辅助作用，主张“应当用计划调节和市场调节相结合的提法”[②]。

1979 年 6 月，第五届全国人民代表大会第二次会议的《政府工作报告》指出，我国国民经济在调整中必须进行必要的改革，以逐步建立起计划调节与市场调节相结合的体制，以计划调节为主，同时充分重视市场调节作用[③]。这是我国在经济政策上首次明确提出要将计划与市场结合起来。

---

① 《市场化改革的先声——1979 年价值规律作用问题讨论会报告》，孙冶方经济科学基金会网站，2020 年 9 月 7 日。

② 《市场化改革的先声——1979 年价值规律作用问题讨论会报告》，孙冶方经济科学基金会网站，2020 年 9 月 7 日。

③ 《政府工作报告——一九七九年六月十八日在第五届全国人民代表大会第二次会议上》，《人民日报》，1979 年 6 月 26 日。

四、“计划经济为主，市场调节为辅”

1981 年 6 月 27 日，党的十一届六中全会通过的《关于建国以来党的若干历史问题的决议》提出，“社会主义生产关系的变革和完善必须适应生产力的状况，有利于生产的发展。国营经济和集体经济是我国基本的经济形式，一定范围的劳动者个体经济是公有制经济的必要补充。必须实行适合于各种经济成分的具体管理制度和分配制度。必须在公有制基础上实行计划经济，同时发挥市场调节的辅助作用。要大力发展社会主义的商品生产和商品交换”[①]。

1981 年 11 月 30 日，在第五届全国人民代表大会第四次会议上，党中央在《政府工作报告》中具体阐述了如何正确处理计划经济和市场调节关系的问题，报告明确指出，我国经济体制改革的基本方向应该是：在坚持实行社会主义计划经济的前提下，发挥市场调节的辅助作用，国家在制定计划时也要充分考虑和运用价值规律，对于带全面性的、关系到国计民生的经济活动，要加强国家的集中统一领导，对于不同企业的经济活动要给予不同程度的决策权，同时扩大职工管理企业的民主权利；改变单纯依靠行政手段管理经济的做法，把计划经济与行政手段结合起来，注意运用经济杠杆、经济法规来管理经济。[②]

---

① 《关于建国以来党的若干历史问题的决议》，载中共中央文献研究室编：《改革开放三十年重要文献选编》（上），北京：中央文献出版社，2008 年版，第 213 页。

② 《当前的经济形势和今后经济建设的方针——一九八一年十一月三十日和十二月一日在第五届全国人民代表大会第四次会议上的政府工作报告》，《人民日报》，1981 年 12 月 14 日。

第五节　改革从农村起步

一、探索家庭联产承包责任制

1977年11月15—22日，中共安徽省委召开农村工作会议，着重讨论研究当前农村迫切需要解决的一些经济政策问题，制定了《关于当前农村经济政策几个问题的规定（试行草案）》，简称“省委六条”，中心内容是强调保护和尊重生产队的自主权，因地制宜地发展生产。“省委六条”提出，生产队实行责任制，允许和鼓励社员经营家庭副业，产品可以拿到集市上出售。这是粉碎“四人帮”之后，我国第一份允许生产队实行生产责任制的文件。

1978年夏秋之际，安徽发生了百年不遇的特大旱灾，人民生活出现严重困难。安徽省委做出把集体无法耕种的土地借给农民耕种，谁种谁收、不向农民收统购粮的“借地种粮”决策。“借地种粮”的政策唤起了农民的生产自救积极性。凤阳县小岗生产队成为全国农村率先搞“包产到户”的一个典型。1978年夏，由于安徽大旱，村里20户人家100多口人，大多数需要讨饭才能过活。1978年11月24日，小岗村18位农民在严宏昌的带领下，在一张包干到户的字据上按下了充满悲壮意味的18个红手印。写道：“我们分田到户，每户户主签字盖章，如以后能干，保证完成每户的全年上缴和公粮，不再伸手向国家要钱要粮；如不成，我们干部坐牢杀头也甘心。大家社员也保证，把我们的小孩养活到十八岁。[1]”1979 年，包产到户后的小岗村，粮食总产量增长到 13.3 万斤，相当于 1955—1970 年五年的总和，人均收入从 1976 年的 22 元，增加到 400 多元。[2]小岗村农民“包产到户”开启了全国农村家庭联产承包责任制的实践，为打破农村计划经济旧体制坚冰，推动农村改革找到了一个重要突破口。

1980 年 9 月 27 日，中共中央发出 75 号文件，即《关于进一步加强和完善农业生产责任制的几个问题》，允许不同地区搞不同形式的农业生产责任制，初步肯定了包产到户。文件指出，“凡有利于鼓励生产者最大限度地关心集体生产，有利于增加生产，增加收入，增加商品的责任制形式，都是好的和可行的，都应加以支持，而不可拘泥于一种模式，搞一刀切”[3]。

口述改革

严宏昌：回忆承包制

社会主义要的是什么？要的是不断地前进，不断地发展，是领导着全国人民过上富裕生活，并不是叫全国人民去到处要饭，去贫穷。我说你们放心，如果我们走出了这条路，我相信党会实事求是的。但是我有个要求，我出来领着你们干，那你们收到的粮食，必须得要踊跃地向国家贡献。不要收到粮食了，你家这个亲戚来背两兜，那个亲戚来背几兜，回来叫你完成国家的，你说你没粮了。这个我不管，一定要保住国

① 《“红手印”见证中国改革的一声惊雷》，《光明日报》，2021 年 03 月 23 日 06 版。
② 吴庭美：《一剂必不可少的补药——凤阳县梨园公社小岗生产队“包干到户”的调查》，《农村工作通讯》，2003 年 03 期。
③ 《中共中央印发〈关于进一步加强和完善农业生产责任制的几个问题〉的通知》，新华网，2007 年 6 月 13 日。

家的。第二个，要保住集体的，剩下才是你们自己的。我就是这样，但是你如果不答应我这样的条件，那就不行。

——口述者系安徽省凤阳县小岗村原生产队副队长

吴象：这是一场饿肚子逼出来的改革

安徽4月、5月大概一直到夏天，没有下一点雨。一直到了8月1号，就成了无法挽救的旱灾。8月份开省委常委会，就说万里给出“六条”(“省委六条”)。所以那时候，实际上就在一个省范围里面，拨乱反正。当时虽然没提废除阶级斗争的口号，但很明确地提出以生产为中心。你看见长江、淮河的各个支流包括主要支流都要断水了。所以到了9月份，减产已经成为定局了。万里提出，我们要面对险恶，减产就减产，不能打肿脸充胖子，就是要实事求是，非常时期要采取非常措施。

省委讨论决定了要借地给农民度荒，谁种谁收谁有，国家不收公粮，种完以后再收，不派统购。他调动农民的积极性，主要用这一点。所以出现了些新气象，农民的积极性大大高涨。“六条”出来以后，各种责任制出来了。万里说只要增产增收做贡献都是好办法。这话出来，先是包产到组。汤茂林是山南公社党委书记。这个人胆子大，他的外号就叫“汤大胆”。所以在1978年的时候，就出现了包产到户。几个月以后大包干到组的凤阳县又冒出了小岗的包干到户，底下开展起来，实际上早就有了，藏起来了，没暴露出来。那个时候说，包干到户、包产到组都是违法的。

万里这个“省委六条”，他的中心就是以生产为中心，要顾老百姓死活，看老百姓能不能解决饥饿。“六条”和邓小平说的那个“实事求是、解放思想”完全靠近。

——口述者系原国务院农村发展研究中心副主任

王郁昭：回忆万里

在离开安徽之前，万里到了小岗村，从村西头往村东头走了一遍。到了东头，他在那里座谈讲："我早就想来看，现在你们干成这样很好。别人说我们是复辟倒退，今后我们还能继续干吗？我说地委能批准你干三年，我批准你干五年。干得好，你继续干，永远干下去。你们富起来都住两层的小楼，我就高兴了。以后谁讲你们复辟倒退，这个官司由我万里去打。"

万里很风趣、很幽默地讲道"包产到户"。他说："孩子已经生下来了，孩子长得不错，邻居去看了以后都非常高兴。但是回来以后又凉了半截子，为什么呢？说要批判啊，这就是单干啊，单干就是资本主义啊。王郁昭可怜巴巴地提出来要给'大包干'报个'户口'。我的态度是，对群众同意的事情，要尊重群众的意见。实际上，'包产到户'不等于单干，单干也不等于资本主义。群众认可的，群众支持的，不能否定。所以我给他报个'户口'，承认它也是生产责任制的一种形式。"

——口述者系安徽省原省长

资料来源：中国（海南）改革发展研究院"口述改革历史"访谈。

二、第一个关于农村工作的中央 1 号文件发布

1980 年发布中共中央 75 号文件后，这一年底，全国实行"双包制"的生产队已占 14.9%；到 1981 年 6 月，全国实行"双包制"的生产队快速上升至 86.7%。[①]

1981 年 10 月 4—21 日，由万里主持，全国农村工作会议在北

① 陈小玮：《在崛起中腾飞西部改革开放四十年》，《新西部》，2018 年 11 期。

京召开。胡耀邦在讨论中针对“包产到户”究竟“姓”什么的争论指出：土地是最基本的生产资料，坚持土地公有，只是“包”给农民，就不是“分田”。杜润生在会上发言可以实行包产到户，也可以包干到户，并在一个较长的时间内保持稳定。这次会议逐渐取得了共识。

1982年1月，《中共中央批转〈全国农村工作会议纪要〉》公布，这是农村改革第一个中央1号文件，文件明确指出，“目前农村实行的各种责任制，包括小段包工定额计酬，专业承包联产计酬，联产到劳，包产到户、到组，包干到户、到组，等等，都是社会主义集体经济的生产责任制”，“不论采取什么形式，只要群众不要求改变，就不要变动”①。

1982年可以称为“中国农村‘包干到户’年”。1982年底，在全国506万个生产队中，实行“包干到户”的达到495万多个，占97.8%。这一年农业实现了丰收，全国小麦、棉花、油菜籽总产量分别增长14.8%、21.3%、39.2%。1981年农民收入达到223元，3年增加110元，过去20年只增加45元*。

* 此数据来自杜润生的《对当前农村经济政策的若干问题的说明》，这是作者在中央政治局讨论《当前农村经济政策的若干问题》时所作的汇报提要。

口述改革

段应碧：有统有分、统分结合的双层经营体制

1982年下半年，有关“家庭联产承包责任制”较大的争论逐步消失，到了要给它正式定性的时候了。给它定性，这也费了脑子，当时定

① 《全国农村工作会议纪要》，载中共中央文献研究室编：《改革开放三十年重要文献选编》（上），北京：中央文献出版社，2008年版，第232页。

的说它是一套有统有分、统分结合的双层经营体制。作为我国乡村集体经济组织的一项基本制度长期稳定下来，使农民在集体经济中由单纯的劳动者变成既是生产者又是经营者，从很大程度上调动了农民的生产积极性，激发了劳动和土地的潜力。

——口述者系中央财经领导小组办公室原副主任

资料来源：中国（海南）改革发展研究院“口述改革历史”访谈。

三、实行政社分开，建立乡政府

1982 年以后，随着“双包”责任制推行，“政社合一”的人民公社也随之名存实亡。1979 年前后，一些县开始进行人民公社体制改革的试点并取得经验。四川省的广汉、邛崃、新都等县，吉林省的榆树、怀德、农安等县，甘肃省的古浪、文县，河北省的栾城县，以及浙江、广东、辽宁、安徽省的若干公社，都进行了人民公社制度的改革试点。

1980 年 5 月下旬，中共广汉县委在中共四川省委的支持下，恢复建立向阳乡党委、向阳乡人民政府，撤销向阳人民公社，正式在向阳公社进行人民公社体制改革试点。6 月 18 日中午，“广汉县向阳人民公社管理委员会”的牌子被摘下，取而代之的是“广汉县向阳乡人民政府”牌子。

由于这项重大改革涉及 1975 年《中华人民共和国宪法》中关于“农村人民公社是政社合一的组织”的规定，引起了全国人大常委会的重视。1981 年夏天，国家民政部部长程子华受全国人大副委员长彭真的委托，到广汉县进行撤社建乡的调查。1982 年 4 月 12 日，中共中央、国务院下发《关于〈宪法修改草案〉中规定农村人民公社政社分开问题的通知》，指出《宪法修改草案》按照改变现行的政社合一的人民公社体制的原则，规定设立乡人民政府，人民公社为集体经济组织，不再兼负政权职能。[①]

1982年12月，第五届全国人民代表大会第五次会议通过《中华人民共和国宪法》，规定“乡、民族乡、镇设立人民代表大会和人民政府”，1983年1月，依据国家宪法，中共中央发出1983年1号文件《当前农村经济政策的若干问题》。文件指出，“人民公社的体制，要从两方面进行改革，这就是，实行生产责任制，特别是联产承包制；实行政社分设”[②]。

1983年10月，中共中央、国务院下发《关于实行政社分开建立乡政府的通知》（以下简称《通知》），《通知》指出，“当前的首要任务是把政社分开，建立乡政府。同时按乡建立乡党委，并根据生产的需要和群众的意愿逐步建立经济组织。要尽快改变党不管党、政不管政和政企不分的状况”[③]。

《通知》发出的当年，全国就有12702个人民公社摘掉了牌子。到1984年底，这一工作基本完成。全国共建立9.1万个乡、镇人民政府，92.6万个村民委员会，保留了2.8万余个人民公社作为经济组织。

---

① 《关于〈宪法修改草案〉中规定农村人民公社政社分开问题的通知》，载中共中央文献研究室编：《十二大以来重要文献选编》（上），北京：中央文献出版社，2011年版，第131页。

② 《当前农村经济政策的若干问题》，载国家体改委办公厅编：《十一届三中全会以来经济体制改革重要文件汇编》（上），北京：改革出版社，1990年版，第131页。

③ 《关于实行政社分开建立乡政府的通知》，载国家体改委办公厅编：《十一届三中全会以来经济体制改革重要文件汇编》（上），北京：改革出版社，1990年版，第135页。

1992 年 10 月，第八届全国人民代表大会常委会第一次会议修改《中华人民共和国宪法》，正式将现行《中华人民共和国宪法》中关于人民公社的提法删除，改为家庭联产承包责任制作为农村的基本经营管理体制长期不变，家庭联产承包责任制被正式列入国家根本大法。“政社合一”的人民公社制度成了历史，人民公社逐步退出历史舞台。

口述改革

常光南：向阳镇在全国率先摘掉人民公社牌子

我当时在向阳供销社二楼上把中央的、省委的、地委的、县委的集体讨论结果都给大家说了。过后大家讨论了三个问题。第一，大家都同意把公社牌子取了，换成乡政府。第二，乡政府的乡长、副乡长谁来当，原来的公社干部怎么安排。第三，不往外宣传、不登报、不广播，外地人来参观的不接受。

——口述者系四川广汉原县委书记

资料来源：中国（海南）改革发展研究院“口述改革历史”访谈。

四、第二个中央“1 号文件”发布

1982 年 12 月 31 日，经中央政治局讨论通过《当前农村经济政策的若干问题》，于 1983 年 1 月 2 日正式颁布。这是我国第二个中央“1 号文件”。文件提出，家庭联产承包责任制“是在党的领导下中国农民的伟大创造，是马克思主义农业合作化理论在我国实践中的新发展”。认为“商品生产的蓬勃发展，是农村经济新局面的一个基本特征，它标志着我国农村从自给自足、半自给性生产转向专业化、社会化生产的具有历史意义的开端”[①]。

文件提出促进农业从自给半自给经济向大规模的商品生产转化，虽然没有直接提倡商品经济，但已经涉及商品经济“禁区”的边缘。这个政策的公布，为农村发展商品生产营造了环境、开辟了渠道。农村专业户蓬勃兴起。1983 年，农村改革的步伐加快，引起的经济生活变化也很显著。一是家庭承包普及几乎每个村庄。二是农村劳动力从闲置状态下解放出来，发展多种门路的商品生产。农业商品率由上年的 51.5%提高到 59.9%，产值达 2753 亿元，比 1978 年增加了 1299 亿元，增幅近 90%。[②]各种新的经济联合体不断涌现，作为联结城市和农村的纽带，一批小城镇兴起，成为农村发展商品经济的中心。

五、乡镇企业“异军突起”

乡镇企业的前身是农村社队企业，诞生于农业合作化高潮中。1984 年，中央 1 号文件在雇工问题上为社队企业承包提供政策空间，催生了更多承包经营和多种经济联合形式。同年 2 月，农牧渔业部和部党组向中央作了《关于开创社队企业新局面的报告》(以下简称《报告》),《报告》建议将社队企业改称乡镇企业。

① 《当前农村经济政策的若干问题》，载国家体改委办公厅编：《十一届三中全会以来经济体制改革重要文件汇编》(上)，北京：改革出版社，1990 年版，第 129 页。

② 杜润生：《杜润生自述：中国农村体制变革重大决策纪实》，北京：人民出版社，2005 年版，第 140 页。

1984 年 3 月 1 日，中共中央、国务院转发农牧渔业部的《报告》，同意《报告》提出的将社队企业名称改为乡镇企业的建议。通知指出，乡镇企业是多种经营的重要组成部分，是农业生产的重要支柱，是广大农民群众走向共同富裕的重要途径，是国家财政收入的新的重要来源。《报告》强调，只有不断开辟新的生产门路，妥善安排不断出现的多余劳力，充分利用农村的剩余劳动时间，逐步改变八亿人搞饭吃的局面，使农村商品生产得到充分的发展，农村才能富裕起来，也才能逐步积累农业现代化所需要的大量资金。[①]

在这一文件推动下，乡镇企业以前所未有的速度发展起来，率先打开了一条农村剩余劳动力大量从农业向非农业转移、改善资源配置状况的通道。1984 年，全国乡镇企业达到 606.52 万个。1978—1995 年，乡镇企业的就业人数从 2800 万急剧增加到 1.28 亿，大大改善了农民的就业和收入状况。[②]

第六节　城市经济体制改革初步探索

一、国营企业扩大自主权的改革试点

1978 年 7 月，广东清远氮肥厂试行“超计划利润提成奖”[*]，

* “超计划利润提成奖”的试行内容：拿出5万元设立综合奖并和产量挂钩，按照多劳多得分配给工人，第二年厂子就扭亏为盈，产能大幅度提升。

① 《关于开创社队企业新局面的报告》，载国家体改委办公厅编：《十一届三中全会以来经济体制改革重要文件汇编》（上），北京：改革出版社，1990 年版，第 142 页。

② 王小鲁：《乡镇企业异军突起的秘密》，《财经》，2008 年 6 月 23 日。

广东省委、省政府了解“清远经验”后在全省试点推广。1978 年 10 月，经国务院批准，中共四川省委、四川省人民政府选择了不同行业具有代表性的重庆钢铁公司、成都无缝钢管厂、宁江机床厂、四川化工厂、新都县氮肥厂和南充丝绸厂 6 家地方国营工业企业率先进行了“扩大企业自主权”*试点，当年第四季度计划超额完成。

*“扩大企业自主权”改革的主要内容：逐户核定企业的利润指标，规定当年的增产增收目标，允许在年终完成计划以后提留少量利润，作为企业的基金，并允许给职工发放少量奖金。

1979 年 1 月 31 日，中共四川省委发出《关于地方工业扩大企业权力，加快生产建设步伐的试点意见》，把试点的工业企业由 6 家扩大到 100 家，同时在 40 家国营商业企业中也进行了扩大经营管理自主权的试点。四川扩权试点后，紧接着云南、北京等地也在国有企业中开始扩大自主权的改革试点工作。

1979 年 4 月 13—20 日，国家经委召集京津沪三市的首都钢铁公司、北京清河毛纺厂、天津自行车厂、上海柴油机厂、上海汽轮机厂等 8 家企业和有关部门负责人在北京召开座谈会，讨论企业管理体制改革问题。5 月 25 日，国家经委、财政部等六部门发出通知，确定在京、津、沪三市的 8 家企业（首钢、上海柴油机厂、天津自行车厂等）进行企业管理改革的试点。

1979 年 7 月 13 日，国务院颁发了第一个“扩权十条”，即《关于扩大国营工业企业经营管理自主权的若干规定》，同时颁发的，还有《关于国营企业利润留成的规定》《关于开征国营企业固定资产税的暂行规定》《关于提高国营工业企业固定资产折旧率和改进折旧费使用办法的暂行规定》《关于国营工业企业实行流动资金全额信贷的暂行规定》四个文件。

1980 年 9 月 2 日，国务院批转国家经委《关于扩大企业自主权试点工作情况和今后意见的报告》，批准从 1981 年起，将扩权工作在国营工业企业中全面铺开。1979 年底，试点企业扩大到 4200 个，1980 年又发展到 6000 个，约占全国预算内工业企业数的 16%。

二、试行“拨改贷”

1979 年是贯彻实施国民经济实行“调整、改革、整顿、提高”方针的第一年。在此特定背景下，国家出台了“拨改贷”政策。8 月 28 日，国务院转发国家计委、国家建委、财政部《关于基本建设投资试行贷款办法的报告》及《基本建设贷款试行条例》，报告提出，试行将基建拨款改为银行贷款，贷款业务由中国人民建设银行（现在的中国建设银行）办理，标志着“拨改贷”改革的开始。

1980 年 11 月 12 日，国家经委、财政部、中国人民建设银行联合发出通知，决定从 1981 年起，将国家经委、财政部安排的部分挖潜、革新、改造资金由国家拨款改为试行银行贷款。11 月 18 日，国务院又批转国家计委等单位《关于实行基本建设拨款改贷款的报告》。1983 年 4 月 29 日，财政部颁发《关于对国营企业征收所得税的暂行规定》（以下简称《规定》），《规定》从当年开始，对国营大中型企业按实现利润的 55%征收所得税，但允许企业使用税前利润归还银行贷款本息。

1984 年 12 月 14 日，国家计委、财政部、中国人民建设银行联合颁发《关于国家预算内基本建设投资全部由拨款改为贷款的暂行规定》。至此，所有国营单位的基本建设和更新改造投资全部改为银行贷款。

三、实行多种经济形式和多种经营方式长期并存

20 世纪 70 年代末，国内经济停滞，城镇就业问题突出。1979 年，城镇累计待业人员达 1500 万人。1979 年 4 月 9 日，国务院批转了《关于全国工商行政管理局长会议的报告》，文件批准恢复和发展个体经济，提出“各地可以根据当地市场需要，在取得有关业务主管部门同意后，批准一些有正式户口的闲散劳动力从事修理、服务和手工业等个体劳动，但不准雇工”[①]。这是中共中央、国务院批准的第一个有关个体经济的报告。1980 年 8 月，中共中央在北京召开全国劳动就业工作会议，提出了“三结合”的就业方针，即在全国统筹规划和指导下，实行劳动部门介绍就业、自愿组织起来就业和自谋职业相结合的方针。

1981 年 6 月，《关于建国以来党的若干历史问题的决议》承认包括“劳动者个体经济是公有制经济的必要补充”[②]。

1981 年 7 月 7 日，国务院发布《关于城镇非农业个体经济的若干政策规定》，指出个体经济是个人经营，或家庭经营；必要时，经过工商行政管理部门批准，可以请一至两个帮手……最多不超过五个学徒。文件还指出，个体经济是国有经济和集体经济的必要补充。

1981 年 10 月 17 日，《中共中央、国务院关于广开门路，搞活

---

① 《关于全国工商行政管理局长会议的报告》，载国家体改委办公厅编：《十一届三中全会以来经济体制改革重要文件汇编》（中），北京：改革出版社，1990 年版，第 579 页。
② 《关于建国以来党的若干历史问题的决议》，载中共中央文献研究室编：《改革开放三十年重要文献选编》（上），北京：中央文献出版社，2008 年版，第 213 页。

经济，解决城镇就业问题的若干决定》提出，在社会主义公有制经济占优势的根本前提下，实行多种经济形式和多种经营方式长期并存，是我党的一项战略决策。今后要着重开辟在集体经济和个体经济中的就业渠道，并增加自谋职业的渠道。[①]

1979—1981 年，全国共新增城镇就业人员 2600 多万人，平均每月有 70 多万人实现就业。到 1982 年，全国多数地区基本解决了 1980 年以前积累下来的包括返城知识青年在内的城镇失业问题。

口述改革

章华妹：我当时也没有概念，只知道可以做生意了

1979 年，我们家所在的区域属于温州工商局鼓楼工商分所管理。当时温州市解放北路很繁华，工商局的领导过来跟我们说，你们每个做生意的都可以申请营业执照，你们就放心去领吧，国家有新的政策了。我当时听了以后就回家告诉了父亲。父亲说，你去领吧。我当时也没有概念，只知道可以做生意了。

1979 年以后，我们就在自己家门口摆摊，后来把窗户全部拆掉，做成一个柜台，然后就开始卖小百货，比如针啊、线啊、纽扣啊什么的。后来，我就去上海城隍庙进货，那里的东西很好看。就这样，我的生意越做越大了。

——口述者系中国第一张个体工商业营业执照持有人

资料来源：中国（海南）改革发展研究院“口述改革历史”访谈。

① 《中共中央、国务院关于广开门路，搞活经济，解决城镇就业问题的若干决定》，载中共中央文献研究室编：《改革开放三十年重要文献选编》（上），北京：中央文献出版社，2008 年版，第 223 页、第 225 页。

四、城市经济体制综合改革试点

1981 年 7 月 31 日，国务院决定在湖北省沙市进行城市经济体制综合改革试点，拉开了中国以大中城市为中心的经济管理体制改革的序幕。作为第一个试点城市，沙市在计划体制、价格体制、劳动用工体制、企业领导体制等方面进行了以简政放权、推进企业改组联合、开放市场、建立科技发展基金等为主要内容的改革尝试。

1983 年初，重庆市向中央和四川省提交了《关于在重庆进行经济体制综合改革试点意见的报告》。1983 年 2 月 8 日，中共中央和国务院联合发文，批准重庆市进行经济体制综合改革，计划单列，赋予其省一级经济管理权限。8 月 12 日，国家计委发文对重庆市计划单列问题作了明确规定。这是新中国成立后第三次对大城市实行计划单列管理的开端*。重庆计划单列对于推进以大城市为中心的经济体制改革具有重要意义，大城市经济体制综合改革试点阶段由此开始。

* 1983 年成为全国计划单列市之前，重庆曾经历过两次国家计划单列。1954—1957 年，重庆市第一次实行国家计划单列体制。1964—1967 年，重庆市第二次实行国家计划单列体制。这两次计划单列，都是在不改变城市隶属关系和经济权限的前提下，把城市的工业生产、基建投资、物资调拨、主要商品分配等指标单列户头，参与全国性综合平衡。

口述改革

杨启先：为什么选择常州和沙市

为什么选择常州和沙市这两个城市呢？主要是因为这两个城市，一个是在比较发达的地区，一个在江汉平原，都是当时全国比较好的地区。另外，主要是因为这两个城市本身有改革的积极性，特别是这两个城市的领导都有改革的积极性，所以后来选择这两个城市作为试点。

——口述者系原国家体改委综合规划局局长、专职委员

穆常生：沙市改革的经验

沙市改革的主要经验有企业改组联合、“母鸡下蛋”和“跳围墙”。企业改组联合就是，你有好产品，我有好设备，我们两个人组合起来，联合在一起，优势互补；“母鸡下蛋”就是，那些大企业把不必要的东西拿出来，再弄个小厂，由大到小，就像“母鸡下蛋”一样；“跳围墙”就是，不同行业之间，我有发展另一个产业的基础，看准了一个发展方向，跳出去又弄一个产品。

——口述者系沙市原市委书记、原市长

林凌：回忆重庆综合改革试点

重庆综合改革试点最重要的经验就是开放，它打破了整个行政区划。虽然有行政区划，但是它也是中心城市。它的作用功能，就不是单纯一个地方的利益，而是带动周边的发展。这是非常重要的一种解放，思想上的解放，行政区划的解放，经济辐射的解放，促进交通网络建设，经济中心形成。

——口述者系四川省社会科学院原副院长

资料来源：中国（海南）改革发展研究院“口述改革历史”访谈。

五、国有企业试行二步“利改税”

1983 年 2 月 28 日，国务院批转《财政部关于国营企业利改税试行办法（草案）的报告》。3 月 21 日，国务院在北京召开全国工业交通会议，强调当前主要是对国营企业推行以税代利的改革，促进企业的整顿和调整。4 月 24 日，国务院同意财政部报送的《财政部关于全国利改税工作会议的报告》和《关于国营企业利改税试行办法》，并将其转发各省、自治区、直辖市人民政府和国务院各部门执行。

1983 年 4 月 29 日，财政部发布《关于对国营企业征收所得税的暂行规定》。自当年 6 月 1 日起，国营企业开始普遍推行“利改税”制度，这是中国税收走向市场化的起点。

1984 年 9 月 19 日，国务院批转财政部《关于在国营企业推行利改税第二步改革的报告》和《国营企业第二步利改税试行办法》，决定从 1984 年 9 月开始对国营企业实行第二步利改税方案，即将第一步利改税中的上缴利润也变为上缴税收，从而实现国有企业以税代利的改革。

这次税制改革，使中国初步建立了适应有计划的社会主义商品经济的税收制度，对于保证财政收入、加强宏观调控、促进改革开放、推动经济与社会发展发挥了重要作用。

六、打破住房“大锅饭”

20 世纪 70 年代末期我国住宅短缺严重，成为亟待解决的社会问题。1979 年，原国家城市建设总局、国务院侨务办公室制定了关于用侨汇购买和建设住宅的暂行办法，被认为是住房商品化的萌芽。同年原国家城市建设总局探索选择南宁、柳州、桂林、梧州和西安五个城市进行增量住房向职工出售的试点，即进行政府统一建设，以土建成本价向居民出售。

1980 年 6 月，中共中央、国务院在批转《全国基本建设工作会议汇报提纲》中正式提出住房商品化政策，准许私人建房、买房、拥有自己的住房。当年 10 月，全国 50 个城市共有 747 套新建住房，以土建成本价向个人出售。[①]

1982 年 4 月 17 日，国务院批转国家建委、国家城建总局《关于城市出售住宅试点工作座谈会的情况报告》，要求搞好“城市住宅试行出售给职工”的试点。明确在常州、郑州、沙市、四平 4 个城市进行试点，即政府、单位、个人各负担房价的三分之一。截至 1985 年底，全国共有 160 个城市和 300 个县镇实行了补贴售房，共出售住房 1093 万平方米。

七、建立“中央银行”

1982 年 7 月，姚依林、田纪云和张劲夫向中央财经领导小组递交了《关于设置中央银行的几点意见》。此时，建立一个权威的中央银行，以加强信贷资金的集中管理，确保财政信贷的综合平衡，已成为当务之急。1983 年 3 月，国务院经济研究中心向国务院提出了设立“银行的银行”即中央银行，以此机构来管理各专业银行的建议。1983 年 5 月，国务院经济研究中心多次邀请四大银行座谈，最后达成一个共识：建立中央银行是当务之急，中央银行的主要任务是对经济进行宏观调节，确保财政信贷收支的综合平衡。

1983 年 9 月 17 日，国务院发布了《关于中国人民银行专门行使中央银行职能的决定》，规定中国人民银行专门行使中央银行职能。中央银行体制的建立，使得中国人民银行在货币政策的制定和

---

① 《专访住房和城乡建设部住房保障司司长侯淅珉——1994 年城镇房改决定出台始末》,《中国经济周刊》, 2009 年 48 期。

贯彻执行上拥有了更大的自主权。

八、试行劳动合同制

1983年2月22日，劳动人事部发布了《关于积极试行劳动合同制的通知》(以下简称《通知》),《通知》提出，实行劳动合同制，允许劳动者在一定范围内合理流动，也就应当允许不同企业有不同的工资水平。经营好的企业工资水平应当高一点。国家对固定工劳动保险和福利费用，追加到合同制职工的劳动报酬中去，或者作为劳动保险、福利费用，专款专用。[①]

1983年初，全国已有十几个城市在16万职工中试行了这种制度。[②]劳动合同制的实行，打破了“铁饭碗”、“大锅饭”，有利于企业改善经营管理，提高经济效益，调动员工生产积极性。

第七节　对外开放破冰

一、酝酿对外开放决策

“文化大革命”结束后，党中央、国务院在总结经验教训、拨

① 《劳动人事部关于积极试行劳动合同制的通知》,《中华人民共和国国务院公报》,1983年06期。
② 《劳动合同制势在必行(赵守一同志在部分省、市试行劳动合同制座谈会上的讲话)》,《劳动工作》,1983年03期。

乱反正、调整思想路线的同时，也在酝酿对外开放战略，并开始派代表团赴境外考察调研，了解国际发展情况，学习发展经验。从1978年1月至11月底，中国政府派到国外和香港考察的人员共达529批（共3213人），13位副总理和副委员长以上的领导人，先后21次访问了51个国家。

1978年10月10日，邓小平在会见德意志联邦共和国新闻代表团时，明确使用了“开放政策”一词，提出“要实现四个现代化，就要善于学习，大量取得国际上的帮助”[①]。

1978年5月、6月，谷牧率领30人赴法国、西德、瑞士、丹麦、比利时的西欧五国考察团，是我国向西方国家派出的第一个由国家领导人担任团长的政府经济代表团。谷牧汇报了西欧考察的情况，报告建议，西欧目前经济萧条，产品、技术、资本都过剩，急于找出路。同西欧开展经济技术合作，正是有利时机。

赴港澳经济贸易考察组在上报中央的《港澳经济考察报告》中强调发达国家的先进设备和技术对港澳经济的发展起着至关重要的作用。报告提出，可借鉴港澳的经验，把靠近港澳的广东宝安和珠海划为出口基地。1978年6月3日，党中央、国务院主要领导听取了赴港澳经济贸易考察组的口头汇报，同意其建议。

李一氓和于光远带队的罗马尼亚、南斯拉夫考察团，主要任务是对南斯拉夫模式的考察。代表团访问得出了一个关于社会主义的理论结论，即社会主义国家的经济模式可以是多种多样的。根据代表团的报告，党中央决定恢复和南共联盟的关系。

---

① 邓小平：《实行开放政策，学习世界先进科学技术》，《邓小平文选》（第二卷），北京：人民出版社，1994年版，第132–133页。

二、中美建交

1978 年 12 月 16 日，中国和美国两国政府分别在北京和华盛顿同时发表《中华人民共和国和美利坚合众国关于建立外交关系的联合公报》（以下简称《联合公报》）。《联合公报》指出，中华人民共和国和美利坚合众国商定自 1979 年 1 月 1 日起互相承认并建立外交关系……美利坚合众国承认中华人民共和国政府是中国的唯一合法政府。美利坚合众国政府承认中国的立场，即只有一个中国，台湾是中国的一部分。双方认为，中美关系正常化不仅符合中国人民和美国人民的利益，而且有助于亚洲和世界的和平事业……中华人民共和国和美利坚合众国将于 1979 年 3 月 1 日互派大使并建立大使馆。①

1979 年 1 月 1 日，《联合公报》正式生效，中美正式建交。我国和美国建交当日，美国政府宣布，与台湾断交。中美建交为我国现代化建设和改革开放创造了比较有利的国际环境。

三、深圳、珠海、汕头、厦门试办经济特区

1978 年 6 月 3 日，中共中央政治局听取和讨论以段云为组长的赴港澳经济贸易考察组的工作报告，指示“总的同意”，要求“说干就干，把它办起来”。报告提出把靠近港澳的广东宝安、珠海划

① 《中华人民共和国和美利坚合众国关于建立外交关系的联合公报》，载中共中央文献研究室编：《改革开放三十年重要文献选编》（上），北京：中央文献出版社，2008 年版，第 12 页。

成出口基地。1979 年 1 月 6 日，广东省、交通部联合向国务院提交《关于我驻香港招商局在广东宝安建立工业区的报告》，正式提出在宝安蛇口建立工业区。

1978 年底中央工作会议期间，广东省委书记习仲勋在发言中提出，希望中央能给广东更大的支持，多给地方处理问题的机动余地，允许广东吸收港澳华侨资金以及开展“三来一补”等，得到与会者的赞同和支持。1979 年 4 月 5—28 日，中共中央在北京召开工作会议，习仲勋在会上提出希望中央放权，让广东先走一步。[①]会议期间，习仲勋在中南海怀仁堂向邓小平提出希望中央让广东在对外经济活动中有较多的自主权和机动余地；允许在毗邻港澳的深圳、珠海以及属于重要侨乡的汕头，各划出一块地方，单独进行管理，作为华侨港澳同胞和外商的投资场所，按照国际市场的需要组织生产，初步定名为“贸易合作区”。邓小平提出，“还是叫特区好”，“中央没有钱，可以给些政策，你们自己去搞，杀出一条血路来”[②]。

1979 年 6 月 6 日、9 日，广东、福建分别向中央上报了《关于发挥广东优越条件，扩大对外贸易，加快经济发展的报告》《关于利用侨资、外资，发展对外贸易，加速福建社会主义建设的请示报告》，同年 7 月，党中央、国务院批转广东和福建省委的这两个报告，确定对外经济活动中授权广东和福建两省实行特殊政策、灵活

---

① 杨志坚：《习仲勋让广东在改革开放中先走一步——兼谈习仲勋让广东国企改革在全国先走一步》，《广东经济》，2018 年 07 期。

② 中共中央文献研究室编：《邓小平年谱：一九七五——一九九七》（上），北京：中央文献出版社，2004 年版，第 510 页。

措施，同意在深圳、珠海市部分地区试办出口特区，给予更多的主动权。

1980 年 5 月 16 日，中共中央、国务院批转《广东、福建两省会议纪要》（以下简称《纪要》），《纪要》中指出，“一年来的实践证明，中央决定广东、福建两省在对外经济活动中，实行特殊政策和灵活措施，是正确的”[①]。文件决定在广东的深圳、珠海、汕头和福建的厦门各划出一块区域，试办“经济特区”，正式将“特区”定名为“经济特区”。同年 8 月，第五届全国人民代表大会常委会第十五次会议正式批准国务院提出的在粤、闽四市设立经济特区的建议，同时批准《广东省经济特区条例》，完成了设立经济特区的立法程序。

四、把利用外资作为发展经济的一个长期方针

1978 年，我国外汇储备只有 1.67 亿美元，对于我国社会主义现代化建设事业来说杯水车薪。1979 年 1 月 17 日，邓小平在同胡厥文、胡子昂、荣毅仁等工商界领导人谈话中提到，“现在搞建设，门路要多一点，可以利用外国的资金和技术，华侨、华裔也可以回来办工厂。吸收外资可以采取补偿贸易的方法，也可以搞合营，先选择资金周转快的行业做起”[②]。

① 《广东、福建两省会议纪要》，载国家体改委办公厅编：《十一届三中全会以来经济体制改革重要文件汇编》（下），北京：改革出版社，1990 年版，第 414–415 页。

② 邓小平：《搞建设要利用外资和发挥原工商业者的作用》，《邓小平文选》（第二卷），北京：人民出版社，1994 年版，第 156 页。

1979 年 9 月，我国签订了第一家外商对华直接投资协议——中港合资北京航空食品有限公司，实现了历史性的突破。[①] 1979 年起，我国在利用自有外汇和买方信贷进口成套设备的同时，开始接受世界银行的贷款。1980 年 4 月，国际货币基金组织通过恢复中华人民共和国合法席位的决议，将中国份额增加到 18 亿元的特别提款权。1979 年，中国国际信托投资公司组建，开展国际信托、投资、租赁等业务，于 1982 年 1 月在日本成功发行 100 亿日元私募债券。到 1982 年底，我国实际利用外资总额超过 130 亿美元。[②]

1979 年 7 月，第五届全国人民代表大会第二次会议通过《中华人民共和国中外合资经营企业法》，为中外合资经营企业提供法律保障。1983 年 9 月 3 日，中共中央、国务院发出《关于加强利用外资工作的指示》，文件提出“我国在实现四个现代化的过程中，面临着资金不足和技术落后的问题。解决这些问题，主要应当依靠我国自己的力量，同时又要积极利用外资、引进先进技术……要把利用外资作为发展经济的一个长期方针”[③]。

五、外贸体制改革：“统一管理，联合经营”

从 1979 年开始，国家逐步下放了外贸经营权，批准各地方可

① 崔新健：《中国利用外资 30 年：历程、成效与挑战》，《经济与管理研究》，2009 年 01 期。

② 本书编写组：《改革开放简史》，北京：人民出版社、中国社会科学出版社，2021 年版，第 8 页。

③ 《关于加强利用外资工作的指示》，载国家体改委办公厅编：《十一届三中全会以来经济体制改革重要文件汇编》（下），北京：改革出版社，1990 年版，第 442 页。

以成立地区的外贸专业进出口公司。1978 年 10 月，第一机械工业部成立中国机械设备出口公司，成为第一个工贸结合试点。1979 年，国务院赋予广东、福建两省较多的外贸自主权，此后外贸管理权和经营权在全国范围内进一步下放。

1983 年，外贸部向国务院提出了外贸体制改革方案，提出了“统一管理、联合经营”的方针：外贸部要统一管理对外贸易，特别要管国外外贸机构的设置，对重要的进出口商品发放许可证，决定各外贸专业公司经营进出口业务的方针政策，协调它们之间的出口配额和价格等。对于进出口贸易公司的经营权，应当交给各专业公司。外贸部的专业公司与地方、部门的外贸专业公司以及生产出口商品的大工厂和专业基地，联合经营，各计盈亏。外贸部的各级专业公司，也应有必要的经营自主权，各计盈亏，不吃“大锅饭”。

1983 年，国务院下发的《关于当前外贸工作的通知》指出，对外贸易的行政管理权必须集中到对外经济贸易部，实行统一领导和归口管理，改变“政出多门”的现象。当年，国务院先后批准成立的经济部门和省、市、区地方的外贸公司 400 余家。外贸体制改革调动了各方积极性，推动了出口贸易大幅度增长，外贸出口总额由 1978 年的 97.5 亿美元增加至 1981 年的 220 亿美元。[①] 到 1983 年底，作为最早的外贸体制改革试点单位，青岛纺织品联合进出口公司月均创汇 335 美元，是全国纺织品行业出口创汇增长率的 11 倍多。

---

① 本书编写组：《改革开放简史》，北京：人民出版社、中国社会科学出版社，2021 年版，第 17 页。

第八节　民主与法治制度恢复和发展

一、党和国家领导制度的改革

1980 年 8 月 18 日，中共中央政治局扩大会议在北京召开，邓小平在会上发表了题为《党和国家领导制度的改革》的讲话，第一次提出了要对党和国家政治体制进行改革的重要思想，对改革开放初期实施政治体制改革提出了明确的要求。讲话强调要着重从制度方面来解决问题，“领导制度、组织制度问题更带有根本性、全局性、稳定性和长期性。[①]”强调民主政治建设，关键在于制度。讲话于 8 月 31 日经中央政治局会议讨论通过后，成为党和国家领导制度改革的纲领性文件。

1980 年 2 月 23—29 日，党的十一届五中全会通过《关于党内政治生活的若干准则》，为了加强党的思想建设和组织建设，作出设立党的总书记和中央书记处的决策，实现了党的领导体制改革的第一步。从 1980 年 8 月中央政治局扩大会议到党的十一届六中全会，解决了中共中央主席、中共中央军委主席和国务院总理的兼职问题，由中央主席和副主席组成中央政治局常委，加强了党的集体领导。

1977—1978 年，中宣部、中组部、统战部相继恢复工作，健全了党中央的领导机关。1978—1980 年，先后重新设置中央政法委员会和中央财经小组，以加强对政法建设和经济建设的领导。

---

① 邓小平：《党和国家领导制度的改革》，《邓小平文选》（第二卷），北京：人民出版社，1994 年版，第 333 页。

1979年9月—1980年6月，各省、市、自治区先后召开各级人民代表大会，选举产生了人大常委会和人民政府，从此取消了各地各级革命委员会。

二、五届全国人大会议通过七部法律

1979年6月18日—7月1日，第五届全国人民代表大会第二次会议在北京召开，会议审议并通过了《中华人民共和国地方各级人民代表大会和地方各级人民政府组织法》《中华人民共和国全国人民代表大会和地方各级人民代表大会选举法》《中华人民共和国人民法院组织法》《中华人民共和国人民检察院组织法》《中华人民共和国刑法》《中华人民共和国刑事诉讼法》《中华人民共和国中外合资经营企业法》7部重要法律。1979年9月9日，中共中央印发《关于坚决保证刑法、刑事诉讼法切实实施的指示》。

三、"八二宪法"的通过

1982年12月4日，第五届全国人民代表大会第五次会议通过新修订的《中华人民共和国宪法》。"八二宪法"恢复了"人民民主专政"的概念，并赋予了其新的时代内容，规定"一切权力属于人民"，"人民行使国家权力的机关是人民代表大会"[①]；恢复了1954年宪法关于公民在法律面前一律平等的规定，规定"一切国

① 《中华人民共和国宪法》，载中共中央文献研究室编：《十二大以来重要文献选编》（上），北京：中央文献出版社，2011年版，第187页。

家机关和人民武装力量、各政党和各社会团体、各企业事业组织都必须遵守宪法和法律”，“任何组织或者个人都不得有超越宪法和法律的特权”[①]。恢复设立国家主席；首次将人民政协的性质、地位和作用写入宪法；承认国营、集体、个体三种经济都不可缺少；等等。“八二宪法”还改变了农村人民公社政社合一体制，设立乡政府作为基层政权，普遍成立村民委员会作为群众自治组织。“八二宪法”规定，“国家在必要时得设立特别行政区。在特别行政区内实行的制度按照具体情况由法律规定。”这为通过“一国两制”方式解决台湾、香港、澳门问题奠定了法律基础。

四、1982 年国务院机构改革

1982 年 1 月 13 日，邓小平在中央政治局会议上发表了题为《精简机构是一场革命》的讲话。1982 年 3 月 8 日，第五届全国人民代表大会常委会第二十二次会议通过了关于国务院机构改革问题的决议。这次改革明确规定了各级各部的职数、年龄和文化结构，减少了副职，提高了素质；在精简机构方面，国务院各部门从 100 个减为 61 个，人员编制从原来的 5.1 万人减为 3 万人。[②]这次改革历时三年之久，范围包括各级党政机关，是新中国成立以来规模较大的一次建设和完善各级机关的改革。

国家经济体制改革委员会的成立，意味着经济体制改革工作上

① 《中华人民共和国宪法》，载中共中央文献研究室编：《十二大以来重要文献选编》（上），北京：中央文献出版社，2011 年版，第 188 页。
② 《机构改革，顺应时代的螺旋式上升》，《人民日报》，2018 年 3 月 16 日。

升到了一个新的高度，表明改革在决策层的认识上已经被放到了关乎国家发展全局的地位。国家经济体制改革委员会自1982年至1997年，除研究、制定中长期改革规划，参与制定党的十二届三中全会以来中共中央历次关于经济体制改革的重要文件的起草工作外，每年还发布一个年度改革要点，对各地改革的实践经验进行总结，按照中央的精神指导各地的改革探索，在推动中国经济体制改革中发挥了重要作用。

五、“一个国家、两种制度”的提出

“一国两制”是从中国的实际出发，解决台湾问题、香港问题和澳门问题，实现祖国和平统一的伟大构想。1981年8月，邓小平在会见台湾、香港知名人士傅朝枢时指出，“我们要力求通过和平方式解决台湾问题，实现祖国统一，但是也不能排除在某种情况下被迫使用武力”①。

1981年9月，全国人大常委会委员长叶剑英发表谈话，就实现祖国和平统一问题提出九条方针。1982年1月11日，邓小平会见美国华人协会主席李耀滋，首次提出“一个国家、两种制度”的概念。邓小平指出，九条方针是以叶副主席的名义提出来的，实际上就是一个国家两种制度。②

① 中共中央文献研究室编:《邓小平年谱：一九七五——一九九七》(下)，北京：中央文献出版社，2004年版，第764页。
② 中共中央文献研究室编:《邓小平年谱：一九七五——一九九七》(下)北京：中央文献出版社，2004年版，第797页。

1982 年 9 月，邓小平在会见英国首相撒切尔夫人时指出，“香港继续保持繁荣，根本上取决于中国收回香港后，在中国的管辖之下，实行适合于香港的政策。香港现行的政治、经济制度，甚至大部分法律都可以保留，当然，有些要加以改革。香港仍将实行资本主义，现行的许多适合的制度要保持”①。

大事记

1978 年

1 月 29 日，《中共广汉县委批转农林水利局〈关于金鱼公社整顿经营管理建立生产责任制的试点报告〉的通知》正式出台。

1 月 30 日，国务院批转国家计委、财政部《关于改进固定资产更新改造资金管理的报告》。

2 月 3 日，《人民日报》发表署名文章《一份省委文件的诞生》，介绍中共安徽省委经过三个多月由下而上、自上而下的调查研究、酝酿讨论，产生《关于当前农村经济政策几个问题的规定》（即“省委六条”）。

2 月 17 日，财政部发出《关于试行“增收分成，收支挂钩”财政体制的通知》。

2 月 18—23 日，党的十一届二中全会在北京召开，通过准备

① 邓小平：《我们对香港问题的基本立场》，《邓小平文选》（第三卷），北京：人民出版社，1993 年版，第 13 页。

提交五届人大第一次会议审议的《政府工作报告》《1976 年至 1985 年发展国民经济十年规划纲要（草案）》《中华人民共和国宪法修改草案》和《关于修改宪法的报告》。

2 月 24 日—3 月 8 日，政协五届全国委员会第一次会议在北京召开，通过《中国人民政治协商会议章程》《中国人民政治协商会议第五届全国委员会第一次会议决议》，一致选举邓小平为中国人民政治协商会议第五届全国委员会主席。

2 月 26 日—3 月 5 日，五届全国人大一次会议在北京召开，通过《十年规划纲要（草案）》和 1978 年计划、《中华人民共和国宪法》。

3 月 11 日，国务院同意国家计委、建委、经委、冶金部、上海市《关于上海新建钢铁厂的厂址选择、建设规模和有关问题的请示》，决定从日本引进成套设备，在上海宝山新建钢铁厂。

3 月 18—31 日，全国科学大会在北京举行。邓小平在开幕式上指出，四个现代化，关键是科学技术的现代化。科学技术人才的培养，基础在教育。

3 月 28 日，邓小平同国务院政研室胡乔木、邓力群谈坚持按劳分配原则。

4 月 5 日，中共中央批准《中央统战部和公安部关于全部摘掉右派分子帽子的请示报告》，决定全部摘掉右派分子的帽子。

4 月 20 日，中共中央印发《关于加快工业发展若干问题的决定（草案）》（简称《工业三十条》）。

4 月 22 日—5 月 16 日，全国教育工作会议在北京举行。

5 月 5 日，《人民日报》发表题为《贯彻执行按劳分配的社会主义原则》的特约评论员文章。

5 月 7 日，国务院下发《关于实行奖励和计件工资制度的通知》，指出要有条件、有计划地实行奖励和计件工资制度。这是“文化大革命”以来第一个从一定程度上体现按劳分配原则的中央文件。截至 1978 年底，全国约有 9000 个企业进行试点。

5 月 10 日，中央党校内部刊物《理论动态》刊登《实践是检验真理的唯一标准》一文。11 日，《光明日报》以特约评论员名义公开发表这篇文章，新华社向全国转发。一场关于真理标准问题的大讨论迅速在全党全社会展开。

5 月 12 日，国务院批准公布《药政管理条例（试行）》，规定新药由省、自治区、直辖市卫生厅（局）和医药管理局组织鉴定后审批。

5 月 22 日，中国技术进口总公司和新日本制铁公司在北京签署《关于建设上海宝山钢铁总厂协议书》及技术协作合同。

5 月 24 日，中共中央决定重新设置人民检察院，与公安机关、人民法院互相配合，又相互制约，同各种违法乱纪行为作斗争。

5 月 27 日—6 月 5 日，全国文联第三届委员会在北京举行第三次扩大会议。这是粉碎“四人帮”以后文艺界举行的第一个全国性的会议。

6 月 1 日、3 日，中共中央政治局听取和讨论以林乎加为团长的赴日经济代表团和以段云为组长的赴港澳经济贸易考察组的工作报告。

6 月 2 日，邓小平在全军政治工作会议上发表讲话，着重阐述实事求是是毛泽东思想的出发点、根本点的问题，并再次批判“两个凡是”的错误观点，支持正在开展的关于真理标准问题的讨论。

6月6日，国务院批转教育部《关于1978年高等学校和中等专业学校招生工作的意见》，提出实行全国统一命题，由各省、市、自治区组织考试的办法。

6月22日，邓小平同余秋里、谷牧、康世恩、方毅谈话。他强调利用资本主义危机，形势不能错过，胆子大一点。

6月24日，在罗瑞卿的支持下，《解放军报》发表特约评论员文章《马克思主义的一个最基本的原则》，《人民日报》《光明日报》当天全文转载。

6月30日，中共中央政治局听取和讨论谷牧访问欧洲5国的情况汇报。汇报建议，把欧洲当作争取第二世界的一个重点地区，利用欧洲的先进技术，为我国四个现代化服务。

7月6日—9月9日，国务院召开务虚会，提出和讨论经济管理体制改革的问题，并提出对外开放的思想，强调放手利用我国资源，利用外国资金，要从外国大量引进先进技术设备。

8月12日，《中日和平友好条约》签字仪式在北京举行。条约自10月23日起生效，有效期为十年。条约签订为中国的改革开放赢得了比较有利的国际环境。

8月19日，中共中央转发共青团十大筹备委员会《关于红卫兵问题的请示报告》，文件下达后，学校中的红卫兵组织即行撤销。

9月5日，国务院召开全国计划会议，安排1979年、1980年的经济计划，提出经济战线必须实行三个转变。

9月7日，国家基本建设委员会在北京召开城市住宅建设工作会议。这是新中国成立以来召开的第一次住宅建设工作会议。

9月13日，邓小平出访朝鲜归国，先后视察东北的本溪、大庆、哈尔滨、长春、沈阳、鞍山，之后又经停河北唐山、天津。视察过程中邓小平反复阐述解放思想、实事求是的重大意义，提出要进行社会主义改革，要把党的工作重点转移到经济建设上来等重要思想，一系列谈话被称为“北方谈话”。

9月16日，邓小平在听取吉林省委汇报工作时指出，毛泽东思想的基本点就是实事求是，就是把马列主义的普遍原理同中国革命的具体实践相结合，毛泽东思想的精髓就是这四个字。

9月20日，胡耀邦在全国信访工作会议上指出，判断对干部的定性和处理是否正确，根本的依据是事实。

9月21日，国务院决定成立工商行政管理总局。

10月，中共四川省委、四川省人民政府选择了不同行业具有代表性的重庆钢铁公司、成都无缝钢管厂、宁江机床厂、四川化工厂、新都县氮肥厂和南充丝绸厂6家地方国营工业企业率先进行扩大企业自主权试点。

10月6日，国务院办公室发出《关于恢复国家编制委员会的通知》。

10月10日—11月4日，中组部分批召开落实知识分子政策座谈会。会后，中组部发出《关于落实党的知识分子政策的几点意见》。

10月22—29日，邓小平访问日本。23日，互换中日和平友好条约批准书仪式在东京举行。

10月25日—11月3日，第四次全国按劳分配理论讨论会在北京召开，来自中央和28个省、市、自治区的500多名代表参加这次会议，是规模最大、参加人数最多的一次按劳分配理论讨论会。

10月31日，安徽省来安县十二里半公社前郢大队农民，在县委书记王业美的支持下，自发地搞起“分田单干”。

11月5日，邓小平访问泰国、马来西亚、新加坡。这是中华人民共和国领导人第一次访问这三个国家。

11月10日—12月15日，中央工作会议召开。12月13日，邓小平发表《解放思想，实事求是，团结一致向前看》的讲话，实际上成为随后召开的党的十一届三中全会的主题报告，是开辟新时期新道路的宣言书。

11月14日，《北京日报》刊登中共北京市委常委扩大会议经中央批准的决定，15日，新华社以《“天安门事件”完全是革命行动》为题对此进行了报道。

11月19日，国务院决定在西北、华北和东北风沙危害与水土流失严重的地区建设8000万亩防护林体系，在由新疆到黑龙江的“三北”地区营造7100多公里长的大型防风固沙林带，形成“绿色万里长城”。

11月24日，小岗村18位农民在严宏昌的带领下，在一张“包干到户”的字据上按下了18个红手印，立一纸文书。文书中写道：“我们分田到户，每户户主签字盖章，如以后能干，保证完成每户的全年上缴和公粮，不再伸手向国家要钱要粮；如不成，我们干部坐牢杀头也甘心。大家社员也保证，把我们的小孩养活到十八岁。”

11月25日，国务院批转财政部《关于国营企业试行企业基金的规定》，决定从1978年起，国营企业试行企业基金制度。

12月13日，在新中国成立后绝迹了30年的可口可乐和中粮总公司达成协议，重返中国。

12月16—27日，第七次全国检察工作会议在北京举行。这是检察机关恢复重建后的第一次全国性会议。

12月16日，中美双方同时发表《中美建交联合公报》。两国宣布双方自1979年1月1日起互相承认并正式建立外交关系。

12月18—22日，党的十一届三中全会召开，全会批判了“两个凡是”的错误方针，充分肯定了必须完整地、准确地掌握毛泽东思想的科学体系，高度评价关于实践是检验真理的唯一标准问题的讨论；果断停止使用“以阶级斗争为纲”的口号，作出把党和国家工作重心转移到经济建设上来、实行改革开放的历史性决策。

12月24日，中共中央在北京为彭德怀、陶铸举行追悼大会，为他们恢复了名誉，骨灰安放在八宝山革命公墓。

12月25日，国务院批转国家科委、外交部《关于加强引进人才工作的请示报告》，指出我国科学技术力量严重不足，应采取积极争取、大量吸收的方针，从国外引进人才。

12月28日，国务院公布新修订的《中华人民共和国发明奖励条例》。

12月29日，中共中央批转最高人民法院党组《关于抓紧复查纠正冤、假、错案认真落实党的政策的请示报告》，提出真正做到全错全平，部分错部分平，不错不平。严明法纪，有错必纠。

12月31日，国务院批转国家计委、财政部《关于改进固定资产更新改造资金管理的报告》，规定国营企业提取的折旧基金，50%企业留用，50%上交国家。

同日，中共中央转发国务院环境保护领导小组《环境保护工作汇报要点》。这是中国共产党历史上第一次以党中央的名义对环境保护工作做出指示。

1979年

1月1日，全国人大常委会发表《告台湾同胞书》，正式提出实现和平统一的大政方针，呼吁两岸实现通航、通邮，发展贸易，互通有无，进行经济交流（后被称为通航、通邮、通商“三通”）。

同日，中国同美国正式建立外交关系。

1月1—21日，《人民日报》先后报道四川省、贵州省、云南省、安徽省和广东省普遍实行农业生产责任制的情况。

1月4日，中共中央转发国家科委和中国科学院《1978—1985年全国基础科学规划纲要》。

1月4—22日，中共中央纪律检查委员会第一次全体会议在北京召开。会议讨论并拟定《关于党内政治生活的若干准则（草稿）》，制定并通过《中共中央纪律检查委员会关于工作任务、职权范围、机构设置的规定》。

1月7—11日，中共中央召开各省、市、自治区党委宣传部部长会议，讨论全党工作重点转移后宣传工作的根本任务。

1月11日，中共中央印发《关于加快农业发展若干问题的决定（草案）》和《农村人民公社工作条例（试行草案）》。

同日，中共中央发布《关于地主、富农分子摘帽问题和地、富子女成分问题的决定》。

1月16日，国家计委党组写信给华国锋：根据你和小平、先念、陈云同志的意见，1979年的计划需要作比较大的调整。考虑《1979、1980两年经济计划的安排（草案）》，是否暂不下发。华国锋1月16日批示：同意通知暂不发。

1月17日，邓小平接见胡厥文、胡子昂、荣毅仁、古耕虞、周叔弢等工商界领导人，听取他们对搞好经济建设的意见建议。指出，现在搞建设，门路要多一点，可以利用外国的资金和技术，华侨、华裔也可以回来办工厂。要发挥原工商业者的作用，有真才实学的人应该使用起来，能干的人就当干部，要落实对他们的政策。总之，钱要用起来，人要用起来。

1月29日—2月5日，邓小平应邀对美国进行正式访问。这是新中国成立以来中国领导人第一次访问美国。

1月31日，中共中央、国务院决定在广东蛇口建立全国第一个对外开放工业区——蛇口工业区。

2月12日，中共四川省委在总结宁江机床厂、重庆钢铁公司等6家企业扩大企业自主权试点经验的基础上，制定《关于扩大企业权利，加快生产建设步伐的试点意见》（简称“14条”），决定扩大试点范围，在100家企业中进行扩权试点。

2月16—26日，四川省价值规律理论讨论会召开。

2月17—23日，五届全国人大常委会第六次会议决定设立人大常委会法制委员会，中国的法制建设在中断多年后开始恢复和发展。

2月19日，国务院下发《关于制止滥发奖金和津贴的紧急通知》。

同日，《人民日报》发表社论《必须扩大企业的权力》。

2月23日，国务院决定恢复中国农业银行。

同日，五届全国人大常委会第六次会议决定，成立五届全国人大常委会法制委员会，任命彭真为主任。会议还原则通过《中华人民共和国森林法（试行）》。

同日，国务院批转财政部、国家农垦总局《关于农垦企业实行财务包干的暂行规定》。

3月1日，四川省广汉县向阳公社率先进行政社分设的改革试点，实行党政分开，取消公社、大队建制，恢复行政乡和村的建制，成立农工商联合公司，通过订立合同等经济办法来领导生产。

同日，根据党的十一届三中全会提出的建议，国务院决定从3

月份起，提高粮、棉、油、猪等18种主要农副产品的收购价格。

3月8日，陈云写出题为《计划与市场问题》的讲话提纲。

3月12—24日，国家农委邀请广东、湖南、四川、江苏、安徽、河北、吉林7省农村工作部门和安徽全椒、广东博罗、四川广汉3县的负责人召开座谈会，讨论建立健全农业生产责任制问题。

3月13日，国务院批转中国人民银行《关于改革中国银行体制的请示报告》。

3月14日，李先念、陈云就财经工作致信中央，建议在国务院下设立财政经济委员会，并就财经工作提出重要意见。

3月15日，《人民日报》发表读者张浩的来信，反对农村中正在试行的包产到组生产责任制。3月30日，《人民日报》又发表一篇《正确看待联系产量的责任制》的署名文章，批评3月15日读者来信的看法；同时在“编者按”中承认3月15日的提法有些不够准确，今后应当注意改正，不同意见可以继续讨论。

3月20日，国务院正式批准广东省宝安县与珠海县改为深圳市与珠海市。

3月23日—4月3日，中宣部和中国社科院在北京召开理论工作务虚会第一阶段会议。3月30日，邓小平在会上作《坚持四项基本原则》的讲话。

3月27日，中共中央决定在国务院下设财政经济委员会。

4月5—28日，中共中央工作会议在北京召开，正式提出对国民经济实行“调整、改革、整顿、提高”的方针。

4月9日，国务院批准《中国人民银行分行行长会议纪要》，作出“逐步恢复国内保险业务”的重大决策。

同日，国务院批转《关于全国工商业行政管理局长会议的报告》，提出“可以根据当地市场需要，在征得有关业务主管部门同意后，批准一些有正式户口的闲散劳动力从事修理、服务和手工业的个体劳动，但不准雇工”。

4 月 13 日，中共中央、国务院批转国家建委党组《关于改进当前基本建设工作的若干意见》。

4 月 16 日，关于社会主义经济中价值规律问题讨论会在无锡召开。这次会议是新中国成立以来第二次讨论价值规律问题的会议。

4 月 28 日，卫生部等三部委联合发出《关于加强医院经济管理试点工作的通知》。

5 月 5 日，财政部向国务院报告，1979 年中央财政可能有 180 亿元的赤字，并提出一些解决措施。国务院转发财政部的报告引起全国注意。到年底，全国出现 170 亿元的赤字。

5 月 14 日，国务院下达国家计划委员会《关于 1979 年国民经济计划的安排》。

5 月 16 日—6 月 7 日，中国银行、财政部、外交部等部门组成考察小组，先后访问了南斯拉夫和罗马尼亚，为恢复我国在国际货币基金组织和世界银行等国际金融组织中的合法席位做准备。

5 月 25 日，国家经委、财政部等六个部门发出通知，确定在京、津、沪三市的八家企业（首钢、上汽等）进行企业管理改革的试点。

6 月 1 日，经国务院批准，宁波港正式对外开放。

6 月 15 日，邓小平在全国政协五届二次会议上讲话指出，新时期统一战线和人民政协的任务，就是要调动一切积极因素，努力化消极因素为积极因素，团结一切可以团结的力量，同心同德，群策群力，维护和发展安定团结的政治局面，为把我国建设成为现代化的社会主义强国而奋斗。

6月16—29日，国务院财政经济委员会召开全体会议，讨论宝钢建设问题。

6月27日，国务院财经委组织大规模的经济体制改革的调查研究，会议决定，根据调查工作的题目，分别成立经济体制、经济结构、进出口和理论方法四个小组。

6月28日，国务院批转邮电部《关于调整邮电管理体制问题的请示报告》，报告提出，市内电话要纳入各地城市建设规划，由中央和地方共同投资建设。

7月1日，五届全国人大第二次会议通过《关于修正〈中华人民共和国宪法〉若干规定的决议》和《中华人民共和国刑法》《中华人民共和国刑事诉讼法》《中华人民共和国中外合资经营企业法》等七部法律。

同日，五届全国人大常委会第九次会议决定，为了加强对财政经济工作的统一领导，设立国务院财政经济委员会。

同日，国务院财经委经济体制改革研究小组成立。张劲夫任组长，薛暮桥、房维中、廖季立、刘明夫任副组长。体制改革小组商定，通过调查研究，形成一个适合我国情况、办法配套、步骤恰当的体制改革方案，重点是研究管理体制的根本改革。总的方针是：从大改着眼，从小改着手。

7月3日，国务院颁发《关于发展社队企业若干问题的规定（试行草案）》，对发展社队企业的重大意义、发展方针、经营范围、资金来源、所有制、城市工业产品的扩散、加强产供销的计划性、劳动制度、劳动报酬和劳动保护、利润的使用、建立和健全经营管理制度、加强领导等方面都作了明确的阐述。

7月6日，五届全国人大第二次会议通过的《中华人民共和国刑法》和《中华人民共和国刑事诉讼法》正式公布。这是新中国第一部刑法和刑事诉讼法。

7月13日，国务院颁发第一个“扩权十条文件”，即《关于扩大国营工业企业经营管理自主权的若干规定》，同时颁发《关于国营企业实行利润留成的规定》《关于开征国营工业企业固定资产税的暂行规定》《关于提高国营工业企业固定资产折旧率和改进折旧费用使用办法的暂行规定》和《关于国营工业企业实行流动资金全额信贷的暂行规定》。

同日，国务院发出《关于试行“收支挂钩、全额分成、比例包干、三年不变”财政管理办法的若干规定》的通知，从1980年起在各省、市试行。

同日，中共中央发出通知，对在1959年以来的反右倾运动中，因反映实际情况或在党内提出不同意见，被定为右倾机会主义分子或右倾机会主义错误的，一律予以平反、改正。

7月14日，国家科委召开专利工作座谈会，讨论国家科委提交的《关于我国建立专利制度的请示报告》。

7月15日，中共中央、国务院批转《广东省委、福建省委关于对外经济活动实行特殊政策和灵活措施的两个报告》，决定对两省的对外经济活动实行“特殊政策和灵活措施”。1980年5月16日，中共中央、国务院批转《广东、福建两省会议纪要》，正式将出口特区改称为经济特区。

7月23日，国务院转发《关于尽快把国营农场办成农工商联合企业的座谈纪要》，要求先选择一些国营农场进行试点。

7月26日—8月9日，国务院召开全国物价、工资会议。会议确定：提高猪肉等8种副食品和以这些副食品为主要原料的消费品的销售价格。同时，给职工每人每月5元价格补贴；决定给40%的职工提升工资级别。

7月30日，五届全国人大常委会第十次会议通过决议，设立国家外国投资管理委员会和进出口管理委员会，由谷牧兼任该两个委员会的主任。8月22日，中共中央、国务院提出两个委员会“是一个机构，两个名称”。试办特区工作，由该委员会归口管理。

8月13日，国务院颁布《关于大力发展对外贸易增加外汇收入若干问题的规定》，规定扩大地方、企业外贸权限，实行外汇留成，对以出养进的商品实行优惠税率。提出要试办出口特区，深圳、珠海两地可以先行试办。

8月17日，财政部、国家经委、人民银行提出《关于贯彻国务院改革企业管理体制文件试点中几个具体问题的意见》。

8月28日，国务院转发国家计委、国家建委、财政部《关于基本建设投资试行贷款办法的报告》和《基本建设贷款试行条例》，试行将基建拨款改为银行贷款。这项举措被称为“拨改贷”。

9月2—25日，国务院财经委召开会议，听取和讨论国家计委《关于1980、1981年计划安排的汇报》。

9月3日，国务院颁发《开展对外加工装配和中小型补偿贸易办法》。

9月5日，全国组织工作座谈会在北京召开。

9月9日，《中共中央关于坚决保证刑法、刑事诉讼法切实实施的指示》颁布，即著名的“64号文件”。

9月13日，五届全国人大第十一次会议召开，原则通过《中华人民共和国环境保护法（试行）》，这是新中国成立以来第一部综合性的环境保护基本法。

9 月 25—28 日，党的十一届四中全会召开。全会正式通过《中共中央关于加快农业发展若干问题的决定》。

9 月 29 日，叶剑英在庆祝中华人民共和国成立 30 周年大会上发表讲话，初步总结新中国成立 30 年来的经验教训，明确提出要从中国的实际出发，走出一条适合中国情况和特点的实现现代化的道路，要发展社会主义民主和法制，建设社会主义物质文明和精神文明。

10 月 4 日，中国国际信托投资公司成立，并在人民大会堂台湾厅召开了第一场董事会。这是全国第一家部级公司。

10 月 8 日，中共中央决定成立中央科学研究协调委员会，以协调国防科委、国防工办和国家科委 3 个系统的科研工作。

10 月 17 日，财政部发出《关于改进国营企业提取企业基金办法的通知》，指出国营工业企业提取的企业基金，改为按产量、质量、利润和供货合同四项计划指标考核。

10 月 19 日，邓小平在对各民主党派和全国工商联代表讲话时指出，统一战线已经发展成为全体社会主义劳动者、拥护社会主义的爱国者和拥护祖国统一的爱国者的最广泛的联盟。

10 月 30 日—11 月 16 日，中国文学艺术工作者第四次代表大会召开。10 月 30 日，邓小平致祝词指出，建设高度的社会主义精神文明。

11 月 6 日，乌鲁木齐毛纺织厂与香港、日本的合资公司正式签订合资经营新疆天山毛纺织品有限公司的合同。这是《中华人民共和国中外合资经营企业法》公布后第一批被批准的中外合资企业之一。

11月12日，中共中央批转中央统战部等六部门提出的《关于把原工商业者中的劳动者区别出来问题的请示报告》，小商、小贩、小手工业者被从原工商业者中区别出来，恢复了劳动者身份。

同日，国务院转发国家科委《1978—1985年全国技术科学发展规划纲要（草案）》。

11月19—27日，全国保险工作会议在北京举行，会后国内保险业务恢复工作迅速在全国铺开。

11月19日，国务院下发《关于严禁年终突击花钱制止滥发奖金的通知》。

11月21日—12月22日，国务院召开全国计划会议，落实1980年国民经济计划。会议讨论实行“划分收支、分级包干”的办法，不再试行“收支挂钩、全额分成、比例包干、三年不变”的办法。

11月26日，中共广东省委决定，将深圳、珠海改为地区级的市，直属省领导。

11月29日，五届全国人大常委会第十二次会议通过全国人大常委会《关于建国以来制定的法律、法令效力问题的决议》。

11月30日，中国人民银行、中国农业银行发出《关于人民银行、农业银行业务范围划分的通知》，对划归为农业银行的业务范围进行了清晰的界定。中国农业银行的恢复开了设立国家专业银行的先例。

12月3日，国务院财政经济委员会经济体制改革小组将《关于经济管理体制改革总体设想的初步意见》印发全国计划会议，这是我国第一个经济体制改革总体规划。

12月6日，邓小平会见日本首相大平正芳时指出，我们要实现的四个现代化，是中国式的四个现代化。我们的四个现代化的概念，不是像你们那样的现代化的概念，而是“小康之家”。

12 月 10 日，国务院批转国家科学技术委员会、国家经济委员会、国务院科学技术干部局《工程技术干部技术职称暂行规定》。

12 月 16 日，国家计委印发中国人民建设银行《补充、修改部分基本建设项目大中型划分标准》。

12 月 23 日，卫生部、农业部、财政部等五部门联合发布《农村合作医疗章程（试行草案）》。

12 月 31 日，财政部发出《关于颁发文教科学卫生事业单位、行政机关“预算包干”试行办法的通知》。从 1980 年起，对文教科学卫生事业和行政机关试行“预算包干”办法。

1980 年

1 月 4—23 日，全国物价会议在北京召开。

1 月 7—25 日，中共中央纪律检查委员会第二次全体会议在北京召开。会议修改和充实了即将提交党中央通过的《关于党内政治生活的若干准则（草案）》和《关于刘少奇、瞿秋白同志的复查平反报告》等文件。

1 月 11 日—2 月 2 日，国家农委在北京召开全国农村人民公社经营管理会议。安徽省代表以《联系产量责任制的强大生命力》为题介绍了安徽农村实行包产到户的情况和好处，但多数与会代表表示还是要按现行的中央文件规定办，即“不许分田单干”，“也不要包产到户”。

1 月 16 日，邓小平在中共中央召集的干部会议上作《目前的形势和任务》的讲话，指出 80 年代要做的三件大事：第一，在国际事务中反对霸权主义，维护世界和平；第二，台湾回归祖国，实现祖国统一；第三，加紧经济建设，就是加紧四个现代化建设。

1月22日，国务院将国家经委、财政部修订的《国营工业企业利润留成试行办法》发给各地区、各部门，在试点企业中试行。办法把原定全额利润留成办法改为基数利润留成加增长利润留成办法。

1月24日，中共中央发出《关于成立中央政法委员会的通知》，决定彭真任书记，刘复之任秘书长。

1月30日，国务院下发国家计委《关于1981年国民经济计划调整意见的报告》《1981年国民经济计划主要指标调整意见》。

同日，外交部发表题为《中国对西沙群岛和南沙群岛的主权无可争辩》的文件。

2月1日，国务院下达《实行"划分收支、分级包干"财政管理体制的暂行规定》，除少数省（市、区）另实行其他办法外，均实行"划分收支、分级包干"的办法。

2月5—12日，五届全国人大常委会第十三次会议在北京召开。会议通过《关于县级直接选举工作问题的决定》。当年上半年，全国除北京外，28个省、自治区、直辖市的460个单位进行了县级直接选举试点。

2月5日，广西壮族自治区宜山县三岔公社合寨大队农民以无记名投票方式选举产生了中国第一个村民委员会。

2月9日，国务院发出《关于改革海关管理体制的决定》，提出成立中华人民共和国海关总署，作为国务院直属机构，统一管理全国海关机构和人员编制及其业务。

2月10日，中共中央召集在京党、政、军干部会议。李先念在会上作了《关于当前经济问题》的报告。

同日，国务院下发《关于拟订长期计划的通知》。

2 月 23—29 日，党的十一届五中全会在北京召开，通过《关于党内政治生活的若干准则》，会议还通过《关于为刘少奇同志平反的决议》。

2 月 29 日，国务院下发《关于改革进出口商品检验管理体制的通知》，将对外贸易部所属的商品检验管理局改为国务院直属的中华人民共和国进出口商品检验总局，由对外贸易部代管。

3 月 3—6 日，中共中央召开省市区党委第一书记座谈会，重点讨论财政问题。财政部报告 1979 年有 170 亿—180 亿元的赤字，1980 年可能有 100 多亿元的赤字。

3 月 9 日，中共中央书记处召开会议，胡耀邦提出两年的两项工作：为政局的稳定性和延续性进一步打下不可逆转的基础，为夺取四个现代化的胜利描绘出清晰的蓝图。

3 月 14 日，国务院批转国务院财贸小组《关于成立丝绸公司的意见》，同意成立丝绸总公司，实行产供销一体化。

3 月 14—15 日，中共中央召开西藏工作座谈会，讨论西藏建设的方针、任务和若干政策问题，提出有计划有步骤地使西藏兴旺发达、繁荣富裕起来。

3 月 15 日，中共中央公布《关于党内政治生活的若干准则》。

3 月 17 日，中共中央政治局常务委员会决定，成立中央财政经济领导小组，撤销原国务院财经委。

3 月 19 日，邓小平在同中央负责同志谈《关于建国以来党的若干历史问题的决议》稿起草问题时指出，中心的意思应该是三条：第一，确立毛泽东的历史地位，坚持和发展毛泽东思想。这是最核心的一条。第二，对建国 30 年来历史上的大事，要进行实事求是的分析，包括一些负责同志的功过是非，要做出公正的评价。第三，对过去的事情做个基本的总结。其中最重要、最根本、最关键的，还是第一条。

3月24—30日，谷牧受中共中央、国务院委托，在广州召开广东、福建两省会议。会议指出，中央决定对广东、福建两省在对外经济活动中实行特殊政策和灵活措施，是改革经济体制的一种试验。会议同意将原拟“出口特区”更改为“经济特区”。

3月30日—4月24日，国务院召开长期计划座谈会，主要讨论编制长期计划的方针、政策问题。会后，国家计委初步拟定了《制定长远规划的一些基本设想（汇报提纲）》。

4月1日，经国务院批准，中国银行开始发行外汇兑换券，规定自外汇兑换券发行之日起，国内禁止外币的使用和流通。外汇兑换券于1994年1月1日起停止发行，1995年1月1日起停止流通。

同日，国家计划委员会、国家经济委员会和国家劳动总局联合发布了《关于试行国营企业计件工资暂行办法（草案）的通知》，对计件工资试点工作进行指导。

同日，海关总署发言人就大陆与台湾通商中有关海关手续和征税的问题发表谈话，指出祖国大陆同台湾的贸易是地区间的物资交流。

4月2日，邓小平同胡耀邦、万里、姚依林、邓力群谈长期规划问题。

4月8日，中共中央、国务院下发《关于加强物价管理、坚决制止乱涨价和变相涨价的通知》。

4月10日，中国第一家中外合资企业——北京航空食品有限公司被批准成立，5 月 1 日公司在北京正式挂牌。首批被批准的中外合资企业还有中国迅达电梯有限公司、新疆天山毛纺织品有限公司、北京建国饭店、北京长城饭店、天津王朝葡萄酒公司等。

4 月 12 日，邓小平在会见赞比亚总统卡翁达时表示，我们坚持毛主席有关三个世界划分的理论。中国永远属于第三世界，永不称霸，坚持无产阶级国际主义，坚决反对霸权主义。

4 月 17 日，中国恢复在国际货币基金组织的合法席位。

4 月 25 日，财政部发布《关于对安置待业知青的城镇集体企业进一步减免税的通知》。

同日，中共广东省委决定成立广东省经济特区管理委员会。

4 月 25—26 日，中央财经领导小组讨论经济体制改革问题。

4 月 28 日，胡耀邦主持书记处会议讨论长期规划。姚依林汇报了国务院召开的长期规划座谈会的情况。

5 月 4 日，国家建委、计委等五部门作出《关于扩大国营施工企业经营管理自主权有关问题的暂行规定》。

5 月 5 日，邓小平会见几内亚总统杜尔时指出，社会主义经济政策对不对，归根到底要看生产力是否发展，人民收入是否增加。这是压倒一切的标准。

5 月 8 日，国务院决定成立国务院体制改革办公室，负责制订改革的总体规划，协调各方面的改革。

5 月 15 日，中国恢复在世界银行的合法席位。

同日，世界银行集团执行董事会通过决议，恢复中华人民共和国政府在国际复兴开发银行、国际开发协会和国际金融公司 3 个组织中的代表权。

5 月 16 日，中共中央和国务院批准《广东、福建两省会议纪要》，决定在广东省的深圳市、珠海市、汕头市和福建省的厦门市各划出一定范围的区域，试办经济特区。

5月17日，国务院、中央军委作出《关于民航管理体制若干问题的决定》。

5月20日，邓小平同胡乔木、姚依林、邓力群谈编制长期规划问题。

5月27日—6月1日，华国锋对日本进行正式访问。这是中国政府总理第一次访问日本。

5月31日，邓小平同胡乔木、邓力群谈农村政策问题时，肯定了安徽省肥西县和凤阳县的包产到户做法。

5月下旬，在中共四川省委的支持下，中共广汉县委在向阳公社进行人民公社体制改革试点，撤销向阳人民公社，恢复建立向阳乡党委、向阳乡人民政府。

6月11日，中共中央批转中央统战部《关于爱国人士中的右派复查问题的请示报告》。

6月21日，国务院批转国家经委等部门《关于加强现有工业交通企业挖潜、革新、改造工作的暂行办法》。

6月22日，中共中央、国务院批转国家建委党组《全国基本建设工作会议汇报提纲》。

6月30日—7月11日，国务院在北京召开海南岛问题座谈会。为了充分发挥海南的优势，会议提出当前主要靠发挥政策的威力，放宽政策，把经济搞活：对外经济活动可参照深圳、珠海市的办法，给以较大的权限；对少数民族地区生产和生活很困难的社队，在5年内免除其公购粮任务。7月24日，国务院批转《海南岛问题座谈会纪要》，指出鉴于海南岛的特殊地位，中央决定要对海南岛的经济建设给予大力支持。

7 月 8 日，国务院颁发《关于推动经济联合的暂行规定》。

7 月 11—13 日，中央财经领导小组听取和讨论国家计委《关于制订长远规划的一些设想》。

7 月 12 日，我国电子行业中由部属企业和地方企业联合组成的第一个公司——中国南京无线电公司成立。

7 月 15 日，中共贵州省委发出《关于放宽农业政策的指示》，允许在全省农村普遍推行以包干到户为主的家庭联产承包责任制。

7 月 17—20 日，邓小平在武汉听取胡耀邦、姚依林等制订长远规划的一些基本设想的汇报后指出，承认和利用不平衡，要坚持这一条，否则没有希望。搞平均主义没有希望。一部分地区先富起来，国家才有余力帮助落后地区。再研究一下，工农业总产值翻一番的时间能不能提前一点。这里有个鼓舞人心的问题。

7 月 21 日，新华社报道：截至 6 月底，全国进行扩大企业自主权试点的工业企业已达 6600 多家，占全国工业企业总数的 16%左右。产值和利润分别占 60%和 70%左右，上半年一般都实现了增产增收。

7 月 24 日，国务院批转国家进出口委等部委《关于贸易外汇内部结算价格试行办法的报告》，自 1981 年 1 月 1 日起实行。

7 月 26 日，国务院颁发《中外合资经营企业登记管理办法》《中外合资经营企业劳动管理规定》和《关于中外合营企业建设用地的暂行规定》。

8 月 2—7 日，中共中央在北京召开全国劳动就业工作会议。会议提出“三结合”就业方针：必须逐步做到允许城镇劳动力在一定范围内流动；在解决劳动就业问题上，打破由国家全包的老框框，实行在国家统筹规划和指导下，劳动部门介绍就业、自愿组织起来就业和自谋职业相结合的方针。

8月18日，邓小平在中央政治局扩大会议上发表《党和国家领导制度的改革》的讲话。

8月21日、23日，邓小平两次会见意大利记者法拉奇，回答她的提问。

8月22日，邓小平会见美国共和党副总统候选人布什时说：我们历来阐述的观点是，中美关系是全球战略的一个重要组成部分，这是一个关键性的问题，其他问题不能代替。

8月26日，五届全国人大常委会第十五次会议决定，同意在广东省深圳、珠海、汕头和福建省厦门设置经济特区，批准《中华人民共和国广东省经济特区条例》；会议决定设立国家能源委员会和通过《中华人民共和国律师暂行条例》，恢复了中断20多年的律师辩护制度。

8月28日—9月12日，全国政协五届三次会议在北京召开。全国政协主席邓小平致开幕词。大会决定对《中国人民政治协商会议章程》进行修改，邓小平任章程修改委员会主任委员。

8月30日—9月10日，五届全国人大第三次会议在北京召开。姚依林作出《关于1980、1981年国民经济计划安排的报告》。大会讨论制定发展国民经济长远规划和继续推进经济体制改革等问题；大会通过《中外合资经营企业所得税法》《个人所得税法》。

9月2日，国务院批转国家经委《关于扩大企业自主权试点工作情况和今后意见的报告》，批准从下年起把扩大企业自主权的工作，在国营工业企业中全面推开。

9月8日，国务院体制改革办公室拟订出《经济体制改革的初步意见》，提出我国现阶段的社会主义经济是生产资料公有制占优势、多种经济成分并存的商品经济，必须建立与之相适应的经济体制。要按照社会化大生产的要求，打破部门之间、地区之间的界限，组织专业公司和联合公司，主要采取经济手段来管理经济，实行计划调节与市场调节相结合，在国家计划指导下扩大企业的自主权。

9 月 10 日，五届全国人大第三次会议通过《中华人民共和国中外合资经营企业所得税法》和《中华人民共和国个人所得税法》。

9 月 14—22 日，中共中央召开省、市、自治区党委第一书记座谈会。重点讨论制订长远规划的一些基本设想，讨论关于进一步加强和完善农业生产责任制的几个问题，讨论关于经济体制改革的初步意见。姚依林、杜润生、薛暮桥分别对 3 个文件作出说明。

9 月 19 日，中共中央发出通知，对“文化大革命”中在中央、地方以及军队的报刊、文电上被错误点名批判的同志，宣布一律平反。

9 月 22 日，中共中央批转最高人民法院党组《关于复查纠正“文化大革命”期间错判死刑案件的几点意见的请示报告》，指出对“文化大革命”期间判处的死刑案件应全部复查，对其中冤杀、错杀的案件，要按照全错全平、部分错部分平的原则，实事求是地予以改判纠正。

9 月 23—24 日，中共中央书记处听取中共广东省委负责人关于广东工作的汇报。9 月 28 日，形成《中共中央书记处会议纪要》，指出中央在广东、福建两省实行特殊政策和灵活措施，目的是要充分发挥广东、福建两省的优势，使广东、福建先行一步富裕起来，成为全国“四化”建设的先驱和排头兵。

9月25日，中共中央发出《关于控制我国人口增长问题致全体共产党员、共青团员的公开信》，提倡一对夫妇只生育一个孩子。

9月26—29日，五届全国人大常委会第十六次会议在北京召开。根据最高人民检察院和最高人民法院的建议，全国人大常委会作出《关于成立最高人民检察院特别检察厅和最高人民法院特别法庭检察、审判林彪、江青反革命集团案主犯的决定》。

9月27日，根据9月14—22日省、市、自治区党委第一书记座谈会讨论加强和完善农业生产责任制问题的情况，中共中央印发《关于进一步加强和完善农业生产责任制的几个问题》。

9月30日，改革开放后中国第一家个体饭店悦宾饭店在北京东城区翠花胡同开业。

10月1日，中国首次参加在华盛顿举行的国际货币基金组织和世界银行的联合年会，中国财政部部长、世界银行中国理事王丙乾在会上发言。

10月7日，国务院批准在厦门市湖里划出2.5平方公里为经济特区，实行对外开放、对内搞活经济的特殊政策。

同日，国务院批转教育部、国家劳动总局《关于中等教育结构改革的报告》。

10月17日，国务院通过《关于开展和保护社会主义竞争的暂行规定》，于10月29日公布。

10月24日，国务院向财经领导小组汇报《关于当前经济情况和切实抓好调整，保证1981年经济稳定增长的几项重要措施》。

10月30日，国务院颁发《关于管理外国企业常驻代表机构的暂行规定》。

10月—12月，世界银行代表团对中国进行了第一次大规模的经济考察，写出题为《中国：社会主义经济的发展》的考察报告。

11 月，陈云在中央纪律检查委员会召开的第三次贯彻《关于党内政治生活的若干准则》座谈会期间指出，执政党的党风问题是有关党的生死存亡的问题，党风问题必须抓紧搞、永远搞。

11 月 12 日，国家经委、财政部、建设银行联合发出关于印发《工业交通企业挖潜、革新、改造资金试行贷款的暂行规定》的通知。

11 月 15 日，国务院在北京召开全国省长、市长、自治区主席会议和全国计划会议，讨论经济形势，调整 1981 年计划。

11 月 18 日，国务院批转国家计委、国家建委、财政部、中国人民建设银行《关于实行基本建设拨款改贷款的报告》。

11 月 20 日—翌年 1 月 25 日，最高人民法院特别法庭开庭审判林彪、江青反革命集团案。

11 月 23 日，中共中央转发山西省委《关于农业学大寨运动中经验教训的检查报告》。中央在批语中指出，“文化大革命”以来，大寨和昔阳县推行“左”倾路线，主要应由陈永贵负责。在全国范围内推行大寨经验的错误，主要责任在当时的党中央。

11 月 24 日，邓小平会见西班牙共产党总书记卡里略。

11 月 28 日，姚依林向中共中央政治局常委和中共中央书记处汇报《关于 1981 年财政、信贷平衡和基本建设安排的初步设想》，提出一步退够的方案。

12 月 6 日，厦门经济特区管理委员会成立。

12 月 7 日，国务院下发《关于严格控制物价、整顿议价的通知》。

12 月 9 日，国务院批转《全国城市规划工作会议纪要》，并在批示中指出控制大城市规模，合理发展中等城市，积极发展小城市。

12月10日，国务院批准《中华人民共和国中外合资经营企业所得税法施行细则》《中华人民共和国个人所得税法施行细则》。

12月16—25日，中共中央工作会议在北京召开，主要讨论经济形势和经济调整问题，确定在经济上实行进一步调整、政治上实行进一步安定的方针。

12月18日，国务院公布《中华人民共和国外汇管理暂行条例》。

12月30日，国务院批转财政部《关于进出口商品征免工商税的规定》。

1981年

1月5日，中共中央要求认真贯彻执行中央工作会议确定的经济上进一步调整、政治上进一步安定的方针。

1月7日，国务院印发《关于加强市场管理打击投机倒把和走私活动》的指示。

1月8日，国务院下发《关于控制各单位上年结余存款的紧急通知》。

1月16日，国务院印发《关于正确实行奖励制度、坚决制止滥发奖金的几项规定》。

同日，国务院公布《中华人民共和国国库券条例》。财政部开始发行国库券，标志着国债重新恢复发行。

1月21日，国务院公布《技术引进和设备进口工作暂行条例》。

1月26日，国务院印发《关于平衡财政收支、严格财政管理的决定》。

1月29日，中共中央印发《关于当前报刊新闻广播宣传方针的决定》。

同日，国务院印发《关于切实加强信贷管理严格控制货币发行的决定》。

1 月 30 日，国务院下发国家计委《关于 1981 年国民经济计划调整意见的报告》和《1981 年国民经济计划主要指标调整意见》。

同日，国务院发布《关于调整农村社队企业工商税收负担的若干规定》。

2 月 20 日，中共中央、国务院作出《关于加强职工教育工作的决定》。

同日，中国人民银行发出通知，实行“信贷差额包干办法”。

2 月 24 日，国务院作出《关于在国民经济调整时期加强环境保护工作的决定》。

2 月 26 日—3 月 12 日，经国务院批准，国家经委和国务院体制改革办公室联合召开工业管理体制改革座谈会。4 月 1 日，国务院批转《工业管理体制改革座谈会汇报提纲》，并发出通知。

3 月 3 日，国务院印发《关于加强基本建设计划管理、控制基本建设规模的若干规定》。

3 月 4 日，国务院批转国家机械工业委员会《关于机械工业调整几个问题的汇报提纲》。

3 月 6 日，国家经济委员会公布《工矿产品合同试行条例》，规定产品合同具有法律效力。

3 月 10 日，国家计委召开国务院各部、委、总局主管计划工作的负责同志会议，姚依林讲关于拟订“六五”计划和十年设想的有关问题。

同日，财政部发出《关于国营工业企业试行以税代利的几项规定》，提出试点企业原来向国家缴纳的利润，改为征收资源税、收入调节税、所得税、固定资金占有费和流动资金占用费。

3月18日，邓小平听取邓力群、吴冷西汇报胡乔木对历史决议稿的修改意见，指出决议稿的轮廓可以定下来了。

3月27日，邓小平听取韦国清、梁必业、华楠汇报解放军学习贯彻1980年12月中央工作会议精神的情况，着重就反对错误思想倾向问题发表谈话。指出解放思想，也是既要反“左”，又要反右。我们当时提出解放思想，是针对“两个凡是”，重点是纠“左”。但是，现在的问题是，要更多地宣传坚持四项基本原则。对“左”的错误思想不能忽略，它的根子很深，重点是纠正指导思想上“左”的倾向，但只是这样还不能完全解决问题，同时也要纠正右的倾向。

3月30日，中共中央、国务院转发国家农委《关于积极发展农村多种经营的报告》并发出通知指出开展多种经营，要发挥集体和个人两个积极性。

4月1日，国务院批转国家经济委员会、国务院体制改革办公室《关于工业管理体制改革座谈会汇报提纲》及3个附件。

4月10日，国务院办公厅转发国家城市建设总局等单位提出的《关于组织城镇职工、居民建造住宅和国家向私人出售住宅经验交流会情况的报告》。

4月15—25日，国务院在上海召开全国工业交通工作会议。

4月16日，中共中央、国务院转发国家科委党组《关于我国科学技术发展方针的汇报提纲》。

4月16—25日，中国社会科学院工经所和四川省社科院联合举办的全国经济管理体制改革理论与实践问题讨论会在成都举行。

4月18日，邓小平同朝鲜劳动党中央委员会总书记、国家主席金日成会谈。

5月4日，国务院作出《关于社队企业贯彻国民经济调整方针的若干规定》。

5月8日，陈云在《提拔培养中青年干部是当务之急》一文中提出，从现在起，就成千上万地提拔培养中青年干部。7月2日，邓小平在省、市、自治区党委书记座谈会上说：陈云同志这个建议我双手拥护。

5月18日，国务院批转轻工业部《关于实行烟草专营的报告》。

5月19日，邓小平在中共中央政治局扩大会议上讲话，对《关于建国以来党的若干历史问题的决议》的起草情况作说明。

5月20日，国家经济委员会、国务院体制改革办公室等十部门联合印发《贯彻落实国务院有关扩权文件，巩固提高扩权工作的具体实施暂行办法》。

5月23日，新华社报道：1979、1980两年，全国建设竣工的城市住宅面积达8500多万平方米，相当于新中国成立31年间城市新增住宅面积的23%。

6月3日，国务院批转国家进出口管理委员会《关于当前对外经济贸易如何为国民经济调整服务的报告》。

6月12日，国务院体制改革办公室提出《关于调整时期经济体制改革的意见》，强调要解决国民经济比例严重失调问题，一是靠调整，二是靠改革，近期内主要靠调整，经济工作要以调整为中心。只有集中力量搞好调整，整个经济工作才能变被动为主动。

6月22日，在党的十一届六中全会预备会期间，邓小平再次论述了经过多次修改的《关于建国以来党的若干历史问题的决议》。

6月27—29日，党的十一届六中全会在北京召开。全会审议和通过《关于建国以来党的若干历史问题的决议》。

7月2—4日，中共中央召开省、市、自治区党委书记座谈会。邓小平在讲话中指出，选拔培养中青年干部是个战略问题，是决定我们命运的问题。他要求把这个问题当作第一位的任务来解决。

7月2日、5日，国务院总理召集薛暮桥、马洪、刘明夫、房维中、梅行、吕培俭、刘礼欣、邱晴、杨培新等同志，研究怎样在调整中把经济搞活，解决国民经济有一定的发展速度的问题，提出筹集国内资金和利用外资进行必要建设的问题，提出企业包干，提出生财、聚财、用财之道的问题。

7月3日，邓小平会见阿曼德·哈默率领的美国西方石油公司代表团，重申在经济调整期间，中国对外开放的政策不变。

同日，邓小平在中共省、市、自治区委员会书记座谈会上讲中外经济合作问题。

7月7日，国务院发布《关于城镇非农业个体经济若干政策性规定》。

7月13日，中共中央、国务院转发中华全国总工会、国家经委、中组部制定的《国营工业企业职工代表大会暂行条例》。

7月19日，中共中央、国务院批转《广东、福建两省和经济特区工作会议纪要》。

7月20日，中共中央纪律检查委员会发出通告，要求各级纪委严格执行党的纪律，杜绝“关系户”不正之风。

7月22日，国务院批复同意成立中国包装总公司。

7月28日，新华社报道：我国四年已安排了2900万城镇劳动力就业。

7 月 31 日，国务院批准国家体改办《关于湖北省沙市经济体制改革综合试点报告》。沙市是全国第一个经济体制改革综合试点城市。

8 月 3 日，中共中央、国务院批转《东南沿海三省第二次打击走私工作会议纪要》。

8 月 8 日，国务院转发国家计委、国家经委、工商行政管理总局、国家物资总局制订的《关于工业生产资料市场管理暂行规定》。

8 月 15 日，中共中央发出《关于关心人民群众文化生活的指示》。

8 月 22 日—9 月 1 日，国务院在北京召开全国工业交通工作座谈会。

8 月 26 日，邓小平会见台湾、香港知名人士傅朝枢，进一步阐述了中央政府对台湾的政策。

8 月 28 日，国务院召开常务会议，听取国家经委关于全国工交座谈会情况的汇报。

9 月 5 日，国务院批转财政部《关于改革工商税制的设想》。

9 月 9 日，国务院批转经济法规研究中心《关于加强经济立法工作的几点建议》。

9 月 15 日，国务院批转国家统计局《关于加强和改革统计工作的报告》。

9 月 29 日，中央财经领导小组扩大会议召开，会议议定对于部分地区要求把目前实行的“划分收支、分级包干”办法，改为实行“总额分成、比例包干”的办法，可以同意。愿意实行原来办法的，也可以不改。不搞“一刀切”。京、津、沪三大市继续实行“总额分成，一年一定”的办法，目前不要变动。

9月30日，叶剑英向新华社记者发表谈话，就关于台湾回归祖国，实现和平统一问题提出九条方针政策。

10月8日、10日、12日、13日，中共中央政治局召开扩大会议，讨论第六个五年计划控制数字。

10月9日，国务院印发《关于加强旅游工作的决定》。

10月15日，经国务院批准，恢复宝安县建制，即深圳市分辖深圳经济特区和宝安县。

同日，厦门经济特区在湖里正式动工兴建。

10月17日，中共中央、国务院作出《关于广开门路，搞活经济、解决城镇就业问题的若干决定》。

10月28日，国务院批转国家经委《关于加强领导抓好企业整顿工作的意见》，批准整顿企业的6条标准。

10月28日—11月18日，国务院召开全国计划会议，制订1982年计划，座谈“六五”计划。

10月29日，国务院转发国家经济委员会、国务院体制改革办公室《关于实行工业生产经济责任制若干问题的意见》。

10月31日，湖北省沙市制定了经济体制综合改革方案和若干单项改革方案，开始进行试点。

11月6日，国务院同意建立的国内第一个跨行业大型企业联合体——上海高桥石油化工公司成立。

11月11日，国务院批转国家经委、国务院体改办、国家计委、财政部、劳动总局、中国人民银行和中华全国总工会联合制定的《关于实行工业生产经济责任制若干问题的暂行规定》。

11月14日，汕头经济特区管理委员会成立。

11月17日，广东省五届人大常委会第十三次全体会议通过广东省经济特区四个管理暂行规定，即入境出境人员、企业登记、企业劳动工资、土地管理暂行规定，自 1982 年 1 月 1 日起施行。

11 月 26 日，五届全国人大常委会第二十一次会议通过决议，授权广东省福建省人大及其常委会制定所属经济特区的各项单行经济法规，并报全国人大和国务院备案。

11 月 30 日—12 月 13 日，五届全国人大第四次会议在北京召开。会议通过国务院总理在会上作的政府工作报告《当前的经济形势和今后经济建设的方针》，通过《中华人民共和国经济合同法》和《中华人民共和国外国企业所得税法》；原则批准《中华人民共和国民事诉讼法（草案）》。

12 月 3 日，中共中央、国务院、中央军委作出《关于恢复新疆生产建设兵团的决定》。

12 月 13 日，五届全国人大第四次会议通过《中华人民共和国经济合同法》和《中华人民共和国外国企业所得税法》，分别自 1982 年 7 月 1 日和 1982 年 1 月 1 日起施行。

12 月 15 日，国家建委、财政部、劳动总局、建设银行颁发《关于施工企业推行经济责任制的若干规定》。

12 月 16 日，珠海经济特区管理委员会成立。

12 月 23 日，中国投资银行在北京正式成立。

12 月 28 日，国务院批转国家进出口委、国家计委制定的《关于部分物资计划外出口实行许可证办法的请示报告》，拟划出石油、煤炭、钢材、生铁、有色金属、木材、粮食等 11 类紧缺物资，对计划外出口实行许可证办法。

12 月 30 日，国务院下发《关于严格控制农村劳动力进城做工和农业人口转为非农业人口的通知》。

12月31日，国务院批复同意成立中国汽车工业公司。

1982年

1月1日，中共中央批转《全国农村工作会议纪要》，肯定包产到户等各种生产责任制都是社会主义集体经济的生产责任制。

1月2日，中共中央、国务院作出《关于国营工业企业进行全面整顿的决定》，要求从1982年起，用两三年时间，分期分批地对所有国营工业企业进行全面的整顿工作。

同日，中共中央、国务院公布《国营工厂厂长工作暂行条例》。

1月11日，邓小平会见美国华人协会主席李耀滋，首次提出“一个国家、两种制度”的概念。1983年6月26日，邓小平会见美国新泽西州西东大学教授杨力宇，提出实现大陆和台湾和平统一的六条方针。

同日，中共中央发出《紧急通知》，传达中共中央政治局常委关于对一些干部走私贩私，贪污受贿，把大量国家财产窃为己有等严重违法犯罪行为采取紧急措施的指示。

1月11—13日，中共中央政治局召开会议，讨论中央机构精简问题。

同日，邓小平在中共中央政治局扩大会议上讲话时提出干部队伍革命化、年轻化、知识化、专业化的“四化”方针。

1月13日，国务院下发《关于实行粮食征购、销售、调拨包干一定三年的通知》，决定从1982年粮食年度开始，对各省、市、自治区实行粮食征购、销售、调拨包干一定三年的办法。

1月14日，胡耀邦在中共中央书记处会议上作题为《关于对外经济关系问题》的发言。

1 月 15 日，中共中央、国务院批转《沿海九省、市、自治区对外经济贸易工作座谈会纪要》。

同日，经国务院批准，国产机械手表、黑白电视机、半导体收音机和弹力呢等纯涤纶织物 4 类商品开始陆续降低零售价格。

1 月 22 日，《人民日报》报道：首钢实行经济责任制，经济效益明显提高。产值利润率由 1980 年创造历史最高水平 34.3%上升到 38.3%。在国内十大钢铁联合企业中名列第一。

1 月 30 日，国务院公布《中华人民共和国对外合作开采海洋石油资源条例》。

2 月 6 日，国务院公布《广告管理暂行条例》。

2 月 13 日，国务院公布《村镇建房用地管理条例》。

2 月 17 日，国务院批准《中华人民共和国外国企业所得税法施行细则》。

2 月 20 日，中共中央作出《关于建立老干部退休制度的决定》。

2 月 20 日—3 月 4 日，国务院在天津召开全国工业交通工作会议，会议决定打破地区、部门之间的经济封锁，提倡各地区在产品质量、价格、花色品种等方面开展竞赛。

2 月 22 日—3 月 8 日，五届全国人大常委会第二十二次会议在北京举行，会议通过《关于国务院机构改革问题的决议》《关于严惩严重破坏经济的罪犯的决定》《中华人民共和国民事诉讼法（试行）》。

2 月 25 日，国务院体制改革办公室制定《经济体制改革的总体规划》，提出改革的目标是建立一个社会主义公有制占绝对优势、多种经济成分并存、适应商品生产发展的计划经济体制。初步设想，完成上述改革，需要 8—10 年的时间，实施步骤拟分两个阶段：1982 年到 1985 年，抓好改革的各项准备工作，同时进行必要和可能的改革；1986 年到 1990 年，按照全国经济体制改革方案的要求进行全面的改革。

3 月 1 日，中共中央批转《广东、福建两省座谈会纪要》。

3 月 2 日，国务院向人大常委会作关于国务院机构改革问题的报告，提出成立国家经济体制改革委员会，负责体制改革的总体设计；国家经委负责当年经济体制改革工作的组织实施。

3 月 4 日，全国工业交通工作会议提出，经济体制改革，必须坚持大计划、小自由，大集中、小分散，摆正全国一盘棋和发挥地方积极性的关系。

3 月 5 日，国务院批转国家进出口委、国家计委、外贸部、国家外汇管理总局《关于修订〈出口商品外汇留成试行办法〉的报告》和新修订的《出口商品外汇留成试行办法》。

3 月 8 日，五届全国人大常委会第二十二次会议通过《关于国务院机构改革问题的决议》。这是改革开放以来首次对国务院机构实行大范围裁减、合并。会议还通过《关于严惩严重破坏经济的罪犯的决定》，并对《中华人民共和国刑法》的一些相关条款作了相应的补充和修改。

3 月 16 日，国务院公布《合理化建议和技术改进奖励条例》。

同日，国务院发布《关于全国性专业公司管理体制的暂行规定》，提出所有全国性专业公司不列入国务院行政机构，分别由有关部门领导；公司在经营管理上有自主权，成为经济实体。

3 月 30 日，国务院召集薄一波、杜星垣、薛暮桥、马洪、安志文、周太和，研究成立国家经济体制改革委员会的问题，同意机构设置、人员编制和主要负责人的建议名单，并同意当前应抓好的几项主要工作。31 日，将两个报告（“机构设置和人员编制的意见”和“主要负责人建议名单”）上报。

4 月 6 日，邓小平会见英国前首相希思时说：香港的主权是中国的。中国要维护香港作为自由港和国际金融中心的地位，也不影响外国人在那里的投资，在这个前提下，由香港人，包括在香港的外国人管理香港。我们新宪法有规定，允许建立特别行政区，由香港人自己组成政府，不管是华人，英国人或其他人都可以参加，可以作政府雇员嘛，甚至成为香港政府的成员都可以考虑。各种制度也不变，对外可用“中国香港”的名字发展民间关系，如贸易、商业关系。在谈到 1997 年收回香港的问题时，他指出，如果中国那时不把香港的主权收回来，我们这些人谁也交不了账。

4 月 10 日，邓小平在中共中央政治局讨论中共中央、国务院《关于打击经济领域中严重犯罪活动的决定》的会议上讲话指出，在实现四个现代化过程中，我们要有两手：一手就是坚持对外开放和对内搞活经济的政策，一手就是坚决打击经济犯罪活动。没有打击经济犯罪活动这一手，不但对外开放政策肯定要失败，对内搞活经济的政策也肯定要失败。

同日，国务院发布《关于老干部离职休养制度的几项规定》《关于在工业品购销中禁止封锁的通知》。

4 月 13 日，中共中央、国务院公布《关于打击经济领域中严重犯罪活动的决定》。

4 月 13 日、20 日，中央财经领导小组听取和讨论国家计委《关于拟订“六五”计划中几个问题的请示汇报》，提议“六五”后 3 年财政收入占国民收入的比重以保持 28%为宜。

4 月 17 日，国务院批转国家建委、国家城建总局《关于城市出售住宅试点工作座谈会的情况报告》，要求搞好“城市住宅试行出售给职工”的试点。明确在常州、郑州、沙市、四平4个城市进行试点。

4月22日—5月4日，五届全国人大常委会第二十三次会议召开。彭真受叶剑英委托在会上作《关于中华人民共和国宪法修改草案的说明》。会议决定公布《中华人民共和国宪法修改草案》，通过《关于国务院部委机构改革实施方案的决议》，同意国务院部委机构改革实施方案，新设立劳动人事部等部委。并原则批准《国家建设征用土地条例》，自5月14日起施行。

4月24日，中共中央发出《关于国家经济体制改革委员会领导干部任职的通知》，明确国家体改委主任由国务院总理兼任，第一副主任薄一波，副主任杜星垣（兼）、周太和、安志文、童大林，顾问薛暮桥、马洪（兼），秘书长周太和（兼），副秘书长廖季立、董峰。

同日，国务院体制改革办公室《关于国家经济体制改革委员会的机构设置与人员编制方案的请示》上报国务院。先设立办公室、理论研究组、总体规划组、协调组、调查研究组，干部暂定100人。

4月27日，国务院办公厅印发国务院总理对《从首钢看体制改革问题》一文的批语：同意按文中意见在首钢试点（最好上缴利润递增率再略高一点）。在重庆搞综合试点，原则同意。根据这一批示，确定首钢上交利润递增包干由5%提高为6%。这是全国进行改革试点的第一家实行承包的国营企业。

4月29日，全国第一所集体所有制民办大学——中华社会大学在北京成立。

4月30日，国务院原则批准《常州市经济体制综合改革初步规划》，要求尽快制订具体实施方案。常州市是国家体改委最早抓的两个试点城市之一。

5 月 4 日，国务院任命薄一波（兼）、杜星垣（兼）、安志文、周太和、童大林同志为国家经济体制改革委员会副主任。国家经济体制改革委员会（简称国家体改委）正式成立，其任务主要是负责制订改革的总体规划，加强对全国经济体制改革的指导和协调工作。

5 月 5 日，国务院下发《关于国家计委、国家经委、国家科委分工的通知》。

5 月 6 日、7 日，打破部门和地区界限，按行业实行联合和改组的专业公司——中国船舶工业总公司和中国汽车工业公司相继成立。

6 月 17 日，国务院作出《关于疏通城乡商品流通渠道，扩大工业品下乡的决定》，指出改变过去工业品流通按城乡分工的体制为商品分工、城乡通开的新体制。

7 月 3 日，国家计委就工业企业联合改组问题作出汇报。

7 月 4 日，邓小平在军委座谈会上讲体制改革问题时强调，重要的是选拔人才，要使好的比较年轻的干部早点上来，好接班。这件事要放在我们经常的日程中间。不解决选拔人才的问题，我们交不了班。

7 月 10—24 日，中共中央召开全国政法工作会议。

7 月 11—16 日，苏联东欧经济体制改革座谈会在杭州莫干山召开。

7 月 13 日，胡耀邦、薄一波对国家体改委第 5 号简报《江苏省部分小商品试行协商定价取得良好效果》一文作出批示。胡耀邦指出，“很值得我们重视……看能不能有准备有步骤地推行……，避免一哄而起”。

7月14日，国务院批转中国人民银行《关于人民银行的中央银行职能及其与专业银行的关系问题的请示》。

7月21日—8月17日，国务院召开全国计划会议，讨论“六五”计划和1983年计划控制数字。

7月26日，邓小平同姚依林、宋平谈“六五”计划和长期规划时指出，体制改革，中心应当抓住两条：第一条是建立起管理体制、责任制，制定出规章制度、定额，等等；第二条是解决好领导班子，选出“明白人”组成领导班子。这一条可能比第一条更重要。

7月30日，邓小平在中共中央政治局扩大会议上提出，设顾问委员会是废除领导职务终身制的过渡办法。

8月6日，党的十一届七中全会在北京召开，审议通过中央委员会向党的第十二次全国代表大会的报告和《中国共产党章程（修改草案）》。

同日，国务院公布《物价管理暂行条例》。

8月9日，国务院公布《工商企业登记管理条例》，规定工商企业登记主管机关，在中央是国家工商行政管理局，在地方是省、自治区、直辖市和市、县工商行政管理局。

8月17日，中美两国政府就分步骤直到最终彻底解决美国向台湾出售武器问题发表《中华人民共和国和美利坚合众国联合公报》（通称“八一七公报”）。这是中美两国政府继1972年上海公报和1979年建交公报之后发表的第三个关于中美关系的重要公报。

8月21日，邓小平在会见联合国秘书长德奎利亚尔时谈到，中国的对外政策是一贯的，第一是反对霸权主义，第二是维护世界和平，第三是加强同第三世界的团结和合作。我们摆在第一位的任务是在本世纪末实现现代化的一个初步目标，这就是达到小康的水平。

8 月 23 日，五届全国人大常委会第二十四次会议通过《中华人民共和国商标法》，并批准《国务院直属机构改革实施方案》。

9 月 1—11 日，中国共产党第十二次全国代表大会举行。邓小平在致开幕词时提出，把马克思主义的普遍真理同我国的具体实际结合起来，走自己的道路，建设有中国特色的社会主义。大会通过的报告《全面开创社会主义现代化建设的新局面》，提出分两步走，在 20 世纪末实现工农业年总产值翻两番的目标。大会通过新的《中国共产党章程》。大会决定设立中央顾问委员会。

9 月 12—13 日，党的十二届一中全会选举胡耀邦为中央委员会总书记，决定邓小平为中央军委主席，批准邓小平为中央顾问委员会主任，批准陈云为中央纪委第一书记。

9 月 13 日，中央顾问委员会举行第一次全体会议。邓小平当选为中央顾问委员会主任，邓小平指出，中央顾问委员会是一种过渡性的组织形式，我们的国家也好，党也好，最根本的应该是建立退休制度。

同日，国家计委向中共中央书记处汇报《关于“六五”计划财政平衡问题的请示》。

9 月 16 日，国务院批转国家物价局等部门《关于逐步放开小商品价格实行市场调节的报告》。

9 月 18 日，邓小平在陪同来访的朝鲜劳动党中央总书记金日成赴四川访问途中指出，社会主义是共产主义的第一阶段，落后国家建设社会主义，在开始一段很长时间内生产力水平不如发达的资本主义国家，不可能完全消灭贫穷，所以，社会主义必须大力发展生产力，逐步消灭贫穷。

9 月 20 日，经国务院批准，中国人民银行从 9 月下旬开始在国内市场恢复销售黄金饰品。

9月24日，邓小平会见英国首相撒切尔夫人，阐述中国政府对香港问题的基本立场。指出，主权问题不是一个可以讨论的问题。1997年中国将收回香港。如果在15年的过渡时期内香港发生严重的波动，中国政府将被迫不得不对收回的时间和方式另作考虑。如果说宣布要收回香港就会像夫人说的“带来灾难性的影响”，那我们要勇敢地面对这个灾难，做出决策。香港继续保持繁荣，根本上取决于中国收回香港后实行适合于香港的政策。

10月3日，中共中央、国务院制定《关于中央党政机关干部教育工作的决定》。

10月5—13日，国家体改委召开的常州、沙市经济体制综合改革试点工作座谈会在北京举行。会议同意常州市实行递增3%利润包干。经国务院领导批准，11月3日，国家体改委印发了会议纪要。

10月15日，国家体改委、国家经委、财政部联合召开的工业经济责任制座谈会在北京举行。经讨论提出《关于当前完善工业经济责任制的几个问题》。

10月16日，国家工商行政管理局在武汉召开全国小商品市场现场会，推广武汉市汉正街小商品市场的经验。

10月17日，中共中央、国务院批转农牧渔业部《关于加速发展淡水渔业的报告》。

10月20日—11月10日，全国商业工作会议在北京召开。会议决定改变国营商业独家经营的做法，放宽政策，改革商业体制，打开商业工作的新局面。

10月27日，国务院颁布《关于解决企业社会负担过重问题的若干规定》，规定指出今后随着经济管理体制的改革，在安排年度和长远计划中，对城市、矿区、林区各项建设事业要进行综合平衡，统筹解决。

10 月 29 日，国家体改委拟定《关于“六五”期间和 1983 年经济体制改革的汇报提纲》，指出“六五”后三年要着重搞好以下改革：第一，改进计划体制，形成有效的宏观经济管理制度；第二，按照经济合理原则组织商品流通，基本形成有利于产需衔接的流通体制；第三，初步建立有利于科学技术进步、智力开发和人才合理使用的科技、教育、劳动体制；第四，以国营经济为主导，发展多种经济形式和灵活多样的经营方式；第五，着手建立以城市和工业基地为中心的经济区，改善部门分割、地区封锁的状况。

11 月 8 日，国务院批转国家体改委、国家经委、财政部《关于当前完善工业经济责任制的几个问题的报告》。

11 月 10 日，国家计委向财经领导小组汇报关于全国计划会议讨论情况。

11 月 12—19 日，五届全国人大常委会第二十五次会议召开，审议通过《中华人民共和国文物保护法》《中华人民共和国卫生法（试行）》。

11 月 26 日—12 月 10 日，五届全国人大第五次会议召开，通过第四部《中华人民共和国宪法》，批准《中华人民共和国国民经济和社会发展第六个五年计划》和《1983 年国民经济和社会发展计划》，通过《中华人民共和国代表大会组织法》《中华人民共和国国务院组织法》。会议还通过关于本届全国人大常委会职权的决议。

11 月 30 日，国务院召开常务会议，讨论关于国营企业上交利润改为征收所得税的问题。

12月1日，中共中央、国务院下发《关于征集国家能源交通重点建设基金的通知》。

12月3日，中共中央、国务院批转《当前试办经济特区工作中若干问题的纪要》。

12月4日，国务院下发《关于改进“划分收支、分级包干”财政管理体制的通知》，规定从1983年起，除广东、福建两省外，对其他省、自治区一律实行收入按固定比例总额分成的包干办法。

12月7日，中共中央发出《关于地方党政机关机构改革若干问题的通知》，提出在经济发达地区实行地市合并，市管县、管企业，省一般不直接管理工业企业，发挥中心城市的作用。

12月9日，国务院批准成立东北内蒙古煤炭工业联合公司。这是全国第一个跨省区煤炭联合企业。

同日，中国代表团团长、外交部副部长韩叙在第三次联合国海洋法最后会议上宣布，中国政府决定正式签署《联合国海洋法公约》。

12月24日，国务院印发《关于严格控制固定资产投资规模的补充规定》。

12月31日，中央政治局会议讨论并通过《当前农村政策的若干问题》。杜润生在会上作出说明。

同日，中共中央、国务院下发《关于降低化学纤维织品价格和提高棉纺织品价格的通知》。

1983年

1月2日，中共中央印发《当前农村经济政策的若干问题》。

1月9日，《人民日报》发表社论《适当发展个体经济是经济生活的需要》。

1 月 12 日，邓小平同国家计委、国家经委和农业部门负责同志谈话。邓小平称赞一号文件很好，政策问题解决了。农村、城市都要允许一部分人先富裕起来，勤劳致富是正当的。一部分人先富裕起来，一部分地区先富裕起来，是大家都拥护的新办法，新办法比老办法好。

1 月 17—18 日，中共中央书记处会议听取国家经委汇报上交利润递增包干试点情况。

1 月 18 日，国家体改委提出《关于国营大中型企业不再扩大上交利润递增包干的意见》。

1 月 20 日，胡耀邦在全国职工思想政治工作会议上发表《四化建设和改革问题》，指出改革的总方针应当是：从实际出发，全面而系统地改，坚决而有秩序地改。

1 月 21 日，国务院下发《关于严格贯彻执行〈国家建设征用土地条例〉的通知》。

1 月 26 日—2 月 2 日，新中国成立以来首次全国农村科技工作会议在北京举行。

1 月 28 日，国务院科技领导小组在北京成立。

2 月 1 日，卢火根个人承包经营了江西省丰城县硫酸磷肥厂。继卢火根之后，各地大量的中小国营企业都实行了个人承包制。

2 月 3 日，国务院批准试行国家计委《关于对商品粮基地建设进行改革试点的报告》，计划在“六五”后 3 年先在安徽、江西、湖南、湖北、江苏、河南、黑龙江、吉林 8 省，选择 50 个县进行试点，联合建设 50 个商品粮基地。

2 月 5 日，国务院发布《城乡集市贸易管理办法》。

同日，中国经济体制改革研究会正式成立。

2月8日，中共中央、国务院批准四川省委、省人民政府《关于在重庆市进行经济体制综合改革试点意见的报告》，4月4日，国务院办公厅转发国务院原则同意四川省政府转报的《关于贯彻落实中央指示搞好重庆市综合改革试点的报告》，明确重庆市在国家计划中实行单列，赋予相当于省级经济管理权限。

2月11日，国务院召开常务会议，讨论国营企业实行利改税问题。

同日，国务院批转国家体改委、商业部《关于改革农村商业流通体制若干问题的试行规定》，规定实行多种经营形式、多种经营方式、多种流通渠道，改变统得过多、独家经营、渠道单一的做法。

2月15日，中共中央、国务院下发《关于地市州党政机关机构改革若干问题的通知》。文件指出主要办法是：实行地、市合并，由市领导县；还可以扩大大中城市郊区，让它们多带几个县；把新兴工矿区或城镇改为市，管辖一部分农村；县、市（镇）合并，以及其他适当办法。

2月17日，国务院批转农牧渔业部《关于发展农垦农工商联合企业若干问题的规定》。

2月19日，中共中央、国务院批准成立中国石油化工总公司。

2月22日，《劳动人事部关于积极试行劳动合同制的通知》出台。试行劳动合同制，打破“铁饭碗”成为用工制度方面破旧创新的一项重要改革。

2月28日，国务院批转财政部《关于国营企业利改税试行办法（草案）的报告》。

2月28日—3月5日，五届全国人大常委会第二十六次会议召开，通过县级以下人民代表大会代表直接选举的若干规定。

3 月 3 日，国家计委、国家经委、劳动人事部、建设银行印发《基本建设项目包干经济责任制试行办法》。

3 月 5 日，中共中央、国务院发出《关于发展城乡零售商业、服务业的指示》。

3 月 7 日，《经济日报》报道，据统计，各地供销社体制改革试点县已有 613 个，占总县数的 31%。其中建立县联社的 237 个。

3 月 8 日，国务院物价小组成立，张劲夫任组长。

3 月 12 日，中共中央、国务院最近批准成立中国石油化工总公司。

3 月 16 日，国务院批转国家经委、经贸部《关于进一步办好中外合资经营企业的报告》，提出 1982 年底，全国已批准中外合资企业 48 家，投资总额 2.22 亿美元，其中吸收外资 1.02 亿美元。

3 月 17—29 日，财政部在北京召开全国利改税工作会议。会议决定自 1983 年 6 月 1 日起，国营企业全面试行利改税。

3 月 17 日，中共中央政治局常委、中央书记处召开会议，听取国家计委、国家经委党组关于当前经济中的几个问题的汇报。

3 月 18 日，国务院决定成立中国光大实业公司。

3 月 21 日—4 月 1 日，国务院在北京召开全国工业交通会议，强调当前主要是对国营企业推行以税代利的改革，坚持以提高经济效益为中心，实现速度和效益的统一；继续贯彻执行调整、改革、整顿、提高的八字方针，加快改革步伐，促进企业的整顿和调整。

3 月 24 日，在全国工交会议上，姚依林传达《中央常委、书记处会议决定》（1983 年 3 月 17 日）：中共中央政治局和书记处一切有关各项经济财政工作的决定，一概由中央财经小组和国务院负责宣布和执行；对于某些特别重大问题的决定，可由中共中央和国务院联名宣布。但凡政府工作，仍由国务院负责执行。

3月25日，国务院召开常务会议，听取王丙乾关于利改税问题的汇报，原则同意财政部《关于利改税问题的汇报提纲》中请示的问题意见。

同日，国务院原则同意交通部《关于长江航运体制改革方案》。

同日，国家体改委、国家经委、商业部、纺织部发出《关于对纺织品（包括针棉织品）实行产销结合试点的通知》，确定先在北京、天津、江苏3省市试行。

3月，江苏省结合行政机构改革，率先实行撤销地区，由市领导县的新体制。

4月1日，中共中央、国务院批转《加快海南岛开发建设问题讨论纪要》。

同日，国务院公布《国营工业企业暂行条例》，规定国营工业企业是社会主义全民所有制的经济组织，企业实行党委领导下的厂长（经理）负责制和党委领导下的职工代表大会制。

同日，国务院批准成立中国有色金属工业总公司。

4月2日，国务院制定关于台湾同胞到经济特区投资的特别优惠办法。

4月12日，国务院发布《国营企业利改税试行办法》。

4月13日，国务院发布《关于城镇劳动者合作经营的若干规定》《〈关于城镇非农业个体经济若干政策性规定〉的补充规定》《关于城镇集体所有制经济若干政策问题的暂行规定》。上述文件指出城镇个体经济是公有制经济的必要的、有益的补充，城镇集体所有制经济是社会主义公有制经济的一个重要组成部分，是我国基本的经济形式之一。

4 月 15 日，国务院批转国家经委、劳动人事部、财政部《关于当前推行经营责任制工作中有关工资奖金问题的报告》。

4 月 24 日，国务院批转财政部制定的《关于国营企业利改税试行办法》，将国营企业原来给国家上缴利润的办法，改为按国家规定的税种和税率向国家缴纳税金。

4 月 27 日，经国务院批准，由财政部制订的《关于国营企业利改税试行办法》下发各地。

4 月 28 日，国务院批转教育部、国家计委《关于加速发展高等教育的报告》。

同日，国务院召开常务会议，讨论银行问题。

4 月 29 日，财政部颁发《关于对国营企业征收所得税的暂行规定》，规定从当年开始对大中型国营企业按实现利润的 55%征收所得税。

5 月 3 日，国务院批准成立全国高等教育自学考试指导委员会，并同意在全国各省、直辖市、自治区逐步推行高等教育自学考试制度。

5 月 6 日，中共中央、国务院下发《关于加强和改革农村学校教育若干问题的通知》。

5 月 9 日，教育部、劳动人事部、财政部、国家计委联合发出《关于改革城市中等教育结构、发展职业技术教育的意见》。

5 月 12 日，新华社报道：从 1983 年起全国铁路部门实行税后上交利润递增包干。

5 月 20 日，国务院下发《关于加强市场和物价管理的通知》。

5 月 23—25 日，中美商业贸易联合委员会首届会议在北京举行。

5月26日，邓小平会见世界银行行长奥尔登·温希普·克劳森及随行人员。

5月27日，国务院学位委员会和北京市人民政府联合召开博士和硕士学位授予大会。自1981年11月国务院批准公布首批博士和硕士授予单位及学科、专业名单以来，全国已先后授予18人博士学位，近15000人硕士学位，32万人学士学位。

6月4—22日，全国政协六届一次会议举行。会议选举邓颖超为全国政协主席。

6月6—21日，六届全国人大第一次会议召开，选举李先念为国家主席，彭真为全国人大常委会委员长，邓小平为国家中央军委主席。

6月8日，中共中央书记处讨论国家体改委5月25日《关于当前市管县改革几个问题的报告》，明确4个问题：地市合并的改革仍坚持试点；地市并存还要过渡一个时期；一些条件好的地属市可改为省属市，带周围一个或几个县；已经进行改革的地方不必再恢复原状。

6月14日，广东省经济特区办公室成立。

6月15日，国务院公布《中华人民共和国金银管理条例》，规定国家对金银实行统一管理、统购统配的政策。

6月20日，国家计委、国家经委、统计局发布《关于更新改造措施与基本建设划分的暂行规定》。

6月23日，国家体改委和国务院经济研究中心《关于当前利改税工作中几个值得注意的问题的报告》上报薄一波，建议尽快设计第二步利改税的方案。

6月25—30日，中共中央在北京召开工作会议，讨论适当集中财力物力、保证重点建设的问题。

6 月 25 日，邓小平会见出席第六届全国人大第一次会议和政协第六届全国委员会第一次会议的港澳地区人大代表和政协委员并发表讲话，指出港人治港只要一个条件，就是爱国者。赞成、主张祖国统一的就是爱国者。

同日，国务院批转中国人民银行《关于国营企业流动资金改由人民银行统一管理的报告》，从 7 月 1 日起，国营企业的流动资金改由银行贷款，国家财政不再增拨。

6 月 28 日，中共中央办公厅、国务院办公厅转发国家科委党组《关于当前农村科技工作和体制改革的若干意见》和中国科协党组《关于农村科普工作座谈会的报告》。

6 月 29 日，国务院批准珠海经济特区扩大为 15.16 平方公里，同意将原划定的东片和中片连成一体。

7 月 3 日，国务院、中央纪律检查委员会向各地发出《关于坚决制止乱涨生产资料价格和向建设单位乱摊派费用的紧急通知》。

7 月 8 日，深圳市宝安县联合投资公司成立，在深圳首次公开发行股份证。这是全国第一家股份制集资企业。

同日，邓小平在同中央几位负责同志谈话时指出，要利用外国智力，请一些外国人来参加我们的重点建设以及各方面的建设，应该很好地发挥他们的作用。要扩大对外开放。中国是一个大的市场，我们要很好利用。这是一个战略问题。

7 月 9—15 日，教育部、国家计委、劳动人事部在北京联合召开全国专门人才规划工作会议。会议决定，成立由教育部、国家计委牵头、各有关部委参加的专门人才规划协调小组，负责统一协调专门人才规划的具体目标、要求、标准的制订和综合平衡等项工作。

7月12日，国务院决定成立外贸体制改革小组。小组工作由薄一波、田纪云、陈慕华、安志文、薛暮桥、马洪、郑拓彬主持。

7月13日，国务院颁发《关于科技人员合理流动的若干规定》。

7月18日，中国政府加入《关于成立海关合作理事会公约》，成为海关合作理事会的成员国。

7月19日，国务院批准《对侨资企业、外资企业、中外合资经营企业外汇管理施行细则》。

7月25—26日，六届全国人大常委会举行委员座谈会，讨论严惩严重破坏经济的犯罪问题。中央纪律检查委员会向会议提交《关于打击经济领域中严重犯罪活动工作的报告》。

7月26日，国务院颁发《关于制止乱涨生产资料价格的若干规定》，要求全民所有制企业生产、经营的国家定价的生产资料价格，都应该检查、整顿。当前首先是整顿钢材、生铁、水泥、木材、煤炭五类价格，以及地方认为问题突出、影响很大的品种。集体所有制企业生产和经营的国家定价的生产资料价格，也要检查整顿。

8月6日，国务院召开常务会议，提出十个题目：1.如何提高现有企业的素质；2.城市改革问题；3.改革计划体制；4.外贸体制的改革；5.价格问题；6.劳动工资制度的改革；7.建筑材料工业和建筑业；8.电子工业；9.食品工业和饲料工业；10.引进人才。

8月10日，国务院下发《关于整顿和加强统配物资管理的通知》。

8月11—17日，国家体改委在丹东市召开5省10市座谈会，会议主要讨论了市管县后如何发挥中心城市作用问题，同时讨论了进一步完善利改税制度问题。30日，国家体改委将《关于5省10市座谈会情况报告》上报。

8 月 12 日，国家计委发文对重庆市计划单列问题作了明确规定。这是新中国成立后第三次对大城市实行计划单列管理的开端。

8 月 22 日，国务院公布《中华人民共和国经济合同仲裁条例》。

8 月 24 日，中共中央、国务院作出《关于引进国外智力以利四化建设的决定》。9 月 7 日，中共中央决定，成立中央引进国外智力以利四化建设工作领导小组，由姚依林任组长。

8 月 25 日，中共中央发出《关于严厉打击刑事犯罪活动的决定》。自此至 1987 年初，我国连续三年开展了分为三个战役的统一行动、集中打击。

8 月 25 日—9 月 2 日，六届全国人大常委会第二次会议在北京召开。刘复之在会上汇报了社会治安情况。会议通过关于严惩严重危害社会治安的犯罪分子和关于迅速审判严重危害社会治安的犯罪分子的程序等九个决定。9 月 2 日，彭真就严厉打击刑事犯罪问题和几个有关的法律草案作出重要讲话。

同日，中共中央发出《关于严厉打击刑事犯罪活动的决定》。

9 月 1 日，国务院批准进一步放开小商品价格，第二批再放开 350 种（类）。

同日，国务院公布《中华人民共和国财产保险合同条例》。

9 月 3 日，中共中央、国务院发出《关于加强利用外资工作的指示》。

9 月 5—9 日，中共中央纪律检查委员会召开全国打击经济领域严重犯罪活动工作会议。

9 月 15 日，中华人民共和国审计署在北京成立。

9 月 17 日，国务院做出《关于中国人民银行专门行使中央银行职能的决定》。实行银行体制这项重大改革的目的，是加快信贷资金的集中管理和综合平衡，更好地为宏观经济决策服务。

同日，中国被接纳为世界能源会议国家执行理事会会员国。

9 月 20 日，国务院公布《中华人民共和国中外合资经营企业法实施条例》，对外国投资者和合资企业内各个方面普遍关心的一些政策做了具体而明确的规定。

同日，国务院召开各部门企业整顿会议。全国企业整顿领导小组提出调整工作不超过 12 月底；调整完了进行复查，没达到标准的要补课。

同日，国务院发布《建筑税征收暂行办法》。

9 月 23 日，国务院公布《烟草专卖条例》，规定设立国家烟草专卖局，对烟草专卖进行全面的行政管理。设立中国烟草总公司，统一领导、全面经营管理烟草行业的产供销、人财物、内外贸业务。该条例自 11 月 1 日起施行。

9 月 29 日，中央财经领导小组会议召开，讨论国家计委根据财经小组办公会议讨论情况起草的《关于保持经济稳定增长的几个问题》的文件。

10 月 1 日，邓小平为景山学校题词：教育要面向现代化，面向世界，面向未来。

10 月 4 日，国务院批转国家物价局、国家经委《关于进一步贯彻工业品按质论价政策的报告》。

10 月 6 日，商业部印发《商业部系统职工退休费实行统筹支付的暂行规定》，决定在国家对退休费的支付办法没有新的规定之前，先在商业部系统的国营商业企业、粮食企业、供销社实行统筹支付办法。

10 月 11—12 日，党的十二届二中全会在北京召开，通过《中共中央关于整党的决定》，确定从 1983 年冬季开始全面整党，用三年时间分期分批地对党的作风和党的组织进行一次全面整顿。

10 月 12 日，中共中央、国务院下发《关于实行政社分开建立乡政府的通知》。到 1984 年底，全国基本完成了政社分设。

10 月 16—17 日，中央召开经济问题座谈会，各省、市、自治区负责同志参加，由姚依林作报告，提出要狠抓扭亏增盈工作。

10 月 31 日，经国务院批准，从 1984 年起，我国将采用国民经济收入指标作为衡量经济发展情况的综合指标之一。

11 月，中共武汉市委、市政府决定聘请德国专家格里希先生担任武汉柴油机厂厂长。格里希就此成为中国国营企业的第一位“洋厂长”。

11 月 19 日，国务院下发《关于制止买卖土地、租赁土地的通知》，指出我国人口多、耕地少，必须十分珍惜每寸土地，切实保护现有耕地。对买卖、租赁土地的行为，必须坚决制止。

11 月 23—30 日，胡耀邦应日本政府的邀请，对日本进行友好访问。访问期间，双方一致同意把中日关系三原则扩大为四原则，即：和平友好，平等互利，相互信赖，长期稳定。双方还决定建立“中日友好 21 世纪委员会”。

11 月 28 日—12 月 15 日，中共中央在北京召开全国农村工作会议。参加会议的有各省、市、自治区主管农村工作和财贸工作的负责同志，中央各有关部门的负责同志和有关方面的代表 400 多人。会议的任务是，分析当年初中央发布的《当前农村经济政策的若干问题》贯彻执行以来农村出现的形势，拟订关于 1984 年农村工作方针，向中央提出建议，以便进一步适应、保持和发展农村已经开创的新局面。

11月30日，中共中央批转中组部省、市、自治区机构改革指导小组《关于调整省地两级领导班子的工作报告》。

12月1日，中共中央、国务院下发《关于县级党政机关机构改革的通知》。

12月8日，六届全国人大常委会第三次会议通过《中华人民共和国统计法》，自1984年1月1日起施行。

12月14日，中国正式加入国际纺织品贸易协议及其1981年延长议定书。

12月15日，国务院作出《关于严格控制城镇住宅标准的规定》。

12月29日，据国家统计局统计，1983年底实行联产承包责任制的生产队有586.3万个，占全部生产队的99.5%。其中实行大包干的生产队为576.4万个，占实行责任制队数的98.3%。

同日，国务院公布《中华人民共和国海洋石油勘探开发环境保护管理条例》。

同日，国务院下发《关于建立民族乡问题的通知》，指出建立民族乡是一件重要的工作，是关系到加强民族团结、保障少数民族实现民族平等权利的大事，各省、市、自治区应当予以重视。

12月31日—翌年1月7日，第二次全国环境保护会议在北京召开，环境保护被确立为基本国策。

1984年

1月1日，中共中央发出《关于1984年农村工作的通知》。

同日，根据国务院的决定，中国工商银行正式成立。

1月5日，我国第一家民间空中运输企业——厦门航空有限公司正式投入运营。

1月6日，国务院批复同意将轻工业部烟草专卖局改为国家烟草专卖局，与中国烟草总公司实行一套机构、两个牌子。

同日，国务院作出《关于加强统计工作的决定》，指出建立统一领导、分级负责的统计管理体制。

1月10日，国务院公布《中华人民共和国进口货物许可证制度暂行条例》。

1月16—26日，农牧渔业部召开全国农业工作会议，讨论如何贯彻落实《关于1984年农村工作的通知》精神。

1月21日，国务院下发《关于进一步加强口岸工作领导的通知》，决定国务院港口口岸工作领导小组改名为国务院口岸领导小组。

1月22日—2月17日，邓小平视察深圳、珠海、厦门三个经济特区和上海，充分肯定试办经济特区和对外开放的决策。

1月23日，国务院公布《工矿产品购销合同条例》和《农副产品购销合同条例》。

2月10—23日，国务院在北京召开全国经济工作会议。会议的主要议题是提高经济效益。会议提出提高经济效益的工作要从提高企业素质、加强行业管理和搞好宏观经济管理3个层次来抓。

2月11—16日，邓小平视察上海。在听取中共上海市委负责人的工作汇报时，他指出，现在看，开放政策不是收的问题，而是开放得还不够。在谈到财政问题时，他表示，现在一个大问题是中央财政收入少，大项目上不去。要恢复到中央掌握70%，地方30%。方针已经定了，说是三年做到，可不可以两年就搞成。

2月14日，国家体改委提出《关于经济体制改革设想的综合汇报提纲》，提纲提出经济体制改革，需要着重解决好宏观经济管理，国家与企业的关系，部门、地区、城市管理权限的划分，以及经济杠杆的运用等 4 个关系全局的重要问题。对这 4 个问题有了明确的方向和原则，并有一套相互协调、切实可行的改革办法，整个经济体制改革的方案也就好搞了。在这些方面有的问题目前认识还不大一致，需要进一步深入研究。

2—3 月、4—5 月，世界银行派出考察团分两次来中国进行第二次经济考察。考察团以林重庚为团长、艾德林·伍德为副团长，分为综合经济、能源、工业技术、农业及农村发展、工业布局及贸易 5 个组进行活动。考察团还访问了湖北、甘肃、江苏 3 个省。1985 年 2 月，考察团提交了题为《中国：长期发展问题和可选方案》的考察报告。

2 月 21 日，国务院召开常务会议，听取了关于全国经济工作会议情况的汇报。会议强调在价格改革不能在短期内解决的情况下，先搞第二步利改税，通过税收的办法，创造一些条件，使企业能够早一点搞自负盈亏。

2 月 22 日，邓小平会见美国战略和国际问题研究中心代表团。他指出，我们提出的大陆与台湾统一的方式是合情合理的。统一后，台湾仍搞它的资本主义，大陆搞社会主义，但是是一个统一的中国。一个中国，两种制度。香港问题也是这样，一个中国，两种制度。

2 月 24 日，邓小平同胡耀邦、万里、杨尚昆、姚依林、胡启立和宋平等谈话，主要内容是关于办好经济特区。

2 月 25 日，国务院印发《关于合作商业组织和个人贩运农副产品若干问题的规定》和《关于组织和发展农副产品就地加工若干问题的规定》，强调除国营商业和供销合作社积极开展农副产品购销业务外，国家允许其他合作商业组织和个人按照本规定贩运农副产品。

2 月 27 日，国务院印发《关于农村个体工商业的若干规定》，允许和保护农村居民从事适合个体经营的工业、手工业、商业、饮食业、服务业、修理业、运输业、房屋修缮业，以及国家允许个体经营的其他行业。

2 月 28 日，国家计委向中央财经领导小组汇报《关于制订“七五”计划的指导方针》。

2 月 29 日—3 月 12 日，六届全国人大常委会第四次会议召开，通过《中华人民共和国全国人民代表大会代表参加各国议会联盟代表团章程》和《中华人民共和国专利法》，原则同意《中华人民共和国兵役法（修改草案）》的修改建议。

3 月 1 日，中共中央、国务院转发农牧渔业部和部党组《关于开创社队企业新局面的报告》并发出通知，同意报告提出的将社队企业名称改为乡镇企业的建议，强调指出乡镇企业是多种经营的重要组成部分，是农业生产的重要支柱，是广大农民群众走向共同富裕的重要途径，是国家财政收入的新的重要来源；乡镇企业已成为国民经济的一支重要力量，是国营企业的重要补充。

同日，国务院批转教育部《关于高等学校招收研究生的意见》。至此，由于“文化大革命”中断十二年的研究生教育，开始进行恢复的准备工作。

同日，中共中央党校、国家体改委联合举办的经济体制改革研究班第一期开学。学员 40 名，多数是综合改革试点城市的副市长或省、市、自治区体改机构的负责人。

3月19日，中共中央书记处召开会议讨论侨务工作。会议要求全党都重视侨务工作，主要抓好对现行侨务政策的落实和历史遗留问题的解决两个方面；华侨回国投资，应给予优待，要放宽政策，加快工作步伐；侨务干部中要增加归侨干部的比重，侨务干部要年轻化。

3月24日，福建省的55位厂长、经理齐聚福州，参加“福建省厂长经理研究会”的成立大会，会后，厂长们以“请给我们松绑”为题联名向省委书记项南、省长胡平写了一封信。

同日，福建国有骨干企业55位厂长的呼吁书《请给我们松绑》在《福建日报》全文刊登。

3月26日—4月6日，根据中共中央书记处和国务院的决定，沿海部分城市座谈会在北京召开。会议确定：进一步开放由北至南14个沿海港口城市，即大连、秦皇岛、天津、烟台、青岛、连云港、南通、上海、宁波、温州、福州、广州、湛江和北海，作为中国实行对外开放的一个新的重要步骤。

3月28日—4月7日，第一次全国经济审判工作会议在北京举行，会议要求抓紧建立健全经济审判庭，努力开创经济审判工作的新局面。

4月3日，国务院召开常务会议，听取吕东汇报提高企业素质问题。

4月6日，国务院公布《中华人民共和国居民身份证试行条例》，规定居民身份证具有证明公民身份的法律效力。

4月10日，国家科委、国家体改委发出贯彻《关于开发研究单位由事业费开支改为有偿合同制的改革试点意见》的通知。

4月10—22日，各省、自治区、直辖市侨办主任会议在北京召开。胡耀邦在会议上论述了3000万华侨、海外华人的伟大力量和做好侨务工作的重要意义，指出侨务工作总的政策：一是要重视，二是要慎重；要采取措施加快吸收华侨、海外华人的投资，积极引进人才，办好华侨农场、工厂等。

4月11—16日，第三次全国归国华侨代表大会在北京召开。

4月13日，中共中央批转国家计划生育委员会党组《关于计划生育工作情况的汇报》。

4月16—25日，国家体改委在常州市召开城市经济体制改革座谈会。会议认为，沙市、常州、重庆等城市的实践表明，搞好城市综合改革试点，对于推动整个经济体制改革具有重要意义。根据改革形势的需要，会议提出加快城市经济体制改革试点的步伐，简政放权、搞活企业，开放市场、搞活流通。探索城市新的计划管理体制，完善市领导县的新体制，增加一批改革试点城市等项措施和建议。

4月16日，国务院下发《关于国营企业发放奖金有关问题的通知》。

4月18日，邓小平会见英国外交大臣杰弗里·豪。邓小平表示，我们已经多次宣布，1997年恢复对香港行使主权后，香港的现行制度50年不变。

4月25日，国务院下发关于修改《中华人民共和国发明奖励条例》第六条和《中华人民共和国自然科学奖励条例》第三条有关奖金规定的通知。

4月26日，中共中央发出《关于任免国家机关领导人必须严格依照法律程序办理的通知》。

4月26日—5月1日，美国总统里根访问我国。4月28日，邓小平同里根举行会谈。邓小平表示，中美关系的关键问题是台湾问题，希望美国领导人和美国政府认真考虑中国人民的民族情感。中国政府为解决台湾问题作了最大努力，就是不放弃主权原则的前提下允许在一个国家内部存在两种制度。

4月30日，海关总署、财政部、对外经济贸易部公布《关于中外合资经营企业进出口货物的监督和征免税规定》。

5月4日，中央财经领导小组会议听取扩大企业自主权的汇报。会议提出，扩大企业自主权的文件，要简单明了，赶快出台；要给企业一点实惠的、能够拿到手的权力，属于国家调拨物资完成计划后的超产部分企业可以自销，价格可以浮动，搞两种价格；权放一格，就是层层把权力下放一格；计划是必须坚持的，在这个基础上放一些，出不了什么毛病，老是怕这怕那是不行的。

同日，中共中央、国务院关于批转《沿海部分城市座谈会纪要》的通知，决定开放天津、上海、大连、秦皇岛、烟台、青岛、连云港、南通、宁波、温州、福州、广州、湛江、北海14个沿海港口城市，建立经济技术开发区，以此带动整个沿海地带的开放和发展。由此，对外开放由经济特区的4个点连成14个沿海港口城市一条线。

5月7日，中共中央、国务院批复同意天津港作为港口管理体制改革的试点，实行“双重领导，地方为主”的管理体制。

5月8日，国务院环境保护委员会成立。

5月10日，国务院颁布《关于进一步扩大国营工业企业自主权的暂行规定》。

同日，国家体改委印发《城市经济体制改革试点工作座谈会纪要》，提出除国务院批准的综合改革试点城市外，有条件的省、自治区可以选定一、二个城市进行试点。

5 月 15—31 日，六届全国人大第二次会议在北京举行，通过《中华人民共和国民族区域自治法》和《中华人民共和国兵役法》，决定设立海南行政区，并设立海南行政区人民代表大会和人民政府。

5 月 16 日，国务院批转农牧渔业部、国家计委等部门《关于进一步开展土地资源调查工作的报告》。

5 月 18 日，中共中央办公厅、国务院办公厅印发《关于认真搞好国营工业企业领导体制改革试点工作的通知》及附件《国营工业企业法（草稿）》。确定在大连市和常州市的全部国营工业企业及京、津、沪、沈（阳）4 市的部分国营企业中进行这项试点。

5 月 21 日，中共中央办公厅、国务院办公厅批复同意在武汉市进行经济体制综合改革试点，实行计划单列。

5 月 23—24 日，胡耀邦视察深圳经济特区时题词：特事特办，新事新办，立场不变，方法全新。

5 月 25 日，邓小平在会见港澳出席六届全国人大第二次会议的代表和出席全国政协六届二次会议的委员时强调，在恢复对香港的主权之后，中国政府有权在港驻军，这是维护中华人民共和国领土的象征，也是香港稳定和繁荣的保证。

5 月 31 日，六届人大二次会议通过《中华人民共和国民族区域自治法》。

6 月 14 日，新华社报道：1983 年我国社队工业总产值达 757 亿元，占全国工业产值 12%，相当于 1957 年全国工业总产值。

6 月 22 日、23 日，邓小平分别会见香港工商界访京团和香港知名人士钟士元时提出，中国政府为解决香港问题所采取的立场、方针、政策是坚定不移的。我们的政策是实行“一个国家、两种制度”。

6月22日—7月7日，全国第二步利改税工作会议在北京召开。会议提出，利改税第二步改革的基本内容是：将国营企业应当上交的收入，按国家设置的税种以向国家交税的方式上交，也就是由“税利并存”逐步过渡到完全的“以税代利”，税后利润归企业自己安排使用。

6月28日，国务院发布《国营企业奖金税暂行规定》指出，全年发放奖金超过两个半月标准工资的征收奖金税。

6月30日，邓小平会见第二次中日民间人士会议的日本委员会代表时指出，中国搞资本主义不行，必须搞社会主义。如果不搞社会主义，而走资本主义道路，中国的混乱状态就不能结束，贫困落后的状态就不能改变。社会主义必须是切合中国实际的有中国特色的社会主义。社会主义阶段的最根本任务就是发展生产力，社会主义的优越性归根到底要体现在它的生产力比资本主义发展得更快一些、更高一些，并且在发展生产力的基础上不断改善人民的物质文化生活。我们提出四个现代化的最低目标，是到本世纪末达到小康水平。

7月，马洪组织社科院的吴敬琏、周叔莲、张卓元等几位研究人员撰写了一篇题为《关于社会主义制度下我国商品经济的再探索》的研究报告，指出不应把计划经济同商品经济对立起来，承认社会主义经济的商品性，是实行对内搞活、对外开放的理论依据。研究报告分送中央、国务院领导同志，受到中央一些老同志的称赞。

7月4日，中国人民银行总行负责人宣布，从1985年起，基本建设投资一律实行贷款制。

7 月 6 日，中央财经领导小组会议召开，会议听取并讨论了财政部关于全国第二步利改税工作会议的情况汇报。

7 月 11—13 日，国务院办公厅分别发出批文，国务院同意在沈阳和南京、大连市进行经济体制综合改革试点，并赋予沈阳、大连市省级经济管理权限，实行计划单列。

7 月 14 日，国务院批转商业部《关于当前城市商业体制改革若干问题的报告》，提出城市商业体制改革六个方面的意见。

同日，福建省六届人大常委会第八次会议通过厦门经济特区五个规定（企业登记管理、土地使用管理、劳动管理、技术引进、与内地联合），自 1985 年 2 月 24 日起施行。

7 月 16 日，国务院决定，撤销国务院办公厅特区工作组，设立国务院特区办公室，何椿霖任主任。

7 月 17—21 日，全国科技干部管理工作改革座谈会在北京举行。会议确定五条措施：1.试行科技人员聘用制，把计划调整和聘用制结合起来；2.成立全国科技人才开发交流中心；3.建立博士流动站；4.改进回国的大学毕业生和进修生分配制度；5.调整使用不当的科技人员。

7 月 19 日，国务院批转国家体改委、商业部、农牧渔业部《关于进一步做好农村商品流通工作的报告》。

7 月 20 日，中共中央书记处决定，改革干部管理体制，适当下放干部管理权限，采取分级管理、层层负责的办法，缩小中央管理干部的范围。中央原则上只管下一级的主要领导干部。

7 月 24 日，国务院召开常务会议，听取并讨论国家计委关于计划工作改革的汇报及《关于计划工作改革的若干规定》（草稿）。会议提出计划体制改革，归根结底是两个问题：一是增加市场调节比重，缩小计划调节比重。即扩大市场调节，缩小指令性计划。二是指令性计划缩小以后，使企业的活动不与宏观的需要发生矛盾。为此，必须采用经济调节手段。

7 月 25 日，北京市天桥百货股份有限公司成立。这是全国第一家商业股份公司。

7 月 31 日，邓小平在会见英国外交大臣杰弗里·豪时指出，我们在香港问题上，首先提出要保证其现行的资本主义制度和生活方式，在 1997 年后五十年不变。我们非常关注十三年过渡时期，只要过渡时期安排好了，我们并不担心 1997 年后的事情。

8 月 1 日，深圳经济特区管理线开始试行管理。

8 月 3 日，国务院批转国家经委、商业部、财政部《关于大力发展商办工业的报告》，报告提出改革商办工业管理体制。

8 月 6 日，国务院批转中国农业银行《关于改革信用合作社管理体制的报告》，提出通过改革，恢复信用合作社金融的性质；加强信用社经营上的灵活性，充分发挥民间借贷作用；信用社实行浮动利率；试行独立经营、独立核算、自负盈亏，充分发挥民间借贷的作用。

8 月 14—23 日，国家计委召开计划工作座谈会。各省市区计委和国务院各部委计划部门负责同志参加，传达《关于计划体制改革和“七五”计划方针》的讲话，讨论《关于改进计划体制的若干暂行规定》，座谈制订“七五”计划和 1985 年计划应当遵循的方针。

8 月 17 日，国务院召开常务会议，决定对机械工业管理体制进行重大改革。

8 月 20—27 日，全国第二次经济法制工作会议在杭州举行。会议宣布成立中国经济法研究会。

8 月 31 日，国务院批转机械工业部《关于机械工业管理体制改革意见的报告》。

9 月 3—10 日，在浙江省德清县莫干山上召开了第一次全国性的中青年经济科学工作者讨论会。会议是由中青年经济学者民间发起、新闻单位和地方研究机构出面主办、中央和国家有关部门相关人员参与和支持的一次“民办官助”的会议。使一批经济学家脱颖而出，也为 20 世纪 80 年代中后期的改革提供了思路。

9 月 12 日，国务院公布《中华人民共和国科学技术进步奖励条例》。

9 月 15 日，国务院批转对外经济贸易部《关于外贸体制改革意见的报告》。报告的主要内容是，政企分开；简政放权；实行进出口代理制，改进外贸经营管理；改革外贸计划体制；改革外贸财务体制，加强经济调节手段。

9 月 18 日，国务院正式公布《中华人民共和国资源税条例（草案）》，标志着资源税在我国正式建立。

同日，国务院作出《关于改革建筑业和基本建设管理体制若干问题的暂行规定》。

9 月 19 日，国务院批转财政部《关于在国营企业推行利改税第二步改革的报告》和《国营企业第二步利改税试行办法》，决定从 1984 年 9 月开始对国营企业实行第二步利改税方案，即将第一步利改税中的上缴利润也变为上缴税收，从而实现国有企业以税代利的改革。

同日，国务院公布《中华人民共和国国营企业所得税条例》和《国营企业调节税征收办法》。

9 月 20 日，六届全国人大常委会第七次会议通过《中华人民共和国森林法》和《中华人民共和国药品管理法》。

同日，国务院批转国家经委、国家计委、财政部《关于调整煤炭工业若干政策问题的请示》，同意煤炭部对统配煤矿实行总承包，调整部分骨干统配煤矿管理体制。

9月23日，中共中央书记处、国务院批准湖北省委、省政府转报的《关于武汉市经济体制综合改革试点实施方案的报告》，赋予该市省一级的经济管理权限。

9月24日，国务院办公厅印发《关于讨论杭州市改革和开放问题的会议纪要》。

9月25日，国务院批转《关于大连市进一步对外开放和能源、交通建设等问题的会议纪要》。

9月26日，《中英两国政府关于香港问题的联合声明》在北京举行草签仪式。宣布中国政府决定在1997年7月1日对香港恢复行使主权，英国将在同日把香港交还给中国。中国政府还在联合声明中宣布对香港的基本方针政策：中国决定在对香港恢复行使主权时设立直辖于中央人民政府的香港特别行政区，除外交和国防事务属于中央管理外，香港特别行政区享有高度的自治权，包括行政管理权、立法权、独立的司法和终审权，现行法律基本不变；保持香港自由港、独立关税地区和国际金融中心的地位等。这些方针政策将由全国人大以香港特别行政区基本法加以规定，并在五十年内不变。

同日，国务院办公厅转发《关于秦皇岛市进一步对外开放问题的会议纪要》。

9月27日，国务院环境保护委员会公布我国第一批《珍稀濒危保护植物名录》。

9 月 29 日，中共中央、国务院下发《关于帮助贫困地区尽快改变面貌的通知》。

10 月 1 日，首都举行阅兵式和群众游行，庆祝中华人民共和国成立 35 周年。

10 月 2 日，邓小平会见港澳同胞国庆观礼团。邓小平在会见中表示，我们有了一个共同的大前提，一个共同的目标，就是爱祖国，爱香港，在今后 13 年和 13 年以后保持香港的繁荣和稳定。希望香港同胞团结一致，共同努力，维护香港的繁荣和稳定，为 1997 年政权顺利移交作出贡献。

同日，海南行政区人民政府在海口正式成立。

10 月 4 日，国务院批转国家计委《关于改进计划体制的若干暂行规定》，指出为了适应对内搞活经济、对外实行开放的需要，我国现行计划体制必须进行改革。要根据“大的方面管住管好，小的方面放开放活”的精神，适当缩小指令性计划的范围，扩大指导性计划和市场调节的范围。对关系国计民生的重要经济活动，实行指令性计划；对大量的一般经济活动，实行指导性计划；对饮食业、服务业和小商品生产等方面，实行市场调节。

10 月 5 日，国务院批转国家计委、国家体改委的报告，同意哈尔滨、广州、西安市恢复计划单列，并赋予相当于省一级经济管理权限。

10 月 6 日，邓小平会见参加中外经济合作问题讨论会的全体中外代表。邓小平会见时表示，我们确定了一个政治目标：发展经济，到本世纪末翻两番，国民生产总值按人口平均达到 800 美元，人民生活达到小康水平。更为重要的是，在这个基础上，再发展 30 年到 50 年，力争接近世界发达国家的水平。对内经济搞活，首先从农村着手。这几年进行的农村改革，是一种带革命意义的改革。与此同时，我们开始了城市改革的试验。这意味着中国将出现全面改革的局面。对内经济搞活，对外经济开放，这不是短期的政策，是个长期的政策，最少 50 年到 70 年不会变。

10 月 11 日，国务院批转城乡建设环境保护部《关于扩大城市公有住宅补贴出售试点报告》，提出城市公有住宅补贴出售给个人，是逐步推行住宅商品化、全面改革我国现行住房制度的重要步骤。

10 月 13 日，国务院下发《关于农民进入集镇落户问题的通知》，要求各级人民政府积极支持有经营能力和有技术专长的农民进入集镇经营工商业，公安部门应准予其落常住户口，统计为非农业人口。

10 月 13—20 日，党的十二届三中全会在北京召开，通过《中共中央关于经济体制改革的决定》，规定以城市为重点的经济体制改革的任务、性质和各项方针政策；提出社会主义经济是公有制基础上的有计划的商品经济。

10 月 18 日，据国家体改委统计，全国进行经济体制综合改革试点的城市已达 52 个，其中省会城市 21 个，沿海开放城市 8 个。

同日，国务院批复宁波市进一步对外开放规划，同意兴办经济技术开发区，面积为 3.9 平方公里。

10 月 19 日，国务院批转中国石化总公司《关于进一步推行改革，提高经济效益的方案》，同意实行投入产出包干。

10 月 20 日，国务院批准《关于青岛、烟台两市进一步开放、兴办经济技术开发区规划方案的报告》。

第二章
党的十二届三中全会：从农村到城市（1984 年 10 月—1992 年 10 月）

▼

1984 年 10 月，党的十二届三中全会通过了《中共中央关于经济体制改革的决定》，突破了把计划经济与商品经济对立起来的传统观念，提出我国的社会主义经济是在公有制基础上的有计划的商品经济，并确立了改革的重点逐渐由农村转向城市。党的十二大明确提出“把马克思的普遍真理同我国的具体实际结合起来，走自己的道路，建设有中国特色社会主义”，确定分两步走、在 20 世纪末实现国民生产总值翻两番的目标，提出第三步到 20 世纪“三步走”的社会主义现代化发展战略。1987 年 10 月，党的十三大对社会主义初级阶段理论作出了比较系统的阐述，确定了“一个中心、两个基本点”的基本路线，阐明了在中国建设社会主义、巩固和发展社会主义的基本问题，实现了马克思主义和中国具体实际相结合的历史性飞跃。

第一节 公有制基础上的有计划的商品经济

一、党的十二届三中全会提出在公有制基础上的有计划的商品经济

1984年10月20日，党的十二届三中全会在北京召开，会议通过了《中共中央关于经济体制改革的决定》(以下简称《决定》)。《决定》明确提出，“建设有中国特色的社会主义的总要求，进一步贯彻执行对内搞活经济、对外实行开放的方针，加快以城市为重点的整个经济体制改革的步伐，以利于更好地开创社会主义现代化建设的新局面”[①]。

《决定》阐明了加快以城市为重点的整个经济体制改革的必要性、紧迫性，规定了改革的方向、性质、任务和各项基本方针政策，突破了把计划经济同商品经济对立起来的传统观念，提出“改革计划体制，首先要突破把计划经济同商品经济对立起来的传统观念，明确认识社会主义计划经济必须自觉依据和运用价值规律，是在公有制基础上的有计划的商品经济。商品经济的充分发展，是社会经济发展的不可逾越的阶段，是实现我国经济现代化的必要条件”[②]。《决定》还提出“所有权同经营权是可以适当分开的”[③]。这为企业试行股份制提供了政策空间。

党的十二届三中全会对开展以城市为重点的经济体制全面改革

① 《中共中央关于经济体制改革的决定》，北京：人民出版社，1984年版，第3页。
② 《中共中央关于经济体制改革的决定》，北京：人民出版社，1984年版，第17页。
③ 《中共中央关于经济体制改革的决定》，北京：人民出版社，1984年版，第12页。

进行了全面的研究和部署。此后，改革逐步从农村到城市，从政治、经济到各项事业。

口述改革

王珏：改成有计划的市场调节，往这些方面改

党的十二届三中全会上提出，商品经济是市场调节，市场的调节也是有计划的，不能随便乱来，就是不是自发的，是有目标的。我当时讲了三个问题。一个是从我们国家现在的情况来看，怎么把经济发展起来。我认为最主要的就是要搞商品经济。但是这个商品经济，不是随便自发的商品经济，是由国家领导的商品经济，这就叫有计划的商品经济。第二个问题就是要“有计划的”。商品经济是市场调节，这是《资本论》里马克思讲得非常清楚的。我认为我们应该实行有计划的市场调节。第三个问题我就讲中国的经济必须改革，不改革不行的。党的十一届三中全会已经提出来要改革开放，那么我们必须改革，改成商品经济，有计划的商品经济，改成有计划的市场调节，往这些方面改。

——作者系中共中央党校学术委员会原委员

资料来源：中国（海南）改革发展研究院“口述改革历史”访谈。

二、建立“国家调节市场，市场引导企业”的运行机制

1982 年党的十二大报告提出“计划经济为主，市场调节为辅”的方针，正式承认了市场经济在社会主义经济中的合法地位。1984 年 10 月，党的十二届三中全会通过的《关于经济体制改革的决定》

突破了把计划经济同商品经济对立起来的传统观念，明确提出了在公有制基础上有计划的商品经济的概念。

1987年2月6日，邓小平在同有关中央领导人谈十三大的筹备和十三大报告起草等问题时，明确提出不要再讲以计划经济为主了。他指出，“为什么一谈市场就说是资本主义，只有计划才是社会主义呢？计划和市场都是方法嘛。只要对发展生产力有好处，就可以利用。它为社会主义服务，就是社会主义的；为资本主义服务，就是资本主义的”[①]。

1987年10月25日，党的十三大报告提出了“国家调节市场，市场引导企业”的经济运行机制。报告强调，“必须以公有制为主体，大力发展有计划的商品经济。商品经济的充分发展，是社会经济发展不可逾越的阶段，是实现生产社会化、现代化的必不可少的基本条件。在所有制和分配上，社会主义社会并不要求纯而又纯，绝对平均。在初级阶段，尤其要在以公有制为主体的前提下发展多种经济成分，在以按劳分配为主体的前提下实行多种分配方式，在共同富裕的目标下鼓励一部分人通过诚实劳动和合法经营先富起来”[②]。

---

① 邓小平：《计划和市场都是发展生产力的方法》，《邓小平文选》（第三卷），北京：人民出版社，1993年版，第203页。

② 《沿着有中国特色的社会主义道路前进——在中国共产党第十三次全国代表大会上的报告》，《人民日报》，1987年11月4日。

第二节　建设有中国特色社会主义和小康目标

一、党的十三大明确社会主义初级阶段及其基本路线

1987 年 10 月 25 日—11 月 1 日，中国共产党第十三次全国代表大会在北京召开。邓小平主持了开幕式，第十二届中央委员会作出题为《沿着有中国特色的社会主义道路前进》的报告。报告指出，“这次大会的中心任务是加快和深化改革。改革是振兴中国的唯一出路，是人心所向，是大势所趋，不可逆转”①。

报告第一次系统阐述了社会主义初级阶段的理论，指出我国目前正处在社会主义的初级阶段，并明确提出了党在社会主义初级阶段的基本路线：“领导和团结各族人民，以经济建设为中心，坚持四项基本原则，坚持改革开放，自力更生，艰苦创业，为把我国建设成为富强、民主、文明的社会主义现代化国家而奋斗。②”这条基本路线，可以概括为“一个中心，两个基本点”，即以经济建设为中心，坚持四项基本原则，坚持改革开改。它是党的十一届三中全会以来路线的继续、丰富和发展，是符合我国国情的精辟的理论阐释。

党的十三大从五个方面推进了十一届三中全会以来形成的新的

---

① 《沿着有中国特色的社会主义道路前进——在中国共产党第十三次全国代表大会上的报告》，《人民日报》，1987 年 11 月 4 日。
② 《沿着有中国特色的社会主义道路前进——在中国共产党第十三次全国代表大会上的报告》，《人民日报》，1987 年 11 月 4 日。

经济发展战略：一是进一步确定了我国经济建设分三步走的战略部署；二是重提实现工业化的历史任务；三是第一次明确提出从粗放经营到集约经营的转变，从偏重提高经济增长的速度转变为注重经济增长的质的提高；四是把科学技术和教育放在经济发展战略中总揽全局的重要位置。

二、"三步走"战略目标提出

"三步走"是中国经济社会发展长远战略的简洁而形象的概括用语。20 世纪 80 年代之前，邓小平提出了实现"中国式的现代化"概念；1982 年，党的十二大明确了"力争使全国工农业的年总产值翻两番"。

1987 年 8 月 29 日，邓小平在会见意大利共产党领导人时明确阐述了"三步走"战略："我国经济发展分三步走，本世纪走两步，达到温饱和小康，下个世纪用三十到五十年时间再走一步，达到中等发达国家水平。这就是我们的战略目标，这就是我们的雄心壮志。[①]"10 月，党的十三大召开，系统阐述了"三步走"战略目标："党的十一届三中全会以后，我国经济建设的战略部署大体分三步走。第一步，实现国民生产总值比一九八〇年翻一番，解决人民的温饱问题。这个任务已经基本实现。第二步，到本世纪末，使国民生产总值再增长一倍，人民生活达到小康水平。第三步，到下个世纪中叶，人均国民生产总值达到中等发达国家水平，人民生活比较

① 邓小平：《一切从社会主义初级阶段的实际出发》，《邓小平文选》（第三卷），北京：人民出版社，1993 年版，第 251 页。

富裕，基本实现现代化。[①]”在党的十五大报告中，把共同富裕的第三步战略进一步发展成为中国21世纪的具体目标和任务。

“三步走”战略提升我们对实现共同富裕目标的具体现实性和指导性，而且在本质上制定了中国社会主义现代化建设的战略步骤。

第三节　加快以城市为重点的经济体制全面改革

一、扩大城市经济体制综合改革试点

1984年4月16—25日，国家经济体制改革委员会在常州召开城市经济体制改革试点工作座谈会。会议认为，沙市、常州、重庆等城市的实践表明，搞好城市综合改革试点对于推动整个经济体制改革具有重要意义。根据改革形势的需要，会议提出加快城市经济体制改革试点的步伐，简政放权、扩权企业，开放市场、搞活流通。探索城市新的计划管理体制，完善市领导县的新体制，增加一批改革试点城市等。

1984年5月21日，中共中央办公厅、国务院办公厅批复同意在武汉市进行经济体制综合改革试点，实行计划单列。9月23日，中央书记处、国务院批准了中共湖北省委、湖北省人民政府转报的《关于武汉市经济体制综合改革试点实施方案的报告》。对武

① 《沿着有中国特色的社会主义道路前进——在中国共产党第十三次全国代表大会上的报告》，《人民日报》，1987年11月4日。

汉市实行计划单列，赋予其省一级的经济管理权限，进行经济体制综合改革试点，是为了更好地发挥中心城市的作用而采取的重要措施。7 月 11 日、13 日，国务院办公厅分别发出批文，同意在沈阳和南京、大连进行经济体制综合改革试点，并赋予沈阳、大连省级经济管理权限，实行计划单列。10 月 5 日，国务院批转国家计委、国家体改委的报告，同意哈尔滨、广州、西安恢复计划单列，并赋予其省一级的经济管理权限。

二、增强大中型国营工业企业活力

1984 年，党的十二届三中全会通过的《中共中央关于经济体制改革的决定》提出增强企业活力是经济体制改革的中心环节。我国城市企业，包括工业、建筑业、交通业、商业和服务业的企业，已有 100 多万家，职工共达 8000 多万人。仅城市工业企业提供的税收和利润，就占全国财政收入的 80%以上。[①]

1985 年 9 月 11 日，国务院批转国家经委、国家体改委《关于增强大中型国营工业企业活力若干问题的暂行规定》，并发出通知对搞活大中型国营工业企业有关的 14 个方面的问题作了规定。

1986 年 12 月 5 日，国务院发布《关于深化企业改革增强企业活力的若干规定》。主要解决好两个方面的关系问题，即确立国家和全民所有制企业之间的正确关系，扩大企业自主权；确立职工和企业之间的正确关系，保证劳动者在企业中的主人翁地位。

---

① 《中共中央关于经济体制改革的决定》，北京：人民出版社，1984 年版，第 11 页。

1984 年以后，继续实行厂长（经理）负责制、实现利改税的第二步改革和企业多种形式经济责任制的普遍建立。

三、实行国企承包责任制

承包责任制从 1986 年底起，就成为一种主要的企业改革形式。1985 年 9 月 11 日，国务院批转国家经委、国家体改委《关于增强大中型国营工业企业活力若干问题的暂行规定》。1987 年 3 月，第六届全国人民代表大会第五次会议通过的《政府工作报告》提出，“要把改革的重点放到完善企业经营机制上，根据所有权与经营权适当分离的原则，认真实行多种形式的承包经营责任制”①。

1987 年 4 月 23—27 日，国家经委受国务院委托召开全国承包经营责任制座谈会。会议在总结吉林、广东等省和首钢、原二汽等企业坚持承包经营责任制经验的基础上，全面部署企业承包经营责任制工作，决定从当年 6 月起，在全国范围普遍推行承包经营责任制。

1987 年 8 月 29 日，国家经委、国家体改委印发《关于深化企业改革、完善承包经营责任制的意见》（以下简称《意见》）。《意见》指出，实行承包经营责任制，必须坚持“包死基数、确保上缴、超收多留、欠收自补”的原则，兼顾国家、企业、职工三者利益。承包基数要体现鼓励先进、鞭策后进的原则。承包后新增加的

① 《政府工作报告（摘录）》，载国家体改委办公厅编：《十一届三中全会以来经济体制改革重要文件汇编》（上），北京：改革出版社，1990 年版，第 42 页。

留利，要大部分（一般70%以上）用于发展生产。[①] 1988年2月，国务院公布《全民所有制工业企业承包经营责任制暂行条例》，对国有企业实行承包经营责任制做出了具体规定。

截至1987年底，全国预算内工业企业承包面已达78%，其中大中型企业达到82%，承包一年以上的大中型企业占64%；众多的小企业也都实行了承包或租赁，涌现出一批国企承包改革实践者，比如马胜利、步鑫生等。承包经营责任制作为改革开放初期一项重要企业改革制度，在保证国家利益的前提下，对调动企业经营者的积极性、促进国民经济的发展发挥过一定积极作用。

口述改革

张彦宁：企业承包制

企业改革实际上有两种形式：一个是上边推动，另一个就是下边推动。承包制实际上是从下边开始的，借鉴的是农村的承包制。搞企业承包制改革既要考虑到进一步扩大企业自主权，又要考虑到各方面的承受能力。企业承包制很快就在全国推广开来了，企业积极性、地方积极性，还有职工积极性都提高了。因为承包以后，企业留得多了，职工也分得多，所以职工的积极性很好。全面推开了以后，地方积极性普遍比较高。

——口述者系原国家体改委副主任

资料来源：中国（海南）改革发展研究院“口述改革历史”访谈。

① 《关于深化企业改革、完善承包经营责任制的意见》，载国家体改委办公厅编：《十一届三中全会以来经济体制改革重要文件汇编》（上），北京：改革出版社，1990年版，第431–432页。

四、试行企业股份制

1984 年 10 月 20 日，党的十二届三中全会通过《中共中央关于经济体制改革的决定》，提出“所有权与经营权是可以适当分开的”，这为企业试行股份制提供了政策空间。

1980 年，哈尔滨松江木器厂开始尝试用集资入股的办法扩大生产能力，这是改革开放以后最早搞股份制的实践。1984 年，深圳出现“万丰模式”——万丰村的党支部书记潘强恩，提出了一个大胆的设想：发动村民参股兴建工业村。

1983 年，时任国家经委主任的张劲夫积极探索股份制改革，与中国社科院工业经济研究所所长蒋一苇在重庆市开展股份制试点，试点企业之一的重庆嘉陵摩托集团，在实行股份制后，建成了“中国摩托之王”。1984 年 4 月，国家经济体制改革委员会在江苏省常州市召开了城市经济体制改革试点工作座谈会。会后下发的座谈会纪要指出，对城市集体企业和国有小企业要进一步放开，“允许职工投资入股，年终分红”。

口述改革

贺光辉：股份制改革的前世今生

股份制改革，开始是小规模的试验。因为当时有个争论，谁也没把握确定股份制是资本主义特有的，还是咱们社会主义也可以搞，就有“姓社姓资”的顾虑。我们体改委对这个问题比较客观，就是试验，用实践来检验它好不好。

我们选择了一些点，一些行业。开始还不敢选择大的企业，就选小企业或者中型企业。例如北京天桥百货商场，实际上就是企业内部职工持股。企业发些股票，也算是集资，利用群众来投资，来扩大自己的经营规模，就这样一种朴素的想法。你那个股票也不能流通，也没有办法去交易，很简单，效果也不错。

——口述者系原国家体改委党组书记

资料来源：中国（海南）改革发展研究院“口述改革历史”访谈。

在股份制改革进入企业的过程中，股票也随之产生。1980 年 12 月，经成都市政府批准，成都市工业展销信托公司（后改组为成都蜀都大厦股份有限公司）建立并发行股票。1983 年，深圳宝安联合投资公司发行“股金证”。1984 年 9 月，北京市天桥百货股份有限公司成立并发行“定期三年”的股票。上述 3 只股票一般被认为是不规范的。1984 年 7 月，上海颁布了一个地方性法规《关于发行股票的暂行规定》，表明政府已经做好了发行股票的前期工作。11 月，上海飞乐音响股份公司向社会公开发行股票，由于它具备了股票的标准特征，因此被认为是新中国的第一张比较规范的股票。

面对各地股份制经济的试点，中共中央和国务院给予了积极支持。1986 年 12 月，国务院在《关于深化企业改革增强企业活力的若干规定》中明确指出，“各地可以选择少数有条件的全民所有制大中型企业，进行股份制试点”①。此后，全国掀起了一股“股份制试点热”，股份制经济得到了较快发展。

---

① 《关于深化企业改革增强企业活力的若干规定》，载国家体改委办公厅编：《十一届三中全会以来经济体制改革重要文件汇编》（上），北京：改革出版社，1990 年版，第 421 页。

口述改革

杨启先：国有企业股份制

国有企业究竟怎么改，一直存在很大的争论。这个问题后来得到突破的就是股份制，包括国有银行。通过股份制的决策改革，把股权分散，然后国家就不能直接下命令，只能让企业通过股东会、董事会来进行运转。这个是符合试点、符合经济运行规律的。所以通过股份制改革以后，中国的四大银行可以独立经营、自负盈亏，变成真正的商业性银行，现在这四大银行都发展成为世界前十位的银行了。

——口述者系原国家体改委综合规划局局长

资料来源：中国（海南）改革发展研究院“口述改革历史”访谈。

五、推动“横向经济联合”

党的十一届三中全会以来，随着对内搞活经济，对外实行开放方针的贯彻执行，全国各地在企业扩权的基础上，开始形成和发展了不同层次、不同内容和多种形式的横向经济联合，发展横向经济联合成为城市改革的突破口。

1986 年 3 月 10—16 日，国务院在北京召开了第一次全国城市经济体制改革工作会议，会议的主题词是“横向经济联系”，会议指出：发展横向经济联系，是经济体制改革中出现的新事物，对于进一步推进经济体制改革，发展社会生产力，具有重要意义，必须在政策上予以鼓励，在法律上给予保护。进一步发展横向联系，应当掌握以下几项原则：把进一步搞活企业特别是搞活大中型企业，作为推动联合的基础；坚持自愿互利、共同发展的原则；加强引导，使之尽可能符合国家宏观经济发展的需要，防止盲目扩大基本建设投资规模和重复建设；要形式多样，不搞一种模式；防止不必要的行政干预。

1986 年 3 月 23 日，国务院发布了《关于进一步推动横向经济联合若干问题的规定》。文件对横向经济联合的原则、目标，维护企业横向联合的自主权，改进计划管理和经济方法，促进物资的横向流通，加强生产与科技的结合，发展资金的横向融通，调整征税办法，保障经济联合组织的合法权益，等等，都作出了详细规定。此后，我国的企业兼并和企业集团的创建工作在国家的宏观指导下逐步展开，“横向联合”特别是企业间的横向联合取得了一些进展。

六、实行劳动合同制，打破“铁饭碗”

新中国成立后到 1986 年的中国社会，保持着一次分配定终身的用工制度，“铁饭碗”、“大锅饭”、“铁交椅”被称为“三铁”，是束缚企业活力的三项制度。

1986 年，国务院陆续印发《国营企业实行劳动合同制暂行规定》《国营企业辞退职工暂行规定》《国营企业职工待业保险暂行规定》《国营企业招用工人暂行规定》。1986 年 4 月 18 日，中共中央、国务院下发《关于认真执行改革劳动制度几个规定的通知》（以下简称《通知》）。《通知》指出，“这几项暂行规定的实施，将有助于消除现行劳动制度中包得过多、统得过死、能进不能出的弊端，逐步建立起一套能够适应社会主义商品经济发展要求的新型劳动制度”[①]。

与劳动用工制度改革同时进行的还有分配制度改革。1985 年 1 月，国务院发布了《关于国营企业工资改革问题的规定》，通过落实企业内部的经济责任制，实行了多种形式的工资、奖金分配制度的改革试验。其中包括企业工资总额同上缴利税挂钩，按比例浮动；国家对企业工资进行分级管理；对工资、奖金突破限额的企业，开征工资调节税和奖金税等。1986 年 12 月，国务院在发布的《关于深化企业改革增强企业活力的若干规定》中指出，“在国家规定的工资总额（包括增资指标）和政策范围内，对于企业内部职工工资、奖金分配的具体形式和办法，以及调资升级的时间、对象等，由企业自主决定，国家一般不再作统一规定。并要求国家经委、财政部、劳动人事部要研究改进能源、原材料节约奖的提奖办法，解决‘鞭打快牛’的问题”[②]。

从 1986 年 10 月起，全民所有制工业企业招收新工人全部实行合同制。

七、试行《企业破产法》

中国企业破产的改革起始于 1984 年，当时沈阳是全国综合体制改革试点城市，作为重工业基地，当时工业在整个经济中占据

---

① 《关于认真执行改革劳动制度几个规定的通知》，载国家体改委办公厅编：《十一届三中全会以来经济体制改革重要文件汇编》（中），北京：改革出版社，1990 年版，第 712 页。
② 《关于深化企业改革增强企业活力的若干规定》，载国家体改委办公厅编：《十一届三中全会以来经济体制改革重要文件汇编》（上），北京：改革出版社，1990 年版，第 421 页。

绝对比重，全市国有企业大约 1 万家，集体企业接近 1 万家。1985 年 2 月 9 日，沈阳市政府出台了《沈阳市关于城镇集体工业企业破产倒闭处理试行规定》(以下简称《规定》)。《规定》指出，连续亏损两年，亏损额超过资产总额 80%，达到破产警戒线的企业先给予黄牌警告，经过一年整改后，仍无起色的，宣布破产。[①] 1985 年 7 月，沈阳市从 11 家资不抵债、长期亏损、难以扭转局面企业中，最终确定了沈阳市防爆器械厂、沈阳市农机三厂、沈阳市五金铸造厂 3 家企业作为试点。1985 年 8 月 3 日，沈阳市政府召开新闻发布会，对这 3 家企业发布破产倒闭限期整改通告。

1986 年 8 月 3 日，沈阳市五金铸造厂和农机三厂成功摘掉“黄牌”帽子。当天，沈阳市工商行政管理局发布《沈阳市工商行政管理局企业破产通告——第 1 号》，“经研究决定沈阳市防爆器械厂从即日起破产倒闭，收缴营业执照，取消银行账号”[②]。至此，连续多年亏损并已欠债达 48 万元的沈阳市防爆器械厂[*]，被沈阳市工商行政管理局正式宣布破产，成为新中国第一家破产的公有制企业。

* 沈阳市防爆器械厂始建于1966年，原是沈阳变压器厂为解决职工生活困难安排家属就业组建起来的一个职工家属生产组。后几经变革，于 1983 年改名为沈阳市防爆器械厂。

沈阳的大胆尝试和理论突破，为后来在全国更大范围内建立企业的优胜劣汰机制，为中国企业破产法的出台，进行了有益的实践。1986 年 12 月 2 日，第六届全国人民代表大会常务委员会第十八次会议通过《中华人民共和国企业破产法（试行）》，其蓝本和基础就是沈阳市防爆器械厂破产案。

① 韩耀先:《我与企业破产法的半生缘》，新华网，2008 年 12 月 13 日。

②《沈阳市工商行政管理局企业破产通告——第 1 号》，中国国家博物馆网站，2021 年 9 月 27 日。

八、赋予私营经济合法地位

1987年，中共中央发出《把农村改革引向深入》的通知，明确提出了“允许存在，加强管理，兴利抑弊，逐步引导”的十六字方针。10月召开的党的十三大更是对私营经济问题作了明确的阐述：“私营经济一定程度的发展，有利于促进生产，活跃市场，扩大就业，更好地满足人民多方面的生活需要，是公有制经济必要的和有益的补充。[①]”这是党的历史上第一次在全国代表大会上肯定了私营经济可以存在，是党对社会主义初级阶段所有制结构认识上的一个质的飞跃。1988年4月，第七届全国人民代表大会第一次会议通过《中华人民共和国宪法修正案》，在第11条中增加了如下规定：“国家允许私营经济在法律规定的范围内存在和发展。私营经济是社会主义公有制经济的补充。国家保护私营经济的合法的权利和利益，对私营经济实行引导、监督和管理。[②]”

1988年6月25日，国务院公布了《中华人民共和国私营企业暂行条例》(以下简称《暂行条例》),《暂行条例》在总则中明确“本条例所称私营企业是指企业资产属于私人所有、雇工八人以上的营利性经济组织”[③]。《暂行条例》还明确了私营企业的经营范围、私营企业的权利和义务、私营企业的劳动管理、财务和税收等，并把

① 《沿着有中国特色的社会主义道路前进——在中国共产党第十三次全国代表大会上的报告》,《人民日报》，1987年11月4日。
② 《中华人民共和国宪法修正案》，载中共中央文献研究室编：《十三大以来重要文献选编》(上)，北京：人民出版社，1991年版，第216页。
③ 《中华人民共和国私营企业暂行条例》，载国家体改委办公厅编：《十一届三中全会以来经济体制改革重要文件汇编》(下)，北京：改革出版社，1990年版，第407页。

私营企业划分为独资、合伙和有限责任公司三种。继《暂行条例》之后，《私营企业所得税暂行条例》《私营企业个人调节税的规定》等行政法规也陆续颁布。与私营企业的贷款、税收、财务管理、劳动管理等有关的部门规章相继出台。

到 1991 年底，全国私营企业已登记注册的有 10.8 万户，从业人员 183.9 万人，拥有注册资金 123.2 亿元；个体工商户 1416.8 万户，从业人员 2258 万人，拥有注册资金 488.2 亿元。①

九、第一家国有股份制商业银行诞生

为进一步推进金融体制改革，给四大专业银行向商业银行转轨营造适当竞争的外部环境，国家决定采取体制外引导的战略，股份制商业银行改革应运而生。

1986 年 7 月 24 日，作为金融改革的试点，国务院批准重新组建交通银行*。1987 年 4 月 1 日，重新组建后的交通银行正式对外营业，成为中国第一家全国性的国有股份制商业银行，总行设在上海。交通银行的重新组建，对中国银行商业化改革有三个突破。第一，首次组建股份制大型银行。在此之前，中国大型银行都是国有银行。第二，首次打破了中国银行业专业分工的限制。第三，首次把银行的总行设在北京以外的城市，有利于形成银行业的多元化竞争格局。

* 中国交通银行始建于 1908 年（光绪三十四年），是中国早期四大银行之一，也是中国早期的发钞行之一。1958 年，除香港分行仍继续营业外，交通银行国内业务分别并入当地中国人民银行和在交通银行基础上组建起来的中国人民建设银行。

① 黄孟复：《中国民营经济史 · 大事记》，北京：社会科学文献出版社，2009 年版，第 17 页。

十、上海证券交易所与深圳证券交易所的成立

1986年，中国人民银行组织了全国13个分行的行长专门到日本野村证券进行为期一个月的学习。这次学习，为日后成立上海证券交易所、建立规章提供了宝贵的参考。

1986年11月，美国纽约证券交易所主席约翰·凡尔霖来华访问，在与邓小平会见时把纽交所的徽章赠送给邓小平，而邓小平以一张飞乐音响（小飞乐）股票作为回赠。

1989年12月，上海市委书记兼市长朱镕基召开上海市委常委扩大会议，专门研究当时背景下的金融改革问题，会议确定筹建上海证券交易所。历时半年的准备工作之后，1990年6月国务院正式批复：考虑到上海市目前已有一定的证券交易量，以及开发浦东之后交易量增加的趋势，同意建立上海证券交易所①。1990年11月26日，经国务院授权，中国人民银行批准上海证券交易所成立，这是新中国成立以来内地的第一家证券交易所。同年12月19日，上海证券交易所正式挂牌成立并开始正式营业，这标志着新中国证券市场的正式诞生和股市的起步。

开业当日，上海证券交易所里有30种证券上市，其中国债5种、企业债券8种、金融债券9种，而股票只有8种，分别是：飞乐音响、延中实业（现方正科技）、爱使股份、真空电子、申华实业（曾改名华晨集团）、飞乐股份、豫园商城、浙江凤凰。

股份制企业的发展推动了以股票为主力的证券市场的建立。

---

① 《30年前，A股为什么诞生在上海？》，《浙江日报》，2020年12月18日。

1986年10月，深圳市政府颁布了《深圳经济特区国营企业试点股份化暂行规定》。1989年11月，深圳市政府作出了建立深圳证券交易所的决定，并于当年11月15日开始筹建。1990年12月1日，深圳证券交易所试营业，并于1991年4月11日获中国人民银行正式批准成立。按照国际惯例，深圳证券交易所以会员制方式组成，注册资金为1000万元，为非营利性事业法人，成立初期归属中国人民银行深圳市分行管理。

1991年7月3日，经国务院授权、中国人民银行批准，深圳证券交易所正式开业，实现了股票的集中交易。深圳证券交易所，是继上海证券交易所之后我国第二家交易所，它的开业标志着深圳证券市场开始由分散交易走向集中交易，并由以行政管理为主走向依法管理为主的规范化运作阶段，标志着中国证券市场正式形成。

口述改革

王健：山雨欲来

到1990年的五六月间，交易所已经筹备得差不多了。9月，国务院批准了上海证券交易所的报告，而深圳市的报告却迟迟没有得到批准。我们在1990年7月、8月和10月，每逢8日都想开业，但都开不了业。接二连三地折腾了几次，筹备组的人沉不住气了，直接给当时的市委书记李灏写了一份报告，陈述苦衷。

——口述者系深圳证券交易所原筹备组负责人

资料来源：彭森、陈立：《中国经济体制改革重大事件》，北京：中国人民大学出版社，2008年版，第117页。

第四节　加强以价格改革、流通体制为重点的宏观调控改革和市场体系建设

一、价格改革起步

1984 年 12 月 20 日，党的十二届三中全会通过的《中共中央关于经济体制改革的决定》指出，“我国的现行价格体系，由于过去长期忽视价值规律的作用和其他历史原因，存在着相当紊乱的现象，不少商品的价格既不反映价值，也不反映供求关系。……价格是最有效的调节手段，合理的价格是保证国民经济活而不乱的重要条件，价格体系的改革是整个经济体制改革成败的关键”[①]。

1985 年 4 月 12 日，中央电视台播放了国家物价局局长成致平关于 1985 年价格改革方案说明的长篇讲话录像。讲话的主要内容是放调结合，小步前进，即放活价格与调整价格相结合，走小步子，稳步前进。改革的重点主要是放开生猪收购价格和猪肉销售价格，调整农村粮食购销价格，适当提高铁路短途运价。

1985 年上半年，各地陆续放开生猪等副食品价格以后，购销价格有所上升，生产量和供应量显著增加。由于肉价和副食品价格上涨而使城镇居民增加的支出，各地根据不同情况发给了一定的补贴。

① 《中共中央关于经济体制改革的决定》，北京：人民出版社，1984 年版，第 19–20 页。

二、价格改革“闯关”

从1984年下半年开始，我国经济运行中出现一系列不稳定、不协调的问题。1985—1987年，通货膨胀呈明显加剧之势，全国零售物价指数分别以8.8%、6%、7.3%幅度上涨。1988年1—10月，物价上涨幅度高达16%。[①] 1988年前后，价格双轨制已经严重影响经济的正常运行。

对于一开始出现的困难和问题，党和政府力图探索新路子加以解决。1985年2—10月，国务院先后4次召开省长会议，以解决消费基金增长过猛、信贷规模过大、外汇使用过多以及控制固定资产投资规模等问题。主要措施是紧缩银根，控制货币投放。这次“小调整”并没有达到预期效果。[②]

在经济环境恶化、通货膨胀加剧的情况下，1988年夏季不适当地决定进行“价格闯关”，全面推进价格改革，放开价格。1988年5月30日—6月1日，中共中央政治局在北京召开会议，会议提出价格和工资制度改革需要有通盘的考虑和系统的方案。会后，中央责成专门机构组织有关部门研究此后五年特别是1989年的价格、工资改革和配套措施问题。[③] 8月5—9日，国务院常务会议经过讨论，原则同意物价委员会的《关于价格工资改革的初步设想和

① 中共中央党史研究室编：《中国共产党的九十年——改革开放和社会主义现代化建设新时期》，北京：中共党史出版社、党建读物出版社，2016年版，第748-749页。
② 中共中央党史研究室编：《中国共产党的九十年——改革开放和社会主义现代化建设新时期》，北京：中共党史出版社、党建读物出版社，2016年版，第748-749页。
③ 中国经济体制改革研究会编写组编：《中国改革开放大事记（1978—2008）》，北京：中国财政经济出版社，2008年版，第77页。

配套措施》。8 月 15—17 日，中共中央政治局在北戴河召开会议，讨论并原则通过了《关于价格、工资改革的初步方案》，会议提出准备用五年左右的时间，解决对经济发展和市场发育有严重影响、突出不合理的价格问题。①

尽管这一改革方案没有正式实施，但是中央政治局通过方案的消息公布后，使人们误以为 9 月 1 日物价要全面放开，从而引发了全国性的挤提储蓄存款和抢购商品的风潮。物价问题已不单是经济问题，已经演变为严重的社会问题。

1988 年 8 月 30 日，国务院召开第二十次常务会议，讨论市场和物价形势。会议申明：价格改革方案中提到的“少数重要商品和劳务价格由国家管理，绝大多数商品价格放开，由市场调节”，指的是经过五年或更长一点时间的努力才能达到的长远目标。同日，根据会议的精神，国务院印发了《关于做好当前物价工作和稳定市场的紧急通知》。这次会议的召开和紧急通知的发布，无异于一次“急刹车”，实际上为这次价格改革闯关画上了句号。9 月下旬召开的党的十三届三中全会分析当前政治经济形势，批准了中央政治局提出的治理经济环境、整顿经济秩序、全面深化改革的方针。

三、国有土地使用权第一拍

1987 年 12 月 1 日，在李铁映、周建南、刘鸿儒以及来自全国

① 中共中央党史研究室编：《中国共产党的九十年——改革开放和社会主义现代化建设新时期》，北京：中共党史出版社、党建读物出版社，2016 年版，第 117 页。

17 个城市的市长的见证下和中外媒体的聚焦下，深圳市第一宗土地公开拍卖正式举行。这是我国首次以公开拍卖的方式有偿转让国有土地使用权，开了国有土地商品化先河。我国土地使用体制改革也由此拉开了序幕，并直接促使了《中华人民共和国宪法》相关条款的修改，奠定了我国土地使用制度改革的基石。

第五节　进一步搞活农村经济

一、第三个中央一号文件出台

1984 年 1 月 1 日，中共中央发出《关于 1984 年农村工作的通知》(以下简称《通知》),《通知》指出，在稳定和完善生产责任制的基础上，提高生产水平，梳理流通渠道，发展商品生产。文件给广大农民吃了颗“定心丸”——土地承包期一般应在十五年以上，以鼓励农民增加投资，培养地力，实行集约经营；生产周期长的和开发性的项目，如果树、林木、荒山、荒地等，承包期应当更长一些。①

文件进一步提出农村进行商品生产的重要性，只有发展商品生产，才能进一步促进社会分工，把生产力提高到一个新的水平。文件还指出对当前雇请工人超过规定人数的企业，可以不按照资本主义的雇工经营看待。允许务工、经商、办服务业的农民自理口粮到

① 《关于 1984 年农村工作的通知》，载国家体改委办公厅编：《十一届三中全会以来经济体制改革重要文件汇编》(上)，北京：改革出版社，1990 年版，第 137 页。

集镇落户。允许农村社会资金自由流动，鼓励入股分红。

文件进一步要求，制止对农民的不合理摊派，减轻农民的额外负担；农村工业适当集中于集镇；发展林牧渔业；加强农村工作的领导，提高干部的素质；加强农村思想政治工作和文化教育工作。1984 年我国农业生产达到前后几年的峰顶。

二、取消农副产品统购派购制度

家庭联产承包责任制在全国普遍推行后，1978 年至 1984 年我国粮食产量分别在 1982 年、1984 年迈上 7000 亿斤和 8000 亿斤两个大台阶，6 年时间大幅增产。[①] 然而，“谷贱伤农”，粮库爆满，购销价格倒挂，财政补贴大幅增加，难以为继。棉花生产 1984 年产量创下 625.85 万吨纪录，而收购量仅为 596.45 万吨。[②] 粮棉“卖难”、“存难”、“运难”的情况相继出现并日渐突出，农民的生产积极性受到很大影响。

1984 年 11 月，中央书记处会议在讨论为即将召开的全国农村工作会议准备的一号文件时，研究认为，建立联产承包责任制后，农村流通体制改革滞后，导致农业生产发生了种种不协调的现象，特别是农产品统购派购制度，在粮食长期短缺的过去虽然起到了保证供给的作用，但现在已不适应农村新的情况，成了束缚农业生产力发展的新因素。

---

① 伍振军：《新中国成立以来我国粮食生产回顾和展望》，《黑龙江粮食》，2015 年 10 期。
② 史建伟、苏海燕：《新中国棉花历史概览（三）》，《中国棉麻产业经济研究》，2016 年 03 期。

1984年12月，全国农村工作会议在北京召开，万里在会上发表了题为《把农村改革引向深入》的重要讲话。万里提出，根据发展有计划的商品经济的要求，逐步改革农产品统购派购制度，建立并完善农产品市场体系，是农村第二步改革的中心任务。强调要支持农民组织起来进入流通。1985年1月，中共中央、国务院发出第四个中央1号文件——《关于进一步活跃农村经济的十项政策》。文件提出，改革农村流通体制，取消已经实行了30年的农副产品统购派购制度，还原农民土地经营者的身份[①]。

同年，国务院制定的《国民经济和社会发展计划（草案）》中规定，在原已大幅度调减的农副产品计划收购项目中，继续从29种减到10种。[②]4月12日，全国物价会议决定放开生猪收购价格同时也放开销售价格。5月17日，农业税改过去以收实物为折征代金。6月1日，大中城市放开蔬菜供应价格。文件陆续出台以后，农村改革开始从相对封闭的"内线作战"转为向"外线"进军，一个城乡改革互相配合、互相促进的局面开始出现。

口述改革

段应碧：现在有必要正式提出改革统购派购制度

准备1985年1号文件的时候，就我们农研室内部来说，包括杜润生，比较一致的看法是，现在有必要正式提出改革统派统购制度，认为

① 《关于进一步活跃农村经济的十项政策》，载国家体改委办公厅编：《十一届三中全会以来经济体制改革重要文件汇编》（上），北京：改革出版社，1990年版，第154页。
② 《关于1985年国民经济和社会发展计划草案的报告——1985年3月28日在第六届全国人民代表大会第三次会议上》，《人民日报》，1985年4月13日。

这是农村改革的第二步。第一步是微观主体，第二步要解决这个微观主体就是农户和市场的连接问题，这个流通要搞活。1985 年的文件主要就是解决这个流通问题，相关的很多政策问题就提出来了，比如说，农贸市场的问题、长途贩运的问题、个体工商的问题，特别是长途贩运的问题。

——口述者系中央财经领导小组办公室原副主任

资料来源：中国（海南）改革发展研究院“口述改革历史”访谈。

三、城乡分割的劳动就业体制开始松动

20 世纪 80 年代以后，随着农村家庭联产承包责任制的确立和发展，农村富余劳动力越来越多，由于户籍制度和城镇用工制度的限制，农村富余劳动力难以大规模流入城市，大力发展乡镇企业便成为吸纳农村富余劳动力的主要形式。

1984 年 10 月 13 日，国务院发布的《关于农民进入集镇落户问题的通知》规定，凡在集镇务工、经商、办服务业的农民和家属，在集镇有固定住所、有经营能力或在集镇企事业单位长期务工的，公安部门应准予落常住户口，及时办理入户手续；但文件也明确规定不允许农民进入县城镇，初步改革放宽了对农村劳动力流动的行政限制。[①] 1985 年 1 月 1 日，中共中央、国务院发布的《关于进一步活跃农村经济的十项政策》中明确提出，要扩大城乡经济交

① 《国务院关于农民进入集镇落户问题的通知》，载国家体改委办公厅编：《十一届三中全会以来经济体制改革重要文件汇编》（上），北京：改革出版社，1990 年版，第 153 页。

往，允许农民进城开店设坊，兴办服务业，提供各种劳务。①

随着越来越多的农村劳动力通过城乡之间和区域之间的流动，寻求到新的就业空间，农村劳动力开始向城镇转移，我国农村劳动力的就业结构开始发生明显变化。自80年代以来，国家对户籍制度进行了断断续续的改革。1985年，《关于城镇暂住人口管理的暂行规定》颁布，允许暂住人口在城镇长期居留。同年，作为人口管理现代化基础的居民身份证制度宣布实施。1993年11月，党的十四届三中全会强调逐步改革小城镇的户籍管理制度，允许农民进入小城镇务工经商，发展农村第三产业，促进农村富余劳动力的转移。

第六节　由点至面形成对外开放新格局

一、开放十四个沿海城市

1984年1月24日—2月10日，邓小平视察了深圳、珠海、厦门三个特区，分别为这三个特区题词："深圳的发展和经验证明，我们建立经济特区的政策是正确的"，"珠海经济特区好"，"把经济特区办得更快些更好些"②。2月24日，邓小平明确指出，"我们

① 《关于进一步活跃农村经济的十项政策》，载国家体改委办公厅编：《十一届三中全会以来经济体制改革重要文件汇编》(上)，北京：改革出版社，1990年版，第156页。

② 中共中央文献研究室编：《邓小平年谱：一九七五——一九九七》(下)，北京：中央文献出版社，2004年版，第957-958页。

建立经济特区，实行开放政策，有个指导思想要明确，就是不是收，而是放”。“除现在的特区之外，可以考虑再开放几个港口城市，如大连、青岛。这些地方不叫特区，但可以实行特区的某些政策”[①]。

中国共产党十二届三中全会结束不久，国务院领导人就率领有关部门人员去沿海一带考察，研究进一步扩大对外开放的措施和办法，最后形成了《关于沿海地区经济发展的几个问题》的报告。报告提出，应该把珠江三角洲和长江三角洲的一些市县，开辟为沿海经济开放区，比照实行沿海开放城市的政策，以扩大出口贸易为导向，发展工农业生产，繁荣经济。从这两个三角洲取得经验后，可在适当时机扩大到北方的辽东半岛和胶东半岛，北起大连、南至北海，构成一个沿海对外开放的经济地带。[②]

1984 年 3 月 26 日—4 月 6 日，中共中央、国务院在北京召开了沿海部分城市座谈会。同年 5 月中共中央和国务院转发了沿海部分城市座谈会的纪要，作出决定：开放天津、上海、大连、秦皇岛、烟台、青岛、连云港、南通、宁波、温州、福州、广州、湛江、北海等 14 个沿海港口城市。由此，对外开放由经济特区的 4 个“点”连成 14 个沿海港口城市一条“线”。

1988 年 3 月，国务院下发《关于扩大沿海经济开放区范围的通知》，决定新划入沿海经济开放区 140 个市、县，包括杭州、南

---

① 中共中央文献研究室编：《邓小平年谱：一九七五——一九九七》（下），北京：中央文献出版社，2004 年版，第 963 页。

② 曹普：《中国改革开放全景录 · 中央卷》（上），北京：人民出版社，2018 年版，第 77 页。

京、沈阳3个省会城市。此后，国务院又相继决定开放了一批沿江、沿边、内陆和省会城市，形成了多层次、多渠道、全方位开放格局。

口述改革

金德本：从特区到沿海开放城市

从特区到沿海开放城市，再到三角洲开放，实际上走过了不到10年的时间。之后我们的对外开放政策开始向内陆扩展，包括边境开放和沿边开放。从地域角度讲就已经基本上覆盖到全国了，实际上就是和小平同志刚开始提的那个精神相吻合，就是让一部分地区先走一步富起来，然后带动其他地区，带动其他的人共同富裕。

——口述者系原国务院特区办公室司长

资料来源：中国（海南）改革发展研究院“口述改革历史”访谈。

二、开发开放浦东

1986年4月，上海市政府提出开发浦东的初步方案，并向中央上报《上海市城市规划方案汇报的提纲》。当年10月，国务院在批复《上海市城市总体规划方案》中明确指出，“当前，特别要注意有计划地建设和改造浦东地区，要尽快修建黄浦江大桥及隧道等工程，在浦东发展金融、贸易、科技、高教和商业服务设施，建设新居住区，使浦东新区成为现代化新区”[①]。1987年6月，上海

① 《国务院关于〈上海市城市总体规划方案〉的批复》，《上海市人民代表大会常务委员会公报》，1989年04期。

市政府正式成立了“浦东新区中外联合咨询小组”，形成了浦东开发的规划构想。此后，上海加快了浦东开发的筹备工作。

1989 年 5 月，邓小平在同中央负责同志谈话时说：“改革开放政策不变，几十年不变，一直要讲到底。[①]” 6 月，他还强调，“现在国际上担心我们会收，我们就要做几件事情，表明我们改革开放的政策不变，而且要进一步地改革开放”[②]。

1990 年 2 月，国家计委负责人赶赴上海，考察浦东。几天以后，中共上海市委和市政府《关于开发浦东、开放浦东的请示》呈送到中共中央、国务院。之后，邹家华、姚依林又于 1990 年 3 月底到 4 月初带队来到上海，就浦东开发问题做了 10 天调研，并于 4 月 10 日向国务院会议上报了最终汇总方案。

4 月 12 日，中央政治局会议召开，原则通过国务院提交的浦东开发方案。4 月 18 日，李鹏代表党中央、国务院在上海正式宣布中共中央、国务院同意上海市加快浦东地区的开发，在浦东实行经济技术开发区和某些经济特区的政策。6 月，中共中央、国务院下发的《关于开发和开放浦东问题的批复》指出，开发和开放浦东是深化改革、进一步实行扩大开放的重大部署。

浦东开发开放，向世界显示了中国实行改革开放的决心，由此也拉开了中国 20 世纪 90 年代更高层次、更大范围的改革开放序幕。

---

① 邓小平：《组成一个实行改革的有希望的领导集体》，《邓小平文选》（第三卷），北京：人民出版社，1993 年版，第 296 页。

② 邓小平：《第三代领导集体的当务之急》，《邓小平文选》（第三卷），北京：人民出版社，1993 年版，第 313 页。

口述改革

龙永图：浦东开发“迟来”的原因

为什么浦东开发到了90年代才正式提出来？因为上海当时整个经济总量占我们中国的六分之一，上海的经济如果出现大的波动，对全国经济的影响力比现在大得多。所以当时选择了对外开放的试验点在深圳，第一波的开放没有在上海，我觉得有一定的道理。

——口述者系原国家外经贸部副部长

赵启正：上海市我们的一张王牌

浦东开发是在深圳等地披荆斩棘取得了初步战果之后中央下的决心。但是既然是去开发，多少也要有点风险的，所以邓小平同志多次说胆子再大一些，步子再快一些。在1990年，他说上海是我们的一张王牌，搞好上海是一个捷径。因为它的工业基础、地理位置，以及国际交往条件比较好。

——口述者系浦东新区管委会首任负责人

资料来源：《赵启正、龙永图对话：南巡20年，浦东再回首》，《浦东开发》，2012年04期。

李佳能：浦东开发面临的问题

上海作为14个开放城市之一还远远不够。1980—1986年长达六七年的时间里，国家在酝酿上海究竟怎么发展，所以总体规划当时应该讲是比较困难的。正好1988年，世界银行支持上海的发展，派了专家和我们共同来研究城市发展方案，最终敲定从开发浦东开始。确定下来后，就面临着几大问题。第一个，金融中心设在哪里；第二个，以什么动力推动浦东开发；第三个，浦东究竟是搞工业还是搞有特色的功能。当然还有其他很多方面的考虑。到了1990年5月3日，浦东开发办公室正式挂牌成立，接下来就是艰苦的宣传推广期，浦东开发和开放当时是承担了一个政治任务，要向全世界说明，中国不关门继续搞改革。

——口述者系上海市人民政府浦东开发办公室原副主任

资料来源：中国（海南）改革发展研究院“口述改革历史”访谈。

三、海南建省办经济特区

1987年6月12日，邓小平在会见南斯拉夫客人斯特凡·科罗舍茨时说：“我们正在搞一个更大的特区，这就是海南岛经济特区。海南岛和台湾面积差不多，那里有许多资源，有富铁矿，有石油天然气，还有橡胶和别的热带亚热带作物。海南岛好好发展起来，是很了不起的。[①]”

1988年3月25日—4月13日，第七届全国人民代表大会第一次会议在北京召开。谷牧在大会上对《国务院关于提请审议建立海南经济特区的议案》作了说明，他说：“海南岛是我国的一个重要岛屿，自然资源比较丰富，经济发展有良好的前景。海南单独设省后，最重要的任务是发展生产力，加快海南岛的开发建设。[②]”4月13日，会议通过了《关于设立海南省的决定》(以下简称《决定》)。《决定》指出，批准设立海南省，撤销海南行政区，海南省人民政

① 邓小平：《改革的步子要加快》，《邓小平文选》（第三卷），北京：人民出版社，1993年版，第239页。
② 谷牧：《〈国务院关于提请审议建立海南经济特区的议案〉的说明》，载钟坚、郭茂佳、钟若愚主编：《中国经济特区文献资料》（第三辑），北京：社会科学文献出版社，2010年版，第17页。

府驻海口市；海南省管辖海口市、三亚市等和西沙群岛、南沙群岛、中沙群岛的岛礁及其海域。与此同时，会议还通过了《关于建立海南经济特区的决议》。海南成为我国继深圳、珠海、汕头、厦门之后第五个经济特区，且是最大的经济特区。

中共海南省委、海南省人民政府于 4 月 26 日正式挂牌。5 月 4 日，国务院印发《关于鼓励投资开发海南岛的规定》，对海南经济特区实行更加灵活开放的经济政策，授予海南省人民政府更大的自主权，其中包括土地有偿使用，矿产资源有偿开采，经中国人民银行批准设立外资银行、中外合资银行等政策。

口述改革

刘剑锋：海南正式建省办特区

海南建省办特区之前，一直是受广东省的领导。十一届三中全会以后，特别是办了深圳、珠海等四个特区以后，广东省对海南岛还是给予了一些特殊的政策。一个就是把原来的地级市，升格为副省的海南行政区，然后给了很多优惠政策，其中也包括一些进出口政策。1988 年 4 月 26 日，海南就正式建省办特区了。这个特区，只是海南岛本岛。而省的范围是比较大的，包括西沙、中沙、南沙都属于海南省管辖，所以当时讲建省办特区。建省是一个概念，大的概念，特区是一个小的概念，就是指海南岛本岛，这两个概念是不一样的。

——口述者系海南省原省长、原中国民用航空总局局长

资料来源：中国（海南）改革发展研究院“口述改革历史”访谈。

海南省成立当年就积极推进改革，率先进行省级机构改革试验，实行省直管市县体制，探索“小政府、大社会”管理架构。海南建省时省政府仅设置27个厅、6个直属局、6个内设局，比原海南行政区政府机构减少20个，人员编制减少200多人。

1988年9月1日，海南省第一次党代会召开，许士杰在大会上作了题为《放胆发展生产力，开创海南特区建设的新局面》的工作报告，强调“建设大特区就是要实行市场经济，自觉发挥价值规律的调节作用。一切经济活动都必须符合市场经济的规律”。“要重点研究和制定有利于境外人员、外汇、货物进出自由的各项具体政策。我们的政策‘特’不‘特’，取决于‘三个自由’的开放程度。只有对外更加开放、更自由，才有利于吸引外资。实行‘三个自由’的开放政策，切实按国际惯例办事，就要创造条件建立海南第二关税区”[①]。大会明确提出发展市场经济的改革目标，并在全国率先把这个目标写进党代会报告。

四、发展外向型经济

20世纪80年代后期，世界产业结构的调整再次出现高潮。发达国家及一部分新兴工业国家和地区，在产业结构的升级中正在将劳动密集型产业和部分资本密集型产业向劳动成本低廉的发展中国家转移。

1987年底，中央开始研究在对外开放上迈出更大步伐的措

① 许士杰：《放胆发展生产力，开创海南特区建设的新局面》，载海南特区经济年鉴编辑委员会编：《海南特区经济年鉴（1989）》，北京：新华出版社，1989年版，第4–12页。

施。一些专家提出了实施沿海地区发展外向型经济战略，以积极姿态参与“国际大循环”的发展思路。在这个思路的基础上，国务院向中共中央上报了《关于加快沿海地区对外开放和经济发展的报告》，强调“沿海地区要抓住有利机遇，大力发展外向型经济”[①]。1988 年 1 月 23 日，邓小平批示：“完全赞成。特别是放胆地干，加速步伐，千万不要贻误时机。[②]”

3 月 4 日，国务院召开沿海地区对外开放工作会议。国务委员谷牧在会上报告指出，我国已经形成了“经济特区—沿海开放城市—沿海经济开放区—内地”这样一个多层次、有重点的对外开放格局，这就为沿海地区转向外向型经济，参加国际大循环积累了经验、创造了条件。3 月 17—19 日，国家体改委在北京召开沿海地区部分省、市体改委（办）主任座谈会，强调实现沿海发展战略的关键在于改革，必须对现行经济体制进行大胆改革。

3 月 18 日，国务院下发《关于进一步扩大沿海经济开放区范围的通知》，决定适当扩大沿海经济开放区，新划入沿海经济开放区的有 140 个市、县，包括杭州、南京、沈阳等省会城市，人口增加到 1.6 亿。3 月 23 日，国务院颁发了《关于沿海地区发展外向型经济的若干补充规定》，批准将沿海 234 个市县列入沿海经济开放区。至此，沿海开放地区覆盖 293 个市县、42.6 万平方公里面积、2.2 亿人口。

① 中共中央文献研究室编：《邓小平年谱（一九七五——九九七）》（下卷），北京：中央文献出版社，2004 年版，第 1223 页。

② 中共中央文献研究室编：《邓小平年谱（一九七五——九九七）》（下卷），北京：中央文献出版社，2004 年版，第 1223 页。

五、国务院颁布《关于鼓励外商投资的规定》

1986 年 10 月，国务院发布了《关于鼓励外商投资的规定》，将有关外商投资企业的优惠政策以行政法规的形式予以明确，对外商投资的产品出口企业和先进技术企业，规定在减免所得税和再投资退税等方面进行优惠，大大推进了我国吸引和利用外资工作的开展，成为开放引资历史上的一个重要节点。1986 年、1988 年，国家先后颁布了《中华人民共和国外资企业法》和《中华人民共和国中外合作经营企业法》，并出台了一系列与外商直接投资相关的法律、法规，初步形成了外商直接投资法律法规体系。1985 年，国务院批准设立国家级经济技术开发区；1988 年国务院又把山东半岛、辽东半岛列为沿海经济开放区，批准海南建省并设立海南经济特区；1990 年，决定开放上海浦东。经过努力，我国的投资环境大大改善，吸收外资步伐开始加快，投资领域进一步放宽，投资数量迅速增加。在此期间，全国累计批准外商投资企业 35706 家，实际使用外资 190 亿美元，年均 35 亿美元。[①]

① 马宇：《我国外资企业总体运营良好》，《人民日报》（海外版），2009 年 2 月 13 日。

第七节　社会体制改革

一、教育体制改革拉开帷幕

党的十一届三中全会结束了“文化大革命”十年动乱的历史，全国工作重心开始转移到经济建设上来。新形势下教育事业如何发展，逐步提到党和国家的议事日程上来。

1985 年 5 月 15—20 日，中共中央、国务院在北京召开了全国教育工作会议，讨论了《中共中央关于教育体制改革的决定（草案）》。邓小平在闭幕式上作了题为《把教育工作认真抓起来》的重要讲话，他肯定地表示，“教育体制改革的决定草案，我看是个好文件。现在，纲领有了，蓝图有了，关键是要真正重视，扎扎实实地抓，组织好施工。”① 同时强调，“一个地区，一个部门，如果只抓经济，不抓教育，那里的工作重点就是没有转移好，或者说转移得不完全。”②

1985 年 5 月 27 日，中共中央正式颁布《关于教育体制改革的决定》（以下简称《决定》）。《决定》提出改革的主要内容是：改革教育管理体制，在加强宏观管理的同时，坚决实行简政放权，扩大学校的办学自主权；《决定》还对增加教育投资，把发展基础教育的责任交给地方，有步骤地实行九年义务教育，调整中等教育结

① 邓小平：《把教育工作认真抓起来》，《邓小平文选》（第三卷），北京：人民出版社，1993 年版，第 120 页。

② 邓小平：《把教育工作认真抓起来》，《邓小平文选》（第三卷），北京：人民出版社，1993 年版，第 121 页。

构，扩大高等学校办学自主权，加强领导，调动各方面积极因素，保证教育体制改革的顺利进行等问题，作了明确的原则规定。1985年6月，第六届全国人民代表大会常委会第十一次会议，决定成立国家教育委员会，地方省、市、区教育厅（局）也相应改为教育委员会。在学校内部，逐步推行校长负责制，在教师专业职务聘任上也实行了相应的改革。

这次教育体制改革以邓小平提出的“教育要面向现代化，面向世界，面向未来”为指针，确立了“教育必须为社会主义建设服务，社会主义建设必须依靠教育”的根本指导思想，对于促进教育努力适应社会主义建设以及经济、科技体制改革的需求起到了推动作用。

二、科学技术是第一生产力

1988年9月5日，邓小平会见捷克斯洛伐克总统胡萨克时，以及1988年9月12日听取关于价格和工资改革初步方案汇报时的谈话提出，“科学技术是第一生产力。我们的根本问题就是要坚持社会主义的信念和原则，发展生产力，改善人民生活，为此就必须开放”①。

1985年3月13日，中共中央发布《关于科学技术体制改革的决定》（以下简称《决定》）。《决定》提出，现代科学技术是新的社会生产力中最活跃的和决定性的因素。科学技术体制改革的主要内容是：在运行机制方面，要改革拨款制度，开拓技术市场，克服

① 邓小平：《科学技术是第一生产力》，《邓小平文选》（第三卷），1993年版，第274页。

单纯依靠行政手段管理科学技术工作，国家包得过多、统得过死的弊病；在对国家重点项目实行计划管理的同时，运用经济杠杆和市场调节，使科学技术机构具有自我发展的能力和自动为经济建设服务的活力。在人事制度方面，要克服“左”的影响，扭转对科学技术人员限制过多、人才不能合理流动、智力劳动得不到应有尊重的局面，创造人才辈出、人尽其才的良好环境。要鼓励中国科学院、高等学校和各部委、地方所属从事技术开发的研究机构，根据自愿互利的原则，同企业、设计机构建立各种形式的联合。扩大研究机构的自主权，改善政府机构对科学技术工作的宏观管理。独立的研究机构要面向社会，成为自主的研究开发实体。① 1988 年 5 月 3 日，国务院作出《关于深化科技体制改革若干问题的决定》提出“科技体制改革必须从社会主义初级阶段的实际出发，以发展生产力为目标，进一步建立科技与经济紧密结合的机制”②。

改革实施后，科技体制改革成绩显著。全国实行技术合同制的技术开发型研究机构已达 1900 个，占全国地市以上独立科研机构的 40%，比 1984 年增加 27%。1985 年全国技术市场洽谈交易额总数为 103.5 亿元，比 1984 年增加 13 倍多。

---

① 《中共中央关于科学技术体制改革的决定》，《中华人民共和国国务院公报》，1985 年 09 期。

② 《关于深化科技体制改革若干问题的决定》，载国家体改委办公厅编：《十一届三中全会以来经济体制改革重要文件汇编》（下），北京：改革出版社，1990 年版，第 100 页。

三、国有企业实行养老保险社会统筹

1969 年，我国开始停止了筹集劳动保险基金，退休费用改由企业自行负担，养老保险实际上是企业自保。20 世纪 80 年代初，“企业自保”的办法已经造成了企业之间养老负担的畸轻畸重。纺织、粮食、制盐、搬运等行业中的老企业，退休费用相当于在职职工工资总额的 50%以上，个别企业甚至超过工资总额。

1984 年，国有企业职工退休费用社会统筹首先在广东省江门和东莞、四川省自贡、江苏省泰州和无锡以及辽宁省黑山等市（县）开始试点。1986 年 1 月，国家体改委、劳动人事部联合印发了《转发无锡市实行离退休职工养老保险统筹制度的通知》，要求各地扩大试点。截至 1987 年 5 月，全国已有 600 个市县实行退休费用社会统筹。尽管当时是在市县范围内实行统筹，统筹层次较低，但标志着国有企业养老保险从“自保”走向社会化的重要一步。

四、国务院颁布《关于企业职工养老保险改革的决定》

改革开放后，随着国家改革开放的深入，社会保障提到日程。国务院于 1978 年出台了《关于安置老弱病残干部的暂行办法》和《关于工人退休、退职的暂行办法》；1986 年颁布了《国营企业实行劳动合同暂行规定》，建立了劳动合同制工人的养老保险制度。

1991 年 6 月 26 日，国务院颁布了《关于企业职工养老保险改革的决定》（以下简称《决定》）。《决定》指出，“随着经济的发展，逐步建立起基本养老保险与企业补充养老保险和职工个人储蓄性养老保险相结合的制度。改变养老保险完全由国家、企业包下来的办法，实行国家、企业、个人三方共同负担，职工个人也要缴纳一定的费用”。“国家提倡、鼓励企业实行补充养老保险和职工参加个人储蓄性养老保险，并在政策上给予指导。同时，允许试行将个人储蓄性养老保险与企业补充养老保险挂钩的办法”①。

《决定》颁布后，退休费社会统筹正式在全国推广，标志着我国开始尝试新的社会养老保险结构改革，开始探索建立国家基本养老保险、企业补充养老保险和个人储蓄性养老保险相结合的多层次养老保险体系。

五、城镇住房制度改革全面推开

1988 年 1 月 15 日，第一次全国住房制度改革工作会议在北京召开。会议宣布：从 1988 年开始，住房制度改革要在全国分期分批展开。这标志着中国住房制度改革进入了整体方案设计和全面试点阶段。

1988 年 2 月 25 日，国务院印发了《关于在全国城镇分期分批推行住房制度改革实施方案的通知》(以下简称《通知》)。《通知》指出，“中国城镇住房制度改革的目标是：按照社会主义有计划的商品经济的要求，实现住房商品化。从改革公房低租金制度着手，将现在的实物分配逐步改变为货币分配，由住户通过商品交换，取得住房的所有权或使用权，使住房这个大商品进入消费品市场，实现住房资金投入产出的良性循环，从而走出一条既有利于解决城镇

① 《关于企业职工养老保险改革的决定》，载国家体改委办公厅编：《十一届三中全会以来经济体制改革重要文件汇编》(续一)，北京：改革出版社，1993 年版，第 636–637 页。

住房问题，又能够促进房地产业、建筑业和建材工业发展的新路子……从一九八八年起，用三、五年时间，把住房制度改革在全国城镇分期分批推开”[①]。实施方案还提出了我国城镇住房制度改革的若干具体政策，包括合理调整公房租金；建立住房基金；积极组织公有住房出售；配套改革金融体制，调整信贷结构；对住房建设、经营在税收政策上给予优惠；加强房产市场管理。

随着此次城镇住房制度改革不断深入，传统的福利分房制度逐渐改变，我国城镇住房逐渐向社会化、市场化、商品化稳步过渡，符合市场经济机制的住房体制逐步建立。

口述改革

陈学斌：80 年代的房改

当时有一种统一的认识，就是过去的老的住房分配制度、福利制度是一项失败的制度，因此必须下决心改革。也有一种观点认为，公房不能出售，谁卖房子谁就是“败家子儿”，卖掉公房就是国有资产丢失，这些大帽子就接踵而来。因此 20 世纪 80 年代的房改，仅仅停留在试点，而且是中小城市试点。

——口述者系原国务院住房制度改革领导小组办公室主任

骆锦星：房地产公司的由来

房地产公司是怎么来的？当时我觉得房管局以政府部门的名义与

① 《关于在全国城镇分期分批推行住房制度改革实施方案的通知》，载国家体改委办公厅编：《十一届三中全会以来经济体制改革重要文件汇编》（下），北京：改革出版社，1990 年版，第 196 页。

外商签合同合作不太对头，因此我提议成立一个公司与外商合作。后来成立了深圳特区房地产公司，这也是中国第一家房地产公司。深圳特区房地产公司创造了很多第一，包括第一个搞土地有偿使用，第一个搞银行按揭，第一个搞物业有偿服务，第一个引进外企搞建筑装修，第一个引进外资搞冷气工程、电梯工程等。

——口述者系原深圳特区房地产公司总经理

徐景安：住宅的商品化

我们国家当时的公有住房，大概有9亿平方米。我们的房子全都是由国家统一建设，建设以后无偿分配给员工，租金大概是每平方米1.1角。1.1角的租金连房屋的管理和维修费用都不够，实际上政府还要贴钱。这个体制带来什么问题？就是所有住房都是老百姓向政府伸手要的。光是提高房租不能解决中国的住房问题，应该实行住宅的商品化，既让老百姓获利，国家又甩掉了财政包袱。

——口述者系原深圳体改委主任

资料来源：中国（海南）改革发展研究院“口述改革历史”访谈。

六、职工医疗保险改革试点

中国城镇医疗制度自20世纪50年代起实行的是公费医疗（行政机关、事业单位职工）和劳保医疗（企业职工）两种制度，统称“职工医疗保险制度”。随着经济社会的发展，这种制度的不可持续性越来越明显。

1988年2月21日，国家体改委向国务院提交了《关于社会保障医疗制度改革问题的报告》，提出现行医疗保障多头管理，缺少统筹安排，改革方案的研究在组织上不落实。医疗制度改革涉及面广，政策性强，问题比较复杂，需要有一个专门班子通盘考虑。

3 月 25 日，国家成立了由卫生部牵头，国家体改委、财政部、劳动人事部、总工会、组织部、医药管理局和人民保险公司等八个部门参加的医疗制度改革研讨小组。7 月，改革研讨小组向国务院报送了《职工医疗保险制度改革设想（草案初稿）》。

1989 年 3 月 4 日，国务院批转《国家体改委 1989 年经济体制改革要点》（以下简称《要点》），《要点》提出，在吉林省四平、辽宁省丹东、湖北省黄石、湖南省株洲进行公费医疗保险制度改革试点，在深圳、海南进行社会保障综合改革试点（包括养老、待业、工伤和医疗）。[①] 标志着我国医疗制度改革进入实质性阶段。

1990 年 4 月，四平市制定《公费医疗保险暂行规定》。1991 年 11 月，海南省颁布《海南省职工医疗保险暂行规定》。1991 年 9 月，深圳市成立医疗保险局，统一管理全市医疗保险事业，并于 1992 年 5 月颁布《深圳市社会保险暂行规定》及《职工医疗保险实施细则》。其他省、市也开始了医疗保险试点。

口述改革

李灏：深圳社会保障制度

在深圳任职期间，社保体制改革是我研究时间最长的改革内容。社会保障制度从 1987 年开始酝酿，经过考察、反复论证，到 1992 年才出台方案。过去的平均主义、吃“大锅饭”，显然不符合改革的方向。

---

① 《国家体改委 1989 年经济体制改革要点》，载国家体改委办公厅编：《十一届三中全会以来经济体制改革重要文件汇编》（上），北京：改革出版社，1990 年版，第 65 页。

通过考察，深圳的社保方案参考了新加坡等一些国家的做法和经验，就是实行社会统筹与个人账户相结合的办法。这项改革方案覆盖了养老、医疗、工伤三大领域，一项改革解决了这三大难题。

——口述者系深圳市委原书记

资料来源：中国（海南）改革发展研究院“口述改革历史”访谈。

七、终结行政级别工资模式

自1978年以来，国家已多次改革工资制度，调整收入分配水平。1985年1月5日，国务院下发《关于国营企业工资改革问题的通知》，规定国营企业实行职工工资总额同企业经济效益按比例浮动，职工的收入与职工个人的贡献和企业的经营效益挂钩。扩大了企业在工资、奖金分配上的自主权。1月24日，国家物价局、物资局联合发出《关于放开工业生产资料超产自销产品价格的通知》，无疑为提高企业经济效益打开了一条重要渠道。同年7月，劳动人事部、财政部联合颁布了《国营企业工资试行办法》，以使工资改革规范化。大多数企业在当年实行了奖励基金随同企业经济效益浮动的办法；在约1800万名职工中进行了工资总额随同企业生产成果或经济效益浮动的试验；试行工资同上缴利税一起浮动的大中型企业约占总数的15%；更多的企业采用的是承包工资、分解工资、计件工资、记分奖励等多种形式的分配办法。

1985年6月4日，中共中央、国务院下发《关于国家机关和事业单位工作人员工资制度改革问题的通知》，提出逐步消除现行工资制度中的平均主义和其他不合理因素，初步建立能够较好地体现按劳分配原则、便于管理和调节的新工资制度。这次工资改革的主要内容是：把工资分为基础工资、职务工资和年功工资三个部分。其中以职务工资为主导；基础工资是维持劳动者生存的需要，不论职务高低均实行同一标准；年功工资是对职工劳动贡献积累的补偿，随职工的工龄递增，因此又被称为“工龄工资”。这一改革措施，彻底结束了实行了几十年的行政级别工资模式。

第八节　治理整顿、深化改革

一、治理经济环境、整顿经济秩序

面对全国性抢购风潮严峻的经济形势，决策层迅速做出反应。1988 年 8 月 30 日，发出《关于做好当前物价工作和稳定市场的紧急通知》，采取紧急补救措施。9 月 13—17 日，中共中央在北京召开由各民主党派负责人、无党派爱国人士民主协商会和在京经济专家参加的座谈会，分别就《关于价格、工资改革的初步方案》征求意见。与会者对治理经济环境、整顿经济秩序、继续深化改革，提出了具体的建议。9 月 15—21 日，中共中央政治局召开中央工作会议。会议决定，1989 年和 1990 年要把改革和建设的重点放到治理经济环境、整顿经济秩序上来，提出治理整顿，既是深化改革的必要条件，也是深化改革的重要内容。还提出了坚决抑制通货膨胀、深化改革的若干重要政策建议。9 月 24 日，国务院下发《关于清理固定资产投资在建项目、压缩投资规模、调整投资结构的通知》。这次清理对象包括全社会固定资产投资项目。9 月 26—30 日，党的十三届三中全会在北京召开。全会批准了中央政治局提出的治理经济环境、整顿经济秩序、全面深化改革的指导方针和政策、措施。经过一年左右的治理整顿，取得初步效果，一度过旺的社会需求开始得到控制，过高的工业生产速度有所回落。

二、清理“三角债”

“三角债”问题是我国新旧经济体制转换过程中国民经济深层次矛盾的反映。自 1985 年开始，随着经济形势的变化，1988—1990 年，全国“三角债”从 320 亿元猛增至 1000 多亿元，严重影响到了国民经济的发展。

1990 年初，国务院决定在全国范围内开展清理“三角债”的工作，成立了以邹家华为组长的国务院清理“三角债”领导小组。8 月初，全国生产工作会议召开。会后，中央发出《关于在全国范围内清理企业拖欠货款实施方案》的通知。根据《关于在全国范围内清理企业拖欠货款实施方案》，中国人民银行制定了《全国范围清理拖欠方案实施细则》。

清理“三角债”工作大大解决了企业，特别是国有企业的资金周转困难的问题，提高了国有、集体和乡镇企业的效益，有效遏制了“三角债”迅猛蔓延的态势，防止其造成经济混乱并逐渐演化为衰退。

三、计划经济还是市场经济的理论争鸣

1990 年 7 月，在中央召开的一次经济问题座谈会上，主张“计划取向”的一些学者认为，社会主义只能在公有制的基础上实行计

划经济，市场调节应只在国家计划许可的范围内起辅助作用，而不能“喧宾夺主”。1988 年通货膨胀和 1989 年的政治风波，都是由于前些年颠倒了这种关系，采取了“市场取向改革”的错误路线的结果，所以，必须坚持“计划经济与市场调节相结合”的原则。

而薛暮桥、刘国光、吴敬琏等主张“市场取向”的改革者则据理力争，强调必须坚持党的十一届三中全会以来的改革路线，维护市场取向的正确方向。现实经济生活的问题，原因不是改革的市场取向不对和改革“急于求成”，而是市场取向的改革不够坚决、不够彻底。计划经济与市场调节相结合这个原则不妥当，应该明确市场经济。

1990 年 8 月，刚刚到任的国家体改委主任陈锦华面对各界争论，认为应该深入研讨计划经济与市场调节相结合这个大题目。他牵头国家体改委认真研究国内外关于计划与市场的实践问题，提出“我们既不应放弃计划、排斥计划，也不能恐惧市场、排斥市场。我们要从中国作为一个发展中的社会主义大国和已有十多年改革实践的基础出发，研究把计划和市场二者结合得更好，把已经初见成效的改革实践继续深化和推向前进”[①]。

在党的十三届七中全会召开前夕，邓小平在同中央几位负责人的谈话中强调，“我们必须从理论上搞懂，资本主义与社会主义的区分不在于是计划还是市场这样的问题。社会主义也有市场经济，资本主义也有计划控制。……不要以为搞点市场经济就是资本主义道路，没有那么回事。计划和市场都得要。不搞市场，连世界上的

① 陈锦华：《国事忆述》，北京：中共党史出版社，2005 年版，第 17 页。

信息都不知道，是自甘落后”[1]。

第九节　进一步完善中国特色社会主义民主政治

一、新的中央领导集体的形成

1989 年 6 月 23—24 日，党的十三届四中全会在北京召开。会议分析了国内发生动荡的原因，初步总结了经验教训，明确了当前和今后一个时期党的方针和任务，对中央领导机构成员进行了调整。全会选举江泽民为中央委员会总书记。

党的十三届四中全会前后，邓小平多次郑重提出，现在真正建立一个新的第三代领导。第三代领导集团必须有一个核心，要有意识地维护这个核心。他强调，“中国问题的关键在于共产党要有一个好的政治局，特别是好的政治局常委会。只要这个环节不发生问题，中国就稳如泰山”[2]。1989 年 9 月，邓小平向政治局正式提出辞去中共中央军事委员会主席职务的请求。11 月，党的五中全会同意邓小平这一请求，并决定江泽民为中央军事委员会主席。经过党的十三届四中、五中全会，中央领导集体顺利实现新老交替。

---

① 邓小平：《善于利用时机解决发展问题》，《邓小平文选》（第三卷），北京：人民出版社，1993 年版，第 364 页。

② 邓小平：《善于利用时机解决发展问题》，《邓小平文选》（第三卷），北京：人民出版社，1993 年版，第 365 页。

二、改革开放后第二次国务院机构改革

1988 年 4 月 9 日，第七届全国人民代表大会第一次会议通过了国务院机构改革方案，启动了新一轮的机构改革。这次政府机构改革首次提出了“转变政府职能是机构改革的关键”这一命题，着重于大力推进政府职能的转变，采取自上而下，先中央政府后地方政府，分步实施的方式进行。改革的重点是与经济体制改革关系密切的经济管理部门，通过机构改革，使得政府从直接管理为主转变为间接管理为主，强化政府的宏观管理职能。

通过此次政府机构改革，国务院部委由原有的 45 个减为 41 个，直属机构从 22 个减为 19 个，非常设机构从 75 个减为 44 个。在国务院 66 个部、委、局中，有 32 个部门共减少 1.5 万多人，有 30 个部门共增加 5300 人，增减相抵，机构改革后的国务院人员编制比原来减少了 9700 多人。

三、《中华人民共和国香港特别行政区基本法》颁布

1984 年 12 月 19 日，中英两国签署的《中华人民共和国政府和大不列颠及北爱尔兰联合王国政府关于香港问题的联合声明》指出，“设立香港特别行政区”，“香港特别行政区享有高度的自治权”，“香港的现行社会、经济制度不变；生活方式不变”，“关于中华人民共和国对香港的上述基本方针政策和本联合声明附件一对上述基本方针政策的具体说明，中华人民共和国全国人民代表大会将以中华人民共和国香港特别行政区基本法规定之，并在

五十年内不变”[①]。

《基本法》起草委员会正式成立于1985年7月1日，由各方面知名人士和专家共59人组成，其中香港委员23人，于1988年4月公布首份草案。起草委员会第九次会议于1990年2月13日至17日在北京举行，会议审议和通过体现“一国两制”伟大构想的《中华人民共和国香港特别行政区基本法（草案）》，评选出香港特别行政区区旗和区徽图案（草案），并决定把基本法（草案）和区旗和区徽图案（草案）提交全国人大常委会审议。

邓小平对《基本法》（草案）作出了高度评价：“经过将近五年的辛勤劳动，写出了一部具有历史意义和国际意义的法律著作。说它具有历史意义，不只是过去、现在，而且包括将来；说国际意义，不只是第三世界，而且对全人类都有长远意义。这是一个具有创造性的杰作。[②]”

1990年3月20日至4月4日，第七届全国人民代表大会第三次会议在北京召开。会议听取了香港特别行政区基本法起草委员会主任委员姬鹏飞关于《中华人民共和国香港特别行政区基本法（草案）》及其有关文件的说明。4月4日，中华人民共和国主席杨尚昆签署第二十六号中华人民共和国主席令，公布了《中华人民共和国香港特别行政区基本法》，自1997年7月7日起施行。

《中华人民共和国香港特别行政区基本法》以国家基本法律的

---

① 《中华人民共和国政府和大不列颠及北爱尔兰联合王国政府关于香港问题的联合声明》，载中共中央文献研究室编：《十二大以来重要文献选编》（中），北京：中央文献出版社，2011年版，第88–89页。

② 邓小平：《香港基本法具有历史意义和国际意义》，《邓小平文选》（第三卷），北京：人民出版社，1993年版，第352页。

形式就多个范畴作出规定，包括中央和香港特别行政区的关系、香港居民的基本权利和义务、香港特别行政区的政治和经济体制、对外事务等，落实了“一国两制”的伟大构想。

四、《中华人民共和国民族区域自治法》颁布

1952 年中央人民政府颁布《中华人民共和国民族区域自治实施纲要》，对民族区域自治的推行起到了巨大的作用。但是，随着形势的发展已不能适应社会主义现代化建设新时期的需要。因此，根据宪法的规定，在总结中华人民共和国成立 30 多年经验的基础上，20 世纪 80 年代初开始启动制定关于民族区域自治的法律，以保障民族区域自治制度的健康发展。

自 1980 年起，全国人大民族委员会同国家民委等单位共同组成《中华人民共和国民族区域自治法》起草小组，对民族区域自治地方和有关省进行调查研究，广泛征求各省、自治区、直辖市以及各自治州、自治县和国务院有关部委的意见。经过反复修改，拟订了草案，提请全国人大常委会进行审议和修改。1984 年 5 月 31 日，第六届全国人民代表大会第二次会议通过了《中华人民共和国民族区域自治法》，并决定于 1984 年 10 月 1 日起施行。自此，我国第一部有关民族区域自治的法律顺利地诞生了。

大事记

1984 年

10 月 20 日，党的十二届三中全会在北京召开，通过《中共中央关于经济体制改革的决定》和《中国共产党第十二届中央委员会第三次全体会议关于召开党的全国代表会议的决定》。

10 月 22—23 日，中共中央顾问委员会第三次全体会议在北京召开。

10 月 25—29 日，中共中央纪律检查委员会第四次全体会议在北京召开，审议通过中纪委常委会提交的《加强纪律检查工作，保证经济体制改革顺利进行》报告，讨论《关于加强纪检机关建设的意见》。

10 月 31 日，中共中央批转中央政法委员会《关于严厉打击严重刑事犯罪活动第一战役总结和第二战役部署的报告》。

11 月 2 日，中央财经领导小组会议召开，讨论国家计委、国家经委《关于利用国家结存外汇，促进经济发展意见的报告》。

同日，国务院下发《关于改革我国国际海洋运输管理工作的通知》。

11 月 3 日，国务院批转中国人民保险公司《关于加快发展我国保险事业的报告》。

11 月 6—14 日，六届全国人大常委会第八次会议召开，通过关于国务院提请审议《中华人民共和国政府和大不列颠及北爱尔兰联合王国政府关于香港问题的联合声明》的议案的决议、《关于在沿海港口城市设立海事法院的决定》和关于我国加入《保护工业产权巴黎公约》的决定，还初步审议了《中华人民共和国草原法（草案）》。

11月9日，国务院召开常务会议，听取并讨论财政部关于改革财政管理体制问题的汇报。

11月13日，国务院下发《关于严格控制财政支出和大力组织货币回笼的紧急通知》。

同日，国务院办公厅印发《关于山东省威海港、龙口港对外开放的会议纪要》，明确威海港、龙口港对外开放，允许外轮进出。

11月15日，国务院发布《关于经济特区和沿海十四个港口城市减征、免征企业所得税和工商统一税的暂行规定》，自12月1日起施行。

11月17日，中共中央、国务院下发《关于严格控制成立全国性组织的通知》。

11月18日，上海飞乐音响公司成立并向社会发行股票。这是新中国成立以来工业领域第一家比较规范的股份公司。

11月20日，国务院批转轻工业部，全国手工业合作总社《关于轻工业集体企业若干问题的暂行规定》。

11月22日—12月1日，国务院召开全国计划会议，讨论1985年计划。

11月30日，党中央、国务院决定将上海经济区范围扩大到包括上海、江苏、浙江、安徽、江西4省1市。经济区扩大后，在以上海为中心的经济区63万平方公里土地上，将逐步形成一个依托大小城市的、开放式的、网络型的经济区。

12月3日，中共中央、国务院印发《关于严禁党政机关和党政干部经商、办企业的决定》。

12 月 5 日，中共中央纪律检查委员会发出《关于坚决纠正新形势下出现的不正之风的通知》。

同日，国务院批复《广州市对外开放工作报告》，同意兴办经济技术开发区，总面积为 9.6 平方公里。

12 月 6 日，国务院批复《天津市进一步实行对外开放报告》，同意兴办经济技术开发区，总面积为 33 平方公里。

12 月 6—22 日，中共中央在北京召开全国农村工作会议，强调在国家计划指导下扩大市场调节，促进农村产业结构合理化，进一步把农村经济搞活。

12 月 8 日，国务院下发《关于国营企业厂长（经理）实行任期制度的通知》。

12 月 14 日，国家计委、财政部、中国人民建设银行发布《关于国家预算内基本建设投资全部由拨款改为贷款的暂行规定》，决定从 1985 年起，凡是由国家预算安排的基本建设投资全部由财政拨款改为银行贷款（简称“拨改贷”）。

12 月 15 日，国务院批准唐山、大同、包头、大连、鞍山、抚顺、吉林、齐齐哈尔、青岛、无锡、淮南、洛阳、重庆 13 个城市为“较大的市”。这些市可依法拟订本市需要的法规草案。

12 月 18—20 日，英国首相撒切尔夫人签署中英关于香港问题的联合声明并对我国进行正式访问。19 日，中英关于香港问题的联合声明在北京正式签字。

12 月 19 日，国务院批复南通、连云港两市进一步对外开放方案。

同日，中英两国政府在北京正式签署《中华人民共和国政府和大不列颠及北爱尔兰联合王国政府关于香港问题的联合声明》，中国政府声明决定于 1997 年 7 月 1 日对香港恢复行使主权。

12 月 20 日，国务院公布《加工承揽合同条例》。

12 月 24 日，中共中央书记处听取国务院物价小组《关于 1985 年物价改革方案的汇报》。

12 月 27 日，国务院批转国家统计局《关于计算农村社会总产值和把村（队）办工业从农业划归工业的请示报告》。

12 月 29 日，关于振兴上海问题的报告指出，总的设想是：充分利用对内对外开放的有利条件，广泛引进和采用先进技术，改造传统工业，开拓新兴工业，发展第三产业，逐步改善基础设施和投资环境，力争到本世纪末，把上海建成开放型、多功能、产业结构合理、科学技术先进、具有高度文明的社会主义现代化城市。

1985 年

1 月 1 日，中共中央、国务院印发《关于进一步活跃农村经济的十项政策》，决定改革农产品统购派购制度，从 1985 年起实行合同定购和市场收购。

1 月 5 日，国务院下发《关于国营企业工资改革问题的通知》，决定从 1985 年开始，在国营大中型企业中，实行职工工资总额同企业经济效益按比例浮动的办法。

同日，我国第一家民间空中运输企业——厦门航空有限公司正式投入运营。

1 月 7 日，中共中央办公厅、国务院办公厅发出《关于限期报告发放奖金等情况的紧急通知》。

同日，国务院批转中国民用航空局《关于民航系统管理体制改革的报告》，提出改革的原则是政企分开，简政放权。

1月10日，国务院印发《关于技术转让的暂行规定》。

1月10—21日，六届全国人大常委会第九次会议召开，通过《中华人民共和国会计法》，自5月1日起施行。

1月15日—3月8日，国家计委、财政部、中国人民银行向中央财经领导小组汇报了《“七五”计划的总体设想》以及“七五”能源工业计划、运输邮电计划、原材料工业计划、人民生活、轻工市场计划、基本建设计划、财政计划、信贷计划的初步设想。

1月19日，邓小平会见罗兰士·嘉道理勋爵为首的香港核电投资有限公司代表团。邓小平指出，我国的对外开放、吸引外资的政策，是一项长期持久的政策。本世纪内不能变，下个世纪的前五十年也不能变。

1月20日，国家体改委在石家庄市召开山东、山西、河南、河北、内蒙古、北京、天津七省、市、自治区城市经济体制改革座谈会，主要介绍石家庄市以搞活企业为中心，进行“撞击反射式”综合改革的经验。

1月23日，邓小平听取当前经济工作的汇报，并就经济体制改革中出现的一些问题发表意见。

同日，《人民日报》报道：全国政社分开、建立乡政府工作已经基本结束。截至1984年底，全国共建乡84340多个。

1月24日，国家物价局、国家物资局发出《关于放开工业生产资料超产自销产品价格的通知》，取消原定的不高于国家定价20%的规定。

1月25—31日，国务院在北京召开长江、珠江三角洲和闽南厦（门）漳（州）泉（州）三角地区座谈会，建议将这三个地区开辟为沿海经济开放区。

1 月 31 日，国务院批转国家旅游局《关于当前旅游体制改革几个问题的报告》。

2 月 1 日，中共中央办公厅、国务院办公厅发出《关于严格控制发放奖金、补贴的紧急通知》。

2 月 2 日，商业部发出通知：由过去长期实行的棉花统购改为按合同定购。

2 月 5—14 日，全国经济工作会议在天津召开，讨论制订《关于进一步增强大中型国营工业企业活力若干问题的暂行规定》，讨论了《中华人民共和国国营工业企业法（草案）》以及有关国营小企业的改革等问题。

2 月 6 日，深圳市人民政府颁布《行政事业单位干部职工住宅商品化试行办法》。

2 月 8 日，国务院批转国家经委、财政部、人民银行《关于推进国营企业技术进步若干政策的暂行规定》。

同日，国务院公布《中华人民共和国城市维护建设税暂行条例》。

同日，国务院批转上海市人民政府、国务院改造振兴上海调研组《关于上海经济发展战略的汇报提纲》。

2 月 9 日，《人民日报》报道：1984 年全国进行改革的信用社已有 48300 多个，占总数的 82%。大部分省的改革面达 80%以上。

2 月 9—14 日，全国省长、自治区主席、直辖市市长会议在北京召开。

2 月 14 日，公安部出入境管理局负责人宣布：我国政府决定从 1985 年 2 月 15 日起增加 67 个开放市、县。至此，我国开放市、县已达 100 个。1986 年 7 月 7 日，公安部新闻发言人宣布，经国务院批准，又有16个市、县被列入对外国人开放地区。至此全国对外开放市、县已达452个。

2月18日，中共中央、国务院批转《长江、珠江三角洲和闽南厦漳泉三角地区座谈会纪要》。

2月26日，国务院公布《中华人民共和国进出口关税条例》和《中华人民共和国海关进出口税则》。

2月28日，国务院公布《借款合同条例》。

同日，经广东省口岸办公室批准，沙头角口岸正式对外开放。

3月2—7日，全国科学技术工作会议在北京召开。邓小平在闭幕会上指出：现在要进一步解决科技和经济结合的问题。所谓进一步，就是说，在方针问题、认识问题解决之后，还要解决体制问题。

3月4日，邓小平在会见外宾时指出，现在世界上真正大的问题，带全球性的战略问题，一个是和平问题，一个是发展问题。和平问题是东西问题，发展问题是南北问题。概括起来，就是东西南北四个字。南北问题是核心问题。

3月6—13日，全国城市经济体制改革试点工作座谈会在武汉市召开。

3月8日，国务院作出《关于上海市进一步对外开放有关问题的批复》。

3月11日，中共中央、国务院印发《关于放宽政策，加速发展水产业的指示》。

3月13日，中共中央印发《关于科学技术体制改革的决定》。

同日，国务院印发《关于加强外汇管理的决定》。

同日，国务院下发《关于坚决制止就地转手倒卖活动的通知》。

同日，国务院下发《关于加强物价管理和监督检查的通知》。

3 月 14 日，国务院批转财政部《关于对国营企业出口商品征收利润调节税的报告》和《国营企业出口商品利润调节税征收办法》。

同日，国务院作出《关于温州市进一步对外开放有关问题的批复》，要求近期工作的重点是打好基础。

同日，国务院批转中国人民银行的报告。

3 月 21 日，六届全国人大常委会第十次会议通过《中华人民共和国涉外经济合同法》。

同日，国务院印发《关于实行"划分税种、核定收支、分级包干"财政管理体制》。

3 月 23 日，国务院作出《关于营口市享受沿海开放城市某些权限的批复》。

3 月 27 日—4 月 10 日，六届全国人大第三次会议召开，通过《当前的经济形势和经济体制改革》的政府工作报告。会议授权国务院对于有关经济体制改革和对外开放方面的问题，必要时可以根据《宪法》，在同有关法律和全国人民代表大会及其常务委员会的有关决定的基本原则不相抵触的前提下，制定暂行的规定或者条例，颁布实施。

3 月 28 日，国务院批转《关于广东、福建两省继续实行特殊政策、灵活措施的会议纪要》。

同日，邓小平会见日本自由民主党副总裁二阶堂进时表示：改革是中国的第二次革命。我们的方针是，胆子要大，步子要稳，走一步，看一步。走一段就要总结经验。

4 月 1 日，我国开始实行出口退税制度。

4月2日，国务院公布《中华人民共和国经济特区外资银行、中外合资银行管理条例》，规定外资银行、中外合资银行必须遵守中华人民共和国的法律、法规，其正当业务活动和合法权益受中华人民共和国法律保护。

同日，国务院发布《关于华侨投资优惠的暂行规定》。

4月2—6日，第三次全国经理、厂（矿）长统考工作会议在北京召开，要求1986年以前基本考完5837个大中型企业的经理、厂（矿）长。

4月4日，国务院批转中国人民银行《关于控制1985年贷款规模的若干规定》，规定从当年开始实行“统一计划，划分资金，实贷实存，相互融通”的新的信贷资金管理办法，以解决信贷资金使用“吃大锅饭”的问题。

4月5日，国务院办公厅转发国家统计局《关于建立第三产业统计的报告》。

4月8日，国务院下发《关于控制固定资产投资规模的通知》。

4月11日，国务院公布《中华人民共和国集体企业所得税暂行条例》。

同日，国务院批准财政部《对外国企业常驻代表机构征收工商统一税、企业所得税的暂行规定》。

4月15日，邓小平会见坦桑尼亚副总统阿里·哈桑·姆维尼时指出，马克思主义的基本原则就是要发展生产力。社会主义的首要任务是发展生产力，逐步提高人民的物质和文化生活水平。

4月21日，全国技术市场协调指导小组在北京成立。

4月25日，国务院批转卫生部《关于卫生工作改革若干政策问题的报告》。

4月26日，国务院公布《国营企业固定资产折旧试行条例》。

4月30日，国务院批转铁道部、国家物价局《关于铁路短途客货运价调整方案的报告》。

5月8日，国务院办公厅转发水利电力部《关于改革水利工程管理体制和开展综合经营问题的报告》。

5月15—20日，中共中央、国务院在北京召开全国教育工作会议讨论《关于教育体制改革的决定（草案）》。研究实行教育体制改革的步骤和措施。5月19日，邓小平在全国教育工作会议上讲话指出，我们国家，国力的强弱，经济发展后劲的大小，越来越取决于劳动者的素质，取决于知识分子的数量和质量。一个十亿人口的大国，教育搞上去了，人才资源的巨大优势是任何国家比不了的。有了人才优势，再加上先进的社会主义制度，我们的目标就有把握达到。

5月20日，中央财经领导小组向中共中央政治局常委会和书记处提交《关于货币和外汇问题的报告》。

5月21日，我国和欧洲共同体在布鲁塞尔正式签署贸易和经济合作协定。

5月23日，中共中央、国务院印发《关于禁止领导干部的子女、配偶经商的决定》。

5月23日—6月6日，中央军委召开扩大会议。邓小平在会上提出对国际形势的新判断和中国对外政策的两个重要转变，并宣布中国人民解放军减少员额100万。

5月23日，国务院批转国家经委、国家计委、水利电力部、国家物价局《关于鼓励集资办电和实行多种电价的暂行规定》，决定鼓励地方、部门和企业投资建设电厂，并对部分电力实行多种电价。

5 月 24 日，国务院公布《中华人民共和国技术引进合同管理条例》。

5 月 24—25 日，国家经委、国家体改委等七部门联合召开国营小企业转让试点工作座谈会。会议决定在邯郸、丹东、大连等十个城市中选择部分国营工业小企业进行试点。

5 月 27 日，中共中央印发《关于教育体制改革的决定》。

6 月 1 日，国务院批转国家物价局《关于价格改革出台情况及稳定物价措施的报告》。

6 月 3 日，财政部、国家经委发出《关于认真核定国营企业税后留利中五项基金比例和加强管理的通知》。

6 月 4 日，邓小平在中央军委扩大会议上讲话指出，党的十一届三中全会以后，我们对国际形势的判断有变化，对外政策也有变化，这是两个重要的转变。第一个转变，改变了原来认为战争的危险很迫近的看法。第二个转变，改变了针对苏联霸权主义的威胁实行的“一条线”战略。

同日，中共中央、国务院下发《关于国家机关和事业单位工作人员工资制度改革问题的通知》。

同日，新华社报道：全国农村人民公社政社分开，建立乡政府的工作已经全部结束。建乡前全国共有 5.6 万多个人民公社、镇，政社分开后，全国共建 9.2 万多个乡（包括民族自治乡）、镇人民政府，同时建立村民委员会 82 万多个。

6 月 9 日，国务院批转国家物价局《关于价格改革出台情况及稳定物价措施的报告》。

6 月 9—15 日，全国法制宣传教育工作会议召开，通过《关于向全体公民基本普及法律常识的五年规划》。

6 月 11—13 日，中央召开第三次（部分）省长会议，重点研究解决调整基本建设规模问题。

6 月 18 日，六届全国人大常委会第一次会议作出决定，撤销教育部，设立国家教育委员会。

6 月 26 日，国务院下发《关于对若干商品开征进口调节税的通知》。

6 月 29 日，国务院批复福建省人民政府《关于报审厦门经济特区实施方案的报告》。

7 月 1—5 日，香港特别行政区基本法起草委员会第一次全体会议在北京举行，决定 1990 年提请人大审议并颁布香港特别行政区基本法，同时决定在香港成立一个民间性的、有广泛性的基本法咨询委员会。

7 月 3 日，国务院发布新修订的《国营企业奖金税暂行规定》，奖金税起征点由 2.5 个月改为 4 个月标准工资。

同日，国务院发布《国营企业工资调节税暂行规定》。

7 月 9 日，中共中央办公厅、国务院办公厅发出《关于党政机关干部不兼任经济实体职务的补充通知》。

7 月 11 日，中国政府向世界关税及贸易总协定总干事提交《关于恢复中国在关贸总协定缔约国地位的申请》。

同日，邓小平在听取中央负责人汇报经济情况时指出，物价改革是个很大的难关，但这个关非过不可。今后即使出现风波，甚至出现大的风波，改革也必须坚持。

7 月 15 日，中央财经领导小组向中共中央政治局常委和书记处提交《关于保持经济稳定发展问题的报告》。

7月22日，国务院批转中国人民银行报告，批准调整储蓄存款利率和固定资产贷款利率。

7月27日，国务院公布《中华人民共和国国家金库条例》，规定国家金库负责办理国家预算资金的收入和支出。中国人民银行具体经理国库。

8月13—22日，全国财政工作会议在北京召开，决定中央和地方都不再追加支出，基本建设投资规模一定要控制在国家下达的指标之内，行政经费和社会集团购买力支出一定要按国务院的要求进行压缩。

8月14日，国务院批准《公司登记管理暂行规定》。

8月16日，国务院批转商业部、农牧渔业部、国家物价局《关于做好城市蔬菜产销工作的报告》。

8月19日，国务院批转财政部《关于开展税收、财务大检查的报告》。这是全国第一次财税物价大检查。

8月20日，国务院下发《关于进一步清理和整顿公司的通知》，强调必须贯彻政企分开的原则。

8月24日，国务院发布《集体企业奖金税暂行规定》，提出从1985年起，对集体企业开征奖金税。

8月29日，邓小平在会见由中央执行委员会书记长田边诚率领的日本社会党第二次访华代表团时表示：中国政策的连续性不是靠哪一个人来保证的，而是首先靠政策本身的正确，让更多的人来保证我们的政策的继承。有人担心我们的改革会导致资本主义，这是肯定不会的。

同日，国务院发布《关于审计工作的暂行规定》。

8月31日，中国人民银行首次公布我国国际收支统计情况。

9 月 2—7 日，由中国经济体制改革研究会、中国社会科学院和世界银行共同在交通部所属的一条从重庆到武汉的“巴山号”长江游轮上召开“宏观经济管理国际讨论会”，又称“巴山轮会议”。

9 月 7—12 日，国家体改委和国家计委在沈阳召开工作会议，专项讨论计划单列工作的有关问题。会议向国务院提出的《关于继续落实和完善七城市计划单列工作的报告》，经国务院办公厅转发到有关省、计划单列市和国家有关部门。七城市包括：重庆、武汉、沈阳、大连、广州、哈尔滨、西安。

9 月 11 日，国务院批转国家经委、国家体改委《关于增强大中型国营工业企业活力若干问题的暂行规定》。

9 月 16 日，党的十二届四中全会在北京召开。确定进一步实现中央领导机构成员新老交替的原则。

9 月 18—23 日，中国共产党全国代表会议在北京举行，通过《关于制定国民经济和社会发展第七个五年计划的建议》。

9 月 18 日，国务院发布《关于口岸开放的若干规定》。

9 月 20 日，国务院发布《事业单位奖金税暂行规定》。

9 月 24 日，国务院发布《工资基金暂行管理办法》。

同日，党的十二届五中全会召开。全会对中央政治局和中央书记处成员进行了调整，进一步实现中央领导机构成员的新老交替。

9 月 30 日，国务院发布《关于中外合资建设港口码头优惠待遇的暂行规定》。

10 月 2 日，各民主党派、工商联为四化建设服务表彰大会在北京举行。这是新中国成立以来第一次举行这样的大会。404 名各界优秀代表受到表彰。习仲勋代表中共中央和国务院到会祝贺。

10 月 18 日，《经济参考报》报道：全国商业批发体制改革初步完成。全国562个批发站中有479个已下放到所在市，占85%，其中有16个省的二级站已全部下放。

10月24日，国务院批转国家经委《关于组织好小商品生产和经营问题的报告》。

10月31日，中共中央、国务院下发《关于制止向农民乱派款、乱收费的通知》。

11月1日，深圳经济特区证券公司成立。

11月13日，新华社报道：西安开办了全国第一家交流、调剂技术工人的技术性劳务市场。

11月28日，厦门国际银行开业，正式开办外汇投资银行和商业银行的对外业务。这是全国首家中外合资银行。

12月5—21日，中共中央、国务院在北京召开农村工作会议。万里在会上作《总结经验，坚持改革》的讲话；田纪云作《发展改革成果，繁荣商品经济》的报告。

12月17日，国务院办公厅批转国家体改委、国家计委《关于继续落实和完善七个城市计划单列工作的报告》。

12月18日，香港特别行政区基本法咨询委员会成立。

12月19日，中共中央、国务院作出《关于国营华侨农场经济体制改革的决定》。

12月25日—翌年1月5日，全国经济特区工作会议在深圳举行。

1986年

1月1日，中共中央、国务院印发《关于1986年农村工作的部署》，简称1986年中央1号文件。

1 月 4—8 日，全国职称改革工作会议在北京举行，决定 1986 年起改革职称评定制度，逐步实行专业技术职务聘任制。

1 月 5 日，全国经济特区工作会议在深圳结束。会议提出，经济特区在“七五”计划期间要更上一层楼，朝着建立外向型经济的目标奋力前进，确实成为“技术的窗口、管理的窗口、知识的窗口、对外政策的窗口”，进一步发挥向国内外两个扇面辐射的枢纽作用；更好地为全国社会主义现代化建设服务，增强出口创汇能力，深入进行经济体制改革，在运用经济办法和现代化信息手段管理经济方面，总结出具有中国特色的经验。

1 月 6 日，国务院住房制改革领导小组和领导小组办公室成立。

1 月 6—10 日，国家体改委和中国人民银行联合在广州召开五城市金融体制改革试点座谈会，确定在广州、重庆、武汉、沈阳、常州等城市进行试点。

1 月 7 日，国务院公布《中华人民共和国银行管理暂行条例》和《中华人民共和国城乡个体工商业户所得税暂行条例》。

同日，全国第一家自主经营的地方国营航空公司——上海航空公司正式成立。

1 月 8 日，国家体改委、劳动人事部转发《无锡市实行离退休职工养老保险统筹制度的通知》，要求近两年内在有条件的城市参考无锡市的经验，结合具体情况，研究实行职工退离休养老保险费用社会统筹的改革。中央单位也按当地的规定参加统筹。到 1987 年 5 月，全国已有 600 个市县实行退休费用社会统筹。

1 月 11—20 日，全国经济工作会议在北京召开，总结四年来对企业进行全面整顿的经验。

1 月 15 日，国务院发布《关于中外合资经营企业外汇收支平衡问题的规定》。

1月17日，财政部发布《关于国家批准的政策性价格补贴支出预算管理问题的规定》，从1986年起，经国家批准退库的各项政策性价格补贴改列支出，不再在收入中退库反映。

1月20日，六届全国人大常委会第十四次会议决定，批准将长江南京港对外籍船舶开放。今后南京港至长江口沿岸的港口需开放时，授权国务院审批。

1月24日，中共中央、国务院转发中央职称改革领导小组《关于改革职称评定，实行专业技术职务聘任制度的报告》。

1月29日，国务院办公厅转发《关于上海港下放问题的会议纪要》，批准上海港实行双重领导，以上海市为主的管理体制。

1月30日，公安部负责人宣布：中国政府决定调整对外国人开放的地区，由1985年的107个增加到244个。

2月4日，中共中央、国务院印发《关于进一步制止党政机关和党政干部经商、办企业的规定》。

2月6日，国务院批转国家计委等五部门关于制订《国营建筑施工企业百元产值工资含量包干试行办法》的报告，首创工资含量包干办法。

2月7日，国务院批转《经济特区工作会议纪要》。

2月12日，《人民日报》报道：为促进城乡经济发展，适应城市经济体制改革的需要，1985年我国已有十个地区实行市领导县的体制。

2月17日，亚洲开发银行理事会通过决议，接纳中国为亚行成员国。

2月22日，新华社报道：我国从事个体工商业的人数，已超过全国商业系统职工的人数。到 1985 年底，全国城乡有照经营的个体商户 1168 万户，从业人员达 1756 万人，比全国商业系统职工人数多 300 余万人。

3 月 1 日，香港特别行政区基本法咨询委员会在香港举行全体委员会第一次会议。会议决定成立八个专责小组，为起草香港特别行政区基本法做准备。

3 月 3 日，我国第一家中外合资银行——厦门国际银行正式成立。

3 月 5 日，邓小平对王大珩、王淦昌、杨嘉墀、陈芳允四位科学家提出的关于跟踪研究外国高技术发展的建议作出批示。

3 月 8 日，国务院批转电子工业部《关于推进电子工业管理体制改革的报告》。

3 月 10—16 日，国务院在北京召开第一次全国城市经济体制改革工作会议。

3 月 15 日，经国务院批准，民政部修订的新《婚姻登记办法》发布施行。

同日，国务院召开常务会议，听取城市经济体制改革工作会议汇报，部署制定 1987 年价格、税收、财政配套改革方案。

3 月 16 日、18 日，中苏经济、贸易、科技合作委员会第一次会议在北京举行。

3 月 23 日，国务院印发《关于进一步推动横向经济联合若干问题的规定》，明确发展经济联合的目标和要求。

3 月 25 日—4 月 12 日，六届全国人大四次会议召开，通过《关于第七个五年计划的报告》，以及《中华人民共和国民法通则》《中华人民共和国义务教育法》《中华人民共和国外资企业法》。

3 月 28 日，邓小平会见新西兰总理朗伊时指出，我们的政策是让一部分人、一部分地区先富起来，以带动和帮助落后的地区，先进地区帮助落后地区是一个义务。我们坚持走社会主义道路，根本目标是实现共同富裕，然而平均发展是不可能的。

同日，中共中央、国务院批转农牧渔业部《关于农垦经济体制改革问题的报告》。

3 月 31 日，国务院批转国家计委等五部门《关于铁道部实行经济承包责任制的方案》。

4 月 5 日，国务院公布《工业产品质量责任条例》。

4 月 7 日，国务院办公厅转发商业部等四部门《关于进一步做好城市蔬菜产销工作的报告》。

4 月 13 日，国务院下发《关于加强预算外资金管理的通知》。

同日，国务院召开出席人代会的各省、自治区、直辖市负责人会议，座谈当前的经济工作。

4 月 18 日，中共中央、国务院下发《关于认真执行改革劳动制度几个规定的通知》。这几项暂行规定，是新中国成立以来劳动制度重大改革的产物。

4 月 18—22 日，香港基本法起草委员会第二次全体会议在北京举行。会议通过《香港特别行政区基本法结构（草案）》《香港特别行政区基本法起草委员会工作规则》和《关于设立香港特别行政区基本法起草委员会专题小组的决定》。

4 月 19 日，国务院批转民政部《关于调整设市标准和市领导县条件的报告》。

同日，国务院发布《关于扩大科学技术研究机构自主权的暂行规定》，指出研究所实行所长负责制。研究所应当健全管理制度，加强民主管理。

4 月 21 日，国务院公布《中华人民共和国税收征收管理暂行条例》。

4 月 22 日，国务院办公厅转发《关于大连港管理体制改革问题的会议纪要》，决定对大连港实行双重领导，以大连市为主的管理体制。

4 月 23 日，国务院下发《关于坚决制止向企业乱摊派的通知》。

4 月 26 日，中国人民银行发布《金融信托投资机构管理暂行规定》。

4 月 28 日，国务院发布《征收教育费附加的暂行规定》。

5 月 3—4 日，中国国际贸易促进委员会第一届会员代表大会在北京举行。

5 月 7 日，全国劳动人事厅局长会议提出，“七五”期间我国劳动、工资、人事制度改革的重点要放在企业的工资制度改革、用工制度改革和做好国家机关机构改革的有关工作上。

5 月 15—20 日，国家体改委、劳动人事部在广东省江门市召开中等城市机构改革试点工作座谈会。

5 月 24 日，国务院办公厅发出《关于发布十二个领域技术政策要点的通知》。这是我国发布的第一批科技政策蓝皮书。

5 月 26—29 日，14 个环渤海市（地区）市长联席会议在天津举行。

5 月 30 日，国务院批转国家体改委、商业部等单位《关于 1986 年商业体制改革几个问题的报告》。

5 月 31 日，国家经委、国家教委和中国科学院发出《关于推进大中型企业与中国科学院、高等院校合作的通知》。

6月4日，国务院公布新修订的《合理化建议和技术改进奖励条例》，规定对提出合理化建议和技术改进者进行奖励，实行精神鼓励与物质奖励相结合的办法。

6月5日，国务院办公厅发出《关于严禁在社会经济活动中牟取非法利益的通知》。

6月10日，邓小平听取中央负责人汇报经济情况，提出农业、外汇、政治体制改革三个问题。邓小平指出，改革，应该包括政治体制的改革，而且应该把它作为改革向前推进的一个标志。

同日，国务院作出《关于冶金工业部实行钢铁工业投入产出包干方案的批复》。

6月11日、12日，国务院听取经济体制总体改革思路、生产资料价格改革意见、财政税制改革意见和投资管理体制改革基本思路的汇报。

6月15—18日，中共中央召开全国省长会议。

6月20日，国务院批转轻工业部、全国手工业合作总社《关于纠正平调二轻集体企事业资产问题的报告》。

6月25日，六届全国人大常委会第十六次会议通过《中华人民共和国土地管理法》。

6月26日，我国首次公布城市人口统计资料，共有城市324个，城市总人口2.12亿人。

6月28日，邓小平在中共中央政治局常委会上指出，政治体制改革同经济体制改革应该相互依赖、相互配合。只搞经济体制改革，不搞政治体制改革，经济体制改革也搞不通。从这个角度来讲，我们所有的改革最终能不能成功，还是决定于政治体制的改革。

6月30日—7月1日，中葡关于解决澳门问题的首轮会谈在北京举行。

7月3日，国务院公布《中华人民共和国注册会计师条例》。

7月4日，国务院印发《关于加强工业企业管理若干问题的决定》。

同日，国务院企业工资改革研究小组、劳动人事部、财政部印发《关于部分国营大中型企业试行工资总额同上缴税利挂钩办法中若干问题的处理意见》。

7月8日，国务院批转国家教委、财政部《关于改革现行普通高等学校人民助学金制度的报告》，提出将人民助学金改为奖学金和学生贷款制度。

7月9日，国务院发布《关于控制固定资产投资规模的若干规定》。

同日，国务院发布《关于促进科技人员合理流动的通知》，要求各地领导机关为人才合理流动创造条件。

同日，经国务院领导同志同意，国家体改委、劳动人事部印发《中等城市机构改革试点工作座谈会纪要》。16个中等城市为全国第一批机构改革试点城市。

7月11日，中国政府向世界关税及贸易总协定总干事提交《关于恢复中国在关贸总协定缔约国地位的申请》，并准备就此问题同关贸总协定缔约各方进行谈判。

同日，国务院下发《关于进一步改善外商投资企业生产经营条件的通知》。

7月24日，国务院下发《关于重新组建交通银行的通知》。

7月25日，由中、港、日、美五家金融机构共同组建的中国第一家中外合资跨国性非银行金融企业——中国国际财务有限公司在深圳成立。

7月31日，万里在全国软科学研究工作座谈会上发表长篇讲话，提出决策民主化和科学化是政治体制改革的一个重要课题。

8月1日，上海第一家民间金融企业——上海爱建金融信托投资公司正式开业。

同日，《人民日报》报道：上海市开始有计划地撤销工业行政性公司，以减少管理层次，进一步扩大企业自主权。

8月2—6日，中央财经领导小组会议召开，会议听取并讨论体改方案研究领导小组办公室关于明后两年经济体制改革意见的汇报。

8月3日，沈阳市人民政府举行新闻发布会，宣布沈阳防爆器械厂破产处理办法。这是新中国成立后第一家正式宣告倒闭的国营企业。

8月5日，国务院下发《关于上海市扩大利用外资规模的通知》，同意上海扩大利用外资规模，以加强城市基础设施建设，加快工业技术改造。

8月10日，人民解放军总参谋部、总政治部、总后勤部颁发《中国人民解放军科学技术进步奖励办法》，这是人民解放军首次设立军队科学技术进步奖。

8月14日，《经济日报》报道：重庆商业改革在横向联合中向纵深发展。跨地区、跨行业、跨所有制的各类联合项目已逾481个。

8月19—21日，邓小平视察天津。并为开发区题词：开发区大有希望。

8月21日，国家计划委员会发出关于海南行政区实行计划单列的通知，同意海南行政区在国家计划中单列户头，赋予海南行政区以相当省一级的经济管理权限。

8 月 26 日，新华社报道：我国汽车工业管理体制正在发生重大变化。到年底前，隶属于中国汽车工业公司的 39 个直属企业的管理权限将全部下放。其特点是一批骨干企业直接下放给跨地区的企业集团。

8 月 27 日—9 月 5 日，六届全国人大常委会第十七次会议召开，审议通过《中华人民共和国治安管理处罚条例》《中华人民共和国外交特权与豁免条例》等几项法规。

8 月 28 日，《人民日报》报道：全国已有沈阳、武汉、重庆、太原 4 个城市 11 家企业试行破产制度。其中，沈阳防爆器械厂 8 月 3 日宣布倒闭。

9 月 1 日、10 月 3 日，国务院召开常务会议，讨论 1987 年国民经济计划安排问题。

9 月 2 日，邓小平在接受美国哥伦比亚广播公司“六十分钟”节目记者华莱士的电视采访时指出，我们采取“一国两制”的方式解决统一问题。大陆搞社会主义，台湾搞它的资本主义。这对台湾的社会制度和生活方式不会改变，台湾人民没有损失。社会主义原则，第一是发展生产，第二是共同致富。我们的政策是不使社会导致两极分化。坦率地说，我们不会容许产生新的资产阶级。

9 月 5 日，中共中央、国务院转发国家科委《关于当前科技工作形势和今后工作若干意见的报告》。

9 月 6 日，国家计委发布决定，海南行政区在国家计划中单列户头，赋予相当省一级的经济管理权限。

9 月 8 日，新华社报道：全国已有 146 个大中城市实行了市领导县的新体制。这些市共管理659个县（旗），占全国总县数的32%。

9月13日，邓小平听取当前经济情况和明年经济体制改革方案后表示，生产资料价格改革分两年搞，明年钢材调价，后年搞其他，分两步，不要中间隔一年。赞成你们明年改革的方案。

9月15日，中共中央、国务院公布《全民所有制工业企业厂长工作条例》《中国共产党全民所有制工业企业基层组织工作条例》和《全民所有制工业企业职工代表大会条例》。

同日，国务院公布《中华人民共和国房产税暂行条例》和《中华人民共和国车船使用税暂行条例》，自10月1日起施行。

9月16日，国家体改委、中国人民银行发出《关于转发国务院领导同志对金融体制改革试点工作的批示的通知》。在此基础上，改革试点又增加了大连、丹东、南京、苏州、无锡、宁波、温州7个城市，后又增加了宝鸡市。

9月16日、10月3日，国务院召开常务会议，讨论1987年国民经济计划安排问题。

9月18日，根据邓小平关于政治体制改革的意见，成立中央政治体制改革研讨小组。

9月22日，中国和平统一促进会在北京成立。

9月26日，中共中央、国务院下发《关于加强农村基层政权建设工作的通知》。

同日，上海试办了股票的公开柜台交易——中国工商银行上海信托投资公司静安证券业务部在南京西路1806号开张，这标志着股票流通市场在我国恢复和起步。

9月28日，党的十二届六中全会在北京召开，通过《中共中央关于社会主义精神文明建设指导方针的决议》《关于召开党的第十三次全国代表大会的决议》。

9月30日，国家环保局发布1985年环境统计公报，这是国家环保局首次发布环境统计数据。

10月6日，国家计委下达《关于解放、东风、重型汽车工业企业联营公司实行计划单列的通知》，赋予一汽、二汽自主经营决策的权力，实行自主管理。

10月7日，国务院下发《关于改革道路交通管理体制的通知》，决定全国城乡道路交通由公安机关负责统一管理。

10月11日，国务院发布《关于鼓励外商投资的规定》，鼓励外国投资者在中国境内举办中外合资经营企业、中外合作经营企业和外资企业。

10月15日，国务院决定青岛市在国家计划中实行单列，赋予省级经济管理权限，并进行经济体制综合改革试点。

10月21—24日，根据国务院住房制度改革领导小组的决定，五城市住房制度改革试点工作会议在烟台举行。这次会议是根据国务院原则同意的烟台市住房制度改革方案，部署烟台、唐山、蚌埠、常州、江门5城市的试点工作。

10月21日，我国第一家中型国营工厂武汉汽车发动机厂实行租赁经营。该厂“陈启发”小组以3.4万元的私人财产作抵押，在市公证处公证人监督下，同武汉汽车工业公司签订了集体租赁武汉汽车发动机厂的合同。

10月29日—11月4日，全国哲学社会科学“七五”规划会议在北京举行。中国社会科学院院长胡绳在会上作了报告。我国决定从今年起设立“国家社会科学基金”。

10月30日，新华社报道：根据中共中央、国务院的有关决定，审计部门1987年将在更大范围内推广厂长（经理）离任经济责任审计制度。

10月31日，国务院作出《关于开拓国外技术市场，加强技术出口管理问题的批复》。

11月1日，中央财经领导小组会议召开，会议听取和讨论国家物价局关于1987年价格改革三种方案的汇报。

11月8—12日，中共中央、国务院在北京召开中央农村工作会议。会议认为，从各方面看，农村经济的发展已经显现出若干新的特征，主要是：改革由突破转向纵深发展，经济由超常规增长转入常规性增长。整个农村经济改革的根本出发点和目标是发展有计划的商品经济，建设具有中国特色的社会主义新农村。

11月10日，劳动人事部颁发《关于外商投资企业用人自主权和职工工资、保险福利费用的规定》。

11月11日，中共中央、国务院下发《关于认真贯彻执行全民所有制工业企业三个条例的补充通知》，指出从党委领导下的厂长负责制到厂长负责制的转变，是企业领导体制的重大改革。

11月15日—12月2日，六届全国人大常委会第十八次会议召开。12月2日，会议再次对《中华人民共和国国营企业破产法（修改草案）》进行审议，听取《关于全民所有制工业企业法》（草案）的说明，通过《中华人民共和国企业破产法（试行）》，决定自《全民所有制工业企业法》实施满三个月之日起试行。会议还决定：设立中华人民共和国监察部和国家机械工业委员会，撤销机械工业部和兵器工业部。

11月16—22日，国务院召开全国计划会议，讨论1987年计划，提出努力实现社会总需求与总供给的基本平衡，为全面改革创造良好条件，是安排明年计划的总出发点。

11 月 18 日，中共中央、国务院转发《高技术研究发展计划纲要》。这个计划纲要因邓小平首次批示的时间为 1986 年 3 月，又称“八六三”计划。

11 月 27 日，经国务院决定，原属轻工业部的中国服装工业总公司划归纺织工业部领导，实行面料、服装生产一条龙的管理体制。

11 月 29 日，国务院办公厅转发《关于烟台、唐山、蚌埠、常州、江门 5 城市住房制度改革试点工作会议纪要》。

11 月 30 日，公安部新闻发言人宣布：为了适应对外开放的需要，我国政府决定再增加 192 个市县为对外国人开放地区。在此之前，我国已有 244 个市县对外国人开放。

12 月 3—5 日，全国个体劳动者第一次代表大会暨全国先进个体劳动者表彰大会在北京举行。中国个体劳动者协会同时成立。

12 月 4 日，我国第一次当选为联合国方案和协调委员会成员。

12 月 5 日，国务院作出《关于深化企业改革增强企业活力的若干规定》。

12 月 5—9 日，国家体改委、人民银行和世界银行联合举办金融改革国际研讨会。会议围绕我国金融改革面临的主要问题，以及世界银行《关于中国金融改革研究报告》展开讨论。12 日，陈慕华、安志文、刘鸿儒将《宏观经济管理和金融改革国际研讨会外国专家的重要观点综述》上报国务院。

12 月 7—8 日，国务院在青岛市召开了青岛、黄埔、连云港、烟台、南通 5 港管理体制改革会议。

12 月 11 日，国务院作出《关于宁波市北仑港工业区外商投资企业享受经济技术开发区优惠待遇的批复》。

12 月 12 日，国务院下发《关于乡镇煤矿实行行业管理的通知》。

12 月 15—20 日，国家体改委和中国人民银行在武汉市联合召开了第三次金融体制改革试点城市工作座谈会。

12 月 19 日，全国首家商品住宅基金会——上海市商品住宅基金会成立。

12 月 25 日，中国联合航空公司在北京成立。截至当日，全国已建立起 17 家地方、部门办或合办的民航企业。

12 月 30 日，邓小平在同几位中央负责同志谈话时指出，要旗帜鲜明地坚持四项基本原则，反对资产阶级自由化。1987 年 1 月 28 日，中共中央发出《关于当前反对资产阶级自由化若干问题的通知》。

同日，财经领导小组召开会议，讨论经济形势和财政、信贷盘子问题。

1987 年

1 月 1 日，《人民日报》发表元旦献词《坚持四项基本原则是搞好改革、开放的根本保证》。

1 月 5 日，《人民日报》报道：国家已批准在上海、天津、沈阳、武汉、重庆、西安、石家庄 7 个市开办钢材市场。

1 月 9 日，中国、蒙古互换两国领事条约的批准书，条约从 2 月 7 日起正式生效。

1 月 10—15 日，根据中共中央政治局常务委员会决定，在党中央一级召集党的生活会。

1 月 12—22 日，六届全国人大常委会第十九次会议召开，会议通过《关于加强法制教育维护安定团结的决定》，以及《中华人民共和国海关法》《万国邮政联盟组织法第三附加议定书》的决定。

1 月 13 日，邓小平会见日本自民党干事长竹下登。

1 月 14 日，国务院下发《关于加强物价管理保持市场物价基本稳定的通知》。

1 月 15 日，国务院批转国家经委、审计署、财政部《关于制止向企业摊派的情况和意见》。

1 月 20 日，国务院印发《关于进一步推进科技体制改革的若干规定》。

同日，国务院印发《关于推进科研设计单位进入大中型工业企业的规定》。

1 月 21 日，新华社报道：为加强对全国新闻、出版事业的管理，国务院决定成立中华人民共和国新闻出版署。

1 月 22 日，中共中央政治局通过《把农村改革引向深入》的文件。

1 月 22—25 日，国务院在北京召开全国经济工作会议。

1 月 26 日，中国人民银行、国家体改委转发《第三次金融体制改革试点城市工作座谈会纪要》，确定广东省作为金融体制改革试点省和再增加一批金融体制改革试点城市，包括上海、北京、天津、哈尔滨、西安、青岛、石家庄、兰州、成都、杭州、长春、福州、潍坊、沙市。

1 月 28 日，中共中央发出《关于当前反对资产阶级自由化若干问题的通知》。

2 月 4 日，成立国务院经济体制改革研讨小组，负责研讨 1988

年经济体制改革的思路和实施方案。原国务院经济体制改革方案研究领导小组自行撤销。

同日，全国财政工作会议在北京召开。

2月5日，国家科委、国家体改委和国务院科技领导小组办公室确定沈阳为科技体制改革试点城市。

2月6日，邓小平在住地同中央有关负责同志等谈十三大的筹备和十三大报告的起草等问题。他指出，不要再讲以计划经济为主了。为什么一谈市场就说是资本主义，只有计划才是社会主义呢?计划和市场都是方法。只要对发展生产力有好处，就可以利用。

2月6—10日，经济特区工作会议在深圳举行。据初步统计，1986年我国4个经济特区的工农业总产值达76亿元，其中工业总产值达68亿多元，出口创汇近10亿美元，都比上年增长20%以上。

2月24日，国务院批准宁波市实行计划单列，赋予相当省一级的经济管理权限。

2月26日，据国家统计局统计，74个改革试点城市（综合改革试点67个，机构改革试点16个，重复的9个）经济活跃，1986年工业总产值达4539亿元，占全国工业总产值的42.4%，较上年增长11.5%，略高于全国工业平均增长水平。

2月28日，国家经委、国家科委、国家体改委、国防科工委、国务院科技领导小组办公室向有关地区和部门提出《关于进一步推动科研与生产联合的若干意见》。

3月2日，财政部、国家科委发出《关于对科研单位征收奖金税问题的通知》。

同日，我国首期大型企业厂长（经理）岗位职务培训班举行开学典礼。国家计划在 4 年内完成对企业领导干部的岗位职务培训。

3 月 4 日，国务院批准出台中国民航管理体制改革方案，民航局不再直接经营航空企业，全国成立六大骨干航空公司，实行独立核算、自负盈亏。

3 月 9 日，新华社报道：1986 年全国有 20 个城市的工业总产值超过 100 亿元。分别是：上海、北京、天津、苏州、无锡、沈阳、广州、武汉、南京、重庆、成都、大连、青岛、杭州、宁波、常州、扬州、佛山、南通、烟台。其中上海市为首，工业总产值达 900 亿元。

3 月 14 日，民政部发出《关于探索建立农村基层社会保障制度的报告》的通知，开展建立农村基层社会保障制度的探索和试点工作。

3 月 18 日，国务院成立关税税则委员会。

3 月 21 日，国务院《关于草拟十三大报告大纲的设想》中提出，十三大报告全篇以社会主义初级阶段作为立论的根据。“初级阶段”这个提法，在党的文件中已三次出现，但都没有得到发挥，十三大报告的起草工作准备循着这个思路加以展开。25 日，邓小平作了批示：“这个设计好。”

3 月 25 日—4 月 11 日，六届全国人大第五次会议召开。

3 月 27 日，国务院公布《企业债券管理暂行条例》。

同日，交通部运输管理体制改革方案出台，交通部直属港口和工业企业全部下放地方，交通部行使政府职能，实行行业管理和宏观控制。

3 月 28 日，国务院下发《关于加强股票、债券管理的通知》。

3 月 29 日，中共中央发出《关于坚决妥善地做好报纸刊物整顿工作的通知》。

同日，中共中央任命李铁映为国家经济体制改革委员会党组书记，安志文不再担任党组书记职务，改任该委员会顾问。

3月30日，国务院下发《放宽固定资产投资审批权限和简化审批手续的通知》。

3月31日，第一次农村改革试验区座谈会召开，商定八个试验项目，包括土地制度、规模经营、乡镇企业制度建设、粮食购销体制和国营农场、林场经营体制改革等。

4月1日，国务院公布《中华人民共和国耕地占用税暂行条例》。

4月2日，国务院批转国家计委《关于大型工业联营企业在国家计划中实行单列的暂行规定》。

4月7日，经中国人民银行批准，中国第一家由企业投资创办的综合性银行——招商银行在深圳蛇口正式成立。

同日，国务院批准《中国银行对外商投资企业贷款办法》。

同日，中共中央批转中宣部《关于反对资产阶级自由化宣传报道问题的讨论纪要》。

4月8日，国务院印发《关于严肃税收法纪，加强税收工作的决定》。

4月11日，李先念发布主席令，任命李铁映为国家经济体制改革委员会主任，免去其国务院总理兼任的国家经济体制改革委员会主任职务。

4月13日，中葡两国政府在北京正式签署《中华人民共和国政府和葡萄牙共和国政府关于澳门问题的联合声明》，确认中国政府于1999年12月20日对澳门恢复行使主权。

4月13—17日，香港特别行政区基本法起草委员会在北京召开第四次全体会议，通过《关于中华人民共和国香港特别行政区区旗、区徽图案的征集和审定办法》。

4 月 13 日，中共中央、国务院下发《关于制止机构、编制和干部队伍膨胀的通知》。

4 月 17 日，中共中央、国务院批转中央统战部、国家民委《关于民族工作几个重要问题的报告》。

4 月 22—25 日，国家体改委、劳动人事部在山东潍坊市召开第二次中等城市机构改革试点工作座谈会。

4 月 23 日，国务院经济体制改革研讨小组办公室提出《经济体制改革的回顾和今后改革的基本思路》。

同日，国家体改委、商业部、财政部为适应城乡经济改革的形势，提出《关于深化供销合作社体制改革的意见》。

4 月 23—27 日，国家经委在北京召开承包经营责任制座谈会，研究部署大中型企业全面推行承包经营责任制。

4 月 25 日，中央财经领导小组会议召开，听取并讨论经济体制改革研讨小组办公室《关于经济体制改革的回顾和今后改革基本思路》的汇报。

4 月 30 日，邓小平会见西班牙工人社会党副总书记、政府副首相阿方索格拉一行时指出，我们原定的目标是，第一步在 80 年代翻一番，以 1980 年为基数，当时国民生产总值人均只有 250 美元，翻一番，达到 500 美元。第二步是到本世纪末，再翻一番，人均达到 1000 美元。实现这个目标意味着我们进入小康社会，把贫困的中国变成小康的中国。我们制定的目标更重要的还是第三步，在下世纪用三十年到五十年再翻两番，大体上达到人均 4000 美元。做到这一步，中国就达到中等发达的水平。

5月4日，《人民日报》发表特约评论员文章《贯彻执行按劳分配的社会主义原则》，文章由国务院政治研究室起草，经邓小平和李先念等人审阅通过。

5月8日，中央财经领导小组会议召开，讨论国家计委提出的《关于改革计划体制的十二条意见》。

同日，国务院发布《加强生产资料价格管理制止乱涨价、乱收费的若干规定》。

5月15日，中央财经领导小组会议召开，听取和讨论国家计委关于《计划与市场结合的基本思路》。

5月16—20日，中组部和劳动人事部在北京召开全国控制编制调整干部结构工作会议。

5月22日，国家科委、国家体改委等五部门联合发文，同意南京、哈尔滨、广州、黄石市为科技体制改革试点城市。

5月26—30日，全国整党工作总结会议在北京召开。26日，薄一波代表中共中央和中央整党工作指导委员会作《关于整党的基本总结和进一步加强党的建设》的报告，宣布历时三年半的全国整党工作基本结束。

5月27日，中共中央决定姚依林兼任国家计委主任、党组书记。宋平任中组部部长，不再兼任国家计划委员会主任、党组书记。

5月29日，国务院决定撤销中国汽车工业公司，组建中国汽车工业联合会，行使必要的行业管理职能。

6月8日，中共中央书记处农村政策研究室提出《关于稳定和完善土地承包制的意见》。

6月10日，国务院批转国家体改委、商业部、财政部《关于深化国营商业体制改革的意见》《关于深化供销合作社体制改革的意见》。

6 月 10—11 日，我国代表团同欧洲共同体委员会代表就恢复中国在关贸总协定中的席位问题在布鲁塞尔举行首次磋商。

6 月 23 日，六届全国人大常委会第二十一次会议通过《中华人民共和国技术合同法》，自 11 月 1 日起施行。

6 月 25 日，国务院下发《关于坚决落实粮食合同定购“三挂钩”政策的紧急通知》。

同日，国务院公布《中华人民共和国建筑税暂行条例》，自 7 月 1 日起施行。1983 年 9 月国务院发布的《建筑税征收暂行办法》同时废止。

6 月 29 日，邓小平会见美国前总统卡特时指出，我们党的十三大将要重申 1978 年十一届三中全会以来所制定的一系列方针政策，主要是改革、开放政策。这些政策不但要继续下去，过去搞得不够的还要搞得更大胆一些，而且要把政治体制改革提到日程上来。政治体制改革包括民主和法制。我们的民主同法制是相关联的。

7 月 1 日，中国共产党成立 66 周年纪念日，中央决定重新发表邓小平 1980 年 8 月 18 日在中央政治局扩大会议上的讲话《党和国家领导制度的改革》。

同日，国家监察部成立。

7 月 2 日—8 月 15 日，中央财经领导小组和国务院多次讨论了物价问题。

7 月 6 日，国务院下发《关于严厉打击非法出版活动的通知》。

7 月 8—12 日，国家体改委在沈阳市召开城市经济体制改革座谈会，讨论《经济体制改革的回顾和今后改革的基本思路》以及完善企业承包经营责任制的若干问题。

7 月 12—19 日，联邦德国总理科尔访问我国。

7 月 13 日，国务院批转《国家教育委员会关于改革和发展成人教育的决定》。

7 月 29 日、30 日、8 月 4—6 日，中央财经领导小组会议在北戴河召开，讨论国务院经济体制改革研讨小组办公室提出的《1988 年深化经济体制改革的初步意见》，并专题研究了物资体制、投资体制、计划体制和外贸体制改革的问题。8 月 5 日，会议听取国家计委《关于“七五”后三年改革计划体制的若干意见》汇报，会后确定，传统的计委不能搞了，要下决心只管大的，不管小的，成为真正的宏观经济管理部门。

7 月 31 日，国务院发布《国营企业劳动争议处理暂行规定》。

8 月 1 日，《人民日报》报道：经过一年零四个月的准备，烟台市对以提租发券、空转起步为特征的城镇住房制度改革试行方案开始试行。这一改革向住房商品化目标迈出了关键的第一步。

8 月 5—7 日，国家经委在北京召开横向经济联合和企业集团工作座谈会强调在新旧经济体制并存、市场机制发育不够成熟的情况下，地区间的经济技术合作已成为发展社会主义有计划商品经济的重要手段。经济体制改革越深入，市场机制越健全，地区间经济技术合作的内容将越丰富，所起的作用也就越大。

8 月 5 日，国务院公布《城乡个体工商户管理暂行条例》，规定有经营能力的城镇待业人员、农村村民以及国家政策允许的其他人员，可以申请从事个体工商业经营，依法经核准登记后为个体工商户。

8 月 7 日，国务院办公厅印发《城镇住房制度改革试点工作座谈会纪要》。

8 月 8 日，国务院颁布《关于对来华工作的外籍人员工资、薪金所得减征个人所得税的暂行规定》。

8 月 19 日，国务院下发《关于整顿市场秩序加强物价管理的通知》。

8 月 20 日，中共中央办公厅、国务院办公厅转发国家体改委、劳动人事部《关于推进中等城市机构改革试点工作的报告》。

8 月 25—29 日，国家经委、中组部、中华全国总工会在北京联合召开全面推行厂长负责制工作会议。自 1984 年试点以来，截至当年 6 月底，实行厂长负责制的全民所有制工业企业已达 35232 家，占同类企业总数的 63.9%，为全面推行厂长负责制奠定了基础。这些措施的推行，标志着我国企业领导制度改革已经从试点进入全面实行的阶段。

8 月 27 日，新华社报道：鲁布革水电站的工程技术人员与外国咨询专家密切合作，创新并总结出一套成功的经验。鲁布革水电站引水系统工程是我国第一个利用世界银行贷款，并按世界银行规定进行国际竞争性招标和项目管理的工程。四年多的时间，创造了著名的“鲁布革工程项目管理经验”。

8 月 29 日，邓小平会见意大利共产党领导人利昂妮尔德、约蒂和雷纳托、赞盖里及其家属时表示，今年 10 月我们党要召开十三大。十三大归根到底是改革开放的大会。十三大要阐述中国社会主义是处在一个什么阶段，就是处在初级阶段，是初级阶段的社会主义。社会主义本身是共产主义的初级阶段，而我们中国又处在社会主义的初级阶段，就是不发达的阶段。一切都要从这个实际出发，根据这个实际来制定规划。

8 月 31 日，国家经委、国家体改委印发《关于深化企业改革完善承包经营责任制的意见》。

9 月 5 日，六届全国人大常委会第二十二次会议通过决定，将设立海南省的议案提请七届全国人大第一次会议审议批准，并授权国务院成立海南省筹备组。会议还通过《中华人民共和国大气污染防治法》和《中华人民共和国档案法》。

9 月 7—12 日，国家体改委和中国人民银行在大连市联合召开第四次金融体制改革试点工作座谈会。会议分析了金融体制改革形势，提出了深化金融体制改革的意见。

9 月 9 日，深圳首次实行土地有偿使用的管理办法。中航深圳工贸中心以 106 万元取得 5300 平方米土地的 50 年使用权。

9 月 10 日，我国当时最大的中外合作经营项目——平朔安太堡露天煤矿举行投产典礼。

9 月 11 日，国务院公布《中华人民共和国价格管理条例》。

9 月 12 日，国务院公布修订后的《中华人民共和国进出口关税条例》。

同日，《人民日报》报道：按照党中央、国务院的部署，全国建起 14 个农村改革试验区，包括安徽省阜阳地区，黑龙江省尚志县、苇河林业局、绥滨农场，河北省玉田县，陕西省礼泉县，四川省广汉县，贵州省湄潭县，广东省南海县，江苏省吴县、无锡县、常熟市，浙江省温州市，广西壮族自治区玉林市。

9 月 17 日，国务院公布《投机倒把行政处罚暂行条例》，规定以牟取非法利润为目的，违反国家法规和政策，扰乱社会主义经济秩序的行为，属于投机倒把行为。

9 月 22—29 日，全国计划会议和全国经济体制改革工作会议在北京召开。会议的中心议题是：安排 1988 年国民经济和社会发展计划，讨论经济体制改革方案。

9 月 26 日，中共中央、国务院下发《关于建立海南省及其筹建工作的通知》。

同日，国务院批准经贸部《1988 年外贸体制改革方案》。

10 月 10 日，国家计委、财政部、建设银行联合印发《关于改革国营施工企业经营机制的若干规定》。

10 月 12—16 日，国家体改委和世界银行联合召开的企业机制改革国际研讨会在北京举行。

10 月 14 日，蚌埠市城镇住房制度改革试行方案，经国务院和安徽省人民政府批准，正式公布实施。试行方案的要点是：提租发券，空转起步，滚动前进。

10 月 16 日，国务院办公厅公布有关接待探亲台胞的办法。11 月 2 日，第一批探亲台胞经香港赴大陆。至此，长达 38 年之久的两岸隔绝状态被打破，两岸人员往来和经济文化交流逐步展开。

10 月 20 日，党的十二届七中全会在北京召开，通过中央委员会向党的十三大的报告和《中国共产党章程部分条文修正案》。全会原则同意《政治体制改革总体设想》，并决定将其主要内容写入十三大报告。

10 月 22 日，国务院下发《关于坚决制止抬价抢购农副产品的通知》。

10 月 25 日—11 月 1 日，中国共产党第十三次全国代表大会举行。大会正式代表 1936 人，特邀代表 61 人，代表全国 4600 多万名党员。大会通过的报告《沿着有中国特色的社会主义道路前进》，阐述社会主义初级阶段理论，提出党在社会主义初级阶段的基本路线，制定到 21 世纪中叶分三步走、实现现代化的发展战略。大会通过《中国共产党章程部分条文修正案》。

10月26日，国务院公布《广告管理条例》，自12月1日起施行。

10月30日，国务院下发《关于进一步严格控制轿车进口的通知》。

11月3—5日，中央召开中央工作会议，讨论1988年经济工作，研究和确定计划、财政、信贷的盘子及经济体制改革的部署。

11月8日，新华社报道：我国计划经济模式在改革的九年中发生了深刻变化，高度集中的计划经济已由100%变为50%左右；各类技术、金融、劳务、物资市场也在各地蓬勃兴起。

11月12—24日，六届全国人大常委会第二十三次会议召开，决定由李鹏任国务院代总理。会议还通过《中华人民共和国村民委员会组织法（试行）》。

11月13日，党中央、国务院召集国家体改委、国家经委和政治体制改革研讨小组办公室座谈企业管理体制改革问题。

11月14日，《人民日报》报道：国家计委等五部门正式批准北京市住宅建设总公司等18家施工企业推广鲁布革实行包干的经验。

11月16日，我国第一个股份集团——中国嘉陵工业股份公司（集团）在重庆宣告成立，成为我国又一个计划单列的企业集团。

12月16日，中共中央政治局第二次全体会议在北京召开。会议讨论并原则同意《关于党中央、国务院机构改革方案》。

同日，国家体改委、国家经委印发《关于组建和发展企业集团的几点意见》。

12月18日，全国乡镇企业出口创汇工作会议提出，要把更多的乡镇企业推向国际市场。

同日，我国首家外贸金融机构——中国对外经济贸易信托投资公司在北京正式开业。

12 月 21—26 日，国家体改委在北京召开“经济体制改革中期目标和基本思路研讨会”，研究制订中期经济体制改革规划。李铁映、安志文、高尚全、周太和、童大林等到会。杜润生、房维中、刘国光等一些著名专家、学者参加。

12 月 24 日，新华社报道：国家土地管理局确定，上海市、山东省青州市和广东省花县为全国土地登记、颁发土地证书的试点单位。

12 月 27 日，国务院发展研究中心提供的一份《关于当前价格上涨趋势的分析》材料指出，1987 年是十一届三中全会以来第二个工业高速发展的年份，同时也是第二个涨价高峰年（仅次于 1985 年的 8.8%）。物价大幅度上涨已经成为经济生活中的突出问题，总需求继续超总供给和货币发行量过多是物价上涨幅度过高的根本原因。因此，必须把控制物价上涨作为稳定经济的中心环节。

12 月 30 日，国务院批准外经贸部、国家工商局《中外合资经营企业合营各方出资的若干规定》，自 1988 年 1 月 1 日起施行。

12 月 31 日，财政部、中国人民银行、国家教委、国家科委、文化部发出《关于加强部门间的协作配合，进一步搞好个人收入调节税征收管理的联合通知》。

同日，据国家统计局统计，28 个省、自治区、直辖市的国营工业企业中，已实行厂长负责制的企业占 68%；大中型国营工业企业中，实行多种形式的承包经营责任制的占 82%；小型国营工业企业中，改成集体经营、租赁和个人承包的占 46%。大中型国营商业企业有 60%以上实行了承包经营责任制。到 1987 年末，全国已有县以上工业企业为主的横向联合组织 6780 个，投入资金 125.7 亿元；商业经济联合体 6792 个，全年营业额 155 亿元；在国家计划中，实行单列的企业集团有 11 个。

1988 年

1 月，党中央负责同志提出沿海地区经济发展战略，即利用沿海地区优势，发展劳动密集型产业和外向型经济，抓住国际市场正在进行的又一次大的产业结构调整的机遇，有领导、有计划、有步骤地走向国际市场。其核心是“两头在外，大进大出”。1 月 23 日，邓小平批示：完全赞成。特别是放胆地干，加速步伐，千万不要贻误时机。

1 月 1 日，《人民日报》发表《迎接改革的第十年》的社论指出，新的一年最突出的特点是改革将在更深的层次和更广的领域展开。

1 月 3 日，国务院下发《关于完善粮食合同定购“三挂钩”政策的通知》。

同日，国务院批准修订《中华人民共和国商标法实施细则》。1993 年 7 月 15 日，国务院批准第二次修订。

同日，国务院下发《按自筹投资一定比例购买重点企业债券的通知》。

1 月 4 日，新华社报道：自 1979 年以来，我国城镇新型集体企业已有 23.5 万家，从业人员 1200 多万人，年生产经营额 600 亿元。

1 月 9 日，中共中央政治局在北京召开第三次全体会议，讨论并原则同意修改后的《中华人民共和国全民所有制工业企业法（草案）》。

1 月 11 日，国务院发布《重要生产资料和交通运输价格管理暂行规定》和《计划外生产资料全国统一最高限价暂行管理办法》。

1 月 11—21 日，六届全国人大常委会第二十四次会议召开，审议《中华人民共和国全民所有制工业企业法（草案）》，决定将草案提交七届全国人大第一次会议审议。

1 月 12 日、13 日，李鹏主持国务院总理办公会议，讨论经济形势。

1 月 12—17 日，国家体改委在哈尔滨召开城市改革试点工作座谈会，讨论和部署《关于进一步深化城市经济体制改革试点工作的意见》，九省十六市的负责同志参加会议。

1 月 12 日，公安部新闻发言人宣布，经国务院批准，全国又有 22 个市、县被列入对外国人开放地区。

1 月 14 日，卫生部等部门联合发布实施《艾滋病监测管理的若干规定》。这是我国发布的第一个预防一种传染病的行政法规。

1 月 15 日，中国和葡萄牙两国政府在北京互换《关于澳门问题的联合声明的批准书》，宣布《联合声明》即日起生效。

1 月 15—18 日，第一次全国住房制度改革工作会议在北京召开。会议印发《关于在全国城镇分期分批推行住房制度改革实施方案》，宣布从 1988 年开始，“房改”要分期分批展开，标志着我国住房制度改革进入了整体方案设计和全面试点阶段。

1 月 18 日，国务院办公厅转发国家科委《关于科技人员业余兼职若干问题的意见》指出，在完成本职工作的前提下，可以在其他单位业余兼职。

1 月 18—26 日，全国农业工作会议在北京召开。

1 月 20—22 日，国家体改委生产体制局和首都企业家俱乐部联合召开“企业承包经验报告会”，有12个单位在会上进行了经验介绍。高尚全作出《关于今年改革形势和任务的报告》。

1月25—27日，中央财经领导小组会议召开，讨论当前经济形势问题。

1月27—31日，全国高等教育工作会议在北京举行。

1月29日，中国人民建设银行宣布：为改革基本建设资金管理，经国务院批准从1988年起，实行中央基本建设基金制。这是我国基本建设投资继投资包干、“拨改贷”之后的又一重大改革。

2月2—4日，国务院召开全国省长会议，重点讨论外贸体制改革问题。

2月6日，中共中央政治局召开第四次全体会议，强调1988年的经济工作，要全面理解和正确掌握进一步稳定经济、进一步深化改革的方针，以改革总揽全局。会议还决定把沿海经济发展作为一项重大战略加以部署。

2月9—12日，全国企业承包经营责任制座谈会在北京召开。

2月12日，全国首届经济改革人才奖评选揭晓，有15名厂长（经理）获金杯奖，84位厂长（经理）获银杯奖。

2月13日，国务院召开常务会议，讨论财政部《关于财政体制改革过渡办法的汇报提纲》《关于1988年财政赤字的情况及解决意见》。

2月21日，国务院下发《关于上海市深化改革扩大开放加快上海经济向外向型转变报告的批复》。

2月23日，国务院召开全体会议，通过《关于严格控制社会集团购买力压缩开支的紧急通知》。

2月25日，国务院印发国务院住房制度改革领导小组《关于在全国城镇分期分批推行住房制度改革的实施方案》。1994 年 7 月 18 日，国务院作出《关于深化城镇住房制度改革的决定》，住房供应管理逐步由单位化向社会化、专业化改变。1998 年 7 月 3 日，国务院下发《关于进一步深化城镇住房制度改革加快住房建设的通知》，提出停止住房实物分配，逐步实行住房分配货币化。

同日，国务院办公厅转发国务院住房制度改革领导小组《关于鼓励职工购买公有旧住房的意见》。

2 月 27 日，中共中央决定成立中共中央政治体制改革研究室。

同日，国务院公布《全民所有制工业企业承包经营责任制暂行条例》。

同日，国务院批转国家体改委《1988 年深化经济体制改革的总体方案》。

2 月 28 日，中共中央向全国人大常委会提出修改《宪法》个别条款的建议：允许私营经济在法律规定范围内存在和发展；土地的使用权可以依照法律规定进行转让。

3 月 4 日，国务院召开沿海地区对外开放工作会议。

3 月 7—10 日，国务院经济技术社会发展研究中心、国家体改委及建设部在北京召开房地产产业政策研讨会，探讨在我国建立房地产市场，以及社会主义初级阶段房地产产业的有关理论与基本政策等问题。

3 月 8 日，全国首家房屋拍卖行——上海房屋拍卖行正式成立。

3 月 9 日，国务院公布《中华人民共和国道路交通管理条例》，自 8 月 1 日起施行。

3 月 10 日，国务院下发《关于加强海关工作的通知》。

3 月 11 日，中国农村信托投资公司成立。

3 月 15 日，广东省政府宣布，国务院原则批准广东省为综合改革的试验区，改革、开放继续先行一步。

3 月 17 日，国家计委、财政部、商业部、农牧渔业部、中国石化总公司联合发出《关于国家对收购、调拨棉花分别实行奖售柴油、粮食办法的通知》。

3 月 17—19 日，国家体改委在北京召开沿海地区部分省、市体改委（办）主任座谈会，研究如何促进落实沿海经济发展战略问题，强调实现沿海发展战略的关键在于改革，必须对现行经济体制进行大胆改革。

3 月 18 日，国务院下发《关于扩大沿海经济开放区范围的通知》，决定适当扩大沿海经济开放区，新划入沿海经济开放区的有 140 个市、县，包括杭州、南京、沈阳等省会城市，人口增加到 1.6 亿人。

3 月 23 日，国务院印发《关于沿海地区发展外向型经济的若干补充规定》。

3 月 25 日，中国人民银行发布《1988 年深化信贷资金管理体制改革的意见》。

3 月 25 日—4 月 13 日，七届全国人大第一次会议通过宪法修正案，将“国家允许私营经济在法律规定的范围内存在和发展。私营经济是社会主义公有制经济的补充。国家保护私营经济的合法的权利和利益，对私营经济实行引导、监督和管理”以及“土地的使用权可以依照法律的规定转让”等规定载入宪法；通过《中华人民共和国全民所有制工业企业法》《中华人民共和国中外合作经营企业法》等；决定设立海南省、建立海南经济特区；批准国务院机构改革方案，此后第一次对各部门进行“定职能、定机构、定编制”

的“三定”工作。会议选举杨尚昆为国家主席，万里为全国人大常委会委员长，邓小平为国家中央军委主席，决定李鹏为国务院总理。

4 月 1 日，经国务院批准，国家有关部门从即日起调高粮、油、糖等部分农产品的收购价格。

4 月 5 日，国家经委、国家计委、国家统计局、财政部、劳动人事部联合发布《大中小型工业企业划分标准》。同时公布了全国第一批 1520 个大型工业企业的名单。

同日，国务院下发《关于试行主要副食品零售价格变动给职工适当补贴的通知》。根据该通知，列入补贴范围的品种限于肉、大路菜、鲜蛋和白糖四种；大中城市职工的补贴，原则上是把暗补改为明补。

4 月 11 日，国务院发布《关于福建省深化改革、扩大开放、加快外向型经济发展请示的批复》。

4 月 11—15 日，中葡联合联络小组第一次会议在里斯本举行，并发表了新闻公报。

4 月 13 日，七届全国人大第一次会议审议通过《关于设立海南省的决定》。

4 月 14 日，国务院批转《关于海南岛进一步对外开放加快经济开发建设的座谈会纪要》，提出在海南岛实行特殊经济政策，建立经济管理新体制，把海南岛建设成全国最大的经济特区，是贯彻沿海经济发展战略，进一步扩大对外开放的重要措施，具有深远的意义。开发建设海南岛，既要大力吸收外商投资，也要鼓励内地的企业去投资开发。

4 月 18 日，国务院批准厦门市在国家计划中实行单列，并赋予其相当于省一级的经济管理权限。

4 月 20 日，中国企业管理协会第九次会议、中国企业家协会成立大会在北京举行。中央领导同志向 20 位优秀企业家和 10 个管理优秀企业的代表发奖。

同日，国务院批准广西自治区扩大沿海经济开放区，由原来的 289 平方公里扩大到 18800 多平方公里。

4 月 26 日，中国共产党海南省委员会和海南省人民政府正式挂牌。

同日，我国第一个私营企业工会——辽宁沈阳私营希贵运输公司工会在沈阳成立。

4 月 27 日，中央军委公布《中国人民解放军文职干部暂行条例》。实行文职干部制度在人民解放军历史上是第一次。

4 月 28 日，中共中央发出《关于贯彻执行〈中华人民共和国全民所有制工业企业法〉的通知》，要求各级党组织全体党员带头贯彻执行《企业法》。

同日，国务院公布《禁止向企业摊派暂行条例》。

4 月 30 日，沈阳金杯汽车股份有限公司成立，在沈阳、北京公开发行股票。

5 月 3 日，欧洲委员会议会通过加强同中国发展经济合作的决议，表示支持中国重返关贸总协定，以促进欧洲同中国的贸易往来。

同日，国务院作出《关于科技体制改革若干问题的决定》，提出要鼓励科研机构切实引入竞争机制，积极推行各种形式的承包经营责任制，实行科研机构所有权和经营管理权的分离。

5 月 4 日，国务院印发《关于深化物资体制改革方案的通知》。

同日，国务院发布《关于鼓励投资开发海南岛的规定》的通知，对海南经济特区实行更加灵活开放的经济政策，授予海南省人民政府更大的自主权，其中包括土地有偿使用、矿产资源有偿开采、经中国人民银行批准设立外资银行、中外合资银行等政策。

5月5日，国务院办公厅转发劳动部、人事部《关于进一步落实外商投资企业用人自主权的意见》。

5月9日，中央财经领导小组会议召开，提出生产资料价格的三个方案：（1）维持现状。（2）指令性计划部分也放开，调整企业利益。（3）把指令性计划再缩小，国家真正能控制住。

5月13日，北京市政府对外宣布从5月15日起，对猪肉（或牛羊肉）、鸡蛋、大路菜和食糖四种副食品试行零售价格变动，同时给每个职工每月补贴10元。全国绝大多数大中城市自5月以来也实行类似办法。

5月13—17日，国家体改委在洛阳市召开全国企业集团座谈会。参加会议的有64个较有影响的企业集团和联合体。6月4日，国家体改委印发了《企业集团座谈会纪要》。

5月16日，国务院批准建立山东半岛经济开放区。

5月16日、19日，中共中央政治局常委会讨论工资物价问题，党中央负责同志提出制定五年物价工资改革方案。

5月19日，邓小平会见朝鲜劳动党中共中央政治局常委、朝鲜人民武装力量部部长吴振宇时强调，理顺物价，改革才能加快步伐。最近我们决定放开肉、蛋、菜、糖4种副食品价格，先走一步。中国不是有一个“过五关斩六将”的关公的故事吗？我们可能比关公还要过更多的“关”，斩更多的“将”。过一关很不容易，要担很大风险。这就要求我们每走一步，都兢兢业业，大胆细心，及时总结经验，发现问题就做些调整，使之符合实际情况。但是物价改革非搞不可，要迎着风险、迎着困难上。十全十美的方针、十全十美的办法是没有的，面临的都是新事物、新问题，经验靠我们自己创造。我总是告诉我的同志们不要怕冒风险，胆子还要再大些。如果前怕狼后怕虎，就走不了路。

5月21日，中组部、人事部联合发出《关于全民所有制工业企业引入竞争机制，改革人事制度的若干意见》的通知。

同日，国务院办公厅发出通知，总理办公会议决定，国家经委撤销后，企业改革和企业管理的指导工作由国家体改委负责。

5月24—26日，由中国体改研究会与联邦德国艾伯特基金会共同主办的宏观经济管理国际研讨会在钓鱼台国宾馆举行。

5月25日，邓小平会见捷克斯洛伐克共产党中央总书记米洛什·雅克什时表示，我现在已经半退了，准备过一两年真正全退。从根本上说，退的含义是真正建立党和国家领导人员的退休制度，从人事制度上，使比较年轻的同志容易上来。我们这些老人总站在那里，就挡了比较年轻的人和年轻人的路。不但中央要这样做，而且地方各级都要这样做。党和国家的各级领导人，要逐步年轻化，才能体现党的活力、体现国家的活力。我们现在不是要收，而是要进一步改革、进一步开放。思想要更加解放一些，改革开放的步伐要走得更快一些。

5月27日，全国第一家合资保险公司——平安保险公司在深圳蛇口开业。

5月28日，国务院决定，成立国务院物价委员会，姚依林任主任。

5月30日—6月1日，中共中央政治局第九次全体会议在北京召开。

5月30日—6月3日，国家体改委在北京西宾馆召开经济体制改革中期规划研讨会，对九个课题组提出的《1988—1995年经济体制改革纲要》进行讨论。

6月1日，中共中央发出《关于党和国家机关必须保持廉洁的通知》。

6月3日，国务院公布《中华人民共和国企业法人登记管理条例》。

同日，邓小平在会见参加“90年代的中国与世界”国际会议中外代表时提出，改革没有万无一失的方案，问题是要搞得比较稳妥一些，选择的方式和时机要恰当。不犯错误不可能，要争取犯得小一点，遇到问题就及时调整。这是有风险的事情，但我看可以实现、可以完成。我们要把工作的基点放在出现较大的风险上，准备好对策。这样，即使出现了大的风险，天也不会塌下来。他还指出，现在有一个香港，我们在内地还要造几个“香港”。

6月5日，国务院发布《全民所有制小型工业企业租赁经营暂行条例》。

6月4—8日，全国物资体制改革工作会议在北京召开。

6月9日，国务院下发《关于授权省、自治区、直辖市、经济特区和计划单列市人民政府审批外资企业的通知》。

6月15日，财政部发布《关于沿海经济开放区鼓励外商投资减征、免征企业所得税和工商统一税的暂行规定》。

同日，新的国家计划委员会成立。姚依林为主任，新的国家计委实行委员会制。

6月16日，农业银行全国分行行长会议宣布，农行系统1988年开始进行财务包干和承包经营责任制试点。

6月23日，新华社报道：我国现有私营企业22.5万户，职工360万人，产值约占全国工业总产值的1%。

6月25日，国务院公布《中华人民共和国私营企业暂行条例》。

同日，国务院发布《中华人民共和国私营企业所得税暂行条例》《关于征收私营企业投资者个人收入调节税的规定》。

7月1日，七届全国人大常委会第二次会议通过《中国人民解放军军官军衔条例》，人民解放军实行新的军衔制。

同日，北京市政府宣布，欢迎全国各地来京设点售菜，各地可以承包、租赁现有蔬菜零售商店。

同日，我国最大的航空企业——中国国际航空公司正式成立。

7月2日，为配合外贸体制改革，外经贸部决定下放九项权力，放宽政策。

7月2—12日，全国税务工作会议在北京举行，提出统一国内所得税制，取消国营企业调节税。

7月3日，国务院发布《关于鼓励台湾同胞投资的规定》，其基本方针是：实行“一国两制”，平等互利，来去自由。

同日，国务院决定，适当扩大内地省、自治区和计划单列市及国务院有关部门吸收外商投资的审批权限，由现行500万美元以下，提高到1000万美元以下。

7月4日，《人民日报》报道：首都钢铁公司购买美国麦斯塔工程公司大部分股份的合同签字仪式在美国匹兹堡举行。这种“软件”（全套轧机设计等技术）引进方式在我国尚属首次。

7月5日，成都市企业产权交易市场正式开业。

7月7日，实行股份制的全国性金融企业——中国工商信托投资公司成立。这是金融体制改革的一个尝试。

7 月 8 日，我国第一块出让土地使用权招标在上海揭晓，日本孙氏企业有限公司中标，使用期 50 年。

7 月 11 日，国务院物价委员会向中央财经领导小组汇报《今后五年和明年物价、工资改革的初步设想》。

7 月 12—16 日，国家体改委在北京召开全国企业承包经营责任制座谈会，强调要进一步提高企业经济效益，为价格、工资改革创造条件。

7 月 12 日，国务院办公厅发出通知，在旅游旺季，对 18 个民航点 58 条旅游热线的票价实行浮动价格，从 7 月 20 日实行。

同日，《经济日报》报道：中外合资企业沈阳美德康光学电子股份有限公司的中方股权，被沈阳新型建筑材料公司购买。这是合资企业股份转让的先例。

7 月 13 日，国务院管理全国机械电子行业的职能部门——机械电子工业部正式成立。

7 月 15—24 日，全国财政工作会议在北京举行，提出我国财政预算制度要作重大改革，改单式预算为复式预算，划清“吃饭钱”和“建设钱”。

7 月 16 日，国务院第二次全体会议强调，继续贯彻“深化改革、稳定经济”的方针。

7 月 18 日，我国利率改革在浙江温州市试行，专业银行存贷款利率适当上浮。

同日，中央办公厅、国务院办公厅发出《关于解决公司政企不分问题的通知》。

7 月 25 日，《人民日报》报道：辽宁省在沈阳、鞍山、丹东试办了 147 户“特厂”，实行特殊政策，探索全面改革，已取得显著成效。

7 月 26 日—8 月 2 日，全国总工会十届十三次主席团扩大会议在北京召开，通过《工会改革的基本设想》。

7 月 27 日，经国务院领导批准，国家机构编制委员会印发《国家体改委“三定”方案》。国家体改委的主要任务是：拟订全国经济体制改革总体设计，研究、协调实施企业改革工作和指导企业提高经济管理水平。

7 月 28 日，国务院作出《关于地方实行财政包干办法的决定》。

同日，全国放开名烟名酒价格，实行市场调节；同时，适当提高部分高中档卷烟和粮食酒的价格。

7 月 29 日，沿海黄河经济协作带在青岛宣告成立，包括青海、甘肃、宁夏、陕西、山西、河南、山东 7 省区，总面积和总人口均占全国的 20%以上。协作带的建立，将推动省区间的横向联合发展。

8 月 2 日，国家教委有关部门负责人说，从 1989 年起改革研究生招生办法，分国家计划招生和委托培养招生两种形式。

8 月 5—9 日，国务院召开常务会议，讨论物价委员会提出的《关于价格、工资改革的初步设想和配套措施》。

8 月 5 日，新华社报道：我国乡镇企业中，外向型企业已发展到 20 万家，直接年创汇 50 亿美元以上。

同日，《人民日报》报道：我国第一家真正实行股份制的大型工业企业——沈阳金杯汽车股份有限公司，首次公开向社会发行金杯股票，不到半月时间已认购近 5000 万元。

8 月 6 日，国务院公布《中华人民共和国印花税暂行条例》。

同日，宝山钢铁联合（集团）公司在上海成立。

8 月 10 日，据建设部提供的情况，全国近二三年至少有 200 个城市建立了房地产交易机构，交易日趋活跃，全国城镇拥有各类房屋 150 多亿平方米，价值 1000 多亿元。

8 月 11 日，国务院批转中国人民银行《关于控制货币、稳定金融几项措施的报告》。

8 月 15 日，国务院决定建立国家行政学院，它是我国高、中级国家公务员的培训中心。

8 月 15—17 日，中共中央政治局在北戴河召开第十次全体会议，讨论并原则通过《关于价格、工资改革的初步方案》。

8 月 16 日，经国务院批准，中国人民银行从 9 月 1 日起提高银行各项存款、贷款利率。

8 月 18 日，郑州市企业产权交易市场正式开业。

8 月 20 日，吉林四平市已有 8 家大中型企业进行“无上级经营”的改革试验，由企业依法自主经营。

8 月 22—27 日，国家体改委、世界银行和联合国开发计划署在北京举办了固定资产投资管理咨询讨论会。

8 月 25—29 日，国家体改委在吉林召开北方部分省市推行厂内银行工作座谈会。10 月 26—30 日，又在湖北召开南方部分省市推行厂内银行工作座谈会。在两次会议的基础上，形成《全国推行厂内银行工作座谈会纪要》，决定大力推广厂内银行，并在全国选定 100 个企业为推广厂内银行示范企业。

8 月 29 日，中央财经领导小组会议召开，对当前经济形势中的几个问题及需要采取的对策进行了研究。

8 月 30 日，国务院召开常务会议，讨论市场和物价形势。根据会议精神，国务院下发《关于做好当前物价工作和稳定市场的紧急通知》。

9月2日，中央政治局会议召开，讨论物价问题。

9月3日，中国人民银行作出决定，从9月10日起开办人民币长期保值储蓄存款。对城乡居民个人3年期以上定期存款予以保值。

9月5日，邓小平在与捷克斯洛伐克总统胡萨克会见时提出了“科学技术是第一生产力”的重要论断。

同日，七届全国人大常委会第三次会议通过《保密法》等议案，听取国务院《关于价格、工资改革初步方案制定情况的汇报》，并提出建议。

9月6日，国务院批转文化部《关于加快和深化艺术表演团体体制改革的意见》，并发出通知指出，从本地的实际情况出发，把艺术表演团体体制改革当作一项重要工作来抓。

9月8日，国务院公布《现金管理暂行条例》。

9月12日，邓小平在听取工作汇报时，提出“两个大局”思想，指出沿海地区要加快对外开放，使这个拥有两亿人口的广大地带较快地先发展起来，从而带动内地更好地发展，这是一个事关大局的问题。内地要顾全这个大局。反过来，发展到一定的时候，又要求沿海拿出更多力量来帮助内地发展，这也是个大局。那时沿海也要服从这个大局。

9月13—17日，中共中央在北京召开由各民主党派负责人、无党派爱国人士民主协商会和在京经济专家参加的座谈会，分别就《关于价格、工资改革的初步方案》征求意见。与会者对治理经济环境、整顿经济秩序、继续深化改革，提出具体建议。

9月13日，国务院发布《国家行政机关工作人员贪污贿赂行政处分暂行规定》。

同日，全国首届科技实业家创业奖颁奖仪式在北京人民大会堂举行。41 名富有改革和开创精神的科技实业家分别获得金奖和银奖。

9 月 15—21 日，中共中央政治局召开中央工作会议，正式作出治理经济环境、整顿经济秩序、全面深化改革的决定。

9 月 20 日，国家科委、财政部发布《科研单位实行经济核算制的若干规定》。

同日，上海选定 18 家大中型企业进行放开经营的试点。

9 月 22 日，国务院下发通知，对茧丝收购出口实行统一经营管理。

同日，由各界人士组成的促进中国和平统一的民间团体——中国和平统一促进会在北京成立。

9 月 23 日，国务院、中央军委公布《中国人民解放军现役士兵服役条例》。

9 月 24 日，国务院下发《关于清理固定资产投资在建项目、压缩投资规模、调整投资结构的通知》。

9 月 26—30 日，党的十三届三中全会在北京批准中共中央政治局提出的治理经济环境、整顿经济秩序、全面深化改革的指导方针和政策、措施；审议通过中共中央政治局的报告和《关于价格、工资改革的初步方案》，建议国务院在此后五年或较长一些时间内，根据严格控制物价上涨的要求，并考虑各方面的实际可能，逐步地、稳妥地组织实施。

9 月 27 日，国务院印发《关于进一步控制货币稳定金融的决定》。

同日，国务院公布《中华人民共和国城镇土地使用税暂行条例》。

9月28日，国务院印发《关于化肥、农药、农膜实行专营的决定》。

同日，新华社报道：新疆、内蒙古等地，开始试行羊毛拍卖销售制度。

10月3日，中共中央、国务院作出《关于清理整顿公司的决定》。

同日，国务院批准深圳市在国家计划中实行单列，并赋予其相当于省一级的经济管理权限。

同日，中共中央办公厅、国务院办公厅作出《关于县以上党和国家机关退（离）休干部经商办企业问题的若干规定》。

10月6日，国务院作出《关于从严控制社会集团购买力的决定》，要求对1988年和1989年两年的社会集团购买力，在上年实际支出的基础上，按实际可比口径计算，每年压缩20%。

10月9日，《人民日报》报道：我国个体经济稳定发展，截至6月底，全国已有个体工商户1413万多户，从业人员2224万多人，资金271亿多元。

10月12日，国务院下发《关于全面彻底清查楼堂馆所的通知》。

10月15日，国务院办公厅通知，国务院决定成立国务院企业管理指导委员会，负责协调贯彻《企业法》和研究企业改革、企业管理中的重大问题，指导企业转换和完善经营机制，加强企业管理。

10月17日，邓小平会见罗马尼亚共产党总书记、罗马尼亚总统齐奥塞斯库时表示，我们最近经济发展过热、速度过快，需要总结经验。所以，我们最近召开的十三届三中全会，提出控制经济发展速度，治理经济环境，整顿经济秩序。初步确定搞两年。一个是降低经济发展速度，保持比较适当的发展速度。一个是努力消除一些腐败现象。为此应该加强党中央和国务院的控制能力，采取一些积极的措施和妥善的办法来加强管理。

10月19—20日，16个机构改革试点城市的代表聚会安阳市进行座谈，探讨政治体制改革和如何继续推进中等城市机构改革试点工作，中央有关部门的同志应邀参加。

10月24日，国务院作出《关于加强物价管理、严格控制物价上涨的决定》。

10月29日，中共中央政治局第十三次全体会议在北京召开。

10月31日，全国推行"厂内银行"工作座谈会在襄樊市举行。到1988年9月底，全国已有16%的预算内工业企业建立了"厂内银行"。

11月2—7日，中共中央、国务院在北京召开全国农村工作会议。田纪云副总理在会上作《必须充分重视和大力发展农业》的讲话。

11月6日，物资部宣布，为加强市场管理、禁止倒买倒卖，将对4种钢材和3种有色金属实行专营。

11月7日，中国经济改革十年的回顾与展望国际讨论会在深圳市召开，有15个国家和地区的专家参加。

11月8日，七届全国人大常委会第四次会议通过《关于加强民主法制维护安定团结保障改革和建设顺利进行的决定》。

11月14日，中央财经领导小组会议召开，讨论十三届三中全会以来的经济形势和需要注意的问题。会议认为，全国贯彻中央十三届三中全会精神时间不长，取得了初步成效，但困难仍然不少，任务还十分艰巨。明年计划安排的原则：一是要确保全会提出的物价上涨幅度明显低于今年；二是要保证农业投资，争取农业丰收。

11月17日，国务院决定组建国家国有资产管理局。

11月24日，上海万国证券股份有限公司在上海宣布成立。该公司专营证券发行、交易业务，是完全独立于银行业的股份制金融企业。

11月28日，中国和蒙古在北京签署了两国政府关于中蒙边界制定和处理边境问题条约。

11月28日—12月5日，国务院在北京召开全国计划会议和全国经济体制改革工作会议，讨论安排1989年国民经济和社会发展计划，讨论部署1989年经济体制改革工作。12月5日，李鹏在闭幕会上作《把建设和改革的重点切实放到治理经济环境和整顿经济秩序上来》的讲话。

11月29日—12月4日，全国人事工作会议在北京举行。会议强调指出，人事制度的改革，重点是建立国家公务员制度。

11月30日，国务院公布《中华人民共和国审计条例》，自1989年1月1日起施行。

12月2日，邓小平会见日本国际贸易促进协会访华团时指出，我们的改革开放政策，不管遇到什么暂时的麻烦，如通货膨胀，都不会改变。我们的改革开放已经搞了十年。这十年应该说是成功的，它使中国经济上了一个台阶。现在我们正在上第二个台阶，即到本世纪末再翻一番，达到小康水平。上第二个台阶遇到的问题比上第一个台阶所遇到的问题还复杂。现在出现了这样那样的问题，需要进行调整，保持适当的速度，这些都是不可少的。我们治理通货膨胀、价格上涨问题，无论如何不能损害我们提出的改革开放政策，不能使经济萎缩。上第三个台阶需要花五十年，那时遇到的问题将更多。国际上对我们的发展情况估计得比我们更乐观一些，但我们自己要小心谨慎。现在遇到的问题总有办法解决。

12 月 5 日，国家税务局决定，全国实行个人调节税应税收入申报制，并在北京海淀区开始试点。

12 月 8 日，我国第一个大型港口经济联合体——中国港口集团公司，在海口市正式成立。

12 月 8—25 日，全国财政工作会议在北京举行。

12 月 9 日，劳动部部长在全国劳动厅局长会议上说，国有企业合同制工人已达 805 万人，全国已有 2.6 万个国有企业、960 万名固定工进行了优化劳动组合。企业的“铁饭碗”制度开始动摇。

12 月 12 日、21 日，中央财经领导小组会议召开，听取并讨论了国家计委、国家体改委和经济发展研究中心等部门关于调整经济结构和治理通货膨胀问题的汇报。

12 月 15 日，全国乡镇企业技术进步会议宣布，乡镇企业目前有农民职工近 9000 万名。

12 月 16 日，《人民日报》报道：电力体制改革方案已经出台，省电网独立核算，企业内部实行承包经营。

12 月 18—22 日，纪念党的十一届三中全会召开十周年理论讨论会在北京举行。

12 月 19—23 日，印度总理甘地访问中国，这是 34 年来印度总理首次访华。甘地这次访问中国标志着中印双边关系新的开端。

12 月 24 日，中共中央政治局第十四次全体会议在北京召开。会议讨论了国际形势和中国的对外工作，认为当前国际形势正在发生转折性变化。全世界正从对抗转向对话，由紧张转向缓和。有可能出现一个有利于维护世界和平，促进发展的新时期。我国有可能争取到一个长期稳定的国际环境，以集中力量搞好改革和“四化”建设，因此要把加强国际经济、科技合作摆到对外工作的更加重要的位置。和平与发展问题将是影响今后国际形势进程的两个全球性战略问题。我们要积极倡导在和平共处五项原则的基础上建立国际政治新秩序和在平等互利的基础上建立国际经济新秩序。

12月26日，国务院下发《关于进一步清理固定资产投资在建项目的通知》。

12月27日，国务院发布《整顿税收秩序、加强税收管理的决定》。

12月29日，七届全国人大常委会第五次会议通过《中华人民共和国标准化法》，自1989年4月1日起施行。会议还通过修改《土地管理法》的决定等议案。

1989年

1月1日，经国务院批准，为进一步控制社会集团购买力，增加三类专控商品。

1月3日，国务院办公厅转发国家税务局《关于清理整顿和严格控制减免税的意见》。

1月4日，第二届全国优秀企业家评选揭晓，20名厂长、经理榜上有名。

1月6日，国务院下发《关于下达1989年国民经济和社会发展计划（草案）的通知》。

1月9日，经贸部初步统计，1988年我国外贸出口额已达401

亿美元，提前两年完成“七五”计划末期 380 亿美元的指标。

1 月 9—15 日，香港特别行政区基本法起草委员会第八次全体会议在广州举行。15 日，会议通过《中华人民共和国香港特别行政区基本法（草案）》。2 月 15—21 日举行的七届全国人大常委会第六次会议通过关于公布《中华人民共和国香港特别行政区基本法（草案）》的决议。

1 月 12 日，国务院下发《关于加强借用国际商业贷款管理的通知》。

1 月 13 日，国务院下发《关于批转沿海地区对外开放工作会议纪要的通知》。

1 月 21 日，全国第一家蔬菜行业的集团公司——西安蔬菜副食集团公司宣布成立，使西安地区形成蔬菜产销一体化经营网络。

1 月 25 日，国务院批转国家工商局《关于公司年检和重新登记注册若干问题的意见》。

同日，国务院批准武钢实行承包经营责任制的方案。武钢的承包经营责任制实行“三包一挂”方案，承包期为 5 年。具体讲，一包上交利润，二包改建、扩建和技术改造，三包完成指令性计划。“一挂”即工资总额与实现利税挂钩。

1 月 27 日，中共中央政治局举行第十五次全体会议，讨论在改革开放的新形势下加强政法工作，稳定社会治安的问题。

2 月 5 日，中央办公厅、国务院办公厅发出《关于清理党和国家机关干部在公司（企业）兼职有关问题的通知》。

2 月 10 日，《人民日报》报道：福建省从 1 月起实行职工退休社会保险制，克服了由企业自行负担畸轻畸重的弊端。

2 月 11 日，国务院决定，南京、成都、长春三市在国家计划中实行单列（原则上从1990年开始），并赋予其相当于省一级的经济管理权限。至此，计划单列市已达14个。

2月15日，国家开始对彩色电视机实行专营并征收特别消费税。

同日，国家体改委发出《关于切实加强组织领导保证股份制健康发展的通知》。

同日，国务院发布《加强借用国际商业贷款管理问题的通知》要求严格控制对外借款规模。

2月17日，国务院发布《国家预算调节基金征集办法》。

2月19日，国家体改委、国家计委、财政部、国家国有资产管理局印发《关于企业兼并的暂行办法》。

同日，国家体改委、财政部、国家国有资产管理局印发《关于出售国有小型企业产权的暂行办法》。

同日，《人民日报》报道：一项加快劳动制度改革的配套措施——企业职工退休养老制度一体化和退休养老基金统筹一体化，从2月1日起在烟台市首次实行。

2月20日、22日、27日，中央财经领导小组会议召开，讨论当前经济形势问题。

2月20日，国务院下发《关于清理整顿各类对外经济贸易公司的通知》。要求重新核定1988年以来批准设立的各类外贸公司的业务范围。

同日，国家外汇管理局宣布：从3月1日起，在我国开办的1.4万家外商投资企业可用人民币，也可用外币计价结算、销售产品。

2月21日，七届全国人大常委会第六次会议通过《中华人民共和国进出口商品检验法》《中华人民共和国传染病防治法》。

2 月 24 日，全国棉花生产座谈会结束。会议透露为了调动地方政府抓棉花的积极性，国务院决定实行棉花调出、调入包干办法。

2 月 25—26 日，美国总统布什对中国进行工作访问。26 日，邓小平在人民大会堂会见布什时指出，中国的问题，压倒一切的是需要稳定。没有稳定的环境，什么都搞不成，已经取得的成果也会失掉。

3 月 4 日，国务院批转国家体改委《关于 1989 年经济体制改革要点》。

3 月 5 日，国务院下发《关于加强企业内部债务管理的通知》。

3 月 6 日，中国人民银行发出《关于信托投资公司开办资金拆借业务的通知》和《关于撤销融资公司的通知》，信托业第三次整顿开始。

同日，国务院批转劳动部、财政部、国家计委《关于进一步改进和完善企业工资总额同经济效益挂钩的意见》。

3 月 7 日，中国民主促进会向中共中央提出《关于切实贯彻〈义务教育法〉，加强基础教育的九点建议》。

3 月 8 日，国务院下发《关于调整省、自治区、直辖市金融、税务部门和部分海关领导干部管理体制问题的通知》。

3 月 10 日，国家科委和国家计委首次公布我国技术政策蓝皮书。

3 月 10 日、14 日，国务院召开常务会议，通过《关于当前产业政策要点的决定》，指出当前和今后一个时期制定产业政策、调整产业结构的基本方向和任务是：集中力量发展农业、能源、交通和原材料等基础产业，加强能够增加有效供给的产业，增强经济发展的后劲；同时控制一般加工工业的发展，使它们同基础产业的发展相协调。

3月11日，《人民日报》报道：我国开放口岸已达413个，其中一类口岸126个；1988年出口运输量达1.8亿吨。

3月13日，国务院下发《关于进一步做好农林特产农业税征收工作的通知》。

3月20日—4月4日，七届全国人大第二次会议召开。3月20日，李鹏向大会作题为《坚决贯彻治理整顿和深化改革的方针》的政府工作报告。大会还通过了《关于1989年国民经济和社会发展计划的决议》《关于1988年国家预算执行情况和1989年国家预算的决议》《中华人民共和国行政诉讼法》《中华人民共和国全国人民代表大会议事规则》《关于国务院提请审议授权深圳市制定深圳经济特区法规和规章的议案的决定》。

3月21日，财政部、国家体改委印发《关于国营企业实行利税分流的试点方案》，提出将企业实现的利润分别以所得税和利润的形式上交，税后还贷，上交的利润采取多种形式承包的办法。

3月22日，海南省首先在洋浦30平方公里的范围内实行“自由港”政策，让外商承包，进行成片开发，综合补偿。

3月30日，国务院下发《关于进一步加强工资基金管理的通知》。

4月5—6日，中央召集省、区、市负责同志讨论经济工作。提出对紧缩不能有侥幸心理，治理整顿，只能成功，不能失败。

4月8—11日，国家体改委在北京召开企业承包经营责任制座谈会，强调结合完善承包制重点从五个方面强化企业的约束机制。

4月8日，中共中央政治局在北京召开第十七次全体会议，讨论《中共中央关于教育发展和改革若干问题的决定（草案）》。

4 月 9 日，卫生部召开新闻发布会，通报 1988 年全国卫生监督工作情况和传染病疫情报告数字。这是我国第一次如实地、及时地、公开地向国内外发布通报。

4 月 15 日，我国对计划外黑色和有色金属实行统一最高限价。

4 月 19 日，国内首次县级土地工业用地使用权有偿转让，在江苏昆山县签约，这块土地 1 万平方米，出让年限 50 年。

4 月 23 日，烟台市房改自 1988 年 11 月 1 日全面进入“实转”阶段以来，已向个人出售新旧住房 1707 套，共计 1749 万元。

同日，卫生部、国家体改委确定在丹东、四平、黄石、深圳进行医疗保险制度改革试点，在深圳、海南进行社会保险制度综合改革试点。

4 月 28 日，国务院召开常务会议，通过《外国商会管理暂行规定》。

5 月 1 日，国民党中央常委、台湾当局“财政部长”郭婉容组成中国台北代表团抵达北京，参加第二十二届亚洲银行年会。这是 40 年来台湾当局的第一位“部长”级官员率代表团来到大陆。

5 月 2 日，经国务院批准，中国人民银行决定，从 5 月开始，由人民银行牵头，工商、农业等五家银行联合起来，在全国范围内有组织地清理企业“三角债”。

5 月 12 日，国务院下发《关于加强国有土地使用权有偿出让收入管理的通知》，指出凡进行国有土地使用权有偿出让的地区，其出让收入必须上交财政。土地使用权有偿出让收入，40%上交中央财政，60%留归地方财政。无论是上交中央财政还是上交地方财政的收入，都主要用于城市建设和土地开发，专款专用。

同日，国务院批转国家计委《关于加强商品房屋建设管理的请示》。

5 月 13 日，国务院已批准地方机构改革的部署，确定在河北省和哈尔滨市以及卓资等 6 个县进行试点，前几年已确定的中等城市机构改革试点继续进行。

5 月 16 日，邓小平会见来访的苏联最高苏维埃主席团主席、苏共中央总书记戈尔巴乔夫，中苏关系实现正常化。

5 月 31 日，邓小平同李鹏、姚依林谈话，要点如下：改革开放政策不变，几十年不变，一直要讲到底。国际国内都很关心这个问题。贯彻十三届三中全会以来的路线、方针、政策，连语言都不变。

6 月 1 日，在十堰市举行的全国大企业（集团）研讨会提出，坚持和完善承包经营责任制是治愈“三缺症”（缺能源、缺原材料、缺资金）比较有效的一剂药。

6 月 14 日，国务院发布《外国商会管理暂行规定》指出，外国商会是指外国在中国境内的商业机构及人员依照本规定在中国境内成立，不从事任何商业活动的非营利性团体。

6 月 16 日，邓小平在同几位中央负责同志谈话时指出，任何一个领导集体都要有一个核心，没有核心的领导是靠不住的。并指出，我们要一手抓改革开放，一手抓惩治腐败，把这两件事结合起来。

6 月 20 日，国务院批准福建沿海划定台商投资区，鼓励台湾投资者从事土地开发经营和投资办厂。

6 月 23—24 日，党的十三届四中全会召开，选举江泽民为中央委员会总书记。24 日，江泽民在全会上讲话指出，在对待党的十一届三中全会以来的路线和基本政策这个最基本的问题上，要明确两句话：一句是坚定不移，毫不动摇；一句是全面执行，一以贯之。

6 月 28 日，中共中央在中南海怀仁堂召开党外人士座谈会，江泽民就社会上普遍关心的问题发表重要讲话。他指出，要继续坚持以经济建设为中心，搞好经济工作。中国改革开放的总方针和总政策决不会变；不仅不会变，而且要更好、更有效地坚持改革开放，使这一伟大事业前进得更稳更好甚至更快。

7 月 19 日，全国人大外事委员会发表《关于美国国会通过制裁中国的修正案的声明》。

7 月 22 日，国务院下发《关于出让国有土地使用权批准权限的通知》，指出政府对有偿出让国有土地使用权的批准权限，应与行政划拨国有土地使用权的批准权限相同。

7 月 27—28 日、8 月 28 日，中央政治局召开全体会议，通过《关于近期做几件群众关心的事的决定》《关于加强宣传、思想工作的通知》和《关于加强党的建设的通知》。

7 月 28 日，中共中央决定成立中共中央政策研究室，撤销中央财经领导小组、中央农村政策研究室。

8 月 1 日，全国物价工作会议在哈尔滨市召开，提出了下半年控制物价的主要措施。

8 月 6 日，江泽民在上海视察时强调，坚持四项基本原则和坚持改革开放，两者相辅相成、互相促进。

8 月 8 日，天津市签订一项该市最大的外国投资项目，美国 MGM商业公司在津划片开发，面积为 5.3 平方公里，70 年后无偿交还。

8 月 12 日，广州市向外商开放土地使用权，共有 7 块地皮计 4.2 万平方米，最长出让年限为 70 年。

8 月 15 日，国务院全体会议召开，通报经济情况，部署今后几个月工作。

8 月 16 日，广州市住房制度改革方案已被省政府批准，将按照“卖房起步，分步提租，相应发贴，新分配住房实行新制度”的办法进行。

8 月 17 日，中共中央、国务院颁发《关于进一步清理整顿公司的决定》。据统计，截至 1990 年 2 月底，全国已查处公司的案件 91960 件，其中大案要案 17791 件；已结案 84358 件，占案件总数的 91.7%，其中大案要案已结案 15648 件，占该类案件总数的 87.9%。到 1990 年底，全国已撤并公司 10 万多个，占原有各类各级公司总数的 35.2%；党政机关办的各种公司绝大多数已经撤销或者同机关脱钩，机关干部在公司兼职或任职的问题已经基本解决，流通领域内公司盲目发展的状况得到控制。

8 月 19 日，监察部发布《关于有贪污贿赂行为的国家行政机关工作人员必须在限期内主动交代问题的通告》。

8 月 20 日，《邓小平文选》（1938—1965 年）由人民出版社出版，并在全国发行。

8 月 27 日—9 月 1 日，国家计委召开全国计委主任会议，讨论拟定三年治理整顿和深化改革的规划设想。

8 月 28 日，中共中央政治局通过《关于加强党的建设的通知》。

同日，国务院批转国家计委《关于当前的经济情况和下半年需要抓紧的几项工作的汇报》。

8 月 30 日，国务院作出《关于大力加强城乡个体工商户和私营企业税收征管工作的决定》。

9 月 1 日，据国家统计局统计，现在我国已同世界上 184 个国家和地区开展贸易，进出口总额在世界的位次由 1978 年的第 32 位上升到 1988 年的第 16 位。1988 年进出口总额比 1950 年增长 90 倍。

9 月 3 日，邓小平给中共中央政治局写信，正式请求辞去他所担任的中共中央军事委员会主席职务。

9 月 4 日，邓小平在同几位中央负责同志谈话时指出，中国肯定要沿着自己选择的社会主义道路走到底。只要中国不垮，世界上就有五分之一的人口在坚持社会主义。我们对社会主义的前途充满信心。对于国际局势，要冷静观察，稳住阵脚，沉着应付。要埋头实干，做好一件事，我们自己的事。

9 月 5 日，全国清理整顿公司领导小组举行首次会议，决定中央国家机关各部门坚决撤并 11 类所属公司。

9 月 22 日，国务院下发《关于进一步清理整顿金融性公司的通知》。

9 月 26 日，江泽民在中外记者招待会上重申，党的十一届三中全会以来的路线、方针、政策，总的战略目标不变。其中包括以经济建设为中心坚持四项基本原则的方针不变，改革开放政策不变，实行“一国两制”的构想不变。

9 月 29 日，庆祝中华人民共和国成立 40 周年大会召开。

10 月 4 日，中国加入联合国世界知识产权组织的《商标国际注册马德里协定》。

10 月 5 日，国务院发布《全民所有制企业临时工管理暂行规定》。

同日，为适应国家宏观决策和调控需要，全国国民经济核算协调委员会在北京成立，由国家统计局、国家计委、国家体改委等八个部门组成。

10 月 12 日，建设部、国家体改委等五部门发出通知，决定在建筑施工企业中进一步推广“鲁布革经验”，深化工程建设领域的改革。

10 月 18 日，国务院批转商业部、经贸部、物资部关于进一步清理整顿各类商业批发公司、对外经济贸易公司、物资公司的意见。

10 月 25 日，全国清理整顿公司工作座谈会召开并作出部署，1989 年重点是撤并公司、查处大案要案。物资供应、商业批发、对外贸易公司和金融性公司以及党政机关开办的公司，是这次清理整顿和撤销、合并的重点。

10 月 28 日—11 月 2 日，美国前总统尼克松对中国进行友好访问。10 月 31 日上午，邓小平在会见尼克松时表示，我们希望尽快解决过去几个月来中美关系的纠葛，开辟未来。在这个问题上，美国应该采取主动，也只能由美国采取主动。恢复和发展两国的正常关系也是我们的愿望。十几年来，中国没有做过任何一件伤害美国的事情。但是，坦率地讲，美国在不久前北京发生的动乱和反革命暴乱中陷得太深了。中国是真正的受害者，对中国进行指责是不公平的。我们都关心自己的国家，是以国家利益为最高准则来处理问题的。我们永远不能忘记国家的主权，不能忘记国格，不能丢掉民族自尊心。邓小平强调，稳定是压倒一切的。

10 月 30 日—11 月 3 日，中央召开工作会议，讨论《中共中央关于进一步治理整顿和深化改革的决定（草案）》。

11 月 6—9 日，党的十三届五中全会在北京举行，通过《中共中央关于进一步治理整顿和深化改革的决定》《中国共产党十三届五中全会关于同意邓小平同志辞去中共中央军事委员会主席职务的决定》，决定选举江泽民为中共中央军事委员会主席。

11 月 10 日，国家外汇管理局公布《外汇（转）贷款登记管理办法》规定，国家对转贷款实行全面的登记管理制度。

11 月 13 日，邓小平会见斋藤英四郎为高级顾问、河合良一为团长的日中经济协会访华团时指出，我想利用这个机会，正式向政治生涯告别。他还告诉日本客人，中国十年来制定的方针、政策不会变，发展战略没有变。治理、整顿是为了更好地前进。

11 月 16 日，经全国清理整顿公司领导小组审查批准，中央国家机关第一批撤销 1018 个公司。

12 月 5—11 日，全国计划会议在北京召开。

12 月 11—14 日，由国家体改委、联合国开发计划署、世界银行联合举办的中国社会保险制度改革国际研讨会在北京召开。参加会议的有国际劳工组织、美国、日本、世界银行的专家。世界银行中国局局长伯基和高尚全在会上发表讲话。

12 月 13 日，江泽民在人民大会堂会见了出席坚持改革开放，扩大对外经济合作国际研讨会的各国金融家、企业家和学者。

12 月 19 日，江泽民在国家科技奖励大会上讲话指出，坚持把改革和发展紧密结合起来。在改革和完善科技领导体制、科技管理体制方面的方针、政策，要继续执行并进一步加以完善。

同日，国务院批转人事部、国家计委、财政部《关于 1989 年调整国家机关、事业单位工作人员工资实施方案》的通知。

同日，国务院同意劳动部、国家计委、财政部《关于 1989 年国营企业工资工作和离退休人员待遇问题的安排意见》。

12 月 21 日，中共中央发出《关于加强和改善党对工会、共青团、妇联工作领导的通知》。

12月26日，七届全国人大常委会第十一次会议通过《中华人民共和国城市居民委员会组织法》。

12月27日，国务院第七次全体会议强调指出，1989年治理整顿、深化改革的目标已基本达到；1990年要加强治理整顿，进一步深化改革，使国民经济逐步走上持续、稳定、协调发展的道路。

12月29日，国务院办公厅发出《关于撤销各级政府驻外地办事处和经济协作办公室所办公司问题的通知》指出，各级政府和中央国家机关各部门驻外地办事处不得直接或变相开办公司，已办的一律撤销。

12月30日，中共中央制定《关于坚持和完善中国共产党领导的多党合作和政治协商制度的意见》，指出“长期共存、互相监督、肝胆相照、荣辱与共”是中国共产党同各民主党派合作的基本方针，明确中国共产党领导的多党合作和政治协商制度是我国一项基本政治制度。

1990年

1月3日，国务院下发《批转国家土地管理局关于加强农村宅基地管理工作请示的通知》。

1月4—8日，国务院在北京召开全国经济体制改革工作会议，会议就治理整顿深化企业改革提出七条主要措施。

1月6—10日，国务院召开新中国成立以来首次国有资产管理工作会议，决定有计划地开展清产核资工作，计划用三四年时间把家底摸清。

1月8日，《人民日报》报道：国家投资体制改革初见成效，

6个专业投资公司在1989年完成投资356.7亿元，建成投产大中小型项目共673个，投资效益有了较显著提高。

1月11日，薄一波同志在全国乡镇企业协会成立大会致辞《发展乡镇企业是一项具有战略意义的任务》。

1月12日，国务院企业管委会宣布，批准45个企业为国家一级企业，这是我国近50万个企业中首批审定的国家一级企业。

1月13日，人民银行和各专业银行首次联袂召开全国银行分行行长会议，部署1990年工作，强调要继续坚持银根紧缩方针。

1月16日，中共中央公布《关于进一步治理整顿和深化改革的决定》。

同日，国务院办公厅发出关于国务院生产委员会组成人员的通知。

1月17日，全国清理整顿公司领导小组批准，中央国家机关第二批撤销1633个所属公司。至此，中央国家机关共撤销了2651个公司。

同日，江泽民在中南海会见国际货币基金组织副总裁理查德·厄伯以及出席国际中央银行研讨会的来自美国、墨西哥、比利时等国家的银行家时指出，中国几十年经济发展的经历表明，中国需要经济体制改革，中国今后发展经济要把计划经济与市场调节很好地结合起来。

1月19日，国务院批转国家土地管理局《关于部分地方政府越权批地情况报告》。

2月1日，国家物价局发布《关于商品和收费实行明码标价制度的规定》，自3月1日起施行。规定商品“应按国家定价、国家指导价、市场调节价3种价格形式分别采用红、蓝、绿三色价格标签”，做到标价准确、一货一签。

2月3日，国务院下发《关于切实减轻农民负担的通知》。

2月5—8日，国务院经济特区工作会议在深圳召开。

2月13—17日，香港特别行政区基本法起草委员会第九次会议在北京举行。会议审议和通过体现“一国两制”伟大构想的《香港特别行政区基本法（草案）》，评选出香港特别行政区区旗和区徽图案（草案），并决定把基本法（草案）和区旗和区徽图案（草案）提交全国人大常委会审议。

2月17日，国务院发布《法规、规章备案规定》。

2月19日，国务院同意将济南市列入沿海经济开放区，执行对长江、珠江三角洲规定的政策。

2月23日，国务院下发《关于进一步加强机构编制管理的通知》，要求在治理整顿期间，各地区、各部门必须进一步加强机构编制管理。

2月24日，国务院发布《关于修改〈全民所有制工业企业承包经营责任制暂行条例〉第二十一条的决定》《关于修改〈全民所有制小型企业租赁经营暂行条例〉第二十二条的决定》，增加了有关合同纠纷处理的条款。

3月9—12日，党的十三届六中全会在北京召开，审议通过《中共中央关于加强党同人民群众联系的决定》。

3月18日，江泽民在参加全国人大、全国政协两会的党员负责同志会议上指出，建设高度的社会主义民主和完备的法制，是我们的根本目标和根本任务之一，也是人民群众的共同愿望。建设社会主义民主政治，最重要的是坚持和完善人民代表大会制度。

3月20日，国务院办公厅转发国家工商行政管理局《关于在全国逐步推行经济合同示范文本制度的请示》。

3 月 20 日—4 月 4 日，七届全国人大第三次会议通过《中华人民共和国香港特别行政区基本法》《全国人民代表大会关于〈中华人民共和国香港特别行政区基本法〉的决定》《全国人民代表大会关于设立香港特别行政区的决定》《关于香港特别行政区第一届政府和立法会产生办法的决定》《关于批准香港特别行政区基本法起草委员会关于设立全国人大常委会香港特别行政区基本法委员会的建议的决定》，以及《关于修改〈中华人民共和国中外合资经营企业法〉的决定》。

3 月 26 日，国务院下发《关于在全国范围内开展清理“三角债”工作的通知》。

4 月 2 日，中共中央下发《关于维护社会稳定加强政法工作的通知》，并宣布中央决定恢复中央政法委员会，各地党委政法领导机构的名称统一为政法委员会。

4 月 6 日，李鹏会见应邀来访的世界银行高级副行长莫伊恩·库莱希时表示，中国的政治形势和经济形势是稳定的，过去十年中出台的各项改革政策都不会改变。他说，检验改革是否成功，不是机械地看计划经济和市场调节各占多大比重，而要看它是否能真正推动经济的发展。

同日，国务院公布《中华人民共和国标准法实施条例》。

4 月 12 日，中央政治局会议原则通过国务院提交的浦东开发开放方案。上海浦东新区成为我国首个国家级新区。此后，天津滨海、重庆两江等新区陆续批复设立。到 2021 年 6 月，全国共设立 19 个国家级新区。

4 月 17 日，国务院办公厅转发商业部《关于集体商业经营批发和个体商业从事长途贩运、批量销售业务有关问题的意见》。该意见指出，集体商业经营批发业务的范围，是指除国家计划管理商品、国家专营专卖商品、某些特殊性商品之外的日用工业品和部分完成国家合同订购任务以外的非原料性农副土特产品。

4 月 23—26 日，李鹏访问苏联。这是中苏两国关系正常化后中国政府首脑首次访苏，也是自 1964 年以来中国总理第一次访问苏联。两国领导人就发展双边关系深入交换了意见，并签署了关于两国经济、科学技术长期合作发展纲要等六项协定。

4 月 27 日，国务院下发《关于做好劳动就业工作的通知》。

5 月 5 日，国务院批转国家医药管理局《关于进一步治理整顿医药市场的意见》。

5 月 11 日，国务院召开常务会议。会议认为，自党的十一届三中全会以来，乡镇企业已成为我国农村经济的重要支柱和国民经济的重要组成部分，为了有利于乡镇企业健康发展，亟须制定专门的法规，会议审议通过《乡村集体所有制企业条例（草案）》。

5 月 12—17 日，江泽民考察海南经济特区时指出：中央关于兴办经济特区的战略决策是正确的，在海南实行的各项政策不变，海南省吸引外商投资，进行成片开发，党中央和国务院是支持的。海南要通过改革开放，加快经济开发，改变经济比较落后的面貌。

5 月 19 日，国务院公布《中华人民共和国城镇国有土地使用权出让和转让暂行条例》，规定国家按照所有权与使用权分离的原则，实行城镇国有土地使用权出让、转让制度，但地下资源、埋藏物和市政公用设施除外。

同日，国务院发布《外商投资开发经营成片土地暂行管理办法》。

5月23日，国务院批转国家体改委《在治理整顿中深化企业改革强化企业管理的意见》。

5月25日，中共中央印发《关于县以上党和国家机关党员领导干部民主生活会的若干规定》。

5月28日，国务院批转《1990年经济特区工作会议纪要》。

5月30日，中国土地使用制度改革理论研讨会在北京召开。

5月31日，国务院批转能源部、国家计委《关于改进现行电力分配办法的请示》。

6月2日，国家环保局在北京公布《1989年中国环境状况公报》，这是我国首次发布的环境状况公报。

6月3日，国务院公布《中华人民共和国乡村集体所有制企业条例》，自7月1日起施行。

6月5—9日，西南地区五省（区）七方第四届经济体制改革座谈会在贵州省安顺市召开。会议认为，当前面临着完善经营机制和逐步建立省级宏观调控机制的新机遇。

6月7日，国务院发布《关于修改〈征收教育费附加的暂行规定〉的决定》。

6月13—16日，中国社会科学院经济研究所、国家计委经济研究中心、浙江省社会科学院经济研究所、中共浙江省委党校理论研究所和《经济研究》编辑部在杭州联合召开治理整顿深化改革经济理论问题研讨会。

6月19日，江泽民出席中共中央政策研究室在北京召开的农村工作座谈会指出，我们要坚持把国内的工作搞好，保持稳定发展，首先就要抓好农业这个基础产业。农民问题始终是我国革命和建设的根本问题。农村稳定了，农民安居乐业了，也就从根本上保证了我们国家和社会全局的稳定。

6 月 19—27 日，江泽民先后考察了汕头、深圳、珠海三个经济特区和广州、惠州、东莞、中山、佛山、顺德等市、县。在考察期间，江泽民反复强调，坚持对外开放，必须始终坚持社会主义方向，坚持“两个文明”一起抓。在对外开放的形势下，我们一方面要引进、吸收国外先进的科学技术、管理经验和优秀文化；另一方面，要坚持社会主义的方向，抵制资本主义腐朽思想的侵蚀。

6 月 25 日，经国务院批准，商业部和河南省政府计划于 1990 年 9 月建立郑州粮食批发市场，主要进行省际间议价小麦的批发交易，以现货为主，允许签订远期合同，逐渐引向期货市场。

7 月 1 日，国家体改委企业体制司划给国家计委，作为国务院生产委员会的办事机构之一。根据国家机构编制委员会的决定将国家体改委企业体制司划给国家计委后，企业改革的职能，仍留在国家体改委，该司更名为“企业管理司”。

7 月 2 日，国务院下发《关于加强国有资产管理工作的通知》，要求在全国范围内有计划地开展清查资产、核实国家资金、摸清国有资产“家底”（简称清产核资）的工作。这次清产核资工作计划在“八五”期间进行。

7 月 3 日，李鹏会见以苏联部长会议国家经济改革委员会副主席阿谢克里托夫为团长的苏联经济改革代表团时指出，社会主义国家要根据自己的国情进行改革。中国进行改革始终注意坚持社会主义方向，实行计划经济和市场调节相结合的方针，发挥两者各自的长处。

7 月 4 日，物资部提出物资体制改革新设想，建立计划指导下的统一流通市场，根本改造计划内外物资“双轨制”现象。

7 月 7 日，中共中央作出《关于实行党和国家机关领导干部交流制度的决定》。

7 月 12 日，劳动部公布《工人考核条例》。

7 月 14 日，国务院办公厅转发建设部《关于进一步清理整顿房地产开发公司的意见》。

7 月 22 日，国家体改委召开推进国有大中型企业改革座谈会。

7 月 24 日，国务院发布《关于加强粮食购销工作的决定》。

7 月 30 日，国务院办公厅转发经贸部《关于地方对外经贸洽谈会归经贸部审批的意见》。

8 月 4—8 日，国家体改委在北京召开市场管理国际研讨会，中外与会代表交流了对发展市场体系、政府对市场的管理以及计划与市场相结合等方面问题的看法。

8 月 16 日，国务院下发《关于开展 1990 年税收、财务、物价大检查的通知》。

8 月 19 日，国务院发布《关于鼓励华侨和香港澳门同胞投资的规定》。

9 月 3 日，国务院批转邮电部《关于加强通信行业管理和认真整顿通信秩序请示的通知》。

9 月 10 日，国务院三个部门的负责人和上海市政府在上海宣布了开发、开放浦东新区的九项具体政策规定。包括《上海外资金融机构、中外合资金融机构管理办法》《鼓励外商投资浦东新区的若干规定》。

同日，全国税收征管工作会议在厦门召开。

9 月 11 日，国务院召开常务会议，决定建立国家专项储备粮制度。16 日，国务院做出《关于建立国家专项粮食储备制度的决定》。21日，国家专项粮食储备工作会议在武汉召开。

9月16日，中共中央、国务院作出《关于坚决制止乱收费、乱罚款和各种摊派的决定》。

同日，国务院作出关于建立国家专项粮食储备制度的决定。

9月18日，全国农村改革试验区粮食购销体制改革研讨会在南宁召开，介绍了广西玉林市和河南新乡市所作的这方面的试验。

10月10日，我国物资流通领域中第一家综合商社式企业集团——苏州综合物资集团公司成立。这是由物资部、国家体改委、国务院发展研究中心和江苏省政府联合确定在苏州进行的一项物资体制改革试点。

10月12日，郑州粮食批发市场正式开业。

10月15—16日，全国人大常委会召开国家体改委等有关部门主管立法的负责人工作会议，提出今后要抓紧制定保证改革的法律，如计划法、银行法、价格法、公司法等。

10月17日，国家科委等九部门联合发布《国家级重点新产品试制鉴定计划管理规定》。

10月19日，国家国有资产管理局、财政部、国家体改委、国务院生产委员会联合印发《关于加强承包经营责任制企业国有资产管理的试行办法》，并附《承包企业国有资产保值增值指标计算考核暂行办法》。

10月22日，国务院批转劳动部等部门《关于加强城镇集体所有制企业职工工资收入管理的意见》。

10月26日，国务院办公厅转发国务院机电设备进口办公室《关于中外合资合作经营企业进口自用轿车审批管理办法的请示》。

10月30日—11月3日，国家体改委与世界银行、联合国开发计划署共同在杭州召开中国 90 年代经济体制改革高级国际研讨会。来自世界银行、联合国开发计划署、美国、日本、英国、德国、南朝鲜、瑞典、孟加拉国的 16 位专家学者和中国有关部委、研究机构的 33 位代表参加了会议。

11 月 4 日，中共中央批转中央纪委《关于加强党风和廉政建设的意见》。

11 月 5—7 日，国家体改委国外体制司在北京召开计划与市场国际比较研讨会，围绕正确处理计划与市场关系，着重从总结中国和外国实践经验和推动改革深化的角度进行探讨、比较和分析。

11 月 7—10 日，国家体改委在北京召开全国部分省市体改委主任座谈会，主要讨论了“八五”期间经济体制改革的基本思路和主要任务，以及如何使计划经济与市场调节相结合的原则具体化。会议征求了对《今后 5—10 年经济体制改革基本设想》和 1991 年经济体制改革安排的意见。

11 月 10 日，国务院下发《关于打破地区间市场封锁进一步搞活商品流通的通知》。

11 月 10—15 日，国务院召开全国粮食工作会议，决定从 1990 年秋粮收购开始，将合同订购改为国家定购，交售国家定购粮作为农民应尽义务，必须保证完成。

11 月 16 日，国务院办公厅发出《关于采取有力措施迅速解决拖欠教师工资问题的通知》。

11 月 16—21 日，李鹏在陕西考察时指出，治理整顿取得阶段性成果，下一阶段要把重点放到企业，进一步深化改革，他强调，企业要继续实行承包经营责任制。

11 月 19 日，田纪云在全国外贸会议上提出把提高出口商品质量和经济效益作为工作重点，推行外贸企业自负盈亏、平等竞争机制。

11 月 20—23 日，中国经济体制改革研究会在成都市召开第二次企业承包座谈会，交流各地积极推进企业第二轮承包的做法和经验。

11 月 22 日，国务院发布《劳动就业服务企业管理规定》。

同日，国务院下发《关于加强利用国外贷款项目进口机电设备管理的通知》。

11 月 25 日—12 月 1 日，国务院召开的全国计划会议，讨论安排 1991 年国民经济发展和改革计划。

11 月 26 日，新中国成立以来在中国大陆开业的第一家证券交易所——上海证券交易所正式成立。12 月 19 日，上海证券交易所正式开业。

同日，深圳隆重举行庆祝经济特区建立十周年招待会。

11 月 26—28 日，全国部分城市服务社会化试点工作第二次交流会在武汉市召开，着重交流 4 个试点城市（沈阳、武汉、南京、黄石）的做法和经验。会议认为，服务社会化是经济体制改革的重要组成部分，并建议将服务社会化试点工作列入“八五”改革规划。

11 月 28 日，珠海市隆重庆祝经济特区成立十周年。

同日，国家机构编制委员会印发国家经济体制改革委员会“三定”调整方案。

11 月 30 日，国务院召开全国计划会议，会议提出前一阶段治理整顿的主要任务是压缩过大的社会需求，消除经济过热，抑制通货膨胀。下一阶段，要在继续坚持和改进总量控制的前提下，把工作的重点放在调整结构和提高经济效益方面，特别是放在提高企业经济效益上，努力促进国民经济逐步走上持续、稳定、协调发展的轨道。

12 月 1 日，中共中央、国务院下发《关于 1991 年农业和农村工作的通知》。

12 月 9 日，国务院印发《关于进一步改革和完善对外贸易体制若干问题的决定》。

12 月 12 日，国务院下发《关于在清理整顿公司中被撤并公司债权债务清理问题的通知》。

同日，国务院下发《关于设立全民所有制公司审批权限的通知》。

12 月 14 日，国务院办公厅转发经贸部等部门《关于外派劳务人员出国审批手续和办理护照的暂行办法》。

同日，全国劳动厅局长会议召开，提出积极推进劳动制度、工资制度、社会保险制度的配套改革。

12 月 18 日，国务院批准中国人民银行、国家外汇管理局、经贸部和中国银行联合制定的《出口收汇核销管理办法》。

12 月 20 日，全国物资工作会议在西安召开，提出深化物资体制改革的目标是发展计划指导下的生产资料市场，建立高效、通畅、可调控的物资流通体系。

12 月 24 日，邓小平同中央负责同志谈话时指出，我们必须从理论上搞懂，资本主义与社会主义的区别不在于是计划还是市场这样的问题。社会主义也有市场经济，资本主义也有计划控制。不要以为搞点市场经济就是资本主义道路。计划和市场都得要。

12 月 25—30 日，党的十三届七中全会在北京召开，审议通过《中共中央关于制定国民经济和社会发展十年规划和“八五”计划的建议》。

12 月 26 日，国务院办公厅发出《关于向社会公开发行股票的股份制试点问题的通知》，正式拉开股份制改革的帷幕。

1991 年

1 月 4 日，国务院公布《中华人民共和国土地管理法实施条例》。

1 月 11 日，国务院办公厅发出《关于加强经济体制改革协调工作的通知》，要求各部门的改革措施出台前要经国家体改委进行协调，国家计委等 6 个综合部委局分管改革工作的副职任国家体改委的兼职委员。

1 月 12 日，国务院下发《关于调整粮食购销政策有关问题的通知》。

1 月 18—23 日，全国农业工作会议在北京举行。会议提出发展多形式、多层次的服务，并逐步形成社会化服务体系。

1 月 28 日—2 月 18 日，邓小平在上海视察的过程中指出，不要以为，一说计划经济就是社会主义，一说市场经济就是资本主义，不是那么回事，两者都是手段，市场也可以为社会主义服务。

2 月 3 日，国务院批转财政部、经贸部《关于改革和完善外贸财务管理的若干意见》。

2 月 28 日，国务院办公厅给上海市政府复函，原则同意上海市的住房制度改革实施方案。具体内容是：推行公积金，提租发补贴，配房买债券，买房给优惠，建立房委会。

3 月 5 日，海关总署颁发《中华人民共和国海关对外商投资企业物资公司进口物资保税管理办法》。

3 月 6 日，国务院下发《关于批准国家高新技术产业开发区和有关政策规定的通知》，决定再选定武汉东湖新技术开发区等26个开发区作为国家高新技术产业开发区。

同日，财政部、中国人民银行发出《关于全面开放国债转让市场的通知》。

3月13日，国务院下发《关于加强外资企业重大项目审批工作的通知》。

3月19日，国务院生产委员会和国务院企业管理指导委员会联合下发《关于坚持和完善企业内部经济责任制的意见》。

同日，国务院办公厅发出《关于调整国务院住房制度改革领导小组组成人员的通知》，陈锦华任组长，领导小组的办事机构设在国家体改委。

3月23日，江泽民在七届全国人大第四次会议、全国政协七届四次会议党员负责同志会议上讲话指出，人民通过选举、投票行使权利和人民内部各方面在选举和投票之前进行充分协商，尽可能就共同性问题取得一致意见，是我国社会主义民主的两种重要形式。两种形式比一种形式好，更能真实体现社会主义社会人民当家作主的权利。

3月25日—4月9日，七届全国人大第四次会议在北京召开。李鹏代表国务院向大会作《关于国民经济和社会发展十年规划和第八个五年计划纲要的报告》，提出1991—2000年的发展总目标是：实现我国社会主义现代化建设的第二步战略目标，把国民经济的整体素质提高到一个新的水平。到本世纪末比1980年翻两番。会议还通过《中华人民共和国民事诉讼法》和《中华人民共和国外商投资企业所得税法》。

3月26日，国家国有资产管理局、财政部、国家工商局颁发

《企业国有资产所有权界定暂行规定》。

4月4日，国务院作出《关于调整粮油统销价格的决定》，从1991年5月1日起，调整粮油统销价格。

4月6日，国务院批复同意将汕头经济特区的范围扩大到汕头市区，总面积约234平方公里。

4月11日，中国人民银行批准成立深圳证券交易所。

4月16日，国务院公布《中华人民共和国固定资产投资方向调节税暂行条例》。

4月20日，以财政部与中国工商银行信托投资公司为主干的承购包销团签订《1991年国库券承销合同》。

4月22—25日，全国“863”计划工作会议在北京召开。

5月12日，国务院批复同意设立天津港保税区，面积为1.2平方公里。

5月15日，江泽民访问苏联。16日，中苏两国政府在莫斯科签署中苏东段边界协定。19日，《中苏联合公报》在莫斯科发表。

5月16日，国务院下发《关于进一步增强国营大中型企业活力的通知》。

同日，中苏两国签署《中苏国界东段协定》。1994年9月3日，中俄两国签署《中俄国界西段协定》。2004年10月14日，中俄两国签署《中俄国界东段补充协定》。至此，两国边界线走向全部确定。

5月18日，国家体改委印发《经济体制改革十年规划和“八五”纲要》，作为《国民经济和社会发展十年规划和第八个五年计划纲要》配套文件。

6月7日，国务院下发《关于继续积极稳妥地进行城镇住房制度改革的通知》。

6 月 26 日，国务院印发《关于企业职工养老保险制度改革的决定》。

6 月 29 日，七届全国人大常委会第二十次会议通过《中华人民共和国烟草专卖法》《中华人民共和国水土保持法》等。

7 月 1 日，庆祝中国共产党成立七十周年大会召开。江泽民发表讲话，阐述建设有中国特色社会主义的经济、政治、文化的基本特征和主要内容。

7 月 3 日，深圳证券交易所正式开业，实现股票的集中交易。

7 月 19 日，国务院下发《关于整顿商品交易秩序严格结算纪律的通知》。

7 月 24 日，国务院下发《关于发行 1991 年国家投资债券有关问题的通知》。

7 月 25 日，国务院发布《全民所有制企业招用农民合同制工人的规定》。

8 月 14 日，财政部、国家体改委印发《国营企业实行“税利分流、税后还贷、税后承包”的试点办法》。

8 月 31 日—9 月 4 日，国务院召开全国清理“三角债”工作会议。

9 月 9 日，国务院公布《中华人民共和国城镇集体所有制企业条例》，自 1992 年 1 月 1 日起施行。

9 月 23—27 日，中共中央工作会议在北京举行。李鹏受中共中央政治局委托在会上作题为《关于当前经济形势和进一步搞好国营大中型企业的问题》的讲话。

9 月 25 日，全国劳动制度改革工作会议在北京召开，提出“八五”期间劳动制度改革的重点是进行全员劳动合同制试点。

9月28日，我国第一家生产资料交易所——金鹏铜交易所在北京正式开业。

10月11日，中组部、人事部发布《全民所有制企业聘用制干部管理暂行规定》。

10月28日，国务院发出《关于进一步搞活农产品流通的通知》，要求进一步完善农产品放管结合的购销政策。

10月30日，七届全国人大常委会第二十二次会议通过决定，批准武汉、九江、芜湖港对外国籍船舶开放。

10月31日，汕头经济特区范围扩大至234平方公里正式实施。汕头经济特区管委会挂牌仪式隆重举行。

11月8日，中组部、人事部做出《全民所有制企业聘用干部管理暂行规定》，规定可以从工人中选拔聘用干部。

11月11日，全国粮食工作和粮食储备工作会议提出，加快粮食流通体制改革，建立健全社会主义粮食市场体系。

11月25—29日，党的十三届八中全会召开，通过《关于进一步加强农业和农村工作的决定》。

11月30日，上海首次发行1亿元面额、共100万股的人民币特种股票（B种股票）。

12月4—6日，国务院特区办在上海召开全国沿海开放城市经济技术开发区工作座谈会。

12月16日，海峡两岸关系协会在北京成立。这是一个以促进海峡两岸交往、实现祖国统一为宗旨的民间组织。汪道涵当选会长，荣毅仁任名誉会长。

12月18日，全国经贸工作会议在北京举行，讨论1992年的经贸工作部署，衔接1992年的进出口计划。

1992 年

1 月 6—10 日，国务院在北京召开全国经济体制改革工作会议。陈锦华作出《以转换企业经营机制为重点，进一步深化经济体制改革》的讲话。

1 月 7 日，国家体改委、财政部、中国人民银行、国家国有资产管理局联合发出《关于深圳市股份有限公司暂行规定的批复》。

1 月 11—15 日，国务院生产办、国家体改委、国家计委在北京联合举办大型企业集团试点研究班，推动大型试点企业集团的组建和发展。国务院关于选择 100 个左右大型企业集团进行试点的决定进入实施阶段，首批 55 个企业集团成为试点企业集团。

1 月 18 日—2 月 21 日，邓小平视察武昌、深圳、珠海、上海等地并发表谈话，明确回答长期困扰和束缚人们思想的许多重大认识问题。邓小平指出，坚持党的十一届三中全会以来的路线、方针、政策，关键是坚持“一个中心、两个基本点”，基本路线要管一百年；判断姓“社”姓“资”的标准，应该主要看是否有利于发展社会主义社会的生产力，是否有利于增强社会主义国家的综合国力，是否有利于提高人民的生活水平；要抓住时机，发展自己，发展才是硬道理。特别强调，计划多一点还是市场多一点，不是社会主义与资本主义的本质区别。社会主义的本质，是解放生产力，发展生产力，消灭剥削，消除两极分化，最终达到共同富裕。

2 月 25 日，七届全国人大常委会第二十四次会议通过《中华人民共和国领海及毗连区法》。

2 月 29 日—3 月 4 日，国家体改委和国务院生产办公室联合在深圳召开股份制企业试点工作座谈会。会议交流股份制企业试点工作的情况；研究股份制经营方式对转换企业经营机制的作用；修改《股份制企业组建和试点工作的规范意见》及配套的十项政策规定。

3 月 8 日，国务院发布《国家中长期科学技术发展纲领》，提出动员和吸引大部分科技力量投身于国民经济建设主战场。

3 月 9 日，国务院决定进一步对外开放黑龙江省黑河市、绥芬河市、吉林省珲春市和内蒙古自治区满洲里市四个边境城市，加强对周边国家经济技术交流与合作。

同日，国务院批准海南省吸收外商投资开发洋浦经济开发区，一次性出让 30 平方公里土地的使用权。

3 月 10—14 日，全国科技工作会议在北京举行，研究“八五”期间及 20 世纪 90 年代科技改革与发展的重大问题，提出总体工作部署，推出实施“攀登计划”。

3 月 20 日—4 月 3 日，七届全国人大第五次会议召开，通过《关于兴建长江三峡工程的决议》《中华人民共和国工会法》《中华人民共和国妇女权益保障法》。

3 月 25 日，国务院生产办印发《关于全民所有制工业企业实行关停并转若干问题的意见》，对关停并转的指导思想、基本原则、主要形式、适用条件、一般程序等作了原则规定。

4 月 18 日，国务院批转国家体改委、国务院生产办《关于股份制企业试点工作座谈会情况报告的通知》，指出在试点工作中要严格按国务院规定的审批制度办事。

4 月 28 日，国务院下发《关于深入开展企业扭亏增盈工作的通知》，要求所有企业，特别是国营大中型企业，都要深化改革，加快转换经营机制，强化企业管理，向质量、品种要效益，向节能降耗要效益，向技术进步要效益。

5 月 15 日，国家体改委、国家计委、财政部、中国人民银行、国务院生产办印发《股份制企业试点办法》，规定股份制企业是全部注册资本由全体股东共同出资，并以股份形式构成的企业。股份有限公司、有限责任公司的组建必须依据国家体改委颁发的《股份有限公司规范意见》和《有限责任公司规范意见》执行。

5 月 16 日，中央政治局会议通过《中共中央关于加快改革，扩大开放，力争经济更好更快地上一个新台阶的意见》，指出为保证和促进企业经营机制的转换，必须加快配套改革的步伐。

5 月 23 日，中国经营规模最大、销售额最高的上海市第一百货商店宣布改制为股份有限公司，并向社会公开发行股票。

5 月 28 日，我国第一家国家级金属交易所在上海开业。

6 月 9 日，江泽民在中央党校省部级干部进修班上作《深刻领会和全面落实邓小平同志的重要谈话精神，把经济建设和改革开放搞得更快更好》的重要讲话，主张我国经济体制改革的目标使用“社会主义市场经济体制”这一提法。

6 月 12 日，国家税务局、国家体改委印发《股份制试点企业有关税收问题的暂行规定》，要求股份制试点企业所得税的计税依据是应纳税所得额，包括来源于中国境内外的全部生产经营所得和其他所得。

6 月 15 日，国家计委、国家体改委印发《股份制试点企业宏观管理的暂行规定》，指出根据国家产业政策和以公有制为主体、允许和鼓励其他经济成分适当发展的方针，国家按照不同产业领域和不同经济类型，对股份制企业的组建和试点进行分类指导，实行不同的股权结构。

6 月 16 日，中共中央、国务院作出《关于加快发展第三产业的决定》，指出加快发展第三产业的目标是：争取用10年左右或更长一些时间，逐步建立起适合我国国情的社会主义统一市场体系、城乡社会化综合服务体系和社会保障体系。

6月20日，中共中央就加快改革开放和经济发展问题，举行党外人士情况通报会。

6月28日，国务院决定建立国务院证券管理办公会议制度，代表国务院行使对证券工作的日常管理职权。

6月29日，国家审计署、国家体改委印发《股份制试点企业审计暂行规定》，要求股份制试点企业，凡国有资产占控股地位的，均由有审计管辖权的审计机关对投资股份比例最大的单位进行审计监督；国有资产占参股地位的，根据需要或审计机关的要求，由该企业董事会委托经国家批准、确认的社会审计组织对该股份制试点企业进行审计查证，审计机关必要时可以直接对其进行审计监督。

7月9日，国家土地管理局、国家体改委印发《股份制试点企业土地资产管理暂行规定》，指出随着经济体制改革的深入发展，土地使用制度将逐步由划拨供应方式转变为有偿供应的资产化管理方式。改组或新设股份制企业时，涉及的国有土地使用权必须作价入股。

7月30日，国务院下发《关于进一步对外开放重庆等市的通知》，对5个沿长江城市，4个边境、沿海和11个内陆的省会（首府）城市，实行沿海开放城市政策。

8月3—7日，国务院经贸办和国家体改委联合召开全国转换企业经营机制工作会议。

8月22日，国务院批复同意设立昆山经济技术开发区，规划面积为 10 平方公里。

8 月 30 日，国务院下发《关于实施新国民经济核算体系方案的通知》，决定从 1992 年起在全国分两步实施新国民经济核算体系方案。

9 月 17 日，人事部、国家体改委印发《股份制试点企业人事管理暂行办法》。

9 月 27 日，国家国有资产管理局、国家体改委印发《股份制试点企业国有资产管理暂行规定》。

10 月 12 日，国务院证券委员会和中国证券监督管理委员会宣告成立，标志着中国证券市场统一监管体制开始形成。

第三章

党的十四大：建立社会主义市场经济体制目标（1992 年 10 月—2002 年 10 月）

▼

邓小平的南方谈话和党的“十四大”的决议，标志着中国改革开放进入新的发展阶段。1992 年初，邓小平视察中国南方武昌、深圳、珠海、上海等地，提出“计划和市场都是手段”的论断和“三个有利于”的判断标准，从理论上深刻阐述和概括，深化了对改革开放和建设中国特色社会主义的认识。1992 年 10 月，党的十四大召开，第一次明确提出改革的目标是“建立社会主义市场经济体制”。1993 年 11 月，党的十四届三中全会作出了《中共中央关于建立社会主义市场经济体制若干问题的决定》，提出了建立社会主义市场经济体制的总体规划和经济体制改革的行动纲领，其构成了社会主义市场经济体制的基本框架。在这个基本框架下，促进国有企业建立现代企业制度，不断推进财政、税收、金融、外贸、外汇、投资、价格、流通、住房和社会保障等一系列体制的改革，党中央还提出了“依法治国”和“科教兴国”战略，进行了力度较大的政府机构改革，行政体制改革也取得重要进展。社会主义市场经济体制改革目标的确立，把社会主义制度与市场经济结合起来，形成了具有中国特色的经济发展模式，为改革开放和社会主义现代化建设插上了腾飞的翅膀。

第一节　确立社会主义市场经济体制的改革目标

一、邓小平发表南方谈话

受东欧剧变与苏联解体等国际形势的影响，“左”的思想在我国国内开始抬头，否定改革开放的某些观点也开始出现，改革一度出现徘徊的局面。在这个重大历史关头，1992 年 1 月 18 日至 2 月 21 日，88 岁高龄的邓小平先后到武昌、深圳、珠海、上海等地视察。他一路走、一路看，发表了备受国内外关注的南方谈话。2 月 28 日，中共中央下发《关于传达学习邓小平同志重要谈话的通知》，向全党传达了邓小平的南方谈话。

邓小平指出，“革命是解放生产力，改革也是解放生产力。推翻帝国主义、封建主义、官僚资本主义的反动统治，使中国人民的生产力获得解放，这是革命，所以革命是解放生产力。社会主义基本制度确立以后，还要从根本上改变束缚生产力发展的经济体制，建立起充满生机和活力的社会主义经济体制，促进生产力的发展，这是改革，所以改革也是解放生产力。过去，只讲在社会主义条件下发展生产力，没有讲还要通过改革解放生产力，不完全。应该把解放生产力和发展生产力两个讲全了”[①]。

---

① 邓小平：《在武昌、深圳、珠海、上海等地的谈话要点》，《邓小平文选》（第三卷），北京：人民出版社，第 370 页。

口述改革

李灏：亲历 1992 年南方谈话

92 年，我还没请他（邓小平）呢，他来得特别早。春节刚过，他是二月份来的吧。其他年头请他都没来，到那年不请自来。所以这个背景很简单。

他上午本来是要休息的，我们安排好后，都去休息了。我们坐着聊天。突然得到消息，小平同志要出门，我赶快去部署。本来的安排是他上午休息的，下午才去看的嘛，所以车都是临时找的，他临时出门是没有列入计划的。一出门，他就问你那里经济发展怎么样？条件怎么样？我越说，他就越高兴、越放心。一路上他的情绪都是很好的。

汽车第一排坐了两个人。第二排是他和我。第三排是他的太太还有另外一个人。再后头就只有几个随员了。汇报的是我，听他讲话记录的也是我。我们确实不叫汇报。我们在那个国贸大厦，得知来这里休息喝茶，大家就围着前后坐。还有人站着。那时，他稍微讲得多一点，四个改革都是在车上讲的。

他不是讲了嘛，姓“社”不姓“资”嘛，你搞得那么快我没想到啊。他都讲了，情绪高涨得不得了。

——口述者系深圳市委原书记

资料来源：中国（海南）改革发展研究院“口述改革历史”访谈。

邓小平的南方谈话，精辟地分析了国际国内形势，对党的十一届三中全会以来改革开放和现代化建设的基本实践和基本经验进行了科学总结，从理论上深刻回答了长期困扰和束缚人们思想的许多重大认识问题，进一步阐明了改革开放的重大意义，阐述了建立社会主义市场经济理论的基本原则，对中国 20 世纪 90 年代的经济改革与社会进步起到了关键的推动作用，掀起了改革开放的新高潮。

口述改革

陈锡添：抓住机会发表《东方风来满眼春》

听了他一段讲话，就觉得他谈话太重要，破解了当时社会上的种种难题。姓“社”、姓“资”的问题解决了，改革开放的问题解决了。他要求大家要敢闯、敢试，没有一种敢闯敢试的精神，就走不出一条新路，干不出新的事业。他鼓励大家要敢闯，一个中心、两个基本点，基本路线要100年不动摇，姓社姓资不要争论，资本主义的东西可以用。这些话，谁敢讲？我就觉得这太重要了。高瞻远瞩，指导性强，针对性强。他不是无的放矢的，都是针对当时社会上存在的问题去讲的。我不报道，就太遗憾了，所以我坚持了采访。后来有机会了，我又坚持报道出去。

——口述者系《深圳特区报》原总编辑

资料来源：中国（海南）改革发展研究院“口述改革历史”访谈。

二、党的十四大确立建立社会主义市场经济体制改革目标

1992年10月12日至18日，中国共产党第十四次全国代表大会在北京召开。参加这次大会的正式代表1989人，特邀代表46人，代表全国5100万名党员。

江泽民代表第十三届中央委员会向大会作了题为《加快改革开放和现代化建设步伐，夺取有中国特色社会主义事业的更大胜利》的报告。报告明确指出，我国经济体制改革的目标是建立社会主义

市场经济体制。

党的十四大作出了三项具有深远意义的决策。第一，确定中国共产党在社会主义初级阶段的基本路线不动摇，抓住机遇，加快发展。十四大还对加快经济发展作出了战略部署，提出了必须努力实现的十个方面关系全局的主要任务。第二，确立了我国建立社会主义市场经济体制改革的目标。在党的历史上第一次明确提出了建立社会主义市场经济体制的目标模式。把社会主义基本制度和市场经济结合起来，建立社会主义市场经济体制，这是我们党的一个伟大创举，是我们党和理论界对改革开放和建设中国特色社会主义认识深化的结果。第三，科学地概括了邓小平建设有中国特色社会主义理论，确立了邓小平建设有中国特色社会主义理论在全党的指导地位。

口述改革

陈锦华：提交计划和市场理论及实践的材料

1990年8月，我走马担任国家体改委主任兼党组书记，面对舆论界令人困惑的声音，我们决定认真研究一下国内外关于计划与市场的实践问题。我找来国家体改委专职委员杨启先和国外经济司副司长江春泽，请他们分别整理出一套国内国际关于计划和市场理论及实践材料。到9月，材料就整理出来了，标题为《外国关于计划经济与市场问题的争论和实践以及对中国的计划与市场关系的评论》。我将这个材料直接送给了江泽民和李鹏。江泽民很快打来电话，告诉我他把材料仔细阅读了两遍，认为这是一个很好的材料，已经批示给中央其他领导人参阅。李鹏也指示将这份材料作为党的十三届七中全会文件起草小组的参考材料。

——口述者系原国家体改委主任

资料来源：中国（海南）改革发展研究院“口述改革历史”访谈。

三、党的十四届三中全会召开与社会主义市场经济体制基本框架的确立

1993 年 11 月 11—14 日，党的第十四届中央委员会第三次全体会议召开。全会审议并通过了《中共中央关于建立社会主义市场经济体制若干问题的决定》(以下简称《决定》)，提出以邓小平同志 1992 年初重要谈话和党的十四大为标志，我国改革开放和现代化建设事业进入了一个新的发展阶段。十四大明确提出的建立社会主义市场经济体制，是建设有中国特色社会主义理论的重要组成部分，对于我国现代化建设事业具有重大而深远的意义。在本世纪末初步建立起新的经济体制，是全党和全国各族人民在新时期的伟大历史任务[①]。

《决定》指出，“建立社会主义市场经济体制，就是要使市场在国家宏观调控下对资源配置起基础性作用。为实现这个目标，必须坚持以公有制为主体、多种经济成分共同发展的方针，进一步转换国有企业经营机制，建立适应市场经济要求，产权清晰、权责明确、政企分开、管理科学的现代企业制度；建立全国统一开放的市场体系，实现城乡市场紧密结合，国内市场与国际市场相互衔接，促进资源的优化配置；转变政府管理经济的职能，建立以间接手段为主的完善的宏观调控体系，保证国民经济的健康运行；建立以按劳分配为主体，效率优先、兼顾公平的收入分配制度，鼓励一部分地区、一部分人先富起来，走共同富裕的道路；建立多层次的社

① 《中共中央关于建立社会主义市场经济体制若干问题的决定》，北京：人民出版社，1993 年版，第 2 页。

会保障制度，为城乡居民提供同我国国情相适应的社会保障，促进经济发展和社会稳定。这些主要环节是相互联系和相互制约的有机整体，构成了社会主义市场经济体制的基本框架”[①]。《决定》把党的十四大确定的经济体制改革的目标和基本原则加以系统化、具体化，是我国建立社会主义市场经济体制的总体规划，是20世纪90年代我国进行经济体制改革的行动纲领。

口述改革

王梦奎：十四届三中全会《决定》起草的回忆

十四届三中全会是11月11—14日举行的。我作为中央候补委员出席了这次全会。在全会上，起草组根据分组讨论的意见又对《决定》草案作了近百处修改。如果考虑到在征求意见的过程中，中央委员和候补委员已经在自己所在的地区或部门发表过意见，许多意见已经被提交全会的《决定》稿吸收，近百处修改还是不算少的。经这样的修改后，又将改样返还各组讨论，根据讨论意见又作了少量修改，经中央政治局决定，提交全会表决。结果是全票通过，全场响起热烈掌声。

——口述者系国务院发展研究中心原主任

资料来源：王梦奎：《社会主义市场经济体制的第一个总体设计——十四届三中全会〈决定〉起草的回忆》，《中国发展观察》，2008年07期。

① 《中共中央关于建立社会主义市场经济体制若干问题的决定》，北京：人民出版社，1993年版，第3页。

口述改革

陆百甫：回忆十四届三中全会《决定》起草组工作

当时起草的时候有个分工，分工为七个组，七个组要完成十个题目，这个就是改革设计的理论框架意见。这十个题目是江泽民同志第一次会议上作报告以后，经过讨论确定的。第一个题目就是总论，就是整个框架性的，就是改革总方向、总目标。第二个题目是社会主义现代企业制度。第三个题目是培育与建立市场体系，这个就是（高）尚全、张卓元、郑新立三位同志负责的。第四个题目就是建立与健全宏观调控体系，是桂世镛、傅丰祥、傅芝邨、赵海宽他们几个综合部门来负责的。第五个题目是建立和完善社会保障体系，就是体改委王仕元、曾国祥他们搞。第六个题目就是深化农村经济体制改革。第七个题目就是对外经济体制改革，由周小川、张松涛负责，他们是中央财经领导小组办公室和原来外贸部的。第八个题目是所有制结构，也由王仕元、曾国祥来搞。第九个题目，是加强法治体系建设，由孙琬钟来负责。最后，加强和改善党的领导。第一部分总论就是由综合组王梦奎、我和李剑阁负责。第十部分，加强和改善党的领导也由我们负责，我们三人要负责两个部分起草任务。当时分工的时候，就是这么一个分工。

在这个基础上，起草组还有个统稿组来最后把关。所以这个统稿组特别关键，这部分怎么样，内容怎么样，哪个可以，哪个不合适……都是统稿组来审。负责起草决定的框架提纲也是统稿组来决定，对十大题目草稿的理论观点、政策内涵以及行文的把关都由统稿组负责。所以统稿组的责任和工作强度很大。统稿组一共有七个成员，负责人是中央政策研究室主任王维澄。其他六个人就是我们综合组的三个：王梦奎、我、李剑阁，另外还有三位就是刘国光、桂世镛和王仕元。

——口述者系国务院发展研究中心原副主任

资料来源：中国（海南）改革发展研究院“口述改革历史”访谈。

四、确立社会主义初级阶段的基本经济制度和分配制度

从新中国成立到1978年，以全民所有制和集体所有制为制度基础，我国快速实现了工业化，工农业生产能力有了大幅提高，为社会主义事业奠定了坚实的物质基础。党的十一届六中全会指出，“社会主义生产关系的发展并不存在一套固定的模式，我们的任务是要根据我国生产力发展的要求，在每一个阶段上创造出与之相适应和便于继续前进的生产关系的具体形式”①。

（一）坚持以公有制为主体、多种经济成分共同发展的方针

《关于建立社会主义市场经济体制若干问题的决定》明确强调必须坚持“以公有制为主体、多种经济成分共同发展的方针”。对非公有制经济和公有制经济的关系的表述是“鼓励个体、私营、外资经济发展”、“多种经济成分共同发展”，指出财产混合所有的经济单位的增多，将会形成一种“新的财产所有结构”，这就预示了混合所有制经济将会成为我国的一种经济成分。

1995年9月，江泽民在党的十四届五中全会上的讲话中，论述了社会主义现代化建设中要正确处理的十二个重大关系，其中就包括了如何处理好公有制经济与其他经济成分的关系问题。他强调以公有制经济为主体、多种经济成分共同发展，是我们必须长期坚持的方针。公有制经济的主体地位是不可动摇、不可改变的，但是

---

①《关于建国以来党的若干历史问题的决议》，载中共中央文献研究室编：《改革开放三十年重要文献选编》（上），北京：中央文献出版社，2008年版，第213页。

具体到个别地区的实际情况，有的地方、有的产业可以有所差别；在积极促进公有制经济发展的同时，要允许和鼓励非公有制经济的发展，使这些经济成分成为社会主义经济的必要补充；国家对不同所有制企业要一视同仁，为各种所有制经济创造良好的环境和条件，使它们平等参与市场竞争。

（二）坚持和完善公有制为主体、多种所有制经济共同发展的基本经济制度

1997 年 9 月，中国共产党召开第十五次全国代表大会。大会报告再次强调，要坚持和完善“公有制为主体、多种所有制经济共同发展的基本经济制度”，并指出，“这一制度的确立，是由社会主义性质和初级阶段国情决定的”。

报告第一次使用了“基本经济制度”的概念，而且宣布了这个基本经济制度的确立，并把我国社会主义初级阶段的基本经济制度提高到党在社会主义初级阶段基本纲领的组成部分的高度。

报告指出，公有制的主体地位主要体现在三个方面：一是公有资产在社会总资产中占优势；二是国有经济控制国民经济命脉；三是国有经济对经济发展起主导作用。这种主导作用，主要体现在控制力上。报告肯定了：非公有制经济是我国社会主义市场经济的重要组成部分，对于促进国民经济的发展有重要作用，要继续鼓励、引导，使之健康发展。①

---

① 江泽民：《高举邓小平理论伟大旗帜 把建设有中国特色社会主义事业全面推向二十一世纪——在中国共产党第十五次全国代表大会上的报告》，北京：人民出版社，1997 年版，第 23–24 页。

第二节　确定党在社会主义初级阶段的基本纲领和新三步走战略

一、确定党在社会主义初级阶段的基本纲领

1997 年 2 月 19 日，改革开放和现代化建设的总设计师邓小平逝世。全世界都在关注，中国共产党能否沿着邓小平开辟的中国特色社会主义道路继续走下去。

1997 年 5 月，江泽民在中央党校省部级干部进修班毕业典礼上，阐述了党中央研究确定的党的十五大报告稿的几个主要问题，强调在跨越世纪的新征途上，要高举邓小平建设有中国特色社会主义理论的伟大旗帜，并用这个理论来指导党和国家整个事业和各项工作，无论遇到什么困难、什么风险，都不动摇。

党的十五大首次使用“邓小平理论”这一概念，高度评价了邓小平理论的历史地位和指导作用，将其确立为党的指导思想。大会强调，坚持党的十一届三中全会以来的路线不动摇，就是高举邓小平理论的旗帜不动摇。“在社会主义改革开放和现代化建设的新时期，在跨越世纪的新征途上，一定要高举邓小平理论的伟大旗帜，用邓小平理论来指导我们整个事业和各项工作。这是党从历史和现实中得出的不可动摇的结论。”①

① 江泽民：《高举邓小平理论伟大旗帜 把建设有中国特色社会主义事业全面推向二十一世纪——在中国共产党第十五次全国代表大会上的报告》，北京：人民出版社，1997 年版，第 9 页。

二、规划“新三步走”战略

1995 年，我国国民生产总值达到 5.77 万亿元，提前五年实现原定 2000 年国民生产总值比 1980 年翻两番的目标。党的十四届五中全会通过《中共中央关于制定国民经济和社会发展“九五”计划和 2010 年远景目标的建议》，对 20 世纪末实现小康的战略目标进行了调整，将“九五”期间主要奋斗目标确定为“全面完成现代化建设的第二步战略部署，实现人均国民生产总值比 1980 年翻两番；基本消除贫困现象，人民生活达到小康水平；加快现代企业制度建设，初步建立社会主义市场经济体制”[①]。

党的十五大在我国经济发展“三步走”战略的第二步目标即将实现之际，提出了新的“三步走”发展战略，即“下世纪第一个十年实现国民生产总值比 2000 年翻一番，使人民的小康生活更加宽裕，形成比较完善的社会主义市场经济体制；再经过十年的努力，到中国共产党成立一百年时，使国民经济更加发展，各项制度更加完善；到下世纪中叶中华人民共和国成立一百年时，基本实现现代化，建成富强、民主、文明的社会主义国家”[②]。

“新三步走”发展战略不仅为我国进入 21 世纪后如何实现快速健康发展勾画出一幅比较清晰的蓝图，而且也为后来全面建设小康

---

① 《中共中央关于制定国民经济和社会发展“九五”计划和 2010 年远景目标的建议》，载中共中央文献研究室编：《改革开放三十年重要文献选编》（上），北京：中央文献出版社，2008 年版，第 833 页。

② 江泽民：《高举邓小平理论伟大旗帜 把建设有中国特色社会主义事业全面推向二十一世纪——在中国共产党第十五次全国代表大会上的报告》，北京：人民出版社，1997 年版，第 4 页。

社会的构想提供了依据，并在实践中丰富和发展了邓小平“三步走”发展战略中第三步的战略构想。

第三节　建立现代金融体系

随着我国经济体制改革的逐步深入，金融改革拉开新一轮的帷幕，金融体制改革的方向和目标更加明确：建立政策性金融与商业性金融分离，以国有商业银行为主体、多种金融机构并存的金融组织体系，建立统一开放、有序竞争、严格管理的金融市场体系。

一、出台《关于金融体制改革的决定》

1993 年 12 月 25 日，国务院出台《关于金融体制改革的决定》（以下简称《决定》）。《决定》指出，深化金融体制改革，首要的任务是把中国人民银行办成真正的中央银行。中国人民银行的主要职能是：制定和实施货币政策，保持货币的稳定；对金融机构实行严格的监管，保证金融体系安全、有效地运行。建立政策性银行的目的是：实现政策性金融和商业性金融分离，以解决国有专业银行身兼二任的问题；割断政策性贷款与基础货币的直接联系，确保中国人民银行调控基础货币的主动权。①

《决定》强调，要组建国家开发银行，管辖中国人民建设银行

① 《国务院关于金融体制改革的决定》，《中华人民共和国国务院公报》，1993 年 31 期。

和国家投资机构；组建中国农业发展银行，承担国家粮棉油储备和农副产品合同收购、农业开发等业务中的政策性贷款，代理财政支农资金的拨付及监督使用；组建中国进出口信贷银行。[①]

《决定》还强调，在政策性业务分离出去之后，现国家各专业银行（中国工商银行、中国农业银行、中国银行和中国人民建设银行）要尽快转变为国有商业银行，按现代商业银行经营机制运行。第一，贯彻执行自主经营、自担风险、自负盈亏、自我约束的经营原则；第二，国有商业银行总行要强化集中管理，提高统一调度资金的能力，全行统一核算，分行之间不允许有市场交易行为；第三，一般只允许总行从中央银行融资，总行对本行资产的流动性及支付能力负全部责任；第四，国有商业银行中的国有资产产权按国家国有资产管理的有关法规管理。[②]

二、建立市场导向的金融宏观调控体系

（一）《中华人民共和国中国人民银行法》出台

1995 年被称为我国的“金融立法年”。全国人大及其常委会先后颁布了“五法一决定”，即《中华人民共和国中国人民银行法》（以下简称《银行法》）、《中华人民共和国商业银行法》《中华人民共和国担保法》《中华人民共和国票据法》《中华人民共和国保险法》《全国人民代表大会常务委员会关于惩治破坏金融秩序犯罪的决定》。

① 《国务院关于金融体制改革的决定》，《中华人民共和国国务院公报》，1993 年 31 期。
② 《国务院关于金融体制改革的决定》，《中华人民共和国国务院公报》，1993 年 31 期。

其中,《银行法》是我国第一部由全国人大颁布的金融法律，于 1995 年 3 月 18 日，第八届全国人民代表大会第三次会议通过。《银行法》规定，中国人民银行是中华人民共和国的中央银行。中国人民银行在国务院的领导下，制定和执行货币政策，防范和化解金融风险，维护金融稳定。该法将中国人民银行作为中央银行的职能和责任以法律的形式固定下来。这是新中国成立以来的第一部金融大法，它的颁布和实施标志着我国金融事业步入了法制化、规范化的轨道。[①]

（二）《中华人民共和国证券法》颁布

1998 年底通过的《中华人民共和国证券法》(以下简称《证券法》)是我国第一部由全国人大组织专家起草，然后提交全国人大常委会审议通过的证券法律。七届人大会议提出，要参照国外立法的经验，根据我国证券市场发展的实际情况，制定较为完善的《证券法》，以规范证券市场的操作和发展。

《证券法》的起草经历了艰难的过程。从 1992 年 8 月开始起草，到 1998 年 12 月出台，历经 6 年多的时间，到实施之日，整整花了 7 年。1992 年 8 月，以厉以宁为组长的《证券法》起草小组正式成立。1993 年 8 月,《证券法（草案）》完成。1998 年 12 月 29 日，在第九届全国人民代表大会常委会第六次会议上,《证券法》以 135 票赞成、0 票反对、3 票弃权的高票获得通过，并规定自 1999 年 7 月 1 日起正式施行。

① 《中华人民共和国中国人民银行法》,《中华人民共和国国务院公报》，2004 年 07 期。

《证券法》分12章214条，对证券发行、交易、上市公司收购、证券交易所、证券公司、登记结算机构、交易服务机构、证券业协会、国务院证券监督管理机构和法律责任作了一系列规定。证券的发行和交易实行公平、公开、公正的原则以及自愿、有偿、诚实信用的原则；证券业与银行、信托、保险分业经营，证券自营与代理分开经营；禁止欺诈、内幕交易和操纵市场行为。《证券法》的出台，既标志着证券市场集中统一的监管体制建立，也标志着证券市场法制化建设步入新阶段。

（三）《中华人民共和国保险法》颁布

1995年6月30日，第八届全国人民代表大会常务委员会第十四次会议通过了《中华人民共和国保险法》(以下简称《保险法》)。《保险法》的颁布实施，对于规范保险活动、保护当事人的合法权益、加强保险业的监管、促进保险业的健康发展，起到了十分重要的作用。随着保险业发展的外部环境和内部结构等客观形式的深刻变化，《保险法》的一些不足逐渐显露出来，如个别条文与中国加入世贸组织的承诺不符，一些条文已不适应加强保险业监管、加快保险业改革和发展的要求。2002年10月28日，第九届全国人民代表大会常务委员会第三十次会议通过了《关于修改〈中华人民共和国保险法〉的决定》。这次修订是《保险法》自1995年颁布实施以来的第一次修订，是保险市场发展和进一步改革开放的必然要求，是中国保险法制建设向前迈进的重要一步。

（四）中国证监会成立

党的十四大之后，实行股份制成为当时国有企业改革的方向，更多的国有企业积极进行股份制改造并开始在资本市场发行上市。但由于市场缺乏有效的监管，给股票发售也带来了一些问题，特别是 1992 年发生在深圳的“8 · 10”股票发售事件所带来的经济问题和社会问题。导致国家于 1992 年 8 月 10 日之后在长达一年的时间里停止了新股发行工作。中央以及相关部委在总结中认识到，股票市场专业性很强，其中的技术问题没解决好，会带来政治问题和社会问题。当证券市场的影响迅速扩大到全国时，上海和深圳已经不能承担相应的监管责任了。

1992 年 10 月，国务院证券委员会（以下简称国务院证券委）和中国证券监督管理委员会（以下简称证监会）宣告成立。证监会成立后，先后出台了《股票发行与交易管理暂行条例》《公开发行股票公司信息披露实施细则》《禁止证券欺诈行为暂行办法》《关于严禁操纵证券市场行为的通知》等一系列法规和政策。证监会的成立，标志着我国证券市场统一监管体制开始形成，资本市场法规体系初步形成，资本市场开始逐步纳入全国统一监管框架并走上规范化轨道。

口述改革

傅丰祥：中国证监会成立

（证监会成立时）没有经验，当然我们在国外也考察过了，但是毕竟还不是直接的经验。所以当时就请了一些专家座谈讨论开办事宜，包括股票怎么发，包括我们这个证监会底下的部门怎么设，也是参考了包括美国在内的一些国家和地区的经验。基本上后来这个架子没有大的变动，毕竟人家干了几十年甚至上百年了。

当时我们跟一般的企业、一般的政府部门不太一样，办事的效率也很高，层次也比较简单。当时主席就是刘鸿儒跟我两个人嘛，而且我跟刘鸿儒商量副主席尽量不要搞那么多，真正要干事的，还有我们尽量不要搞那么多人。当时证监会的待遇高，那时候比一般的机关要高差不多一倍了。当时还没收入，靠交易所，你每一笔交易里面，它当时规定是交易量的1.5‰，然后再分，三分之一给交易所，三分之一给证券公司，还有不到三分之一给证监部门。当时我们还抓了法律法规的建立，专门抽出一个小组来起草证券交易法。内部我们也建立法规，（建立）证监会工作人员守则，我们从一开始就抓。因为你是一个监督管理机构，本身是有权的，但是你不能滥用这个权。因此对工作人员制定了很细的法规，这个起了很大的作用。

——口述者系中国证监会原副主席

资料来源：中国（海南）改革发展研究院“口述改革历史”访谈。

（五）中国人民银行实行跨省分行体制

1998年11月15日，党中央、国务院作出决定，对中国人民银行管理体制实行改革，撤销省级分行，跨省（自治区、直辖市）设置九家分行。

12月26日，中国人民银行发布《关于管理体制改革的公告》（以下简称《公告》）。《公告》指出，撤销中国人民银行各省、自治区、直辖市分行，在全国设立九家跨省、自治区、直辖市分行，作为中国人民银行的派出机构。撤销中国人民银行北京市分行、中国人民银行重庆市分行，分别设立中国人民银行营业管理部、中国人民银行重庆营业管理部。“在不设中国人民银行分行的省、自治区人民政府所在地的城市，共设立20个金融监管办事处，作为中国人民银行分行的派出机构。”原中国人民银行深圳经济特区、大连市、宁波市、厦门市、青岛市分行更名为中国人民银行深圳市中心支行、中国人民银行大连市中心支行、中国人民银行宁波市中心支行、中国人民银行厦门市中心支行、中国人民银行青岛市中心支行，其职责不变。

此前，我国第一家跨行政区的中国人民银行上海分行于 1998 年 11 月 18 日正式挂牌成立。12 月 20 日之前，其余八家跨省区分行也先后挂牌成立。

对中国人民银行的管理体制实行改革，撤销省级分行，设立跨省、自治区、直辖市分行，是党中央、国务院深化金融改革的一项战略性决策，是我国金融体制的一项重大改革，对于建立现代金融体制具有深远的历史意义。有利于增强中央银行对金融机构监管的独立性，以及增强货币政策的权威性。

（六）中国保监会成立

改革开放以来，我国保险业快速发展，保费收入从恢复国内保险业务当年的 4.6 亿元增加到 1997 年的 1087.36 亿多元，1997 年保险费收入已占国民收入的 1.45%。保险赔付从恢复国内保险业务当年的几百万元增加到 1997 年的 452 亿元。[①] 保险在促进改革、保障经济、稳定社会、造福人民方面发挥着越来越重要的作用。加大保险业监管，促使保险业健康发展被提上日程。

在此背景下，1998 年 11 月 18 日，中国保险监督管理委员会（以下简称中国保监会）成立。中国保监会为国务院直属事业单位，是全国商业保险的主管机关，根据国务院授权履行行政管理职

① 《我国保险事业发展的里程碑——热烈庆祝中国保险监督管理委员会成立》，《保险研究》，1998 年 12 期。

责，依照法律、法规统一监督管理保险市场。主要任务是：拟定有关商业保险的政策法规和行业规划；依法对保险企业的经营活动进行监督管理和业务指导，依法查处保险企业违法违规行为，保护被保险人的利益；维护保险市场秩序，培育和发展保险市场，完善保险市场体系，推进保险改革，促进保险企业公平竞争；建立保险业风险评价与预警系统，防范和化解保险业风险，促进保险企业稳健经营与业务的健康发展。

三、实行商业银行和政策金融分离

（一）组建政策性银行

1978—1994年，国家的政策性业务主要由中国工商银行、中国农业银行、中国银行和中国人民建设银行承担。

1993年12月25日，国务院发布《关于金融体制改革的决定》及其他相关文件，提出深化金融改革，将工、农、中、建四大行建设成国有大型商业银行。为此，从四大行中剥离出政策性业务，组建了专门承担政策性业务的专业银行，即政策性银行。该文件成为政策性银行筹建的主要法律文件，从此，工、农、中、建四大行由专业银行转型为国有商业银行，不再承担政策性金融业务。

1994年3月17日，国家开发银行在北京成立，注册资本为500亿元，主要承担国内开发型政策性金融业务。1994年7月1日，中国进出口银行在北京成立，注册资本为33亿元，主要承担大型机电设备进出口融资业务。1994年11月8日，中国农业发展银行在北京成立，注册资本为200亿元，主要承担农业政策性扶植业务。

（二）《中华人民共和国商业银行法》通过

1995 年 5 月 10 日，第八届全国人民代表大会常委会第十三次会议审议通过了《中华人民共和国商业银行法》（以下简称《商业银行法》）。《商业银行法》是为了保护商业银行、存款人和其他客户的合法权益，规范商业银行的行为，提高信贷资产质量，加强监督管理，保障商业银行的稳健运行，维护金融秩序，促进社会主义市场经济的发展而制定的法律。这部法律总结了新中国成立以来特别是金融体制改革以来，我国商业银行改革的实践经验，根据建立社会主义市场经济体制下的商业银行体系的需要，创造性地借鉴并吸收了各国商业银行立法的成功经验和做法。这是继《中华人民共和国中国人民银行法》颁布以后，我国金融体制改革和法制建设的又一座里程碑，标志着我国商业银行的发展和监管开始步入法制化、规范化的轨道，为我国商业银行向现代化商业银行迈进明确了方向。

（三）组建四大资产管理公司

1999 年，国务院决定在四大国有商业银行中分别成立资产管理公司，由建设银行率先进行信贷资产重组试点。这项决策是国家在借鉴国际经验的基础上，根据国内银行的实际情况作出的。由“工、农、中、建”四家银行分别成立资产管理公司，对不良信贷资产进行剥离，实施重组拍卖。为慎重起见，先由在各方面基础较好的建行于 1999 年 1 月 1 日开始试点，其他三家银行于 1999 年底陆续展开。

1999年4月20日，我国第一家经营商业银行不良资产的公司——信达资产管理公司成立。组建资产管理公司，剥离、处置银行不良资产，是中共中央、国务院为防范和化解金融风险，深化金融体制改革，促进国有企业脱贫解困和转换经营机制，实现国民经济稳定健康运行而采取的重大战略决策。

由政府组织建立一个债务托管机构，对国有银行接管企业的不良债务，通过银行、政府、企业、托管机构等多方化解不良债务。托管机构或者将债权转为股权出售，或者直接出售债权，或者推进企业兼并和合并，促成有不良债务的企业的产权流动和企业重组；托管机构对一部分企业实行破产清算或拍卖其部分资产，收回部分资金，并对新型银企关系作出制度性安排，防止新的不良债务形成。

改革开放多年的实践证明，采用金融资产管理公司方式处置国有银行的不良资产，对化解金融风险、支持国有商业银行的改革与发展起到了重要推动作用，“政策性收购，市场化处置”的策略是完全可取的。

四、外汇管理体制改革

（一）实行汇率并轨

党的十一届三中全会以后，我国的汇率体制从单一汇率制转为双重汇率制，经历了官方汇率与贸易外汇内部结算价并存、官方汇率与外汇调剂价格并存两个汇率双轨制时期。1994年以前，人民币汇率由国家实行严格的管理和控制。

1993年12月，国务院正式发布了《关于进一步改革外汇管理体制的通知》，提出：实现人民币官方汇率和外汇调剂价格并轨。1994 年 1 月 1 日，人民币官方汇率与外汇调剂价格正式并轨，我国开始实行以市场供求为基础的、单一的、有管理的浮动汇率制。4 月 4 日，银行间外汇市场正式运营，各外汇指定银行依照中国人民银行公布的汇率，在规定的上下幅度内决定挂牌汇率，对客户买卖外汇。

这时期人民币汇率有以下几个特点：一是人民币汇率不再由官方直接制定，而是由外汇指定银行自行确定和调整；二是由外汇指定银行制定出的汇率是以市场供求为基础，并以此形成了统一的汇率；三是亚洲货币危机后人民币汇率处于超稳定状态，并单一盯住美元。

（二）外汇券正式退出历史舞台

1994 年 11 月 21 日，中国人民银行正式发布了《关于外汇兑换券停止流通和限期兑换的公告》（以下简称《公告》）。《公告》指出，“自 1994 年 1 月 1 日改革外汇管理体制以来，我国已停止发行外汇兑换券，已发行的外汇兑换券也在流通中逐步兑回，目前只有少量外汇兑换券在市场流通，已有条件按原定计划完成此项改革，以便在境内机构和境外来华人员结算、支付中统一使用人民币。……在 1994 年 12 月 31 日之前，外汇兑换券仍可以流通使用，或按本公告的规定兑换成外汇或人民币”[①]。

1995 年 1 月 1 日，外汇兑换券在中国市场上正式停止流通。

---

① 《中国人民银行关于外汇兑换券停止流通和限期兑换的公告》，《中华人民共和国国务院公报》，1994 年 28 期。

至此，流通了15年的外汇券正式退出了历史舞台，完成了它长达15年的特殊时期的历史使命。此前，国内在改革开放初期禁止外币流通，为了便于外国人和华侨在国内购买物品和支付费用，国务院于1980年4月1日授权中国银行正式发行了1979年版“中国银行外汇兑换券”，简称“外汇券”，它是外国人、华侨和港澳台同胞等在境内用外币兑换后使用的人民币等值券。外汇券从产生到退出历史舞台，反映了中国外汇管理体制的变革和发展，记录了中国金融市场管理观念的日渐成熟，见证了中国商品市场的供求变化历程。

（三）人民币实现经常项目可兑换

1996年，随着国内经济“软着陆”逐步取得成效，国际收支形势较好，我国抓住有利时机，进一步推进了外汇体制改革进程。1996年7月1日，外商投资企业的经常项目外汇收支纳入银行结售汇体系；居民因私兑换外汇的标准提高到每人每次可兑换2000美元；居民出境定居，其离退休金、退职金及抚恤金可全部兑换外汇；出入境展览、招商等非贸易经常性用汇的限制也被取消。1996年12月1日，我国宣布实现人民币经常项目可兑换。

五、应对亚洲金融危机

1997年7月2日，泰国宣布放弃固定汇率制，实行浮动汇率制，泰铢贬值，一场遍及东南亚的金融风暴由此爆发。当天，泰铢兑换美元的汇率下降了17%，外汇及其他金融市场一片混乱。此后，马来西亚、新加坡、日本和韩国等地迅速受到金融风暴的巨大影响。亚洲经济发展迅速放缓，一些经济大国开始出现经济萧条，甚至导致一些国家出现政治动荡。

1997 年 7 月以后，面对周边许多国家货币大幅度贬值给人民币带来的巨大压力，我国政府承诺坚持人民币不贬值，确保人民币汇率稳定，在此前采取的一系列防范金融风险措施的基础上，有效地应对了金融危机，在此次金融危机中未受到直接冲击，并保持了国家金融和经济的持续稳定。

我国在成功应对这场金融危机的同时，履行了自己的诺言：不对人民币实行贬值，并通过国际机构和双边援助支持东南亚国家的经济，充分展现了负责任的大国风范。这种负责任的积极态度，既赢得了国际社会声誉，也促进了我国金融业的平稳发展和国民经济的稳定增长，并对亚洲乃至世界金融和经济的稳定发展作出了积极贡献。

第四节　财税体制改革

一、《关于实行分税制财政管理体制的决定》

20 世纪 80 年代末至 90 年代初，中央财政陷入了危机，着眼于建立社会主义市场经济体制的战略目标，同时化解中央财政危机，党中央、国务院在 1993 年全面谋划分税制改革。

口述改革

刘仲藜：回忆分税制改革

小平同志发表南方谈话，十四大又做出了决议，我们当时就形容其是“一声春雷”，这是非常好的机会，也把我们打醒了，就是要改。我们就去考察，国际上很多都是分税，我们也结合自己的情况实行分税制。分税制实际上要解决三个方面的问题：第一，中央和地方的分配关系；第二，税制合理和公平的问题；第三，国有企业的问题，也得平等。

同时要解决这三个方面问题，那么分税制首先要从立什么税开始。搞税我们有4条原则，叫“统一税法、公平税负、简化税制、合理分权”，目的是理顺分配关系，保证财政收入，这是税制改革的原则。就是设计什么样的税。对于我们支持发展的第三产业和农业，保证农业的农业税和营业税归地方，叫地方税；属于国家要控制的、限制发展的，实行消费税，比如烟、酒、高档化妆品，那时候不是现在主要矛盾有没有的问题，消费税100%归中央；还有一些关系到国家宏观控制的归中央。那么资源税一般都是地方资源多，煤炭啊、矿产啊，环境破坏严重，那么这个归当地，只有海洋石油归中央，因为这个区域不好划分，除海洋石油外剩下的属于地方。最大的问题就是制造业，当时制造业在全国发展比较快，大家又比较认同。过去是由产品税改为增值税，实行共享，中央和地方按比例来分。大概是有地方税、有中央税、有共享税，所得税按隶属关系，中央直属企业归中央，剩下的地方企业、外资企业归地方。税法统一，税率统一，一定要公平。

——口述者系财政部原部长

资料来源：中国（海南）改革发展研究院“口述改革历史”访谈。

1993年4月22日，中央政治局常委会专门听取了时任财政部部长刘仲藜和国家税务局局长金鑫关于财税体制改革的汇报。4

月 26 日，中央领导又专题听取了金鑫关于税制改革的汇报。4 月 28 日，中央政治局常委会正式批准了税制改革的基本思路。7 月 23 日，全国财政、税务工作会议在北京召开，朱镕基到会，并作了具体部署。随后的两个多月时间里，朱镕基带领体改办、财政部、国家税务总局及银行等部门的 60 多位同志，由远及近对 17 个省、市、自治区进行深入的调查研究和细致缜密的测算。

12 月 15 日，国务院作出《关于实行分税制财政管理体制的决定》，确定从 1994 年 1 月 1 日起改革现行地方财政包干体制，对各省、自治区、直辖市以及计划单列市实行分税制财政管理体制。分税制改革的原则和主要内容是：按照中央与地方政府的事权划分，合理确定各级财政的支出范围；根据事权与财权相结合的原则，将税种统一划分为中央税、地方税和中央地方共享税，并建立中央税收和地方税收体系，分设中央与地方两套税务机构分别征管；科学核定地方收支数额，逐步实行比较规范的中央财政对地方的税收返还和转移支付制度；建立和健全分级预算制度，硬化各级预算约束。

1994 年，我国税制进行了全面改革。一是建立以增值税为主体的新流转税制度。二是对部分产品开征消费税。三是改革营业税。改革后的新流转税制度，形成了以增值税为主体、消费税和营业税为补充，以公平、中性、透明和普遍征税为特征的现代流转税体系。四是统一企业所得税制度。取消了国有企业调节税。五是简并个人所得税。建立统一的个人所得税。六是改革农业税。农林牧水产品税目合并，改为农业特产税。七是其他税收制度的改革和调整，如开征土地增值税，改革资源税，改革城市维护建设税，征收证券交易税，将特别消费税和烧油特别税并入消费税，盐税并入资源税。

二、实行部门预算改革

随着我国政府职能的转换、市场经济体制的确立和财政改革的深化，原有的预算编制管理模式显现出了四大弊端：预算编报主体分散化、预算编制方式粗放、预算编制时间过短、预算编制程序不合理。

公共财政是一个均衡的有机整体，传统预算制度和管理存在的问题，使公共财政制度从总体上呈现出不均衡性，改革传统的预算管理制度成为当务之急。1994 年分税制改革和税制改革从收入方面初步理顺了中央与地方间的分配关系，建立了中央财政收入稳定增长机制，1996 年之后，党中央和国务院高度重视预算外资金管理，要求逐步提高预算的完整性水平，财政部门据此确定了相关的管理制度。

1999 年 7 月，财政部向国务院报送了《关于落实全国人大常委会意见改进和规范预算管理工作的请示》，提出了细化预算编制，实施部门预算改革的构想。经国务院批准，财政部提出了《关于改进 2000 年中央预算编制的意见》，决定从 2000 年财政年度开始，推行中央部门预算改革。

第五节　国企改革攻坚

1993 年党的十四届三中全会通过的《中共中央关于建立社会

主义市场经济体制若干问题的决定》指出，“建立现代企业制度，是发展社会化大生产和市场经济的必然要求，是我国国有企业改革的方向”[①]。建立现代企业制度，重新塑造社会主义市场经济的微观基础，推动国有经济布局和结构的调整。

一、建立现代企业制度

（一）转换企业经营机制，增强大中型企业活力

1992 年 7 月 23 日，国务院颁布《全民所有制工业企业转换经营机制条例》。该条例颁布后，受到企业界的热烈欢迎，一股转换经营机制的热潮在各地兴起。该条例是我国企业改革成功经验的总结，也为企业改革的深化指明了方向。该条例的颁布和实施，对于更好地保障《中华人民共和国企业法》的贯彻实施，搞好全民所有制企业，加快改革步伐，使国民经济更好更快迈上一个新台阶，具有重要意义。

口述改革

孙延祜：“企业转机”条例

说到《全民所有制工业企业转换经营机制条例》的出台背景，我们原来的企业是没有经营自主权的，要听从上级主管部门的指示，上面还得听计划、规划组织的领导是怎么指示的。所以它是“两眼向上”

① 《中共中央关于建立社会主义市场经济体制若干问题的决定》，北京：人民出版社，1993 年版，第 5 页。

的企业，是一个政府的附属。把企业推向市场以后，很本质的一条就是政企分开，使企业有充分的自主权，使它们在市场竞争中能够发挥创造性、积极性。

——口述者系原国家体改委政策法规司司长

资料来源：中国（海南）改革发展研究院“口述改革历史”访谈。

（二）建立现代企业制度试点

1993 年党的十四届三中全会明确提出“建立现代企业制度”，从 1994 年起，我国国有企业改革开始进入转换经营机制、建立现代企业制度的阶段。

3 月 7 日，国务院转发国家经贸委《关于 1996 年国有企业改革工作的实施意见》，提出全面准确把握“产权清晰、权责明确、政企分开、管理科学”的现代企业制度基本特征，加大改革力度，使大多数国有大中型骨干企业在 20 世纪末初步建立起现代企业制度，成为自主经营、自负盈亏、自我发展、自我约束的法人实体和市场竞争主体。

3 月 29—31 日，国家经贸委在大连召开建立现代企业制度试点工作座谈会，确认这一年百户试点工作的总体要求。5 月 6 日，国家体改委印发《国家体改委负责联系的 30 家现代企业制度试点实施阶段工作的指导意见》，提出实施阶段应达到的目标是试点企业初步建立起符合社会主义市场经济要求的企业体制和运行机制。

5 月 31 日，国家经贸委公布《国务院确定的百户企业建立现代企业制度工作试点阶段目标要求（试行）》，在“产权清晰，权责明确，治理结构规范”，“转变政府职能，促进政企职责分开”，“采取有效措施，减轻企业负担”，“坚持‘三改一加强’，提高企业整体素质”，“深化改革，提高企业经济效益”等方面，提出了具体的目标要求。

1997年召开的党的十五大进一步明确了国有企业改革方向，提出力争到20世纪末大多数国有大中型骨干企业初步建立现代企业制度，经营状况明显改善，开创国有企业改革和发展新局面的目标，从而将国有企业改革推进到攻坚阶段。党的十五大后，以建立现代企业制度为重点的改革攻坚全面展开。

口述改革

洪虎：100家现代企业试点

当时的选择就是由三家：国家计委、经贸委和国家体改委共同来负责组建企业集团的试点工作。然后建立现代企业制度百家试点，在全国的不同行业、不同地区选择了一些有条件的，特别是实行了公司制改造的企业，推行建立现代企业制度的试点。这百家试点由经贸委负责60家，体改委负责40家，这个划分是由当时国务院副总理、国家纪委主任邹家华最后确定的。国家体改委在组织试点时突出强调体制改革和机制创新，是按照现代企业制度、按照企业真正作为企业法人的要求去推进这个工作的。

——口述者系原国家体改委副主任

资料来源：中国（海南）改革发展研究院“口述改革历史”访谈。

（三）国有企业股份制改革试点全面展开

1992年初，针对股份制问题的争论，邓小平在南方谈话中指出，“证券、股市，这些东西究竟好不好，有没有危险，是不是资本主义独有的东西，社会主义能不能用？允许看，但要坚决地试。看对了，搞一两年。对了，放开；错了，纠正，关了就是。关，也可以快关，也可以慢关，也可以留一点尾巴。怕什么，坚持这种态度就不要紧，就不会犯大错误”①。

2月29日—3月4日，国家体改委和国务院生产办公室联合在深圳召开股份制企业试点工作座谈会。会议交流了股份制企业试点工作的情况；研究了股份制经营方式对转换企业经营机制的作用；修改了《股份制企业组建和试点工作的规范意见》及配套的十项政策规定。随后，有关股份制的政策及法律法规相继出台。

到1992年底，全国各城市经批准建立了近400家股份制试点企业，使全国股份制企业达到3700多家。同时，国务院还批准9家国有企业改组为股份公司，并到香港和境外上市。

（四）《公司法》颁布

1993年12月29日，第八届全国人民代表大会常务委员会第五次会议通过了《公司法》。《公司法》意味着国有企业股份制改革步入法制化和规范化发展的轨道。使我国企业制度改革成果有了法律保障。在制定机关、法律效力，而且在其内容上，对市场经济

① 邓小平：《在武汉、深圳、珠海、上海等地的谈话要点》，《邓小平文选》（第三卷），北京：人民出版社，1993年版，第373页。

的规范和作用体现了基本法的地位，是一部调节市场经济中仅次于《民法通则》的基本法。

二、国有企业战略性改组与经济布局调整

（一）国有企业“抓大放小”

20 世纪 90 年代以来，国有经济也获得了较快发展。1990—1995 年，国有工业企业的总产值从 13064 亿元增加到 31220 亿元，平均每年增长 18.4%。但面临着国有企业经济效益却没有得到同步提高，且国有企业的经济效益与企业规模明显相关，大型企业的亏损额虽然最大，但亏损面最小，亏损率最低；相反，小型企业的亏损额虽然小于大型企业，但亏损面最大，亏损率也高于大型企业。

1995 年 9 月，党的十四届五中全会通过《中共中央关于制定国民经济和社会发展“九五”计划和 2010 年远景目标的建议》，对国有企业改革提出了新的思路：一是转变经济增长方式；二是实行“抓大放小”的改革战略。

1996 年，在“抓大”方面，国家确定了对 1000 户重点企业分类指导的方案。在“放小”方面，国家有关部门在这一年出台了关于放开搞活国有小型企业的意见。各地采取了改组、联合、兼并、股份合作制、租赁、承包经营和出售等多种形式，把一大批小企业直接推向市场。

（二）打破以垄断为目标的电信产业体制改革

1992 年下半年，电子部、电力部和铁道部联合向国务院正式提出组建联通公司的请示报告，特别指出中国电信市场的供需矛

盾十分尖锐，只有引入竞争，通信产业才能更快发展。1993年12月14日，国务院印发《关于同意组建中国联合通信有限公司的批复》，批准电子部、电力部、铁道部共同组建中国联合通信有限公司。1994年4月14日，邮电部作出《关于对中国联合通信有限公司经营电信业务有关问题的批复》，批准联通公司经营下列电信业务：对铁道部、电力部的专用通信网进行改造、完善，在保证铁道、电力专用通信需要的前提下，用富余能力向社会提供长话业务；在公用市话网覆盖不到或公用市话能力严重不足的地区可开展市话业务；经营无线通信业务（包括移动通信业务）；经营电信增值业务。1994年6月18日，中国联通在国家工商行政管理局注册成立，注册资本为10亿元。1994年7月19日，中国联通公司成立大会在北京钓鱼台国宾馆召开。

（三）《电力体制改革方案》出台

20世纪80年代，随着改革开放的不断深化，电力短缺成为制约经济发展的瓶颈。1995年，由于电力短缺未见明显缓解，独家办电的垄断体制弊端日益显露。我国开始实行多家办电，允许外商投资电力项目，电力市场形成多元化投资主体，对电力发展起到重要推动作用。这个阶段被称为“第一轮电力体制改革”。

1997年1月，国家电力公司的成立被认为是第二轮电力体制改革的开始。改革目标是通过完成公司改制，实现政企分开，打破垄断，引入竞争，优化资源配置，建立规范有序的电力市场。然而，进入2000年以后，社会各界对电力体制及行风问题的批评见诸媒体，引发了关于电力体制改革的公开大讨论。

2001年12月，国家计委经过八个月的调研论证后，提出新的电力体制改革方案。2002 年 3 月，国务院正式批准了《电力体制改革方案》。电力体制改革的总体目标是：打破垄断，引入竞争，提高效率，降低成本，健全电价机制，优化资源配置，促进电力发展，推进全国联网，构建政府监管下的政企分开、公平竞争、开放有序、健康发展的电力市场体系。

为在发电环节引入竞争机制，首先要实现“厂网分开”，将国家电力公司管理的电力资产按照发电和电网两类业务进行划分。2002 年 10 月，按照国务院统一部署，明确国家电网公司、南方电网公司和各发电集团公司在年内挂牌并正式运转。同时，中国电力监管委员会宣布成立。

12 月 29 日，原国家电力公司退出历史，其电网、电源及辅业资产相应被 2 家电网公司*、5 家发电集团公司**和 4 家辅业集团公司***所取代。

* 2 家电网公司为国家电网公司和中国南方电网有限责任公司。

** 5 家发电集团公司为中国华能集团公司、中国大唐集团公司、中国华电集团公司、中国国电集团公司和中国电力投资集团公司。

*** 4 家辅业集团公司为中国电力工程顾问集团公司、中国水电工程顾问集团公司、中国水利水电建设集团公司和中国葛洲坝集团公司。

（四）民航战略重组

2000 年以前，我国的航空公司资产负债率普遍在 80%以上，有的甚至高达 120%。我国所有的航空公司飞机架数和座位数加起来还不如美联航一家公司的飞机架数和座位数多。而航空运输业一般的规律是：航空公司规模越小，其运营成本就越高。

随着民航经济运行大背景的变化，我国民航管理体制和运营机制方面的一系列深层次问题逐步显现。民航已经不能适应日益激烈的市场竞争，战略重组势在必行。

2000 年 7 月，我国民航总局就开始酝酿对民航企业实施战略性重组，经过两年时间的铺垫与准备，这项涉及 7.3 万人和 1500 亿元资产的大规模战略重组终于拉开帷幕。

2002年2月，民航重组方案正式出台。2002年3月，国务院批准《民航体制改革方案》。2002年10月，民航三大航空集团公司和三大民航服务保障集团公司同时挂牌成立，标志着我国民航的重组基本完成。

三、国企三年脱困

20世纪90年代初期以来，虽然整体经济不断增长，国有企业也在不断加快改革和发展，但国有企业亏损仍在恶化。1997年1月，第三次全国工业普查结果出炉，国有工业的负债总额已占所有制权益的1.92倍，整个国有企业集团已经资不抵债。当时国有企业三分之一呈亏损状态，苦于财政赤字的国家和地方政府，缺乏国有企业改革所需要的资金。

1997年7月18—24日，朱镕基在辽宁考察国有企业时强调，用三年左右时间使大多数国有大中型企业走出困境，这是今后几年经济工作的重要任务。1997年在党的十五届一中全会上，江泽民进一步确认了三年改革与脱困的目标，提出用三年左右的时间，通过改革、改组、改造和加强企业管理，使大多数国有大中型亏损企业摆脱困境，力争到2000年底大多数国有大中型骨干企业初步建立现代企业制度。在随后的三年，围绕实现这一目标，着眼于从整体上搞好国有经济，国家采取了一系列力度很大的政策措施。

1999年是我国国有企业改革力度较大的一年。当年11月，党的十五届四中全会后，围绕国企改革和脱困两大目标，政府及时出台了“债转股”、扩大直接融资、运用财政贴息支持企业技术改造等方面的措施。其中，减轻国有企业债务负担，实施债权转股权是国务院决定的搞活国有大中型企业、实现三年国企脱困的重大举措。

实行“债转股”是一项政策性很强的工作，是要把原来银行与企业间的债权债务关系，转变为金融资产管理公司与企业间的持股与被持股关系或控股与被控股关系，由原来的还本付息转变为按股分红。

1999 年，经国务院批准，先后成立了信达、华融、长城、东方 4 家金融资产管理公司，作为投资主体，均是具有独立法人资格的国有独资金融企业，主要任务是对口处置大型国企的不良资产，推动有关重点国有企业走出困境。从下半年开始，“债转股”工作全面启动，601 户企业列入计划，债务额达 4596 亿元。这些企业大都是国家重点企业和企业集团，不少是行业的排头兵。

2000 年 12 月 11 日，全国经贸工作会议在北京召开。会议宣布，2000 年前 10 个月，国有及国有控股企业实现利润同比增长 1.6 倍，31 个省、区、市中有 30 个整体扭亏和继续增盈，1997 年底亏损的 6599 户大中型企业已减少 4098 户。国有大中型骨干企业 80%以上初步建立现代企业制度。国有企业在体制机制建设上也有重要进展。具体来讲，第一，国有企业退出市场的机制初步形成，渠道开始打通。第二，国有企业职工流动机制初步形成。三年中有 2000 多万名职工下岗，而其中大部分已实现再就业。第三，国有企业职工逐步由“企业人”转变为“社会人”。第四，国有企业由依赖政府注资走向依托资本市场。

随着国企三年改革与脱困目标的实现，国家的经济状况也出现好转。2000 年我国国内生产总值达到 8.7 万亿元，主要工农业产品产量位居世界前列，商品短缺状况基本结束；进出口总额突破4000亿美元，较1995年增长40%以上。

四、《中共中央关于国有企业改革和发展若干重大问题的决定》

1999年9月19日至22日，中国共产党第十五届中央委员会第四次全体会议在北京召开。全会审议通过了《中共中央关于国有企业改革和发展若干重大问题的决定》(以下简称《决定》)。《决定》指出，“国有企业改革是整个经济体制改革的中心环节。建立和完善社会主义市场经济体制，实现公有制与市场经济的有效结合，最重要的是使国有企业形成适应市场经济要求的管理体制和经营机制”①。

《决定》还提出了国有企业改革和发展的目标：“到2010年，国有企业改革和发展的目标是：适应经济体制与经济增长方式两个根本性转变和扩大对外开放的要求，基本完成战略性调整和改组，形成比较合理的国有经济布局和结构，建立比较完善的现代企业制度，经济效益明显提高，科技开发能力、市场竞争能力和抗御风险能力明显增强，使国有经济在国民经济中更好地发挥主导作用。②”

---

①《中共中央关于国有企业改革和发展若干重大问题的决定》，北京：人民出版社，1999年版，第3–4页。

②《中共中央关于国有企业改革和发展若干重大问题的决定》，北京：人民出版社，1999年版，第5页。

《决定》对推进国企改革产生了积极的促进作用。出台当年，石油、石化两大集团在解决政企不分问题的基础上，实现了上下游、产供销一体化；宝钢和上钢实现了联合重组；五大军工行政性公司改建成十大企业集团；有色金属行业组建了铝业集团、稀土集团和铜业集团；电信行业四大集团公司也正在组建中。在组建企业集团的同时，石油、联通、上海宝钢等一些大的集团公司正在积极准备重组上市。通过行业改组和组建大企业集团，提高了规模效益，完善了管理体制，避免了重复建设，加快了技术改造步伐。与此同时，进一步加大企业兼并破产力度，促进优胜劣汰。另外，围绕纺织、煤炭、冶金、有色金属等重点行业和重点企业的脱困，兼并破产了一批资不抵债、扭亏无望的企业，关闭了一批资源枯竭的矿山，减少了亏损源。特别是煤炭和纺织等行业在淘汰落后生产能力方面，取得了较大进展。

《决定》无论在我国国有企业发展史上，还是我国经济发展史上，都是一个重要的里程碑，文件的形成标志着中国决策层对在发展社会主义市场经济条件下建设国有企业的规律性认识大大前进了一步。

第六节 初步形成全方位开放新格局

以 1992 年邓小平南方谈话为标志，我国对外开放战略向内陆全面开放、周边开放以及全球开放不断纵深推进，基本形成了从经济特区到沿海开放城市、沿海经济开放区、所有内陆地区的全方位对外开放格局。2001 年中国加入世界贸易组织，为我国参与经济全球化开辟了新的途径，标志着我国开始全方位与国际接轨。

一、中国加入世界贸易组织

（一）正式提出加入世界贸易组织申请

1994 年 4 月 15 日，在摩洛哥的马拉喀什市举行的关贸总协定乌拉圭回合部长会议决定成立更具全球性的世界贸易组织（WTO），以取代成立于 1947 年的关贸总协定（GATT）。

1995 年 7 月 11 日，我国正式提出加入世贸组织的申请，自此从复关转为入世。同年 11 月，应我国政府的要求，“中国复关谈判工作组”更名为“中国入世工作组”。我国政府根据实际情况，多次重申了入世的基本立场，概括起来为以下三个基本原则：第一，根据权利与义务对等的原则承担与本国经济发展水平相适应的义务。第二，以乌拉圭回合多边协议为基础，与有关世贸组织成员方进行双边和多边谈判，公正合理地确定入世条件。第三，坚持以发展中国家身份入世，享受发展中国家的待遇。

（二）中美签署《关于中国加入世界贸易组织的双边协议》

1999 年 11 月 10—15 日，中国政府代表团同美国政府代表团在北京就中国加入世界贸易组织问题举行谈判。11 月 15 日，双方签署中华人民共和国政府和美利坚合众国政府关于中国加入世贸组织的双边协议。至此，中美两国正式结束了双边谈判。

口述改革

石广生：中美达成协议轰动世界

中国加入世贸组织，从申请加入当时的关贸总协定到2001年加入世贸组织，整整经过了15年的历程，这15年是经过几代外贸人来完成的。我是参与和具体领导了加入世贸组织的最后一个阶段。我记得最艰难的谈判也是最重要的谈判，就是中美双边贸易协定的签订。那个谈判是非常艰苦的，因为他要价最高，我们承受不了；另外美国人谈判，强势介入，他要求的内容也最多，要价也最高，谈判是非常艰难的。到了上个世纪末，美国等西方国家看到中国改革开放已经取得了很大的进展，经济有了很大的发展，他们看重的是中国巨大的市场，所以从原来不想让我们加入转变为想让我们加入，但是他们要高价，要捞好处，这就增加了我们谈判的难度。所以中美谈判应该是这个双边贸易协定里边最艰难的谈判。所以我们最后达成协议之前连续五天五夜，昼夜不停地谈，最后终于达成了协议。

中美达成协议，虽然只是一个中美双边协议，但是它是轰动世界的。因为中美达成协议就扫除了中国加入世贸组织的一个最大的障碍。也就是说中美签订双边协议后，中国加入世贸组织只是个时间问题了。所以对那场谈判国人很关注，世界也非常关注。那天达成了中美贸易双边协议，我记得当时美国也把它当成很重要的事情。谈判完了以后，当时美国的谈判代表巴尔舍夫斯基直接向克林顿总统报告。电话是安全助理伯杰接的，他说向总统报告“现在完成了世界上最艰难的一场谈判”。美国总统对他们进行了鼓励，这是后来伯杰告诉我的一个细节。美国很重视，中国当然更重视，江泽民主席亲自接见了我们谈判代表团。

——口述者系原外经贸部部长

资料来源：中国（海南）改革发展研究院“口述改革历史”访谈。

1992年10月，中美达成《市场准入备忘录》，美国承诺“坚定地支持中国取得关贸总协定缔约方地位”。1995年3月，中美在北京达成八点协议，美方同意在灵活务实的基础上进行我国“入世”的谈判，并同意在乌拉圭回合协议的基础上实事求是地解决我国作为发展中国家地位问题。

1997年10月26日—11月2日，江泽民应邀访美，在与克林顿总统发表的联合声明中中美双方强调，中国全面参加多边贸易体制符合双方的利益。为了实现这一目标，双方同意加紧谈判。1998年6月17日，中方在接受国外记者采访时表示：一、世贸组织没有中国参加是不完整的。二、中国毫无疑问要作为一个发展中国家加入世贸组织。三、中国的“入世”是以权利和义务的平衡为原则的。

1999年4月6—13日，朱镕基访美。4月10日，中美签署《中美农业合作协议》，并就我国加入世贸组织发表联合声明，美方承诺坚定地支持中国于1999年加入世贸组织。

1999年5月8日，以美国为首的北约轰炸中国驻南斯拉夫联盟共和国大使馆。中美继续进行这一谈判的气氛不复存在，中方中止了中美关于中国加入世贸组织的双边谈判。此后，美方多次提出恢复谈判。在此情况下，中方审时度势，决定适时恢复谈判。9月11日，江泽民与克林顿在亚太经合组织领导人第七次非正式会议期间进行了会晤，中美恢复了双边谈判。

1999年11月15日，经过艰苦谈判，我国外经贸部部长石广生和美国贸易代表巴尔舍夫斯基签署了中美关于中国加入世界贸易组织的双边协议。此后，中美双方发表了新闻公报。

（三）中国加入世界贸易组织

2001 年 9 月 13 日，我国完成了与世贸组织 138 个成员中提出谈判要求的 36 个成员的双边市场准入谈判。11 月 10 日下午，世界贸易组织第四届部长级会议在卡塔尔首都多哈召开。此次会议以全体协商一致的方式，审议并通过了我国加入世贸组织的决定。11 月 11 日，石广生代表我国政府在中国入世议定书上签字，随后即向世贸组织秘书处递交了江泽民对中国入世的批准书。至此，我国入世的法律程序全部完成。根据世贸组织规则，在 2001 年 12 月 11 日即提交批准书 30 天后，我国加入世界贸易组织的各种法律法规性文件正式生效。至此，我国正式成为世界贸易组织的第 143 个成员，标志着我国全面重返世界经济舞台。

二、深化外贸体制综合配套改革

党的十一届三中全会以来，我国外贸体制的改革伴随着经济体制改革的进程也陆续展开：从放权、让利、分散，到推行外贸承包制和放开经营。1991—1993 年，我国外贸进行了以取消出口补贴、统一外汇留成为主要内容的体制改革。但不少外贸企业还受到较多的行政干预，汇率双轨制对外贸进一步发展也存在很大的阻力。

1994 年 1 月，国务院发布《关于进一步深化对外贸易体制改革的决定》，这标志着新一轮的外贸体制综合配套改革开始实施。改革以汇率并轨为核心，将改革外汇管理体制作为创造外贸平等竞争环境、深化外贸体制改革的重要措施，实行外汇收入结汇制，取消各类外汇留成、上缴和额度管理制度，解决了进出口企业购汇结汇难的问题，为进出口的壮大发展扫清了障碍。通过此番外贸体制改革，政府不再给进出口企业下达外贸承包指令性计划指标，继续采取鼓励出口的政策措施，促进出口增长，完善出口退税制度；继续拓展业已形成的进出口贸易的格局，发挥进口对国民经济发展的促进作用；改革并完善进口管理，保持进出口基本平衡。

这一轮外贸体制改革的实施，打破了以往国家经营对外贸易的体制，加强了市场机制的调节作用，优化了资源配置和提高了资源使用的效益，促进了中国对外贸易市场化的进程并实现了当时的高速增长。

三、博鳌亚洲论坛成立

自 20 世纪下半叶开始，亚洲经济与社会发展的成就显著，特别是 20 世纪 80 年代以后，创造了令世人瞩目的“东亚奇迹”。1998 年 9 月，澳大利亚前总理霍克、日本前首相细川护熙和菲律宾前总统拉莫斯倡议成立一个类似达沃斯“世界经济论坛”的“亚洲论坛”，旨在探讨增进亚洲各国协调和参与世界其他地区交流与合作。“亚洲论坛”这一概念一经推出即获得了有关各国的一致认同。1999 年 10 月 8 日，胡锦涛与菲律宾总统拉莫斯和澳大利亚总理霍克在北京议定亚洲论坛的筹设。此后，亚洲各国对成立“亚洲论坛”作出了积极反应。

在此背景下，2001 年 2 月 26—27 日，博鳌亚洲论坛成立大会在海南省琼海市博鳌镇举行。大会宣布博鳌亚洲论坛正式成立，海南博鳌为论坛总部的永久所在地。

口述改革

迟福林：中改院为博鳌亚洲论坛创设提供智力支持

10月8日，中改院向秘书处正式提交上述4套文件的电子版。10月13日，中改院向秘书处提交了上述4套文件的中英文书面文本。10月30日当天，陈锦华同志还召开中方协调会，决定由中改院根据秘书处的委托，承办11月15日的主题议题亚洲专家讨论会。

11月15日，在中改院由高尚全同志主持召开了亚洲专家讨论会，13个国家和地区的专家和官员出席。会议围绕中改院提交的4份建议，进行了充分的讨论。当时中外专家认为，我们提交的文件基本反映了亚洲国家共同关注的经济社会发展问题，也对会议组织程序给予肯定，即邀请函附有提交讨论的所有文件，体现了论坛年会主题议题形成的透明度和公开性。会议提出了一些有价值的修改意见，会议结束时通过了专家讨论会报告。

根据中外专家的意见和当年APEC上海会议成果，以及陈锦华同志11月24日的批示精神，中改院在专家讨论会以后开展了几项工作，包括会后立即根据专家意见修改了4个文件，向50多位亚洲专家发出了根据亚洲专家会议意见修改的4个文件，继续征求意见，收到17名亚洲专家对会后修改稿反馈的意见，对所有文件再次进行了修改，包括增加了“10+1”、“10+3”、“三国四方”、“中国自由贸易区”等区域自由贸易构想，“亚洲区内经济合作与区内最不发达国家”、“亚洲经济结构性改革与人力资源开发合作”等讨论内容；根据APEC上海会议精神和我国加入WTO出现的各种新观点，修改了背景报告；提出了可供秘书处根据年会实际需要邀请的127名中外专家名单；向秘书处提交了由10个文件组成的2002年年会筹备文件汇编。

——口述者系中国（海南）改革发展研究院院长

资料来源：中国（海南）改革发展研究院“口述改革历史”访谈。

作为一个非官方、非盈利、定期、定址、开放性的国际会议组织，博鳌亚洲论坛以平等、互惠、合作和共赢为主旨，立足亚洲，推动亚洲各国之间的经济交流、协调与合作；同时又面向世界，增强亚洲与世界其他地区的对话与经济联系。

四、《中国—东盟全面经济合作框架协议》签署

2002 年 11 月 4 日，朱镕基和东盟 10 国领导人共同签署了《中国—东盟全面经济合作框架协议》(以下简称《框架协议》)，标志着我国与东盟的经贸合作进入了一个新的历史阶段。《框架协议》是中国-东盟自贸区的法律基础，共 16 个条款，确定了中国—东盟自贸区的基本框架。按照《框架协议》的规定，我国和东盟双方从 2005 年起开始正常轨道产品降税工作。2010 年我国与东盟六国，即文莱、印度尼西亚、马来西亚、菲律宾、新加坡和泰国，建成涵盖货物贸易的中国—东盟自贸区；2015 年和东盟新成员，即越南、老挝、柬埔寨和缅甸，将建成自贸区。届时，我国与东盟的绝大多数产品将实行零关税，取消非关税措施，双方的贸易将实现自由化。由于越南、老挝、柬埔寨三国尚未加入WTO，此外，我国同意给予越南、老挝、柬埔寨三个非WTO成员国以多边最惠国待遇，即中国加入WTO时的承诺也适用于这些国家。

五、上海合作组织成立

2001 年 6 月 14 日，时任中国国家主席江泽民、俄罗斯总统普京、哈萨克斯坦总统纳扎尔巴耶夫、吉尔吉斯斯坦总统阿卡耶

夫、塔吉克斯坦总统拉赫莫诺夫等“上海五国”元首在上海举行第六次会晤，乌兹别克斯坦总统卡里莫夫参加了此次会议。6月15日上午，中国、俄罗斯、哈萨克斯坦、吉尔吉斯斯坦、塔吉克斯坦、乌兹别克斯坦六国元首举行会晤。六国元首首先签署联合声明，吸收乌兹别克斯坦为“上海五国”机制成员，之后共同发表《上海合作组织成立宣言》，宣布为更有效地共同利用机遇和应对新挑战与威胁，提升相互合作层次和水平，六国决定在“上海五国”机制基础上成立上海合作组织。上海合作组织是迄今唯一在我国境内成立、以我国城市命名、总部设在我国境内的区域性国际组织，成员国总面积近3018.9万平方公里，约占欧亚大陆面积的五分之三；人口约15亿，约占世界人口的四分之一；工作语言为汉语和俄语。

六、实施“引进来”和“走出去”相结合的开放战略

2002年11月8日，党的十六大召开，大会报告提出实施“引进来”和“走出去”相结合的开放战略，要求坚持“引进来”和“走出去”相结合，全面提高对外开放水平。适应经济全球化和加入世贸组织的新形势，在更大范围、更广领域和更高层次上参与国际经济技术合作和竞争，充分利用国际国内两个市场，优化资源配置，拓宽发展空间，以开放促改革促发展。报告要求，进一步扩大商品和服务贸易。实施市场多元化战略，发挥我国的比较优势，巩固传统市场，开拓新兴市场，努力扩大出口。深化外经贸体制改革，推进外贸主体多元化，完善有关税收制度和贸易融资机制。报告还指

出要进一步吸引外商直接投资，提高利用外资的质量和水平。逐步推进服务领域开放。鼓励和支持有比较优势的各种所有制企业对外投资，带动商品和劳务出口，形成一批有实力的跨国企业和著名品牌。积极参与区域经济交流和合作。在扩大对外开放中，要十分注意维护国家经济安全。实施“走出去”战略是我国对外开放新阶段的重大举措。

七、港澳回归祖国和两岸交流扩大

（一）中国政府对香港恢复行使主权

1997年6月30日午夜至7月1日凌晨，中英两国政府香港政权交接仪式在香港会议展览中心新翼的五楼大会堂举行。6月30日23时42分，交接仪式正式开始。6月30日23时59分，英国国旗和香港旗在英国国歌乐曲声中缓缓降落，随着“米字旗”的降下，英国在香港一个半世纪的殖民统治宣告结束。7月1日零时，中华人民共和国国旗和香港特别行政区区旗在香港升起。至此，经历了百年沧桑的香港回到祖国的怀抱，中国政府正式开始对香港恢复行使主权。零时4分，江泽民庄严宣告：“根据中英关于香港问题的联合声明，两国政府如期举行了香港交接仪式，宣告中国对香港恢复行使主权。中华人民共和国香港特别行政区正式成立。经历了百年沧桑的香港回归祖国，标志着香港同胞从此成为祖国这块土地上的真正主人，香港的发展从此进入一个新的时代。[①]”

1997年7月1日，中华人民共和国香港特别行政区政府成立。7月1日1时30分，中华人民共和国香港特别行政区成立暨特区政府宣誓就职仪式，在香港会议展览中心隆重举行。香港特别行政区首任行政长官董建华与香港特别行政区第一届政府23名主要官员、第一届行政会议14名成员、临时立法会59名议员以及香港特别行政区终审法院常设法官、高等法院法官36人，分批走上主席台宣誓就职。

（二）澳门回归

口述改革

周南：不要让资本主义的尾巴再拖到下一个世纪

一开始邓小平同志就讲了一句，说澳门也要按照“一国两制”，要在本世纪以内回归，不要让资本主义的尾巴再拖到下一个世纪。我跟葡萄牙两个代表交换意见，就讲了我们这个想法。

我在1985年、1986年受葡萄牙政府邀请，得到了超规模的礼遇，外长亲自到机场迎接，当晚吃饭洗尘。第二天中午总理单独邀请我吃饭，当天下午总统接见，头几场都没有提什么问题。这些问题都跟总统说了，总统也特别说双方的其他人都不参加，所以我就带一个葡萄牙翻译。因为神神秘秘的，不知道要搞什么。去了我就讲，我说进展得很顺利，最后就是回归的时间也要在本世纪内确定下来了。总

① 江泽民：《在中英两国政府举行的香港交接仪式上的讲话》，《江泽民文选》（第一卷），北京：人民出版社，2006年版，第651页。

统插话说，这事不行啊，觉得我们这个时间太紧迫了，要拖到下个世纪。当时有的报纸上报道说葡萄牙要求有什么2025年、2035年各种说法。我说“贵方的全权代表在北京跟我说同意我们本世纪之内收回澳门”。我还记得他们总统的名字叫埃亚内斯，他当时说：“如果我们的代表那么讲了，他不代表我们政府。”我说：“我感到很惊讶，我从事外交工作多年，还没有听说一个国家派出的特命全权代表讲的话不代表一个国家的政府。如果是这样的话，今后我请问阁下我应该跟谁谈判呢？”他答不上来了。然后我又讲我们为什么必须要本世纪内收回，对葡方也好。

之后了解到，当时他们有一个错误的判断，认为香港收回以后，外资只有从香港跑到澳门去，这样葡萄牙可以多捞一大笔。其实不是那么回事。而且澳门除了赌场，还有多少真正的产业？我说你们再好好想一想，我下楼的时候楼梯口有好多记者，我说今天不开记者招待会了。回到宾馆，我说累了，取消明天上午安排的参观游览。

我这是给他施加点压力。对方也沉不住气了，第二天一早起来，外长打电话来，说我们再安排一次对话如何？我一听，有戏！一谈他就松动了。他说，经过你的访问我们更深一步了解了中国的立场，请允许我们点时间在内部好好商量商量；再过一个月，我们派我们的副外长回访，希望到那个时候能够完全解决。我说好吧，但是记住一点，在这个问题上我们不会让步的。同时我也打了电报回来，外交部新闻发言人也对记者强调了这一点，中国人民不会答应“拖到下一个世纪”这个事。

过了一个月，他们的副外长果然来了，说经过内部高层研究，同意我方的主张。你们不是要求本世纪内吗？那就本世纪最后一天12月31日。我一听怎么这么小气，我说你们西方习惯是圣诞节一直到什么新年都要庆祝，都要到处旅游的，这时候搞回归仪式合适吗？我说提前几天好不好？他说：“我不能做主，我打电话回去问问。”

隔了一天回来了，表示“可以”。12月20日，这就定了。所以很多人问我说香港回归1997年7月1日好理解，因为它是新界租期满了，不续了，那么澳门回归 12 月 20 日是什么来头？就是这么个来头。

——口述者系外交部原副部长

资料来源：中国（海南）改革发展研究院“口述改革历史”访谈。

1999 年 12 月 20 日零时，中葡两国政府在澳门文化中心举行政权交接仪式，中国政府对澳门恢复行使主权，澳门回归祖国，象征长达 14 年半的“港澳过渡时期”、葡萄牙帝国终结以及西方国家统治亚洲的漫长日子完全终结，也是继 1997 年 7 月 1 日香港回归祖国之后，中华民族在实现祖国统一大业中的又一盛事。澳门自 1999 年 12 月 20 日回归后，成为中华人民共和国的一个特别行政区，依据澳门基本法实行高度自治。在“一国两制”政策的指引下，澳门的社会和经济方面的特色会予以保留并得以延续。由于政权顺利交接和“一国两制”成功落实，澳门特别行政区政府、立法会和司法机关均按基本法之规定实施。

第七节　行政体制改革和依法治国

一、1993 年政府机构改革

1993 年 3 月 15—31 日，第八届全国人民代表大会第一次会议在北京召开。于 3 月 22 日审议通过了《关于国务院机构改革方案的决定》，标志着我国开始进行第三次政府机构改革。这次改革的指导思想是，适应建立社会主义市场经济体制的要求，按照政企职责分开和精简、统一、效能的原则，转变职能，理顺关系，精兵简政，提高效率。改革的重点是转变政府职能。

根据改革方案，国务院组成部门设置41个，加上直属机构、办事机构18个，共59个，比原有的86个减少27个，人员减少20%。其中撤销能源部、机械电子工业部、航空航天工业部、轻工业部、纺织工业部、商业部、物资部等7个部，新组建国家经济贸易委员会、电力工业部、煤炭工业部、机械工业部、电子工业部、国内贸易部，更名1个（对外经济贸易部），保留34个部、委、行、署。

改革后的综合经济部门中保留了国家计委、财政部、中国人民银行等部门。专业经济部门的改革分为三类：改为经济实体的有航空航天工业部，航空航天工业部撤销后，分别组建航空工业总公司、航天工业总公司。改为行业总会的有轻工业部、纺织工业部，这两部撤销后，分别组建中国轻工总会、中国纺织总会。保留或新设置的行政部门包括：对外经济贸易部更名为对外贸易经济合作部；撤销能源部，分别组建电力工业部、煤炭工业部；同时撤销中国统配煤矿总公司；撤销机械电子工业部，分别组建机械工业部、电子工业部，同时撤销中国电子工业总公司；撤销商业部、物资部，组建国内贸易部。此次机构改革还实行了中纪委机关和监察部的合署办公，进一步理顺了纪律检查与行政监察的关系，是统筹党政机构设置的重要方式之一。

二、建立国家公务员制度

早在1984年颁布的《干部管理条例》中首次出现“国家公务

员制度”的概念，国家公务员制度雏形逐渐显露出来。1987 年，党的十三大强调对“国家干部”进行合理分解，改变集中统一管理的现状，建立科学的分类管理体制，形成各具特色的管理制度。1988 年 4 月，人事部正式成立，把建立和推行公务员制度作为首要任务，草拟《国家公务员暂行条例》。1989 年 4 月 25 日，人事部举行新闻发布会宣布这六个部门公务员制度的试点，即审计署、海关总署、国家统计局、国家环保局、国家税务局、国家建材局等部门，联合招考 156 名工作人员。截至 1992 年 6 月，全国已有 21 个省市区选择了公务员制度试点单位。

1993 年 4 月 24 日，国务院第二次常务会议通过《国家公务员暂行条例》，从公务员的义务与权利、职位分类、录用、考核、奖励、纪律、职务升降、职务任免、工资、保险、福利等 18 个方面进行了系统的规定。是一部适应建立社会主义市场经济体制需要，系统地规定国家公务员制度的行政法规，它的出台，标志着我国公务员制度的正式诞生，也是中国人事行政管理法制化的一个根本标志。

1993 年 11 月 15 日，国务院在《关于印发〈国家公务员制度实施方案〉的通知》中提出，“争取用三年或更多一点时间，在全国范围内基本建立起公务员制度”[①]。

① 《国务院关于印发〈国家公务员制度实施方案〉的通知》，《中华人民共和国国务院公报》，1993 年 27 期。

三、1998 年第四次国务院机构改革方案

中国共产党第十五届中央委员会第二次全体会议，于 1998 年 2 月 25 日至 26 日在北京召开。全会审议通过了《国务院机构改革方案》，建议国务院将这一方案提交第九届全国人民代表大会第一次会议审议。1998 年 3 月 10 日，第九届全国人民代表大会第一次会议听取了国务委员兼国务院秘书长罗干《关于国务院机构改革方案的说明》，审议、批准了《国务院机构改革方案》。此次政府机构改革是改革开放以来国务院继 1982—1983 年改革、1987—1988 年改革、1993—1996 年改革之后进行的第四次机构改革。旨在转变政府职能，实现政企分开，将政府职能定位于宏观调控、社会管理和公共服务，向企业及中介组织放权。

四、坚持依法治国的基本方略

1996 年 3 月，第八届全国人民代表大会第四次会议通过的《国民经济和社会发展“九五”计划和 2010 年远景目标纲要》明确规定：“依法治国，建设社会主义法制国家。加强立法、司法、执法、普法工作。坚持改革、发展与法制建设紧密结合，继续制定实施与经济社会发展相适应的法律法规。文件提出了依法治国的基本方面和主要内容，为依法治国方略的正式提出做了很好的铺垫。[①]”

1997 年 9 月，党的十五大召开。在十五大报告中明确阐述了

① 《中华人民共和国国民经济和社会发展“九五”计划和 2010 年远景目标纲要》，《中华人民共和国国务院公报》，1996 年 07 期。

社会主义初级阶段的基本路线和纲领，提出“建设有中国特色社会主义的政治，就是在中国共产党领导下，在人民当家作主的基础上，依法治国，发展社会主义民主政治”[①]。进一步全面地阐述了政治体制改革和民主法制建设的有关问题。一是要求“在坚持四项基本原则的前提下，继续推进政治体制改革，进一步扩大社会主义民主，健全社会主义法制，依法治国，建设社会主义法治国家。[②]”这是在党的报告中第一次完整地提出要“依法治国，建设社会主义法治国家”。二是将以往的“建设社会主义法制国家”改为“建设社会主义法治国家”，反映了党对于执政规律认识的深化、对于执政理念把握的提升。三是进一步明确依法治国，就是广大人民群众在党的领导下，依照宪法和法律规定，通过各种途径和形式管理国家事务……逐步实现社会主义民主的制度化、法律化，使这种制度和法律不因领导人的改变而改变，不因领导人看法和注意力的改变而改变。四是正式把依法治国确定为“党领导人民治理国家的基本方略”，在我们党的历史上是第一次；把这一基本方略写进党的政治报告中也是第一次。五是明确提出“到 2010 年形成有中国特色社会主义法律体系”。党的十五大报告的这些论述，标志着依法治国基本方略形成。

1999 年 3 月，第九届全国人民代表大会第二次会议通过的宪

① 江泽民：《高举邓小平理论伟大旗帜 把建设有中国特色社会主义事业全面推向二十一世纪——在中国共产党第十五次全国代表大会上的报告》，北京：人民出版社，1997 年版，第 20 页。

② 江泽民：《高举邓小平理论伟大旗帜 把建设有中国特色社会主义事业全面推向二十一世纪——在中国共产党第十五次全国代表大会上的报告》，北京：人民出版社，1997 年版，第 20–21 页。

法修正案，在宪法第五条增加一款，作为第一款，规定："中华人民共和国实行依法治国，建设社会主义法治国家。"至此，"依法治国"这一治国基本方略，正式载入宪法，完成了从党的主张向国家意志的转变。依法治国基本方略宪法地位的确立，进一步成为一切组织和个人都必须遵循的根本准则。

第八节　社会体制改革

一、教育体制改革

（一）科教兴国战略提出

1993 年 2 月 13 日，中共中央、国务院发布《中国教育改革和发展纲要》(以下简称《纲要》),《纲要》制定了我国教育 20 世纪 90 年代发展的目标、战略和指导方针。这是我国改革开放时期具有重要指导意义的教育改革与发展文件。《纲要》提出的我国教育发展的总目标可分为五个方面：一是全民受教育的水平有明显提高；二是城乡劳动者的职前、职后教育有较大发展；三是各类专门人才的拥有量能基本上满足现代化建设的需要；四是形成具有中国特色的面向 21 世纪的社会主义教育体系的基本框架；五是在上述几个方面的基础上，再经过几十年的努力建立起比较成熟和完善的社会主义教育体系，实现教育现代化[①]。

① 《中国教育改革和发展纲要》,《人民教育》，1993 年 04 期。

1995 年 3 月 18 日，经第八届全国人民代表大会第三次会议审议通过的《中华人民共和国教育法》，是我国教育立法的重要成就，在教育史上具有里程碑意义。

1995 年 5 月，中共中央、国务院作出《关于加速科学技术进步的决定》，动员全党和全社会实施科教兴国战略，加速全社会科技进步，全面落实科学技术是第一生产力。这是党中央和国务院总结历史经验，根据世界发展形势和中国现实情况所作出的重大部署，也标志着中国正式提出了科教兴国战略。实施这一战略，就是要全面落实科学技术是第一生产力的思想，把科技和教育摆在经济、社会发展的重要位置，增强国家的科技实力及向现实生产力转化的能力，提高全民族的科技文化素质，把经济建设转移到依靠科技进步和提高劳动者素质的轨道上来，加速实现富强、民主、文明的目标。

（二）“211 工程”启动

1991 年 3 月，第七届全国人民代表大会第四次会议明确提出，下大力量重点抓好一批大学。同年 7 月，国家教委向国务院正式上报了《关于建设好一批重点大学和重点学科的报告》。李铁映提出要重点建设 100 所左右学校想法。这一提法后来就成为“211 工程”名字的由来。

1993 年 7 月，国家教委发出《关于印发〈关于重点建设一批高等学校和重点学科点的若干意见〉的通知》，对“211 工程”的定义、建设目标、实施办法以及立项程序等都进行了明确阐述。这是国家教委为实施“211 工程”所发布的第一个指导性文件。

1995 年 11 月，经国务院批准，由国家计委、国家教委和财政部联合制定的《“211 工程”总体建设规划》出台。由中央拨出专项资金，面向 21 世纪，重点建设好我国的 100 所大学。“211 工程”建设是新中国成立以来在高等教育领域进行的规模最大、层次最高的重点建设工程，显示了政府在公共经费投入上的政策导向性，是中国政府实施“科教兴国”战略的重大举措。

（三）高等院校扩招

1998 年 11 月，经济学家汤敏以个人名义提交了一份建议书《关于启动中国经济有效途径——扩大招生量一倍》。在这份建议书之中，他指出五点扩招的理由：中国大学生数量远低于同等发展水平的国家；国企改革带来的大量下岗工人如果进入就业市场与年轻人竞争会出现恶性局面；国家提出经济增长 8%的目标，教育被认为是老百姓最大的需求，扩招可以拉动内需，激励经济增长；高校有能力接纳扩招的学生，当时平均一个教师仅带 7 个学生；高等教育的普及事关中华民族振兴。①

在 20 世纪 90 年代初，随着我国各项事业的发展，人才培养的速度和规模越来越难以适应社会的需求，围绕着高等教育的供求矛盾越来越突出。当时，中国的高等教育毛入学率为 5%左右，远低于发达国家 80%左右的水平。以 1998 年为例，我国的大学生在校人数只有 780 万，占同龄人比例为 9.8%，这不但达不到发达国家的水平，还低于国际高等教育大众化最低标准 15%的水平。

① 李静：《汤敏：高考扩招之父要用科技填平教育鸿沟》，《经济观察报》，2019 年 9 月 27 日。

1999 年 1 月 13 日，国务院批转教育部 1998 年 12 月 24 日制定的《面向 21 世纪教育振兴行动计划》。据此，原国家计划发展委员会和教育部于 1999 年 6 月 16 日联合发出紧急通知，决定 1999 年中国高等教育在年初扩招 23 万人的基础上，再扩大招生 33.7 万人。根据这个通知，1999 年全国普通高等院校招生人数增加 51.32 万人，招生总数达 159.68 万人，增长速度达到史无前例的 47.4%。此后，中国高等院校扩招每年都以 40 万人以上的速度递增。这是新中国高等教育发展史上持续时间最长、扩招规模最大的一次高校大扩招。高等院校开始扩招，使我国的高等教育由精英化转入了大众化发展阶段。

二、医疗卫生体制改革

1992 年 10 月，党的十四大明确提出经济体制改革的目标是建立社会主义市场经济体制以后，卫生医疗领域继续探索适应社会主义市场经济环境的医疗卫生体制。以 1992 年国务院下发的《关于深化卫生医疗体制改革的几点意见》为标志，医疗卫生服务体制改革正式启动。20 世纪 90 年代这一阶段的改革确立了“三医联动”的基本架构，在措施上虽然也提出要坚持医疗卫生事业的福利属性，但总体来看制度导向更加强调市场机制作用。

（一）《关于深化卫生改革的几点意见》出台

1992 年 5 月，国务院成立医疗制度改革领导小组，我国医疗保障制度的总体改革进入了预备阶段。1992 年 9 月，国务院下发《关于深化卫生改革的几点意见》，要求“改革卫生管理体制，拓宽卫生筹资渠道，完善补偿机制；转换运行机制，推进劳动人事及工资制度改革；进一步扩大医疗卫生单位的自主权，使单位真正拥有劳动人事安排权、业务建设决策权、经营开发管理权和工资奖金分配权"[①]。

（二）《关于职工医疗制度改革的试点意见》颁布，启动医改"两江试点"

1994年1月，国务院总理办公会议召开，专题研究医疗保障制度改革问题。会议指出，医疗保障制度改革涉及广大人民群众切身利益，涉及如何正确处理国家、企事业单位、职工个人与医疗单位的关系，政策性强，难度大，不能操之过急。会议认为，根据国务院领导同志指示精神，国务院医疗体制改革小组在长期调查研究、广泛征求意见的基础上，提出的"试点意见"符合党的十四届三中全会确定的基本原则，可以组织试点，在试点中进一步完善，提高其可操作性。为此，会议要求在地方自愿的基础上，选择两个条件较好、有代表性而且不会引起较大震动的中等城市进行试点工作。

1994年4月14日，国家体改委、财政部、劳动部、卫生部共同制定了《关于职工医疗制度改革的试点意见》（以下简称《意见》），《意见》提出，通过改革要逐步建立起与社会主义市场经济体制相适应的，医疗保险费用由国家、用人单位和职工三方合理负担的，社会化程度较高的，覆盖城镇全体职工的医疗保险制度。改

① 《关于深化卫生改革的几点意见》，《中国农村医学》，1993年12期。

革的基本原则：一是医疗保险水平要与生产力发展水平相适应。鉴于各地区经济发展水平不同，单位和职工对医疗保险制度改革的承受能力也不同，职工医疗保险制度改革要积极、稳妥地组织试点，成熟后再逐步推广。二是建立既能保障职工的基本医疗，又能控制不合理医疗消费，对医患双方都有约束的医疗费用制约机制，逐步实现医疗费用的良性循环。三是要加快医政、医药等方面的配套改革，并强化管理，加强监督，逐步建立科学有效的管理运行机制。

此外，《意见》提出，经国务院批准，在江苏省镇江市、江西省九江市进行了试点，即著名的“两江试点”。12月，镇江市、九江市的职工医疗保障制度改革试点正式启动。“两江试点”的重点是实现机制转换，建立医疗保险“统账结合”*的城镇职工医疗保险模式。这一模式，经过扩大试点社会反映良好。与此同时，全国不少城市按照“统账结合”的原则，对支付机制进行了改革探索。

* “统账结合”即社会统筹与个人账户相结合。

口述改革

王东进：“两江试点”的五项内容

第一是要探索筹资，怎么筹法？社会保险和医疗保险也是这样，它本质上就是通过社会统一筹集资金，来化解个体成员没法抗拒的风险。医疗保险也是，靠个人他是无法抵抗这些疾病风险的，所以要靠筹集。

第二是筹资标准。国家筹多少，个人筹多少，单位筹多少？这个问题也要探索，在实践中探索的办法，到最后大体上是国家给予政策优惠，职工凡是从医保的可以进成本，进成本就可以免交所得税，当时国税所得税33%，等于企业交了一块钱，国家给你出了三毛三。企业交多少，通过反复的测算，大概就是工资总额的6%左右，职工交个人工资的2%。

第三如何建立费用的制约机制。就是我个人花多少钱，在什么范围内才能够报销，报销多少？你不搞清楚，那等于进了门槛以后就可以随便花钱。

第四就是如何加强对医疗单位的制约。因为对医患双方来说，在绝对优势的信息不对称情况下，这个话语权在医院，是医生。不管你是谁，在医生面前也基本没有话语权，所以必须建立对医患双方的制约机制。

第五如何在政事分开的情况下加强管理、强化监督。政府不去经办，但是要用什么办法来监督。当然我们现在已经是走到了打包付费，像江苏淮安采用这种办法，国外也是走到这一步。但当初还都是按项目付费，检查花了五块，化验花了十块，要花的加在一块。这样就没法控制，就是买多少付多少。

——作者系劳动和社会保障部原副部长

资料来源：中国（海南）改革发展研究院“口述改革历史”访谈。

1996年5月5日，国务院办公厅转发国家体改委、财政部、劳动部和卫生部等四部委《关于职工医疗保障制度改革扩大试点意见》的通知，提出职工医疗保障制度改革是我国社会保障制度改革的重要组成部分。为了推进职工医疗保障制度改革，建立新型的职工医疗保险制度，国务院在江苏省镇江市和江西省九江市进行职工医疗保障制度改革试点的基础上，决定1996年在全国范围内再挑选一部分具备条件的城市扩大试点。

（三）第一次全国卫生工作会议召开

1996年12月9—12日，全国卫生工作会议在北京举行。这是中华人民共和国成立以来由中共中央、国务院召开的第一次全国卫生工作会议，会议的任务是：总结中华人民共和国成立以来特别是改革开放以来卫生工作的成绩和经验，明确新时期卫生工作的奋斗目标和工作方针，讨论《中共中央、国务院关于卫生改革与发展的决定》，全面落实《国民经济和社会发展“九五”计划和2010年远景目标纲要》提出的卫生工作任务。

（四）城镇职工基本医疗保险制度改革正式启动

自20世纪80年代起，我国开始探索城镇职工医疗保险制度改革。1994年，国务院曾在江西、江苏等省40多个城市组织社会统筹与个人账户相结合的试点，积累了城镇职工医疗保险制度的经验。

口述改革

彭珮云：回忆形成职工医疗制度改革的试点意见的经过

1993年5月14日，我作为医改领导小组的组长，首次召开会议，主张尽快草拟推进医疗保障制度改革的指导意见，使原来的初步意见完善起来。这次会议推进了改革医疗保障制度的进度，将试点任务摆上了议事日程，要求1993年底以前，要形成职工医疗保险制度改革的试点意见，同时要准备好向国务院领导汇报的一个汇报提纲。当时国务院的领导，对这项改革是十分重视的。1993年7月27日，朱镕基副总理听取医疗制度改革筹备工作的情况汇报时说，医疗改革是改革中的一大重点，也是一大难点，关系到亿万职工的生命健康，要十分慎重，一定要试点。把道理讲清楚，否则你动了职工的既得利益，群众会反对的。他说原先有372亿元，就是国家1992年用于公费劳保医疗的总支出。他说我一分不少你的，但是要改变制度，建立机制，减少浪费。邹家华副总理在会上提出，不仅在职职工要参加医疗保险，待业的职工、退休的职工都应该纳入进来，对有生活困难的职工，在制定政策的时候要专门考虑，应该说保障广大职工的基本医疗和控制费用，始终是当时医改的两条最基本的原则。

——口述者系九届全国人大常委会副委员长

资料来源：中国（海南）改革发展研究院“口述改革历史”访谈

1997年1月15日，中共中央、国务院发布《关于卫生改革与发展的决定》，要求积极推进医药卫生体制改革，建立医药分开核算、分别管理的制度，形成医疗服务和药品流通的竞争机制，加强医疗机构和药店的内部管理等。

1998年12月14日，国务院发布《关于建立城镇职工基本医疗保险制度的决定》（以下简称《决定》），在全国范围内推开城镇职工医疗保险制度改革，建立覆盖全体城镇职工、社会统筹和个人账户相结合的基本医疗保险制度，确定了我国医疗保险制度改革的基本目标、基本原则和主要政策。从1999年初开始启动，1999年底基本完成。《决定》的发布，标志着我国城镇医疗制度改革正式启动。我国职工医疗保障制度改革进入新的阶段，变计划经济条件下国家（企业）对职工医疗保障的“大包大揽”的无限责任为“有限责任”。

（五）医疗体制“三改并举”

卫生医疗体制从1998年开始推行“三项改革”，即医疗保险制度改革、医疗卫生体制改革、药品生产流通体制改革，2000年国务院专门召开会议就“三改并举”进行部署。

2000年2月21日，国务院印发《关于城镇医药卫生体制改革的指导意见》，全面启动医改。此次医改主要措施包括：将医疗机构分为非营利性和营利性两类进行管理；扩大基本医疗保险制度覆盖面；卫生行政部门转变职能，政事分开，实行医疗机构分类管理；改革药品流通体制，实行医药分家等。这些措施被解读成为完全“市场化”的医改开了绿灯。

同年 7 月 7 日，卫生部等五部门下发《医疗机构药品集中招标采购试点工作若干规定》，要求药品集中招标采购活动，一般实行公开招标。不宜实行公开招标的可采用邀请招标、竞争性谈判采购、询价采购等方式进行。7 月 18 日，卫生部等四部门下发《关于城镇医疗机构分类管理的实施意见》，指出非营利性和营利性医疗机构按机构整体划分。划分的主要依据是医疗机构的经营目的、服务任务，以及执行不同的财政、税收、价格政策和财务会计制度。现有医疗机构性质的划分原则是：自愿选择和政府核定相结合；非营利性医疗机构在我国医疗服务体系中占主体和主导地位；符合区域卫生规划，优化卫生资源配置。8 月 4 日，国家发展计划委员会、卫生部印发《关于改革医疗服务价格管理的意见》，就改革医疗服务价格管理提出 5 条意见：调整医疗服务价格管理形式；下放医疗服务价格管理权限；规范医疗服务价格项目；改进医疗服务价格管理方法；加强医疗服务价格监督检查。

三、劳动就业体制改革

党的十四大和十四届三中全会明确我国经济体制改革目标是建立社会主义市场经济，经济体制改革的现实对加强劳动立法提出了迫切要求。

1994年7月，第八届全国人民代表大会第八次会议通过了《中华人民共和国劳动法》，并于1995年1月1日起施行，劳动就业体制正式向市场经济体制转型。《劳动法》涉及范围很广，突破了计划经济按不同所有制形式分别立法的传统模式，对不同所有制经济组织中劳动者的权利和义务按照同一标准做了统一规定。它以法律形式总结了我国在从计划经济向社会主义市场经济转型中面临的重要劳动问题，主要有：劳动合同、集体协商与集体合同、最低工资、社会保险、劳动争议处理、休息休假等。

《劳动法》是新中国成立以来第一部专门保障劳动者合法权益的基本法律，成为规范社会主义市场经济条件下劳动关系的基本法规。以《劳动法》为核心，国务院及劳动部发布了一系列劳动法规和规章，初步构建了适应市场发展需要的劳动法律法规体系。

四、养老服务体系改革

1995年3月，国务院下发《关于深化企业职工养老保险制度改革的通知》(以下简称《通知》)，《通知》借鉴和吸收当时国际上养老保险三种主要模式的优点，对企业职工养老金待遇发放办法进行了全面改革，创造性地提出了“社会统筹+个人账户”相结合的模式，并拟定了两个具体实施办法，供各地选择实施。在贯彻实施过程中，暴露出一些问题，主要是各地在设计社会统筹和个人账户比例时，由于对公平和效率的强调不一样，出现社会统筹和个人账户比例相差较大的情况，这对劳动力自由流动非常不利。1997年，国务院颁布《关于建立统一的企业职工基本养老保险制度的决定》，其核心内容主要有以下几个方面：统一规范了企业和职工个人缴纳基本养老保险费的比例；统一了企业职工的个人账户规模；统一了基本养老金的计发办法；提出了“老人老办法、新人新办法、中间人逐渐过渡”的过渡方案。至此，统一的、统账结合的城镇企业职工养老保险制度正式确立。

五、城镇住房制度改革

（一）《国务院关于深化城镇住房制度改革的决定》

住房制度改革起始于1980年。当年6月，中共中央、国务院批转《全国基本建设工作会议汇报提纲》，正式提出住房商品化政策，并“准许私人建房、私人买房、准许私人拥有自己的住宅。”此后，我国住房制度改革大致经历了试点售房（1979—1985年）、提租补贴（1986—1990年）和以售带租（1991—1993年）等阶段。

1991年初，上海开展住房公积金制度建设的大胆尝试，当年上海公积金总额达到10个亿，大大增强了城市政府的住宅投资能力。“上海方案成为中国住房制度改革的重要范本。因为它把存量改革和扩大增量结合了起来，把住房机制转换和加快住宅建设结合了起来，推动中国城镇住房制度改革全面起步。”①

1993年11月，党的十四届三中全会召开。会议通过了《中共中央关于建立社会主义市场经济体制若干问题的决定》，明确了中国要发展社会主义市场经济。1993年，国务院第三次房改工作会议提出了“以出售公房为重点，售、租、建并举”方针，推进公有

---

①《专访住房和城乡建设部住房保障司司长侯浙珉——1994年城镇房改决定出台始末》，《中国经济周刊》，2009年48期。

住房自有化，为住房商品市场发展创造前提条件。

1994年7月18日，国务院印发《关于深化城镇住房制度改革的决定》(以下简称《决定》)，《决定》明确提出，“城镇住房制度改革作为经济体制改革的重要组成部分，其根本目的是：建立与社会主义市场经济体制相适应的新的城镇住房制度，实现住房商品化、社会化；加快住房建设，改善居住条件，满足城镇居民不断增长的住房需求”。

文件基本内容可以概括为“三改四建”。“三改”即改变计划经济体制下的福利性旧体制。一是过去住房由国家、单位统包改为国家、单位、个人三者合理负担；二是住房的单位化改为住房的社会化和专业化；三是住房的实物福利分配方式改为货币工资分配为主的方式。“四建”即建立经适房体系和商品房体系；建立住房公积金制度；建立住房信贷体系；建立房地产市场。① 文件提出，全面推行住房公积金制度。《决定》在中国城镇住房制度改革历程上具有里程碑的作用，标志着我国全面推进住房市场化改革的确立。

（二）城镇福利分房制度终结

20世纪90年代中后期，我国加快住房货币化改革，不少城市推动“截断住房实物分配，实行住房分配货币化”试点。1997年亚洲金融危机爆发，面对一系列经济社会问题，需要开辟新的经济增长点带动经济发展。②

---

①《专访住房和城乡建设部住房保障司司长侯淅珉——1994年城镇房改决定出台始末》，《中国经济周刊》，2009年48期。

②《谢家瑾 我始终把自己定位为一个推动者》，《新京报》，2016年11月11日。

1998 年 3 月 19 日，九届全国人大一次会议上，新当选的国务院总理朱镕基和中外记者会面，正式提出“五项改革”，其中第三项就是深化城镇住房制度改革。朱镕基提出：“住房的建设将要成为中国经济新的增长点。但是我们必须把现行的福利分房政策改为货币化、商品化的住房政策，让人民群众自己买房子。”①

1998 年 7 月 3 日，国务院发布《关于进一步深化城镇住房制度改革加快住房建设的通知》（以下简称《通知》），明确要求自 1998 年下半年起终止住房实物分配，实行住房分配货币化，并确立了以经济适用住房为主体的住房供给结构。《通知》宣告了 1958 年以后一直延续的福利分房制度的终结，开启了以“取消福利分房，实现居民住宅货币化、私有化”为核心的住房制度改革。同时，提出“对高收入者供应商品房，对中低收入者供应含有一定社会保障的经济适用住房，对最低收入者供应含有较多社会保障的廉租屋住房”的分类供应制度。与此同时，1998 年 4 月 28 日、5 月 9 日人民银行分别发布《个人住房担保贷款管理试行办法》《个人住房贷款管理办法》，倡导贷款买房。

自此，公有住房自有化改革在全国全面展开，城镇住房市场全面启动。1998 年底全国城镇出售的公房，占可出售公房的 50% 以上。② 1998 年之后的四年中，民间固定资产投资平均增幅分别为 20.4%、11.8%、22.7%和 20.3%。③

---

① 《九届全国人大一次会议举行记者招待会——朱镕基总理和四位副总理与中外记者见面》，《经济参考报》，2011 年 3 月 10 日。
② 《中国房改 30 年》，《中国建设报》，2010 年 3 月 25 日。
③ 《1998 年：中国在抗击金融风暴中走向成熟》，《经济参考报》，2010 年 3 月 25 日。

大事记

1992 年

10 月 12—18 日，中国共产党第十四次全国代表大会举行。大会通过的报告《加快改革开放和现代化建设步伐，夺取有中国特色社会主义事业的更大胜利》，总结党的十一届三中全会以来 14 年的实践经验，决定抓住机遇，加快发展；确定我国经济体制改革的目标是建立社会主义市场经济体制；提出用邓小平同志建设有中国特色社会主义理论武装全党。大会通过《中国共产党章程（修正案）》，将邓小平同志建设有中国特色社会主义的理论和党在社会主义初级阶段的基本路线写入党章。

10 月 16 日，国务院批复同意海南省洋浦经济开发区国有土地使用权出让合同，面积为 27.353 平方公里，出让期限为 70 年。

10 月 21 日，国务院批复同意海南省设立海口保税区，保税区应以发展保税仓储、转口贸易及技术密集型的出口加工业为主，面积为 1.93 平方公里。该保税区实行比特区更加优惠的政策。

11 月，海峡两岸关系协会与台湾海峡交流基金会，就解决两岸事务性商谈中如何表述坚持一个中国原则的问题，达成各自以口头方式表述"海峡两岸均坚持一个中国原则"的共识，后被称为"九二共识"。

11 月 9 日，国务院同意在苏州等 25 个城市增建国家高新技术产业开发区。

11 月 19 日，国务院批复同意设立青岛、宁波、福州保税区，面积分别为 2.5 平方公里、2.3 平方公里和 1.8 平方公里。

12 月 14—18 日，国务院在北京召开全国计划会议。这次会议改变过去偏重于定指标、分投资、分物资的做法，重点放在正确分析当前经济形势与下一年发展趋势和国内外市场环境，合理确定宏观经济目标、发展重点和重大建设项目以及相应的方针政策和改革措施，引导资源合理配置和市场的健康运行。

12 月 17 日，国务院下发《关于进一步加强证券市场宏观管理的通知》。

12 月 21—24 日，国务院在北京召开全国经济工作会议。

12 月 24—25 日，六省农业和农村工作座谈会在武汉召开，研究当前农村形势和保护农民利益、调动农民生产积极性问题。

1993 年

1 月 5—10 日，全国经济体制改革工作会议在北京召开。

1 月 7 日，国务院办公厅转发国家教委《关于进一步改革和发展成人高等教育的意见》。

1 月 8 日，交通部、国家体改委、国务院经贸办颁发《全民所有制交通企业转换经营机制实施办法》。

1 月 11 日，国务院批复同意设立汕头经济特区保税区，规划面积 2.34 平方公里。至此，国务院批准的保税区共有 13 个。

1 月 19 日，国务院作出《关于福建省进一步对外开放问题的批复》，同意将福建三明、南平、龙岩三市以及宁德地区的福安市、福鼎县列入沿海经济开放区，实行沿海经济开放区的各项政策。同意福州经济技术开发区向快安小区延伸，面积从现有的 4.4 平方公里扩大到 10 平方公里，实行经济技术开发区的政策。同意设立东山经济技术开发区，实行沿海开放城市经济技术开发区关于生产性外商投资企业所得税减按15%的税率征收的政策。

1月20日，国务院发布《中华人民共和国国家货币出入境管理办法》，规定国家对货币出入境实行限额管理制度。该办法自3月1日起施行。

2月8日，我国铁路运输的第一个企业集团——广州铁路集团正式诞生。该集团是以广州铁路局改制的广州铁路（集团）公司为核心组建的。

2月9日，国务院办公厅转发国务院清理三角债领导小组《关于全国清理三角债工作情况的报告》，指出1991年上半年，全国企业间三角债达3000亿元以上，严重影响着国民经济的正常运行。国务院决定把清理三角债作为搞好国有大中型企业和提高企业经济效益的突破口来抓。

2月13日，中共中央、国务院印发《中国教育改革和发展纲要》，指出到20世纪末，我国要实现基本普及九年义务教育，基本扫除青壮年文盲。2000年底，如期实现“两基”目标。2011年底，全面完成普及九年义务教育和扫除青壮年文盲战略任务，我国加速从人口大国向人力资源强国迈进。

2月15日，国务院下发《关于加快粮食流通体制改革的通知》。

2月19日，七届全国人大常委会第三十次会议听取陈锦华关于经济体制改革情况的汇报。

3月5—7日，党的十四届二中全会在北京召开，审议通过《关于调整“八五”计划若干指标的建议》和《关于党政机构改革的方案》。

3月8日，国务院批转国家体改委《1993年经济体制改革要点》。

3月9日，全国第一家采用标准合约买卖的期货交易所——南京石油交易所正式开业。

3 月 11 日，国务院发出关于加快黄河三角洲开发的批复，同意将东营市（不包括所辖县）列入沿海经济开放区。

3 月 14—27 日，全国政协八届一次会议举行，选举李瑞环为全国政协主席。

3 月 15—31 日，八届全国人大第一次会议举行，选举江泽民为国家主席、国家中央军委主席，乔石为全国人大常委会委员长，李鹏为国务院总理。会议通过《中华人民共和国宪法修正案》《中华人民共和国澳门特别行政区基本法》《全国人民代表大会关于〈中华人民共和国澳门特别行政区基本法〉的决定》《全国人民代表大会关于设立中华人民共和国澳门特别行政区的决定》。

3 月 16 日，国家体改委在北京召开部分省市关于加强内部职工持股管理工作会议。

3 月 29 日，八届全国人大一次会议召开，肯定家庭联产承包为主的责任制是社会主义劳动群众集体所有制经济。

4 月 4 日，国务院批复同意设立武汉、芜湖、重庆、杭州、沈阳、长春、哈尔滨七个经济技术开发区，实行沿海城市经济技术开发区的政策。

4 月 12 日，国务院发布《国有企业职工待业保险规定》，进一步扩大了待业保险的覆盖范围，提出由企业缴费建立待业保险基金，用于保障待业职工的基本生活。

4 月 18 日，全国唯一的、目前规模最大的国家级期货公司——中国国际期货有限公司，正式在南京开业。

4 月 19 日，国务院就机构设置发出通知，国务院的机构设置由 86 个调整为 59 个；由部委管理的国家局共 15 个并明确了与主管部委的关系；大幅度裁减非常设机构并对清理调整后的机构改称为议事协调机构和临时机构；设置直属事业单位 8 个。

4 月 27—29 日，海峡两岸关系协会会长汪道涵和台湾海峡交流基金会董事长辜振甫在新加坡举行会谈并签订《汪辜会谈共同协议》等四项协议。这是两岸受权民间机构领导人的第一次会谈。

5 月 5—7 日，中央财经领导小组办公室召开座谈会，征求对《关于建立社会主义市场经济体制总体设想》（修改稿）的意见。

5 月 8—9 日，国家体改委在北京召开部分省市体改委主任座谈会，听取对《建立社会主义市场经济体制总体设想》的意见。

5 月 12 日，国务院批复同意设立萧山、广州南沙、惠州大亚湾经济技术开发区。规划面积都不超过 10 平方公里。至此，国务院批准建立的经济技术开发区已有 30 个。其中 1992 年以前批准 19 个。

5 月 20 日，中央财经领导小组听取国家体改委关于《建立社会主义市场经济体制规划纲要》的汇报。

5 月 21 日，北京双合盛五星啤酒三环股份有限公司法人股在全国证券报价系统正式上市交易，这是北京市企业首批股票上市。

5 月 24 日，北京天桥百货股份有限公司和北京天龙股份有限公司的股票在上海证券交易所挂牌上市。

6 月 10 日，根据国务院机构改革方案，国家税务局改为国家税务总局，由财政部归口管理改为国务院直属机构。

6 月 12 日，国家科委、国家体改委作出《关于大力发展民营科技型企业若干问题的决定》。

6 月 13—14 日，西北五省区经济工作座谈会召开，研究进一步深化改革、扩大开放，促进西北经济发展的问题。

6月14日，国务院办公厅发出《关于筹集三峡工程建设基金的通知》。

6月15日，国务院批转同意国家计委、国家经贸委、财政部《关于开放口岸检查检验配套设施建设的意见》。

6月19日，国务院批复同意河北省石家庄等六个地方的地区、市合并。至此，除保定地区外，全省实行市领导县的体制。

6月24日，国家国有资产管理局、对外贸易经济合作部、海关总署联合发布《关于用国有资产实物向投入境外开办企业的有关规定》。

同日，八届全国人大常委会第二次会议通过《关于设立全国人大常委会香港特别行政区筹备委员会预备工作委员会的决定》。

6月26日，国务院下发《关于提高铁路货物运价的通知》，自7月1日起，铁路货物运价每吨公里提高1分5厘。

同日，中国冶金进出口总公司委托华夏证券有限公司在我国境内发行4000万美元外币企业债券。

6月28日，国务院发布关于修改《自然科学奖励条例》《发明奖励条例》和《科学技术进步奖励条例》的决定。

7月2日，中共中央发出《关于党政机构改革的方案》和《关于党政机构改革方案的实施意见》的通知。该方案规定，除重庆、深圳、大连、青岛、宁波、厦门仍保留计划单列市外，其余省会城市不再实行计划单列。据此，全国计划单列市由14个改为6个。

同日，八届全国人大常委会第二次会议通过《中华人民共和国科学技术进步法》《中华人民共和国农业法》。

7月5—6日，由国家经贸委会同中国企业管理协会、中国工业经济协会联合举办的转换企业经营机制研讨会在北京举行。

7月5—7日，全国金融工作会议在北京举行。

7月11日，全国农村金融工作会议闭幕。

7月15日，国家教委印发《关于重点建设一批高等学校和重点学科点的若干意见》，提出面向21世纪重点建设100所左右的高等学校和一批重点学科点的计划，简称“211工程”。

8月2日，国务院公布《企业债券管理条例》规定。

8月4日，国务院发布《中华人民共和国税收征收管理法实施细则》。

8月11日，全国最大的综合性商品交易机构——北京商品交易所宣告成立并开始运作。

8月17日，国务院下发《关于积极稳妥地推进物价改革，抑制物价总水平过快上涨的通知》，要求严格控制国家管理的商品和服务项目提价。

8月20日，国务院召开常务会议，通过《九十年代农业发展纲要（草案）》。

9月2日，八届全国人大常委会第三次会议通过《关于修改〈中华人民共和国经济合同法〉的决定》《反不正当竞争法》及几项决定。《中华人民共和国反不正当竞争法》自12月1日起施行。

9月10—14日，党中央、国务院召开全面推行国家公务员制度和工资制度改革会议，宣布两项制度改革于10月1日起实施。

9月27—29日，中南、西南十省区经济工作座谈会在广州召开。

9月30日，国务院发布《关于进一步改革外汇管理体制的通知》。

10月7日，文化部颁布《营业性歌舞娱乐场所管理办法》。这是第一个以部长令的形式对文化市场进行管理的政府行政规章，它是我国对文化市场逐步实行法制化管理的开始。

10 月 18—21 日，中共中央在北京召开农村工作会议，中心议题是：研究在建立社会主义市场经济体制的进程中，如何全面加强农业的基础地位，促进我国农业和农村经济上一个新台阶的战略思想和具体措施。

10 月 22—31 日，第八届全国人大常委会第四次会议召开，通过《中华人民共和国消费者权益保护法》《中华人民共和国注册会计师法》《中华人民共和国红十字会法》《中华人民共和国教师法》和全国人大常委会关于修改《中华人民共和国个人所得税法》的决定。

11 月 2 日，《邓小平文选》第三卷出版。

11 月 4 日，国务院印发《90 年代中国农业发展纲要》。

11 月 5 日，中共中央、国务院印发《关于当前农业和农村经济发展的若干政策措施》，提出在原定的耕地承包期到期之后，再延长 30 年不变。

11 月 7 日，国家技术监督局发言人宣布，为适应建立社会主义市场经济体制和恢复关贸总协定缔约国地位的需要，我国已大幅度调整国家强制性标准的范围，原来 5200 多个强制性标准已压缩为 1666 个，其余改为推荐性国家标准。

11 月 11—14 日，党的十四届三中全会召开，通过《关于建立社会主义市场经济体制若干问题的决定》，勾画社会主义市场经济体制的基本框架。

11 月 15 日，国务院印发《国家公务员制度实施方案》，指出国家公务员制度的实施，要结合机构改革有计划、有步骤地进行。职位设置、人员选配、非领导职务的确定等，须在“三定”方案批准后进行。

11月19日，江泽民和克林顿举行正式会晤，这是两国最高领导人自1989年2月以来的首次正式会晤。

11月20日，江泽民出席在美国西雅图举行的亚太经济合作组织第一次领导人非正式会议并发表讲话。

11月26日，国务院召开常务会议，通过《财税、金融、投资、外贸等几项重大改革实施方案》。

同日，美国最大国际性银行花旗银行的中国区总部由香港正式移至上海。这是40年来第一家外资银行总部进入中国内地。

12月6日，国务院下发《关于进一步加强外商投资管理工作若干问题的通知》，明确国家即将公布《指导外商投资方向暂行规定》及其具体目录。

12月9日，全国人大常委会立法工作座谈会提出，在五年任期内建立社会主义市场经济法律体系的框架，将出台法律152件。主要有合伙企业法、股份合作企业法、证券法、房地产法、社会保障法等。

12月13日，国务院公布五个新税制条例:《中华人民共和国增值税暂行条例》《中华人民共和国消费税暂行条例》《中华人民共和国营业税暂行条例》《中华人民共和国所得税暂行条例》《中华人民共和国土地增值税暂行条列》，自1994年1月1日起施行。

12月15日，国务院作出《关于实行分税制财政管理体制的决定》，确定从1994年1月1日起改革地方财政包干体制，对各省、自治区、直辖市以及计划单列市实行分税制财政管理体制。

12月25日，国务院作出《关于金融体制改革的决定》，提出在国务院领导下，建立独立执行货币政策的中央银行宏观调控体系；建立政策性金融与商业性金融相分离，以国有商业银行为主体，多种金融机构并存的金融组织体系；建立统一开放、有序竞争、严格管理的金融市场体系。

同日，国务院批转国家税务总局《工商税制改革实施方案》，确定从 1994 年 1 月 1 日起施行。此方案是新中国成立以来规模最大、范围最广泛的一次税制改革。

1994 年

1 月 1 日，我国实现人民币官方汇率与外汇调剂市场汇率并轨，建立了以市场供求为基础的、单一的、有管理的浮动汇率制度。企业和个人按规定向银行买卖外汇，银行进入银行间外汇市场进行交易，形成市场汇率。中央银行设定一定的汇率浮动范围，并通过调控市场保持人民币汇率稳定。

1 月 11 日，国务院作出《关于进一步深化对外贸易体制改革的决定》，指出我国外贸体制改革的目标是：统一政策、放开经营、平等竞争、自负盈亏、工贸结合、推行代理制，建立适应国际经济通行规则的运行机制。

1 月 12—15 日，全国金融工作会议在北京召开。

1 月 14 日，我国政府发行第一笔 10 亿美元的全球债券。这是中国政府发行的第一笔全球债券，也是中国政府第一次进入美国资本市场。

1 月 19—22 日，中美联合经济委员会第八次会议在北京举行。这是联合委员会自 1988 年中断以来召开的首次会议。双方就中国恢复关贸总协定缔约国地位、最惠国待遇以及中美知识产权、劳改产品和市场准入的三个谅解备忘录执行情况及多边开发机构等问题交换了意见。

1月20日，国家经贸委下发《关于进一步加强企业管理工作的通知》。

1月25日，国务院下发《关于继续加强固定资产投资宏观调控的通知》。

1月28日，国务院公布《中华人民共和国个人所得税法实施条例》。

1月31日，国家体改委、国务院券委印发《关于社会募集股份有限公司向内部职工配售股份问题的补充规定》。

2月3日，国务院发布《关于职工工作时间的规定》，规定自3月1日起平均每周工作44小时。

2月11日，国务院批复同意苏州市同新加坡有关方面合作开发建设苏州工业园区，规划面积可按70平方公里考虑。

2月15日，中国人民银行公布《中国人民银行信贷资金管理暂行办法》，规定信贷资金管理的基本原则是：总量控制，比例管理，分类指导，市场融通。

2月17日，国家科委、国家体改委发布《适应社会主义市场经济发展，深化科技体制改革实施要点》，提出科技体制改革的总体目标是建立适应社会主义市场经济发展，符合科技自身发展规律和市场经济运行规律，科技与经济密切结合的新型体制，促进科技进步，实现科技、经济和社会的综合协调发展。

2月20日，国务院作出《关于进一步依法加强盐业管理问题的批复》，同意对食盐实行专营。

2月25日，国务院公布《中华人民共和国外资金融机构管理条例》，规定外资银行在中国经营的市场准入条件和监管标准等事项。

2月26日，国务院公布《医疗机构管理条例》，提出国家扶持医疗机构的发展，鼓励多种形式兴办医疗机构。该条例自9月1日起施行。

2月28日，根据中国人民银行决定，中国外汇交易中心在上海成立。

3月2日，国家经贸委公布《关于转换国有企业经营机制建立现代企业制度的若干意见》，明确改革的主要任务是：使国有大中型企业实现机制转换，建立起适应市场经济要求的现代企业制度，充分发挥国有大中型企业在社会主义市场经济中的主力军作用，带动整个国民经济持续、快速、健康地向前发展。

3月3日，国家体改委发布《关于选择若干县（市）进行县级综合改革试点的实施意见》。

3月17日，国务院决定组建中国进出口银行。

3月19日，全国政协八届二次会议审议通过《中国人民政治协商会议章程》（修正案），把政治协商、民主监督、参政议政并列为人民政协的主要职能。

3月23日，中共中央召开农村工作会议，全面部署1994年的农业和农村工作。会议要求深化农村经济体制改革，促进农村经济发展，抓好粮棉油生产和“菜篮子”工程。

3月24日，国务院批准《非贸易非经营性外汇财务管理暂行规定》。

3月26日，国务院发布《中华人民共和国矿产资源法实施细则》。

3月31日，农业部印发《乡镇企业产权制度改革意见》，提出乡镇企业产权制度改革的指导思想是以党的十四届三中全会精神为指针，以“三个有利于”为标准，以发展股份合作制或股份制为重点，进一步明晰产权，优化结构，完善机制，增强活力，促进我国乡镇企业高效、持续、快速、健康发展。

4 月 1 日，国家科委、国家体改委印发《关于进一步培育和发展技术市场的若干意见》，提出到本世纪末初步建立符合科学技术发展规律和市场经济运行规律，利用国内国际两个资源、面向国内国际两个市场，统一开放的社会主义技术市场体系。

4 月 4 日，设在上海的全国统一的外汇市场——中国外汇交易中心正式运行，从此中国外汇市场由带有计划经济色彩的外汇调剂市场发展到符合市场经济要求的银行间外汇市场的新阶段。

4 月 10 日，中共中央、国务院发布《关于 1994 年农业和农村工作的意见》。

4 月 12 日，国务院印发《90 年代国家产业政策纲要》。

4 月 14 日，国家体改委、财政部、劳动部、卫生部共同制定了《关于职工医疗制度改革的试点意见》，经国务院批准，在江苏省镇江市、江西省九江市进行了试点，即著名的“两江试点”。

4 月 21 日，国家科委、国家体改委公布《关于进一步培育和发展技术市场的若干意见》，提出下一阶段我国培育和发展技术市场的任务是：把培育和优先发展技术市场放在重要位置，强化市场机制，健全市场组织，完善市场结构，规范市场秩序，到本世纪末初步建立符合科学技术发展规律和市场经济运行规律，利用国内国际两个资源、面向国内国际两个市场，统一开放的社会主义技术市场体系。

4 月 22 日，国务院办公厅发出《关于加强国有企业产权交易管理的通知》，针对一些地方在进行国有企业产权交易过程中出现的问题，提出了解决办法。

5 月 12 日，八届全国人大常委会第七次会议通过《中华人民共和国对外贸易法》《中华人民共和国国家赔偿法》，分别自 1994 年 7 月 1 日和 1995 年 7 月 1 日起施行。

5 月 15 日，国务院办公厅发出《关于加强国有企业产权交易管理的通知》，指出严禁低价折股，低价出售，甚至无偿分给个人。组织国有企业产权交易活动，必须报国务院审批。

6 月 20 日，江泽民在深圳考察时发表讲话，指出中央对发展经济特区的决心不变；中央对经济特区的基本政策不变；经济特区在全国改革开放和现代化建设中的历史地位和作用不变。要把发展经济特区贯穿于社会主义现代化建设的整个过程，基本实现国家的现代化要搞多久，经济特区就要搞多久。对这一点不能有任何动摇。

6 月 23 日，国务院发布《中华人民共和国公司登记管理条例》，自 7 月 1 日起施行。

6 月 24 日，国务院办公厅转发财政部、国家税务总局《关于加强个人所得税征收管理的意见》。

7 月 5 日，八届全国人大常委会第八次会议通过《中华人民共和国劳动法》。

同日，国务院做出《关于进一步加强知识产权保护工作的决定》。

7 月 18 日，国务院作出《关于深化城镇住房制度改革的决定》，明确城镇住房制度改革的基本内容，其中包括将住房实物福利分配的方式改变为以按劳分配为主的货币工资分配的方式、建立住房公积金制度等。

7 月 31 日，国务院印发《关于进一步发展海峡两岸经济关系若干问题的决定》，提出要大力改善投资环境，为台商投资创造更有利的条件；要在办好现有台资企业和继续吸引中小台商投资的同时，重点做好台湾大企业的工作，鼓励台商按照国内产业政策投资大型项目；加强两岸在农业、科技、基础设施建设以及共同开辟国际市场等领域的合作。

8 月 3 日，国务院住房制度改革领导小组召开贯彻《关于深化城镇住房制度改革的决定》工作会议，提出城镇住房制度改革的近期任务是：全面推行住房公积金制度，积极推进租金改革，稳步出售公有住房，加快经济适用住房建设，到本世纪末初步建立起新的城镇住房制度，使城镇居民住房达到小康水平。

8 月 16 日，国务院批复同意，组建国家开发投资公司。该公司是国务院直接联系的国有独资政策性投资机构，受国家开发银行监管。公司为独立法人，实行独立核算、自主经营、自负盈亏。

8 月 18 日，国务院公布《基本农田保护条例》和《中华人民共和国气象条例》，前者自 10 月 1 日起施行。

8 月 30 日，第一次全国土地使用制度改革工作会议在北京召开，研究部署在加快建立社会主义市场经济体制的新形势下，深化土地使用制度改革，加强土地管理，切实保护耕地资源，建立社会主义土地市场体系。

8 月 31 日，八届全国人大常委会第九次会议通过《中华人民共和国审计法》《中华人民共和国仲裁法》，分别自 1995 年 1 月 1 日和 1994 年 9 月 1 日起施行。会议还决定港英最后一届立法局、市政局和区域市政局、区议会于 1997 年 6 月 30 日终止。由香港特别行政区筹备委员会根据《全国人民代表大会关于香港特别行政区第一届政府和立法会产生办法的决定》，负责筹备成立香港特别行政区的有关事宜，规定香港特别行政区第一届立法会的具体产生办法，组建香港特别行政区第一届立法会。

9 月 4—6 日，国家体改委在长春召开全国城市综合配套改革试点工作会议，研究如何推进社会保障体制改革问题。

9 月 7 日，国家经贸委发布《关于促进自营生产企业扩大出口的意见》，提出加快自营企业转机建制，增强适应国际市场的能力等措施。

9 月 8 日，建设部、国家计委、国家体改委等 6 部门印发《关于加强小城镇建设的意见》，要求有条件的县有重点地抓 1—2 个点进行试点。

9 月 25—28 日，党的十四届四中全会召开，通过《关于加强党的建设几个重大问题的决定》，把党的建设提到新的伟大工程的高度。

10 月 25 日，国务院下发《关于在若干城市试行国有企业破产有关问题的通知》。

10 月 26 日，全国农村政策法规会议召开，强调立足农村就地消化剩余劳动力。

11 月 2—4 日，国务院召开全国建立现代企业制度试点工作会议，确定在企业开展以“产权清晰、权责明确、政企分开、管理科学”为特征的现代企业制度试点工作。

11 月 3 日，国家国有资产管理局、国家体改委公布《股份有限公司国有股权管理暂行办法》，对国有股权的性质、股份公司国有股权管理应遵循的原则、股份公司设立时国有股权的界定、国有股持股单位和股权行使方式、国有股股权的收入、增购、转让及转让收入的管理、国家股持股单位的监督和制裁等作出具体规定。

11月17日，经国务院批准组建的又一家政策性银行——中国农业发展银行正式成立。

11月21日，中国人民银行发布公告，决定外汇兑换券1995年1月1日起停止在市场中流通，并限期1995年6月30日之前，境内外持券者办理完兑换事宜。

同日，全国农村经济工作座谈会提出，到2000年力争粮食达到5000亿公斤，多数农民过上小康生活。

11月22日，财政部、劳动部印发《关于加强企业职工社会保险基金投资管理的暂时规定》，指出企业职工社会保险基金是按国家规定提取、筹集和使用的专项基金。基金除用于购买社会保险基金特种定向债券外，不得在境内外进行其他直接投资和各种形式的委托投资等高风险投资。

11月25日，国务院发布《关于在若干城市试行国有企业破产有关问题的通知》，规范试点城市国有企业破产工作。

11月28日—12月1日，中共中央、国务院在北京召开中央经济工作会议。

12月3日，国家土地管理局、国家体改委印发《股份有限公司土地使用权管理暂行规定》。

12月4日，国务院办公厅转发国家体改委、国家发展计划委员会制订的《关于八个省会城市不再实行计划单列若干政策衔接问题的意见》，提出沈阳、长春、哈尔滨、南京、武汉、广州、成都、西安八个省会城市不再实行计划单列。同时对八个省会城市不再实行计划单列后的政策衔接问题，提出了解决办法。

12月10日，全国计划会议在北京召开，主要议题是：贯彻落实中央经济工作会议精神，讨论1995年国民经济和社会发展计划草案，研究以抑制通货膨胀为中心，妥善处理改革、发展和稳定的关系，加强和改善宏观经济调控。

12月20—23日，全国经济体制改革工作会议在北京举行，提出1995年经济体制改革的总任务是：重点推进以建立现代企业制度为目标的国有企业改革，配套进行社会保障体制改革，培育市场体系和转变政府职能，进一步巩固和完善宏观管理体制改革。

12月26日，全国商品流通工作会议在北京召开，提出1995年全国商品流通工作的总任务是：加强对重要商品的宏观调控，促进市场稳定、物价稳定，抑制通货膨胀；以加快流通企业改革为重点，推进流通体制整体改革；发挥国有内贸企业主渠道作用，强化市场管理，整顿流通秩序，规范市场行为。

12月29日，国内贸易部公布《关于深化流通体制改革、促进流通产业发展的若干意见》，指出按照社会主义市场经济发展的本质要求，从当前我国商品流通的实际出发，解决好流通的改革和发展问题，必须把“建设大市场、发展大贸易、搞活大流通”作为指导思想，把加快建立起以“市场化、社会化、现代化、国际化”为主要标志的商品流通体系作为奋斗目标。

1995年

1月3—10日，全国农业工作会议在北京召开，确定1995年农村经济工作两大目标：确保农副产品有效供给，确保农民收入稳定增加。

1月7日，中共中央发出关于印发《中国共产党党员权利保障条例（试行）》的通知。该条例是中国共产党历史上第一个保护党员民主权利的专门党内规章，全面系统地规范了党组织和党员在保障党员权利方面的工作和活动。

1月14日，国务院批转《中国计划生育工作纲要（1995—2000年）》。

1月15—16日，全国金融工作会议在北京召开，指出1995年要实行适度从紧的货币政策，进一步强化金融监管，改善金融服务，坚决抑制通货膨胀。

1月30日，江泽民在中共中央台湾工作办公室等单位举办的新春茶话会上，就现阶段发展两岸关系、推进祖国和平统一进程的若干重要问题提出八项主张。

2月9日，中共中央公布《党政领导干部选拔任用工作暂行条例》。

2月24—28日，中共中央和国务院在北京召开农村工作会议。

2月26日，中美两国就知识产权问题达成协议，也结束了中美两国关于知识产权问题长达20个月的九轮磋商。

2月27日，中共中央、国务院发布《关于深化供销合作社改革的决定》。

2月28日，中共中央公布《全国人民代表大会常务委员会关于惩治违反公司法的犯罪的决定》和《全国人民代表大会常务委员会关于修改〈中华人民共和国税收征收管理法〉的决定》。

同日，劳动部、国家经贸委发出《关于配合企业深化改革试点做好失业保险工作的通知》，提出要充分发挥失业保险对各地推行现代企业制度和优化资本结构试点工作的支持作用，规定国务院确定的百家现代企业制度试点单位分流到社会上的富余职工，可以享受国家失业保险待遇。

3 月 5—18 日，八届全国人大第三次会议召开。

3 月 6 日，国务院办公厅转发《国家经贸委关于深化企业改革搞好国有大中型企业的意见》，指出目前国有企业特别是国有大中型企业还存在的困难和问题，提出要进一步发挥国有大中型企业在整个国民经济中的骨干和主导作用，必须通过深化改革，把企业改组、改制和改造有机地结合起来，加强企业内部管理，提高国有大中型企业的效益。

3 月 11 日，中共中央、国务院印发《关于做好 1995 年农业和农村工作的意见》。

3 月 17 日，国务院下发《关于深化企业职工养老保险制度改革的通知》，提出企业职工养老保险制度改革的目标是：到本世纪末，基本建立起适应社会主义市场经济体制要求，适用城镇各类企业职工和个体劳动者，资金来源多渠道、保障方式多层次、社会统筹与个人账户相结合、权利与义务相对应、管理服务社会化的养老保险体系。

3 月 18 日，八届全国人大第三次会议通过《中华人民共和国教育法》《中华人民共和国银行法》。

3 月 25—27 日，国内贸易部、国家经贸委、国家体改委在上海召开部分省市连锁商业座谈会。

3 月 25 日，国务院决定修改职工工作时间，规定自 5 月 1 日起，职工每周工作 40 小时。

3 月 28 日，国务院批转农业部的通知，指出以家庭联产承包为主的责任制和统分结合的双层经营体制，是党在农村的一项基本政策和我国农业经济的一项基本制度，必须保持长期稳定，任何时候都不能动摇。

4月4—6日，国家经贸委、国家计委、国家体改委在北京联合召开全国试点企业集团工作会议，就进一步推进企业集团试点工作做出部署。

4月5日，国家经贸委、劳动部公布《国有企业资产经营责任制暂行办法》。

4月6日，国家税务总局发布《个人所得税代扣代缴暂行办法》。

4月11日，国家体改委等11部门印发《小城镇综合改革试点指导意见》，对选择一批小城镇进行综合改革试点的目标和原则、内容、组织实施等方面的事项提出具体意见。

5月2日，国家计委召开全国市场流通会议，提出要正确全面理解中央关于对重要商品实行地区自求平衡的精神，加强地区、部门之间的协作配合，打破地区封锁、部门分割状况，促进统一开放大市场的形成。

同日，国家经贸委、国家教委、劳动部、财政部、卫生部联合颁布《关于若干城市分离企业办社会职能分流富余人员的意见》，要求具备条件的企业分离自办中小学校、医院、后勤服务等单位，不具备条件的企业先在内部分离，独立核算，待条件具备后再逐步推向社会交由政府管理。当年底，百家试点企业已分离医院4所，降低费用支出13万元，分离学校26所，降低费用支出260万元，18个试点城市分离学校、医院、托幼园所等非生产性机构2537所。

5月4日，国家开发投资公司成立。

5月6日，中共中央、国务院作出《关于加速科学技术进步的决定》，确定实施科教兴国战略。

5 月 10 日，中共中央公布《中华人民共和国商业银行法》。

同日，八届人大常务委员会第十三次会议通过《中华人民共和国票据法》，自 1996 年 1 月 1 日起施行。

5 月 24 日，建设部发出《关于加快房地产市场流通促进商品房销售的通知》，强调继续实施对房地产市场的宏观调控，保障房地产市场持续、稳定发展的七条措施。

5 月 25 日，国务院批转中国人民银行《关于中国工商银行等四家银行与所属信托投资公司脱钩的意见》表示，四家银行均应按照本意见的要求，在机构、资金、财务、业务、人事、行政等方面与所属信托投资公司彻底脱钩，不再保持隶属或挂靠关系。而且四家银行与所属信托投资公司脱钩，要根据不同的出资形式，按照不同的方式处理。

5 月 26 日，国家体改委向国务院上报《关于综合配套改革试点城市实行若干试点政策的请示》，提出允许在综合配套改革试点城市实行的四项政策。

6 月 10 日，国务院下发《关于粮食部门深化改革实行两条线运行的通知》，决定加快对粮食部门现行体制的改革，将粮食部门政策性业务和商业性经营分开，建立两条线运行机制。对政策性和经营性业务的范围及从事两项业务的单位都作了具体的界定。

6 月 16 日，全国证券期货市场监管工作会议提出 1995 年的股票发行工作要严格控制新股发行和上市节奏，同时还要规范发行市场。

6 月 30 日，八届全国人大常务委员会第十四次会议通过《中华人民共和国保险法》，自 1995 年 10 月 1 日起施行。

7 月 3 日，国务院下发《关于原有有限责任公司和股份有限公司依照〈中华人民共和国公司法〉进行规范的通知》。

7月21日，国务院办公厅发出通知，转发国家体改委、国家经贸委《关于深圳口岸管理体制改革试点方案》。该方案提出深圳口岸管理体制改革的总目标是：结合中国国情和国际惯例，建立起依法把关、监管有效、方便进出、服务优良、管理科学、收费合理、国际一流的口岸管理体制和政企分开、统一协调、平等竞争、高效运作的港口营运机制。

8月22日，国务院新闻办公室发表《中国的计划生育》白皮书，对中国如何迎接人口挑战、实行计划生育的政策和措施、实行计划生育的成效等方面的情况，作了全面、详尽、系统的介绍。

8月24日，我国第一部农业发展年度报告《农业白皮书》正式出版，面向国内外发行。

9月4日，中国人民银行发布《设立境外中国产业投资基金管理办法》。

9月7日，国务院下发《关于组建城市合作银行的通知》，决定自1995年起在大中城市通过企业、居民和地方财政投资入股的方式，分期分批组建城市合作银行。

9月15日，国家体改委发出《关于在股份有限公司设立中加强改制工作的通知》，提出公司改制应达到的目标是建立完善的公司法人治理结构，股东会、董事会、监事会、经理层职责明确，制度健全。

9月28日，党的十四届五中全会通过《关于制定国民经济和社会发展"九五"计划和2010年远景目标的建议》，提出建立和完善社会主义市场经济体制是今后15年的战略任务。该建议还指出，要实现我们的奋斗目标，关键在于实行两个具有全局意义的根本性转变：一是经济体制从传统的计划经济体制向社会主义市场经济体制转变，二是经济增长方式从粗放型向集约型转变。

同日，江泽民在党的十四届五中全会作出题为《正确处理社会主义现代化建设中的若干重大关系》的重要讲话。讲话内容可概括为 12 种关系：一是改革、发展、稳定的关系。二是速度和效益的关系。三是经济建设和人口资源、环境的关系。四是第一、第二、第三产业的关系。五是东部地区和中西部地区的关系。六是市场机制和宏观调控的关系。七是公有制经济和其他经济成分的关系。八是收入分配中国家、企业和个人的关系。九是扩大对外开放和坚持自力更生的关系。十是中央和地方的关系。十一是国防建设和经济建设的关系。十二是物质文明建设和精神文明建设的关系。

10 月 6—9 日，国家体改委等 11 部委在江苏昆山市联合召开全国小城镇试点工作经验交流会。

10 月 7—9 日，国家经贸委在青岛召开全国企业改革试点工作经验交流会。

10 月 19 日，中共中央办公厅、国务院办公厅转发《中央宣传部、农业部关于深入开展农村社会主义精神文明建设活动的若干意见》。

10 月 31 日，国家经贸委、国家体改委印发《关于国务院有关部门选报的 30 户进行建立现代企业制度试点企业有关政策问题的意见》，对试点企业国有资产投资主体、试点企业成立财务公司、试点企业外贸、外经权等问题作出规定。

11 月 7 日，中央机构编制委员会和国家人事部联合召开全国事业单位机构和人事制度改革工作会议。

11 月 13 日，国家体改委和林业部联合颁发《林业经济体制改革总体纲要》提出，逐步建立和完善既适应社会主义市场经济，又反映林业特点的林业经济新体制，以推进林业“九五”发展规划和建立林业“两大体系”目标的实现。我国林业建设将在营林体制、产业发展、资源保护等方面作出重大改革。

11月21日，国家经贸委发布《关于国务院确定的百户现代企业制度试点工作操作实施阶段的指导意见》，提出主要任务和总体目标，以及8项主要工作和4项工作要求。

12月5—7日，中央经济工作会议在北京召开，强调1996年和今后经济工作中一定要紧紧抓住经济体制和经济增长方式转变的关键环节。

12月9日，国家经贸委召开全国经贸工作会议，提出1996年经贸工作要推进两个转变，建立三个机制。即推进计划经济体制向社会主义市场经济体制转变、经济增长方式从粗放型向集约型转变；建立有利于节约资源、降低消耗、增加效益的企业经营机制，有利于自主创新的技术进步机制，有利于公平竞争和资源优化配置的经济运行机制。

12月10—13日，全国计划会议在北京召开，主要议题是贯彻落实党的十四届五中全会精神和中央经济工作会议的部署，讨论1996年国民经济和社会发展计划草案，研究如何推进经济体制和经济增长方式转变，促进国民经济持续、快速、健康发展和社会全面进步。

12月17—19日，全国经济体制改革工作会议在北京召开。

12月31日，国务院下发《关于加强农村集体资产管理工作的通知》，要求各级人民政府要高度重视农村集体资产管理工作。

1996 年

1 月 12 日，国家体改委印发《1996 年经济体制改革实施要点》，提出 1996 年经济体制改革要以国有企业改革为中心环节，配套推进其他方面改革。通过经济体制改革，推动经济增长方式转变。

1 月 21 日，中共中央、国务院发布《关于“九五”时期和今年农村工作的主要任务和政策措施》。

1 月 24—27 日，中国共产党中央纪律检查委员会第六次全体会议在北京召开，强调反腐败斗争的主要任务是：第一，要落实中央纪委第二次全会以来关于领导干部廉洁自律各项规定；第二，要继续加大办案力度，突破一批有影响的大案要案；第三，在纠正部门和行业不正之风方面，要继续把治理公路乱设卡、乱收费、乱罚款，中小学乱收费和向农民乱收费、乱摊派作为重点。

1 月 29 日，国务院公布《中华人民共和国外汇管理条例》，自 4 月 1 日起施行。

2 月 16 日，国务院住房改革领导小组召开会议，决定全面建立住房公积金制度。继续搞好国家安居工程，加快经济适用住房的建设。

2 月 24 日，商务部发布《关于促进中小流通企业改革和发展的指导意见》，提出推动中型流通企业深化企业制度改革，健全企业法人治理结构，按照现代企业制度要求，转换经营机制，完善企业经营、用工、人事和收入分配等制度，调动企业职工的积极性。

3 月 7 日，国务院转发国家经贸委《关于 1996 年国有企业改革工作的实施意见》，指出以建立现代企业制度为目标，把国有企业的改革同改组、改造和加强管理结合起来，构造产业结构优化和经济高效运行的微观基础。全面准确把握“产权清晰、权责明确、政企分开、管理科学”的现代企业制度基本特征，加大改革力度，使大多数国有大中型骨干企业在本世纪末初步建立起现代企业制度，成为自主经营、自负盈亏、自我发展、自我约束的法人实体和市场竞争主体。

3 月 12 日，国家国有资产管理局下发《关于扩大试点城市“优化资本结构”国有资产管理工作的通知》，要求扩大试点城市的国有资产管理部门要和当地政府取得联系，积极主动地参与试点工作，了解试点的主要政策，研究试点中国有资产管理工作方案。并结合试点工作，做好国有资产的基础管理工作，包括清产核资、资产评估、产权界定、产权登记、产权变动的管理等。

3 月 17 日，八届全国人大第四次会议通过《中华人民共和国行政处罚法》，自 10 月 1 日起施行。

3 月 18 日，国家科技领导小组成立暨第一次会议在中南海举行。

3 月 26 日，财政部下发《关于完善省以下分税制财政管理体制意见的通知》，对有些地区在地方各级政府之间的纵向财力分配方面还存在的明显不合理因素，在税种划分、税收返还操作办法等方面还存在的一些问题，提出解决办法。

3 月 29—31 日，国家经贸委在大连召开建立现代企业制度试点工作座谈会，确认今年百户试点工作的总体要求是：加快步伐，坚持规范，务求突破，注重实效。

4 月 1—3 日，国务院经济特区工作会议在广东省珠海市召开。

4 月 4 日，江泽民会见“八六三计划”十周年工作会议代表时指出，我们要牢牢把握历史机遇，大力发展高技术及其产业，不断提高科技进步在推动经济增长中的作用，促进国民经济增长方式的转变。

4 月 5 日，国税总局、建设部发出《关于土地增值税征收管理工作有关问题通知》，要求各地税收部门在建设部门配合下，尽快建立起一套完善的征收管理制度。

同日，中共中央印发《中国共产党地方委员会工作条例(试行)》。

4 月 8—11 日，国务院办公厅在镇江召开全国职工医疗保障制度改革扩大试点工作会议，决定试点工作将由镇江、九江扩大到全国。会议还提出了建立职工社会医疗保险制度的十项基本原则。

4 月 9 日，中国人民银行以国债为工具的公开市场操作系统正式启动。第一批交易对象是工商银行等 14 家商业银行，随着各方面条件的成熟，中国人民银行将逐步扩大交易对象。

4 月 27 日—5 月 4 日，江泽民在上海考察，发表《坚定信心，加强领导，狠抓落实，加快国有企业改革和发展步伐》的重要讲话，系统阐述搞好国有企业改革必须遵循的基本方针。

5 月 15 日，中共中央公布《全国人民代表大会常务委员会关于修改〈中华人民共和国统计法〉的决定》《中华人民共和国促进科技成果转化法》《中华人民共和国职业教育法》。

6 月 20 日，中国人民银行发布《关于对外商投资企业实行银行结售汇的公告》，指出从今年 7 月 1 日起，我国将对外商投资企业实行银行结售汇，并在年内实现人民币经常项目可兑换。并修订颁布新的《结汇、售汇及付汇管理规定》。

6 月 27 日，农业部、劳动部下发《关于乡镇企业实行劳动合同制度的通知》，规定乡镇企业实行劳动合同制度的范围、原则和内容。

6月30日，国家经贸委公布《关于放开搞活国有小型企业的意见》，提出小企业改革的方向是实行政企分开，创造条件，使企业自主走向市场；转换经营机制，使企业成为自主经营、自负盈亏、自我发展、自我约束的法人实体。

7月8日，中共中央办公厅和国务院办公厅发布《中央机构编制委员会关于事业单位机构改革若干问题的意见》，提出要把事业机构改革提到重要的日程，并且对事业单位机构改革的指导思想和改革的方向再一次做了明确规定，特别是提出根据事业单位的不同情况，分类进行改革的初步设想，对主要从事生产经营活动，性质应为企业，但现在作为事业单位管理的单位，原则上应改为企业。

7月12日，国家国有资产管理局公布《关于城市“优化资本结构”试点国有资产管理工作的指导意见》，提出对国有资产管理工作的十条指导意见。

7月13—14日，全国农村金融体制改革工作会议在北京召开。

7月19—21日，全国体改工作座谈会在哈尔滨召开。

7月22—23日，国家体改委召开推进国有大中型企业改革座谈会。

7月24日，国务院批转国家经贸委等四部门制定的《关于建立企业扭亏增盈工作目标责任制的意见》，提出要制定企业扭亏增盈目标，实行行政领导负责制；确定考核范围和考核指标，定期公布考核指标完成情况；建立考核制度，促进企业扭亏增盈工作。

同日，国家经贸委印发《关于放开搞活国有小型企业的意见》，指出小企业改革的方向是实行政企分开，创造条件，使企业自主走向市场；转换经营机制，使企业成为自主经营、自负盈亏、自我发展、自我约束的法人实体。

8 月 2—5 日，高等教育管理体制改革工作座谈会在北戴河召开。

8 月 12 日，劳动部发布《企业职工工伤保险试行办法》。

8 月 22 日，国务院发布《关于农村金融体制改革的决定》。

8 月 23 日，国务院下发《关于固定资产投资项目试行资本金制度的通知》。

9 月 1 日，纵贯我国南北，连接九省市的京九铁路于本日上午 9 点 13 分从北京西站正式开通运营。

9 月 25 日，中国人民银行发布《境内机构对外担保管理办法》，自 10 月 1 日起施行。

9 月 30 日，国家对外贸易经济合作部发布实施《关于设立中外合资对外贸易公司试点暂行办法》。

10 月 1 日，国家国有资产管理局公布《关于建立企业产权市场监管体系的指导意见》。

10 月 10 日，党的十四届六中全会通过《关于加强社会主义精神文明建设若干重要问题的决议》，指出社会主义社会是全面发展、全面进步的社会，社会主义现代化事业是物质文明和精神文明协调发展的事业。

10 月 21 日，国务院办公厅召开全国职工医疗保障制度改革扩大试点工作电视电话会议。

10 月 29 日，八届全国人大常委会第二十二次会议通过《中华人民共和国乡镇企业法》。

11 月 21—24 日，中共中央和国务院在北京召开中央经济工作会议，确定 1997 年中国经济工作总的要求。

11 月 30 日，中国开始接受国际货币基金组织协定第八条款，实行人民币经常项目下的可兑换。

12月2日，中国人民银行颁布《上海浦东外资金融机构经营人民币业务暂行管理办法》，开始审批设在上海浦东符合条件的外资金融机构经营人民币业务。

12月5—8日，全国计划会议在北京召开，讨论和部署1997年国民经济和社会发展计划，研究以市场需求为导向，加快结构调整，开发和培育新的经济增长点，推进经济体制和经济增长方式转变，稳定和改善宏观经济环境，促进国民经济持续、快速、健康发展和社会全面进步。

12月18—21日，全国体改工作会议在深圳召开。

1997年

1月6—9日，国务院在北京召开全国国有企业职工再就业会议。

1月10—13日，中央农村工作会议在北京召开，提出要确保1997年农业增产、农民增收、农村稳定，实现农村经济全面发展和社会全面进步。

1月11日，中共中央发出《关于进一步做好文艺工作的若干意见》，专门部署深化文艺体制改革问题，强调深化文艺体制改革是繁荣和发展社会主义文艺事业的必由之路。

1月15—17日，由国家体改委等11个部委组织召开的全国小城镇综合改革试点工作会议在浙江温州龙港镇举行，提出今年全国小城镇综合改革试点要在四个方面取得突破：一是着力建立适应城市化发展要求的小城镇政府行政管理体制；二是在小城镇财政管理体制上有所突破；三是推进以户籍登记制度改革为中心的配套体制改革，如粮食销售体制、土地流转制度和社会保障制度的改革；四是加强规划管理，实现小城镇用地和耕地之间的动态平衡。

1 月 15 日，中共中央、国务院作出《关于卫生改革与发展的决定》，指出新时期卫生工作的方针是：以农村为重点，预防为主，中西医并重，依靠科技与教育，动员全社会参与，为人民健康服务，为社会主义现代化建设服务。

1 月 16 日，国家电力公司正式成立。

1 月 17 日，中国证监会公布《关于股票发行工作若干规定的通知》。

1 月 18 日，中国证监会公布《关于股票发行与认购方式的暂行规定》，指出股票发行可采用“上网定价”方式、“全额预缴款”方式，以及“与储蓄存款挂钩”方式。

1 月 23 日，国务院批转国家税务总局《关于深化税收征管改革的方案》。该方案指出征管改革的主要内容：建立纳税人自行申请纳税制度；建立税务机关和社会中介组织相结合的服务体系；建立以计算机网络为依托的管理监控体系；建立人工与计算机结合的稽查体系；建立以征管功能为主的机构设置体系。

1 月 23—25 日，全国住房制度改革工作会议在成都召开。

2 月 3 日，中共中央、国务院印发《1997 年农业和农村工作的意见》，提出继续加强农业的基础地位，确保农业持续稳定增长。在加快粮食流通体制改革方面，提出逐步建立起适应社会主义市场经济要求、适合我国国情的粮食流通体制。

2 月 19 日，邓小平逝世。

2 月 23 日，八届人大常务委员会第二十四次会议通过《中华人民共和国合伙企业法》，该法于 8 月 1 日起实施。

2 月 25 日，国务院下发《关于对生产企业自营出口或委托代理出口货物实行“免、抵、退”税办法的通知》，指出对有进出口经营权的生产企业自营出口或委托外贸企业代理出口货物实行“免、抵、退”税的办法，是出口退税管理办法的重要改革。

3月1—14日，八届全国人大第五次会议召开。李鹏代表国务院作政府工作报告，提出1997年的各项工作任务，强调国有企业改革是1997年经济体制改革的重点，也是政府工作的突出任务。要集中力量抓好国有大型企业和企业集团。进一步放活国有小企业；规范破产，鼓励兼并，推进再就业；多渠道增资减债；切实加强企业经营管理；认真抓好企业的扭亏增盈工作。3月14日，八届全国人大第五次会议通过《中华人民共和国国防法》，并决定批准设立重庆直辖市，撤销原重庆市。

3月1日，中国人民银行总行开始对中国工商银行、中国农业银行、中国银行、中国建设银行四家国有独资银行总行开办再贴现业务。

3月2日，国务院下发《关于在若干城市试行国有企业兼并、破产和职工再就业有关问题的补充通知》。

3月24日，国家国有资产管理局、国家体改委印发《股份有限公司国有股东行使股权行为规范意见》。

3月25日，国务院证券委员会发布《可转换公司债券管理暂行办法》。中国证监会负责组织可转换公司债券的试点工作。

3月28日，中共中央颁发《中国共产党党员领导干部廉洁从政若干准则（试行）》。

4月11—13日，国家体改委在杭州召开现代企业制度试点暨原有股份公司规范工作会议，总结交流各地建立现代企业制度试点和股份制改革的经验，提出要加大现代企业制度试点力度，推进国有企业股份制改造，扎扎实实地搞好国有企业改革，搞活整个国有经济。

4 月 15 日，中共中央、国务院印发《关于进一步加强土地管理切实保护耕地的通知》，国家正式确立土地用途管理制度。

4 月 28 日，中国人民银行颁布施行《个人住房担保贷款管理试行办法》。

4 月 29 日，国务院批转国家计委、国家经贸委、国家体改委《关于深化大型企业集团试点工作意见的通知》。试点企业集团由 57 家扩大到 120 家。

5 月 5 日，国家体改委党组向党中央、国务院报送《关于加强体改机构问题的意见》，提出体改委作为改革开放的产物，在改革任务没有完成以前，应当继续保留并加强这个综合职能部门。这样，更有利于加快建立社会主义市场经济体制。

5 月 9 日，八届全国人大常委会第二十五次会议通过《中华人民共和国行政监察法》。

5 月 28 日，国务院转发卫生部等五部门《关于发展和完善农村合作医疗的若干意见》。该意见指出，农村合作医疗制度是农民通过互助共济，共同抵御疾病风险的制度。举办农村合作医疗，要坚持民办公助、自愿量力、因地制宜的原则。筹资以个人投入为主，集体扶持，政府适当支持。

6 月 4 日，国家科技领导小组第三次会议决定制定和实施《国家重点基础研究发展规划》。随后，科技部组织实施国家重点基础研究发展计划（又称“九七三计划”）。

6 月 10 日，国务院转发公安部《小城镇户籍管理制度改革试点》和《关于完善农村户籍管理制度意见的通知》。

6月16日，国家体改委印发《关于发展城市股份合作制企业的指导意见》，指出股份合作制适应社会主义市场经济的要求，促进了生产力的发展。

6月23日，国家经贸委、国家计委、国家体改委在北京联合召开国家试点企业集团工作会议，强调企业集团试点要坚持建立现代企业制度的方向，建立国有资产出资人制度和法人财产制度。

6月30日—7月1日，中英两国政府香港政权交接仪式在香港举行，宣告中国政府对香港恢复行使主权，中华人民共和国香港特别行政区成立。交接仪式后，举行中华人民共和国香港特别行政区成立暨特区政府宣誓就职仪式。中国人民解放军驻港部队于7月1日零时开始履行香港防务职责。

7月16日，国务院作出《关于建立统一的企业职工基本养老保险制度的决定》。29—30日，国务院在北京召开全国统一的企业职工基本养老保险制度工作会议。

8月2日，中国人民银行货币政策委员会正式成立，国务院任命第一届委员会的组成成员。

8月6日，国家体改委公布《关于发展城市股份合作制企业的指导意见》，指出股份合作制是采取了股份制一些做法的合作经济，是社会主义市场经济中集体经济的一种新的组织形式。

同日，中共中央办公厅、国务院办公厅发出《关于进一步稳定和完善农村土地承包关系的通知》，要求切实提高对稳定农村土地承包关系重要性的认识，认真做好延长土地承包期的工作。

8月30日，医疗保险制度改革研讨会在天津召开，研究基本医疗界定和医疗保险制度改革模式的问题。医疗保障试点工作在全国范围内选择了58个城市。截至1998年底，全国参加医疗保险社会统筹与个人账户相结合改革的职工达 401.7 万人，离退休人员 107.6 万人，该年的医疗保险基金收入达 19.5 亿元。到 1999 年被确定为试点地区的 58 个城市已全部开展了试点工作。

9 月 2 日，国务院下发《关于在全国建立城市居民最低生活保障制度的通知》，决定自 1997 年起到 1999 年底以前，在全国逐步建立起这种制度，使城市居民的基本生活得到保障。9 月 3 日，国务院召开全国电视电话会议，部署在全国建立城市居民最低生活保障制度的工作。

9 月 12—18 日，党的第十五次全国代表大会举行。大会通过报告《高举邓小平理论伟大旗帜，把建设有中国特色社会主义事业全面推向二十一世纪》。大会通过关于《中国共产党章程修正案》的决议，把邓小平理论同马克思列宁主义、毛泽东思想确立为党的指导思想并载入党章。

9 月 15 日，中国人民银行公布《农村信用合作社管理规定》，对农村信用合作社的性质、监督管理、机构设立和变更、股权设置、组织机构等事项作出规定。

9 月 30 日，中国人民银行下发《关于允许中资企业保留一定限额外汇收入的通知》，指出自 1997 年 10 月 15 日起，逐步允许中资企业开立外汇账户，保留一定限额外汇收入。

11 月 14 日，国务院证券委员会发布《证券投资基金管理暂行办法》。这是我国第一部证券投资基金法规性文件，其实施将由中国证监会在试点和总结实践经验的基础上逐步推开。

11 月 19 日，国务院公布《中华人民共和国合伙企业登记管理办法》。

12 月 6 日，中共中央、国务院下发《关于深化金融改革，整顿金融秩序，防范金融风险的通知》。

12月9—11日，中央经济工作会议在北京召开，提出全面贯彻落实党的十五大精神，继续推进经济体制和经济增长方式的根本转变，进一步加强农业基础地位，加快国有企业改革步伐，加大经济结构调整力度，加强和改善宏观调控，提高对外开放水平，安排好群众生活，实现国民经济持续、快速、健康发展和社会全面进步。

12月13日，全国计划会议在北京召开。

12月15日，全国经贸工作会议在成都召开。

12月16日，江泽民出席中国—东盟首脑非正式会晤。

12月19日，国家教委公布《关于进一步推进城市教育综合改革的若干意见》。

12月22日，全国经济体制改革工作会议在厦门召开。

12月24日，中国人民银行下发《关于改进国有商业银行贷款规模管理的通知》，决定从1998年1月1日起取消对国有商业银行贷款限额控制，在推行资产负债比例管理和风险管理的基础上，实行“计划指导、自求平衡、比例管理、间接调控”的新管理体制。

同日，江泽民在会见全国外资工作会议代表时讲话指出，“引进来”和“走出去”，是我们对外开放基本国策两个紧密联系、相互促进的方面，缺一不可，这是一个大战略。

12月29日，八届全国人大常委会第二十九次会议通过《中华人民共和国价格法》，自1998年5月1日起施行。

同日，国务院公布《关于调整进口设备税收政策的通知》，规定自1998年1月1日起，对国家鼓励发展的国内投资项目和外商投资项目进口设备，在规定的范围内，免征关税和进口环节增值税。

1998 年

1 月 1 日，中国人民银行取消对国有独资商业银行的贷款规模控制，在逐步推行资产负债比例管理和风险管理的基础上，实行“计划指导，供求平衡，比例管理，间接控制”的新信贷管理体制，标志着中央银行开始由直接的信贷计划管理转向以市场为基础的间接调控方式。

1 月 8 日，国家发展计划委员会公布《关于发挥价格调节作用积极促进经济结构调整的若干意见》。

1 月 13—16 日，全国证券监管工作会议在北京召开。

1 月 20 日，中共中央、国务院转发国家计委《关于应对东南亚金融危机、保持国民经济持续健康发展的意见》。

1 月 24 日，中共中央、国务院印发《关于 1998 年农业和农村工作的意见》，指出当前要重点落实好稳定土地承包关系、减轻农民负担和按保护价敞开收购余粮的政策。

同日，中国人民银行发布《1998 年农村合作金融工作意见》。

1 月 25 日，劳动部发布《关于建立下岗职工基本生活保障制度的通知》，要求所有地级以上城市都要建立下岗职工基本生活保障制度。

1 月 26 日，劳动部发布《关于企业实施股份制和股份合作制改造中履行劳动合同问题的通知》，要求在企业实施股份制或股份合作制改造后，用人单位主体发生变化后，应当由变化后的用工主体继续与职工履行原劳动合同。由于企业改制导致原劳动合同不能履行的，企业与职工应当依法变更劳动合同。

2 月 19 日，国家体改委、财政部、国家国有资产管理局颁发

《关于出售国有小型企业产权的暂行办法》。

2月25—26日，党的十五届二中全会举行，通过《国务院机构改革方案》。3月10日，九届全国人大第一次会议批准《国务院机构改革方案》。

3月5—19日，九届全国人大第一次会议召开，选举江泽民为国家主席、国家中央军委主席，李鹏为全国人大常委会委员长，决定朱镕基为国务院总理。会议批准《国务院机构改革方案》，决定调整和减少专业经济部门，加强宏观调控和执法监管部门建设。为了加强国务院对经济体制改革工作的领导，国家经济体制改革委员会改为国务院高层次的议事机构，总理兼主任，有关部长任成员，不再列入国务院组成部门序列。成立国家经济体制改革办公室，作为国家经济体制改革委员会的办事机构。

3月10日，国家体改委印发《关于积极稳妥地推进国有企业股份制改革的指导意见》，要求积极稳妥地进行国有企业股份制改革，加快企业制度创新。

3月23日，首获中国证监会批准的开元证券投资基金和金泰证券投资基金在证券交易所公开上网发行，标志着我国证券投资基金正式启动。

4月14日，中共中央、国务院印发《关于进一步扩大对外开放，提高利用外资水平的意见》，提出进一步发展和完善全方位、多层次、宽领域的对外开放，充分利用国内国外两个市场、两种资源，更多更好地利用外资，促进国民经济持续快速健康发展和社会全面进步。

4月18日，全国唯一的、目前规模最大的国家级期货公司——中国国际期货有限公司，在南京正式开业。

同日，中共中央办公厅、国务院办公厅发出《关于在农村普遍实行村务公开和民主管理制度的通知》。

4 月 27—29 日，国务院召开全国粮食流通体制改革工作会议。

5 月，教育部决定努力建设若干所世界一流大学和一批国际知名的高水平研究型大学，简称“985 工程”。

5 月 8 日，由中宣部、中央党校共同主办的纪念真理标准讨论 20 周年座谈会在北京举行。

5 月 10 日，国务院下发《关于进一步深化粮食流通体制改革的决定》，发起了新一轮粮食流通体制改革。此次粮改的原则是“四分开一完善”，即政企分开、中央与地方责任分开、储备与经营分开、新老财务账目分开，完善粮食价格机制。

5 月 11—13 日，中共中央对台工作会议在北京召开。会议强调“和平统一、一国两制”的基本方针和八项主张。指出按照党的基本路线，毫不动摇地坚持一个中国的原则，坚决反对任何将台湾分裂出去的图谋。继续推动海峡两岸的经济合作有较大的发展，争取在两岸直接“三通”方面有新的进展，进一步加强两岸各个领域的交流和两岸人员往来。

5 月 14—16 日，中共中央、国务院在北京召开国有企业下岗职工基本生活保障和再就业工作会议。

5 月 16 日，国家经贸委印发《关于 1998 年国有企业改革和发展工作的意见》，提出用三年左右的时间，通过改革、改组、改造和加强管理，使大多数国有大中型亏损企业摆脱困境，力争到本世纪末使大多数国有大中型骨干企业初步建立起现代企业制度。

5 月 19 日，国务院办公厅转发国家发展计划委员会制定的《关于完善粮食价格形成机制的意见》。

5月26日，中国人民银行公布《关于改进金融服务、支持国民经济发展的指导意见》，在深化金融改革、整顿金融秩序、防范金融风险、进一步改进金融服务、调整信贷投向等方面，提出十条指导意见。

6月5日，国务院办公厅发出《关于切实做好扶贫开发工作的通知》，指出目前全国农村没有解决温饱问题的贫困人口还有5000万人，要在今后三年完成扶贫攻坚任务，必须争取今年解决1000万以上农村贫困人口温饱问题。

6月9日，中共中央、国务院印发《关于切实做好国有企业下岗职工基本生活保障和再就业工作的通知》，提出当前和今后一个时期，主要解决国有企业下岗职工的基本生活保障和再就业问题，把保障他们的基本生活作为首要任务，并力争每年实现再就业的人数大于当年新增下岗职工人数，1998年使已下岗职工和当年新增下岗职工的50%以上实现再就业。争取用五年左右的时间，初步建立适应社会主义市场经济体制要求的社会保障体系和就业机制。

6月中旬—9月上旬，我国南方特别是长江流域及北方的嫩江、松花江流域出现历史上罕见的特大洪灾。全党全军全国人民团结奋战，取得了抗洪抢险斗争的全面胜利。9月28日，江泽民在全国抗洪抢险总结表彰大会上阐述了抗洪精神。

6月19日，国务院召开第二次全体会议。会议总结前阶段各部门“三定”（定职能、定机构、定编制）方案的制定工作，对下一步实施“三定”方案的工作作出部署。

6月20日，中共中央金融工作委员会正式成立。金融机构系统党委同时成立。

同日，中国人民银行印发《关于进一步改善中小企业金融服务的意见》。

6 月 24 日，中共中央办公厅关于转发中组部《1998—2003 年全国党政领导班子建设规划纲要》。

6 月 26 日，九届全国人大常委会第三次会议通过《中华人民共和国专属经济区和大陆架法》。

6 月 30 日，美国总统克林顿在访华期间参加与上海市民的座谈时重申，美国不支持“台湾独立”，不支持“一中一台”、“两个中国”，不支持台湾加入任何必须由主权国家才能参加的国际组织。

7 月 3 日，国务院颁布《关于进一步深化城镇住房制度改革加快住房建设的通知》，提出停止住房实物分配，逐步实行住房分配货币化；建立和完善以经济适用住房为主的住房供应体系等住房制度改革政策。

7 月 9 日，中共中央大型企业工作委员会成立，并召开在京大型企业领导人参加的工委工作会议。

7 月 10 日，国家经贸委发出《关于制止出售国有小企业成风有关问题的通知》。

同日，农业部发出《关于当前深化乡镇企业改革有关问题的通知》，指出乡村集体企业改革要因地制宜，因企施策，讲究实效。可以实行股份制、股份合作制或组建企业集团，出售、联合、兼并、承包、租赁、破产等多种形式，也可以几种形式配合使用，切不可强制推行单一形式的改革。

7 月 14 日，建设部、国家发展计划委员会、国土资源部公布《关于大力发展经济适用住房的若干意见》。

7 月 21 日，中共中央办公厅、国务院办公厅下发《关于切实做好当前减轻农民负担工作的通知》，提出九条减轻农民负担的措施。

7月27日，中国石油天然气集团公司和中国石油化工集团公司宣告成立。

7月31日，国务院下发《关于进一步整顿和规划期货市场的通知》，针对期货市场存在的问题，提出继续整顿、撤并期货交易所；取消部分商品期货交易品种，提高部分商品品种的期货交易保证金；取缔非法期货经纪活动，清理整顿期货经纪机构；严格控制境外期货交易；加快法规建设，进一步加强对期货市场的监管等措施。

8月6日，国务院下发《关于实行企业职工基本养老保险省级统筹和行业统筹移交地方管理有关问题的通知》，提出1998年底以前，各省、自治区、直辖市（以下简称省、区、市）要实行企业职工基本养老保险省级统筹，建立基本养老保险基金省级调剂机制，调剂金的比例以保证省、区、市范围内企业离退休人员基本养老金的按时足额发放为原则。到2000年，在省、区、市范围内，要基本实现统一企业缴纳基本养老保险费比例，统一管理和调度使用基本养老保险基金，对社会保险经办机构实行省级垂直管理。

8月24日，国家经贸委发出《关于国家大型企业集团制定试点方案有关问题的通知》，对制定企业集团试点方案提出具体要求，包括企业集团内部要建立母子公司体制，加快建立现代企业制度步伐，增强集团母公司的功能建设，注重大企业集团发展战略的制定等。

8月29日，九届全国人大常委会第四次会议修订通过《中华人民共和国土地管理法》，自1999年1月1日起施行。

8月31日，国家外汇管理局公布《境内居民个人外汇管理暂行办法》，对境内居民个人外汇的性质、外汇收入管理、外汇支出管理、外汇账户管理以及监督管理等事项作出规定。

9 月 30 日，外经贸部公布《关于赋予私营生产企业和科研院所自营进出口权的暂行规定》。

10 月 11 日，根据世界银行当日发布的最新统计，以人均国民生产总值计算，1997 年中国首次摘掉“低收入国家”帽子，进入“中等收入国家”行列。

10 月 14 日，党的十五届三中全会通过《关于农业和农村工作若干重大问题的决定》，提出到 2010 年建设有中国特色社会主义新农村的奋斗目标。

10 月 25 日，国务院批转国家计委制定的《关于加强房地产价格调控加快住房建设的意见》。

11 月 4 日，九届全国人大常委会第五次会议通过新修订的《中华人民共和国村民委员会组织法》。

11 月 18 日，中国保险监督管理委员会成立大会在北京举行。原中国人民保险公司分拆成立中国人民保险公司和中国人寿保险公司，公司管理人员和原中国人民银行保险监管司合并，成立国务院直属事业单位中国保险监督管理委员会（简称保监会）。中国保险监督管理委员会将原来由中国人民银行履行的对保险业的监管职能分离出来，专司对中国保险业的监管，中国人民银行主要负责对银行、信托业的监管。这是保险监管体制的重大改革，标志着我国保险监管机制和分业管理的体制得到进一步完善。

11 月 21 日，中共中央印发《关于在县级以上党政领导班子、领导干部中深入开展以“讲学习、讲政治、讲正气”为主要内容的党性党风教育的意见》。

11月24日，国务院批转国家工商行政管理局《工商行政体制改革方案》。该方案提出实行省以下工商行政管理机关垂直管理。

11月25日，中国证监会公布《关于停止发行公司职工股的通知》。

11月26—27日，全国城镇职工医疗保险制度工作会议召开，决定自1999年起，在全国范围内进行城镇职工医疗保险制度改革。已实行40多年的公费医疗和劳保医疗制度自动取消。

11月30日，国家外汇管理局宣布取消外汇调剂业务，并相应关闭各地外汇调剂中心。全部境内机构的外汇买卖包括外商投资企业的外汇买卖均纳入银行结售汇体系中，使银行间外汇市场更加统一规范，进一步发挥对外汇资源配置的基础性作用。

12月2日，国务院办公厅转发中国人民银行《关于进一步做好农村信用社改革整顿规范管理工作的意见》，要求对农村信用社进行清产核资，按合作制进行规范改造，中国人民银行加强监管，防范化解风险，组建农村信用社县以上行业自律组织，行使对农村信用社管理、指导、协调、服务的功能。

12月7日，江泽民在中央经济工作会议上讲话，提出扩大国内需求，把经济发展建立在主要依靠国内市场的基础上。

12月11—13日，全国计划工作会议在北京召开。

12月14日，在总结“两江”医改试点经验的基础上，国务院作出《关于建立城镇职工基本医疗保险制度的决定》，要求在全国范围内建立覆盖全体城镇职工、社会统筹和个人账户相结合的基本医疗保险制度，确定中国医疗保险制度改革的基本目标、基本原则和主要政策。

12月18日，中共中央在人民大会堂举行党的十一届三中全会

20 周年纪念大会。

12 月 27 日，国务院公布《基本农田保护条例》。

12 月 28—30 日，中央农村工作会议在北京召开，提出 1999 年要着力抓好增加农民收入和保持农村稳定这两件关系全局的大事，完成明年农业和农村工作的目标任务要抓好六方面的工作。

12 月 29 日，全国人民代表大会常务委员会颁布《中华人民共和国证券法》，自 1999 年 7 月 1 日起施行。

1999 年

1 月 4 日，国务院转发国家经贸委制定的《关于加快农村电力体制改革加强农村电力管理的意见》。意见提出用三年左右时间，理顺并建立符合我国农村经济发展水平的农电体制，完成农村电网的建设与改造，规范农村用电秩序，促进农村电气化事业的发展。

同日，外经贸部发布《关于对全国大型工业企业实行自营进出口权登记备案制的通知》。

同日，国内首批 20 家私营生产企业获得自营进出口权，标志着非公有制经济在全国范围内首次合法获得直接从事对外贸易的权利。

1 月 5 日，中共中央、国务院发布《关于地方政府机构改革的意见》，提出地方政府机构改革的目标是：建立办事高效、运转协调、行为规范的行政管理体系，完善国家公务员制度，建设高素质的专业化行政管理干部队伍，逐步建立适应社会主义市场经济体制的有中国特色的地方行政管理体制。

1 月 12—13 日，国务院召开国有企业下岗职工基本生活保障和再就业工作会议。

1月13日，国务院批转教育部《面向21世纪教育振兴行动计划》。行动计划在教育改革方面提出，加快高等教育体制改革步伐，深化高等教育改革；加大招生和毕业生就业制度改革力度，有计划、有步骤地推进高等学校招生考试制度的改革；积极推进高等学校的教学改革，改革教育思想、观念、内容和方法；大力推进高等学校内部管理体制改革。

同日，中国保监会下发《关于配合社会基本医疗保险体制改革有关问题的通知》，要求各保险公司充分利用社会基本医疗保险制度改革提供的契机，积极稳妥地开展配套的商业医疗保险业务。

1月22日，国务院公布《社会保险费征缴暂行条例》《失业保险条例》。这两个条例扩大了各项社会保险的覆盖范围，规范了征缴制度和程序，实行各项社会保险费统一合并征收，增加了征缴的强制性。

1月29—30日，九届全国人大常委会第七次会议召开，讨论并形成全国人大常委会关于《中华人民共和国宪法修正案（草案）》。

2月2日，国家经贸委、财政部、中国人民银行发布《关于出售国有小型企业中若干问题意见的通知》，指出国有小型企业不是不能出售，但出售不是主要形式，更不能统统“一卖了之”。要坚持从实际出发，因地制宜，因企业制宜，采取多种有效形式放开搞活国有小型企业。

2月3日，国务院办公厅公布《关于进一步做好国有企业下岗职工基本生活保障和企业离退休人员养老金发放工作有关问题的通知》。

2月13日，中共中央印发《中国共产党农村基层组织工作条例》。

2 月 21 日，中国人民银行公布《关于在企业改制过程中加强金融债权管理的通知》。

3 月 13 日，中共中央在北京举行中央人口、资源、环境工作座谈会。

3 月 15 日，九届全国人大第二次会议通过《中华人民共和国合同法》。

3 月 26 日，国家经贸委、中国证监会公布《关于进一步促进境外上市公司规范运作和深化改革的意见》。

4 月 6 日，中国人民银行发布实施《经济适用住房开发贷款管理暂行规定》。

4 月 6—20 日，朱镕基访问美国和加拿大。10 日，朱镕基总理和美国总统克林顿就中国加入世界贸易组织问题发表联合声明。16 日，朱镕基总理与加拿大总理克雷蒂安发表关于中国加入世界贸易组织联合声明。

4 月 22 日，四省市国有企业改革和发展座谈会在成都召开。

4 月 29 日，九届全国人大常委会第九次会议通过《中华人民共和国行政复议法》，标志着我国行政复议制度经过十多年的探索、发展开始走向全面完善，国家行政机关对依法行政的认识达到了一个新的高度。

5 月 20 日，国务院任命何厚铧为中华人民共和国澳门特别行政区第一任行政长官，于 1999 年 12 月 20 日就职。

5 月 30 日，六省区国有企业改革和发展座谈会在武汉召开。

6 月 2 日，国务院公布《期货交易管理暂行条例》，与之相配套的规范期货交易所、期货经纪公司及其高管人员的规定陆续颁布实施，为期货市场的进一步清理整顿和规范运作打下坚实基础，我国期货市场由此进入发展新阶段。

6月13日，中共中央、国务院作出《关于深化教育改革全面推进素质教育的决定》，提出全面推进素质教育，培养适应21世纪现代化建设需要的社会主义新人。15日，江泽民在第三次全国教育工作会议上讲话指出，教育必须以提高国民素质为根本宗旨。

6月14日，国家经贸委发布《关于建立中小企业信用担保体系试点的指导意见》，以贯彻政府扶持中小企业发展政策意图为宗旨的中小企业信用担保体系正式启动。

6月17日，江泽民在西安主持召开国有企业改革和发展座谈会时讲话指出，实施西部大开发，是一项振兴中华的宏伟战略任务。2000年10月26日，国务院下发《关于实施西部大开发若干政策措施的通知》。

6月28日，中共中央、国务院发布《关于进一步加强扶贫开发工作的决定》，提出今明两年扶贫工作的总体要求是：以解决温饱为中心，以贫困村为主战场，以贫困户为对象，以改善基本生产生活条件和发展种养业为重点，增加扶贫投入，加大工作力度，力争每年解决1000万左右贫困人口的温饱问题。

7月6日，中央部门机构改革工作会议在北京召开，决定进行党中央部门机构改革。这是继1998年国务院机构改革和正在进行的地方政府机构改革之后的又一项重大改革举措。这次机构改革，主要是根据形势的变化和党的中心工作的需要，进一步理顺职能关系，精简、调整内设机构和人员编制，优化人员结构，增强机关活力。

7月7日，日本首相小渊惠三访问我国。9日，中国和日本两国政府代表团在北京发表了《关于中国加入世界贸易组织双边谈判的联合新闻公报》。

8 月 6 日，中国铝业集团公司、中国铜铅锌集团公司、中国稀有稀土金属集团公司宣布成立。这是我国有色金属工业管理体制的重大改革。

8 月 11—12 日，东北和华北地区八省区市国有企业改革和发展座谈会在大连召开。

8 月 12 日，财政部公布《关于加大规范收费管理力度促进国民经济持续快速健康发展的通知》。

8 月 16 日，中共中央办公厅、国务院办公厅转发建设部等七部门制定的《在京中央和国家机关进一步深化住房制度改革实施方案》。实施方案的主要内容是：停止住房实物分配，进一步完善住房公积金制度，建立住房补贴制度，逐步实行住房分配货币化；继续推进现有公有住房改革，加快实现住房商品化；改革住房供应方式，逐步实行住房供应社会化。

8 月 20 日，中共中央、国务院作出《关于加强技术创新，发展高科技，实现产业化的决定》。23 日，江泽民在全国技术创新大会上讲话指出，必须把以科技创新为先导促进生产力发展的质的飞跃，摆在经济建设的首要地位。

8 月 23 日，建设部下发《关于进一步推进现有公有住房改革的通知》，提出各地要进一步明确可出售公有住房和不宜出售公有住房的范围；凡属各地房屋管理部门直管的成套公有住房，除按规定不宜出售的外，均应向有购房意愿的现住户出售。

8 月 30 日，九届全国人大常委会第十一次会议通过《中华人民共和国个人独资企业法》，自 2000 年 1 月 1 日起施行。

9 月 2 日，中国信达资产管理公司与首家实施“债转股”企业，北京水泥厂的母公司北京建材集团公司在北京签订7.78亿元的债转股协议，标志着“债转股”工作正式启动。

9月15日，教育部下发《关于当前深化高等学校人事分配制度改革的若干意见》。

9月17日，国家税务总局下发《关于实施对设在中西部地区的外商投资企业给予三年减按15%税率征收企业所得税的优惠的通知》。

9月22日，党的十五届四中全会通过《关于国有企业改革和发展若干重大问题的决定》，指出要从战略上调整国有经济布局，推进国有企业战略性改组，建立和完善现代企业制度，加强和改善企业管理，提高国有经济的控制力，使国有经济在关系国民经济命脉的重要行业和关键领域占支配地位。

9月28日，国务院公布《城市居民最低生活保障条例》，指出持有非农业户口的城市居民，凡共同生活的家庭成员人均收入低于当地城市居民最低生活保障标准的，均有从当地人民政府获得基本生活物质帮助的权利。

11月8日，国务院发布《关于全面推进依法行政的决定》，指出加强政府法制建设，全面推进依法行政。

11月15日，中美两国政府在北京签署关于中国加入世界贸易组织的双边协议，并发表新闻公报，从而为中国“入世”迈出重要一步。

11月17日，中国人民银行下发《关于加强和改进对小企业金融服务的指导意见》。

12月9日，对外贸易经济合作部下发《关于对国有、集体生产企业实行自营进出口权登记制的通知》，决定进一步扩大自营进出口权登记制的适用范围，即在对经济特区生产企业、国家千户重点企业和国有大型工业企业实行自营进出口权登记制的基础上，在全国范围内对国有、集体生产企业自营进出口权实行登记制。并就有关事项做出具体规定。

12 月 17 日，九届全国人大常委会第十三次会议召开，通过关于修正《公司法》和《海关法》的决定。

同日，财政部、国家税务总局、国家发展计划委员会下发《关于暂停征收固定资产投资方向调节税的通知》。

12 月 19—20 日，中葡两国政府举行澳门政权交接仪式，宣告中国政府对澳门恢复行使主权，中华人民共和国澳门特别行政区成立。交接仪式后，举行中华人民共和国澳门特别行政区成立暨特区政府宣誓就职仪式。中国人民解放军驻澳部队于 20 日零时开始履行澳门防务职责。

12 月 25 日，九届全国人大常委会第十三次会议通过《关于加强中央预算审查监督的决定》，提出要坚持先有预算，后有支出，严格按预算支出的原则，细化预算和提前编制预算。会议审议了国务院关于《中华人民共和国公司法修正案（草案）》的议案，对《公司法》做出修改。

2000 年

1 月 5—6 日，中央农村工作会议在北京召开。会议强调，要下大力气增加农民收入，把它作为农业和农村经济工作的出发点和落脚点；要减轻农民负担，让农民休养生息；要继续贯彻执行中央减轻农民负担的各项政策，下大力气转变乡镇政府职能，精简机构和人员；逐步改革农村税费制度，从根本上治理对农民的乱收费；

同时还要抓好扶贫开发工作。

1月6日，国土资源部下发《关于建立土地有形市场促进土地使用权规范交易的通知》。

1月13日，国家工商局公布《个人独资企业登记管理办法》。

1月28日，人社部下发《2000年劳动和社会保障工作要点》，提出在2000年继续做好国有企业下岗职工再就业和基本生活保障等十个方面的工作。

2月1日，江泽民发表《关于教育问题的谈话》。

2月21日，国务院办公厅转发国务院体改办等八部门《关于城镇医药卫生体制改革的指导意见》。

2月25日，江泽民在广东考察工作听取省委工作汇报时明确提出“三个代表”要求。

3月2日，中共中央、国务院下发《关于进行农村税费改革试点工作的通知》，要求通过试点，探索建立规范的农村税费制度和从根本上减轻农民负担的有效办法。

3月5—15日，九届全国人大第三次会议召开，朱镕基向大会作出《政府工作报告》。

3月15日，九届全国人大第三次会议通过《中华人民共和国立法法》。

同日，国务院公布《国有企业监事会暂行条例》。8月18日，国务院向国有重点大型企业派出监事会，由国务院任命的首批36位国有重点大型企业监事会主席被派向中央管理的100家国有企业。

3月21日，教育部发布《关于全面推进素质教育深化中等职业教育教学改革的意见》。

3 月 30 日，中组部、人事部、卫生部印发《关于深化卫生事业单位人事制度改革的实施意见》。

4 月 25 日，国家经贸委印发《关于培育中小企业社会化服务体系若干问题的意见》，提出培育服务体系要坚持社会化、专业化、市场化以及突出服务性的原则。培育服务体系应侧重于信用担保、筹资融资、创业辅导、技术支持、信息咨询、市场开拓、人才培训、经营管理、国际合作等领域。

4 月 27 日，国务院办公厅就海关总署《关于设立出口加工区及进行试点的请示》复函，同意选择辽宁大连出口加工区等 15 个加工区作为第一批出口加工区的试点，要求设立出口加工区不得搞新的重复建设。每个出口加工区的面积要严格控制在 2—3 平方公里内。

5 月 19 日，中国与欧盟在北京就中国加入世界贸易组织达成双边协议。

5 月 24 日，国务院办公厅转发科技部等 12 个部门《关于深化科研机构管理体制改革的实施意见》。

5 月 28 日，国务院下发《关于切实做好企业离退休人员基本养老金按时足额发放和国有企业下岗职工基本生活保障工作的通知》，要求各地、各部门切实加强领导，积极筹措资金，确保不发生新的拖欠。

6 月 2 日，中组部、人事部、教育部发布《关于深化高等学校人事制度改革的实施意见》。

6 月 7 日，国务院批转国家药品监督管理局《药品监督管理体制改革方案》。方案指出，改革现行药品监督管理体制，实行省以下药品监督管理系统垂直管理，加大药品监督管理工作力度，逐步建立依法监管、执法统一、行为规范、廉洁高效的药品监督管理体制，促进医药事业健康发展。

6月13日，中共中央、国务院印发《关于促进小城镇健康发展的若干意见》。

7月1日，卫生部等四部门公布《关于城镇医疗机构分类管理的实施意见》，提出把医疗机构划分为非营利性医疗机构和营利性医疗机构，要求各级卫生行政部门做好与现有医疗机构管理制度的衔接工作，提出医疗机构分类的核定程序和完善医疗机构分类管理的相关制度。

7月4日，财政部、国家计委、农业部发布《关于取消农村税费改革试点地区有关涉及农民负担的收费项目的通知》，决定在农村税费改革试点地区，取消各地按农民人均纯收入收取的乡统筹费等4项涉及农民负担的收费项目。

7月6日，国家经贸委颁布《关于鼓励和促进中小企业发展的若干政策意见》。

7月10日，财政部、国家税务总局下发《关于医疗卫生机构有关税收政策的通知》，对非营利性医疗机构、营利性医疗机构、疾病控制机构和妇幼保健机构等卫生机构规定了不同的税收政策。

7月21日，中组部、国家人事部发出《关于加快推进事业单位人事制度改革的意见》，提出破除干部身份终身制，引入竞争机制，在事业单位全面建立和推行聘用制度，把聘用制度作为事业单位一项基本的用人制度。

7月24—26日，国务院办公厅在上海召开全国城镇职工基本医疗保险制度和医药卫生体制改革工作会议。

8月24日，国务院办公厅转发国家经贸委《关于鼓励和促进中小企业发展的若干政策意见》，要求各级政府和有关部门要加快建立以中小企业特别是科技型中小企业为主要服务对象的中央、省、地（市）信用担保体系，为中小企业融资创造条件。

9月25日，国务院决定建立全国社会保障基金，并设立全国社会保障基金理事会，同时任命刘仲藜为理事长。

9月28日，国务院办公厅转发国家经贸委会同有关部门起草的《国有大中型企业建立现代企业制度和加强管理的基本规范（试行）》。

10月9—11日，党的十五届五中全会召开，审议通过《中共中央关于制定国民经济和社会发展第十个五年计划的建议》。

10月10日，新中国成立以来工程科技界最大、级别最高的国际会议——2000年国际工程科技大会在北京举行。

10月11日，江泽民在党的十五届五中全会上讲话指出，实行经济结构的战略性调整，推动两个根本性转变，保持国民经济持续快速健康发展，这就是新世纪之初我国经济发展的大思路。

10月22日，国务院转发财政部等12个部门制定的《交通和车辆税费改革实施方案》。《方案》提出取消不合法和不合理的收费项目；对具有税收特征的收费实行“费改税”；将不体现政府行为的收费转为经营性收费，严格按照经营性收费的规定进行管理；保留少量必要的规费，降低不合理的收费标准，实行规范化管理。同时，开征车辆购置税和燃油税。

11月28—30日，中共中央、国务院召开中央经济工作会议，提出依靠体制创新和科技创新，以信息化带动工业化，大力推进经济结构的战略性调整。强化农业的基础地位，加大对农业的支持和保护力度，努力增加农民收入。加快转变企业经营机制，加强企业管理，巩固和扩大国有企业改革和脱困成果。

11 月 29 日，全国推动中小企业发展工作领导小组第一次会议在北京召开。

12 月 25 日，国务院公布《关于完善城镇社会保障体系的试点方案》，从完善社会保障体系的角度出发，涉及城镇职工基本养老、基本医疗、失业等社会保险制度和城市居民最低生活保障制度。

2001 年

1 月 1 日，经国务院批准，我国再次自主降低关税总水平，平均降幅为 6.6%。

1 月 3—5 日，中央农村工作会议在北京召开，强调实行农村税费改革，是党中央、国务院为加强农业、保护农民积极性作出的一项重大决策，是继实行家庭承包经营之后农村的又一项重大改革，搞好这项改革对我国农村的发展和稳定具有重大而深远的意义。

2 月 9 日，国务院作出《关于 2000 年度国家科学技术奖励的决定》，自 2000 年起设立国家最高科学技术奖。

2 月 12—14 日，中央工作会议在北京召开。

2 月 19 日，国家经贸委宣布撤销国家经贸委管的九个国家局，有关行政职能并入国家经贸委。

2 月 22 日，中国证监会发布《亏损上市公司暂停上市和终止上市实施办法》，对连续三年亏损的上市公司，就暂停上市、恢复上市和终止上市的条件、法律程序、信息披露权限等事宜作出详细规定。

2 月 27 日，博鳌亚洲论坛成立大会在博鳌举行。

3 月 5—15 日，九届全国人大第四次会议召开。朱镕基作《关于国民经济和社会发展第十个五年计划纲要的报告》。

3 月 13 日，国家经贸委、人事部、人社部下发《关于深化国有企业内部人事、劳动、分配制度改革的意见》。

3 月 15 日，九届全国人大四次会议通过修改后的《中华人民共和国中外合资经营企业法》，自公布之日起生效。

4 月 28 日，九届全国人大常务委员会第二十一次会议通过《中华人民共和国信托法》，自 2001 年 10 月 1 日起实施。

5 月 24 日，国务院办公厅转发国务院体改办等五部委《关于农村卫生改革与发展的指导意见》。意见提出，建立适应社会主义市场经济体制要求和农村经济社会发展状况、具有预防保健和基本医疗功能的农村卫生服务体系，实行多种形式的农民健康保障办法，使农民人人享有初级卫生保健。

5 月 24—25 日，中央扶贫开发工作会议召开，指出党中央、国务院确定的在 20 世纪末基本解决农村贫困人口温饱问题的战略目标已基本实现。6 月 13 日，国务院印发《中国农村扶贫开发纲要（2001—2010 年）》。

5 月 29 日，国务院发布《关于基础教育改革与发展的决定》。

6 月 15 日，中国、俄罗斯、哈萨克斯坦、吉尔吉斯斯坦、塔吉克斯坦、乌兹别克斯坦 6 国元首共同签署《上海合作组织成立宣言》，在中国、俄罗斯、哈萨克斯坦、吉尔吉斯斯坦、塔吉克斯坦五国元首会晤机制基础上正式建立上海合作组织。

7 月 1 日，江泽民在庆祝中国共产党成立 80 周年大会上发表讲话，总结党 80 年来的奋斗业绩和基本经验，阐述“三个代表”

重要思想。

7月4日，国家计委公布《国家计委和国务院有关部门定价目录》，放开大多数原由中央政府制定的商品和服务价格，由1992年定价目录颁布时管理的141种（类）减少为13种（类）。这意味着在社会零售商品、农产品和生产资料购销环节中，市场调节价比重已超过90%，我国已基本形成以市场调节为主的价格机制。

7月6日，国家发展计划委员会公布《进一步改进价格工作的若干意见》。

8月20日，中共中央办公厅、国务院办公厅下发中央宣传部、国家广电总局、新闻出版总署联合出台的《关于深化新闻出版广播影视业改革的若干意见》，提出文化体制改革要以发展为主题，以结构调整为主线，以集团化建设为重点和突破口，着重在宏观管理体制、微观运行机制、政策法律体系、市场环境、开放格局五个方面积极进行探索创新。

8月28日，国务院西部开发办发布《关于西部大开发若干政策措施的实施意见》。

9月10日，国家经贸委等八部门印发《关于发展具有国际竞争力的大型企业集团的指导意见》。

9月17日，世贸组织中国工作组第十八次会议在世贸组织总部举行正式会议，通过中国加入世贸组织的所有法律文件。1987年3月4日成立的中国工作组也随之结束了历时14年零6个月的历史使命。

9月24—26日，党的十五届六中全会在北京召开，审议通过《关于召开党的第十六次全国代表大会的决议》，确定党的十六大于2002年下半年在北京召开。全会指出，全党必须从我国社会主义初级阶段的实际出发，从不断发展变化的国际形势出发，按照实践是检验真理的唯一标准，坚持用“三个有利于”判断各方面工作的是非得失，自觉地把思想认识从那些不合时宜的观念、做法和体制的束缚中解放出来，从对马克思主义错误的和教条式的理解中解放出来，从主观主义和形而上学的桎梏中解放出来，不断推动理论创新、制度创新和科技创新，努力开拓马克思主义理论发展的新境界，开创党和国家事业发展的新局面。9 月 26 日，党的十五届六中全会通过《关于加强和改进党的作风建设的决定》，提出作风建设“八个坚持、八个反对”的要求。

10 月 8 日，中国证监会、对外贸易经济合作部发布《关于上市公司涉及外商投资有关问题的若干意见》，对境内外商投资企业发行上市股票行为予以规范。

10 月 21 日，亚太经合组织第九次领导人非正式会议在上海举行。

11 月 10 日，在卡塔尔首都多哈举行的世界贸易组织第四届部长级会议以全体协商一致的方式，审议通过中国加入世界贸易组织的决定。12 月 11 日，中国正式成为世界贸易组织成员，中国对外开放进入新阶段。

11 月 17 日，国务院办公厅转发国家经贸委等八部门《关于发展具有国际竞争力的大型企业集团的指导意见》。

同日，国务院下发《关于印发电信体制改革方案的通知》，决定对固定电信企业进行重组整合，组建新的中国电信集团公司和中国网络通信集团公司，并要求进一步加强电信监管工作。

12 月 9 日，中国人民银行发出公告宣布，我国将按照承诺逐步开放银行业。自 2001 年 12 月 11 日起，外资金融机构可在外汇业务方面，取消对外资金融机构服务对象的限制等四个方面得到准入通行证。

12月11日，我国正式加入世界贸易组织（WTO），成为其第143个成员。19日，中国外经贸部首席谈判代表龙永图等六名中国政府代表在日内瓦首次以正式成员身份出席世贸组织总理事会。

12月20日，国务院公布《中华人民共和国外资金融机构管理条例》，自2002年2月1日起施行。

同日，国务院办公厅转发国家计委《关于"十五"期间加快发展服务业若干政策措施的意见》。

12月31日，国务院公布《所得税收入分享改革方案》，规定从2002年起，除少数特殊行业或企业外，对其他企业所得税和个人所得税收入实行中央与地方按比例分享。中央保证各地区2001年地方实际的所得税收入基数，实施增量分成。

2002年

1月10日，中共中央、国务院发布《关于做好2002年农业和农村工作的意见》，指出当前和今后一个时期，要坚定不移推进农业和农村经济结构的战略性调整，促进农民收入持续稳定增长。要大规模开展退耕还林，扩大农村税费改革试点，深化粮棉流通体制改革，促进农民直接增收，力争今年农民收入有明显增长。

同日，国务院西部开发办公室召开退耕还林工作电视电话会议，确定在过去两年试点工作的基础上，全面启动退耕还林工程。12月14日，国务院公布《退耕还林条例》。

2月10日，国务院印发由国家计委会同有关部门和单位提出《电力体制改革方案》，指出改革的总体目标是：打破垄断，引入竞争，提高效率，降低成本，健全电价机制，优化资源配置，促进电力发展，推进全国联网，构建政府监管下的政企分开、公平竞争、开放有序、健康发展的电力市场体系。

同日，《人民日报》报道：国家扶贫开发工作重点县已经确定，并将立即付诸实施。这标志着在我国使用了16年之久的“国定贫困县”的称谓将从此退出历史舞台。

2月11日，国务院公布《指导外商投资方向规定》，把外商投资项目分为鼓励、允许、限制和禁止四类，自4月1日起施行。

2月21—25日，中共中央在中央党校举办省部级主要领导干部“国际形势与世贸组织”专题研究班。

2月25日，国家发展计划委员会、国务院西部地区开发领导小组办公室发布《“十五”西部开发总体规划》，明确“十五”和到2010年时期西部开发的指导方针、战略目标、主要任务和重点区域，是实施西部大开发战略的重要指导性文件，也是国家“十五”计划的重点专项规划之一。

4月1日，西北地区和内蒙古六省区西部大开发工作座谈会在西安召开。

4月14日，国务院办公厅下发《关于完善农村义务教育管理体制的通知》。

4月26日，国家经贸委、财政部、教育部、卫生部、人社部、建设部颁发《关于进一步推进国有企业分离办社会职能工作的意见》。

5月8日，国家发展计划委员会等八部门公布《加快国有粮食购销企业改革和发展意见》，提出总体改革目标是：从不同地区实际出发，充分发挥市场机制配置资源的基础性作用，基本完成国有粮食购销企业战略性调整和改组，形成比较合理的布局和结构，建立比较完善的现代企业制度，使企业真正成为适应社会主义市场经济发展要求的市场主体。

5月21日，财政部、劳动保障部发布《关于企业补充医疗保险有关问题的通知》。

6月29日，九届全国人大常委会第二十八次会议通过《中华人民共和国政府采购法》《中华人民共和国中小企业促进法》。

8月5—6日，全国文化市场管理工作会议召开，讨论《文化市场发展纲要》《艺术品经营管理办法》《文化经纪人管理办法》等文件。这是新世纪召开的第一次全国文化市场工作会议，也是1994年以来又一次以文化部名义召开的以文化市场管理为主题的全国性会议。

8月24日，国务院发布《关于大力推进职业教育改革与发展的决定》，在改革方面提出，推进管理体制和办学体制改革，促进职业教育与经济建设、社会发展紧密结合；深化教育教学改革，适应社会和企业需求。

同日，中国证监会、中国人民银行、国家外汇管理局发布《合格境外机构投资者境内证券投资管理暂行办法》，规定在经批准的投资额度内，合格境外机构投资者（英文缩写QFII）可以投资在证券交易所挂牌交易的除境内上市外资股以外的股票、国债、可转换债券和企业债券等各类投资品种。该办法自12月1日起施行。这意味着我国证券市场朝着资本开放迈出了第一步。

8月29日，九届全国人大常委会第二十九次会议通过的《中华人民共和国农村土地承包法》，规定国家实行农村土地承包经营制度。

9 月 28 日，中国证监会发布《上市公司收购管理办法》，自 12 月 1 日起施行。

9 月 30 日，中共中央、国务院下发《关于进一步做好下岗失业人员再就业工作的通知》，提出实施积极的就业政策。

10 月 19 日，中共中央、国务院公布《关于进一步加强农村卫生工作的决定》，指出到 2010 年，在全国农村基本建立起适应社会主义市场经济体制要求和农村经济社会发展水平的农村卫生服务体系和农村合作医疗制度。

10 月 27 日，江泽民在亚太经合组织第十次领导人非正式会议上发表讲话，表示中国加入世界贸易组织，标志着中国的对外开放进入了新的发展阶段。中国将恪守承诺，进一步发展多层次、全方位、宽领域的对外开放，在更大范围内参与国际经济合作。中国将坚定不移地走适合自己国情的发展道路，坚持改革开放，把社会主义现代化建设不断推向前进。

第四章

党的十六大：从经济领域到社会领域（2002年11月—2012年10月）

▼

党的十六大以来，我国改革开放进入完善社会主义市场经济体制和扩大对外开放的新阶段。党的十六大以来，我国进一步优化国有经济布局，建立国有资产监管体制，加快推进国有商业银行股份制改革；加快投资体制改革，进一步缩小政府投资范围，逐步扩大企业投资自主权；鼓励、支持、引导非公有制经济发展，放宽非公有制经济的市场准入，为非公有制经济发展提供制度保障；推进服务型政府和法治政府建设，推进行政管理体制改革；取消农业税、牧业税、特产税，统筹城乡发展，建设社会主义新农村；实施建立农村基本最低保障制度，新一轮医改全面启动，社会保障体系不断完善，社会保障覆盖面不断扩大；全面实现城乡免费义务教育，推进教育普惠发展与公平；逐步建立覆盖城乡的公共文化服务体系。加入WTO以后，从沿海到沿江沿边、从东部到中西部，我国对外开放的大门越开越大。由有限范围、地域、领域内的开放，转变为向更宽范围、更多层次、更广领域的开放，“引进来”和“走出去”更好结合，形成了经济全球化条件下参与国际经济合作和竞争新优势。

第一节　全面建设小康社会，着力推进科学发展

进入新世纪，从国际到国内，从经济到政治、文化、社会、生态建设等各个方面，我国发展中的矛盾和问题日益凸显。2003年，我国人均国内生产总值首次突破1000美元，进入工业化、城镇化加速发展，消费结构向发展型、享受型升级的新阶段。这一时期既是“发展机遇期”，又是“矛盾凸显期”。准确认识并切实解决我国在发展关键时期面对的突出矛盾和问题，是全面建设小康社会、走科学发展道路的重要内容。

一、全面建设小康社会的奋斗目标

1990年，我国国内生产总值达到18873亿元。全国绝大多数地区解决了温饱问题，开始向小康社会迈进。1990年12月30日通过的《关于制定国民经济和社会发展十年规划和“八五”计划的建议》指出，“小康水平，是指在温饱的基础上，生活质量进一步提高，达到丰衣足食”，“解决温饱问题是我国经济发展的一个重要阶段，由温饱达到小康是又一个重要发展阶段”[①]。2000年10月11日，党的十五届五中全会通过的《关于制定国民经济和社会发展第十个五年计划的建议》指出，“从新世纪开始，我国将进入全面建设小康社会”，“人民生活总体上达到小康水平，开始实施第

① 《关于制定国民经济和社会发展十年规划和“八五”计划的建议》，载中共中央文献研究室编：《十三大以来重要文献选编》（中），北京：人民出版社，1993年版，第1401页。

三步战略部署”。[①]

2002 年 11 月 8 日至 14 日，党的十六大在北京召开。这是进入新世纪后的第一次党的全国代表大会。大会报告提出，“我们要在本世纪头二十年，集中力量，全面建设惠及十几亿人口的更高水平的小康社会”[②]。

大会明确提出全面建设小康社会的目标：一是在优化结构和提高效益的基础上，国内生产总值到 2020 年力争比 2000 年翻两番，综合国力和国际竞争力明显增强。基本实现工业化，建成完善的社会主义市场经济体制和更具活力、更加开放的经济体系。人民过上更加富足的生活。二是社会主义民主更加完善，社会主义法制更加完备，依法治国基本方略得到全面落实，人民的政治、经济和文化权益得到切实尊重和保障。基层民主更加健全，社会秩序良好，人民安居乐业。三是全民族的思想道德素质、科学文化素质和健康素质明显提高，形成比较完善的现代国民教育体系、科技和文化创新体系、全民健身和医疗卫生体系。形成全民学习、终身学习的学习型社会，促进人的全面发展。四是可持续发展能力不断增强，生态环境得到改善，资源利用效率显著提高，促进人与自然的和谐，推动整个社会走上生产发展、生活富裕、生态良好的文明发展道路。[③]

---

① 《关于制定国民经济和社会发展第十个五年计划的建议》，载中共中央文献研究室编：《十五大以来重要文献选编》（中），北京：中央文献出版社，2011 年版，第 487 页。

② 江泽民：《全面建设小康社会 开创中国特色社会主义事业新局面——在中国共产党第十六次全国代表大会上的报告》，北京：人民出版社，2002 年版，第 19 页。

③ 江泽民：《全面建设小康社会 开创中国特色社会主义事业新局面——在中国共产党第十六次全国代表大会上的报告》，北京：人民出版社，2002 年版，第 19 页。

全面建设小康社会，是中国特色社会主义经济、政治、文化全面发展的目标，是与加快推进现代化相统一的目标，符合我国国情和现代化建设的实际，符合广大人民群众的愿望。

二、确立科学发展观

2003 年 7 月 28 日，在全国防治“非典”工作会议上，胡锦涛在讲话中首次提出“全面发展、协调发展、可持续发展的发展观”，“发展是党执政兴国的第一要务，这里的发展绝不只是指经济增长，而是要坚持以经济建设为中心，在经济发展的基础上实现社会全面发展”①。2003 年 8 月 28 日至 9 月 1 日，胡锦涛在江西考察工作时提出，要牢固树立协调发展、全面发展、可持续发展的科学发展观，积极探索符合实际的发展新路子。这是第一次明确使用“科学发展观”概念。

2003 年 10 月，在党的十六届三中全会上，胡锦涛明确提出“坚持以人为本，树立全面、协调、可持续的发展观，促进经济社会和人的全面发展”，强调“按照统筹城乡发展、统筹区域发展、统筹经济社会发展、统筹人与自然和谐发展、统筹国内发展和对外开放的要求”推进改革和发展。② 明确把“以人为本”作为经济社会发展的长远指导方针和在实际工作中必须坚持的重要原则，将新

---

① 胡锦涛：《把促进经济社会协调发展摆到更加突出的位置》，《胡锦涛文选》（第二卷），北京：人民出版社，2016 年版，第 67 页。

② 胡锦涛：《树立和落实科学发展观》，《胡锦涛文选》（第二卷），北京：人民出版社，2016 年版，第 104–105 页。

的发展思路与党的性质和宗旨、党的执政理念和要求内在地联系在一起，具有更鲜明的人民性、科学性和时代性。

2007 年 10 月召开的党的十七大，审议通过了《中国共产党章程（修正案）》，将科学发展观写入党章，确定了其在全党的指导地位。

第二节　坚持市场化改革方向，促进经济又好又快发展

进入 21 世纪，随着社会主义市场经济体制的初步建立，我国经济快速发展，开放程度日益扩大。针对经济社会发展中呈现出来的新的阶段性特征，顺应国内外形势的发展变化，在新的历史阶段，提出坚持改革的市场取向，充分发挥市场在资源配置中的基础性作用，加快推进经济发展方式转变，努力实现经济又好又快发展。

一、更大程度地发挥市场在资源配置中的基础性作用

中国改革开放的进程，实际就是从计划作为配置资源的主要手段逐渐变革成为市场成为配置资源的主要方式，市场经济逐步确立，并不断完善的过程。[①] 1997 年 9 月，党的十五大明确提出形成

① 高尚全：《中国改革 40 年的回顾和思考》，《第一经济观察》，2021 年 6 月 28 日。

比较完善的社会主义市场经济体制的目标，提出“坚持和完善社会主义市场经济体制，使市场在国家宏观调控下对资源配置起基础性作用”，并要求“充分发挥市场机制作用，健全宏观调控体系”[①]。

2002年11月，党的十六大提出，在更大程度上发挥市场在资源配置中的基础性作用。

2003年10月，党的十六届三中全会召开，通过了《中共中央关于完善社会主义市场经济体制若干问题的决定》（以下简称《决定》），就完善社会主义市场经济体制作出一系列重大部署。

《决定》深刻分析了新阶段我国经济体制改革面临的形势和任务，明确了完善社会主义市场经济体制的目标、任务、指导思想和原则，明确提出更大程度地发挥市场在资源配置中的基础性作用。《决定》在改革认识上有巨大的深化、创新与发展：提出了“五个统筹”，首次强调了经济、社会的协调发展；提出股份制是公有制的主要实现形式，在所有制和社会主义经济体制的认识上实现了又一次的重大突破；提出建立健全“归属清晰、权责明确、保护严格、流转顺畅”的现代产权制度，首次为民营资产提供了保护，为资产的规范流动扫除了障碍。[②]

① 江泽民：《高举邓小平理论伟大旗帜 把建设有中国特色社会主义事业全面推向二十一世纪——在中国共产党第十五次全国代表大会上的报告》，北京：人民出版社，1997年版，第16页。

② 《中共中央关于完善社会主义市场经济体制若干问题的决定》，北京：人民出版社，2003年版，第12–13页。

二、加快转变经济发展方式

2007 年 6 月，胡锦涛在中央党校省部级干部进修班重要讲话中，正式提出了“转变经济发展方式”。同年 10 月，党的十七大召开，首次在党的正式文件中提出“加快转变经济发展方式”，其主要任务是：坚持扩大内需方针，促进经济增长由主要依靠投资、出口拉动向依靠消费、投资、出口协调拉动转变；推动产业结构优化升级，由主要依靠第二产业带动向依靠第一、第二、第三产业协同带动转变。

2010 年 10 月 15—18 日，党的十七届五中全会在北京召开。会议审议通过了《中共中央关于制定国民经济和社会发展第十二个五年规划的建议》（以下简称《规划建议》），《规划建议》明确提出，“十二五”时期，是全面建设小康社会的关键时期，是深化改革开放、加快转变经济发展方式的攻坚时期。以加快转变经济发展方式为主线。要求把坚持经济结构战略性调整作为加快转变经济发展方式的主攻方向；坚持把科技进步和创新作为加快转变经济发展方式的重要支撑；深入实施科教兴国战略和人才强国战略；坚持把保障和改善民生作为加快转变经济发展方式的根本出发点和落脚点；坚持把建设资源节约型、环境友好型社会作为加快转变经济发展方式的重要着力点；深入贯彻节约资源和保护环境基本国策；坚持把改革开放作为加快转变经济发展方式的强大动力。[①]

“转变经济发展方式”的提出，实质是从“经济增长方式”到

---

① 《中共中央关于制定国民经济和社会发展第十二个五年规划的建议》，北京：人民出版社，2010 年版，第 6-7 页。

“经济发展方式”的转变，体现了对经济发展理念、目标、路径的新变化、新拓展和新提升，是推动科学发展的必由之路，符合我国基本国情和发展阶段新特征。

第三节　以企业改革为重点，纵深推进经济体制改革

党的十六大报告明确“坚持和完善公有制为主体、多种所有制经济共同发展”的社会主义基本经济制度，提出“毫不动摇地巩固和发展公有制经济”，“毫不动摇地鼓励、支持和引导非公有制经济发展”[①]。针对长期制约公有制经济发展的体制性矛盾问题和非公经济发展面临的体制性障碍，采取了一系列深化企业改革的措施，以增强经济发展的活力和竞争力，进一步完善基本经济制度。

一、国有资产管理体制改革

2001 年底，中国国有资产总量达 10.93 万亿元，1200 多家 A、B 股上市的企业中，国有股和法人股占 79%以上。[②]

2003 年 11 月，党的十六大报告确立了国有资产管理体制改革的方向，提出将“建立中央政府和地方政府分别代表国家履行出资

① 江泽民:《全面建设小康社会 开创中国特色社会主义事业新局面——在中国共产党第十六次全国代表大会上的报告》，北京：人民出版社，2002 年版，第 25 页。
② 李曙光:《加快制定国有资产法》,《中国经济时报》，2003 年 8 月 28 日。

人职责，享有所有者权益，权利、义务和责任相统一，管资产和管人、管事相结合的国有资产管理体制”① 。同时，提出要在“中央政府和省、市（地）两级地方政府设立国有资产管理机构”② 。这是我国国有资产管理体制改革的重大突破。

2003 年 3 月，国务院成立国有资产监督管理委员会，这是新中国成立以来中央政府设立的第一个代表国家履行出资人职责的国务院直属特设机构*，第一次在政府层面上实现了政府的公共管理职能与国有资产出资人职能的分离，基本实现了管资产和管人、管事相结合。③ 在国务院下设国资委，代表国家行使中央国有资产出资人职能，由地方国资委行使地方国有资产出资人职能，形成了“国资委-国有企业”的双层管理体制。

* 1988年3月，经全国人大七届一次会议批准，国务院机构改革增设归口财政部的国家国有资产管理局，它是新中国成立后中国首个专职从事国有资产管理的政府职能机构。

同年 5 月，国务院通过《企业国有资产监督管理暂行条例》，明确了国有资产管理体制的基本框架。随后，与该条例相配套的法规规章相继出台，包括《国有企业清产核资办法》《中央企业负责人经营业绩考核暂行办法》《企业国有产权转让管理暂行办法》《关于规范国有企业改制工作的意见》等。新的国有资产管理体制开始逐步建立。

① 《统一认识，明确责任，扎实推进国有资产管理体制改革》，载中共中央文献研究室编：《十六大以来重要文献选编》（上），北京：中央文献出版社，2011 年版，第 777 页。
② 《统一认识，明确责任，扎实推进国有资产管理体制改革》，载中共中央文献研究室编：《十六大以来重要文献选编》（上），北京：中央文献出版社，2011 年版，第 778 页。
③ 《新一轮新起点，机构改革这些年——国资监管机构 30 年 7 变迁》，《经济观察报》，2018 年 3 月 1 日。

二、出台新旧"非公经济 36 条"

2003 年 10 月，党的十六届三中全会提出允许非公有资本进入法律未禁入的基础设施、公用事业及其他行业和领域。

2005 年 2 月，国务院颁布《关于鼓励支持和引导个体私营等非公有制经济发展的若干意见》(被称为"非公经济 36 条"或"非公 36 条")，这是改革开放以来第一个以中央政府的名义促进非公经济发展的系统性政策文件。"非公 36 条"指出，"公有制为主体、多种所有制经济共同发展是我国社会主义初级阶段的基本经济制度。毫不动摇地巩固和发展公有制经济，毫不动摇地鼓励、支持和引导非公有制经济发展，使两者在社会主义现代化进程中相互促进，共同发展，是必须长期坚持的基本方针，是完善社会主义市场经济体制、建设中国特色社会主义的必然要求。改革开放以来，我国个体、私营等非公有制经济不断发展壮大，已经成为社会主义市场经济的重要组成部分和促进社会生产力发展的重要力量"[①]。文件还明确提出，允许非公有资本进入垄断行业和领域、公用事业和基础设施领域、社会事业领域，进入金融服务业、国防科技工业建设领域，鼓励非公有制经济参与国有经济结构调整和国有企业重组、参与西部大开发、东北地区等老工业基地振兴和中部地区崛起。"非公 36 条"的发布，对我国非公有制经济的快速平稳健康发展产生促进作用，对完善社会主义市场经济体制、建设中国特色社会主义，都具有重要意义。

---

① 《国务院关于鼓励支持和引导个体私营等非公有制经济发展的若干意见》,《中华人民共和国国务院公报》, 2005 年 10 期。

2010年5月7日，国务院再次发布《关于鼓励和引导民间投资健康发展的若干意见》（简称“新非公36条”）。进一步拓宽了民间投资的领域和范围，鼓励和引导民间资本进入基础产业和基础设施领域、市政公用事业和政策性住房建设领域、社会事业领域、金融服务领域、商贸流通领域、国防科技工业领域，鼓励和引导民间资本重组联合和参与国有企业改革，推动民营企业加强自主创新和转型升级，参与国际竞争，为民间投资创造良好环境，加强对民间投资的服务、指导和规范管理等十二个方面提出了鼓励和引导民间投资的36条政策措施。

2011年3月，国务院第一百四十九次常务会议通过《个体工商户条例》，自2011年11月1日起施行。条例放宽了对个体工商户经营的限制，取消了原来作为登记事项的“从业人员”限制等，对个体工商户登记管理事项进行了调整。

此外，为进一步促进中小企业发展，2009年国务院发布了《关于进一步促进中小企业发展的若干意见》。2011年在“中小企业划型标准”中新增“微型企业”*一类，使相关扶持政策更有针对性。2012年3月，国务院批准在温州实施金融综合改革试验，主要内容包括规范发展民间融资、加快发展新型金融组织、发展专业资产管理机构等。通过放宽市场准入、构建有利于非公经济发展的扶持体系、切实解决非公经济发展融资难问题等一系列配套改革措施，着力营造非公经济发展的公平的市场环境。

* 主要按照营业收入划分：农、林、牧、渔业营业收入50万元以下的，工业从业人员20人以下或营业收入300万元以下的，软件和信息技术服务业从业人员10人以下或营业收入50万元以下的，房地产业营业收入100万元以下或资产总额2000万元以下的为微型企业。

三、保护私有财产写入宪法

2004年3月，第十届全国人民代表大会第二次会议投票表决通过了《中华人民共和国宪法（修正案）》。此次修正案，修改《中华人民共和国宪法》第十条第三款为“国家为了公共利益的需要，可以依照法律规定对土地实行征收或者征用并给予补偿”；修改《中华人民共和国宪法》第十三条为“公民的合法的私有财产不受侵犯”，“国家依照法律规定保护公民的私有财产权和继承权”，“国家为了公共利益的需要，可以依照法律规定对公民的私有财产实行征收或者征用并给予补偿”[①]。此外，此次宪法修正案在“公民的基本权利和义务”中增加了第三十三条：“国家尊重和保障人权。[②]”

至此，国家正式把保护公民的私有财产权写入宪法，进一步完善了私有财产保护制度，肯定了我国公民以个体的形式参与建设和发展非公有制经济的合法性，提升了私有财产保护的法律地位，有利于保护人民群众的切身利益。把“国家尊重和保障人权”写入宪法，也凸显了国家对人权的重视，彰显了宪法的人权意识，对于推进依法治国进程具有十分重要的意义，使宪法确实成为规范政府行为、维护广大人民群众合法权益的最终依据。

四、鼓励和引导民间投资参与国有企业改制重组

2010年5月，国务院出台《关于鼓励和引导民间投资健康发展的若干意见》，被称为“新36条”。2012年初，国务院发布的

---

① 《十届全国人大二次会议主席团关于〈中华人民共和国宪法修正案（草案）〉审议情况的报告》，《人民日报》，2004年3月16日。

② 《十届全国人大二次会议主席团关于〈中华人民共和国宪法修正案（草案）〉审议情况的报告》，《人民日报》，2004年3月16日。

《关于2012年深化经济体制改革重点工作的意见》要求，抓紧完善鼓励引导民间投资健康发展的配套措施和实施细则。当年的政府工作报告中也明确要求国务院相关部门确保在2012年上半年出台“新36条”具体的实施细则。

2012年7月，42项民间投资实施细则按照国务院要求全部出齐，为“新36条”的真正“落地”提供了基本的依规，其中不乏亮点举措：国资委5月25日发布《关于国有企业改制重组中积极引入民间投资的指导意见》，在明确了引入民间投资四项原则的同时，提出了产权市场、股票市场和股权投资基金等三种市场化方式，并规定“不得在意向受让人资质条件中单独对民间投资主体设置附加条件”。银监会5月26日出台的《关于鼓励和引导民间资本进入银行业的实施意见》，将村镇银行主发起行的最低持股比例由20%降低到15%。

“新36条”实施细则的出台当年，全国民间固定资产投资22.4万亿元，同比增长24.8%，所占比重达到61.4%。[①]

第四节　不断深化改革，健全宏观调控体系

随着我国市场经济的发展和对外开放程度日益扩大，需要进一步深化改革、加强改善宏观调控，健全现代市场体系，进一步适应市场经济发展，走科学发展之路，为全面建设小康社会提供

① 佘惠敏：《民间投资门槛最好再低点》，《经济日报》，2013年3月13日。

强有力的保障。

一、国有商业银行体制改革

2002年，国务院成立国有独资商业银行综合改革专题工作小组，研究国有商业银行改革问题。2003年9月，党中央、国务院提出，建立规范的公司治理机构，转换经营机制，成为产权清晰、资本充足、内控严密、运营安全、服务与效益良好、具有国际竞争力的现代商业银行的目标，对国有商业银行实施股份制改革，选择中国银行、中国建设银行进行试点，并成立国有独资商业银行股份制改革试点工作领导小组。国务院明确要求，国务院商业银行改革，是背水一战，只能成功，不能失败，必须实现国有资产保值增值。2003年12月，国务院批准设立中央汇金投资有限责任公司，由其运用国家外汇储备向试点银行注资，作为国有资本出资人代表，行使国有重点金融机构控股股东职责。2004年1月6日，国务院宣布对中国银行和中国建设银行实施股份制改造，并且动用450亿美元外汇储备为两家试点银行补充资本金。8月26日，中国银行股份制改造完成，组建成的中国银行股份有限公司宣告成立。9月21日，中国建设银行股份制改造完成，组建了中国建设银行股份有限公司。中国建设银行股份有限公司、中国银行股份有限公司分别于2005年、2006年在香港成功上市，标志着国有商业银行的改革迈出实质性的一步。

二、资本市场“国九条”出台

2004 年 2 月 1 日，股市猴年开市后第一个星期天，国务院正式颁布《关于推进资本市场改革开放和稳定发展的若干意见》，文件一共九条，被称为“国九条”。这是国务院自 1992 年以来首次下发的关于证券市场的专门文件。

“国九条”将发展资本市场提升到国家战略任务的高度，为资本市场发展指明了方向，提出，“大力发展资本市场是一项重要的战略任务，对我国实现本世纪头 20 年国民经济翻两番的战略目标具有重要意义”[①]。

“国九条”提出推进资本市场改革开放和稳定发展的目标任务：“以扩大直接融资、完善现代市场体系、更大程度地发挥市场在资源配置中的基础性作用为目标，建设透明高效、结构合理、机制健全、功能完善、运行安全的资本市场。[②]”主要内容包括：促进资本市场中介服务机构规范发展，提高执业水平；加强法制和诚信建设，提高资本市场监管水平；加强协调配合，防范和化解市场风险；认真总结经验，积极稳妥地推进对外开放等九条措施。“国九条”还明确要求“积极稳妥解决股权分置问题”[③]，开启了新一轮股权分置改革。

---

① 《国务院关于推进资本市场改革开放和稳定发展的若干意见》，《中华人民共和国国务院公报》，2004 年 09 期。

② 《国务院关于推进资本市场改革开放和稳定发展的若干意见》，《中华人民共和国国务院公报》，2004 年 09 期。

③ 《国务院关于推进资本市场改革开放和稳定发展的若干意见》，《中华人民共和国国务院公报》，2004 年 09 期。

三、上市公司股权分置改革试点启动

2005 年 4 月 29 日，经过国务院批准，中国证监会发布了《关于上市公司股权分置改革试点有关问题的通知》(以下简称《通知》)，股权分置改革试点正式启动。《通知》确立了市场稳定发展、规则公平统一、方案协商选择、流通股东表决、实施分步有序的操作原则。同年 8 月，中国证监会等五部门联合颁布《关于上市公司股权分置改革的指导意见》，随后又下发《上市公司股权分置改革管理办法》，股权分置改革由此全面铺开。截至 2005 年 12 月底，推出股改方案的上市公司共 399 家，其中送股类企业为 383 家。在这 383 家上市公司中，已完成股改的G股企业有 213 家。

这场股权分置改革，突出对股票发行的市场价格约束和投资者约束。此后，我国资本市场在股权分置改革、提高上市公司质量、证券公司综合治理、发展壮大机构投资者以及健全和完善市场法制等五个方面取得了进展或阶段性成果。到 2006 年底，股权分置改革基本完成。

四、推出创业板，构建多层次资本市场

培育和设立创业板市场，优化我国上市公司结构，促进资本市场健康发展，对激发资本市场活力、提高市场运作效率、多层次资本市场的建立以及资本市场逐步走向完善稳健发展具有重大意义。2006 年，中国证监会公开表示，将加快推出创业板，积极发展公司债券市场，力争多层次市场体系建设取得突破。

2009 年 3 月，在广泛征求意见后，中国证监会正式发布《首

次公开发行股票并在创业板上市管理暂行办法》，对拟到创业板上市企业的发行条件、发行程序、信息披露、监督管理、法律责任等方面进行了详细规定。其后，又陆续出台一系列配套规则。10月，创业板在深圳证券交易所正式上市。创业板的推出，为自主创新企业及其他成长型创业企业的发展需要创造了新的市场条件。

此外，为履行加入世界贸易组织时关于资本市场开放的承诺，我国合资证券期货经营机构大量设立，合格境外机构投资者和合格境内机构投资者机构相继建立，外商投资股份公司开始在我国境内有条件发行上市，进行战略性投资。

五、个人所得税起征点上调

2011 年 4 月 20 日，第十一届全国人民代表大会常委会第二十次会议初次审议《中华人民共和国个人所得税法修正案（草案）》（以下简称《草案》），拟将个人所得税工资薪金所得减除标准由每月 2000 元上调至每月 3000 元，引起了广泛关注。4 月 25 日，全国人大公布《草案》全文，并向社会公开征集意见。消息一经公布，引起了社会极大的参与和争论。专家、媒体、公众纷纷发表看法，近半月收到意见已接近 20 万条，创全国人大立法网上征求意见数新纪录。

2011 年 6 月 30 日，十一届全国人大常委会第二十一次会议表决通过了全国人大常委会关于修改个人所得税法的决定。根据决定，个税免征额将从现行的 2000 元提高到 3500 元。2018 年 10 月，将个人所得税免征额提高至每月 5000 元。个人所得税的调整，减轻了中低收入者的缴税负担，有利于发挥税收对收入分配的调节作用。

六、金融改革试验由点扩展到面

2012年3月，国务院决定设立温州市金融综合改革试验区并实施《浙江省温州市金融综合改革试验区总体方案》。该方案提出了依法发起设立或参股村镇银行、贷款公司、农村资金互助社等新型金融组织；研究开展个人境外直接投资试点，探索建立规范便捷的直接投资渠道；培育发展地方资本市场等温州市金融综合改革的12项主要任务。

继温州金改试验区启动后，7月25日，由中国人民银行、国家发展改革委等八部委在广州发布了《广东省建设珠三角金融改革创新综合实验区总体方案》，金融改革开放再次向前迈步。此方案既有城市金融改革创新综合试验，也有农村金融改革创新综合试验，还包括城乡统筹发展金融改革创新综合试验，粤港澳、粤台和与东盟的金融合作内容涉及金融市场、金融组织、金融产品等各个方面。

温州市民营经济发达，民间金融活跃。在温州开展金融综合改革，引导民间资本顺畅破除在金融领域的“玻璃门”障碍，对温州，乃至对全国的金融改革和经济发展都具有重要的探索作用。广东毗邻港澳，通过与港澳的金融合作，是中国金融和国际金融融合的第一个交叉点，可以为全国金融改革和开放探索一些宝贵经验。珠三角金融改革方案获批意味着中国金融由点到面的改革取得实质进展。

第五节　统筹城乡发展，建设社会主义新农村

伴随我国经济体制改革中心和重点的转移，工农发展、城乡发展不协调问题突出，二元结构严重制约经济社会全面、协调、可持续发展。统筹城乡发展、工业反哺农业、建设社会主义新农村成为新时期解决“三农”问题的重要战略。

一、再次出台“一号文件”聚焦农村发展

2004 年 1 月 1 日，中共中央、国务院发布《关于促进农民增加收入若干政策的意见》（以下简称《意见》），《意见》成为改革开放以来中共中央关于“三农”问题的第六个“一号文件”，也是时隔 18 年后的又一个关于“三农”问题的“一号文件”。《意见》共 22 条，包括具体政策 37 项。其中，针对粮食产量持续下滑、农民增收低速徘徊，出台了三项前所未有的惠农政策：一是对种粮农民进行直接补贴；二是减轻农业税费负担；三是对重点农产品实行最低收购价制度。[①]

《意见》还第一次从政策层面提出农民工是产业工人的重要组成部分；第一次要求把农民工的职业培训、子女教育、劳动保障纳入正常财政预算。《意见》对征地制度进行的改革也十分引人注目，其中最重要的是恢复了农民在土地问题上的市场主体地位并对县级以下的金融机构支持农业做出硬性规定。

---

① 《中共中央国务院关于促进农民增加收入若干政策的意见》，《人民日报》，2004 年 2 月 9 日。

至2011年，国家又连续发布七个“一号文件”，通过调整国家和农民的关系、发展现代农业、加强对农业的支持保护、加快发展农村社会事业、积极改善农村生产生活条件、切实保护农民合法权益等一系列政策措施，推进城乡统筹发展。

二、全面取消农业税

2003年，全国所有省市区全面推开农村税费改革试点工作。从2004年开始，农村税费改革进入新阶段，由“减轻、规范、稳定”的目标转向逐步降低直至最终取消农业税。

国务院开始在全国降低农业税的税率，同时选择了黑龙江、吉林两省进行全部免征农业税的试点，并取消除烟叶外的农业特产税。2005年有20个省份自主决定免征农业税，使免征农业税的省份达到了28个，河北、山东、云南也按中央要求将农业税税率降到2%以下。2005年12月29日，第十届全国人民代表大会常委会第十九次会议全票通过了《全国人大常委会关于废止〈中华人民共和国农业税条例〉的决定》，自2006年1月1日起生效。至此，这一在我国存在了2600多年的古老税种正式退出历史舞台。

口述改革

陈锡文：取消农业税

到了2005年，按照原来的计划这一年要进一步降到3%，这样农业税附加就是0.6%，一共是3.6%，但实际上很多地方已经干脆取消农业税了。2005年底，十届全国人大常委会批准废除《中华人民共和国农业税条例》，宣布从2006年1月1日开始，取消农业税。

这件事确实是意义重大。对农民来说，如果按照1999年的价格来算，整体要少缴1300亿元，这就变成他们的收入了。更重要的是在这个过程中提出了一个问题：过去很多农村的公共事务，中央财政、地方财政都没有出钱，是让农民自己办。现在不收农民的钱了，可事不能不办啊。所以又提出了一些新的政策，比如从2003年开始建新农合制度，也是在这一年在贫困地区让农村孩子义务教育全部免费，连课本也免费，等等。这些都是从那时候开始的。

所以农村税费改革关系的不仅仅是农村，不仅仅是“三农”，它更是我们国家经济体制改革、经济运行当中非常关键的环节，其实是把农村和整个国家的财政体制、财税体制以及整个公共管理、公共服务、社会保障等都连到了一起，意义是非常大的。

——口述者系全国人大农业与农村委员会原主任委员

资料来源：迟福林主编：《口述改革历史》（上），广州：广东经济出版社，2019年版，第166-168页。

三、着力解决农民工问题

2006年，我国农民工总数约为2亿。[①] 农民工问题事关我国经济和社会发展全局，解决好农民工问题成为建设中国特色社会主义的战略任务。2004年、2005年、2006年连续三年中央一号文件都强调解决农民工问题的重要性。2005年3月31日通过的《国务院2005年工作要点》将“制定和完善涉及农民工的各项政策”作为

① 《当前我国约有2亿农民工 农民工问题较复杂》，中国政府网，2007年1月26日。

一项重要任务。当年4月初，国务院研究室牵头成立了农民工问题调研和文件起草组，中央17个部门、8个农民工输入输出大省和多位长期从事农民工问题研究的专家参加。形成了近5万字的《中国农民工问题研究总报告》，为起草《国务院关于解决农民工问题的若干意见》奠定了基础。

2006年3月，国务院发布《关于解决农民工问题的若干意见》（以下简称《意见》）。这是我国政府首次为农民工制定的系统性政策。正式颁布的《意见》共有10个部分、40条，9000余字，涉及农民工工资、就业、技能培训、劳动保护、社会保障、公共管理和服务、户籍管理制度改革、土地承包权益等各方面政策措施。文件提出，抓紧解决农民工工资偏低和拖欠问题，建立农民工工资支付保障制度，合理确定和提高农民工工资水平；逐步实行城乡平等的就业制度，建立城乡统一、平等竞争的劳动力市场，大力发展面向农村的职业教育。①

《意见》还提出，要高度重视农民工社会保障工作，坚持分类指导、稳步推进，优先解决工伤保险和大病医疗保障问题，逐步解决养老保障问题，探索适合农民工特点的养老保险办法；把农民工纳入城市公共服务体系，保障农民工子女平等接受义务教育；深化户籍管理制度改革，逐步地、有条件地解决长期在城市就业和居住农民工的户籍问题，保护农民工土地承包权益等具体措施。②

① 《国务院关于解决农民工问题的若干意见》，《人民日报》，2006年3月28日。
② 《国务院关于解决农民工问题的若干意见》，《人民日报》，2006年3月28日。

口述改革

魏礼群：关于农民工问题的调查研究

调研和起草农民工问题的历史背景是这样的。当时农民工在全国有2亿多人口，有1亿多是进城务工的，还有1亿多是在当地进行非农产业生产。农民工当时对改革开放和经济社会发展作出了重大贡献。解放了农村劳动力，为农民增收开辟了渠道，为工业和交通运输业提供了劳动力，促进了工业和其他行业的发展，还推进了城镇城市化。在这样的背景下，社会上开始呼吁要解决农民工问题。国务院领导也提出来，要求对农民工问题做出深度调研，并且要给国务院制定文件解决问题。

为了搞好调查研究，我们中央和地方部门深入基层去做过调研，召开了五次调研的汇报会，最后形成了55个调研成果，30多个是属于中央部门提供的，十几个是地方部门提供的，还有专家提供的。从多方面有深度地了解农民工的现状、问题和农民工的需求。在调查研究的基础上，作为国务院《关于解决农民工问题的若干意见》起草文件，文件是在大量调查研究基础上做出的，文件也经过十个多月的调研和起草过程。最后，2006年2月，国务院常务会讨论通过这个文件。

解决农民工的一个重要出发点，就是要求全社会尊重农民工，关爱农民工，维护农民工的合法权益。从更深层次来讲，就是要从中国国情出发，转移农村劳动力，探索出一条整个农村多余劳动力转移的路子，以促进中国的工业化现代化。这个文件的基本精神，提出来了四个准则和未来需解决的一些重点任务。其中一个重要的原则就是要公平对待，一视同仁。这是四个原则中最重要的原则，也是最首要的原则，就是为农民工争取合法的社会地位，维护农民工的合法权益。

——口述者系原国务院研究室主任

资料来源：中国（海南）改革发展研究院“口述改革历史”访谈。

四、推进省直接管理县财政改革

我国从1982年开始推行“市管县”体制改革。2003年底，除了港、澳、台和京、津、沪、渝之外的27个省份和自治区，普遍实行了市管县的体制。[①]地级市管县的数量占到全国的70%。[②]但“市管县”的体制在实践中面临着“小马拉大车”、缺乏宪法依据和行政成本增加等问题。在中央政府的支持下，从1992年开始，浙江、河北、江苏、河南、安徽、广东、湖北、江西、吉林等省份陆续推行了以“强县扩权”为主要内容的改革试点，对经济发展较快的县市进行了扩权，把地级市的经济管理权限直接下放给一些重点县。2011年，全国有22个省已经进行了范围有宽有窄、程度不一的“省管县”改革。[③]

国家“十一五规划”提出：“理顺省级以下财政管理体制，有条件的地方可以实行省级直接对县的管理体制。”2009年中央“一号文件”提出：“推进省直接管理县（市）财政体制改革，将粮油、油料、棉花和生猪生产大县全部纳入改革范围。稳步推进扩权强县改革试点，鼓励有条件的省份率先减少行政层次，依法探索省直接管理县（市）的体制。”

2009年6月，财政部发布了《关于推进省直接管理县财政改革的意见》（以下简称《意见》）。《意见》明确了省直接管理县财

① 李振：《“省管县”体制问题研究综述》，《理论界》，2006年11期。
② 韩春晖：《“省管县”：历史与现实之间的观照——中国地方行政层级的优化改革》，《行政法学研究》，2011年09期。
③ 韩春晖：《“省管县”：历史与现实之间的观照——中国地方行政层级的优化改革》，《行政法学研究》，2011年09期。

政改革的总体目标，要求 2012 年底前在全国大部分地区推行。到 2011 年，全国有 27 个省份 1080 个县进行了省直管县财政改革。[①]

第六节　统筹区域协调发展

改革开放尤其是中国加入世界贸易组织以来，我国区域差距不断扩大。党的十六届三中全会明确将统筹区域发展作为重要战略之一，在继续推进西部大开发战略的同时，先后作出振兴东北地区等老工业基地、促进中部地区崛起、鼓励东部地区率先发展等重大决策部署，布局和推动我国区域更加协调发展。

一、振兴东北地区等老工业基地国家战略实施

党的十六大报告提出，“支持东北地区等老工业基地加快调整和改造，支持以资源开采型城市发展接续产业”[②]。第十届全国人大一次会议提出，“采取有力措施，支持东北地区等老工业基地加快调整和改造，支持以资源开采为主的城市和地区发展接续产业，支持革命老区和少数民族地区加快发展”[③]。2003 年，党中央、国务院出台《关于实施东北地区等老工业基地振兴战略的若干意见》，

---

① 《2012 年县级基本财力保障机制奖补资金超千亿元》，中国政府网，2012 年 5 月 18 日。

② 江泽民：《全面建设小康社会 开创中国特色社会主义事业新局面——在中国共产党第十六次全国代表大会上的报告》，北京：人民出版社，2002 年版，第 24 页。

③ 《第十届全国人民代表大会第一次会议关于国务院机构改革方案的决定》，《中华人民共和国全国人民代表大会常务委员会公报》，2003 年 02 期。

将振兴东北地区等老工业基地确立为国家战略。这一国家级重大战略范围包括：辽宁、吉林、黑龙江三省和内蒙古自治区呼伦贝尔市、兴安盟、通辽市、赤峰市和锡林郭勒盟，涉及 145 万平方公里土地和 1.2 亿人口。该意见全面阐述了加快东北地区等老工业基地振兴中的重大战略意义、指导思想和基本原则，明确了实施振兴战略的方针任务和政策措施。

2003 年 12 月，国务院成立振兴东北地区等老工业基地领导小组，下设办公室，按照国务院的统一部署，协调有关部门采取积极措施，支持东北老工业基地振兴。此后，振兴东北地区等老工业基地战略进入全面的具体实施阶段。此后五年多时间，东北地区等老工业基地振兴取得实质性进展，以国企改革为重点的体制机制创新取得重大突破，经济结构进一步优化，对外开放水平也明显增强。

2009 年，面对新的形势，为适应把握引领经济发展新常态，充实振兴战略内涵，有效应对国际金融危机，促进全国经济平稳较快发展，国务院出台《关于进一步实施东北地区等老工业基地振兴战略的若干意见》，继续贯彻落实发展新理念，加快实现东北地区等老工业基地全面振兴。2015 年 12 月，中共中央、国务院又发布了《关于全面振兴东北地区等老工业基地的若干意见》，强调全面振兴东北地区等老工业基地与“三大战略”同等的重要程度，事关我国区域发展总体战略的实现。

二、中部崛起战略实施

在邓小平“两个大局”*战略思想的指导下，1995 年 9 月，党的十四届五中全会提出区域协调发展问题。1999 年和 2002 年西部

* 20 世纪 80 年代，我国改革开放之初，邓小平同志明确提出了“两个大局”的伟大构想：一个大局是东部沿海地区加快对外开放，使之较快地先发展起来，中西部地区要顾全这个大局。另一个大局是当发展到一定时期，比如本世纪末全国达到小康水平时，就要拿出更多的力量帮助中西部地区加快发展，东部沿海地区也要服从这个大局。

大开发战略、振兴东北老工业基地战略相继提出并实施。在此背景下，中部地区的发展问题凸显了出来。从 1980 年到 2003 年的 20 多年中，东部地区在全国经济总量中的比重从 50.2%增加到了 58.86%，而中部地区在全国范围内的地位呈不断下降趋势。2003 年，中部地区人均可支配收入比全国平均水平低 1369 元，比西部地区低 183 元。[①]

2003 年 10 月，党的十六届三中全会通过《中共中央关于完善社会主义市场经济体制若干问题的决定》，提出有效发挥中部地区综合优势，支持中西部地区加快改革发展。2005 年 10 月，党的十六届五中全会通过《中共中央关于制定国民经济和社会发展第十一个五年规划的建议》，进一步明确促进区域协调发展、形成合理的区域发展格局，其重要内容是促进中部地区崛起。

2006 年 4 月，《中共中央国务院关于促进中部地区崛起的若干意见》（以下简称《意见》）正式出台。《意见》提出中部地区“三基地、一枢纽”的定位——全国重要粮食生产基地、能源原材料基地、现代装备制造及高技术产业基地和综合交通运输枢纽。

2006 年 5 月，国务院办公厅印发《关于落实中共中央国务院〈关于促进中部地区崛起若干意见〉有关政策措施的通知》。2007 年 1 月，国务院明确中部地区 26 个地级以上城市比照执行振兴东北地区等老工业基地有关政策，243 个县（市、区）比照执行西部大开发有关政策。2007 年 4 月，国家促进中部地区崛起工作办公室挂牌。中部崛起战略的实施，推进了中部地区经济的快速发展，有效促进了区域协调发展。

---

① 《为什么中部要崛起?》，湖北党史网，2021 年 9 月 11 日。

第七节　推进服务型政府和法治政府建设

随着改革开放和社会主义市场经济的不断发展以及我国加入世贸组织，行政管理体制存在着与新发展阶段不相适应的突出矛盾和问题。2003年“非典”疫情后，我国行政管理体制改革进入深化阶段，以建立行为规范、运转协调、公正透明、廉洁高效的行政管理体制为目标，主要任务是推进服务型政府和法治政府建设。

一、2003年、2008年政府机构改革

2002年11月，党的十六大明确提出了深化行政管理体制改革的任务。此后，党的十六届二中全会审议通过《关于深化行政管理体制和机构改革的意见》。2003年3月，第十届全国人民代表大会第一次会议通过了《关于〈国务院机构改革方案〉的决定》。此次国务院机构改革，主要涉及七个方面：一是深化国有资产管理体制改革，设立国务院国有资产监督管理委员会；二是完善宏观调控体系，将国家发展计划委员会改组为国家发展改革委；三是健全金融监管体制，设立中国银行业监督管理委员会；四是继续推进流通管理体制改革，组建商务部；五是加强食品安全和安全生产监管体制建设，在国家药品监督管理局基础上组建国家食品药品监督管理局，将国家经济贸易委员会管理的国家安全生产监督管理局改为国务院直属机构；六是将国家计划生育委员会更名为国家人口和计划生育委员会；七是不再保留国家经济贸易委员会、对外贸易经济合作部。改革后除国务院办公厅外，国务院组成部门由29个变为28

个。同时，地方各级政府机构也相应进行了改革。[①]

2008 年 2 月，党的十七届二中全会通过《关于深化行政管理体制改革的意见》和《国务院机构改革方案》。同年 3 月，十一届全国人民代表大会第一次审议并批准《国务院机构改革方案》。这次国务院机构改革的总体目标是：到 2020 年建立起比较完善的中国特色社会主义行政管理体制。主要任务是：围绕转变政府职能和理顺部门职责关系，探索实行职能有机统一的大部门体制，合理配置宏观调控部门职能，加强能源环境管理机构，整合完善工业和信息化、交通运输行业管理体制，以改善民生为重点加强与整合社会管理和公共服务部门。此次改革突出了三个重点：一是加强和改善宏观调控，促进科学发展；二是着眼于保障和改善民生，加强社会管理和公共服务；三是按照探索职能有机统一的大部门体制要求，对一些职能相近的部门进行整合，实行综合设置，理顺部门职责关系。经过此次调整，除国务院办公厅外，国务院设置组成部门 27 个，直属特设机构 1 个，直属机构 15 个，办事机构 4 个，部委管理的国家局 16 个，直属事业单位 14 个。国务院正部级机构减少 4 个。[②]

---

① 《第九届全国人民代表大会第一次会议关于国务院机构改革方案的决定——1998 年 3 月 10 日第九届全国人民代表大会第一次会议通过》，《中华人民共和国全国人民代表大会常务委员会公报》，1998 年 01 期。

② 《新一轮国务院机构改革启动组成部门拟调至 27 个》，新华网，2008 年 3 月 11 日。

二、“建设服务型政府”首次写入党的文件

2002 年，党的十六大将政府职能概括为“经济调节、市场监管、社会管理和公共服务”四个方面。2003 年“非典”疫情暴发，这是中国改革发展进入新阶段遇到的一次突发性公共事件。政府“非典”疫情过程中出现应对机制不健全，反映了政府经济建设的职能相对较强，而公共服务的职能相对薄弱。建设公共服务型政府的建议得到高层的认同。2004 年 2 月，温家宝在中央党校省部级主要领导干部“树立和落实科学发展观”专题研究班结业式上的讲话中首次提出“努力建设服务型政府”的概念。

2005 年,《政府工作报告》中再次强调，“努力建设服务型政府。创新政府管理方式，寓管理于服务之中，更好地为基层、企业和社会公众服务”[①]。2006 年 10 月，党的十六届六中全会强调要建设服务型政府，强化社会管理和公共服务职能。这是首次在党的文件中提出服务型政府建设的明确要求。此后，建设服务型政府已成为各级政府改革的重要目标。

三、分类推进事业单位改革

面对新形势新要求，我国社会事业发展相对滞后，作为社会事业重要承载部门数量众多的、在中国仅次于企业的第二大法人组织，事业单位迫切需要通过分类推进的方式进行改革。改革之前，

---

① 《国务院机构改革方案》,《人民日报》，2008 年 3 月 16 日。

全国共有事业单位 126 万个，在职人员 3100 多万人，离退休人员 1000 多万人。[①]

党的十七大从改革开放全局出发，提出加快分类推进事业单位改革；党的十七届二中全会进一步要求抓紧制定分类推进事业单位改革的指导意见和方案。2008 年，温家宝总理在中央编委第一次会议上提出“要在充分研究论证和试点的基础上，提出事业单位改革的总体方案或全国性的指导意见”。2009 年下半年，经国务院和中央编委领导批准，成立了“事业单位改革文件起草组”，在全面总结经验、深入调研论证的基础上，研究起草了改革总体文件。[②]

2011 年 3 月，中共中央、国务院印发《关于分类推进事业单位改革的指导意见》（以下简称《指导意见》）。《指导意见》明确了总体目标、阶段性目标和“四分”的工作方针，第一次将事业单位作为一个整体进行改革的顶层设计。

《指导意见》提出，到 2020 年，建立起功能明确、治理完善、运行高效、监管有力的管理体制和运行机制，形成基本服务优先、供给水平适度、布局结构合理、服务公平公正的中国特色公益服务体系。今后五年，在清理规范基础上完成事业单位分类，承担行政职能事业单位和从事生产经营活动事业单位的改革基本完成。[③]

---

① 马凯：《积极稳妥地分类推进事业单位改革》，《国家行政学院学报》，2012 年 5 月 18 日。

② 马凯：《积极稳妥地分类推进事业单位改革》，《国家行政学院学报》，2012 年 5 月 18 日。

③《中共中央 国务院关于分类推进事业单位改革的指导意见》，《中华人民共和国国务院公报》，2012 年 12 期。

四、全面推进行政审批制度改革

随着社会主义市场经济的不断发展，从 1998 年开始我国一些地方相继开展行政审批制度改革，取得一定成效。2001 年 9 月，国务院对全面推进行政审批制度改革作出部署，成立行政审批制度改革工作领导小组，办公室设在监察部，国务院领导同志担任领导小组组长。2005 年 3 月，中办、国办发布《进一步推进政务公开的意见》，进一步提高政务公开的范围和程度。除涉及国家机密、依法受保护的商业秘密和个人隐私，其他行政事项能公开的一律向社会公开。2008 年中央取消了原国务院行政审批制度改革工作领导小组，成立由监察部牵头，中央编办、国家发展和改革委、国务院法制办等 12 个部门组成的行政审批制度改革工作部际联席会议，进一步推进行政审批制度改革。

截至 2011 年，国务院各职能部门共取消调整审批项目 2183 项，占原有审批项目总数的 60.6%。据统计，各省市区共取消调整审批项目 3.6 万余项，占原有审批项目总数的 68.2%。①

五、全面推进依法行政

2003 年，孙志刚事件引发对收容遣送制度的全国大讨论。2003 年 6 月，国务院正式公布《城市生活无着的流浪乞讨人员救助管理办法》，自 2003 年 8 月 1 日起施行。1982 年 5 月国务院发

① 《10 年 5 次清理国务院部门取消调整 2183 项行政审批》，《人民日报》，2012 年 5 月 14 日。

布的《城市流浪乞讨人员收容遣送办法》被废止。

2003 年 8 月，国家公布了《中华人民共和国行政许可法》(以下简称《行政许可法》)，自 2004 年 7 月 1 日起施行。《行政许可法》从行政许可的设定、行政许可的实施机关、行政许可的实施程序、行政许可的费用、监督检查、法律责任等几个方面进行了详细的规定。《行政许可法》是继我国颁发《中华人民共和国国家赔偿法》《中华人民共和国行政处罚法》和《中华人民共和国行政复议法》之后又一部规范政府行为的重要法律，对行政机关依法行政提出了更高的要求。

2004 年 3 月，国务院发布了《全面推进依法行政实施纲要》，系统规划并提出十年后基本实现建设法治政府的目标。

2005 年 4 月，十届全国人大常委会十五次会议通过《中华人民共和国公务员法》。这部法的颁布实施，是对公务员实行法制化、规范化管理的一项基础性工程，对于改革和完善党的领导方式和执政方式，加强党的执政能力建设，提高治国理政水平，发展社会主义民主政治，建设社会主义政治文明，都具有重要而长远的意义。

第八节　推进以改善民生为重点的社会建设

进入 21 世纪以来，全社会公共需求全面快速增长与公共服务不到位、基本公共产品短缺，成为我国新阶段的突出矛盾，我国已开始进入从生存型社会向发展型社会过渡的新阶段。党的十七大明确将社会建设作为与经济建设、政治建设、文化建设同等重要的社会主义事业总体布局的一部分，首次出现在党的代表大会报告中。“加强社会建设，全面改善人民生活”也被正式作为实现全面建设小康社会奋斗目标的新要求提了出来。由此，我国社会领域改革进入一个新发展阶段。

一、城乡免费义务教育与新医改全面启动

（一）全面实行城乡免费义务教育促进教育公平

到20世纪末，全国85%的人口地区基本实现“普九”。进入21世纪，推进义务教育均衡发展，加快相关配套改革成为重要任务。2003年，国务院召开新中国成立以来第一次全国农村教育工作会议，明确农村教育在教育工作中重中之重的战略地位，作出“新增教育经费主要用于农村”的重大决策。2005年，教育部印发《关于进一步推进义务教育均衡发展的若干意见》。随后，《关于深化农村义务教育经费保障机制改革的通知》发出。2006年6月，“义务教育全面纳入财政保障范围”写入新修订的《中华人民共和国义务教育法》。

2008年7月，国务院常务会议研究部署全面免除城市义务教育阶段学生学杂费工作。会议决定，从2008年秋季学期开始，在全国范围内全部免除城市义务教育阶段学生学杂费。2008年8月，国务院发布《关于做好免除城市义务教育阶段学生学杂费工作的通知》，决定在全面实施农村义务教育经费保障机制改革的基础上，免除城市义务教育阶段学生学杂费，同时进一步强化政府对义

务教育的保障责任。[1]比如对享受城市居民最低生活保障政策家庭的义务教育阶段学生，继续免费提供教科书，并对家庭经济困难的寄宿学生补助生活费；进城务工人员随迁子女接受义务教育要以流入地为主、公办学校为主解决；统筹规划，加大投入，逐步完善城市义务教育经费保障机制，促进义务教育均衡发展。2007 年秋，国家还实施了新的高校和中职学校家庭经济困难学生资助政策。全面免除城乡义务教育学杂费是国家推动义务教育均衡发展、促进教育公平的又一重大举措。2010 年 7 月，国务院公布《国家中长期教育改革和发展规划纲要（2010—2020 年）》（以下简称《规划纲要》）。《规划纲要》提出了“基本实现教育现代化，基本形成学习型社会，进入人力资源强国行列”的战略目标，并把“优先发展、育人为本、改革创新、促进公平、提高质量”20 字作为工作方针，并提出到 2020 年，基本实现区域内均衡发展，确保适龄儿童少年接受良好的义务教育。[2] 2012 年 8 月，国务院办公厅转发教育部等部门《关于做好进城务工人员随迁子女接受义务教育后在当地参加升学考试工作的意见》，要求各地因地制宜制定随迁子女升学考试具体政策。2013 年异地高考破冰成为标志性的一年，包括河北、辽宁、吉林、黑龙江、江苏、浙江、安徽、河南、湖北、湖南、重庆、云南共 12 个省市实施了随迁子女在当地参加高考的政策。

---

① 《国务院关于做好免除城市义务教育阶段学生学杂费工作的通知》，《中华人民共和国国务院公报》，2008 年 24 期。

② 《国家中长期教育改革和发展规划纲要（2010—2020 年）》，《人民日报》，2010 年 7 月 30 日。

（二）新一轮医改全面启动

2007年党的十七大报告强调，坚持公共医疗卫生的公益性质，正式提出建立基本医疗卫生制度的目标任务。2006年6月，国务院筹划启动新一轮医改，成立由发改委和卫生部牵头、16个部委组成的深化医药卫生体制改革部际协调工作小组。2008年国务院两次召开深化医药卫生体制改革工作座谈会，向社会征求意见；10月，《关于深化医药卫生体制改革的意见（征求意见稿）》面向全社会征求意见，共收到反馈意见3.5万余条。2009年1月21日，国务院常务会议通过《关于深化医药卫生体制改革的意见》和《2009—2011年深化医药卫生体制改革实施方案》，新一轮医改方案正式出台。2009年3月17日，中共中央、国务院印发《关于深化医药卫生体制改革的意见》（以下简称《意见》）。《意见》提出，深化医药卫生体制改革的总体目标：建立健全覆盖城乡居民的基本医疗卫生制度，为群众提供安全、有效、方便、价廉的医疗卫生服务。到2020年，覆盖城乡居民的基本医疗卫生制度基本建立。普遍建立比较完善的公共卫生服务体系和医疗服务体系，比较健全的医疗保障体系，比较规范的药品供应保障体系，比较科学的医疗卫生机构管理体制和运行机制，形成多元办医格局，人人享有基本医疗卫生服务，基本适应人民群众多层次的医疗卫生需求，人民群众健康水平进一步提高。[①] 由此，新一轮医改全面启动。同年3月，国务院印发《医药卫生体制改革近期重点实施方案（2009—2011）》，

① 《中共中央 国务院关于深化医药卫生体制改革的意见》，《中华人民共和国卫生部公报》，2009年05期。

对五项重点改革进行具体部署。

2012 年 3 月,《“十二五”期间深化医药卫生体制改革规划暨实施方案》进一步强调，积极推进公立医院改革，坚持公立医院公益性质，按照“四个分开”的要求，以破除“以药补医”机制为关键环节，以县级医院为重点，统筹推进管理体制、补偿机制、人事分配、药品供应、价格机制等方面的综合改革，由局部试点转向全面推进，大力开展便民惠民服务，逐步建立维护公益性、调动积极性、保障可持续的公立医院运行新机制。①

二、农村最低生活保障、养老保险与“新农合”

（一）建立农村最低生活保障制度

改革开放以来，中共中央、国务院作出了一系列重大决策部署，不断加大扶贫开发和社会救助工作力度，农村贫困人口大幅减少。但是，仍有部分贫困人口尚未解决温饱问题，到 2007 年底，人均年收入低于 1067 元的农村*，人口共有 4320 万人。

* 从2009年开始，中国的绝对贫困标准和相对贫困标准合二为一，把现行低收入标准作为新的扶贫标准。

1996 年，民政部办公厅下发的《关于加快农村社会保障体系建设的意见》明确指出，“农村最低生活保障制度是对家庭人均收入低于最低生活保障标准的农村贫困人口按最低生活保障标准进行差额补助的制度”② 此后，上海、北京、广东、辽宁等省市纷纷提出了“整体推进城乡最低生活保障制度建设”的政策设想。到

① 《国务院关于印发“十二五”期间深化医药卫生体制改革规划暨实施方案的通知》，《中华人民共和国国务院公报》，2012 年 10 期。

② 《当年出台城乡最低生活保障制度的幕后故事》，《中国社会报》，2015 年 7 月 29 日。

2003年，已有15个省份1037个县市建立起农村最低生活保障制度，低保对象为404万人，约占农业人口的0.4%，支出的低保资金为8亿元。[①]

2003年10月，党的十六届三中全会审议通过《中共中央关于完善社会主义市场经济体制若干问题的决定》，提出探索建立农村最低生活保障制度。2006年12月，中央农村工作会议明确提出在全国范围建立农村最低生活保障制度。

2007年7月，国务院发布《关于在全国建立农村最低生活保障制度的通知》（以下简称《通知》），决定2007年在全国建立农村最低生活保障制度；将符合条件的农村贫困人口全部纳入保障范围，稳定、持久、有效地解决全国农村贫困人口的温饱问题。[②]《通知》对农村最低生活保障的目标任务、原则要求、保障标准、对象范围、操作程序、资金筹集、组织机构等内容进行了规范。到2008年底，全国1982.2万户、4305.5万人得到了农村最低生活保障，平均低保标准每人每月82.3元。

（二）启动新型农村养老保险试点工作

2009年6月，国务院常务会议强调，建立新型农村社会养老保险制度，是加快建立覆盖城乡居民的社会保障体系的重要组成部分，对确保农村居民基本生活、推动农村减贫和逐步缩小城乡差距、维护农村社会稳定意义重大，同时对改善心理预期、促进消

---

① 唐钧：《城乡低保制度：历史、现状与前瞻》，《红旗文稿》，2005年18期。

② 《国务院关于在全国建立农村最低生活保障制度的通知》，《中华人民共和国国务院公报》，2007年24期。

费、拉动内需也具有重要意义。会议决定，2009 年在全国 10%的县（市、区）开展新型农村社会养老保险试点。

2009 年 9 月，国务院印发《关于开展新型农村社会养老保险试点的指导意见》，提出试点的基本原则是“保基本、广覆盖、有弹性、可持续”。试点任务是“探索建立个人缴费、集体补助、政府补贴相结合的新农保制度，实行社会统筹与个人账户相结合，与家庭养老、土地保障、社会救助等其他社会保障政策措施相配套，保障农村居民老年基本生活。2009 年试点覆盖面为全国 10%的县（市、区、旗），以后逐步扩大试点，在全国普遍实施，2020 年之前基本实现对农村适龄居民的全覆盖”[①]。

随后，新型农村社会养老保险试点工作正式启动。截至 2011 年 5 月底，全国 27 个省区市 838 个县大部分区县被纳入试点范围，其中 9 个省区市实现了制度全覆盖。全国已有 1.9 亿人参保，领取基础养老金的 60 岁以上老年人达到 5170 万人。[②]在我国广大农村地区建立新型社会养老保险制度，加快建设覆盖城乡居民的社会保障体系，有利于逐步缩小城乡差距、改变城乡二元结构、推进基本公共服务均等化。

（三）逐步建立健全新型农村合作医疗制度

2002 年 10 月，中共中央、国务院印发《关于进一步加强农村

---

① 《国务院关于开展新型农村社会养老保险试点的指导意见》，《中华人民共和国国务院公报》，2009 年 26 期。

② 《温家宝在全国城镇居民社会养老保险试点工作部署暨新型农村社会养老保险试点经验交流会议上的讲话》，新华网，2011 年 6 月 20 日。

卫生工作的决定》，提出“各级政府要积极组织引导农民建立以大病统筹为主的新型农村合作医疗制度，重点解决农民因患传染病、地方病等大病而出现的因病致贫、返贫问题。……实行农民个人缴费、集体扶持和政府资助相结合的筹资机制”[①]。这是我国历史上第一次政府为解决农民的基本医疗卫生问题进行大规模的投入。

2003 年下半年，新农合在浙江、湖北、云南和吉林四个省开始试点。2005 年 8 月，国务院常务会议指出，2006 年将试点的县（市、区）由目前占全国的 21%扩大到 40%左右，中央财政对参加合作医疗农民的补助标准在原有每人每年十元的基础上再增加十元。2006 年 1 月，卫生部等部门下发《关于加快推进新型农村合作医疗试点工作的通知》，要求 2007 年试点扩大到 60%左右，2008 年全国基本推行。随着 2009 年新一轮医改推进，新农合制度逐步健全。到 2011 年底，各地新农合政府补助标准提高到每人每年 200 元，政策范围内住院费用报销比例提升至 70%左右。[②]

三、职工养老保险与城镇居民社会养老与医疗保险

（一）完善企业职工基本养老保险制度

1997 年，国务院发布《关于建立统一的企业职工基本养老保险制度的决定》，在全国范围内统一企业职工基本养老保险制度。2001 年，党中央、国务院决定在辽宁省开展完善城镇社会保障体

① 《中共中央、国务院关于进一步加强农村卫生工作的决定》，《人民日报》，2002 年 10 月 30 日。
② 《我国将对新农合补助标准提高到每人每年 200 元》，中国广播网，2011 年 3 月 17 日。

系的试点工作；2004 年又将试点范围扩大到吉林、黑龙江两省。2003 年党的十六届三中全会做出逐步做实养老保险个人账户的决定，进一步明确了我国养老保险统账结合、部分积累的制度模式。1998—2005 年，我国基本养老保险参保人数从 1.12 亿人增至 1.73 亿人。其中，城镇个体工商户和灵活就业人员增加到 1930 万人。2005 年领取基本养老金的离退休人员已达 4350 多万人。[①]

2005 年 12 月，国务院发布《关于完善企业职工基本养老保险制度的决定》（以下简称《决定》），要求做实养老金个人账户，改革基本养老金计发办法，是采取“新人新制度、老人老办法、中人逐步过渡*”的方式来设计的。统一了城镇个体工商户和灵活就业人员参保缴费政策，明确要求城镇个体工商户和灵活就业人员都要参加基本养老保险；缴费基数统一为当地上年度在岗职工平均工资，缴费比例为 20%；城镇个体工商户和灵活就业人员退休后按企业职工基本养老金计发办法计发待遇。建立了基本养老金正常调整机制，根据职工工资和物价变动等情况，国务院适时调整企业退休人员基本养老金水平，调整幅度为省、自治区、直辖市当地企业在岗职工平均工资年增长率的一定比例，各地根据本地实际情况提出具体调整方案。

*《国务院关于建立统一的企业职工基本养老保险制度的决定》实施后参加工作的参保人员属于“新人”；《决定》实施前已经离退休的参保人员属于“老人”；《决定》实施前参加工作、本决定实施后退休的参保人员属于“中人”。

（二）城镇居民基本医疗保险改革试点

从 20 世纪 80 年代中期开始，我国进行城镇养老保险制度改革探索，在农村探索建立“老农保”**。到 20 世纪 90 年代中期，国

** “老农保”指通过个人缴费和集体补贴筹资并实行个人账户储备积累制的社会养老保险制度。

① 《完善企业职工基本养老保险制度有关情况》，中国网，2005 年 12 月 15 日。

* "新农保"指基于个人缴费、集体补助、政府补贴的新型农村社会养老保险制度。

务院按照"国家、企业、个人三方共同负担"的原则为城镇企业职工建立起了社会统筹和个人账户相结合的养老保险制度。2009年，国务院决定开展新型农村社会养老保险试点，探索建立"新农保"*，实行社会统筹与个人账户相结合的模式。

2000年，《中共中央关于制定国民经济和社会发展第十个五年规划的建议》提出，"要加快形成独立企业事业单位之外、资金来源多元化、保障制度规范化、管理服务社会化的社会保障体系"。党的十七届五中全会、"十二五"规划纲要都提出了要建立城镇居民社会养老保险制度。2011年，国务院决定参照"新农保"试点方案中确立的制度架构，开展城镇居民社会养老保险试点。2011年，全国60岁以上老人中，有2000万左右在城镇。[①]

2011年6月，国务院印发《关于开展城镇居民社会养老保险试点的指导意见》，决定自7月1日起城镇居民社会养老保险试点在全国范围内正式启动。其试点基本原则和实施范围与新农保试点基本一致。要求新农保和城镇居民社会养老保险亮相工作同步推进，当年范围覆盖全国60%的地区，计划2012年内基本实现覆盖全国。[②]新农保和城镇居民养老保险，加上企业职工基本养老保险，构成了我国养老保障制度的基本框架，对于实现人人享有基本养老保险、促进社会和谐迈出了至关重要的一步。

---

①《城镇居民养老保险试点指导意见发布将分10档缴费》，《新京报》，2011年6月14日。

②《国务院关于印发"十二五"期间深化医药卫生体制改革规划暨实施方案的通知》，《中华人民共和国国务院公报》，2012年10期。

大事记

2002 年

11 月 1 日，中国证监会、财政部、国家经贸委发出《关于向外商转让上市公司国有股和法人股有关问题的通知》。

11 月 3—5 日，党的十五届七中全会召开，决定中国共产党第十六届全国代表大会于 2002 年 11 月 8 日在京召开。全会通过十五届中央委员会向党的第十六次全国代表大会的报告和《中国共产党章程（修正案）》，决定将这两个文件提请党的第十六次全国代表大会审议。

11 月 3 日，中国和东盟签署《中国与东盟全面合作框架协议》，决定到 2010 年建成中国—东盟自由贸易区。

11 月 8—14 日，中国共产党第十六次全国代表大会召开。大会通过报告《全面建设小康社会，开创中国特色社会主义事业新局面》，总结过去 5 年的工作和 13 年的基本经验，提出全面建设小康社会的奋斗目标，阐述全面贯彻“三个代表”重要思想的根本要求。大会通过关于《中国共产党章程（修正案）》的决议，把“三个代表”重要思想同马克思列宁主义、毛泽东思想、邓小平理论一道确立为党的指导思想并载入党章。

11 月 15 日，党的十六届一中全会选举胡锦涛为中央委员会总书记，决定江泽民为中央军委主席，批准吴官正为中央纪委书记。

11 月 18 日，国家经贸委等八部门公布《关于国有大中型企业主辅分离辅业改制分流安置富余人员的实施办法》，提出国有大中型企业主辅分离，辅业改制，分流安置富余人员的总体思路。

12月5—6日，胡锦涛带领中共中央书记处成员到河北省平山县西柏坡学习考察，重温毛泽东关于“两个务必”的重要论述，号召全党同志特别是领导干部大力发扬艰苦奋斗的作风。

12月28日，九届全国人大常委会第三十一次会议通过新修订的《中华人民共和国农业法》，重新确立农业和农村经济发展的基本目标以及农业发展和农村改革的一系列基本制度和措施，自2003年3月1日起施行。

同日，全国人大常务委员会公布《民办教育促进法》，提出民办教育事业属于公益性事业，是社会主义教育事业的组成部分。国家对民办教育实行积极鼓励、大力支持、正确引导、依法管理的方针。该法自2003年9月1日起施行。

2003年

1月5日，国务院办公厅发出《关于做好农民进城务工就业管理和服务工作的通知》，提出加强对农民进城务工就业的管理和服务的七条措施。

1月7日，国务院办公厅转发国家经贸委等六部门《关于解决国有困难企业和关闭破产企业职工基本生活问题的若干意见》。

1月7—8日，中央农村工作会议在北京召开提出稳定和完善土地承包关系，尊重农户的市场主体地位，落实土地政策和《农村土地承包法》，赋予农民长期而有保障的土地使用权。

1月14日，国务院印发《中国21世纪初可持续发展行动纲要》，提出我国将在经济发展、社会发展、资源保护、生态保护、环境保护、能力建设六大领域推进可持续发展。

1月16日，中共中央、国务院发布《关于做好农业和农村工作的意见》，提出继续推进农村税费改革，切实减轻农民负担；深化粮食购销体制改革，保护主产区和种粮农民利益；加快农村金融体制改革，加强对农业和农村经济的信贷支持。

同日，国务院办公厅转发卫生部、财政部、农业部《关于建立新型农村合作医疗制度的意见》，提出建立新型农村合作医疗制度要遵循自愿参加，多方筹资；以收定支，保障适度；先行试点，逐步推广的原则。

1月26日，台湾“中华航空公司”一包机在上海浦东机场降落，这是50多年来首架降落在祖国大陆的台湾民航客机。

2月18日，全国医疗保险工作座谈会召开，明确1998年底正式启动的医疗保险制度改革经过五年努力，于今年将建立社会医疗救助制度。

2月23日，国务院办公厅转发国家经贸委、财政部、中国人民银行《关于进一步做好国有企业债权转股权工作的意见》，对债转股新公司的设立、减轻债转股企业的负担、盘活不良金融资产、支持实施债转股企业的发展等方面的事项，提出具体要求和措施。

2月24—26日，党的十六届二中全会召开，通过《关于深化行政管理体制和机构改革的意见》。

2月27日，国务院印发《关于取消第二批行政审批项目和改变一批行政审批项目管理方式的决定》，决定取消第二批406项行政审批项目，决定改变管理方式的82项行政审批项目。

同日，人社部颁布《社会保险稽核办法》，自4月1日起施行。

2月28日，中共中央、国务院联合发布《关于进一步加强金融监管，深化金融企业改革，促进金融业健康发展的若干意见》。

3月3日，国家外汇管理局发布《关于完善外商直接投资外汇管理工作有关问题的通知》，自 4 月 1 日起施行。

3 月 3—14 日，全国政协十届一次会议举行，选举贾庆林为全国政协主席。

3 月 5—18 日，十届全国人大一次会议召开，胡锦涛当选国家主席，江泽民当选中央军委主席，吴邦国当选全国人大常委会委员长，温家宝当选国务院总理。会议通过《国务院机构改革方案》。

3 月 7 日，对外贸易经济合作部等四部门公布《外国投资者并购境内企业暂行规定》。

3 月 19 日，国务院召开常务会议，决定设立国务院国有资产监督管理委员会、中国银行业监督管理委员会，组建国家食品药品监督管理局，将国家安全生产监督管理局由原来部委管理的国家局改为国务院直属机构。

3 月 27 日，国务院发布《关于全面推进农村税费改革试点工作的意见》。4 月 3 日，国务院召开全国农村税费改革试点工作电视电话会议，决定农村税费改革试点工作在全国范围推开。

4 月 14—15 日，全国整顿和规范市场经济秩序工作会议在北京召开。

4 月 26 日，十届全国人大二次会议通过《关于中国银行业监督管理委员会履行原由中国人民银行履行的监督管理职责的决定》，确定中国银行业监督管理委员会履行原由中国人民银行履行的审批、监督管理银行、金融资产管理公司、信托投资公司及其他存款类金融机构等的职责及相关职责。

5 月 6 日，国家发展改革委员会正式挂牌。按照国务院机构改革方案，原国家发展计划委员会并入国务院体改办的职能以及原国家经贸委的部分职能后，被改组为国家发展改革委。

5 月 9 日，国务院公布《突发公共卫生事件应急条例》。

5 月 12 日，国务院办公厅发出《关于加快推进再就业工作的通知》，要求各级政府和各有关部门全面贯彻中共中央、国务院关于做好下岗失业人员再就业工作的文件，加快落实税费减免等各项扶持政策。

5 月 27 日，国务院公布《企业国有资产监督管理暂行条例》，指出企业国有资产属于国家所有。国家实行由国务院和地方人民政府分别代表国家履行出资人职责，享有所有者权益，权利、义务和责任相统一，管资产和管人、管事相结合的国有资产管理体制。

5 月 29 日，国务院办公厅转发农业部等六部门《关于 2003 年减轻农民负担工作的意见》，提出 2003 年减轻农民负担工作的重点之一是确保农村税费改革政策落实到位。

6 月 3 日，财政部、国家税务总局发出《关于 2003 年农村税费改革试点地区农业特产税有关问题的通知》，规定条件成熟的省、自治区、直辖市可以对除了烟叶以外其他农业特产品不再单独征收农业特产税，改为征收农业税。

6 月 6 日，国家电监会印发《关于建立东北区域电力市场的意见》，提出关于建立东北区域电力市场的指导思想、原则和目标。这是我国推进区域电力市场建设的第一个指导性意见。

6 月 10 日，新一届国务院西部地区开发领导小组第一次全体会议召开。

6 月 11 日，中国人民银行、财政部、劳动保障部发出《关于印发〈下岗失业人员从事微利项目小额担保贷款财政贴息资金管理办法〉的通知》，完善下岗失业小额担保贷款政策。

6 月 12 日，国务院公布实施《减持国有股管理办法》。

6月18日，国家发改委公布《制止价格垄断行为暂行规定》，禁止经营者之间通过协议、决议或者协调等串通方式操纵市场价格，以及凭借市场优势地位牟取暴利、实行价格倾销和价格歧视。该规定自11月1日起施行。

6月20日，国务院发布《城市生活无着的流浪乞讨人员救助管理办法》。

6月24日，中共中央办公厅转发中组部《1998—2003年全国党政领导班子建设规划纲要》。

同日，广东省人民政府发出《关于试行农村集体建设用地使用权流转的通知》。

6月25日，中共中央、国务院印发《关于加快林业发展的决定》，提出进一步完善林业产权制度；加快推进森林、林木和林地使用权的合理流转；放手发展非公有制林业；深化重点国有林区和国有林场、苗圃管理体制改革；实行林业分类经营管理体制。

6月27—28日，全国文化体制改革试点工作会议在北京召开。

6月27日，国务院印发《深化农村信用社改革试点方案》。

6月29日，商务部与香港特别行政区财政司签署《内地与香港关于建立更紧密经贸关系的安排》。

7月12日，中国（海南）改革发展研究院在北京举办“建设公共服务型政府”研讨会，率先提出由“经济建设型政府向公共服务型政府转型”的政策主张。

7月16日，中国人民银行等四部门发出《关于〈下岗失业人员小额担保贷款管理办法〉有关问题的通知》，进一步完善下岗失业人员小额担保贷款政策。

7月25日，财政部、国家税务总局发出《关于转制科研机构有关税收政策问题的通知》。

7 月 30 日，国务院办公厅发出《关于清理整顿各类开发区加强建设用地管理的通知》。31 日，国务院召开全国进一步治理整顿土地市场秩序电视电话会议，就清理整顿各类开发区用地，加强土地管理做出部署。

同日，国务院召开常务会议，研究促进房地产市场健康发展和推进就业再就业工作。

同日，商务部发出《关于调整进出口经营资格标准和核准程序的通知》，规定自 2003 年 9 月 1 日起，在放宽对企业注册资本金要求的同时，核准登记的权限也下放到地方。国内所有企业都可以获得贸易权并从事各项进出口业务。

7 月 31 日，国务院公布《法律援助条例》。这是我国第一部关于法律援助的全国性立法。

同日，劳动保障部、财政部、国资委印发《关于国有大中型企业主辅业改制分流安置富余人员的劳动关系处理办法》。

8 月 12 日，国务院下发《关于促进房地产市场持续健康发展的通知》，提出要坚持住房市场化的基本方向，不断完善房地产市场体系，更大程度地发挥市场在资源配置中的基础性作用；坚持以需求为导向，调整供应结构，满足不同收入家庭的住房需要。

8 月 15 日，国务院公布《中央储备粮管理条例》，指出中央储备粮的管理应当严格制度、严格管理、严格责任，确保中央储备粮数量真实、质量良好和储存安全，确保中央储备粮储得进、管得好、调得动、用得上并节约成本、费用。未经国务院批准，任何单位和个人不得擅自动用中央储备粮。

8 月 18 日，国务院办公厅转发财政部《关于全面推进政府采购制度改革的意见》。

8月23日，财政部、劳动保障部、国家税务总局发出《关于促进下岗失业人员再就业税收优惠及其他相关政策的补充通知》，进一步放宽个人和企业享受此类政策的期限和条件。

8月24—25日，国务院在昆明召开西南六省（区、市）西部大开发座谈会，强调把加快发展作为西部大开发的中心任务。

8月27日，十届全国人大常委会第四次会议通过《中华人民共和国行政许可法》，自2004年7月1日起施行。

8月28日—9月1日，胡锦涛在江西考察工作期间明确提出"科学发展观"这一概念，指出要牢固树立协调发展、全面发展、可持续发展的科学发展观。

8月29日，中国证监会颁布《证券公司债券管理暂行办法》，规定证券公司经批准可向社会公开发行或向合格机构投资者定向发行债券，该办法自10月8日起施行。

9月2日，国务院召开常务会议，讨论《关于进一步加强农村教育工作的决定》。

9月9日，国资委公布《国有企业清产核资办法》，指出企业清产核资包括账务清理、资产清查、价值重估、损益认定、资金核实和完善制度等内容。

9月10日，国务院召开常务会议，研究实施东北地区等老工业基地振兴战略问题，提出振兴东北地区等老工业基地的指导思想和原则、主要任务及政策措施。

9月12日，国务院召开农村税费改革试点工作座谈会，安排部署进一步加强农村税费改革试点工作。

9月15日，国资委决定组织六家国资委监管的企业面向海内外公开招聘一批高级经营管理者。

9月17日，国务院办公厅转发教育部等六部门《关于进一步做好进城务工就业农民子女义务教育工作的意见》，明确提出，进城务工就业农民流入地政府负责进城务工就业农民子女接受义务教育工作，以全日制公办中小学为主。

9月24日，国土资源部发出《关于加强土地供应管理促进房地产市场持续健康发展的通知》，就进一步加强土地供应管理，提出相关政策措施。

9月25日，劳动保障部发出《关于妥善处理国有企业下岗职工出中心再就业有关问题的通知》，提出国有企业原则上不再建立新的再就业服务中心，企业新的减员原则上不再进入再就业服务中心。

9月29日，中共中央政治局召开会议，研究完善社会主义市场经济体制、修改宪法部分内容的建议和实施东北地区等老工业基地振兴战略等问题。

9月30日，国务院办公厅发出《关于进一步加强农村税费改革试点工作的通知》，明确规定坚持条件，实事求是，积极稳妥地全面推进农村税费改革试点工作，全面试点的条件不成熟的省份不强求一律在年内全面推进；加大力度，整体推进，积极搞好乡镇机构改革、农村义务教育体制改革等配套改革。

10月5日，中共中央、国务院印发《关于实施东北地区等老工业基地振兴战略的若干意见》。

10月11—14日，党的十六届三中全会召开，审议通过《中共中央关于完善社会主义市场经济体制若干问题的决定》。

10月13日，我国政府公布《中国对欧盟政策文件》，规划今后五年的合作领域和相关措施。

10月15—16日，神舟五号载人航天飞船发射成功。

10月17日，商务部与澳门特别行政区经济财政司签署《内地与澳门关于建立更紧密经贸关系的安排》。

10月24日，银监会公布《中国银行业监督管理委员会公告（第2号）》，自2003年12月1日起，将外资金融机构经营人民币业务的地域扩大到济南、福州、成都、重庆，并在已开放人民币业务的地域，允许外资金融机构向中国企业提供人民币服务。

10月28日，十届全国人大常委会第五次会议通过《中华人民共和国证券投资基金法》，涉及“封闭转开放”、规范基金行为、取消债券投资比例、对基金分红的限制、基金名称与基金投资的相关性等内容。该法自2004年6月1日起施行。

11月2日，博鳌亚洲论坛2003年年会开幕。温家宝出席年会并发表题为“把握机遇迎接挑战实现共赢”的演讲。

11月13日，国务院下发《关于明确中央与地方所得税收入分享比例的通知》。

同日，国家税务总局发出《关于贯彻落实国务院关于改革现行出口退税机制的决定的通知》。

11月18日，民政部、卫生部、财政部发布《关于实施农村医疗救助的意见》，对农村医疗救助制度的救助对象、救助办法、申请、审批程序和医疗救助服务的提供等事项作出具体规定。

同日，国务院公布《中华人民共和国进出口关税条例》，自2004年1月1日起施行。

11月25日，国资委印发《中央企业负责人经营业绩考核暂行办法》，对企业负责人经营业绩考核的对象、原则、年度经营业绩考核、任期经营业绩考核、奖惩等事项作出具体规定。

11 月 27 日，中央经济工作会议召开，提出第二年经济工作的总体要求。

11 月 30 日，国务院办公厅转发国资委《关于规范国有企业改制工作的意见》，对国有企业改制的全过程进行规范，对国有企业改制涉及的主要环节和方面，提出明确的政策要求。

同日，全国发展和改革工作会议在北京召开，要求把保持国民经济持续快速协调健康发展，解决经济社会发展中的突出问题，防止经济大起大落，保护好、引导好、发挥好各方面的积极性，作为工作的主要目标。

12 月 2 日，国务院办公厅公布《关于成立国务院振兴东北地区等老工业基地领导小组的决定》。

12 月 4 日，全国新型农村合作医疗试点工作会议在宜昌召开，强调各地试点工作要因地制宜，循序渐进，科学规范，确保农民受益。

12 月 8 日，银监会印发《境外金融机构投资入股中资金融机构管理办法》，规范境外金融机构投资入股中资金融机构的条件和程序。

12 月 10 日，中国人民银行发出《关于扩大金融机构贷款利率浮动区间有关问题的通知》，对金融机构贷款利率浮动区间和下调超额准备金存款利率的幅度，作出具体规定。

12 月 18 日，由上海产权交易所和上海技术产权交易所整合而成的上海联合产权交易所正式成立，为各类资本进入和退出市场，特别是国有资本的有序流动提供一个重要的平台。

12 月 22 日，十届全国人大常委会第六次会议听取中共中央关于修改宪法部分内容建议的说明。会议通过《中华人民共和国银行业监督管理法》、新修订的《中华人民共和国中国人民银行法》、新修订的《中华人民共和国商业银行法》，自2004年2月1日起施行。

12月23日，国务院新闻办公室发表《中国的矿产资源政策》白皮书。这是中国首次发表关于矿产资源政策的白皮书。

12月26日，中共中央、国务院下发《关于进一步加强人才工作的决定》。

12月29日，中国电力新组建（改组）公司成立大会在北京召开。中国电力新组建（改组）的11家公司正式宣告成立，实现了厂网分开，引入了竞争机制。

12月31日，中共中央、国务院印发《关于促进农民增加收入若干政策的意见》，强调全党必须从实现好、维护好、发展好广大人民群众根本利益的高度，进一步增强做好农民增收工作的紧迫感和主动性。

同日，国务院办公厅转发中宣部等12部门提出的《文化体制改革试点中支持文化产业发展的规定（试行）》和《文化体制改革试点中经营性文化事业单位转制为企业的规定（试行）》。

2004年

1月1日，国家广播电影电视总局施行《外商投资电影院暂行规定》。全国试点城市有北京、上海、广州、成都、西安、武汉、南京。

1月2日，国务院召开电视电话会议，部署全国建设领域清理解决拖欠工程款工作，强调抓紧兑现拖欠的农民工工资。

1月5日，中共中央印发《关于进一步繁荣发展哲学社会科学的意见》。

同日，财政部印发《农村医疗救助基金管理试行办法》，指出农村医疗救助基金是用于农民贫困家庭医疗救助的专用基金。

1月13日，国务院办公厅转发卫生部等部门制定的《关于进一步做好新型农村合作医疗试点工作的指导意见》。

1月15日，上海合作组织秘书处在北京成立。

1月20日，劳动保障部公布《最低工资规定》，自2004年3月1日起施行。

1月31日，国务院印发《关于推进资本市场改革开放和稳定发展的若干意见》。

2月1日，《江苏省农村土地承包经营权流转办法》正式实施。

2月2日，银监会批准汇丰银行上海分行、日本瑞穗实业银行上海分行、花旗银行上海分行、东亚银行上海分行向中资企业提供人民币服务。

2月10日，国土资源部发布《国土资源听证规定》。

2月11日，《人民日报》报道：安徽省从2004年起全面取消农业税附加。各乡镇将一律撤销农业税附加专户；对于已缴纳的2004年农业税附加，将及时退还纳税农户或抵顶应纳正税；对于农村税费改革以来发生的农业税附加尾欠，一律豁免，不再追缴。

2月12日，国资委印发《中央企业财务决算报告管理办法》，申明国资委统一委托会计师事务所，按照“公开、公平、公正”的原则，采取国资委公开招标或者企业推荐报国资委核准等方式进行。

2月17日，中共中央公布《中国共产党党内监督条例（试行）》和《中国共产党纪律处分条例》，标志着党的反腐败斗争已经依靠制度规范。

2月23日，中央政治局会议召开，讨论《政府工作报告》稿和修改《中国人民政治协商会议章程》部分内容。

同日，银监会发布《商业银行资本充足率管理办法》。

同日，国资委发布《关于中央企业加强产权管理工作的意见》。

2月25日，国务院召开常务会议，研究部署进一步深化粮食流通体制改革工作，审议通过《中华人民共和国民办教育促进法实施条例（草案）》，自4月1日起施行。

2月26日，财政部、教育部发出《对农村义务教育阶段家庭经济困难学生免费提供教科书工作暂行管理办法》的通知，继续扩大对农村义务教育阶段家庭经济困难学生免费提供教科书的规模，并使这项工作步入制度化轨道。

3月2日，建设部等四部门印发《住房公积金行政监督办法》。

3月5—14日，十届全国人大二次会议召开，通过《中华人民共和国宪法修正案》。修正案确立“三个代表”重要思想在国家政治和社会生活的指导地位，进一步明确国家对发展非国有制经济的方针，完善对私有财产保护的规定，增加尊重和保障人权的规定。温家宝在会上作《政府工作报告》，宣布从2004年起，逐步降低农业税税率，平均每年降低1个百分点以上，五年内取消农业税。

3月8日，国家发改委发出《关于对化肥等农业生产资料价格过快上涨实行干预的紧急通知》，确保农民增收。

3月10日，胡锦涛在中央人口资源环境工作座谈会上讲话，全面阐述科学发展观的深刻内涵和基本要求。

3月11日，国务院印发《关于进一步推进西部大开发的若干意见》。

3 月 22 日，国务院印发《全面推进依法行政实施纲要》。

3 月 23 日，财政部、国土资源部要求严格按照《国务院关于将部分土地出让金用于农业土地开发有关问题的通知》的规定，自 2004 年 1 月 1 日起，将部分土地出让金用于农业土地开发。

3 月 29 日，中央政治局会议召开，研究支持粮食主产区和种粮农民的政策措施及干部人事制度改革等问题。

3 月 31 日，国务院公布新修订的《中华人民共和国反倾销条例》《中华人民共和国反补贴条例》和《中华人民共和国保障措施条例》。以上条例自 6 月 1 日起施行。

4 月 5 日，中国对外文化集团公司成立。中国对外演出中心和中国对外艺术展览中心结束长达 50 余年事业单位的历史，转制为企业。

4 月 6 日，十届全国人大常委会第八次会议通过新修订的《中华人民共和国对外贸易法》，在外贸经营者的范围上作出重大修改，大大降低了外贸经营权的门槛。该法自 7 月 1 日起施行。

4 月 8 日，海关总署等九部门发布《设立出口加工区的审批标准和程序》。

4 月 9—13 日，胡锦涛赴陕西就推进西部大开发和进一步解决好“三农”问题等进行调研。

4 月 11 日，中国人民银行决定自 2004 年 4 月 25 日起，存款准备金率由现行的 7%提高到 7.5%。

4 月 12 日，全国发展改革系统农村经济工作会议在南昌召开。

4 月 15 日，劳动保障部印发《关于进一步做好失业调控工作的意见》，要求各级劳动保障部门要认真贯彻执行中央关于国有企业下岗职工基本生活保障向失业保险并轨的方针政策，并将促进就业贯穿其中，因地制宜，分类指导，积极稳妥地推进并轨进程。

4月16日，商务部印发《外商投资商业领域管理办法》，规定我国商业利用外资由试点转为正常开放，中外投资者可依法设立外商投资商业企业，从事商业流通领域的经营活动。

4月24日，劳动保障部、中国银监会、中国证监会和中国保监会联合发布《企业年金基金管理试行办法》，自5月1日起施行。

4月27日，国务院办公厅印发《2004年振兴东北地区等老工业基地工作要点》。

5月10日，国家发改委决定取消地方自行出台的优惠电价措施，用市场化手段调控电力紧张，对部分高耗能行业试行差别电价。

5月14日，国务院批准《经济适用住房管理办法》，就供应对象、面积标准、租售价格、换购行为等作出明确规定。

5月17日，国务院办公厅发出《2004年全国整顿和规范市场经济秩序工作要点的通知》，提出以深入开展食品安全专项整治、非法采供血和单采血浆专项整治，以及加大知识产权保护力度为重点。

5月23日，国务院发布《关于进一步深化粮食流通体制改革的意见》。

5月24日，贵州花溪农村合作银行成立，是深化农村信用社改革试点启动后成立的第一家农村合作银行，也是全国第二家农村合作银行。

5月26—27日，全国经济体制改革工作座谈会在北京召开，提出2004年经济体制改革的七项重点工作。

5月31日—6月1日，全国粮食流通体制改革工作会议在北京召开，明确深化粮食流通体制改革的总体目标、原则和步骤。

6月2日，国资委发布《中央企业负责人薪酬管理暂行办法》，规定中央企业负责人的薪酬由基薪、绩效薪金和中长期激励单元构成。其中，绩效薪金与经营业绩考核结果挂钩，60%在年度考核结束后当期兑现，其余40%延期兑现部分与企业负责人任期资产经营考核结果挂钩。

6月7日，国资委发出《关于中央企业建立和完善国有独资公司董事会试点工作的通知》。随后，一批中央企业率先进行董事会试点。

6月9日，商务部发布《全国商品市场体系建设纲要》，这是我国首次发布有关商品市场建设的全面的指导性文件。

6月10日，国家税务总局发出《关于进一步加强欠税管理工作的通知》。

6月16日，首家融产业资本和金融资本于一体的真正意义上的民营财团——中瑞财团正式在温州挂牌。

同日，中海集装箱运输股份有限公司在香港上市。

6月21日，十届全国人大常委会第十次会议首次审议《中华人民共和国企业破产法（草案）》。

7月7日，国务院召开常务会议，通过《宗教事务条例》。

7月16日，国务院正式批准《关于投资体制改革的决定》，放宽社会资本的投资领域，允许社会资本进入法律法规未禁入的基础设施、公用事业及其他行业和领域；鼓励和支持有条件的各种所有制企业进行境外投资。

7月21日，国务院下发《关于做好2004年深化农村税费改革试点工作的通知》。

7月28日，中国证监会和国资委原则同意开展以股抵债试点。以股抵债为缺乏现金偿付能力的控股股东解决侵占上市公司资金问题提供了现实选择。

9月5日，国务院公布《全国经济普查条例》，规定2004年我国进行第一次全国经济普查，标准时点为2004年12月31日。

9月6日，国务院召开常务会议，通过《中华人民共和国行政监察法实施条例》，自10月1日起施行。

9月15日，胡锦涛在首都各界纪念全国人民代表大会成立50周年大会上发表重要讲话。

9月16—19日，党的第十六届四中全会召开，审议通过《关于同意江泽民同志辞去中共中央军事委员会主席职务的决定》和《关于调整充实中共中央军事委员会组成人员的决定》，决定胡锦涛任中共中央军事委员会主席。会议还通过《关于加强党的执政能力建设的决定》。

9月22日，中共中央公布《中国共产党党员权利保障条例》。

9月26日，贵阳市人大常委会公布《贵阳市建设循环经济生态城市条例》，自11月1日起施行。这是我国第一部循环经济领域的法规。

10月21日，中央政治局会议召开，讨论并决定从2005年1月起在全党开展以实践“三个代表”重要思想为主要内容的保持共产党员先进性教育活动。11月7日，中共中央印发《关于在全党开展以实践“三个代表”重要思想为主要内容的保持共产党员先进性教育活动的意见》。

10月22日，全国新型农村合作医疗试点工作会议在北京召开。

11月2日，国土资源部印发《关于加强农村宅基地管理的意见》，进一步加强农村宅基地管理。

11月8日，中共中央办公厅、国务院办公厅印发《关于进一步加强互联网管理工作的意见》。

11 月 10 日，国务院召开常务会议，研究改善农民进城就业环境问题，提出六项措施改善农民工进城就业环境。

11 月 11 日，国家外汇局发出《关于加强对外汇资金流入和结汇管理有关问题的通知》，要求国家外汇局各分支局和各银行，坚决贯彻中央宏观经济调控的统一部署，有效防范境外投机性资金流入对我国经济、金融稳定的冲击，切实维护国际收支平衡，进一步加强对外汇资金流入和结汇业务的管理。

11 月 16 日，银监会发布《城市商业银行监管与发展纲要》，确立今后一个时期城市商业银行监管工作和改革发展的思路、重点和目标。

11 月 30 日，国资委公布第一批 49 家中央企业的主业。这些企业基本上都属于关系国家安全和国民经济命脉的重要行业和关键领域的企业。主业公布后，企业的非主业投资将受到控制。

12 月 2 日，国家发改委发布《境外投资项目核准暂行管理办法》，对境外投资管理实行重大改革，与以往境外投资项目审批相比，主要体现在减少程序、下放权限、简化内容、提高效率四个方面。

12 月 8 日，全国发展和改革工作会议在北京召开。

12 月 14 日，商务部、国土资源部和建设部联合召开全国国家级经济技术开发区工作会议。

12 月 20 日，国家税务总局发布消息，经过运行了近一年的出口退税新机制的改革，2004 年我国的出口退税额创历史之最，自 2000 年以来历年陈欠也已全部兑现。

12 月 24 日，国务院发布《关于深化改革严格土地管理的决定》，以“保证需要安置的农民的原有生活水平不降低，长远生计有保障”为原则，着重突出征地补偿和安置，要求切实保障被征地农民的利益。

12 月 27 日，国务院办公厅发出《关于进一步做好改善农民进城就业环境工作的通知》，要求地方各级政府，特别是城市政府要进一步提高认识，把改善农民进城就业环境作为重要职责，列入重要工作日程。

12 月 28 日，中央农村工作会议在北京召开，着重研究加强农业综合生产能力建设、促进粮食稳定增产和农民持续增收的政策措施。

12 月 31 日，中共中央、国务院印发《关于进一步加强农村工作提高农业综合生产能力若干政策的意见》。

2005 年

1 月 1 日，由保监会发布的《保险保障基金管理办法》开始施行。办法要求保险公司按保费的一定比例缴纳保障基金。我国开始为保险公司的破产清算做制度准备，长期以来实行的“金融机构破产，国家财政兜底”体制在保险业被率先冲破。

1 月 9 日，中共中央发布《关于在全党开展以实践“三个代表”重要思想为主要内容的保持共产党员先进性教育活动的意见》。

1 月 12 日，国务院召开常务会议，通过《关于鼓励支持和引导非公有制经济发展的若干意见》。

1 月 24 日，国航CA1087 号航班飞往台北，开始了祖国大陆民航客机 56 年来的首次台湾之旅。2005 年台商春节包机正式启动，这次台商包机首次实现了双向对飞、双向载客、不中停第三地和多个航点。

1月26日，国务院召开常务会议，审议通过《国家突发公共事件总体应急预案》，自2006年1月8日起施行。

同日，赛富成长基金创业投资企业在天津成立，这是我国第一家非法人制中外合资创业投资基金。

1月30日，中共中央、国务院发布《关于进一步加强农村工作提高农业综合生产能力若干政策的意见》。

2月4日，西部大开发五周年座谈会在北京举行。

2月17日，保监会发出《关于保险资金股票投资有关问题的通知》，对保险机构投资者投资股票的证券账户、交易席位、资金结算及新股申购等有关问题作出详细规定。保险资金直接投资股票市场进入实质性操作阶段。

2月18日，中共中央印发《关于进一步加强中国共产党领导的多党合作和政治协商制度建设的意见》，对中国共产党领导的多党合作和政治协商制度的性质，进一步完善政治协商的内容、形式和程序等作出说明。

同日，国务院新闻办公室首次发表《中国的民族区域自治》白皮书。

3月5—14日，十届全国人大三次会议召开，通过《反分裂国家法》。

3月12日，我国第一家民营航空公司——“奥凯航空”的首架航班从天津起飞，标志着我国民营资本正式进入航空运输业。

3月16日，中国浦东干部学院、中国井冈山干部学院、中国延安干部学院建成并正式开学。

3月18日，国家发改委发出《关于加强价格调控努力保持价格总水平基本稳定的通知》。

3 月 24 日，中共中央办公厅、国务院办公厅印发《关于进一步推行政务公开的意见》。

同日，由中国宏观经济学会和中国经济体制改革研究会联合主办的首届中国经济学奖在人民大会堂揭晓，薛暮桥、马洪、刘国光、吴敬琏四位学者成为中国经济学奖“杰出贡献奖”的首届获奖人。

3 月 26 日，国务院下发《关于切实稳定住房价格的通知》，指出把做好稳定住房价格工作作为加强和改善宏观调控的一项重要内容，采取有效措施，抑制住房价格过快上涨。

3 月 29 日，财政部、海关总署、国家税务总局联合发出《关于文化体制改革试点中支持文化产业发展若干税收政策问题的通知》，公布九项支持文化发展的税收政策。其中，对政府鼓励的新办文化企业，免征三年企业所得税。

3 月 30 日，国务院召开常务会议，通过《关于推进 2005 年经济体制改革的意见》。

4 月 6 日，建设部发布《关于住房公积金管理若干具体问题的指导意见》，首次提出有条件的地方，城镇单位聘用进城务工人员，单位和职工可缴存住房公积金；城镇个体工商户、自由职业人员可申请缴存住房公积金。

4 月 11 日，国资委、财政部发布《企业国有产权向管理层转让暂行规定》。

4 月 21 日，国务院新闻办公室发表《中国知识产权保护的新进展》白皮书，这是 1994 年以来中国第二次发表关于知识产权保护的白皮书。

4 月 23 日，全国经济体制改革工作会议在深圳召开，贯彻落实《国务院关于 2005 年深化经济体制改革的意见》。

4 月 27 日，十届全国人大常委会第十五次会议通过《中华人民共和国公务员法》，自 2006 年 1 月 1 日起施行。

5 月 9 日，国务院办公厅转发建设部等七部门《关于做好稳定住房价格工作意见的通知》。

5 月 12 日，国务院决定成立国家能源领导小组，主要负责对能源战略规划和重大政策、能源开发与节约、能源安全与应急、能源对外合作等前瞻性、综合性、战略性工作的领导。

5 月 26 日，中共中央转发《中共全国人大常委会党组关于进一步发挥全国人大代表作用，加强全国人大常委会制度建设的若干意见》。

6 月 21 日，国务院召开常务会议，批准上海浦东新区进行综合配套改革试点。

6 月 27 日，国务院下发《关于做好建设节约型社会近期重点工作的通知》，从节能、节水、节材、节地和资源综合利用五个方面提出 2005、2006 两年建设节约型社会的重点工作，以及加快节约资源的体制机制和法制建设等七个方面的措施。

6 月 30 日，国务院办公厅印发《关于促进东北老工业基地进一步扩大对外开放的实施意见》。

7 月 1 日，以“土地换保障”为原则的《西安市建立被征地农民就业和社会保障制度的若干意见》开始实施。

7 月 8 日，全国人大常委会办公厅发出《关于公布〈中华人民共和国物权法（草案）〉征求意见的通知》。

7 月 9 日，国务院办公厅印发《国务院办公厅关于推行行政执法责任制的若干意见》。

7月11日，国务院下发《关于2005年深化农村税费改革试点工作的通知》。

7月20日，国务院召开常务会议，讨论并原则通过《邮政体制改革方案》。

7月22日，铁道部印发《关于鼓励和引导非公有制经济参与铁路建设经营的实施意见》，提出凡是允许外资进入的铁路建设、运输经营及运输装备制造领域，也允许国内非公有资本进入，并制定七项措施扶持非公有资本参与铁路建设经营。

8月1日，国务院下发《关于完善中央与地方出口退税负担机制的通知》。对于新机制在运行中出现的一些新情况和新问题，提出调整中央与地方出口退税分担比例、规范地方出口退税分担办法、改进出口退税退库方式等政策措施。

8月18日，国务院下发《关于全面整顿和规范矿产资源开发秩序的通知》。

8月23日，中国证监会等五部门发布《关于上市公司股权分置改革的指导意见》。

9月8日，国资委发出《关于上市公司股权分置改革中国有股股权管理有关问题的通知》。

9月13日，全国新型农村合作医疗试点工作会议在南昌召开。

10月11日，党的十六届五中全会审议通过《中共中央关于制定国民经济和社会发展第十一个五年规划的建议》。

10月15日，第七届20国集团财长和央行行长会议在北京举行。

10月19日，国务院常务会议召开，通过《国务院关于完善企业职工基本养老保险制度的决定》。

10 月 27 日，十届全国人大常委会第十八次会议审议通过新修订的《中华人民共和国公司法》和《中华人民共和国证券法》。这两部新修订的法律自 2006 年 1 月 1 日起实施。会议还通过关于修改《中华人民共和国个人所得税法》的决定，修改内容主要有两方面：一是将个人所得税起征点由 800 元调高至 1500 元；二是要求高收入者自行办理纳税申报。该法自 2006 年 1 月 1 日起施行。

11 月 4 日，国务院下发《关于进一步加强就业再就业工作的通知》。

11 月 10 日，教育部首次发布《中国全民教育国家报告》。我国政府初步确定把加强农村教育，特别是农村的九年义务教育作为教育发展的重中之重。

11 月 18 日，中国与智利签订自由贸易协定，智利成为拉美国家中第一个和中国签订双边自由贸易协定的国家。

12 月 2 日，国务院下发《关于发布实施〈促进产业结构调整暂行规定〉的决定》。

12 月 3 日，国务院发布《关于完善企业职工基本养老保险制度的决定》。

12 月 3—5 日，全国发展和改革工作会议在北京召开。

12 月 7 日，国务院下发《关于发布实施〈促进产业结构调整暂行规定〉的决定》，国家发改委配套公布实施《产业结构调整指导目录（2005 年本）》。

12 月 20 日，中远慈善基金会在北京揭牌成立。该基金会由中远集团发起设立，是我国第一家由企业发起设立的慈善基金。

12 月 22 日，国务院新闻办公室发表《中国的和平发展道路》白皮书。

12月23日，中共中央、国务院印发《关于深化文化体制改革的若干意见》。

12月24日，国务院下发《关于深化农村义务教育经费保障机制改革的通知》，提出按照“明确各级责任、中央地方共担、加大财政投入、提高保障水平、分步组织实施”的基本原则，逐步将农村义务教育全面纳入公共财政保障范围，建立中央和地方分项目、按比例分担的农村义务教育经费保障机制。

12月28日，我国首家由城市商业银行合并重组而成的商业银行——徽商银行正式挂牌成立，标志着城市商业银行合并与重组的大幕拉开。

12月28—29日，中央农村工作会议在北京召开。

12月29日，十届全国人大常委会第十九次会议通过《全国人民代表大会常务委员会关于废止〈中华人民共和国农业税条例〉的决定》。会议决定《中华人民共和国农业税条例》自2006年1月1日起废止。国家不再针对农业单独开征税种。

12月31日，中共中央、国务院印发《关于推进社会主义新农村建设的若干意见》。

2006年

1月1日，人事部实施《事业单位公开招聘人员暂行规定》，明确事业单位公开招聘人员招聘范围、条件及程序，招聘计划、信息发布与资格审查，考试与考核，聘用，纪律与监督等内容。

1月4日，国务院召开常务会议，讨论并原则通过《中华人民共和国义务教育法（修订草案）》。

1月5—6日，中国人民银行工作会议在南昌召开，部署三项主要改革任务：推进外汇管理体制改革，完善人民币汇率形成机制；深化金融企业改革，着力推进国有商业银行改革发展；防范和化解金融风险，维护金融体系稳定。

1 月 9 日，财政部、国家税务总局发出《关于享受企业所得税优惠政策的新办企业认定标准的通知》，重新明确享受企业所得税定期减税或免税的新办企业的认定标准。

1 月 9—11 日，中共中央、国务院召开全国科学技术大会，部署实施《国家中长期科学和技术发展规划纲要（2006—2020 年）》。26 日，中共中央、国务院印发《关于实施科技规划纲要，增强自主创新能力的决定》。

1 月 12 日，我国政府正式发表《中国对非洲政策文件》，全面规划新时期中非在政治、经济、文化、社会等各领域的友好合作，是我国首次发表对非洲的政策文件。

1 月 19 日，劳动保障部表示，2006 年在总结东北三省做实个人账户试点经验的基础上，试点将扩大到天津等八个省区市。对做实个人账户后出现的当期养老金发放缺口，中央财政将给予部分补贴。根据东、中、西部不同省情，做实办法有所差异：对中、西部试点省份做实部分由中央财政划拨 75%的补助，地方财政承担 25%，东部地区基本由地方财政自筹。

2 月 13 日，国务院印发《关于加快振兴装备制造业的若干意见》。

2 月 14—20 日，中共中央举办省部级主要领导干部建设社会主义新农村专题研讨班。

2 月 16 日，渤海银行在天津开业。这是 1996 年以来获准设立的第一家全国性股份制商业银行，也是第一家总部设在天津的全国性股份制商业银行。

2月21日，中共中央、国务院发布《关于推进社会主义新农村建设的若干意见》，从统筹城乡经济社会发展、推进现代化农业建设、促进农民增收、加强农村基础设施建设、加快发展农村社会事业、深化农村改革等八个方面，提出32条支农、惠农的具体措施。

3月5日，国资委印发《国有独资公司董事会试点企业职工董事管理办法（试行）》，对职工董事的产生、任职条件、提名、选举、聘任以及职工董事的权利、义务、责任等作出具体规定。

同日，温家宝在十届全国人大四次会议上作政府工作报告时指出，改革开放是决定中国命运的重大决策。当前改革正处于攻坚阶段，必须以更大的决心加快推进各项改革。

3月16日，十届全国人大四次会议审议通过《中华人民共和国国民经济和社会发展第十一个五年规划纲要》。

3月20日，国家发改委发出《关于加快推进县级政府支农投资整合工作的通知》。

同日，深圳市人大常委会公布《深圳经济特区改革创新促进条例》，以地方立法的形式，明确深圳市改革工作机制。深圳市在全国率先为改革创新立法。该条例自7月1日起施行。

3月23—24日，全国经济体制改革工作会议在上海召开，强调围绕三个着力点，不断把改革引向深入。

3月27日，国务院下发《关于解决农民工问题的若干意见》，提出抓紧解决农民工工资偏低和拖欠问题，依法规范农民工劳动管理，搞好农民工就业服务和培训，积极稳妥地解决农民工社会保障问题，切实为农民工提供相关公共服务，健全维护农民工权益的保障机制，促进农村劳动力就地就近转移就业，加强和改进对农民工工作的领导八项政策措施。

4月6日，国务院办公厅转发电力体制改革工作小组《关于“十一五”深化电力体制改革的实施意见》。

4月9日，国务院发布《关于加强和改进社区服务工作的意见》。

4月13日，国务院下发《关于实施西部大开发若干政策措施的通知》，分别从增加资金投入、改善投资环境、扩大对外对内开放、吸引人才和发展科技教育五个方面提出支持西部大开发的政策措施。

4月14日，建设部、铁道部发出《关于继续开放铁路建设市场的通知》，就铁路建设市场开放的范围作出具体规定。

4月15日，中共中央、国务院印发《关于促进中部地区崛起的若干意见》，要求把中部地区建设成全国重要的粮食生产基地、能源原材料基地、现代装备制造及高技术产业基地和综合交通运输枢纽，使中部地区在发挥承东启西和产业发展优势中崛起。

4月25—29日，十届全国人大常委会第二十一次会议批准中国与西班牙的引渡条约。这是我国与欧美发达国家之间的第一个引渡条约，首次出现涉及死刑犯引渡问题的条款。

4月26日，国土资源部发出《关于下达〈2006年全国土地利用计划〉的通知》，强调2006年我国仍坚持从严从紧安排用地的原则，全年全国土地利用总量仍维持去年水平。

5月13日，国务院印发《关于完善粮食流通体制改革政策措施的意见》。

5月19日，国务院办公厅发出《关于落实中共中央国务院〈关于促进中部地区崛起若干意见有关政策措施〉的通知》。

5月26日，中央政治局会议召开，研究改革收入分配制度和规范收入分配秩序问题。

同日，国务院发布《推进天津滨海新区开发开放有关问题的意见》。

5月30日，财政部发布《行政单位国有资产管理暂行办法》和《事业单位国有资产管理暂行办法》，明确行政、事业单位国有资产的管理体制和各部门、各单位的管理职责，全面规范了资产配置、资产使用、资产处置等各个环节的管理，构建了行政、事业单位国有资产从形成、使用到处置全过程的有效监管体系。两个办法自7月1日起施行。

同日，国土资源部发出《进一步从严土地管理的紧急通知》。

5月31日，国务院召开常务会议，研究保险业改革发展问题，讨论并原则通过《中华人民共和国突发事件应对法（草案）》。

6月6日，国家外汇管理局发出《关于调整部分境外投资外汇管理政策的通知》，规定境内投资者到境外投资所需外汇，可使用自有外汇、人民币购汇及国内外汇贷款。该通知自7月1日起施行。

6月14日，国务院印发《公务员工资制度改革方案》，决定改革公务员现行工资制度，实行国家统一的职务与级别相结合的公务员工资制度。

6月27日，国土资源部印发《地籍管理“十一五”发展规划纲要》，提出“十一五”期间，将构建现代土地产权管理制度。

7月6日，教育部等五部门印发《关于在农村义务教育经费保障机制改革中坚决制止学校乱收费的通知》。

8月4日，铁道部公布《“十一五”铁路投融资体制改革推进方案》，首次明确铁路投融资体制改革的指导思想、总体目标、重点项目以及推进铁路投融资体制改革的政策措施。

8月27日，十届全国人大常委会第二十三次会议通过《中华人民共和国企业破产法》，确立了企业有序退出的法律制度，规范了企业破产程序。

8月29日，卫生部等四部门发布《农村卫生服务体系建设与发展规划》，提出农村卫生服务体系的发展目标。

8月31日，国务院下发《关于加强土地调控有关问题的通知》，强调采取更严格的管理措施，切实加强土地调控，解决建设用地总量增长过快，低成本工业用地过度扩张，违法违规用地、滥占耕地等问题。

9月1—2日，全国农村综合改革工作会议在北京召开，讨论如何全面推动社会主义新农村建设。

9月4日，国务院召开加强政府自身建设、推进政府管理创新电视电话会议，强调努力建设法治政府、服务政府、责任政府和效能政府。要切实转变政府职能，进一步规范行政权力。

10月8日，国务院下发《关于做好农村综合改革工作有关问题的通知》。

10月8—11日，十六届六中全会召开，通过《中共中央关于构建社会主义和谐社会若干重大问题的决定》，对有关体制机制改革和制度创新提出要求。

10月11日，《人民日报》报道：国务院批准大连设立大窑湾保税港区。

10月15日，温家宝在第100届中国出口商品交易会开幕式暨庆祝大会上的讲话中指出，对外开放有利于中国的发展，中国的发展也有利于世界。在经济全球化深入发展和科学技术日新月异的新形势下，中国将坚定不移地实行对外开放政策。

10月23日，中共中央政治局进行第三十五次集体学习，强调要坚持公共医疗卫生的公益性质，深化医疗卫生体制改革。

10月27日，中国工商银行股份有限公司股票在香港联交所、上海证券交易所挂牌交易。中国工商银行是首家实现内地A股和香港H股同步上市的企业，标志着我国商业银行改革取得重要阶段性成果。

10月31日，十届全国人大常委会第二十四次会议审议通过《中华人民共和国农民专业合作社法》。

11月8日，国务院召开常务会议，研究国有资本调整和国有企业重组工作。

12月5日，国务院办公厅转发国资委《关于推进国有资本调整和国有企业重组的指导意见》，明确国有资本调整和国有企业重组的基本原则、主要目标和政策措施。

12月9—11日，全国发展和改革工作会议召开。

12月11日，我国加入世贸组织五年过渡期结束，新公布的《中华人民共和国外资银行管理条例》及其实施细则正式生效。根据该条例和实施细则的规定，自12月11日起，取消外资银行在中国境内经营人民币业务的地域和客户对象限制，在承诺和审慎监管的框架下，对外资银行实行国民待遇。

12月17日，中共中央、国务院印发《关于全面加强人口和计划生育工作统筹解决人口问题的决定》，要求深化流动人口管理服务体制改革。逐步改变城乡二元结构，建立城乡统一的人口登记制度。

12月22—23日，中央农村工作会议在北京召开。

12月25日，中国人民银行公布《个人外汇管理办法》，对个人结汇和境内个人购汇实行年度总额管理。该办法自 2007 年 2 月 1 日起施行。新的个人外汇政策鼓励藏汇于民，支持个人合理依法持有与使用外汇。

12 月 30 日，国资委公布新修订的《中央企业负责人经营业绩考核暂行办法》，明确规定凡列入国资委国有独资公司董事会试点且外部董事到位人数超过全体董事二分之一的企业，国资委授权企业董事会对企业经理人员的经营业绩进行考核。该办法自 2007 年 1 月 1 日起施行。

12 月 31 日，中共中央、国务院发布《关于积极发展现代农业扎实推进社会主义新农村建设的若干意见》。

2007 年

1 月 4 日，中国在非洲建立的第一个经济贸易合作区——赞比亚中国经济贸易合作区正式揭牌。

1 月 5—6 日，全国税务工作会议在北京召开。

1 月 10 日，国务院召开常务会议，讨论并通过《中华人民共和国就业促进法（草案）》，对促进就业的原则、工作机制、政府职责和政策支持体系，以及人才和劳动力市场秩序、职业教育和培训、就业服务和就业援助、监督检查和法律责任等内容作出明确规定。

1 月 17 日，国务院召开常务会议，审议通过《中华人民共和国政府信息公开条例（草案）》，对政府信息公开的范围和主体、方式和程序、监督和保障等内容作出具体规定。

1 月 19—20 日，全国金融工作会议在北京召开，明确当前和今后一个时期的金融改革发展任务。

1月20—21日，全国证券期货监管工作会议在北京召开。

1月22—23日，全国新型农村合作医疗工作会议在西安召开，要求2007年新型农村合作医疗制度覆盖全国80%以上县（市、区）。

1月23日，中共中央政治局召开会议，研究部署金融改革发展工作，提出今后一段时期金融工作的总体要求和主要任务。

1月29日，重组后的国家邮政局和新组建的中国邮政集团公司正式揭牌成立。

1月30日，国务院批复国防科工委《深化国防科技工业投资体制改革的意见》。

2月3日，教育部发布《民办高等学校办学管理若干规定》，要求教育行政部门应当将民办高等教育纳入教育事业发展规划。按照积极鼓励、大力支持、正确引导、依法管理的方针，引导民办高等教育健康发展。

2月7日，财政部、国家税务总局发出《关于促进创业投资企业发展有关税收政策的通知》，提出创业投资企业采取股权投资方式投资于未上市中小高新技术企业2年以上（含2年），凡符合条件的，可按其对中小高新技术企业投资额的70%抵扣该创业投资企业的应纳税所得额。

2月28日，教育部宣布全国1.5亿农村中小学生2007年起全免学杂费。

3月5—16日，十届全国人大五次会议召开，通过《中华人民共和国物权法》《中华人民共和国企业所得税法》，两部法律分别自2007年10月1日、2008年1月1日起施行。

3月9日，经银监会批准，全国首家全部由农民自愿入股组建的农村合作金融机构——吉林省梨树县闫家村百信农村资金互助社正式挂牌营业。

3 月 19 日，国务院印发《关于加快发展服务业的若干意见》，要求加快服务业领域改革开放。

4 月 2 日，首批获准改制为中国本地法人银行的外资银行东亚银行（中国）有限公司、汇丰银行（中国）有限公司、花旗银行（中国）有限公司和渣打银行（中国）有限公司正式开业。四家外资法人银行可向中国内地提供全面的人民币及外汇服务，包括针对内地居民开展人民币业务。

4 月 4 日，国务院召开常务会议，决定从 2007 年开始，在有条件的省份选择一、两个市，进行建立以大病统筹为主的城镇居民基本医疗保险制度的试点。试点地区凡未纳入城镇职工基本医疗保险制度覆盖范围的中小学生、少年儿童和其他非从业城镇居民，都可参加城镇居民基本医疗保险。

4 月 6 日，国务院办公厅转发电力体制改革工作小组《关于“十一五”深化电力体制改革的实施意见》，提出“十一五”深化电力体制改革的总体思路、基本原则、主要任务。

4 月 10 日，国家发改委公布《能源发展“十一五”规划》，提出深化体制改革，完善能源价格体系。

4 月 15 日，国务院办公厅发出《关于进一步清理取消和调整行政审批项目的通知》，对进一步深化行政审批制度改革作出了部署。

4 月 22 日，国务院公布《行政机关公务员处分条例》，自 6 月 1 日起施行。

4 月 28 日，劳动保障部和国土资源部发出《关于切实做好被征地农民社会保障工作有关问题的通知》，要求尽快将被征地农民纳入社会保障体系，确保被征地农民原有生活水平不降低、长远生计有保障，并建立相应的调整机制。

5月13日，国务院办公厅发布《关于加快推进行业协会商会改革和发展的若干意见》，提出行业协会改革发展的总体要求。

5月17日，国防科工委、国家发改委、国资委印发《关于推进军工企业股份制改造的指导意见》，明确提出推进军工企业股份制改造的指导思想、目标和基本原则，要求分类推进军工企业股份制改造，加强对军工企业股份制改造的监督管理，加强相关政策法规和制度建设。

5月21日，国务院转发卫生部制定的《卫生事业发展“十一五”规划纲要》，明确“十一五”期间要积极推进医药卫生体制改革和制度建设。

5月23日，国务院召开常务会议，研究部署在全国建立农村最低生活保障制度工作。

5月30日，国务院召开常务会议，研究部署试行国有资本经营预算工作。

6月4日，我国政府正式发布《中国应对气候变化国家方案》。这是中国第一部应对气候变化的政策性文件，也是发展中国家在该领域的第一部国家方案。

6月7日，国家发改委发出《关于批准重庆市和成都市设立全国统筹城乡综合配套改革试验区的通知》。

6月12日，国务院振兴东北地区等老工业基地领导小组召开第四次全体会议，审议《东北地区振兴规划》。

6月19—20日，国务院在成都召开全国城市社区卫生工作会议。

6月26日，国务院召开全国建立农村最低生活保障制度工作会议，研究部署农村最低生活保障工作。

6 月 27 日，国资委发出《关于进一步规范中央企业投资管理的通知》，要求中央企业严格执行企业重大投资活动报告制度，加强企业投资风险管理与控制，对于违反投资管理有关规定的企业将严肃追究有关责任人的责任。

6 月 28 日，国务院办公厅转发国家发改委《关于 2007 年深化经济体制改革工作的意见》，提出推进八个方面的改革：加快推进行政管理体制改革，切实转变政府职能；坚持和完善基本经济制度，探索公有制多种有效实现形式；深化农村经济体制改革，促进农村经济社会发展；加快发展要素市场，完善现代市场体系；深化金融财税投资体制改革，完善宏观调控体系；推进资源价格等相关改革，促进资源节约和环境保护；推进社会事业体制改革，维护群众切身利益；深化涉外经济体制改革，提高对外开放水平。

6 月 29 日，十届全国人大常委会第二十八次会议通过《中华人民共和国劳动合同法》，作出符合社会主义市场经济要求和我国国情的规定，在尊重用人单位用工自主权的基础上，要求用人单位必须与劳动者订立书面劳动合同，规定用人单位必须全面履行劳动合同，引导用人单位合理约定劳动合同期限，规范用人单位解除和终止劳动合同行为，要求用人单位在解除和终止劳动合同时必须依法支付经济补偿，从而有效地保护劳动者的合法权益。该法自 2008 年 1 月 1 日起施行。

7 月 1 日，庆祝香港回归祖国十周年大会暨香港特别行政区第三届政府就职典礼在香港会展中心举行，特别行政区第三任行政长官曾荫权和政府主要官员先后宣誓就职。

7 月 7 日，监察部、国土资源部发出《关于进一步开展查处土地违法违规案件专项行动的通知》。

7月9日，中国人民银行发布《同业拆借管理办法》，全面调整了同业拆借市场的准入管理、期限管理、限额管理、备案管理、透明度管理、监督管理权限等规定。

7月10日，国务院发布《关于开展城镇居民基本医疗保险试点的指导意见》，决定从2007年起开展城镇居民基本医疗保险试点，2010年在全国全面推开。

7月11日，国务院下发《关于在全国建立农村最低生活保障制度的通知》，提出通过在全国范围建立农村最低生活保障制度，将符合条件的农村贫困人口全部纳入保障范围，稳定、持久、有效地解决全国农村贫困人口的温饱问题。

7月23—24日，全国城镇居民基本医疗保险试点工作会议在北京召开。

7月26日，中共中央政治局召开会议，分析研究当前经济形势和经济工作，强调要坚持把遏制经济增长由偏快转为过热作为当前宏观调控的首要任务。在改革方面提出，坚持标本兼治、远近结合，用改革的办法推进深层次矛盾的解决。

8月2日，国务院批复国家发改委、国务院振兴东北办编制的《东北地区振兴规划》，要求东北地区深化体制改革，建立和完善现代企业制度与产权制度，推进国有经济战略性调整，积极培育和发展非公有制经济，扩大对内对外开放，增强发展活力。

8月3日，财政部、民政部发出《关于加强农村最低生活保障资金使用管理有关问题的通知》。

8月6日，中国证监会公布《关于银行业金融机构大力发展农村小额贷款业务的指导意见》，对现行农村小额贷款业务相关制度进行调整和完善。

8月7日，国务院印发《关于解决城市低收入家庭住房困难的若干意见》。

8月8日，监察部等五部门发出《关于开展国有土地使用权出让情况专项清理工作的通知》，指出各地要对本辖区内2005年1月1日至2007年12月31日供应的所有建设用地逐宗进行清理。

8月10日，海南省农村信用社联合社在海口市举行挂牌仪式。这是全国最后一家挂牌开业的省级联社，标志着农村信用社新的管理体制框架已经全面建立，从2003年开始的农村信用社改革试点第一阶段工作任务基本完成。

8月13日，国家发改委等六部门印发《关于加强东西互动深入推进西部大开发的意见》，提出加强东西部地区互动合作，深入推进西部大开发的指导原则、重点领域和政策措施。

8月24—25日，全国城市住房工作会议在北京召开，决定全国逐步扩大廉租住房制度的保障范围。

8月30日，十届全国人大常委会第二十九次会议通过《中华人民共和国反垄断法》和《中华人民共和国就业促进法》，自2008年8月1日起施行。会议决定修改《中华人民共和国城市房地产管理法》。

9月8日，国务院印发《关于试行国有资本经营预算的意见》。

9月10日，卫生部、财政部、中医药管理局印发《关于完善新型农村合作医疗统筹补偿方案的指导意见》。

9月24日，国务院正式批复批准同意设立洋浦保税港区。这是我国继上海洋山保税港区、天津东疆保税港区和大连大窑湾保税港区之后，设立的第四个保税港区，也是我国在华南地区设立的首个保税港区。洋浦保税港区规划建设面积 9.2063 平方公里。

9 月 28 日，国土资源部公布《招标拍卖挂牌出让国有建设用地使用权规定》，对国有建设用地使用权招拍挂出让范围、挂牌出让截止期限、缴纳出让价款和发放国有建设用地使用权证书等作出明确规定，自 11 月 1 日起施行。

9 月 29 日，中国投资有限责任公司成立，注册资本金为 2000 亿美元。作为专门从事外汇资金投资业务的国有投资公司，其成立是中国外汇管理体制改革的标志性事件。

9 月 30 日，中国人民银行公布《应收账款质押登记办法》，明确规定应收账款可以担保融资，自 10 月 1 日起施行。

10 月 9—12 日，党的十六届七中全会召开，通过党的十六届中央委员会向党的第十七次全国代表大会的报告，以及《中国共产党章程（修正案）》，决定将这两份文件提请党的第十七次全国代表大会审议。

10 月 10 日，财政部印发《中央廉租住房保障专项补助资金实施办法》，对中央廉租住房保障专项补助资金的分配与计算、拨付与使用、监督管理等事项，作出具体规定。

10 月 12 日，银监会决定扩大调整放宽农村地区银行业金融机构准入政策试点范围，将试点省份从现在的 6 个省（区）扩大到全国 31 个省（区、市）。

10 月 15—21 日，党的十七大在北京召开。党的十七届一中全会产生中央领导机构，胡锦涛任中共中央总书记、中央军委主席。

10 月 23 日，国家发改委等 12 部门印发《关于支持中小企业技术创新的若干政策》。

10 月 28 日，十届全国人大常委会第三十次会议通过《中华人民共和国城乡规划法》，对加强城乡规划管理，协调城乡空间布局，改善人居环境，促进城乡经济社会全面协调可持续发展具有重要意义。该法自 2008 年 1 月 1 日起施行。

11 月 6 日，人事部印发《公务员录用规定（试行）》，对公务员录用的原则、报考条件、招考程序和方法以及纪律与监督等作出全面规定。

11 月 8 日，建设部等九部门联合印发《廉租住房保障办法》，进一步明确廉租住房的保障对象为城市低收入住房困难家庭，规定廉租住房保障方式实行货币补贴和实物配租相结合，自 12 月 1 日起施行。

11 月 14 日，国务院召开常务会议，研究部署稳定市场供应和保障困难群众生活工作。

11 月 23 日，国家工商总局发出《关于进一步加强粮油等重要商品市场监管维护市场稳定的紧急通知》。

11 月 26 日，财政部、教育部发出《关于调整完善农村义务教育经费保障机制改革有关政策的通知》。

11 月 27 日，中共中央政治局召开会议，对 2008 年改革工作进行主要部署。会议提出，要坚持稳中求进，保持经济持续平稳较快协调发展，把防止经济增长由偏快转为过热、防止价格由结构性上涨演变为明显通货膨胀作为宏观调控的首要任务。

11 月 28 日，国务院召开常务会议，研究部署促进资源型城市可持续发展工作。

11 月 29 日，国家发改委发布《煤炭产业政策》。

11 月 30 日，建设部等七部门联合发布《经济适用住房管理办法》，指出经济适用住房制度是解决城市低收入家庭住房困难政策体系的组成部分。经济适用住房供应对象要与廉租住房保障对象相衔接。

12月2日，苏浙沪工商部门率先拆除行政藩篱，联合签署《苏浙沪工商行政管理联席会议备忘录》，并首次发布三省市统一编号的文件——“长三角工商一号、二号文件”，标志着长三角市场一体化工程正式启动。

12月3—5日，中央召开经济工作会议，提出全面深化改革，完善推动科学发展、促进社会和谐的体制机制。提高开放型经济水平，开创对外开放新局面。

12月5日，建设部等五部委联合印发《关于改善农民工居住条件的指导意见》，要求各地把改善农民工居住条件作为解决城市低收入家庭住房困难工作的一项重要内容，多渠道提供农民工居住场所。

12月7日，国务院召开常务会议，通过《职工带薪年休假条例》，规定机关、团体、企业、事业单位、民办非企业单位，有雇工的个体工商户等单位的职工，凡连续工作1年以上的，均可以享受带薪年休假。单位应当保证职工享受年休假。该条例自2008年1月1日起施行。

12月11日，国务院召开常务会议，研究促进节约集约用地和依法严格管理农村集体建设用地，强调城镇居民不得到农村购买宅基地、农民住宅或“小产权房”，单位和个人不得非法租用、占用农民集体土地搞房地产开发。

12月13日，国内第一家外资村镇银行——湖北随州曾都汇丰村镇银行有限责任公司成立。这是由汇丰（香港）银行全额出资设立的股份制商业银行，主要为当地“三农”发展提供金融支持。

12 月 16 日，国务院通过修改后的《全国年节及纪念日放假办法》，自 2008 年 1 月 1 日起施行。

12 月 18 日，国务院发布《关于促进资源型城市可持续发展的若干意见》，提出 2010 年前，资源枯竭城市存在的突出矛盾和问题得到基本解决，大多数资源型城市基本建立资源开发补偿机制和衰退产业援助机制，经济社会可持续发展能力显著增强。2015 年前，在全国范围内普遍建立健全资源开发补偿机制和衰退产业援助机制，使资源型城市经济社会步入可持续发展轨道。

12 月 20—21 日，全国劳动和社会保障工作会议在北京召开。

12 月 22—23 日，中央农村工作会议在北京召开，讨论《中共中央、国务院关于切实加强农业基础建设，进一步促进农业发展农民增收的若干意见（讨论稿）》。

12 月 27—28 日，2008 年全国民政工作会议在京召开。

12 月 28—29 日，全国建设工作会议在北京召开。

12 月 29 日，十届全国人大常委会第三十一次会议审议通过《全国人民代表大会常务委员会关于修改〈中华人民共和国个人所得税法〉的决定》，将《中华人民共和国个人所得税法》规定的工资、薪金所得减除费用标准由 1600 元/月提高到 2000 元/月。新修订的《个人所得税法》自 2008 年 3 月 1 日起施行。

12 月 30 日，国务院办公厅发出《关于严格执行有关农村集体建设用地法律和政策的通知》，要求严格执行有关农村集体建设用地法律和政策，坚决遏制并依法纠正乱占农用地进行非农业建设。

12 月 31 日，中央汇金公司和国家开发银行在北京签署协议，确认即日起中央汇金公司向国家开发银行注资 200 亿美元。

2008年

1月1日，中国人民政治协商会议全国委员会在北京举行新年茶话会。

1月9日，国务院召开常务会议，研究部署保持物价稳定工作，做出修改《价格违法行为行政处罚规定》的决定。

1月10日，国务院批复国家发改委《促进中部地区崛起工作部际联席会议制度》，明确部际联席会议的主要职能、成员单位、工作规则和工作要求。

1月14—15日，全国林业厅局长会议在北京召开，明确2008年我国将全面推开集体林权制度改革，计划到2010年基本完成以"明晰产权、承包到户、落实经营主体"为核心的集体林权制度主体改革任务。

1月15日，国家发改委公布《关于对部分重要商品及服务实行临时价格干预措施的实施办法》。

1月16—17日，全国证券期货监管工作会议在北京召开，强调加快推出创业板，积极发展公司债券市场，力争多层次市场体系建设取得突破。

1月18日，中国人民银行、银监会发布《经济适用住房开发贷款管理办法》。

2月1日，国务院农改小组、财政部、农业部发出《关于开展村级公益事业建设一事一议财政奖补试点工作的通知》。

2月3日，民政部、财政部发出《关于进一步提高城乡低保补助水平妥善安排当前困难群众基本生活的通知》，提出进一步提高城乡低保对象补助水平。在执行原有政策基础上，从2008年1月

1 日起，按每人每月 15 元的标准提高城市低保对象补助水平，按每人每月 10 元的标准提高农村低保对象补助水平。

2 月 4 日，中国人民银行、银监会印发《经济适用住房开发贷款管理办法》，自 2 月 17 日起施行。

2 月 14—15 日，全国新型农村合作医疗工作会议在北京召开。

2 月 22 日，中共中央政治局召开会议，讨论《关于深化行政管理体制改革的意见》和《国务院机构改革方案（草案）》。

2 月 25 日，东北中小企业信用再担保股份有限公司成立大会暨揭牌仪式在北京人民大会堂举行。这是国家发改委批准设立并由其监管的全国第一家区域性中小企业信用再担保机构试点。

2 月 25—27 日，党的十七届中央委员会第二次全体会议召开，审议通过《关于深化行政管理体制改革的意见》和《国务院机构改革方案》，同意把《国务院机构改革方案》提请十一届全国人大一次会议审议。

2 月 26 日，国务院城镇居民基本医疗保险扩大试点工作电视电话会议召开，决定 2008 年将扩大城镇居民医疗保险试点。

2 月 26—27 日，几内亚政府正式承认中国完全市场经济地位。至此，全世界已有 77 个国家承认中国完全市场经济地位。

2 月 28 日，深入学习实践科学发展观活动试点工作座谈会在北京召开。

同日，我国政府发表《中国的法治建设》白皮书，这是我国政府第一次以政府文告的形式全面介绍中国法律制度的形成、法治建设的状况等。

3 月 1 日，上海市土地交易市场正式开业。上海所有的经营性用地和工业用地等土地交易活动都将通过交易市场这一平台进行，统一计划管理、统一信息发布、统一交易规则、统一运作监管。

3月2日,《人民日报》报道：国务院批准设立宁波梅山保税港区。

3月10日，上海联合产权交易所、北京产权交易所、天津产权交易中心、重庆联合产权交易所四家产权交易机构在上海联合产权交易所正式签署合作协议，共同约定建设统一的交易制度体系。这标志着全国产权市场统一交易规则系统工程正式启动。

3月11日，银监会发出《关于在从紧货币政策形势下进一步做好小企业金融服务工作的通知》。

3月13日，国务院办公厅发布《关于加快发展服务业若干政策措施的实施意见》。

同日，卫生部、财政部发出《关于做好2008年新型农村合作医疗工作的通知》。

3月15日，十一届全国人大一次会议批准国务院机构改革方案。这次国务院机构改革涉及调整变动的机构共15个，正部级机构减少4个。国务院将新组建工业和信息化部、交通运输部、人社部、环境保护部、住建部。改革后，除国务院办公厅外，国务院组成部门设置27个。

3月17日，国务院做出《关于天津滨海新区综合配套改革试验总体方案的批复》，要求综合推进滨海新区的体制机制创新和对外开放。4月8日，国务院批准设立天津滨海新区综合保税区。

3月19日，国务院召开常务会议，新一届国务院开始全面履行职责。会议研究确定国务院领导同志工作分工，讨论并原则通过《国务院工作规则》，决定将《国务院工作规则》提交即将召开的国务院第一次全体会议审议。根据十一届全国人大一次会议批准的国务院机构改革方案，会议通过国务院直属机构和单位的设置，对国务院议事协调机构和临时机构进行精简和规范。

同日，中国人民银行发布《2007 年国际金融市场报告》，强调完善合格境外机构投资者（QFII）制度，引导和规范境外长期资金进入境内资本市场。

3 月 20 日，中国证监会公布《证券投资基金管理公司公平交易制度指导意见》，对公平交易的范畴、公司投资决策的内部控制以及公司内部报告和外部信息披露等作出指导性规定。

3 月 24 日，全国政务公开领导小组第八次会议在北京召开，决定《政府信息公开条例》自 5 月 1 日起施行。

3 月 26 日，财政部公布《中央级事业单位国有资产管理暂行办法》，进一步明确财政部为中央级事业单位国有资产管理的职能部门，对中央级事业单位国有资产实施综合管理。该办法自 3 月 15 日起施行。

4 月 3 日，银监会印发《关于银行业金融机构进一步加大支持力度促进农业和粮食生产发展的意见》，强调严格执行从紧货币政策，确保对农业和粮食生产的信贷投放。

4 月 7 日，银监会宣布已与美国证监会交换商业银行代客境外理财业务监管合作信函，达成监管合作协议，我国的商业银行将能够代客投资于美国的股票市场以及经美国证监会认可的公募基金。

4 月 11 日、15 日，深化医药卫生体制改革工作座谈会召开，就《关于深化医药卫生体制改革的意见（征求意见稿）》听取医务工作者和基层群众意见。

4 月 12 日，博鳌亚洲论坛 2008 年年会在博鳌开幕。

4 月 16 日，国务院召开常务会议，分析当前经济形势，安排部署下阶段经济工作。

4 月 18 日，湖南省政府公布《湖南省行政程序规定》，自 10 月 1 日起施行。这是我国首部地方性行政程序规定。

同日，中国证监会印发《上市公司重大资产重组管理办法》，规定所有拟进行重大资产重组的上市公司，应当在第一时间披露重大资产重组预案，充分披露对投资者敏感的信息，确保信息披露的公平公正。

4 月 20 日，中国证监会发布《上市公司解除限售存量股份转让指导意见》，对上市公司股东集中出售超过一定数量解除限售存量股份的行为进行规范。

5 月 26 日，中国国民党主席吴伯雄率领中国国民党大陆访问团对大陆进行为期 6 天的访问。

6 月 3 日，财政部、国家税务总局联合发出通知，对个体工商户业主、个人独资企业和合伙企业投资者的生产经营所得依法计征个人所得税时，个体工商户业主、个人独资企业和合伙企业投资者本人的费用扣除标准统一确定为 24000 元/年（2000 元/月）。新标准自 2008 年 3 月 1 日起施行。

6 月 5 日，2007 年度中华人民共和国国际科学技术合作奖颁奖仪式在北京举行。

6 月 8 日，国务院公布《汶川地震灾后恢复重建条例》。这是我国首个专门针对一个地方地震灾后恢复重建的条例，将灾后恢复重建工作纳入法制化轨道。

6 月 12 日，海协会会长陈云林与海基会董事长江丙坤在北京举行会谈。6 月 13 日，陈云林和江丙坤在钓鱼台国宾馆签署《海峡两岸包机会谈纪要》与《海峡两岸关于大陆居民赴台湾旅游协议》。

6月22日，中共中央发布《建立健全惩治和预防腐败体系2008—2012年工作规划》，这是今后五年推进惩治和预防腐败体系建设的指导性文件。

7月1—3日，时任联合国秘书长潘基文对中国进行正式访问。

7月2日，国务院召开常务会议，讨论并原则通过《国家粮食安全中长期规划纲要》。

7月4日，等待了近60年的大陆居民赴台旅游暨两岸周末包机正式启动。当日上午，从北京、上海、南京、厦门、广州五地出发的9架包机，搭载680名首批大陆游客飞往台湾。

7月16日，全国第一家经新闻出版总署批准的国家数字出版基地，在上海浦东张江高科技园区内挂牌成立。

7月18日，国务院新闻办公室发布《中国药品安全监管状况》白皮书，这是中国政府首次发布药品安全监管状况方面的白皮书。

7月24日，中国互联网信息中心报告，截至2008年6月底，我国网民数已达到2.53亿，首次大幅度超过美国，网民规模跃居世界第一位。

7月30日，国务院召开常务会议，决定从2008年秋季学期开始，在全国范围内全部免除城市义务教育阶段学生学杂费。

8月27日，国务院召开常务会议，审议通过《汶川地震灾后恢复重建总体规划》。

9月1日，全国统一停止征收个体工商户管理费和集贸市场管理费。

9月18日，国务院办公厅发出《关于废止食品质量免检制度的通知》。

9月19日，我国证券（股票）交易印花税征收方式由双边征税调整为单边征税。

10月6日，国务院召开常务会议，审议通过《乳品质量安全监督管理条例（草案）》。

10月7日，我国第八个保税港区——青岛前湾保税港区正式获得国务院批复建设。

10月9—12日，党的十七届三中全会召开，听取和讨论胡锦涛作出的工作报告，审议通过《中共中央关于推进农村改革发展若干重大问题的决定》。

10月17日，国务院召开常务会议，通过《中华人民共和国外国常驻新闻机构和外国记者采访条例》。据此，外国记者来华采访不再必须由中国国内接待陪同，外国记者赴开放地区采访，无须向地方外事部门申请。

10月21日，国务院召开常务会议，审议通过《农业银行股份制改革实施总体方案》。

10月28日，十一届全国人大常委会第五次会议通过《企业国有资产法》和新修订的《消防法》。

11月1日，国务院台办公布《台湾记者在祖国大陆采访办法》。

11月3日，海峡两岸关系协会会长陈云林率海协会协商代表团访问台湾。这是海协会领导人首次访台，也是海协会与海基会首次在台湾举行两会领导人会谈。

11月9日，国务院公布扩大内需、促进经济增长的十项措施。为落实这一重大举措，12日，国务院召开常务会议，研究制定四项实施措施：核准审批固定资产投资项目；提高部分产品出口退税率，调整部分产品出口关税；确定中央财政地震灾后恢复重建基金的具体安排方案；进一步加强支持林业生态恢复重建。

11 月 13 日，国务院新闻办公室发布我国首部《国家粮食安全中长期规划纲要（2008—2020 年）》。

12 月 3 日，工信部发出通知，取消手机短消息业务的网内网间差别定价。

12 月 10 日，国务院召开常务会议，部署当前农民工工作，决定增加农机具购置补贴资金 100 亿元。

12 月 18 日，国务院下发《关于实施成品油价格和税费改革的通知》，决定自 2009 年 1 月 1 日起实施成品油税费改革。

同日，纪念党的十一届三中全会召开 30 周年大会在北京人民大会堂举行。

同日，重庆寸滩保税港区正式挂牌，这是我国内陆地区首个保税港区。

12 月 31 日，国务院召开常务会议，同意启动第三代移动通信牌照发放工作。国务院批复《珠江三角洲地区改革发展纲要（2008—2020）》。

2009 年

1 月 1 日，《中华人民共和国营业税暂行条例》《中华人民共和国消费税暂行条例》《中华人民共和国增值税暂行条例》《中华人民共和国循环经济促进法》施行。

同日，国务院决定实施成品油税费改革，取消原在成品油价外征收的公路养路费、航道养护费、公路运输管理费、公路客货运附加费、水路运输管理费、水运客货运附加费六项收费。

1 月 7 日，国务院召开常务会议，部署高校毕业生就业工作。

同日，中共中央办公厅转发《中央人才工作协调小组关于实施海外高层次人才引进计划的意见》。

1月14日，国务院召开常务会议，审议通过汽车产业和钢铁产业调整振兴规划，规定从2009年1月20日至12月31日，对1.6升及以下排量乘用车减按5%征收车辆购置税。

1月16日，中国农业银行股份有限公司在北京召开成立大会，标志着农业银行股份制改革取得阶段性成果，也表明我国国有独资银行股份制改革进入“收官”阶段。

1月21日，中国证监会审议通过《首次公开发行股票并在创业板上市管理暂行办法》，自5月1日起施行。这意味着创业板正式开启。7月1日，中国证监会正式发布实施《创业板市场投资者适当性管理暂行规定》，投资者可在7月15日起办理创业板投资资格。9月29日，首批创业板公司中签号出炉。

1月28日，人社部印发《事业单位养老保险制度改革方案》，山西、上海、浙江、广东、重庆五省市将作为试点。

2月1日，中共中央、国务院印发《关于2009年促进农业稳定发展农民持续增收的若干意见》，再度锁定“三农”。

2月4日，国务院召开常务会议，审议通过纺织工业和装备制造业调整振兴规划。

2月5日，国务院办公厅印发《国务院关于推进重庆市统筹城乡改革和发展的若干意见》，要求重庆市加快统筹城乡改革和发展，为全国统筹城乡改革提供示范。

2月15日，国务院办公厅发出通知，要求各地区、各有关部门要把高校毕业生就业摆在当前就业工作的首位，采取切实有效措施，拓宽就业门路，鼓励高校毕业生到城乡基层、中西部地区和中小企业就业，鼓励自主创业，鼓励骨干企业和科研项目单位吸纳和稳定高校毕业生就业。

2 月 25 日，国务院召开常务会议，审议通过有色金属产业和物流业调整振兴规划，研究部署发挥科技支撑作用，促进经济平稳较快发展。

2 月 28 日，十一届全国人大常委会第七次会议通过《中华人民共和国食品安全法》，自 6 月 1 日起施行。

3 月 2 日，西藏自治区人民政府在拉萨举行《西藏民主改革 50 年》白皮书新闻发布会。

3 月 5—13 日，政协十一届全国委员会第二次会议在人民大会堂召开。

3 月 13 日，国务院印发《物流业调整和振兴规划》。

3 月 16 日，商务部发布《境外投资管理办法》。该办法仅保留商务部对少数重大境外投资的核准权限，同时对外投资的核准程序也大大简化，绝大部分企业只需递交一张申请表，即可在三个工作日内获得《企业境外投资证书》。

3 月 17 日，中共中央、国务院发布《关于深化医药卫生体制改革的意见》。

3 月 18 日，商务部发出通报，指出可口可乐公司收购汇源公司案将对竞争产生不利影响，因此依法做出禁止此项收购的决定。这是自 2008 年 8 月中国反垄断法实施以来，首个未通过反垄断审查的案件。

3 月 27 日，财政部、国家税务总局发出通知，明确从 2009 年 4 月 1 日起提高纺织品、服装、轻工、电子信息、钢铁、有色金属、石化等商品的出口退税率。

3 月 31 日，中国证监会发布《首次公开发行股票并在创业板上市管理暂行办法》，自5月1日起施行。

4月8日，国务院召开常务会议，讨论通过《全国新增1000亿斤粮食生产能力规划（2009—2020年）》。

4月13日，国务院新闻办公室发布《国家人权行动计划（2009—2010年）》。这是我国第一次制定以人权为主题的国家规划，行动计划明确未来两年中国政府在促进和保护人权方面的工作目标和具体措施。

4月14日，中共中央办公厅、国务院办公厅转发《关于领导干部定期接待群众来访的意见》《关于中央和国家机关定期组织干部下访的意见》《关于把矛盾纠纷排查化解工作制度化的意见》三个文件。

4月24日，国务院法制办公室就《中华人民共和国食品安全法实施条例（草案）》公开向社会各界征求意见。

4月26日，海协会会长陈云林与台湾海基会董事长江丙坤在南京紫金山庄举行会谈。这是两会恢复协商后领导人第三次会谈。双方签署《海峡两岸金融合作协议》《海峡两岸空运补充协议》《海峡两岸共同打击犯罪及司法互助协议》三项协议并就陆资赴台达成共识。随着这些协议和共识的落实，海峡两岸在隔绝60年后将真正全面实现直接“三通”。

5月6日，国务院召开常务会议，讨论并原则通过《关于支持福建省加快建设海峡西岸经济区的若干意见》。

5月16日，首届海峡论坛在福建厦门会展中心开幕。

5月22日，中共中央政治局召开会议，审议通过《关于实行党政领导干部问责的暂行规定》《中国共产党巡视工作条例（试行）》《国有企业领导人员廉洁从业若干规定》。

5月26日，国务院批准《深圳市综合配套改革总体方案》，深圳将在深化行政管理体制改革，全面深化经济体制改革，积极推进社会领域改革，完善自主创新体制机制，全面创新对外开放和区域合作的体制机制、创新外经贸发展方式，建立资源节约环境友好的体制机制六个方面实现重点突破。

6月10日，国务院召开常务会议，讨论并原则通过《江苏沿海地区发展规划》和《关于进一步繁荣发展少数民族文化事业的若干意见》。

同日，中国证监会公布《关于进一步改革和完善新股发行体制的指导意见》，自6月11日起施行。6月18日，桂林三金药业获得IPO（首次公开发行）批文，成为IPO重启后的第一家企业。

6月11日，中共中央办公厅、国务院办公厅印发《关于深入开展“小金库”治理工作的意见》，决定在全国范围内深入开展“小金库”治理工作。2009年首先在全国党政机关和事业单位开展专项治理，事业单位中要以财政全额拨款事业单位为重点，然后逐步扩展到社会团体、国有及国有控股企业。

6月20日，我国对烟产品消费税政策作出重大调整，除对烟产品生产环节的消费税政策作出较大改变：调整计税价格，提高消费税税率外，卷烟批发环节还加征一道从价税，税率为5%。

6月24日，国务院召开常务会议，决定2009年在全国10%的县（市、区）开展新型农村社会养老保险试点。会议还原则通过《横琴总体发展规划》，决定将横琴岛纳入珠海经济特区范围，对口岸设置和通关制度实行分线管理。

6月25日，国务院新闻办发布《关中—天水经济区发展规划》。

6月27日，十一届全国人大常委会第九次会议通过《中华人民共和国农村土地承包经营纠纷调解仲裁法》，自2010年1月1日起施行。

6月30日，中共中央办公厅、国务院办公厅印发《关于实行党政领导干部问责的暂行规定》。

7月9日，财政部印发《关于推进省直接管理县财政改革的意见》，明确提出省直接管理县财政改革的总体目标。

7月22日，国务院召开常务会议，审议通过《文化产业振兴规划》。这是我国第一部文化产业专项规划，标志着文化产业已经上升为国家的战略性产业。

同日，国务院办公厅公布《医药卫生体制五项重点改革2009年工作安排》，明确要求各地要加快推进基本医疗保障制度建设，在2009年解决607万名破产国有企业退休人员的参保问题。

7月31日，深圳市公布《深圳市人民政府机构改革方案》。根据方案，深圳市政府直属机构除公安局、教育局、民政局、司法局、审计局、口岸办、台办共七个机构暂不作调整外，市政府其他工作部门、直属机构等都纳入调整范围。机构改革调整后，市政府设置31个工作部门暂缓调整，共减少机构15个。

8月1日，全国社会保障基金理事会表示，境内国有股转持工作开展顺利，四川成渝高速公路股份有限公司5000万国有股已顺利划转至全国社保基金名下，意味着首例境内国有股划转社保基金完成。

8月13日，银监会发布《消费金融公司试点管理办法》，启动消费金融公司试点审批工作。消费金融公司的设立，为商业银行无法惠及的个人客户提供了新的可供选择的金融服务。

8月18日，国务院深化医药卫生体制改革领导小组办公室召开电视电话会议，正式启动和部署国家基本药物制度工作，以保障群众基本用药，减轻群众基本用药费用负担。同时发布《关于建立国家基本药物制度的实施意见》《国家基本药物目录管理办法（暂行）》和《国家基本药物目录（基层医疗卫生机构配备使用部分）》（2009 版），这标志着我国建立国家基本药物制度工作正式实施。

8 月 18—19 日，全国新型农村社会养老保险试点工作会议在北京召开，强调 2009 年试点范围为全国 10%的县（市、区、旗），以后逐步扩大试点，到 2020 年前基本实现全覆盖。

8 月 19 日，国务院召开常务会议，研究部署促进中小企业发展的六大措施。

8 月 20 日，中共中央办公厅、国务院办公厅印发《关于开展工程建设领域突出问题专项治理工作的意见》。

8 月 27 日，十一届全国人大常委会第十次会议表决通过《人民武装警察法》《全国人大常委会关于修改部分法律的决定》。会议还通过全国人大常委会关于积极应对气候变化的决议。

8 月 31 日，我国民航主管部门已向两岸 16 家航空公司给予定期客货航线经营许可，两岸航空运输将步入定期化阶段。两岸航空运输每周往返班次数由常态包机阶段的 108 班增至 270 班。

9 月 15—18 日，党的十七届四中全会召开，审议通过《中共中央关于加强和改进新形势下党的建设若干重大问题的决定》。

9 月 16 日，人社部等六部门联合印发《关于进一步规范中央企业负责人薪酬管理的指导意见》。这是首次对所有行业央企发出高管“限薪令”，首次明确规定国企高管基本年薪与上年度企业在岗职工平均工资“相联系”，绩效年薪根据年度经营业绩考核结果确定。

9月17日，中国证监会公布首批参加创业板发行审核的七家企业全部有条件通过，拿到创业板的通行证。

9月22日，国务院发布《关于进一步促进中小企业发展的若干意见》。

9月23日，国务院召开常务会议，通过《促进中部地区崛起规划》。

9月27日，国务院新闻办公室发表《中国的民族政策与各民族共同繁荣发展》白皮书。这是继1999年《中国的少数民族政策及其实践》白皮书、2005年《中国的民族区域自治》白皮书之后，我国政府发布的第三个关于中国民族政策的白皮书。

9月28日，中央政府在香港面向个人和机构投资者发行60亿元人民币国债。

10月1日，《邮政法》《保险法》《全民健身条例》《规划环评条例》等一批重要法律、行政法规正式施行。

10月12日，国务院法制办公布《征信管理条例（征求意见稿）》。

10月30日，创业板首批28家公司上市仪式在深圳举行。这标志着经过十年的酝酿和准备，"中国纳斯达克"正式进入实质交易阶段。

11月25日，国务院召开常务会议，讨论并原则通过《关于加快发展旅游业的意见》。

12月5—7日，中央经济工作会议在北京召开。

12月14日，国务院召开常务会议，研究完善促进房地产市场健康发展的政策措施，全面启动城市和国有工矿棚户区改造工作。针对房地产市场，会议明确提出，加强市场监管，稳定市场预期，遏制部分城市房价过快上涨的势头。

12 月 16 日，国务院法制办召开专家研讨会，听取民法、行政法方面的专家对《城市房屋拆迁管理条例》修改工作的意见。

12 月 20 日，庆祝澳门回归祖国十周年大会暨澳门特别行政区第三届政府就职典礼在澳门东亚运动会体育馆隆重举行。

12 月 22 日，国务院召开常务会议，自 2010 年 1 月 1 日起施行《城镇企业职工基本养老保险关系转移接续暂行办法》，规定包括农民工在内的参加城镇企业职工基本养老保险的所有人员，其基本养老保险关系可在跨省就业时随同转移接续。

同日，十一届全国人大常委会第十二次会议在北京召开，通过《侵权责任法》《海岛保护法》和《全国人大常委会关于修改可再生能源法的决定》。

12 月 27—28 日，中央农村工作会议在北京召开，要求 2010 年要把改善农村民生作为调整国民收入分配格局的重要内容，把扩大农村需求作为拉动内需的关键举措。

2010 年

1 月 1 日，国家新闻出版总署印发《关于进一步推动新闻出版产业发展的指导意见》，首次对于非公有资本如何参与新闻出版产业进行详细表述。

1 月 6 日，国务院公布《关于推进海南国际旅游岛建设发展的若干意见》，标志着海南国际旅游岛建设正式上升为国家战略。

1 月 7 日，国务院法制办公布《政府投资条例（征求意见稿）》。这意味着政府投资管理将步入法制化轨道。

同日，银监会正式批准北京银行、中国银行和成都银行作为主要出资人筹建消费金融公司。

1 月 20 日，国务院召开常务会议，研究部署加强淘汰落后产能工作，对电力、煤炭、焦炭、铁合金、电石、钢铁、有色金属、建材、轻工、纺织等重点行业近期淘汰落后产能提出具体目标任务。

1 月 27 日，国务院办公厅发出《关于成立国家能源委员会的通知》。国家能源委员会由温家宝担任主任，李克强担任副主任，国家能源委员会委员 21 人。这是中国最高规格的能源协调议事机构。

1 月 29 日—2 月 12 日，国务院法制办公布《国有土地上房屋征收与补偿条例（征求意见稿）》。

1 月 31 日，中共中央、国务院印发《关于加大统筹城乡发展力度，进一步夯实农业农村发展基础的若干意见》，推出一系列强农惠农新政策，强力推动资源要素向农村配置。

2 月 2 日，国务院召开常务会议，讨论并原则通过《关于公立医院改革试点的指导意见》，决定按照先行试点、逐步推开的原则，由各省（区、市）分别选择 1 ~ 2 个城市或城区开展公立医院改革试点。23 日，卫生部、国家发改委等五部门联合发布《关于公立医院改革试点的指导意见》，标志着我国公立医院改革正式启动。

2 月 9 日，国务院设立食品安全委员会，作为国务院食品安全工作的高层次议事协调机构，督促落实食品安全监管责任。

同日，国务院食品安全委员会召开第一次全体会议。

2 月 10 日，商务部、中宣部、财政部、文化部、人民银行、海关总署、税务总局、广电总局、新闻出版总署、外汇局十部门联合印发《关于进一步推进国家文化出口重点企业和重点项目相关工作的指导意见》，明确《文化产品和服务出口指导目录》和《国家文化出口重点企业和重点项目目录》的制定和调整程序，并从加大资金支持力度、实行税收优惠政策、提供金融支持、提高出口便利化水平等方面提出保障措施。

2 月 23 日，卫生部、国家发改委等五部门联合发布《关于公立医院改革试点的指导意见》。

同日，监察部、国家预防腐败局联合印发《国家预防腐败局 2010 年工作要点》。

3 月 5—14 日，十一届全国人大三次会议召开，通过《关于修改〈中华人民共和国全国人民代表大会和地方各级人民代表大会选举法〉的决定》。由此，全国实行城乡按相同人口比例选举人大代表。

3 月 23 日，国务院召开第三次廉政工作会议，要求 2010 年中央部门公用经费统一压缩 5%。

3 月 26 日，中宣部等九部门联合发布《关于金融支持文化产业振兴和发展繁荣的指导意见》，提出金融支持文化产业振兴和发展的具体措施。

3 月 31 日，中共中央办公厅印发《党政领导干部选拔任用工作责任追究办法（试行）》，中组部制定《党政领导干部选拔任用工作有关事项报告办法（试行）》《地方党委常委会向全委会报告干部选拔任用工作并接受民主评议办法（试行）》《市县党委书记履行干部选拔任用工作职责离任检查办法（试行）》。三个试行办法与《责任追究办法》配套衔接，共同构成事前要报告、事后要评议、离任要检查、违规失责要追究的干部选拔任用监督体系。

4 月 1 日，中共中央、国务院印发《国家中长期人才发展规划纲要（2010—2020 年）》。

4 月 6 日，中共中央办公厅转发《中央组织部、中央宣传部关于在党的基层组织和党员中深入开展创先争优活动的意见》，对开展创先争优活动作出部署。

同日，全党深入学习实践科学发展观活动总结大会召开，全面总结学习实践科学发展观活动的特点和成果，深刻阐述学习实践活动的经验和启示，对以改革创新精神加强党的建设提出明确要求。

4 月 27 日，胡锦涛在全国劳动模范和先进工作者表彰大会上强调，要切实发展和谐劳动关系，建立健全劳动关系协调机制，完善劳动保护机制，让广大劳动群众实现体面劳动。

5 月 17—19 日，中共中央、国务院在北京召开新疆工作座谈会，全面总结新中国成立以来特别是改革开放以来新疆发展和稳定工作取得的成绩和经验，深刻分析新疆工作面临的形势和任务，对推进新疆跨越式发展和长治久安作出战略部署。

5 月 24 日，国务院批准实施《长江三角洲地区区域规划》。

5 月 31 日，国务院批转国家发改委《关于 2010 年深化经济体制改革重点工作意见的通知》。通知确立 2010 年十项重点改革任务。其中指出，深化财税体制改革，逐步推进房产税改革，并在全国逐步实行居住证制度，这是首次在国务院文件中提出在全国范围内实行居住证制度。

6 月 2 日，国务院作出批复，同意将深圳经济特区范围扩大到深圳全市，将宝安、龙岗两区纳入特区范围，特区外扩自 7 月 1 日起正式实施。这意味着中国最早设立的经济特区从原有的 396 平方公里扩大到 1953 平方公里。特区范围扩大后，现有的特区管理线暂时保留，不再新设。

6 月 18 日，继上海浦东新区、天津滨海新区之后，我国第三个国家级新区、内陆唯一国家级新区重庆“两江新区”挂牌成立。

6月21日，中共中央政治局召开会议，审议通过《国家中长期教育改革和发展规划纲要（2010—2020年）》。7月8日，中共中央、国务院印发《国家中长期教育改革和发展规划纲要（2010—2020年）》。

同日，中国人民银行会同中国银监会、中国证监会、中国保监会出台《关于进一步做好中小企业金融服务工作的若干意见》。

6月22—25日，十一届全国人大常委会第十五次会议召开，通过《中华人民共和国石油天然气管道保护法》，以及全国人大常委会关于修改《中华人民共和国行政监察法》的决定。

6月25日，香港特别行政区立法会通过《关于2012年香港特区立法会产生办法》的修订议案。

6月29日，海峡两岸关系协会会长陈云林与台湾海峡交流基金会董事长江丙坤在重庆举行两会恢复协商以来的第五次领导人会谈。双方商谈并确认两岸经济合作框架协议、两岸知识产权保护合作协议。

7月5—6日，中共中央、国务院在北京召开西部大开发工作会议。

7月8日，国务院新闻办在北京召开西部大开发十周年新闻发布会，宣布西部大开发战略实施十年来已经取得显著成效，西部地区的经济增长速度一改滞后的局面，年均增长速度达到11.9%，主要宏观经济指标十年间都翻了一番以上。

同日，国务院公布《自然灾害救助条例》，自9月1日起施行。

7月11日，中共中央办公厅、国务院办公厅印发《关于领导干部报告个人有关事项的规定》。

7月13—14日，全国教育工作会议召开。

7月13日，国家发改委公布《关于市场价格异常波动时期价格违法行为处罚的特别规定（征求意见稿）》。

7月15日，中共中央办公厅、国务院办公厅印发《关于进一步推进国有企业贯彻落实“三重一大”决策制度的意见》，规定按照中央关于凡属重大决策、重要人事任免、重大项目安排和大额度资金运作事项必须由领导班子集体作出决定的要求执行。

7月22日，中共中央政治局召开会议，决定2010年10月在北京召开党的十七届中央委员会第五次全体会议。

8月3日，国资委发布《国资委2009年回顾》。这是国资委首次对外公开发布年度回顾，重点向社会披露中央企业履行社会责任的情况。

8月20日，中共中央政治局召开会议，审议通过《关于党的基层组织实行党务公开的意见》。

8月31日，我国首家以应对气候变化、增加森林碳汇、帮助企业志愿减排为主题的全国性公募基金会——中国绿色碳汇基金会在北京成立。

9月6日，深圳经济特区建立30周年庆祝大会在深圳隆重举行。

9月8日，国务院召开常务会议，审议通过《关于加快培育和发展战略性新兴产业的决定》，确定选择节能环保、新一代信息技术、生物、高端装备制造、新能源、新材料和新能源汽车七个产业，在重点领域集中力量，加快推进。

9月28日，中共中央政治局召开会议，讨论党的十七届四中全会以来中央政治局的工作，研究制定国民经济和社会发展第十二个五年规划的建议等问题。

10 月 10 日，国务院作出《关于加快培育和发展战略性新兴产业的决定》，强调用 20 年时间，使节能环保、新一代信息技术等战略性新兴产业整体创新能力和产业发展水平达到世界先进水平。

10 月 15—18 日，党的十七届五中全会召开，审议通过《中共中央关于制定国民经济和社会发展第十二个五年规划的建议》。

10 月 25 日，全国人大常委会审议《村民委员会组织法（修订草案）》，修订草案提高了村民代表在村民代表会议中的比例。

10 月 25—28 日，十一届全国人大常委会第十七次会议通过《中华人民共和国社会保险法》。

11 月 9 日，中共中央办公厅、国务院办公厅印发《关于加强和改进城市社区居民委员会建设工作的意见》，要求加快社区居委会组织的全覆盖，尤其是加快城乡接合部、城中村、工矿企业所在地、新建住宅区、流动人口聚居地的社区居委会组建工作。

11 月 18 日，中央纪委、中组部印发《关于开展县委权力公开透明运行试点工作的意见》。

12 月 1 日，国家发改委正式批复设立“山西省国家资源性经济转型综合配套改革试验区”。这是我国设立的第九个综合配套改革试验区，也是我国第一个全省域、全方位、系统性的国家级综合配套改革试验区。

12 月 10—12 日，中央经济工作会议召开，提出加大改革攻坚力度，推动经济发展方式转变；坚持互利共赢的开放战略，拓展国际经济合作空间。

12 月 14 日，国务院办公厅印发通知，对中央预算单位 2011 年至 2012 年政府集中采购目录及标准进行明确。强调 200 万元以上的政府采购工程项目应采用公开招标方式。

12月16日，国土资源部、监察部、人社部联合通报2009年度全国土地卫片执法检查情况。三部门全国土地管理“问责”正式启动。

12月21日，国务院印发《全国主体功能区规划》。这是新中国成立以来第一个全国性国土空间开发规划。

12月21—22日，中央农村工作会议在北京召开。

12月29日，国务院新闻办公室发表《中国的反腐败和廉政建设》白皮书。

12月21日，中共中央、国务院印发《关于加快水利改革发展的决定》。

2011年

1月4日，国家发改委发布《反价格垄断规定》和《反价格垄断行政执法程序规定》，对价格垄断协议、滥用市场支配地位和滥用行政权力等价格垄断行为的表现形式、法律责任作出具体规定。对涉嫌价格垄断行为，任何单位和个人有权向政府价格主管部门举报。两项规定自2月1日起施行。

同日，国务院批复《山东半岛蓝色经济区发展规划》。这是我国第一个以海洋经济为主题的区域发展战略。

同日，国务院召开常务会议，决定2011年4月底前，将国有企业有伤残等级的老工伤人员和工亡职工供养亲属纳入工伤保险统筹管理。

1月17日，国务院公布《国家赔偿费用管理条例》。

1月21日，国务院公布《国有土地上房屋征收与补偿条例》。

1 月 26 日，国务院召开常务会议，研究部署进一步做好房地产市场调控工作，同意在上海和重庆试点征收房产税。

2 月 10 日，文化部、财政部印发《关于推进全国美术馆公共图书馆文化馆（站）免费开放工作的意见》。

2 月 12 日，国务院办公厅发出《关于建立外国投资者并购境内企业安全审查制度的通知》。

2 月 19—23 日，中共中央在中央党校举行省部级主要领导干部社会管理及其创新专题研讨班。

2 月 23—25 日，十一届全国人大常委会第十九次会议召开，通过《中华人民共和国刑法修正案（八）》《中华人民共和国非物质文化遗产法》《中华人民共和国车船税法》。

2 月 24 日，交通运输部确定选择天津、重庆、深圳、厦门、杭州、南昌、贵阳、保定、武汉、无锡十个城市开展低碳交通运输体系建设试点工作。

2 月 26 日，国务院办公厅发出《关于积极稳妥推进户籍管理制度改革的通知》，指出要落实放宽中小城市和小城镇落户条件的政策，引导非农产业和农村人口有序向中小城市和建制镇转移，逐步实现城乡基本公共服务均等化。

3 月 5 日，国务院公布《土地复垦条例》。

3 月 6 日，广东省政府与澳门特别行政区政府在北京人民大会堂签署《粤澳合作框架协议》，标志着粤澳合作迈向新的里程。

3 月 7 日，国务院公布《公路安全保护条例》，自 7 月 1 日起施行。

3 月 14 日，十一届全国人大四次会议审查批准《中华人民共和国国民经济和社会发展第十二个五年规划纲要（草案）》，同意全国人大财政经济委员会的审查结果报告。

同日，银监会、中国人民银行、国家发改委联合发文，要求银行业金融机构自7月1日起免除人民币个人账户的11类34项服务收费。

3月14日，十一届全国人大四次会议批准的全国人大常委会工作报告宣布：以宪法为统帅，以宪法相关法、民法商法等多个法律部门的法律为主干，由法律、行政法规、地方性法规等多个层次的法律规范构成的中国特色社会主义法律体系已经形成。

3月18日，国家外汇管理局发出《关于进一步加强外汇业务管理有关问题的通知》。

3月19日，国务院公布新修订的《出版管理条例》和《音像制品管理条例》。

3月23日，中共中央、国务院印发《关于分类推进事业单位改革的指导意见》，对事业单位改革作出全面部署。

4月13日，金砖国家领导人第三次会晤在三亚举行，中国国家主席胡锦涛、巴西总统罗塞夫、俄罗斯总统梅德韦杰夫、印度总理辛格、南非总统祖马出席，并发表《三亚宣言》。

4月14—16日，博鳌亚洲论坛2011年年会在博鳌举行。

4月15日，经国务院、中央军委批准，国家发改委、财政部、解放军总装备部联合颁发《关于进一步推进军品价格工作改革的指导意见》。

4月16日，国务院公布《个体工商户条例》，自11月1日起施行。

4月17日，国务院印发《关于加快推进现代农作物种业发展的意见》，明确种业的地位、种业的分工和种业发展的主体，要求提升现代种业的竞争力。

4 月 20—22 日，十一届全国人大常委会第二十次会议召开，通过关于修改《中华人民共和国煤炭法》、关于修改《中华人民共和国建筑法》和关于修改《中华人民共和国道路交通安全法》的决定。会议还通过《全国人大常委会关于进一步加强法制宣传教育的决议》。

4 月 26 日，中共中央政治局召开会议，研究当前扶贫开发工作面临的形势和任务，审议《中国农村扶贫开发纲要（2011—2020 年）》。

4 月 28 日，国家统计局公布第六次全国人口普查主要数据，全国总人口为 1370536875 人，其中普查登记的大陆 31 个省、自治区、直辖市和现役军人的人口共 1339724852 人。

5 月 6 日，国务院印发《关于支持云南省加快建设面向西南开放重要桥头堡的意见》。

5 月 10 日，国务院批复《天津北方国际航运中心核心功能区建设方案》，明确提出天津建成北方国际航运中心的指导思想、工作目标和主要工作。

5 月 30 日，国务院下发《关于加强国有土地资产管理的通知》，提出具体措施：严格控制建设用地供应总量；严格实行国有土地有偿使用制度；大力推行国有土地使用权招标、拍卖；加强土地使用权转让管理；加强地价管理；规范土地审批的行政行为。

同日，中共中央政治局召开会议，研究加强和创新社会管理问题。7 月 5 日，中共中央、国务院印发《关于加强和创新社会管理的意见》。

5 月 31 日，国务院召开常务会议，决定启动城镇居民社会养老保险试点，研究部署加强地质灾害防治工作。

6月1日，国务院公布《关于促进牧区又好又快发展的若干意见》，提出我国将树立生产生态有机结合、生态优先的基本方针，采取更加有力的政策措施，支持牧区经济社会又好又快发展。

6月8日，中共中央办公厅、国务院办公厅印发《关于深化政务公开加强政务服务的意见》，强调坚持保障人民群众的知情权和监督权，加大推进政务公开力度，把公开透明的要求贯穿于政务服务各个环节。

6月15日，国务院召开常务会议，通过《中国妇女发展纲要（2011—2020年）》和《中国儿童发展纲要（2011—2020年）》。

6月23日，中国人民银行与俄罗斯联邦中央银行签订新的双边本币结算协定。协定签订后，中俄本币结算从边境贸易扩大到一般贸易，并扩大地域范围。协定规定两国经济活动主体可自行决定用自由兑换货币、人民币和卢布进行商品和服务的结算与支付。

6月27—30日，十一届全国人大常委会第二十一次会议召开，通过《全国人大常委会关于修改个人所得税法的决定》，将工薪所得减除费用标准由2000元提高至3500元，将工薪所得税率结构由9级超额累进税率修改为7级，并将第一级税率由5%降至3%。会议还通过《中华人民共和国行政强制法》。

6月30日，国务院批准设立浙江舟山群岛新区，成为我国继上海浦东、天津滨海和重庆两江后又一个国家级新区，也是首个以海洋经济为主题的国家战略层面新区。

7月1日，庆祝中国共产党成立90周年大会召开。

同日，国务院发布《关于进一步加大财政教育投入的意见》。

7月6日，全国教育投入和管理工作电视电话会议召开。

7月8—9日，中央水利工作会议在北京召开，强调加快水利改革发展的主要目标是：力争通过五年到十年的努力，从根本上扭转水利建设明显滞后局面。到2020年，基本建成防洪抗旱减灾体系、水资源合理配置和高效利用体系、水资源保护和河湖健康保障体系、有利于水利科学发展的体制机制和制度体系。

7月10日，外经贸部发布《关于进出口经营资格管理的有关规定》，将进出口经营资格审批制度改为实行登记和核准制，对企业的进出口经营资格，按登记或核准的经营范围实行分类管理。

7月19日，国务院公布新修订的《中华人民共和国个人所得税法实施条例》，自9月1日起施行。

8月24—26日，十一届全国人大常委会第二十二次会议召开，通过全国人大常委会关于《中华人民共和国香港特别行政区基本法》第十三条第一款和第十九条的解释，通过全国人大常委会关于批准《东南亚友好合作条约第三修改议定书》的决定。

8月26日，全国人大常委会农村土地承包法执法检查组第一次全体会议在北京召开，正式启动农村土地承包法执法检查。

8月31日，国务院公布新修订的《公安机关督察条例》，自10月1日起施行。

9月6日，国务院新闻办公室发表《中国的和平发展》白皮书，全面阐释中国和平发展道路的开辟、中国和平发展的总体目标、中国和平发展的对外方针政策、中国和平发展是历史的必然选择以及中国和平发展的世界意义等内容。

9月6—7日，首届亚太经合组织林业部长级会议在北京举行。胡锦涛出席开幕式并发表题为《加强区域合作实现绿色增长》的致辞。

9月17日，国务院印发《中国老龄事业发展“十二五”规划》。

9月22日，工信部对外发布《“十二五”中小企业成长规划》，这是我国首次发布关于中小企业发展的国家级专项规划。

9月25日，文化部、人社部和中华全国总工会印发《关于进一步加强农民工文化工作的意见》，明确规定到2015年，我国将形成相对完善的“政府主导、企业共建、社会参与”的农民工文化工作机制，建立相对稳定的农民工文化经费保障机制，农民工文化服务将切实纳入公共文化服务体系。这是我国首次对农民工文化建设进行全面部署。

9月27日，国务院召开全国节能减排工作电视电话会议，全面动员和部署“十二五”节能减排工作。

10月7日，国务院印发《关于支持河南省加快建设中原经济区的指导意见》。

10月12日，国务院召开常务会议，研究确定支持小型和微型企业发展的金融、财税政策措施。

10月13日，国家食品安全风险评估中心在北京挂牌成立，作为国家级专业技术机构，承担国家食品安全风险评估、监测、预警、交流和食品安全标准等技术支持工作，填补了我国食品安全风险评估领域长期以来缺乏专业技术机构的空白。

10月14日，第110届中国进出口商品交易会（广交会）开幕式暨中国加入世界贸易组织10周年论坛在广州隆重举行。

10月15—18日，党的十七届六中全会召开，审议通过《中共中央关于深化文化体制改革推动社会主义文化大发展大繁荣若干重大问题的决定》《关于深化文化体制改革推动社会主义文化大发展大繁荣若干重大问题的决定》。

10月24—29日，十一届全国人大常委会第二十三次会议召开，通过全国人大常委会关于修改《中华人民共和国兵役法》的决定、关于修改《中华人民共和国居民身份证法》的决定，以及关于加强反恐怖工作有关问题的决定。

10月27日，国务院新闻办公室发表《中国特色社会主义法律体系》白皮书。

11月15日，人社部公布《社会保险费申报缴纳管理规定（草案）》，向社会公开征求意见。

11月16日，国务院召开常务会议，决定建立青海三江源国家生态保护综合试验区，批准实施《青海三江源国家生态保护综合试验区总体方案》。

同日，国务院新闻办发表《中国农村扶贫开发的新进展》白皮书，全面介绍近十年来中国农村扶贫开发取得的进展。

11月22日，国务院新闻办公室发表《中国应对气候变化的政策与行动（2011）》白皮书。

11月28日，中国外商投资企业协会第五次会员代表大会在北京召开。

11月29日，中央扶贫开发工作会议在北京召开，宣布中央决定将农民人均纯收入2300元（2010年不变价）作为新的国家扶贫标准，这一标准比2009年1196元的标准提高了92%，对应的扶贫对象规模到2011年底约为1.28亿人，占农村户籍人口比例约为13.4%。

12月1日，中共中央、国务院印发《中国农村扶贫开发纲要（2011—2020年）》。

12月5日，国务院公布《中华人民共和国船舶吨税暂行条例》，自 2012 年 1 月 1 日起施行。

12 月 7 日，国务院新闻办公室发表《中国的对外贸易》白皮书，对我国对外贸易情况进行系统介绍。

12 月 8 日，财政部发出通知，决定在中央预算单位全面实施公务卡强制结算目录。到 2012 年底前，所有基层预算单位要全部实行公务卡支付制度。

12 月 9 日，中共中央政治局召开会议，分析研究 2012 年经济工作。

12 月 12—14 日，中央经济工作会议在北京召开。

12 月 12 日，工信部与云南省政府在北京共同签署《加快建设我国面向西南开放重要桥头堡战略合作协议》。

12 月 20 日，国务院发布《关于印发国家环境保护“十二五”规划的通知》，提出切实解决的突出环境问题。

同日，国务院公布《中华人民共和国招标投标法实施条例》《放射性废物安全管理条例》，两个条例分别自 2012 年 2 月 1 日和 2012 年 3 月 1 日起施行。

12 月 26 日，国务院在北京人民大会堂隆重举行全国粮食生产表彰奖励大会。2011 年，我国粮食总产量达到 11424 亿斤，实现了历史罕见的“八连增”。

12 月 27—31 日，十一届全国人大常委会第二十四次会议在北京召开。会议通过全国人大常委会关于修改《中华人民共和国职业病防治法》的决定。

12 月 27 日，国家发改委召开新闻发布会，宣布自 12 月 26 日起，在广东省、广西壮族自治区开展天然气价格形成机制改革试点。

2012 年

1 月 5 日，文化部发布《文化市场综合行政执法管理办法》，是我国第一部专门针对文化市场综合行政执法工作进行管理和规范的部门规章。

同日，商务部发布《未依法申报经营者集中调查处理暂行办法》。

同日，中国人民银行发布《支付机构互联网支付业务管理办法（征求意见稿）》。

1 月 6—7 日，全国金融工作会议召开，强调坚持金融服务实体经济的本质要求，坚持市场配置金融资源的改革导向，坚持创新与监管相协调的发展理念，坚持把防范化解风险作为金融工作生命线，坚持自主渐进安全共赢的开放方针。

1 月 9 日，国务院西部地区开发领导小组会议和国务院振兴东北地区等老工业基地领导小组会议召开。

1 月 12 日，国务院印发《关于实行最严格水资源管理制度的意见》。

1 月 16 日，温家宝出席第五届世界未来能源峰会并发表重要演讲，阐述中国未来能源发展战略，并提出切实可行的建议。

1 月 17 日，国家统计局数据显示，截至 2011 年底，中国大陆城镇人口为 69079 万，农村人口为 65656 万。城镇人口占总人口比重达到 51.27%，首次超过农村。

1 月 18 日，国务院印发《工业转型升级规划（2011—2015 年）》，这是改革开放以来第一个把整个工业作为规划对象并且由国务院发布实施的中长期规划。

2 月 1 日，中共中央、国务院印发《关于加快推进农业科技创新持续增强农产品供给保障能力的若干意见》。

2月6日，保障性住房公平分配工作座谈会在北京召开。

2月7日，国家发改委会同中宣部、财政部、环保部、教育部等部门联合发布《“十二五”节能减排全民行动实施方案》。

2月8日，人社部、国家发改委、教育部、工信部、财政部、农业部、商务部印发《促进就业规划（2011—2015年）》。

2月15日，国务院召开常务会议，研究部署2012年深化经济体制改革重点工作。

同日，中共中央办公厅、国务院办公厅印发《国家“十二五”时期文化改革发展规划纲要》，指出经营性文化事业单位2015年前全部完成转企改制。

2月16日，人民银行、国家发改委、旅游局、中国银监会、中国证监会、中国保监会、外汇局七部委联合发布《关于金融支持旅游业加快发展的若干意见》，以加强和改进旅游业金融服务，支持和促进旅游业加快发展。

2月20日，国务院正式批复《西部大开发“十二五”规划》。

2月22日，国务院召开常务会议，研究部署“十二五”期间深化医药卫生体制改革工作。

2月24日，国家科技教育领导小组会议召开，讨论深化科技体制改革问题。

2月29日，国务院召开常务会议，同意发布新修订的《环境空气质量标准》，部署加强大气污染综合防治重点工作。

3月1日，国务院公布《海洋观测预报管理条例》，自6月1日起施行。

3月5日，十一届全国人大五次会议在北京人民大会堂开幕，通过关于修改《中华人民共和国刑事诉讼法》的决定和其他法律文件。会议通过刑事诉讼法修正案，写入尊重和保障人权等内容，同时完善了询问犯罪嫌疑人、被告人的规定，强化对侦查活动的监督。

3月8日，中共中央办公厅印发《关于加强和改进非公有制企业党的建设工作的意见（试行）》《关于在推进事业单位改革中加强和改进党的建设工作的意见》。

3月14日，财政部、工信部、海关总署、国家税务总局联合发布通知，明确自4月1日起，对重大技术装备进口税收政策有关装备和产品目录、进口关键零部件和原材料目录、进口不予免税的设备和产品目录等进行调整。

同日，国务院印发《“十二五”期间深化医药卫生体制改革规划暨实施方案》。

3月16日，国务院召开常务会议，确定《政府工作报告》重点工作部门分工。

3月21日，国务院召开常务会议，通过《“十二五”综合交通运输体系规划》和《全国农村饮水安全工程“十二五”规划》。

3月22日，财政部表示，自2012年4月1日起，我国将对液晶显示板等四个税目商品进口关税暂定税率进行调整。

3月28日，国务院召开常务会议，审议通过《校车安全管理条例（草案）》，自4月5日起施行。会议还批准实施《浙江省温州市金融综合改革试验区总体方案》，决定设立温州市金融综合改革试验区。

3月29日，首届中国国际进口产品博览会在昆山开幕，来自美国、加拿大、日本、德国等46个国家和地区的600余家企业参展，其中21家世界500强企业带来一流的技术和产品。

3月30日，国务院发布《关于修改〈机动车交通事故责任强制保险条例〉的决定》。

4月12日，中国人民银行发布公告，决定扩大外汇市场人民币兑美元汇率浮动幅度。自4月16日起，银行间即期外汇市场人民币兑美元交易价浮动幅度由千分之五扩大至百分之一。

4月15日，第111届中国进出口商品交易会（广交会）在广州琶洲展馆开幕。本届广交会展览总面积116万平方米，展位总数59434个，境内外参展企业共24644家，创历史新高。

4月16日，中共中央、国务院发布《关于分类推进事业单位改革的指导意见》，明确提出到2020年，建立起功能明确、治理完善、运行高效、监管有力的管理体制和运行机制，形成基本服务优先、供给水平适度、布局结构合理、服务公平公正的中国特色公益服务体系。

4月18日，国务院召开常务会议，研究部署2012年政府信息公开重点工作，通过《节能与新能源汽车产业发展规划（2012—2020年）》《女职工劳动保护特别规定（草案）》。

4月19日，国务院印发《关于进一步支持小型微型企业健康发展的意见》。

4月24—27日，十一届全国人大常委会第二十六次会议召开通过《中华人民共和国军人保险法》。

4月28日，国务院公布《女职工劳动保护特别规定》。

5月2日，国务院召开常务会议，通过《社会保障“十二五”规划纲要》《国家中长期动物疫病防治规划（2012—2020年）》

5月8日，财政部发布《边境地区转移支付资金管理办法》。

5 月 9 日，国务院召开常务会议，研究部署推进信息化发展、保障信息安全工作，通过《关于大力推进信息化发展和切实保障信息安全的若干意见》。

5 月 11 日，中国·天津第十九届投资贸易洽谈会暨第八届 PECC国际贸易投资博览会开幕，共吸引来自 26 个国家和地区、国内 18 个省区市的 60 多个团组、8500 多家企业参展，到会客商达 5.5 万人。

5 月 14 日，国家发改委宣布，有关部门目前正严格按照新的《缓解生猪市场价格周期性波动调控预案》，组织开展冻猪肉收储工作，防止生猪价格过度下跌，维护养殖户利益。

5 月 15 日，卫生部、国家发改委、财政部联合下发《关于推进新型农村合作医疗支付方式改革工作的指导意见》，要求各地积极探索实行按病种付费、按床日付费、按人头付费、总额预付等付费方式，逐步建立有利于合理控制医疗费用、提高参合人员受益水平、确保基金安全高效运行的新农合费用支付制度。

5 月 19 日，铁道部发布《关于鼓励和引导民间资本投资铁路的实施意见》，明确提出鼓励和引导民间资本依法合规进入铁路领域。

5 月 23 日，纪念毛泽东《在延安文艺座谈会上的讲话》发表 70 周年座谈会召开。

5 月 30 日，中国石油天然气集团公司与全国社会保障基金理事会、城市基础设施产业投资基金和宝钢集团有限公司等签署西气东输三线工程项目投资人合作框架协议，开创全民资本投资于大型央企国家重点项目的新模式。

6 月 4 日，国务院公布《对外劳务合作管理条例》，自 8 月 1 日起施行。

6月20日，国务院新闻办公室发表《中国的稀土状况与政策》白皮书。

6月21日，民政部发布《关于国务院批准设立地级三沙市的公告》，撤销海南省西沙群岛、南沙群岛、中沙群岛办事处，设立地级三沙市，管辖西沙群岛，中沙群岛，南沙群岛的岛礁及其海域。三沙市人民政府驻西沙永兴岛。7月24日，三沙市成立大会暨揭牌仪式举行。

6月26—30日，十一届全国人大常委会第二十七次会议召开，通过《中华人民共和国出境入境管理法》、全国人大常委会关于修改《中国人民解放军选举全国人民代表大会和县级以上地方各级人民代表大会代表的办法》的决定。

6月28日，国务院公布《无障碍环境建设条例》，自8月1日起施行。

6月29日，商务部与香港特别行政区财政司签署《〈内地与香港关于建立更紧密经贸关系的安排〉补充协议九》。

7月2日，中共中央、国务院印发《关于深化科技体制改革加快国家创新体系建设的意见》。

7月3日，国务院公布《关于加强食品安全工作的决定》，提出了我国食品安全的阶段性目标。

同日，国务院作出《关于支持深圳前海深港现代服务业合作区开发开放有关政策的批复》，明确指出支持深圳前海实行比经济特区更加特殊的先行先试政策，涉及金融、财税、法制、人才、教育、医疗以及电信六方面内容。

7月6日，银监会就《农户贷款管理办法（征求意见稿）》公开征求意见。

7 月 6—7 日，全国科技创新大会在北京召开。

7 月 13—14 日，第七次全国信访工作会议在北京召开。

7 月 19 日，国务院印发《国家基本公共服务体系“十二五”规划》。

7 月 25 日，国务院召开常务会议，研究部署进一步实施促进中部地区崛起战略，并通过《关于大力实施促进中部地区崛起战略的若干意见》。

同日，中国人民银行、国家发改委等八个部门联合印发《广东省建设珠三角金融改革创新综合实验区总体方案》。

7 月 31 日，中共中央政治局召开会议，分析研究上半年经济形势和下半年经济工作。

8 月 3 日，中国证监会宣布，扩大非上市股份公司股份转让（俗称“新三板”）试点。除北京中关村科技园区外，首批扩大试点新增上海张江高新技术产业开发区、武汉东湖新技术产业开发区、天津滨海高新区。

同日，国务院发布《关于深化流通体制改革加快流通产业发展的意见》，要求在一定期限内免征农产品批发市场、农贸市场城镇土地使用税和房产税；将免征蔬菜流通环节增值税政策扩大到有条件的鲜活农产品。

同日，中国证监会宣布，扩大非上市股份公司股份转让（俗称“新三板”）试点。除北京中关村科技园区外，首批扩大试点新增上海张江高新技术产业开发区、武汉东湖新技术产业开发区、天津滨海高新区。

8 月 7 日，国务院印发《关于山西省国家资源型经济转型综合配套改革试验总体方案的批复》。

8月17日，中组部等11个部门联合发出通知，启动国家高层次人才特殊支持计划（简称“国家特支计划”或“万人计划”）。

8月20日，国务院印发《关于加强教师队伍建设的意见》。

8月21日，国家统计局发布《对外开放实现跨越式发展》报告。报告数据显示，2011年，我国货物进出口总额36421亿美元，比2002年增长4.9倍。

8月22日，国务院召开常务会议，决定取消和调整314项部门行政审批项目，批准广东省在行政审批制度改革方面先行先试。

8月28日，国务院印发《关于同意设立兰州新区的批复》。

8月30日，国务院办公厅转发《关于做好进城务工人员随迁子女接受义务教育后在当地参加升学考试工作的意见》。

9月1日，国务院印发《关于进一步加强和改进最低生活保障工作的意见》《关于促进企业技术改造的指导意见》。

9月6日，财政部公布关于2012年第五次地方政府债券代理发行计划。

9月8日，胡锦涛出席亚太经合组织工商领导人峰会，并发表题为《深化互联互通实现持续发展》的主旨演讲。9日，亚太经济合作组织第二十次领导人非正式会议第二阶段会议举行，胡锦涛出席，就加强粮食安全和创新增长合作议题发表讲话。

9月10日，国务院发布《关于促进企业技术改造的指导意见》。

9月11—13日，世界经济论坛2012年新领军者年会（夏季达沃斯论坛）在天津举行。

9月12日，国务院召开常务会议，研究确定促进外贸稳定增长的政策措施。

9月13日，国务院批复《山西省国家资源型经济转型综合配套改革试验总体方案》。

9月16日，中国加工贸易产品博览会在广东省东莞市开幕，这是我国当时唯一直接服务于加工贸易转型升级的国家级博览会。

9月17日，国务院批准由中国人民银行、中国银监会、中国证监会、中国保监会、国家外汇管理局共同编制的《金融业发展和改革“十二五”规划》，从完善金融调控、优化组织体系、建设金融市场、深化金融改革、扩大对外开放、维护金融稳定、加强基础设施七个方面，明确“十二五”时期金融业发展和改革的重点任务。

9月19日，国务院召开常务会议，听取退耕还林工作汇报，通过《京津风沙源治理二期工程规划（2013—2022年）》，决定设立“全国低碳日”。

9月20日，财政部、国家发改委联合发布《关于取消和免收进出口环节有关行政事业性收费的通知》，明确自2012年10月1日起，取消海关监管手续费。

9月24日，通过追加补助资金，2012年中央财政共安排免费教科书资金134.4亿元，全国约1.3亿名农村义务教育阶段学生可免费获得国家规定课程教科书。

9月26日，国务院召开常务会议，研究加快发展服务业，审议通过《国内水路运输管理条例（草案）》。

10月10日，国务院召开常务会议，决定扩大中等职业教育免学费范围、完善国家助学金制度，研究部署在城市优先发展公共交通，审议通过《缺陷汽车产品召回管理条例（草案）》。

10月12日，国务院发布《节能减排“十二五”规划》，首次对减排任务较重的重点工业行业、城镇居民生活污染、农业污染源等提出具体目标要求。

10月13日，国务院公布《国内水路运输管理条例》，自2013年1月1日起施行。

10月23—26日，十一届全国人大常委会第二十九次会议召开，通过《中华人民共和国精神卫生法》，全国人大常委会关于修改《中华人民共和国监狱法》的决定、关于修改《中华人民共和国律师法》的决定、关于修改《中华人民共和国未成年人保护法》的决定、关于修改《中华人民共和国预防未成年人犯罪法》的决定、关于修改《中华人民共和国治安管理处罚法》的决定、关于修改《中华人民共和国国家赔偿法》的决定、关于修改《中华人民共和国人民警察法》的决定、关于修改《中华人民共和国邮政法》的决定。

10月24日，国务院召开常务会议，通过《能源发展“十二五”规划》《核电安全规划（2011—2020年）》和《核电中长期发展规划（2011—2020年）》。

同日，国务院新闻办公室发表《中国的能源政策》白皮书。

10月25日，人社部公布：截至9月底，全国所有县级行政区全部开展新型农村和城镇居民社会养老保险工作，城乡居民参保总人数4.49亿，1.24亿城乡老年居民按月领取养老金。这标志着我国已基本实现新型农村和城镇居民社会养老保险制度全覆盖，加上企业职工养老保险，覆盖我国城乡居民的社会养老保障体系基本建立。

10月27日，国务院印发《关于促进海关特殊监管区域科学发展的指导意见》。

10月31日，国家高技术研究发展计划（“863”计划）重大项目中国实验快堆工程通过科技部组织的专家验收。

第五章
党的十八大：新时代全面深化改革（2012 年 11 月迄今）

▼

党的十八大以来，以习近平同志为核心的党中央立足中国特色社会主义新时代，统筹推进“五位一体”总体布局、协调推进“四个全面”战略布局，明确全面深化改革的总目标是完善和发展中国特色社会主义制度、推进国家治理体系和治理能力现代化；明确全面推进依法治国总目标是建设中国特色社会主义法治体系、建设社会主义法治国家，把握新发展阶段，贯彻创新、协调、绿色、开放、共享的新发展理念，统筹发展和安全，推动高质量发展，提出加快构建以国内大循环为主体、国内国际双循环相互促进的新发展格局；改革开放取得举世瞩目的成就，为全社会统一思想、切实增强“四个自信”、坚定走改革与发展之路、实现中华民族伟大复兴提供了强大的理论支持、战略方向以及制度保证和物质基础。

第一节　改革开放进入新时代

党的十八大以来，以习近平同志为核心的党中央带领全国各族人民实现了第一个百年奋斗目标，擘画了由第一个百年奋斗目标向第二个百年奋斗目标迈进的宏伟蓝图，开启了实现第二个百年奋斗目标新征程，向全党全国再次发出了实现中华民族伟大复兴中国梦的动员令。

一、提出“两个一百年”的奋斗目标

2012年11月8—14日，党的十八大召开，大会首次正式提出全面建成小康社会；确定了全面建成小康社会和全面深化改革开放的目标，对新的时代条件下推进中国特色社会主义事业作出了全面部署，对全面提高党的建设科学化水平提出了明确要求。

大会提出，“两个一百年”的奋斗目标，即在中国共产党成立一百年时全面建成小康社会，在新中国成立一百年时建成富强民主文明和谐的社会主义现代化国家。[①]

2017年10月18—24日，中国共产党第十九次全国代表大会召开。习近平总书记在十九大报告指出，“从十九大到二十大，是‘两个一百年’奋斗目标的历史交汇期”[②]。

报告进一步提出“两个一百年”奋斗目标。从2020到本世纪中叶，“两个一百年”奋斗目标分为两个阶段实现，即2020—2035

---

① 胡锦涛：《坚定不移沿着中国特色社会主义道路前进 为全面建成小康社会而奋斗——在中国共产党第十八次全国代表大会上的报告》，北京：人民出版社，2012年版，第17-18页。

② 习近平：《决胜全面建成小康社会 夺取新时代中国特色社会主义伟大胜利——在中国共产党第十九次全国代表大会上的报告》，《习近平谈治国理政（第三卷）》，北京：外文出版社，2020年版，第22页。

年“基本实现社会主义现代化”[①]。2035 年到本世纪中叶，把我国建设成为“富强民主文明和谐美丽的社会主义现代化强国”[②]。

2021 年 7 月 1 日，习近平总书记在中国共产党成立 100 周年庆祝大会上代表党和人民庄严宣告：“我们实现了第一个百年奋斗目标，在中华大地上全面建成了小康社会。[③]”这是中华民族伟大复兴的重要里程碑，向历史交出了一份优异的答卷：“历史性地解决了绝对贫困问题。[④]”现行标准下 9899 万农村人口全部脱贫，832 个贫困县全部摘帽，12.8 万个贫困村全部出列。[⑤]“正在意气风发向着全面建成社会主义现代化强国的第二个百年奋斗目标迈进。[⑥]”

二、中国特色社会主义进入新时代

2017 年 10 月 18—24 日，中国共产党第十九次全国代表大会召开。党的十九大报告作出了“经过长期努力，中国特色社会主义

① 习近平：《决胜全面建成小康社会 夺取新时代中国特色社会主义伟大胜利——在中国共产党第十九次全国代表大会上的报告》，《习近平谈治国理政（第三卷）》，北京：外文出版社，2020 年版，第 22 页。
② 习近平：《决胜全面建成小康社会 夺取新时代中国特色社会主义伟大胜利——在中国共产党第十九次全国代表大会上的报告》，《习近平谈治国理政（第三卷）》，北京：外文出版社，2020 年版，第 22 页。
③ 习近平：《在庆祝中国共产党成立 100 周年大会上的讲话》，《人民日报》，2021 年 7 月 2 日。
④ 习近平：《在庆祝中国共产党成立 100 周年大会上的讲话》，《人民日报》，2021 年 7 月 2 日。
⑤ 马振清：《全面建成小康社会：消除绝对贫困的中国之治》，光明网-理论频道，2021 年 7 月 28 日。
⑥ 习近平：《在庆祝中国共产党成立 100 周年大会上的讲话》，《人民日报》，2021 年 7 月 2 日。

进入了新时代”的重大判断，“这是我国发展新的历史方位”[①]。我国社会主要矛盾发生历史性变化，我国经济已由高速增长阶段转向高质量发展阶段。

在新中国成立以来特别是改革开放以来取得重大成就的基础上，我国发展站到新的历史起点上，中国特色社会主义进入新的发展阶段。新的发展阶段，同改革开放近40年来的历史进展一脉相承，但是又有着很大的不同，无论是党和国家事业发展从指导思想、理念思路、方针政策、体制机制、根本保证到社会主要矛盾、社会环境、外部条件等各方面都发生变化，呈现与时俱进的新时代特征。

社会主要矛盾发生历史性变化。党的十九大报告提出，“我国社会主要矛盾已经转化为人民日益增长的美好生活需要和不平衡不充分的发展之间的矛盾”[②]。这个判断，符合我国发展的客观趋势。解决好人民群众最关心最直接最现实的利益问题，并满足人民日益增长的美好生活需要，是我们党的使命所在，也是新时代转向高质量发展的基本目标。

转向高质量发展的时代要求。进入新时代，面对社会主要矛盾的变化，发展要解决的问题发生重大变化，在继续保持经济一定发展速度的同时，更加注重发展的质量，更加注重“创新、协调、绿

① 习近平：《决胜全面建成小康社会　夺取新时代中国特色社会主义伟大胜利——在中国共产党第十九次全国代表大会上的报告》，《习近平谈治国理政（第三卷）》，北京：外文出版社，2020年版，第8页。

② 习近平：《决胜全面建成小康社会　夺取新时代中国特色社会主义伟大胜利——在中国共产党第十九次全国代表大会上的报告》，《习近平谈治国理政（第三卷）》，北京：外文出版社，2020年版，第9页。

色、开放、共享”的新发展理念。

党的十九大提出习近平新时代中国特色社会主义思想，并把这一思想确立为党必须长期坚持的指导思想，写进党章，实现了党的指导思想的又一次与时俱进。十三届全国人大一次会议通过宪法修正案，把习近平新时代中国特色社会主义思想载入宪法，以法律形式确认了其在国家政治生活和社会生活中的指导地位。

三、“五位一体”总体布局和“四个全面”战略布局

党的十八大报告中首次将“生态文明建设”写入建设中国特色社会主义总布局中，形成“五位一体”的总体布局。“五位一体”总体布局这一重大部署的提出经过一个历史过程。1986 年，党的十二届六中全会首次提出了以经济建设为中心，坚定不移地进行经济体制改革、政治体制改革、加强精神文明建设的总体布局。1987 年 10 月，党的十三大明确提出了经济富强、政治民主、精神文明“三位一体”的中国特色社会主义事业的总体布局，2005 年 2 月，胡锦涛在省部级主要领导干部专题研讨班上提出了社会主义经济建设、政治建设、文化建设、社会建设“四位一体”总布局。

党的十八大报告强调，“全面落实经济建设、政治建设、文化建设、社会建设、生态文明建设五位一体总体布局”①，站在历史和全局的战略高度，对推进新时代“五位一体”总体布局作了全面部

① 胡锦涛：《坚定不移沿着中国特色社会主义道路前进 为全面建成小康社会而奋斗——在中国共产党第十八次全国代表大会上的报告》，北京：人民出版社，2012 年版，第 9 页。

署，标志着中国特色社会主义总体布局更加完善、更加健全，相互联系、相互促进、不可分割，“促进现代化建设各方面相协调，促进生产关系与生产力、上层建筑与经济基础相协调，不断开拓生产发展、生活富裕、生态良好的文明发展道路”①。

“四个全面”的战略布局是在党的十八大以后逐步形成的，即全面建成小康社会、全面深化改革、全面依法治国、全面从严治党。从历史来看，党中央相继对全面建成小康社会、全面深化改革、全面依法治国、全面从严治党进行了专题研究，完成了“四个全面”战略布局的顶层设计。党的十八大提出全面建成小康社会的奋斗目标；党的十八届三中全会提出全面深化改革的战略部署；党的十八届四中全会明确了全面推进依法治国的战略任务；2014年10月，习近平总书记在党的群众路线教育实践活动总结大会上提出全面推进从严治党。

2017年10月18日，习近平总书记在党的十九大报告中强调，“明确中国特色社会主义事业总体布局是‘五位一体’、战略布局是‘四个全面’”②。党的十九大修订的党章，也明确写入“五位一体”的总体布局和“四个全面”的战略布局。

---

① 胡锦涛：《坚定不移沿着中国特色社会主义道路前进 为全面建成小康社会而奋斗——在中共产党第十八次全国代表大会上的报告》，北京：人民出版社，2012年版，第9页。

② 习近平：《决胜全面建成小康社会 夺取新时代中国特色社会主义伟大胜利——在中国共产党第十九次全国代表大会上的报告》，《习近平谈治国理政》（第三卷），北京：外文出版社，2020年版，第16页。

第二节　新时代全面深化改革的总体规划

2013 年 11 月，党的十八届三中全会召开，正式拉开全面深化改革的大幕。党的十八届四中、五中、六中全会又相继围绕全面依法治国、贯彻新发展理念全面建成小康社会、全面从严治党提出了一系列重要改革举措。党的十九大系统阐述了习近平新时代中国特色社会主义思想和基本方略，提出了新时代的改革开放新任务和新要求。

一、党的十八届三中全会通过《中共中央关于全面深化改革若干重大问题的决定》

2013 年 11 月 12 日，党的十八届三中全会召开，全会通过《中共中央关于全面深化改革若干重大问题的决定》(以下简称《决定》)。党的十八届三中全会适应历史转折时期的大趋势，以重大问题为导向，以全面深化改革为主题，审议并通过了这一具有历史意义的关于全面深化改革的纲领性文件。①

《决定》提出全面深化改革的总目标，是完善和发展中国特色社会主义制度，推进国家治理体系和治理能力现代化。② 这是党面向未来作出的重大战略抉择，也体现了我们党对改革认识的深化

---

① 《迟福林解析十八届三中全会为什么“也是划时代的”》，中国日报中国观察智库，2019 年 1 月 29 日。

② 《中共中央关于全面深化改革若干重大问题的决定》，北京：人民出版社，2013 年版，第 3 页。

和系统化。[①]《决定》提出“经济体制改革是全面深化改革的重点，核心是处理好政府和市场之间的关系，使市场在资源配置中发挥决定性作用和更好地发挥政府作用”[②]。这是《决定》的最大亮点之一，更是经济体制改革理论与实践的历史性突破。[③]

《决定》提出了全面深化改革的指导思想、目标任务、重大原则，描绘了全面深化改革的新蓝图、新愿景、新目标，汇集了全面深化改革的新思想、新论断、新举措，合理布局了全面深化改革的战略重点、优先顺序、主攻方向、工作机制、推进方式和时间表、路线图，形成了改革理论和政策的一系列新的重大突破，是全面深化改革的又一次总部署、总动员。

经过几十年的风雨兼程，中国改革进入攻坚期和深水区。党的十八届三中全会提出“全面深化改革的总体目标”，这既是党面向未来作出的重大战略抉择，也体现了改革进程本身的客观要求。2019 年，习近平总书记在中央全面深化改革委员会第六次会议上提出，“党的十一届三中全会是划时代的，开启了改革开放和社会主义现代化建设历史新时期。党的十八届三中全会也是划时代的，开启了全面深化改革、系统整体设计推进改革的新时代，开创了我国改革开放的全新局面”[④]。

---

① 沈传亮：《准确认识党的十八届三中全会的划时代地位》，《经济日报》，2019 年 2 月 1 日。
② 《中共中央关于全面深化改革若干重大问题的决定》，北京：人民出版社，2013 年版，第 3 页。
③ 《迟福林解析十八届三中全会为什么“也是划时代的”》，中国日报中国观察智库，2019 年 1 月 29 日。
④ 《习近平主持召开中央全面深化改革委员会第六次会议》，中国政府网，2019 年 1 月 23 日。

二、加强全面深化改革的总体设计、统筹协调、整体推进和督促落实

2013 年 11 月 12 日，党的十八届三中全会发布《中国共产党第十八届中央委员会第三次全体会议公报》和《中共中央关于全面深化改革若干重大问题的决定》，提出“中央成立全面深化改革领导小组，负责改革总体设计、统筹协调、整体推进、督促落实”[①]。

2013 年 12 月 30 日，中共中央政治局召开会议，决定成立中央全面深化改革领导小组（简称“中央深改小组”），由习近平任组长。中央深改小组负责改革的总体设计、统筹协调、整体推进、督促落实，下设经济体制和生态文明体制改革、民主法制领域改革、文化体制改革、社会体制改革、党的建设制度改革、纪律检查体制改革六个专项小组，负责研究确定经济体制、政治体制、文化体制、社会体制、生态文明体制和党的建设制度等方面改革的重大原则、方针政策、总体方案；统一部署全国性重大改革等。中央深改小组审议并出台了一系列重点改革文件，确定了若干重点改革任务。

成立全面深化改革领导小组，充分体现了中央对改革的高度重视和强烈决心。这轮改革范围之广、力度之大是空前的。以前统筹各方面的改革主要由国家发展改革委来承担。作为国务院的一个职能机构，国家发展改革委在制定发展战略，进行宏观管理上发挥了重大作用。但是由于改革的复杂性和紧迫性，以及加强各项改革统

① 《中共中央关于全面深化改革若干重大问题的决定》，北京：人民出版社，2013 年版，第 58 页。

筹协调的必要性，国家发展改革委在一些方面尤其是政策的制定上受到局限。相对而言，全面深化改革领导小组的成立更具权威性，能够保证改革的设计、协调、推进和监督每一个环节的落实，有助于确保改革的系统性、整体性、协同性。

2018 年 3 月，中共中央印发了《深化党和国家机构改革方案》，将中央全面深化改革领导小组、中央网络安全和信息化领导小组、中央财经领导小组、中央外事工作领导小组分别改为中央全面深化改革委员会、中央网络安全和信息化委员会、中央财经委员会、中央外事工作委员会，负责相关领域重大工作的顶层设计、总体布局、统筹协调、整体推进、督促落实。

三、推进国家治理体系和治理能力现代化

新中国成立 70 年来，我国创造了世界人类文明发展史上的两大奇迹。一是经济快速发展奇迹。二是社会长期稳定的奇迹。在人类文明发展史上，“还没有任何一种国家制度和国家治理体系能够在这样短的历史时期内创造出这样的奇迹”①。我国国家制度和国家治理体系建设实践经验丰富，“具有深刻的历史逻辑、理论逻辑、实践逻辑”②。

① 习近平：《坚持和完善中国特色社会主义制度、推进国家治理体系和治理能力现代化》，《习近平谈治国理政》（第三卷），北京：外文出版社，2020 年版，第 124 页。
② 习近平：《坚持和完善中国特色社会主义制度、推进国家治理体系和治理能力现代化》，《习近平谈治国理政》（第三卷），北京：外文出版社，2020 年版，第 119 页。

习近平总书记指出，“制度优势是一个国家的最大优势，制度竞争是国家间最根本的竞争。制度稳则国家稳”[①]。改革开放以来，党中央高度重视党的制度建设。1980年，邓小平同志在总结“文化大革命”的教训时就指出，“领导制度、组织制度问题更带有根本性、全局性、稳定性和长期性”[②]。党的十四大报告将其写入文件中，并明确提出“到建党一百周年的时候”的时间表。此后的党的全国代表大会和中央全会进一步强调了这一任务。

随着中国特色社会主义进入新时代，我国发展处于新的历史方位。“新时代改革开放更多面对的是深层次体制机制问题，对改革顶层设计的要求更高”[③]。习近平总书记指出，“对改革的系统性、整体性、协同性要求更强，相应地建章立制、构建体系的任务更重”[④]。必然要求国家制度和国家治理能力体系建设的目标必须随着实践发展而与时俱进。

党的十八届三中全会首次提出“推进国家治理体系和治理能力现代化”这一重大命题，并把“完善和发展中国特色社会主义制度、推进国家治理体系和治理能力现代化”确定为全面深化改革的总目标。党的十九大报告又进一步明确了实现国家治理体系和治理能力现代化的时间节点和路径：到2035年，“国家治理体系和治理

① 习近平：《坚持和完善中国特色社会主义制度、推进国家治理体系和治理能力现代化》，《习近平谈治国理政》（第三卷），北京：外文出版社，2020年版，第119页。

② 邓小平：《党和国家领导制度的改革》，《邓小平文选》（第二卷），北京：人民出版社，1994年版，第333页。

③ 习近平：《关于〈中共中央关于坚持和完善中国特色社会主义制度推进国家治理体系和治理能力现代化若干重大问题的决定〉的说明》，《人民日报》，2019年11月6日。

④ 习近平：《关于〈中共中央关于坚持和完善中国特色社会主义制度推进国家治理体系和治理能力现代化若干重大问题的决定〉的说明》，《人民日报》，2019年11月6日。

能力现代化基本实现”；到本世纪中叶，“实现国家治理体系和治理能力现代化”[1]。这是我们党作出的重要战略安排。

2019年10月28日至31日，党的十九届四中全会在北京召开，全会通过《中共中央关于坚持和完善中国特色社会主义制度、推进国家治理体系和治理能力现代化若干重大问题的决定》(以下简称《决定》)，“全面回答了在我国国家制度和国家治理体系上应该坚持和巩固什么、完善和发展什么这个重大政治问题。”[2]系统梳理和总结了我国国家制度和国家治理体系多方面的显著优势。《决定》提出的目标和任务，“很多是我国国家制度和国家治理体系建设中的空白点和薄弱点，具有鲜明的问题导向”[3]。对新时代坚持和完善中国特色社会主义制度、推进国家治理体系和治理能力现代化做出顶层设计和全面部署，描绘了坚持和完善中国特色社会主义制度的宏伟蓝图。

四、坚定不移推进全面深化改革

党的十八届三中全会以来，党中央以前所未有的决心和力度冲破思想观念的束缚，坚决破除各方面体制机制弊端，积极应对外部环境变化带来的风险挑战，开启了气势如虹、波澜壮阔的改革进

① 习近平：《决胜全面建成小康社会 夺取新时代中国特色社会主义伟大胜利——在中国共产党第十九次全国代表大会上的报告》，北京：人民出版社，2017年版，第29页。
② 习近平：《坚持和完善中国特色社会主义制度、推进国家治理体系和治理能力现代化》，《习近平谈治国理政》(第三卷)，北京：外文出版社，2020年版，第118页。
③ 习近平：《坚持和完善中国特色社会主义制度、推进国家治理体系和治理能力现代化》，《习近平谈治国理政》(第三卷)，北京：外文出版社，2020年版，第127页。

程，实行更加积极主动的开放战略。“许多领域实现历史性变革、系统性重塑、整体性重构”[①]。中国特色社会主义制度更加成熟更加定型，国家治理体系和治理能力现代化水平明显提高，我国成为140多个国家和地区的主要贸易伙伴，货物贸易总额居世界第一，吸引外资和对外投资居世界前列，形成更大范围、更宽领域、更深层次对外开放格局。

2020年12月，中央全面深化改革委员会第十七次会议审议了党的十八届三中全会以来全面深化改革总结评估报告。习近平总书记强调，“这是一场思想理论、改革组织方式、国家制度和治理体系、人民广泛参与的深刻变革”[②]。

实践发展永无止境，改革开放也永无止境。“十四五”时期我国进入新发展阶段，改革又到了一个新的关头。当今世界百年未有之大变局加速演进，新一轮科技革命和产业变革深入发展，我国发展面临新的战略机遇、新的战略任务、新的战略阶段、新的战略要求、新的战略环境。“改革道路上仍面临着很多复杂的矛盾和问题”[③]。深刻认识社会主要矛盾变化新要求、国际环境带来的新挑战，深刻认识全面深化改革的阶段新特点和新任务。要求我们“把接续推进改革同服务党和国家工作大局结合起来，围绕落实新发展理念、构建新发展格局、推动高质量发展等战略目标任务，推进创

---

① 《习近平主持召开中央全面深化改革委员会第十七次会议强调 坚定改革信心汇聚改革合力 推动新发展阶段改革取得更大突破》，中国政府网，2020年12月30日。

② 《习近平主持召开中央全面深化改革委员会第十七次会议强调 坚定改革信心汇聚改革合力 推动新发展阶段改革取得更大突破》，中国政府网，2020年12月30日。

③ 《习近平主持召开中央全面深化改革委员会第十七次会议强调 坚定改革信心汇聚改革合力 推动新发展阶段改革取得更大突破》，中国政府网，2020年12月30日。

造性、引领性改革”[①]。

第三节　推动高质量发展

一、全面实施供给侧结构性改革

2015年11月10日，习近平总书记在中央财经领导小组第十一次会议上首次提出“供给侧改革”，指出“在适度扩大总需求的同时，着力加强供给侧结构性改革，着力提高供给体系质量和效率，增强经济持续增长动力，推动我国社会生产力实现整体跃升”[②]。“供给侧结构性改革”是习近平总书记继“经济发展新常态”之后作出的又一重大理论创新。

11月18日，习近平主席在亚太经济合作组织（APEC）会议上再提“供给侧改革”，指出要解决世界经济深层次问题，单纯靠货币刺激政策是不够的，必须下决心在推进经济结构性改革方面做更大努力，使供给体系更适应需求结构的变化。供给侧改革主要涉及产能过剩、楼市库存大、债务高企这三个方面，为解决好这一问题，中央提出推行以“三去一降一补”为重点的供给侧结构性改革，即去产能、去库存、去杠杆、降成本、补短板五大任务。

---

① 《习近平主持召开中央全面深化改革委员会第十七次会议强调 坚定改革信心汇聚改革合力 推动新发展阶段改革取得更大突破》，中国政府网，2020年12月30日。

② 《中央财经领导小组会议时隔8个月重回公众视野，本次会议释放哪些信号？》，新华网，2015年11月12日。

2016 年 5 月，习近平总书记在中央财经领导小组第十三次会议上提出供给侧结构性改革的“主攻方向是减少无效供给，扩大有效供给，提高供给结构对需求结构的适应性”[①]。

2017 年 3 月发布的政府工作报告提出，2017 年是供给侧结构性改革的深化之年，要用改革的办法深入推进“三去一降一补”。报告还提出因城施策去库存、农业供给侧结构性改革。同年 4 月，李克强主持召开国务院常务会议时提出，要以推进供给侧结构性改革为主线，紧抓重点领域关键环节改革持续发力。更多地运用市场化法治化手段，推动“三去一降一补”改革任务取得新的实质性进展，着力提高经济发展质量效益。[②]

2017 年 10 月，习近平总书记在十九大报告中指出，“深化供给侧结构性改革。建设现代化经济体系，必须把发展经济的着力点放在实体经济上，把提高供给体系质量作为主攻方向，显著增强我国经济质量优势”[③]。

2018 年 12 月的中央经济工作会议召开。会议认为，我国经济运行主要矛盾仍然是供给侧结构性的，必须坚持以供给侧结构性改革为主线不动摇，更多采取改革的办法，更多运用市场化、法治化手段，在“巩固、增强、提升、畅通”八个字上下功夫。[④]

---

① 《习近平主持召开中央财经领导小组第十三次会议》，新华网，2016 年 5 月 16 日

② 《李克强：用改革的办法深入推进“三去一降一补”》，新华网，2017 年 3 月 5 日。

③ 习近平：《决胜全面建成小康社会 夺取新时代中国特色社会主义伟大胜利——在中国共产党第十九次全国代表大会上的报告》，北京：人民出版社，2017 年版，第 30 页。

④ 《中央经济工作会议：在“巩固、增强、提升、畅通”八个字上下功夫》，《经济日报》，2018 年 12 月 21 日。

二、推进市场体系改革

（一）全面实施市场准入负面清单制度

2015 年 10 月 19 日，国务院发布《关于实行市场准入负面清单制度的意见》（以下简称《意见》）。

《意见》指出，“市场准入负面清单制度，是指国务院以清单方式明确列出在中华人民共和国境内禁止和限制投资经营的行业、领域、业务等，各级政府依法采取相应管理措施的一系列制度安排。市场准入负面清单以外的行业、领域、业务等，各类市场主体皆可依法平等进入”[①]。

文件要求先行先试，逐步推开。从 2015 年 12 月 1 日至 2017 年 12 月 31 日，在部分地区试行市场准入负面清单制度，从 2018 年起正式实行全国统一的市场准入负面清单制度。按照这一部署，2016 年，国家发展改革委、商务部印发的《市场准入负面清单草案（试点版）》，在天津、上海、福建、广东等多地开展试点工作。2017 年，试点范围扩大到 15 个省市。

2018 年 12 月，国家发展改革委、商务部发布《市场准入负面清单（2018 年版）》。该清单主体包括“禁止准入类”和“许可准入类”两大类，共 151 个事项、581 条具体管理措施，与此前的试点版负面清单相比，事项减少了 177 项，具体管理措施减少了 288 条。标志我国全面实施市场准入负面清单制度，负面清单以外的行业、领域、业务等各类市场主体皆可依法平等进入。

① 《国务院关于实行市场准入负面清单制度的意见》，《人民日报》，2015 年 10 月 20 日。

此后，2019年、2020年、2021年国家发展改革委、商务部分别发布《市场准入负面清单（2019年版）》《市场准入负面清单（2020年版）》《市场准入负面清单（2021年版）》。《市场准入负面清单（2021年版）》禁止准入事项6项，许可准入事项111项，共计117项，相比《市场准入负面清单（2020年版）》减少6项。

（二）开展国内贸易流通体制改革发展综合试点

为了推进国内贸易流通体制改革，建设法治化营商环境，促进流通产业创新发展，提高对经济发展的拉动力。2015年7月29日，国务院办公厅印发《关于同意在上海等9个城市开展国内贸易流通体制改革发展综合试点的复函》，同意在9个城市*开展国内贸易流通体制改革发展综合试点：探索建立创新驱动的流通发展机制；探索建设法治化营商环境；探索建立流通基础设施发展模式；探索健全统一高效的流通管理体制。

* 这9个城市具体为：上海、南京、郑州、广州、成都、厦门、青岛、黄石、义乌。

2017年7月，商务部、发展改革委、工业和信息化部、财政部、交通运输部、工商总局、质检总局、邮政局、供销合作总社九部门联合发布《关于复制推广国内贸易流通体制改革发展综合试点经验的通知》，将37项经验在全国推广。这些经验涵盖了创新发展机制、营商环境建设、基础设施建设、管理体制改革等我国流通改革发展的主要方面，所针对的问题具有普遍性和代表性。

这些经验在创新发展机制方面，上海市探索以智慧商圈建设为抓手促进实体商业转型升级，通过引入智能交通引导、商圈App和大数据分析等手段，推动实体商业向全渠道、全品类、全时段经营转型升级；在营商环境建设方面，青岛市出台全国首部地方综合型流通法规，明确政府在商品流通方面的权责，“授权立规”，提高行业管理法制化规范化水平；在基础设施建设方面，南京市探索出“政府控股、企业运营、稳价保供”的公益性农产品批发市场建设运营机制，建立直采直供网络，开展生鲜连锁配送，实现便民惠民；在管理体制改革方面，黄石市探索建立流通管理大部门制，实行一站式、一条龙的流通行政审批流程，进一步健全流通管理工作机制。

（三）物流降本增效综合改革试点

2017 年 8 月，国务院办公厅发布《关于进一步推进物流降本增效促进实体经济发展的意见》，部署推进物流降本增效有关工作，着力营造物流业发展良好环境，提升物流业发展水平，促进实体经济发展。

2019 年 2 月，国家发展改革委、交通运输部联合印发《关于开展物流降本增效综合改革试点的通知》，开展为期两年的物流降本增效综合改革试点。试点工作将重点围绕以下七个方面展开：优化物流营商环境；鼓励物流新技术应用和新业态新模式发展；培育物流运作网络体系；加强转运衔接发展多式联运；推动解决物流企业“用地难”、“融资难”问题；提高物流标准化水平；健全物流行业统计和运行监测等。[①] 同年 9 月，国家发展改革委、交通运输部联合印发《关于做好物流降本增效综合改革试点工作的通知》，决定在山西、江苏、浙江、河南、重庆、四川等 6 省（市）组织开展物流降本增效综合改革试点，试点期为 2019 年 9 月至 2021 年 8 月。

---

① 《国家发展改革委 交通运输部组织开展物流降本增效综合改革试点》，国家发改委网站，2019 年 9 月 30 日。

三、完善市场决定价格机制

2015 年 10 月，中共中央、国务院印发《关于推进价格机制改革的若干意见》（以下简称《意见》），全面谋划部署了“十三五”时期推进价格机制改革的工作。

《意见》明确价格改革的阶段目标，即到 2017 年，竞争性领域和环节价格基本放开；到 2020 年，市场决定价格机制基本完善，价格调控机制基本健全。同时提出六大重点领域价格改革方向：完善农产品价格形成机制；加快推进能源价格市场化；完善环境服务价格政策；理顺医疗服务价格；健全交通运输价格机制；创新公用事业和公益性服务价格管理。

2017 年 11 月，国家发展改革委印发《关于全面深化价格机制改革的意见》，提出全面深化价格机制改革的七大任务：一是进一步深化垄断行业价格改革；二是加快完善公用事业和公共服务价格机制；三是创新和完善生态环保价格机制；四是稳步推进农业用水和农产品价格改革；五是着力清理规范涉企收费；六是有效促进市场竞争公平有序；七是切实兜住民生底线。

2021 年 5 月 18 日，国家发展改革委发布《关于“十四五”时期深化价格机制改革行动方案的通知》，要求到 2025 年，竞争性领域和环节价格主要由市场决定，重要民生商品价格调控机制更加健全，公共服务价格政策基本完善，适应高质量发展要求的价格政策体系基本建立。明确“十四五”价格机制改革的重点任务：一是推进电力、石油天然气等能源价格改革；二是以重要民生商品和大宗商品为重点，健全监测预警体系；三是推进水资源价格改革；四是完善公益性服务价格政策。

四、深化财税金融改革

（一）全面推行营改增改革

营改增改革在全国的推开，大致经历了以下三个阶段。第一阶段：2011 年，经国务院批准，财政部、国家税务总局联合下发营业税改增值税试点方案。从 2012 年 1 月 1 日起，营改增在上海的“1+6”行业率先试点，其中“1”为包括陆路、水路、航空、管道运输在内的交通运输业，“6”包括研发、信息技术、文化创意、物流辅助、有形动产租赁、鉴证咨询等部分现代服务业。自 2012 年 8 月 1 日起至年底，国务院扩大营改增试点至 10 省市。

第二阶段：截至 2013 年 8 月 1 日，营改增范围推广到全国试行，广播影视服务业被纳入试点范围。自 2014 年 1 月 1 日起，铁路运输和邮政服务业纳入营业税改征增值税试点，交通运输业全部纳入营改增范围。

第三阶段：2016 年 3 月 18 日，国务院召开常务会议，决定自 2016 年 5 月 1 日起，在全国范围内全面推开营改增试点，将建筑业、房地产业、金融业和生活服务业等全部营业税纳税人纳入试点范围，并将所有企业新增不动产所含增值税纳入抵扣范围。这标志着全面推开营改增试点，这场重大税制改革在全国范围内正式实施。

2016 年 4 月，国务院印发《全面推开营改增试点后调整中央与地方增值税收入划分过渡方案》，将过渡期暂定为 2~3 年。2017 年 10 月，国务院常务会议召开《关于废止〈中华人民共和国营业税暂行条例〉和修改〈中华人民共和国增值税暂行条例〉的决定（草案）》，标志着实施 60 多年的营业税正式退出历史舞台。

（二）“金融国十条”出台

2013年6月，国务院召开常务会议，研究部署金融支持经济结构调整和转型升级的政策措施。会议提出，金融和实体经济密不可分。金融对于稳增长、调结构、促转型都具有重要作用。2013年7月5日，国务院办公厅发布《关于金融支持经济结构调整和转型升级的指导意见》。其中，具体提出十大指导意见，以此推动金融支持经济结构调整和转型升级。

这十大指导意见包括：一是继续执行稳健的货币政策，合理保持货币信贷总量；二是引导、推动重点领域与行业转型和调整；三是整合金融资源支持小微企业发展；四是加大对“三农”领域的信贷支持力度；五是进一步发展消费金融促进消费升级；六是支持企业“走出去”；七是加快发展多层次资本市场；八是进一步发挥保险的保障作用；九是扩大民间资本进入金融业；十是严防金融风险。

“金融国十条”强调发挥市场在资金配置中的基础性作用。提出以资产证券化加大盘活存量信贷资产的力度，为用好增量指明了方向。为未来一段时间统筹金融资源，支持经济结构调整和转型给出了明确的规划。

（三）促进民营银行发展

党的十八届三中全会提出，“在加强监管的前提下，允许具备条件的民间资本依法发起设立中小型银行等金融机构。[①]”从 2013 年起，国家相继推出一系列政策法规，鼓励民间资本发起设立民营银行。

2013 年 9 月 29 日，银监会发布《关于中国（上海）自由贸易试验区银行业监管有关问题的通知》，支持符合条件的民营资本在上海自贸区内设立自担风险的民营银行、金融租赁公司和消费金融公司等金融机构。支持符合条件的民营资本参股与中、外资金融机构在区内设立中外合资银行。

2014 年是民营银行元年，民营银行试点方案筛选标准主要有五条：一是有自担剩余风险的制度安排；二是有办好银行的股东资质条件和抗风险能力；三是有股东接受监管的具体条款；四是有差异化的市场定位和特定战略；五是有合法可行的风险处置和恢复计划，即“生前遗嘱”。2014 年，首批五家民营银行分别在天津、上海、浙江和广东开展试点。

2015 年 6 月 26 日，国务院办公厅转发银监会《关于促进民营银行发展的指导意见》。正式明确了民营银行“成熟一家、设立一家”的审批政策，从指导思想、基本原则、准入条件、许可程序、促进发展、加强监管和营造环境七个方面加强顶层制度设计。标志着民营银行步入了前所未有的改革发展机遇期。6 月底，第一批试点的五家民营银行全部获批开业。8 月，银监会发布《市场准入工作实施细则》，对民营银行准入条件和审核要求作出细化规定。同时推行限时审批制，受理时长从 6 个月压缩到 4 个月。

① 《中共中央关于全面深化改革若干重大问题的决定》，北京：人民出版社，2013 年版，第 13 页。

2016 年，民营银行实现“井喷”。数据显示，截至 2016 年末，获批筹建的民营银行数量已激增至 17 家，其中 12 家均是在 2016 年一年时间内获批筹建及开业的。2017 年 1 月，银监会正式印发《关于民营银行监管的指导意见》。这是在总结此前民营银行试点的基础上，推出的更为明确的监管规范，标志着民营银行进入了由试点向依法依规常态化设立的新阶段。

（四）深化投融资体制改革

投资是市场经济条件下配置资源的重要手段，深化投融资体制改革是加强供给侧结构性改革的重要内容。党的十八届三中全会通过的《中共中央关于全面深化改革若干重大问题的决定》明确指出，“加快转变政府职能，深化投资体制改革，确立企业投资主体地位”①。党的十八届五中全会通过的《中共中央关于制定国民经济和社会发展第十三个五年规划的建议》明确，“发挥投资对增长的关键作用，深化投融资体制改革，优化投资结构，增加有效投资”②。

按照这一部署，国家发展改革委和有关部门就地方深入研究推进以企业投资管理改革为主线的投资审批制度改革，出台一系列改革的措施，包括取消下放核准事项、改革核准制度、规范中介服务、建立协同监管机制，等等。

---

①《中共中央关于全面深化改革若干重大问题的决定》，北京：人民出版社，2013 年版，第 3 页。

②《中共中央关于制定国民经济和社会发展第十三个五年规划的建议》，北京：人民出版社，2015 年版，第 10 页。

2016年7月，中共中央、国务院出台《关于深化投融资体制改革的意见》（以下简称《意见》），这是改革开放以来以中共中央文件名义发布的第一个投融资体制改革方面的文件，是继2004年国务院发布的投资体制改革文件之后的又一重要文件。

《意见》直指投资领域简政放权不协同、不到位，投资项目融资难、融资贵等突出问题，提出了深化投融资体制改革的总体目标是“进一步转变政府职能，深入推进简政放权、放管结合、优化服务改革，建立和完善企业自主决策、融资渠道畅通，职能转变到位、政府行为规范，宏观调控有效、法制保障健全的新型投融资体制”[①]。

《意见》提出了六大创新举措。一是推行首问负责制；二是探索“不再审批”管理模式；三是创新“多评合一”的中介服务新模式；四是编制三年滚动政府投资计划；五是试点金融机构依法持有企业股权；六是建设投资项目在线审批监管平台。

五、国企综合性改革

（一）国企混合所有制改革新局面逐步形成

党的十九大报告对混合所有制改革提出新的改革目标：“深化国有企业改革，发展混合所有制经济，培育具有全球竞争力的世界一流企业。[②]”

---

① 《中共中央国务院关于深化投融资体制改革的意见》，《人民日报》，2016年7月19日。
② 习近平：《决胜全面建成小康社会 夺取新时代中国特色社会主义伟大胜利——在中国共产党第十九次全国代表大会上的报告》，北京：人民出版社，2017年版，第33页。

自2016年起，前两批（19家）中央企业混合所有制改革试点的重点任务逐步落地。中国联通混改，首次将改革层级提高到集团层面，百度、阿里巴巴、腾讯、京东、苏宁等投资中国联通；东方航空则打响了民航领域混改的第一枪，东航集团不再对东航物流持绝对控股权，员工持股的比例上升到10%，前两批试点改革营造了良好的社会氛围。截至2016年底，中央企业集团及下属企业中混合所有制企业占比已超过70%，省级国资委所出资企业及各级子企业中混合所有制企业占比近50%。

2017年11月，国务院国企改革领导小组已经审议通过了第三批试点名单，第三批混改试点名单一共是31家，其中中央企业子企业10家，地方国有企业21家，第三批试点名单中首次出现地方国有企业。

三批混改试点一共是50家，从2016年启动实施第一批混改试点，到多个试点改革方案大刀阔斧，逐步落地，再到第三批混改试点名单正式获批，重点领域混合所有制改革试点正在逐步有序推进。试点企业通过混改，有三个“明显”成效。投资实力明显增强，杠杆率明显降低，经营状况明显改善。推动三批混改试点，加快形成可复制可推广的制度性经验，加强对地方混改的协调指导，有利于推动形成国有企业混合所有制改革新局面。

（二）国企改革“双百行动”

2018年3月，国资委发布《关于开展“国企改革双百行动”企业遴选工作的通知》，国务院国有企业改革领导小组办公室决定选取百家中央企业子企业和百家地方国有骨干企业，在2018—2020年实施“国企改革双百行动”*，深入推进改革。改革在以往

* 进入“国企改革双百行动”名单的企业具有以下特点：一是上市公司，试点内容主要集中在混改、员工持股等方面。二是此前做得较好的试点企业，从此前的单项试点转向“一企一策”制定综合改革试点。三是经营困难企业，试点主要集中在如何摆脱困境解决历史遗留问题。

混改的基础上进一步扩围，如在同一家企业同步推进职业经理人试点、董事会职权试点等。被纳入名单的企业将明确具体改革目标、改革措施、责任分工等内容，制定工作计划和目标，并履行相应申报、审批程序。

2018 年 8 月 10 日，国务院国企改革领导小组在国企改革“双百行动”信息化工作平台公布了《国企改革“双百行动”工作方案》和双百企业名单。8 月 17 日，国企改革“双百行动”动员部署视频会议在国资委召开。会议强调，要突出重点、扎实推进，在重要领域和关键环节率先取得实质性突破。国务院国企改革领导小组办公室正式启动国企改革“双百行动”，力图通过开展“双百行动”，打造一批治理结构科学完善、经营机制灵活高效、党的领导坚强有力、创新能力和市场竞争力显著提升的国企改革尖兵。

自 2018 年 8 月启动以来，“双百企业”围绕“五突破一加强”目标任务（即在混合所有制改革、法人治理结构、市场化经营机制、激励约束机制以及历史遗留问题方面有所突破，加强党的领导），综合性改革取得积极成效。由于央企和各地的积极性很高，“双百企业”不断扩容，“双百企业”名单数量从 2018 年 8 月的 404 家增加到 2019 年 8 月的 446 家；2021 年 8 月 31 日，国资委网站显示“双百企业”数量已达到 449 家。

（三）国企改革三年行动

党的十八大以来，党中央对深化国有企业改革做出了一系列重大部署。为了贯彻落实党中央全面深化改革的总体要求和重要部署，全国国有企业启动了国企改革三年行动。

2020 年 6 月 30 日，中央深改委召开第十四次会议审议通过

《国企改革三年行动方案（2020—2022 年）》（以下简称《行动方案》）。国企改革三年行动是未来三年进一步落实国有企业改革“1+N”政策体系和顶层设计的具体施工图。

《行动方案》提出国企三年行动目标和要求，通过实施国企改革三年行动，在形成更加成熟更加定型的中国特色现代企业制度和以管资本为主的国资监管体制取得明显成效，在推动国有经济布局优化和结构调整上取得明显成效，在提高国有企业活力和效率上取得明显成效，做强做优做大国有资本和国有企业，增强国有经济竞争力、创新力、控制力、影响力、抗风险能力。

2020 年 9 月，国资委召开视频会议，对中央企业改革三年行动工作进行动员部署。2020 年作为国企改革三年行动启动之年，国企混改、重组整合、国资监管体制改革等方面都将进入快速推进、实质进展的新阶段。截至 2021 年底，国有企业公司制改革基本完成，中央党政机关和直属事业单位所管理企业中公司制企业占比 97.7%，地方国有企业中公司制企业占比 99.9%，实现了历史性突破。[①]剥离企业办社会职能和解决历史遗留问题全面扫尾，完善中国特色现代企业制度、健全市场化经营机制等改革重点领域取得实质性突破，重点领域关键环节改革成果丰硕；以改革促发展，国有资本布局结构进一步优化，国资国企服务保障国家重大战略更加有力，支撑地方经济社会和国家重大战略发展作用显著。[②]

① 历彦涛：《从全面深改高度透视国企改革三年行动方案的战略意义》，新华网，2022 年 5 月 25 日。

② 历彦涛：《从全面深改高度透视国企改革三年行动方案的战略意义》，新华网，2022 年 5 月 25 日。

六、加强产权保护顶层设计和科技创新

（一）完善产权保护制度依法保护产权

党的十八大以来，党中央、国务院对加强产权保护提出了一系列新要求。党的十八届三中全会提出完善产权保护制度，保护各种所有制经济产权和合法利益；党的十八届四中全会提出健全以公平为核心原则的产权保护制度，加强对各种所有制经济组织和自然人财产权的保护；党的十八届五中全会提出推进产权保护法治化，依法保护各种所有制经济权益。

2016 年 11 月，中共中央、国务院发布《关于完善产权保护制度依法保护产权的意见》（以下简称《意见》）。这是我国首次以中央名义出台产权保护的顶层设计。《意见》要求健全以企业组织形式和出资人承担责任方式为主的市场主体法律制度，统筹研究清理、废止按照所有制不同类型制定的市场主体法律和行政法规，加大对非公有财产的刑法保护力度。[①]

在中央关于产权保护的意见公布之后，最高人民法院、最高人民检察院很快出台了配套的具体意见，并抓紧甄别纠正一批社会反映强烈的产权纠纷申诉案件。2017 年 3 月，在十二届全国人大五次会议上，《民法总则》审议通过，明确提出法律保护民事主体的财产权利。

2021 年 10 月，国务院印发《“十四五”国家知识产权保护和运用规划》，明确提出到 2025 年，知识产权强国建设阶段性目标

① 《关于完善产权保护制度依法保护产权的意见》，《人民日报》，2016 年 11 月 28 日。

任务如期完成，知识产权领域治理能力和治理水平显著提高，知识产权事业实现高质量发展，有效支撑创新驱动发展和高标准市场体系建设，有力促进经济社会高质量发展。[①]

（二）创新驱动：中国制造2025、互联网+到大众创新万众创业

（1）《中国制造 2025》出台。2015 年 5 月，国务院正式印发了《中国制造 2025》。《中国制造 2025》是我国实施制造强国战略第一个十年的行动纲领。文件提出建设制造强国的分“三步走”，到 2020 年掌握一批重点领域的关键核心技术，优势领域竞争力进一步增强，到 2025 年创新能力显著增强，在全球产业分工和价值链中的地位明显提升。[②] 核心是加快推进制造业创新发展、提质增效，实现从制造大国向制造强国转变。《中国制造 2025》还提出了九大战略任务、五项重点工程和若干重大政策举措，描绘了未来三十年建设制造强国的宏伟蓝图和梯次推进的路线图。

（2）积极推进“互联网+”行动计划。2015 年 6 月，国务院常务会议通过《关于积极推进“互联网+”行动的指导意见》（以下简称《意见》），文件的出台是推动互联网由消费领域向生产领域拓展，加速提升产业发展水平，增强各行业创新能力，构筑经济社会发展新优势和新动能的重要举措。《意见》提出到 2025 年，“互联

---

① 《国务院印发〈“十四五”国家知识产权保护和运用规划〉》，《光明日报》，2021 年 10 月 29 日。

② 《〈中国制造 2025〉解读之七：〈中国制造 2025〉的主要目标》，工信部网站，2015 年 5 月 26 日。

网+”新经济形态初步形成，“互联网+”成为我国经济社会创新发展的重要驱动力量。《意见》部署提出了 11 个具体行动：一是“互联网+”创业创新。二是“互联网+”协同制造。三是“互联网+”现代农业。四是“互联网+”智慧能源。五是“互联网+”普惠金融。六是“互联网+”益民服务。七是“互联网+”高效物流。八是“互联网+”电子商务。九是“互联网+”便捷交通。十是“互联网+”绿色生态。十一是“互联网+”人工智能。

（3）大力推进大众创业万众创新。早在 2014 年 9 月的夏季达沃斯论坛上，我国就发出“大众创业、万众创新”的号召，提出要在 960 多万平方公里的土地上掀起“大众创业”、“草根创业”的新浪潮，形成“万众创新”、“人人创新”的新态势。2015 年 3 月 11 日，国务院办公厅印发《关于发展众创空间推进大众创新创业的指导意见》，提出努力营造良好的创新创业生态环境，将大众创新创业作为科技创新工作的重要内容和抓手。

2015 年《政府工作报告》明确指出，推进大众创业、万众创新，打造发展新引擎，既可以扩大就业、增加居民收入，又有利于促进社会纵向流动和公平正义。为落实国务院领导指示精神，国家发展改革委会同科技部、人力资源社会保障部、财政部等有关部门，共同研究起草了《关于大力推进大众创业万众创新若干政策措施的意见》（以下简称《意见》），2015 年 6 月 16 日，国务院正式颁布该《意见》。《意见》定位为“一条主线”[*]、“两个统筹”[**]和“四个立足”[***]。

* “一条主线”：要确保政策措施具有系统性、可操作性和落地性，加快政策执行传导进程。

** “两个统筹”：统筹做好已出台与新出台政策措施的衔接和协同，统筹推进高端人才创业与“草根”创业。

*** “四个立足”：一是立足改革创新，实现“放”与“扶”相结合；二是立足加强协同联动，形成政策合力；三是立足创业需求导向，推动创业、创新与就业协调互动发展；四是立足加强执行督导，确保政策落地生根。

（三）启动建设国家数字经济创新发展试验区

党的十八大以来，党中央、国务院高度重视数字经济发展。

习近平总书记指出，“面向未来，我们要站在统筹中华民族伟大复兴战略全局和世界百年未有之大变局的高度，统筹国内国际两个大局、发展安全两件大事，充分发挥海量数据和丰富应用场景优势，促进数字技术和实体经济深度融合，赋能传统产业转型升级，催生新产业新业态新模式，不断做强做优做大我国数字经济”[①]。

党的十八届五中全会提出，实施网络强国战略和国家大数据战略，拓展网络经济空间，促进互联网和经济社会融合发展，支持基于互联网的各类创新。党的十九大提出，推动互联网、大数据、人工智能和实体经济深度融合，建设数字中国、智慧社会。党的十九届五中全会提出，发展数字经济，推进数字产业化和产业数字化，推动数字经济和实体经济深度融合，打造具有国际竞争力的数字产业集群。与之相配套，我国先后出台了《网络强国战略实施纲要》《数字经济发展战略纲要》，从国家层面部署推动数字经济发展。

2019年10月，国家发展改革委联合中央网信办在第六届世界互联网大会（乌镇峰会）上召开国家数字经济创新发展试验区启动会，发布了《国家数字经济创新发展试验区实施方案》（以下简称《实施方案》），并向浙江省、河北省（雄安新区）、福建省、广东省、重庆市、四川省六个“国家数字经济创新发展试验区”授牌，正式启动试验区创建工作。

《实施方案》中提出了各试验区不同定位：雄安新区重点探索数字经济生产要素充分流通机制，以政企数据机制化融通利用，加快智慧城市建设，为推动京津冀协同发展和建设京津冀世界级城市

① 习近平：《不断做强做优做大我国数字经济》，《求是》，2022年02期。

群提供支撑。浙江省重点探索构建数字经济新型生产关系，加快政府数字化转型，创新数字经济多元协同治理体系，助力长三角一体化发展。福建省重点总结推广“数字福建”20年建设经验，深化政务数据与社会数据融合应用，围绕“数字丝路”、智慧海洋、卫星应用等开展区域特色试验。广东省依托粤港澳大湾区国际科技创新中心等主要载体，加强规则对接，重点探索数字经济创新要素高效配置机制，有力支撑粤港澳大湾区建设。

截至2022年9月，试验区成果丰硕：雄安新区大数据资产管理体系初现规模。作为国内首个提出打造“数字孪生城市”的地区，2019年至今，雄安新区累计启动实施重点项目240个，完成投资4233亿元；重庆数字经济与传统产业融合见成效。2021年，重庆市数字产业业务收入已突破1万亿元，较上年大幅增长25.2%；四川数字经济产业聚集度提升。2021年，四川省数字经济核心产业增加值达4012亿元，高出同期GDP增速9.8个百分点；深圳领先者深度进击，深圳的信息基础设施建设一直走在全国乃至全球的前列。2021年，深圳数字经济核心产业增加值超过9000亿元，占GDP的比重达30%，在全国处于领先地位。①

① 《三年过去了，国家数字经济创新发展试验区都做出了哪些成绩?》，澎湃政务-福卡智库，2022年9月30日。

第四节　构建开放型经济新体系

一、提出构建“双循环”新发展格局

2020 年 4 月，在中央财经委员会第七次会议上，习近平总书记强调，要构建以国内大循环为主体、国内国际双循环相互促进的新发展格局。[①] 同年 5 月，中共中央政治局常委会会议首次提出“深化供给侧结构性改革，充分发挥我国超大规模市场优势和内需潜力，构建国内国际双循环相互促进的新发展格局”[②]。

2020 年 8 月 24 日，习近平总书记在经济社会领域专家座谈会上讲话提出，“自 2008 年国际金融危机以来，我国经济已经在向以国内大循环为主体转变，经常项目顺差同国内生产总值的比率由 2007 年的 9.9%降至现在的不到 1%，国内需求对经济增长的贡献率有 7 个年份超过 100%”[③]。他强调，“要推动形成以国内大循环为主体、国内国际双循环相互促进的新发展格局。这个新发展格局是根据我国发展阶段、环境、条件变化提出来的，是重塑我国国际合作和竞争新优势的战略抉择”[④]。

11 月 4 日，习近平主席在第三届中国国际进口博览会开幕式上的主旨演讲中强调，“中国提出构建以国内大循环为主体、国内

---

① 《中国共产党第十九届中央委员会第七次全体会议公报》，新华网，2022 年 10 月 22 日。

② 《中共中央政治局常务委员会召开会议》，《光明日报》，2020 年 5 月 15 日。

③ 习近平：《在经济社会领域专家座谈会上的讲话》，北京：人民出版社，2020 年版，第 7 页。

④ 习近平：《在经济社会领域专家座谈会上的讲话》，北京：人民出版社，2020 年版，第 7 页。

国际双循环相互促进的新发展格局。这决不是封闭的国内循环，而是更加开放的国内国际双循环，不仅是中国自身发展需要，而且将更好造福各国人民”[①]。

2020年10月，党的十九届五中全会通过的《中共中央关于制定国民经济和社会发展第十四个五年规划和二〇三五年远景目标的建议》再次强调，加快构建以国内大循环为主体、国内国际双循环相互促进的新发展格局。

党的十九届五中全会提出要形成强大国内市场。坚持扩大内需这个战略基点，加快培育完整内需体系，把实施扩大内需战略同深化供给侧结构性改革有机结合起来，以创新驱动、高质量供给引领和创造新需求；把畅通国内大循环，促进国内国际双循环，全面促进消费，拓展投资空间作为新时期的具体方案。

二、推动自由贸易试验区建设

2013年8月，国务院正式批准设立中国（上海）自由贸易试验区。以上海外高桥保税区为核心，辅之以机场保税区和洋山港临港新城，成为中国经济新的试验田，实行政府职能转变、金融制度、贸易服务、外商投资和税收政策等多项改革措施，并将大力推动上海市转口、离岸业务的发展。同年9月，国务院下达了关于印发中国（上海）自由贸易试验区总体方案的通知。9月29日，中国首个自贸区——上海自由贸易区正式挂牌成立，《中国（上海）

① 习近平：《在第三届中国国际进口博览会开幕式上的主旨演讲》，《人民日报》，2020年11月5日。

自由贸易试验区外商投资准入特别管理措施（负面清单）（2013年）》正式公布。

2014年5月，中国人民银行上海总部发布《中国（上海）自由贸易试验区分账核算业务实施细则》和《中国（上海）自由贸易试验区分账核算业务风险审慎管理细则》，标志着自贸试验区风险管理账户体系的政策框架已基本成型。同年7月，上海市人大常委会第十四次会议高票通过《中国（上海）自由贸易试验区条例》。这是我国第一部关于自由贸易试验区的地方性法规。12月，国务院召开常务会议，部署推广上海自贸试验区试点经验，加快制定完善负面清单，推动更高水平对外开放。会议决定，依托现有新区、园区，在广东、天津、福建特定区域再设三个自由贸易园区。此时，我国自贸试验区扩围至四个。

2015年4月，人民银行上海总部发出《关于启动自由贸易账户外币服务功能的通知》，正式宣布上海市开展自贸试验区分账核算业务的金融机构可按相关要求向区内及境外主体提供本外币一体化的自由贸易账户金融服务，标志着自由贸易账户外币服务功能的正式启动。

2017年3月，我国自贸试验区再迎新一轮扩围，国务院正式批复在辽宁、浙江、河南、湖北、重庆、四川、陕西等省市设立七个新的自贸试验区，并分别印发了总体方案。至此，我国自贸试验区建设形成“1+3+7”的新格局。

2018年4月，中共中央、国务院发布《关于支持海南全面深化改革开放的指导意见》，明确建设中国（海南）自由贸易试验区，实施范围为海南岛全岛。同年10月，国务院印发《中国（海南）自由贸易试验区总体方案》。

2019—2020 年，山东、江苏、广西、河北、云南、黑龙江、北京、湖南、安徽相继成立自由贸易试验区，浙江自由贸易试验区得以扩展。经过 6 次扩容，我国自贸试验区已增至 21 个，基本形成覆盖全国各个主要区域、东西南北中协调联动、陆海统筹发展的“1+3+7+1+6+3”自贸试验区建设新格局，成为我国全方位扩大开放的“排头兵”和“领头雁”。

三、推进海南自由贸易港建设

推进海南自由贸易港建设，是党中央着眼于国际国内发展大局，深入研究、统筹考虑、科学谋划作出的重大决策，是彰显我国扩大对外开放、积极推动经济全球化决心的重大举措。2017 年 10 月，党的十九大报告明确指出，“赋予自由贸易试验区更大改革自主权，探索建设自由贸易港”①。

2018 年 4 月 11 日，中共中央、国务院印发《关于支持海南全面深化改革开放的指导意见》，党中央决定支持海南全岛建设自由贸易试验区，支持海南逐步探索、稳步推进中国特色自由贸易港建设②。4 月 13 日，习近平总书记在庆祝海南建省办经济特区 30 周年大会上发表重要讲话指出，“党中央决定支持海南全岛建设自由贸易试验区，支持海南逐步探索、稳步推进中国特色自由贸易港建

① 习近平：《决胜全面建成小康社会 夺取新时代中国特色社会主义伟大胜利——在中国共产党第十九次全国代表大会上的报告》，北京：人民出版社，第 35 页。
②《中共中央国务院关于支持海南全面深化改革开放的指导意见》，北京：人民出版社，2018 年版，第 7 页。

设，分步骤、分阶段建立自由贸易港政策和制度体系”① 。

2020 年 6 月，中共中央、国务院印发《海南自由贸易港建设总体方案》（以下简称《方案》）。《方案》强调，对标国际高水平经贸规则，将海南自由贸易港打造成为引领我国新时代对外开放的鲜明旗帜和重要开放门户。《方案》进一步提出，2025 年前重点任务：在有效监管基础上，有序推进开放进程，形成早期收获，适时启动全岛封关运作。2035 年前重点任务：要全面实现贸易自由便利、投资自由便利、跨境资金流动自由便利、人员进出自由便利、运输来往自由便利和数据安全有序流动，推进建设高水平自由贸易港。

2021 年 6 月，十三届全国人大常务委员会第二十九次会议通过《中华人民共和国海南自由贸易港法》，明确提出国家在海南岛全岛设立海南自由贸易港，分步骤、分阶段建立自由贸易港政策和制度体系，实现贸易、投资、跨境资金流动、人员进出、运输来往自由便利和数据安全有序流动。海南自由贸易港建设和管理活动适用本法。②

四、支持深圳建设中国特色社会主义先行示范区

2018 年 10 月，习近平总书记赋予深圳“朝着建设中国特色社会主义先行示范区的方向前行，努力创建社会主义现代化强国的城

① 习近平：《稳步推进中国特色自由贸易港建设》，《习近平谈治国理政》（第三卷），北京：外文出版社，2020 年版，第 197–198 页。
② 《中华人民共和国海南自由贸易港法》，北京：法律出版社，2021 年版，第 17 页。

市范例”的崇高使命。[①] 12月26日，习近平总书记对深圳工作作出重要批示，强调深圳要“抓住粤港澳大湾区建设重大机遇，增强核心引擎功能，朝着建设中国特色社会主义先行示范区的方向前行，努力创建社会主义现代化强国的城市范例”[②]。

2019年8月，中共中央、国务院印发《关于支持深圳建设中国特色社会主义先行示范区的意见》，再次赋予深圳特殊使命，要求深圳建设成为高质量发展高地、法治城市示范、城市文明典范、民生幸福标杆、可持续发展先锋，这是深圳作为中国特色社会主义先行示范区建设的目标和方向。

2020年10月14日，习近平总书记在深圳经济特区建立40周年庆祝大会上发表重要讲话，强调“深圳要建设好中国特色社会主义先行示范区，创建社会主义现代化强国的城市范例，提高贯彻落实新发展理念能力和水平，形成全面深化改革、全面扩大开放新格局，推进粤港澳大湾区建设，丰富‘一国两制’事业发展新实践，率先实现社会主义现代化。这是新时代党中央赋予深圳的历史使命。”[③]

五、支持浦东新区打造社会主义现代化建设引领区

2020年8月，推进长三角一体化发展座谈会召开，对推动浦

① 《走在前列勇当尖兵——写在深圳建设中国特色社会主义先行示范区一周年之际》，《人民日报》，2020年8月18日。
② 《习近平总书记对深圳工作作出重要批示》，《南方日报》，2019年1月8日。
③ 习近平：《在深圳经济特区建立40周年庆祝大会上的讲话》，新华网，2020年10月14日。

东高水平改革开放作出专门部署。会议强调支持浦东在改革系统集成协同高效、高水平制度型开放、增强配置全球资源能力、提升城市现代化治理水平等方面先行先试、积极探索、创造经验，对上海以及长三角一体化高质量发展乃至我国社会主义现代化建设具有战略意义。

2021 年 7 月，中共中央、国务院发布《关于支持浦东新区高水平改革开放打造社会主义现代化建设引领区的意见》，赋予浦东新区五大战略定位*，提出两个阶段的发展目标**，明确了七方面重大任务和举措。同时，海关总署印发《关于支持浦东新区高水平对外开放打造社会主义现代化建设引领区的实施意见》，提出“聚焦创新引擎，全力支持浦东建设国际科技创新中心核心区”、“聚焦改革集成，打造国际一流跨境贸易营商环境”、“聚焦制度型开放，着力增强外贸竞争新优势”、“聚焦龙头辐射，强化国际开放门户枢纽功能”、“聚焦国门安全，牢牢守住对外开放的安全底线”五大方面 15 项具体举措，助力浦东成为更高水平改革开放的开路先锋。[①]

* 五大战略定位即“打造更高水平改革开放的开路先锋”、“自主创新发展的时代标杆”、“全球资源配置的功能高地”、“扩大国内需求的典范引领”、“现代城市治理的示范样板”。

** 两个阶段目标：到 2035 年，浦东现代化经济体系全面构建，现代化城区全面建成，现代化治理全面实现，城市发展能级和国际竞争力跃居世界前列。到 2050 年，浦东建设成为在全球具有强大吸引力、创造力、竞争力、影响力的城市重要承载区，城市治理能力和治理成效的全球典范，社会主义现代化强国的璀璨明珠。

六、《区域全面经济伙伴关系协定》（RCEP）正式生效实施

《区域全面经济伙伴关系协定》（RCEP）是 2012 年由东盟发起，历时八年，由包括中国、日本、韩国、澳大利亚、新西兰和东盟十国共 15 方成员制定的协定。自 2013 年正式开始，至 2019 年

① 《海关总署出台 15 项措施支持浦东新区高水平对外开放》，《经济日报》，2021 年 7 月 23 日。

11 月，举行了 3 次领导人会议、19 次部长级会议，28 轮正式谈判。

2020 年 11 月，第四次区域全面经济伙伴关系协定（RCEP）领导人会议以视频方式举行，会后东盟十国和中国、日本、韩国、澳大利亚、新西兰共 15 个亚太国家正式签署了《区域全面经济伙伴关系协定》。《区域全面经济伙伴关系协定》的签署，标志着当前世界上人口最多、经贸规模最大、最具发展潜力的自由贸易区正式启航。

2021 年 4 月，中国向东盟秘书长正式交存《区域全面经济伙伴关系协定》（RCEP）核准书，标志着中国正式完成RCEP核准程序。同年 10 月，泰国、新加坡、文莱、老挝、柬埔寨、越南共 6 个东盟国家已提交了《区域全面经济伙伴关系协定》（RCEP）核准书，澳大利亚和新西兰已完成《区域全面经济伙伴关系协定》（RCEP）的国内核准程序，协定自 2022 年 1 月 1 日起正式生效。

七、“一带一路”倡议与构建人类命运共同体

（一）提出“一带一路”倡议

2013 年 9 月 7 日、10 月 3 日，习近平主席在出访哈萨克斯坦和印度尼西亚时先后提出共同建设“丝绸之路经济带”与“21 世纪海上丝绸之路”*的重大倡议。

* “丝绸之路经济带”与“21 世纪海上丝绸之路”的重大倡议即“一带一路”倡议。

2014 年 6 月，在中阿合作论坛第六届部长级会议开幕式上，习近平主席指出，“一带一路”是互利共赢之路，将带动各国经济更加紧密地结合起来。同年 9 月，习近平主席在印度世界事务委员会的演讲上指出，中国提出“一带一路”倡议，就是要加强传统陆海丝绸之路沿线国家互联互通，实现经济共荣、贸易互补、民心

相通。中国希望以“一带一路”为双翼，同南亚国家一道实现腾飞。11 月，习近平主席在亚太经合组织工商领导人峰会开幕式上指出，“中国还将出资 400 亿美元成立丝路基金，为‘一带一路’沿线国家基础设施建设、资源开发、产业合作等有关项目提供投融资支持”①。

2015 年 3 月，中国发布《推动共建丝绸之路经济带和 21 世纪海上丝绸之路的愿景与行动》。“一带一路”倡议提出以打造利益共同体和命运共同体为发展目标，充分体现天下大同等中华文明的核心价值。

2017 年 5 月 14 日至 15 日，首届“一带一路”国际合作高峰论坛在北京成功举办。这次高峰论坛是“一带一路”框架下最高规格的国际活动。高峰论坛取得了丰硕的成果。2019 年 4 月 25 日至 27 日，第二届“一带一路”国际合作高峰论坛继续在北京举办。2020 年 6 月 18 日，“一带一路”国际合作高级别视频会议在北京举行。“一带一路”国际合作高峰论坛已经成为各参与国家和国际组织深化交往、增进互信、密切往来的重要平台。

2013—2020 年，我国在“一带一路”沿线国家承包工程新签合同额超过 9400 亿美元，对沿线国家累计直接投资达 1360 亿美元。“一带一路”沿线国家实际在华投资达到约 600 亿美元。中国与“一带一路”沿线国家货物贸易超过 9.2 万亿美元。贸易规模持续扩大，年贸易额从 1 万亿美元增长到 1.4 万亿美元，沿线国家在我国对外贸易中的比重提高了 4.1 个百分点。“一带一路”建设在

① 《习近平在亚太经合组织工商领导人峰会开幕式上的演讲（全文）》，新华网，2014 年 11 月 9 日。

合作中不断发展，已经成为范围最广、规模最大的国际合作平台和最受欢迎的国际公共产品，取得实打实、沉甸甸的成就。

（二）推动构建人类命运共同体

2012 年 11 月，党的十八大明确提出，“要倡导人类命运共同体意识，在追求本国利益时兼顾他国合理关切”。2013 年 3 月，习近平主席在莫斯科国际关系学院发表题为《顺应时代前进潮流促进世界和平发展》的演讲。

2017 年 1 月，习近平主席在联合国日内瓦总部发表题为《共同构建人类命运共同体》的演讲。他提出，“人类正处在大发展大变革大调整时期，也正处在一个挑战层出不穷、风险日益增多的时代。世界怎么了、我们怎么办？这是整个世界都在思考的问题，也是我一直在思考的问题。让和平的薪火代代相传，让发展的动力源源不断，让文明的光芒熠熠生辉，是各国人民的期待，也是我们这一代政治家应有的担当。中国方案是：构建人类命运共同体，实现共赢共享”[①]。

2017 年 10 月，党的十九大报告提出，“坚持和平发展道路，推动构建人类命运共同体”[②]。2018 年 3 月，十三届全国人大一次会议通过的宪法修正案，将宪法序言第十二自然段中“发展同各国的外交关系和经济、文化的交流”修改为“发展同各国的外交关系

---

① 习近平：《共同构建人类命运共同体》，《习近平谈治国理政》（第二卷），北京：外文出版社，2017 年版，第 537–539 页。

② 习近平：《决胜全面建成小康社会 夺取新时代中国特色社会主义伟大胜利——在中国共产党第十九次全国代表大会上的报告》，北京：人民出版社，2017 年版，第 57 页。

和经济、文化交流，推动构建人类命运共同体”[①]。

第五节　实施重大区域发展战略

一、京津冀协同发展

2013 年 5 月，习近平总书记在天津调研时，指出要谱写新时期社会主义现代化的京津“双城记”。8 月，习近平总书记提出，河北省的未来发展，要与环渤海地区崛起、京津冀协同发展有机结合起来，形成新的经济增长极。2014 年 2 月，习近平总书记在听取京津冀协同发展工作汇报时强调，实现京津冀协同发展是一个重大国家战略，要坚持优势互补、互利共赢、扎实推进，加快走出一条科学持续的协同发展路子。[②]

2015 年 3 月，中共中央政治局审议通过《京津冀协同发展规划纲要》，对三地各自的功能作出定位：北京的定位是“四个中心”*；天津的定位是全国先进制造研发基地、北方国际航运核心区、金融创新运营示范区、改革开放先行区；河北的定位是全国现代商贸物流重要基地、产业转型升级试验区、新型城镇化与城乡统筹示范区、京津冀生态环境支撑区。

* “四个中心”即全国政治中心、文化中心、国际交往中心和科技创新中心。

① 《中华人民共和国宪法修正案》，载中共中央党史和文献研究院编：《十九大以来重要文献选编》，北京：中央文献出版社，2019 年版，第 336 页。
② 《习近平主持召开座谈会听取京津冀协同发展工作汇报》，中国政府网，2014 年 2 月 27 日。

2015年9月，国家发展改革委印发《环渤海地区合作发展纲要》，进一步强调京津冀协同发展这一区域发展总体战略，并提出京津冀区域一体化格局要在2030年基本形成的发展目标。

二、高标准高质量建设雄安新区

党的十八大以来，习近平总书记多次深入北京、天津、河北考察调研，多次主持召开中央政治局常委会会议、中央政治局会议，研究决定和部署实施京津冀协同发展战略。习近平总书记明确指示，要重点打造北京非首都功能疏解集中承载地，在河北适合地段规划建设一座以新发展理念引领的现代新型城区。

2017年2月，习近平总书记专程到河北省安新县进行实地考察，主持召开河北雄安新区规划建设工作座谈会。习近平总书记强调规划建设雄安新区“必须坚持世界眼光、国际标准、中国特色、高点定位”，“努力打造贯彻落实新发展理念的创新发展示范区”①。讲话中提出了规划建设雄安新区要突出七个方面的重点任务：一是建设绿色智慧新城。二是打造优美生态环境。三是发展高端高新产业。四是提供优质公共服务。五是构建快捷高效交通网，打造绿色交通体系。六是推进体制机制改革，发挥市场在资源配置中的决定性作用和更好发挥政府作用。七是扩大全方位对外开放，打造扩大开放新高地和对外合作新平台。

2017年3月，中共中央、国务院印发通知，决定设立河北雄

---

① 习近平：《实施三大战略，促进区域协调发展》，《习近平谈治国理政》（第二卷），北京：外文出版社，2017年版，第238页。

安新区。雄安新区规划范围涉及河北省雄县、容城、安新三县及周边部分区域，地处北京、天津、保定腹地。同年10月，党的十九大报告中指出，“以疏解北京非首都功能为‘牛鼻子’推动京津冀协同发展，高起点规划、高标准建设雄安新区”[①]。

2018年2月，中央政治局常委会召开会议，听取雄安新区规划编制情况的汇报并发表重要讲话。国务院常务会议审议雄安新区规划并提出明确要求。京津冀协同发展领导小组直接领导推动新区规划编制工作。按照党中央要求，进一步修改完善形成了《河北雄安新区规划纲要》。同年4月，中共中央、国务院做出关于对《河北雄安新区规划纲要》的批复。《河北雄安新区规划纲要》是中共河北省委、河北省人民政府编制的河北雄安新区发展和建设规划纲要。规划期限至2035年，并展望本世纪中叶发展远景。

三、粤港澳大湾区建设

2010年，粤港澳三地政府联合制定《环珠三角宜居湾区建设重点行动计划》。2014年，湾区经济首次被纳入深圳市政府工作报告。2015年3月，国务院发布的《推动共建丝绸之路经济带和21世纪海上丝绸之路的愿景与行动》，提出了“要充分发挥深圳前海、广州南沙、珠海横琴、福建平潭等开放合作区作用，深化与港澳台合作，打造粤港澳大湾区”。同年，国家“十三五”规划纲要中提出支持港澳在泛珠三角区域合作中发挥重要作用，推动粤港澳

① 习近平：《决胜全面建成小康社会 夺取新时代中国特色社会主义伟大胜利——在中国共产党第十九次全国代表大会上的报告》，北京：人民出版社，第33页。

大湾区和跨省区重大合作平台建设。

2017 年 3 月 5 日，政府工作报告正式把“粤港澳大湾区”纳入其中。2017 年 7 月，国家发展改革委、广东省人民政府、香港特别行政区政府、澳门特别行政区政府签署了《深化粤港澳合作推进大湾区建设框架协议》，标志着粤港澳大湾区建设正式启动。2019 年 2 月，中共中央、国务院印发《粤港澳大湾区发展规划纲要》(以下简称《规划纲要》)，成为指导粤港澳大湾区当前和今后一个时期合作发展的纲领性文件。《规划纲要》提出的战略定位是：充满活力的世界级城市群，具有全球影响力的国际科技创新中心，“一带一路”建设的重要支撑，内地与港澳深度合作示范区，宜居宜业宜游的优质生活圈。提出的发展目标分为两步：2022 年，国际一流湾区和世界级城市群框架基本形成；2035 年，大湾区形成以创新为主要支撑的经济体系和发展模式，国际一流湾区全面建成。

四、长三角一体化与长江经济带发展

（一）长三角一体化发展

2018 年 11 月，习近平总书记在首届中国国际进口博览会上宣布，支持长江三角洲区域一体化发展并上升为国家战略，着力落实新发展理念，构建现代化经济体系，推进更高起点的深化改革和更高层次的对外开放，同“一带一路”建设、京津冀协同发展、长江经济带发展、粤港澳大湾区建设相互配合，完善中国改革开放空间布局。[①]

2019 年 12 月，中共中央、国务院印发《长江三角洲区域一体化发展规划纲要》（以下简称《纲要》）。长江三角洲区域一体化发展规划范围包括上海市、江苏省、浙江省、安徽省全域。《纲要》明确了五个战略定位*。

* 五个战略定位为：全国发展强劲活跃增长极；全国高质量发展样板区；率先基本实现现代化引领区；区域一体化发展示范区；新时代改革开放新高地。

（二）长江经济带发展

长江经济带覆盖上海、江苏、浙江、安徽、江西、湖北、湖南、重庆、四川、云南、贵州等 11 个省市，面积约 205 万平方公里，占全国的 21%，人口和经济总量均超过全国的 40%，生态地位重要、综合实力较强、发展潜力巨大。2013 年 7 月，习近平总书记在武汉调研时指出，长江流域要加强合作，发挥内河航运作用，把全流域打造成黄金水道。

2016 年 1 月，习近平总书记在重庆召开推动长江经济带发展座谈会并发表重要讲话，全面深刻地阐述了长江经济带发展战略的重大意义、推进思路和重点任务，指出推动长江经济带发展是国家一项重大区域发展战略，要从中华民族长远利益出发，坚持生态优先、绿色发展，共抓大保护、不搞大开发，把长江经济带建设成为我国生态文明建设的先行示范带、创新驱动带、协调发展带。同时，中央财经领导小组第十二次会议强调，共同努力把长江经济带建成生态更优美、交通更顺畅、经济更协调、市场更统一、机制更

① 《习近平主席出席首届中国国际进口博览会开幕式并发表主旨演讲》，中国政府网，2018 年 11 月 5 日。

科学的黄金经济带。[①]同年5月，中共中央、国务院印发《长江经济带发展规划纲要》，围绕“生态优先、绿色发展”的基本思路，提出长江经济带的战略定位：生态文明建设的先行示范带、引领全国转型发展的创新驱动带、具有全球影响力的内河经济带、东中西互动合作的协调发展带，并确立了长江经济带“一轴、两翼、三极、多点”*的发展新格局。

* “一轴”指以长江黄金水道为依托，发挥上海、武汉、重庆核心作用，构建沿江绿色发展轴。“两翼”分别指沪瑞和沪蓉南北两大运输通道，促进交通互联互通，增强南北两侧腹地重要节点城市人口和产业集聚能力。“三极”指长江三角洲、长江中游和成渝三个城市群，充分发挥中心城市的辐射作用，打造长江经济带的三大增长极。“多点”指发挥三大城市群以外地级城市的支撑作用，加强与中心城市的经济联系与互动，带动地区经济发展。

2018年11月，中共中央、国务院明确要求充分发挥长江经济带横跨东中西三大板块的区位优势，以共抓大保护、不搞大开发为导向，以生态优先、绿色发展为引领，依托长江黄金水道，推动长江上中下游地区协调发展和沿江地区高质量发展。

五、西部大开发、中部地区高质量发展与东北振兴

（一）推动西部大开发形成新格局

我国幅员辽阔、人口众多，各地区自然资源禀赋差别大，统筹区域发展从来都是一个重大问题。西部大开发一直都是党和国家关注的重点领域。西部大开发先后经历两个十年规划，西部大开发第一个十年规划，是以生态环境保护、基础设施建设为主，为西部全面开发做好前期准备；第二个十年规划，主要以发展特色产业，以及教育等社会公共事业和精准扶贫等为重点，进一步打好全面发展的基础。

进入新时代，在新的历史条件和经济社会发展背景下，西部

① 《解读中央财经领导小组第十二次会议》，新华网，2016年1月26日。

地区的发展被国家赋予了更加重要的战略意义。2017 年 10 月 18 日，党的十九大报告提出“强化举措推进西部大开发形成新格局”。新时代推进西部大开发形成新格局，有利于促进地区平衡发展，充分利用好西部地区固有的资源优势，实现东西部发展优势互补、共同促进。

2020 年 5 月，中共中央、国务院印发《关于新时代推进西部大开发形成新格局的指导意见》（以下简称《指导意见》）。这是西部大开发第三个十年规划，是西部与全国一道，同步进入全面现代化建设的高质量发展的新时期。

《指导意见》提出推进西部大开发的发展目标为“到 2035 年，西部地区基本实现社会主义现代化，基本公共服务、基础设施通达程度、人民生活水平与东部地区大体相当”①。全文包括贯彻新发展理念，推动高质量发展；以共建“一带一路”为引领，加大西部开放力度；加大美丽西部建设力度，筑牢国家生态安全屏障；深化重点领域改革，坚定不移推动重大改革举措落实；坚持以人民为中心，把增强人民群众获得感、幸福感、安全感放到突出位置；加强政策支持和组织保障等七大层面三十六条建议。

（二）中部地区高质量发展

2019 年 5 月，习近平总书记在江西考察时强调，做好中部地区崛起工作，对实现全面建成小康社会奋斗目标、开启我国社会主义现代化建设新征程具有十分重要的意义。当前，中部地区崛起势

---

①《中共中央 国务院关于新时代推进西部大开发形成新格局的指导意见》，中国政府网，2020 年 5 月 17 日。

头正劲，中部地区发展大有可为。要紧扣高质量发展要求，乘势而上，扎实工作，推动中部地区崛起再上新台阶。①

2021年7月，中共中央、国务院发布《关于新时代推动中部地区高质量发展的意见》（以下简称《意见》）。《意见》明确了中部地区高质量发展分阶段目标："到2025年，中部地区质量变革、效率变革、动力变革要取得突破性进展，综合实力、内生动力和竞争力进一步增强；到2035年，中部地区现代化经济体系基本建成，共同富裕取得更为明显的实质性进展"②。

（三）东北全面振兴

东北在国家发展全局中具有重要战略地位。2016年两会期间，习近平总书记在黑龙江代表团参加审议时指出，"振兴东北要扬长避短、扬长克短、扬长补短，向经济建设这个中心聚焦发力，打好发展组合拳，奋力走出全面振兴新路子"③。

2018年9月，习近平总书记在东北三省考察，明确提出新时代东北振兴，是全面振兴、全方位振兴。

2019年6月，国务院振兴东北地区等老工业基地领导小组会议召开。会议认为，全面振兴东北要靠改革开放，进一步提出，加大力度刀刃向内转变政府职能，国家将在东北地区率先开展营

---

① 《习近平在江西考察并主持召开推动中部地区崛起工作座谈会》，中国政府网，2019年5月22日。

② 《中共中央国务院关于新时代推动中部地区高质量发展的意见》，北京：人民出版社，2021年版，第7页。

③ 《习近平在东北三省考察并主持召开深入推进东北振兴座谈会》，中国政府网，2018年9月28日。

商环境试评价；加快推进国企国资改革取得突破；破除隐性壁垒，壮大民营经济；打造重点面向东北亚的开放合作高地。

2021年9月，国务院通过《东北全面振兴“十四五”实施方案》（以下简称《实施方案》）。为推动东北全面振兴和全方位振兴指明了方向，明确了重点。从维护国家国防、粮食、生态、能源、产业安全的战略高度，加强政策统筹，通过重点突破，带动东北全面振兴和全方位振兴。《实施方案》批复意见提出四个着力的要求“着力破解体制机制障碍，着力激发市场主体活力，着力推动产业结构调整优化，着力构建区域动力系统，着力在落实落细上下功夫”①。以走出一条质量更高、效益更好、结构更优、优势充分释放的发展新路，推动东北全面振兴实现新突破。

第六节　实施乡村振兴战略

一、脱贫攻坚战取得全面胜利

党的十八大以来，全面建成小康社会进入决胜阶段，党中央对脱贫攻坚作出新的部署，吹响了打赢脱贫攻坚战的进军号。习近平总书记明确指出，“脱贫攻坚必须坚持问题导向，以改革为动力，以构建科学的体制机制为突破口，充分调动各方面的积极因素，用

①《国务院关于东北全面振兴“十四五”实施方案的批复》，中国政府网，2021年9月13日。

心、用情、用力开展工作”[1]。

2013年11月，习近平总书记在湖南苗寨首次提出“精准扶贫”。

2015年11月，中共中央、国务院发布《关于打赢脱贫攻坚战的决定》。作为一个时期脱贫攻坚的纲要性文件，对打赢脱贫攻坚战提出了许多实举措、硬政策，其中包含六个要点：一是贫困县“摘帽不摘政策”；二是建档立卡，贫困户孩子上高中、中职免学杂费；三是贫困人口全部纳入重特大疾病救助范围；四是加大“互联网+”扶贫；五是加大财政扶贫投入力度；六是国开行、农发行设立扶贫金融事业部。[2]同期，中西部22个省区市党政主要负责同志向中央签署脱贫攻坚责任书，脱贫目标第一次纳入五年规划的约束性指标。

2016年10月，中共中央办公厅、国务院办公厅印发《脱贫攻坚责任制实施办法》，要求按照中央统筹、省负总责、市县抓落实的工作机制，构建责任清晰、各负其责、合力攻坚的责任体系。同年12月，国务院印发《“十三五”脱贫攻坚规划》，明确了“十三五”时期脱贫攻坚总体思路、基本目标、主要任务和保障措施，提出了打赢脱贫攻坚战的时间表和路线图。

2020年11月，我国最后九个贫困县全部退出贫困县序列，举全党全国之力的脱贫攻坚战取得决定性胜利。

2021年2月，习近平总书记在北京召开的全国脱贫攻坚总结

---

① 《贯彻战略新思想 打赢脱贫攻坚战——“学习贯彻习近平总书记扶贫开发战略思想研讨会”综述》，《经济日报》，2016年10月17日。

② 《中共中央 国务院关于打赢脱贫攻坚战的决定》，《中华人民共和国国务院公报》，2015年35期。

表彰大会上庄严宣告："经过全党全国各族人民共同努力，在迎来中国共产党成立一百周年的重要时刻，我国脱贫攻坚战取得了全面胜利，现行标准下9899万农村贫困人口全部脱贫，832个贫困县全部摘帽，12.8万个贫困村全部出列，区域性整体贫困得到解决，完成了消除绝对贫困的艰巨任务……改革开放以来，中国7.7亿人脱贫，对全球减贫贡献率超过70%，提前10年实现联合国2030年可持续发展议程减贫目标，向全世界展示了中国共产党的领导和中国特色社会主义制度的优越性"[①]。

二、全面推进乡村振兴

党的十九大报告指出，"农业农村农民问题是关系国计民生的根本性问题，必须始终把解决好'三农'问题作为全党工作的重中之重，实施乡村振兴战略"[②]。

2018年1月，中共中央、国务院发布《关于实施乡村振兴战略的意见》，对实施乡村振兴战略进行了全面部署。同年9月，中共中央、国务院印发《乡村振兴战略规划（2018—2022年）》，部署了一系列重大工程与行动。

2021年2月，中共中央、国务院发布《关于全面推进乡村振兴加快农业农村现代化的意见》，这是21世纪以来第18个指导

① 习近平：《在全国脱贫攻坚总结表彰大会上的讲话》，北京：人民出版社，2021年版，第7页。
② 习近平：《在全国脱贫攻坚总结表彰大会上的讲话》，北京：人民出版社，2021年版，第7页。

“三农”工作的中央一号文件。2 月 25 日，国务院直属机构国家乡村振兴局正式挂牌。同年 3 月，中共中央、国务院发布《关于实现巩固拓展脱贫攻坚成果同乡村振兴有效衔接的意见》，提出重点工作。4 月，第十三届全国人民代表大会常务委员会第二十八次会议通过《中华人民共和国乡村振兴促进法》，该法是中国历史上第一个关于推动“农业发展、农村振兴、农民致富”的法律规范，是我国第一部直接以“乡村振兴”命名的法律，标志着乡村振兴战略迈入有法可依、依法实施的新阶段。5 月，司法部印发《“乡村振兴法治同行”活动方案》。

2020 年底，我国如期完成了新时代脱贫攻坚的目标任务，彻底消除了困扰我国千百年的绝对贫困问题。党的十九届五中全会通过《中共中央关于制定国民经济和社会发展第十四个五年规划和二〇三五年远景目标的建议》，对实现巩固拓展脱贫攻坚成果同乡村振兴有效衔接作出了总体部署，对巩固和拓展脱贫攻坚成果、建立农村低收入人口和欠发达地区帮扶机制提出了明确要求。

2021 年 3 月，中共中央、国务院发布《关于实现巩固拓展脱贫攻坚成果同乡村振兴有效衔接的意见》，聚焦脱贫地区，部署做好脱贫攻坚与乡村振兴领导体制、工作体系、发展规划、政策举措、考核机制等有效衔接，集中资源和力量，接续推进脱贫地区发展和乡村全面振兴。

三、农村集体产权制度改革

农村集体产权制度改革，是新形势下完善农村生产关系的重大举措，是全面深化农村改革的重大任务。2016 年，全国农村集体经济组织拥有土地等资源性资产66.9亿亩，各类账面资产2.86万亿元。这些资产是农村农业发展的重要物质基础。[①]

党的十八届三中全会提出，赋予农民更多财产权利。2014年，广东、北京等省市开始探索农村产权改革。2016年4月，习近平总书记在小岗村农村改革座谈会上强调，着力推进农村集体资产确权到户和股份合作制改革。2016年12月，中共中央、国务院发布《关于稳步推进农村集体产权制度改革的意见》（以下简称《意见》），共有36项任务、涉及31个部门。

《意见》提出，"通过改革，逐步构建归属清晰、权能完整、流转顺畅、保护严格的中国特色社会主义农村集体产权制度，保护和发展农民作为农村集体经济组织成员的合法权益。……建立符合市场经济要求的农村集体经济运行新机制，形成有效维护农村集体经济组织成员权利的治理体系"[②]。《意见》同时提出，力争用3年左右的时间基本完成对集体所有的各类资产进行全面清产核资，健全台账管理制度，在此基础上，用5年左右的时间将经营性资产以股份或份额形式量化到集体成员，有序推进经营性资产股份合作制改革。

2018年，全国已有超过13万个村组完成改革，确认集体成员超过1亿人。2015年部署在全国29个县（市、区）开展积极发展农民股份合作、赋予农民对集体资产股份权能改革试点。2017年，

---

① 《〈关于稳步推进农村集体产权制度改革的意见〉政策解读》，国新网，2017年1月3日。

② 《中共中央国务院关于稳步推进农村集体产权制度改革的意见》，《人民日报》，2016年12月30日。

农业部、中央农办确定在100个县开展农村集体产权制度改革试点（第二批）。2018年6月，经农业农村部研究，同意吉林、江苏、山东3个省、河北省石家庄市等50个地市、天津市武清区等150个县（市、区）为2018年度农村集体产权制度改革试点单位（第三批）。三批试点加起来，共涉及县级行政单位1000个左右。[①]

第七节　从进一步简政放权到全面推进依法治国

一、“放管服”改革

（一）推进简政放权、放管结合

2014年3月，以“三证合一”为核心的商事制度改革全面实施。商事主体只需在工商登记窗口填一张表，由后台统一运转数据，就能拿到印有组织机构代码和税务登记号的工商营业执照，组织机构代码证和税务登记证不再单独存在。同年8月，在此基础上，国家工商总局、中央编办、国家发展改革委、国家税务总局、质检总局和国务院法制办联合发出《关于贯彻落实〈国务院办公厅关于加快推进“三证合一”登记制度改革的意见〉的通知》，从2015年10月1日开始全面推行的“三证合一、一照一码”改革更进一步。首次整合优化了登记申请文书提交材料规范，取消了组织机构代码和税务登记号，由工商行政管理部门核发一个加载统一社

① 《农业农村部介绍农村集体产权制度改革进展情况》，农业农村部网站，2018年6月19日。

会信用代码的营业执照，办理新版营业执照最快仅需数小时。

2015 年 5 月，国务院印发《2015 年推进简政放权放管结合转变政府职能工作方案》。同年 10 月，国务院印发《关于“先照后证”改革后加强事中事后监管的意见》，结合当前简政放权、政府信息公开、信息治理、市场监管改革实践，提出了强化事中事后监管的原则，厘清了市场监管职责，引入了以信用监管为核心的监管制度，并探索监管方式创新，引入市场监管共治。

（二）全面推行政务公开

2016 年 1 月，习近平总书记在中央深改领导小组第二十次会议上强调，“政务公开是法治政府建设的一项重要制度，要以制度安排把政务公开贯穿政务运行全过程，权力运行到哪里，公开和监督就延伸到哪里”①。会议审议通过了《关于全面推进政务公开工作的意见》，提出到 2020 年，政务公开工作总体迈上新台阶，依法积极稳妥实行政务公开负面清单制度，公开内容覆盖权力运行全流程、政务服务全过程，公开制度化、标准化、信息化水平显著提升，公众参与度高，用政府更加公开透明赢得人民群众更多理解、信任和支持。②

2017 年 5 月至 2018 年 9 月，国办部署在北京、江苏、安徽等 15 个省（区、市）100 个县（市、区），围绕涉及群众切身利益、社会关注度高的 26 个领域开展了试点工作。试点结束后，国办进

① 《习近平：扭住全面深化改革各项目标落实主体责任拧紧责任螺丝》，新华网，2016 年 1 月 11 日。

② 《中办国办印发〈关于全面推进政务公开工作的意见〉》，新华网，2016 年 2 月 17 日。

行了复核验收并进行多轮讨论，随后才形成政务公开标准规范，推向全国。

2020年1月，国务院办公厅发布《关于全面推进基层政务公开标准化规范化工作的指导意见》，对全面推进基层政务公开标准化规范化工作作出部署，明确了基层政务公开“时间表”：到2023年，基本建成全国统一的基层政务公开标准体系；2021年底前，国务院部门编制完成相关领域基层政务公开标准指引；2020年底前，基层政府编制完成本级政务公开事项标准目录。[①]

（三）推进政务服务“跨省通办”

2020年9月，国务院常务会议确定推进与企业发展、群众生活密切相关的高频事项“跨省通办”的措施。

2020年9月，国务院办公厅发布《关于加快推进政务服务“跨省通办”的指导意见》（以下简称《意见》），提出140项高频政务服务“跨省通办”事项清单，其中2020年底前实现“跨省通办”的事项58项、2021年底前实现“跨省通办”的事项74项、2021年以后实现“跨省通办”的事项8项。《意见》提出了三大重点任务：聚焦保障改善民生，推动个人服务高频事项“跨省通办”；聚焦助力惠企利企，推动企业生产经营高频事项“跨省通办”；鼓励区域“跨省通办”先行探索和“省内通办”拓展深化。[②]

---

① 《国务院办公厅关于全面推进基层政务公开标准化规范化工作的指导意见》，中国政府网，2020年1月8日。

② 《国务院办公厅关于加快推进政务服务“跨省通办”的指导意见》，中国政府网，2020年9月29日。

2020 年 12 月，国家政务服务平台“跨省通办”服务专区上线，服务专区已按照清单陆续接入电子社保卡申领、医保电子凭证申领、学历学位公证、养老保险关系转移接续、个体工商户设立登记等近 50 项“跨省通办”高频事项。此外，专区还提供住房公积金异地转移接续、异地就医结算备案、企业资质查询、出口退税查询等 190 多项便民利企服务。为方便用户选择，专区对所有事项按照个人和法人办事进行分类，并分别根据不同主题、生命周期、办事部门等进行相关政务服务事项的整合，便于企业群众一键直达。

2021 年 4 月，在第四届数字中国建设峰会上，福建、河北、黑龙江、江西、河南、湖北、广东、广西、海南、四川、贵州、宁夏 12 个省区开展对接合作，建立行政审批和服务事项全流程网办，拓展异地代收代办，深化政务服务自助办、优化多地联办等工作机制，共同推动政务服务“跨省通办”。当日下午，福建、河北、黑龙江、江西等 12 个省区签订政务服务“跨省通办”合作协议。这进一步推进政务服务“跨省通办”的发展，提升跨区域政务服务水平，以优质高效的政府服务促进城市间要素自由流动，推动区域经济协调发展。

2021 年 10 月，上海、江苏、浙江、安徽三省一市公安机关决定启动长三角区域首次申领居民身份证“跨省通办”试点，进一步方便跨省异地工作、学习、生活的居民申领居民身份证。在试点基础上，自 12 月 1 日起，长三角区域将全面实行“跨省通办”政策。2021 年以来，上海、江苏、浙江、安徽三省一市公安机关先后推出了长三角区域户籍类证明网上出具以及工作调动户口迁移、夫妻投靠户口迁移、父母投靠子女户口迁移、大中专院校录取学生户口迁移、大中专学生毕业户口迁移等多项一站式“跨省通办”业务。

二、中央与地方财政事权和支出责任划分改革

2016年8月，国务院印发《关于推进中央与地方财政事权和支出责任划分改革的指导意见》，对推进中央与地方财政事权和支出责任划分改革做出总体部署。

2018年1月，国务院办公厅印发《基本公共服务领域中央与地方共同财政事权和支出责任划分改革方案》，具体内容包括：一是将由中央与地方共同承担支出责任，列入中央与地方共同财政事权范围。二是制定基本公共服务保障国家基础标准。三是规范基本公共服务领域中央与地方共同财政事权的支出责任分担方式。

此后，国务院办公厅先后印发相关领域中央地方财政事权和支出责任改革方案。包括2018年7月，印发《医疗卫生领域中央与地方财政事权和支出责任划分改革方案》；2019年5月22日，印发《科技领域中央与地方财政事权和支出责任划分改革方案》《教育领域中央与地方财政事权和支出责任划分改革方案》；6月26日，印发《交通运输领域中央与地方财政事权和支出责任划分改革方案》；2020年5月31日，印发《生态环境领域中央与地方财政事权和支出责任划分改革方案》；6月4日，印发《公共文化领域中央与地方财政事权和支出责任划分改革方案》；6月30日，印发《自然资源领域中央与地方财政事权和支出责任划分改革方案》；7月4日，印发《应急救援领域中央与地方财政事权和支出责任划分改革方案》。

三、加强和创新社会治理

党的十八届三中、四中、五中、六中全会提出“统筹城乡基础设施建设和社区建设”、“增强社区服务功能，实现政府治理和社会调节、居民自治良性互动”等重大任务。2017 年 6 月，中共中央、国务院印发《关于加强和完善城乡社区治理的意见》（以下简称《意见》），这是新中国历史上第一个以党中央、国务院名义出台的关于城乡社区治理的纲领性文件。《意见》提出五大基本原则。

同年 10 月，党的十九大报告明确指出“打造共建共治共享的社会治理格局。加强社会治理制度建设，完善党委领导、政府负责、社会协同、公众参与、法治保障的社会治理体制，提高社会治理社会化、法治化、智能化、专业化水平”[①] 。

2019 年 10 月，党的十九届四中全会提出，必须加强和创新社会治理，完善党委领导、政府负责、民主协商、社会协同、公众参与、法治保障、科技支撑的社会治理体系，建设人人有责、人人尽责、人人享有的社会治理共同体。[②]

2020 年 10 月，党的十九届五中全会审议通过的《中共中央关于制定国民经济和社会发展第十四个五年规划和二〇三五年远景目标的建议》提出，“完善社会治理体系，健全党组织领导的自治、法治、德治相结合的城乡基层治理体系，完善基层民主协商制度，

---

① 习近平：《决胜全面建成小康社会 夺取新时代中国特色社会主义伟大胜利——在中国共产党第十九次全国代表大会上的报告》，北京：人民出版社，第 49 页。

② 《中共中央关于坚持和完善中国特色社会主义制度推进国家治理体系和治理能力现代化若干重大问题的决定》，中国政府网，2019 年 11 月 5 日。

实现政府治理同社会调节、居民自治良性互动，建设人人有责、人人尽责、人人享有的社会治理共同体”[①]。这为加强和创新社会治理指明了方向。

四、全面推进依法治国

（一）加快建设法治政府

党的十八大提出了全面建成小康社会的奋斗目标，党的十八届三中全会对全面深化改革作出了顶层设计，实现这个奋斗目标，落实这个顶层设计，需要从法治上提供可靠保障。

党的十八届三中全会后，中央即着手研究和考虑党的十八届四中全会的议题。2014 年 1 月，中央政治局决定党的十八届四中全会重点研究全面推进依法治国问题。2014 年 10 月 20 日至 23 日，党的第十八届中央委员会第四次全体会议在北京召开，全会审议通过了《中共中央关于全面推进依法治国若干重大问题的决定》(以下简称《决定》)。

《决定》将建设中国特色社会主义法治体系，建设社会主义法治国家作为总目标。提出了几项重大任务：完善以宪法为核心的中国特色社会主义法律体系，加强宪法实施；深入推进依法行政，加快建设法治政府；保证公正司法，提高司法公信力；增强全民法治观念，推进法治社会建设；加强法治工作队伍建设；加强和改进党对全面推进

① 《中共中央关于制定国民经济和社会发展第十四个五年规划和二〇三五年远景目标的建议》，北京：人民出版社，2020 年版，第 35–36 页。

依法治国的领导。①

2015 年 12 月，党中央、国务院印发《法治政府建设实施纲要（2015—2020 年）》，这是党中央、国务院首次就法治政府建设发文，进一步明确通过大力推行权力清单、责任清单、负面清单制度等来依法全面履行政府职能，让权力更为有法可依。2021 年 8 月，中共中央、国务院印发实施《法治政府建设实施纲要（2021—2025 年）》，确立未来五年法治政府建设的总体目标。

（二）完善司法责任制改革

党的十八大以来，人民法院大力推进司法责任制改革，司法人员分类管理改革已基本到位，新型办案机制有效形成，司法权责强化落实，审判监督管理机制逐步健全，司法职业保障制度进一步完善，改革红利不断释放，审判质量、效率和司法公信力持续提升。党的十九大报告提出，“深化司法体制综合配套改革，全面落实司法责任制，努力让人民群众在每一个司法案件中感受到公平正义”②。全面落实司法责任制在司法体制改革主体框架中具有基础性地位、标志性意义、全局性影响，是全面深化司法体制改革的“牛鼻子”，对于建设公正高效权威的社会主义司法制度、推进国家治理体系和治理能力现代化具有十分重要的意义。③

（1）法官员额制改革全面完成。2017 年 7 月 3 日，最高人民

---

①《中共中央关于全面推进依法治国若干重大问题的决定》，北京：人民出版社，2014 年版，第 7 页。

② 习近平：《决胜全面建成小康社会 夺取新时代中国特色社会主义伟大胜利——在中国共产党第十九次全国代表大会上的报告》，北京：人民出版社，2017 年版，第 39 页。

③ 姜伟：《全面落实司法责任制》，《光明日报》，2017 年 12 月 16 日。

法院院长周强率领366名法官举行了隆重的最高人民法院首批员额法官宣誓仪式，标志着最高人民法院机关首批员额法官选任工作圆满完成，也标志着法官员额制改革在全国法院已经全面落实。各高级法院在坚持“以案定额”的基础上，综合考虑不同审级、不同地区法院案件类型和数量、人员配置以及辖区内经济社会发展状况、人口数量、辖区面积等因素，实行法官员额省内统一调配。

（2）新型办案机制逐步形成。2015年9月，最高人民法院出台《关于完善人民法院司法责任制的若干意见》（以下简称《意见》）。根据《意见》要求，各地法院普遍建立新型审判权运行机制，取消案件审批，确立法官、合议庭办案主体地位。改革后地方法院直接由独任法官、合议庭裁判的案件占案件总数的98%以上，提交审判委员会讨论案件数量普遍较改革前大幅下降。2017年4月，最高人民法院出台《关于落实司法责任制完善审判监督管理机制的意见（试行）》，指导各级法院通过制定权力职责清单、建立专业法官会议制度、完善信息化审判管理、加强司法标准化建设等方式加强审判监督和审判管理，确保放权不放任、监督不缺位。

（3）院庭长办案制度初步落实。为充分发挥各级法院院庭长对审判工作的示范、引领和指导作用，根据中央政法委《关于严格执行法官、检察官遴选标准和程序的通知》要求，2017年4月，最高人民法院出台《关于加强各级人民法院院庭长办理案件工作的意见（试行）》，就院庭长的办案数量、建立保障院庭长办案的工作机制以及建立院庭长办案情况通报制度等进行了明确。文件出台后，各地法院普遍制定了落实院庭长办案制度的具体方案，实现院庭长办案常态化。

（4）内设机构改革积极试点。为适应司法责任制改革要求，建立以审判工作为中心的机构设置模式和人员配置方式，2016 年 8 月，中央编办、最高人民法院联合印发《省以下人民法院内设机构改革试点方案》，就科学设置审判业务机构，有效整合非审判业务机构，严格控制机构规模提出明确要求。截至 2019 年 12 月底，全国 31 个省（区、市）及新疆生产建设兵团基层法院内设机构改革方案已完成审核程序，并组织实施。中级及以上人民法院的内设机构改革正在抓紧推进。

（三）全面深化司法体制改革

2013 年 11 月，党的十八届三中全会《决定》明确提出“让人民群众在每一个司法案件中都感受到公平正义”的目标，并从维护宪法法律权威、深化行政执法体制改革、确保依法独立公正行使审判权检察权、健全司法权力运行机制和完善人权司法保障制度等多个方面推动司法体制改革。

1. 劳教制度的废止与巡回法庭的设立

2013 年底，全国人大常委会表决通过关于废止有关劳动教养法律规定的决定，延续半个多世纪的劳教制度正式退出历史舞台，彰显了我国人权司法保障制度的进步。

2014 年 2 月，中央全面深化改革领导小组第二次会议审议通过《关于深化司法体制和社会体制改革的意见及贯彻实施分工方案》，明确了深化司法体制改革的目标、原则，制定了各项改革任务的路线图和时间表。同年 6 月，第三次会议审议通过《关于司法体制改革试点若干问题的框架意见》和《上海市司法改革试点工作方案》，对若干重点难点问题确定了政策导向。12 月，海南省召开了司法体制改革试点工作实施动员大会，宣布从 2015 年 1 月起，在全省开展司法体制改革试点工作。至此，上海、广东、吉林、湖北、海南、青海、贵州七个试点省市的司改方案均获中央政法委的批复同意，并相继对司法体制改革试点工作方案进行了动员部署。

2014 年底，中央深改小组第七次会议审议通过《最高人民法院设立巡回法庭试点方案》和《设立跨行政区划人民法院、人民检察院试点方案》，提出巡回法庭是最高人民法院的派出机构，主要由庭长、副庭长、廉政监察员、主审法官、审判辅助人员、综合行政人员组成，实行人员分类管理。每位主审法官配备一名法官助理、一名书记员组成审判团队，分别负责审判、审判辅助和审判事务性工作。巡回法庭实行扁平化管理，不设固定合议庭和固定审判长，综合行政、司法调研、后勤事务、政工监察工作统一由综合办公室负责，不单设机构。

2015 年 1 月，最高人民法院在广东省深圳市设立第一巡回法庭并正式挂牌，管辖广东、广西、海南三省区有关案件；在辽宁省沈阳市设立第二巡回法庭，管辖辽宁、吉林、黑龙江三省有关案件。

2016 年 11 月，中央深改小组第二十九次会议审议通过《关于最高人民法院增设巡回法庭的请示》，经中央批准，在重庆市、西安市、南京市、郑州市增设四个巡回法庭。12 月 28—29 日，最高人民法院第三、第四、第五、第六巡回法庭相继在江苏南京、河南郑州、重庆、陕西西安挂牌成立。至此，最高人民法院完成了巡回法庭在全国的总体布局，实现了巡回法庭管辖范围全覆盖。

最高人民法院设立巡回法庭，是党的十八届四中全会作出的重要决策，是人民法院推进司法体制改革的一件大事。与巡回法庭改革统筹推进的还有跨行政区划法院、检察院改革，也处于改革方案的最后攻坚期。

2．构建反腐败工作机构与深化监察体制改革

在全面深化改革、自上而下稳步推进党的建设的同时，构建党统一领导下的国家反腐败工作机构，实现对所有行使公权力的人员监督全覆盖，也被提上议事日程。这是具有中国特色的创新制度之举。

2016年11月，党中央成立深化监察体制改革试点工作领导小组，决定在北京、山西、浙江开展改革试点。中共中央办公厅印发《关于在北京市、山西省、浙江省开展国家监察体制改革试点方案》（简称《方案》），部署在三省市设立各级监察委员会，从体制机制、制度建设上先行先试、探索实践，为在全国推开积累经验。《方案》要求加强对试点工作的统一领导。中央成立深化监察体制改革试点工作领导小组，对试点工作进行指导、协调和服务。试点地区党组织要担负起主体责任，对试点工作负总责，成立深化监察体制改革试点工作小组，由省（市）委书记担任组长。[①] 12月25日，十二届全国人大常委会第二十五次会议表决通过《关于在北京市、山西省、浙江省开展国家监察体制改革试点工作的决定》，标志着国家监察体制改革拉开了序幕。

2017年1月，山西和北京、浙江作为试点先后设立省级监察委员会。试点监察委员会履行监督、调查、处置职责，行使必要的权限手段，确保人民赋予的权力真正用来为人民谋利益。10月，中共中央办公厅印发《关于在全国各地推开国家监察体制改革试点

① 《中共中央办公厅印发〈关于在北京市、山西省、浙江省开展国家监察体制改革试点方案〉》，新华网，2016年11月7日。

方案》，部署在全国范围内深化国家监察体制改革的探索实践，完成省、市、县三级监察委员会组建工作，实现对所有行使公权力的公职人员监察全覆盖。11 月 4 日，十二届全国人大常委会第三十次会议通过《关于在全国各地推开国家监察体制改革试点工作的决定》。11 月 7 日，《中华人民共和国监察法（草案）》面向社会征求意见。

2018 年 2 月，党的十九届三中全会审议通过《关于深化党和国家机构改革的决定》和《深化党和国家机构改革方案》，要求推进党的纪律检查体制和国家监察体制改革，健全党和国家监督体系，并提出组建国家监察委员会等改革任务。3 月 11 日，十三届全国人大一次会议表决通过宪法修正案，在第三章“国家机构”中新增“监察委员会”一节。3 月 17 日，十三届全国人大一次会议通过《关于批准国务院机构改革方案的决定》，将监察部、国家预防腐败局并入国家监察委员会。3 月 20 日，十三届全国人大一次会议表决通过《中华人民共和国监察法》。3 月 23 日，国家监察委员会在北京揭牌成立。国家监察委员会组建后，在内设机构、人员融合、措施使用、制度建设等方面探索实践，加强对对方改革的指导。

3. 全面深化司法体制改革

党的十八大以来，司法体制改革全面深入推进，在完善司法人员分类管理、完善司法责任制、健全司法人员职业保障、推动省以下地方法院和检察院人财物统一管理等四项基础性改革方面取得突破性进展之后，司法体制改革进入了综合配套改革的新阶段。十九大报告提出，要深化司法体制综合配套改革，全面落实司法责任制。

2018 年 1 月 22 日，中央政法工作会议提出，要按照党的十九大部署，以综合配套改革为抓手，增强改革的系统性、整体性、协同性，让司法更加公正高效权威。

一是加快推进司法责任制。2018 年 10 月，《中华人民共和国人民法院组织法（修订草案）》把司法责任制列入基本原则，在总则第八条规定“人民法院实行司法责任制，建立健全权责统一的司法权力运行机制”，同时将办案责任制具体落实在“人民法院的审判组织”一章。随后的司法体制改革中，按下司法责任制改革快进键。包括加快完善员额管理制度；加快建设新型办案团队。司法行政人员比例不超过 15%，法官助理与法官的比例达到 1∶1 以上；加快内设机构改革确定时间表；加快构建新型司法监管机制，转变思路，从微观的个案审批、文书签发向宏观的全院、全员、全过程的案件质量效率监管转变；加快完善司法职业保障制度，强化司法绩效考核结果运用。①

二是深化诉讼制度改革。包括深化刑事诉讼制度改革。完善刑事案件分流机制，推进认罪认罚从宽制度试点，构建中国特色轻罪诉讼制度体系，推进以审判为中心的刑事诉讼制度改革；深化与国家监察体制改革试点衔接工作，积极支持全面推开国家监察体制改革试点；深化民事诉讼制度改革。在民商事案件占法院案件总数85%的大背景下，进一步提高办案质量效率，向人民群众提供更优质的司法产品。

---

①《聚焦中央政法工作会议看 2018 司法体制改革风向标》，《法制日报》，2018 年 1 月 24 日。

三是深化市场化、社会化机制建设。深化执行制度改革，坚决打赢“用两到三年时间基本解决执行难”这场硬仗。

五、“一国两制”实践取得新突破

（一）以宪法和基本法保持港澳繁荣稳定

2012 年 12 月，习近平主席在听取香港特别行政区行政长官汇报时，郑重申明中央贯彻落实“一国两制”、严格按照基本法办事的方针不会变，同时强调关键是要全面准确理解和贯彻“一国两制”方针，切实尊重和维护基本法权威。①

2014 年 6 月，国务院新闻办公室发布《“一国两制”在香港特别行政区的实践》白皮书，系统阐述中央对香港的方针政策。同年 12 月，习近平总书记在庆祝澳门回归祖国 15 周年大会暨澳门特别行政区第四届政府就职典礼上的讲话中指出，“必须坚持依法治港、依法治澳，依法保障‘一国两制’实践；把坚持一国原则和尊重两制差异、维护中央权力和保障特别行政区高度自治权、发挥祖国内地坚强后盾作用和提高港澳自身竞争力有机结合起来，任何时候都不能偏废”

党的十九届四中全会明确提出，建立健全香港特别行政区维护国家安全的法律制度和执行机制。2020 年 2 月，党中央决定成立中央港澳工作领导小组，取代原来的中央港澳工作协调小组。这次重大调整进一步加强了党中央对港澳工作的集中统一领导。

---

① 习近平：《“一国两制”是保持香港长期繁荣稳定的最佳制度》，《习近平谈治国理政》（第二卷），北京：外文出版社，2017 年版，第 435 页。

同年 6 月，十三届全国人大常委会第二十次会议表决通过《中华人民共和国香港特别行政区维护国家安全法》，这是一部兼具实体法、程序法和组织法内容的综合性法律，对香港特别行政区维护国家全制度机制作出法律化、规范化、明晰化的具体安排。

2021 年 3 月，十三届全国人大四次会议通过《关于完善香港特别行政区选举制度的决定》，明确完善香港特别行政区选举制度必须全面准确贯彻落实“一国两制”、“港人治港”、高度自治的方针，维护《中华人民共和国宪法》和《中华人民共和国香港特别行政区基本法》确定的香港特别行政区宪制秩序。

（二）推动两岸关系和平发展

2014 年 2 月，经两岸双方协商，国务院台湾事务办公室和台湾方面大陆委员会在坚持“九二共识”共同政治基础上，建立起常态化联络沟通机制。《海峡两岸服务贸易协议》等多项协议的签署，为推动两岸关系和平发展和增进两岸同胞福祉发挥了重要作用。2015 年 6 月，国务院修改《中国公民往来台湾地区管理办法》，对台湾居民往来大陆免签注手续并实行卡式台胞证。

2015 年 11 月，习近平总书记同台湾地区领导人马英九在新加坡会面，就进一步推进两岸关系和平发展交换意见。

2020 年 5 月，《反分裂国家法》实施 15 周年座谈会强调，坚决粉碎“台独”分裂图谋，坚决捍卫国家主权和领土完整。党的十九届五中全会进一步强调，高度警惕和坚决遏制“台独”分裂活动。

2021 年 7 月，习近平总书记在庆祝中国共产党成立一百周年大会上的讲话中再次强调，“解决台湾问题、实现祖国完全统一，是中国共产党矢志不渝的历史任务，是全体中华儿女的共同愿望。要坚持一个中国原则和‘九二共识’，推进祖国和平统一进程。包括两岸同胞在内的所有中华儿女，要和衷共济、团结向前，坚决粉碎任何‘台独’图谋，共创民族复兴美好未来。任何人都不要低估中国人民捍卫国家主权和领土完整的坚强决心、坚定意志、强大能力”[①]。

第八节　推进民生建设

一、建议统一的城乡居民基本医疗与养老保险制度

（一）建立统一的城乡居民基本医疗保险制度

20 世纪 90 年代，我国开始建立城镇职工基本医疗保险制度；2003 年，开始建立新型农村合作医疗制度；2007 年，开始建立城镇居民基本医疗保险制度。

2013 年 11 月，党的十八届三中全会提出整合城乡居民基本医疗保险制度。2016 年 1 月，国务院印发《关于整合城乡居民基本医疗保险制度的意见》，提出整合城镇居民基本医疗保险和新型农村合作医疗，建立统一的城乡居民基本医疗保险制度。

《意见》就整合城乡居民医保制度政策明确提出了“六统一”的要求，即统一覆盖范围、统一筹资政策、统一保障待遇、统一医

① 习近平：《在庆祝中国共产党成立 100 周年大会上的讲话》，北京：人民出版社，2021 年版，第 17 页。

保目录、统一定点管理、统一基金管理，使保障更加公平。[①]

（二）建立全国统一的城乡居民基本养老保险制度

2014 年 2 月 7 日召开的国务院常务会议决定，合并新型农村社会养老保险（新农保）和城镇居民社会养老保险（城居保），建立全国统一的城乡居民基本养老保险制度。

“新农保”和“城居保”两种养老保险制度设计上非常相像，“城居保”建立于 2011 年，针对城市 18 岁到 60 岁处于工作年龄但没有工作的居民，这个群体人数不多，全国仅几千万人，参保人数相对来说并不多。比如，都设立了个人账户、个人向账户里缴费，缴费公式也类似，两种制度养老金发放公式也类似。将两者进行合并，有助于降低成本、提高效率。更重要的是，建立统一的城乡居民基本养老保险制度，意味着我国开始进入打破公共服务城乡二元制度、推进制度并轨的新阶段。

《意见》提出到“十二五”末，在全国基本实现新农保和城居保制度合并实施，并与职工基本养老保险制度相衔接；2020 年前，全面建成公平、统一、规范的城乡居民养老保险制度。

《意见》进一步强调，在全国范围内建立统一的城乡居民基本养老保险制度，并在制度模式、筹资方式、待遇支付等方面与合并前的新型农村社会养老保险和城镇居民社会养老保险保持基本一致；中央财政按基础养老金标准，对中西部地区给予全额补助，对

① 《国务院关于整合城乡居民基本医疗保险制度的意见》，《中华人民共和国国务院公报》，2016 年 03 期。

东部地区给予 50%的补助。[①]

二、深化收入分配制度改革

党的十八大提出“实现发展成果由人民共享，必须深化收入分配制度改革”，要求“初次分配和再分配都要兼顾效率和公平，再分配更加注重公平”，并且进一步提出“完善劳动、资本、技术、管理等要素按贡献参与分配的初次分配机制”[②]。

2013 年 2 月，国务院批转了国家发展改革委、财政部、人力资源和社会保障部制定的《关于深化收入分配制度改革的若干意见》，明确提出收入分配制度改革的总的要求，提出了城乡居民收入实现倍增、居民收入在国民收入分配中的比重、劳动报酬在初次分配中的比重逐步提高，社会保障和就业等民生支出占财政支出比重明显提升等主要目标。

同年 11 月，党的十八届三中全会明确提出“健全资本、知识、技术、管理等由要素市场决定的报酬机制”，并进一步要求“扩大中等收入者比重，努力缩小城乡、区域、行业收入分配差距，逐步形成橄榄型分配格局”[③]。

---

①《国务院关于建立统一的城乡居民基本养老保险制度的意见》，载中共中央文献研究室编:《十八大以来重要文献选编》(上)，北京：中央文献出版社，2014 年版，第 806–808 页。

② 胡锦涛:《坚定不移沿着中国特色社会主义道路前进为全面建成小康社会而奋斗—在中国共产党第十八次全国代表大会上的报告》，北京：人民出版社，2012 年版，第 36 页。

③《中共中央关于全面深化改革若干重大问题的决定》，北京：人民出版社，2013 年版，第 46 页。

2015 年 10 月，党的十八届五中全会通过《中共中央关于制定国民经济和社会发展第十三个五年规划的建议》，提出共享发展的理念，并要求“坚持共享发展，着力增进人民福祉”，专门就“缩小收入差距”做出了战略部署。

2017 年 10 月，党的十九大明确提出坚持按劳分配原则，完善按要素分配的体制机制，促进收入分配更合理、更有序，并要求履行好政府再分配调节职能，加快推进基本公共服务均等化，缩小收入分配差距。

2019 年 10 月，党的十九届四中全会通过《中共中央关于坚持和完善中国特色社会主义制度、推进国家治理体系和治理能力现代化若干重大问题的决定》，提出增加劳动者特别是一线劳动者劳动报酬，提高劳动报酬在初次分配中的比重。健全劳动、资本、土地、知识、技术、管理、数据等生产要素由市场评价贡献、按贡献决定报酬的机制。①

2020 年 10 月，党的十九届五中全会提出，“十四五”时期，要使基本公共服务实现均等化，城乡区域发展差距和居民生活水平差距显著缩小。探索通过土地、资本等要素使用权、收益权增加中低收入群体要素收入。要使中等收入群体显著扩大，实施扩大中等收入群体行动计划。②

---

①《中共中央关于坚持和完善中国特色社会主义制度、推进国家治理体系和治理能力现代化若干重大问题的决定》，载中共中央党史和文献研究院编：《十九大以来重要文献选编》（中），北京：中央文献出版社，2021 年版，第 281–282 页。

②《中华人民共和国国民经济和社会发展第十四个五年规划和 2035 年远景目标纲要》，北京：人民出版社，2021 年版，第 145–146 页。

三、人口政策调整

（一）实施“全面两孩”政策

2013年11月，党的十八届三中全会决定启动实施“单独二孩”政策。同年12月，中共中央、国务院印发《关于调整完善生育政策的意见》，明确了各地落实“单独二孩”的实施方案。自此，在中国施行了近四十年的计划生育政策发生改变。

2015年12月，十二届全国人大常委会第十八次会议表决通过《人口与计划生育法修正案（草案）》。“全面两孩”政策于2016年1月1日起正式实施。

2017年1月，国务院发布《国家人口发展规划（2016—2030年）》，提出到2020年，全面两孩政策效应充分发挥，生育水平适度提高，人口素质不断改善，结构逐步优化，分布更加合理。到2030年，人口自身均衡发展的态势基本形成，人口与经济社会、资源环境的协调程度进一步提高。①

（二）实施三孩生育政策

2021年5月，中共中央政治局召开会议，强调进一步优化生育政策，实施一对夫妻可以生育三个子女政策及配套支持措施，有利于改善我国人口结构、落实积极应对人口老龄化国家战略、保持我国人力资源禀赋优势。同年6月，中共中央、国务院印发《关于优化生育政策促进人口长期均衡发展的决定》，提出实施三孩生育

---

①《国务院关于印发国家人口发展规划（2016—2030年）的通知》，《中华人民共和国国务院公报》，2017年06期。

政策及配套支持措施。8 月，全国人大常委会会议表决通过了关于修改人口与计划生育法的决定。修改后的人口计生法规定，国家提倡适龄婚育、优生优育，一对夫妻可以生育三个子女。国家采取财政、税收、保险、教育、住房、就业等支持措施，减轻家庭生育、养育、教育负担。

（三）积极应对人口老龄化

1．养老服务业综合改革试点

2014 年 1 月，民政部、国家发展改革委联合发出通知，在全国开展养老服务业综合改革试点工作，进一步优化养老服务业发展的政策环境，完善体制机制，创新发展模式，拓宽民间资本参与渠道。同年，民政部、国家发展改革委确定 42 个地区为全国养老服务业综合改革试点地区。

2．破除养老金“双轨制”

我国机关事业单位退休制度始建于 1955 年。党的十八大和十八届三中全会明确提出要推进机关事业单位养老保险制度改革，社会保险法和国家“十二五”规划也作出了相应规定，一些地方还进行了试点和探索。

2015 年 1 月，国务院印发《关于机关事业单位工作人员养老保险制度改革的决定》（以下简称《决定》），意味着养老保险制度改革正式破冰，近 4000 万机关事业单位人员养老告别“免缴费”时代；破除了实行多年的养老金“双轨制”，我国在机关、事业单位建立起与企业基本相同的养老保险制度。

《决定》强调，机关事业单位在参加基本养老保险的基础上，应当为其工作人员建立职业年金。单位按本单位工资总额的 8%缴费，个人按本人缴费工资的4%缴费。工作人员退休后，按月领取职业年金。[①]同年4月，国务院办公厅印发《机关事业单位职业年金办法》，规定自2014年10月1日起实施机关事业单位工作人员职业年金制度。

3．实施积极应对人口老龄化国家战略

党的十九大报告指出，积极应对人口老龄化，构建养老、孝老、敬老政策体系和社会环境，推进医养结合，加快老龄事业和产业发展。[②]2019年11月，中共中央、国务院印发《国家积极应对人口老龄化中长期规划》，明确到2022年，我国积极应对人口老龄化的制度框架初步建立；到2035年，积极应对人口老龄化的制度安排更加科学有效；到本世纪中叶，与社会主义现代化强国相适应的应对人口老龄化制度安排成熟完备。[③]

2021年3月，《中华人民共和国国民经济和社会发展第十四个五年规划和2035年远景目标纲要》明确提出，实施积极应对人口老龄化国家战略，以“一老一小”为重点完善人口服务体系，发展普惠托育和基本养老服务体系。[④]同年11月，中共中央、国务院发布《关于加强新时代老龄工作的意见》，将满足老年人需求和解决人口老龄化问题相结合，从健全养老服务体系、完善老年人健康支

---

①《国务院关于机关事业单位工作人员养老保险制度改革的决定》，北京：人民出版社，2015年版，第7页。

② 习近平：《决胜全面建成小康社会 夺取新时代中国特色社会主义伟大胜利——在中国共产党第十九次全国代表大会上的报告》，北京：人民出版社，2017年版，第48页。

③《中共中央国务院印发〈国家积极应对人口老龄化中长期规划〉》，《中国人力资源社会保障》，2019年12期。

④《中华人民共和国国民经济和社会发展第十四个五年规划和2035年远景目标纲要》，北京：人民出版社，2021年版，第137页。

撑体系、促进老年人社会参与、着力构建老年友好型社会、积极培育银发经济等方面提出要求及一揽子举措。

四、全面推进公立医院综合改革

2015 年 2 月，国务院办公厅印发《关于完善公立医院药品集中采购工作的指导意见》。这项改革对于加快公立医院改革，规范药品流通秩序，完善国家药物政策，建立健全以基本药物制度为基础的药品供应保障体系具有重要意义。

同年 4 月，中央深改小组第十一次会议审议通过《关于城市公立医院综合改革试点的指导意见》，强调坚持公立医院公益性的基本定位。5 月，国务院办公厅印发《关于全面推开县级公立医院综合改革的实施意见》，明确 2015 年在全国所有县（市）的县级公立医院破除以药补医，以管理体制、运行机制、服务价格调整、人事薪酬、医保支付等为重点，全面推开县级公立医院综合改革。9 月，国务院办公厅印发《关于推进分级诊疗制度建设的指导意见》，提出到 2017 年，基层医疗卫生机构诊疗量占总诊疗量的比例明显提升，就医秩序更加合理规范；到 2020 年，“基层首诊、双向转诊、急慢分治、上下联动”的分级诊疗模式逐步形成。

2016 年 4 月，国务院办公厅印发《深化医药卫生体制改革 2016 年重点工作任务》，强调全面深化公立医院改革、加快推进分级诊疗制度建设、巩固完善全民医保体系和健全药品供应保障机制等几项重点任务。

新一轮医改启动以来，群众看病难、看病贵问题得到明显缓解，深化医改取得重大阶段性成效。通过实施一系列举措，实现优质医疗资源下沉，形成科学合理的就医秩序，逐步建立符合国情的分级诊疗制度，切实促进基本医疗卫生服务的公平可及。

五、推进以人为核心的新型城镇化

2012 年 12 月 15 日至 16 日，习近平总书记在中央经济工作会议上首次明确提出，“积极稳妥推进城镇化，着力提高城镇化质量”①。

2013 年 12 月 12 日至 13 日，首次中央城镇化工作会议在北京召开。习近平总书记在会上发表重要讲话，分析城镇化发展形势，明确推进城镇化的指导思想、主要目标、基本原则、重点任务。这次会议强调，城镇化与工业化，是现代化的两大引擎。这次会议还讨论了《国家新型城镇化规划》。

2014 年 3 月，中共中央、国务院印发《国家新型城镇化规划（2014—2020 年）》，明确新型城镇化的基本内涵为“以人为本、四化同步、优化布局、生态文明、文化传承”②。

---

① 《中央经济工作会议举行习近平温家宝李克强讲话》，新华网，2012 年 12 月 16 日。

② 《国家新型城镇化规划（二〇一四—二〇二〇年）（节选）》，载中共中央文献研究室编：《十八大以来重要文献选编》（上），北京：中央文献出版社，2014 年版，第 888 页。

第九节　推进生态文明建设

一、环境赔偿、生态问责和生态补偿迈出实质性步伐

（一）全国试行生态环境损害赔偿制度

2015 年，中共中央办公厅、国务院办公厅印发《生态环境损害赔偿制度改革试点方案》，在吉林等 7 个省市部署开展改革试点，取得明显成效。2017 年 8 月 29 日，中央全面深化改革领导小组第三十八次会议审议通过《生态环境损害赔偿制度改革方案》。方案提出，自 2018 年 1 月 1 日起，在全国试行生态环境损害赔偿制度。到 2020 年，力争在全国范围内初步构建责任明确、途径畅通、技术规范、保障有力、赔偿到位、修复有效的生态环境损害赔偿制度。[①] 自 2018 年 1 月 1 日起，生态环境损害赔偿制度改革已从先行试点进入全国试行的阶段。

（二）对生态责任进行政绩考核

2016 年 12 月，中共中央办公厅、国务院办公厅发布《生态文明建设目标评价考核办法》（以下简称《办法》），生态责任成为政绩考核的必考题。按照《办法》，年度评价按照绿色发展指标体系实施，主要评估各地区资源利用、环境治理、环境质量等方面的变化趋势和动态进展，生成各地区绿色发展指数。《办法》提出，生

---

① 《中共中央办公厅 国务院办公厅印发〈生态环境损害赔偿制度改革方案〉》，财政部网站，2017 年 12 月 19 日。

态文明建设目标评价考核实行党政同责，地方党委和政府领导成员生态文明建设一岗双责，按照客观公正、科学规范、突出重点、注重实效、奖惩并举的原则进行。[①]

按照《办法》，发改委、统计局、环保部、中组部等部门又相继制定了《绿色发展指标体系》和《生态文明建设考核目标体系》。绿色发展指标体系包括了资源利用、环境治理、环境质量、生态保护、增长质量、绿色生活、公众满意程度七个方面的变化趋势和动态进展，共56项评价指标。

2017年12月，国家统计局、国家发展改革委、环境保护部、中央组织部联合发布了《2016年生态文明建设年度评价结果公报》，其中2016年全国各省市自治区中绿色发展指数排名前三的为北京、福建和浙江。

（三）加快建立生态保护补偿机制

2016年12月20日，财政部、环境保护部、发展改革委、水利部联合印发《关于加快建立流域上下游横向生态保护补偿机制的指导意见》（以下简称《指导意见》），生态补偿迈出实质步伐。《指导意见》的出台，加快建立流域上下游横向生态保护补偿机制，推进生态文明体制建设。明确跨界流域补偿基准，探索开展跨多个省份流域上下游横向生态保护补偿试点。《意见》提出分步走的目标，到2020年，各省（区、市）行政区域内流域上下游横向生态保护补偿机制基本建立；到2025年，跨多个省份的流域上下游横

① 《中共中央办公厅 国务院办公厅印发〈生态文明建设目标评价考核办法〉》，新华网，2016年12月22日。

向生态保护补偿试点范围进一步扩大。[①]

二、加快生态文明先行示范区与自然保护地体系建设

（一）支持福建加快生态文明先行示范区建设

2014 年 3 月 10 日，国务院印发了《关于支持福建省深入实施生态省战略加快生态文明先行示范区建设的若干意见》（以下简称《意见》）。福建省成为党的十八大以来，国务院确定的全国第一个生态文明先行示范区。福建将在生态文明建设评价考核等多个方面开展先行先试。《意见》对福建省生态文明先行示范区的战略定位涵盖四个方面：国土空间科学开发先导区、绿色循环低碳发展先行区、城乡人居环境建设示范区、生态文明制度创新实验区。[②]

（二）建立以国家公园为主体的自然保护地体系

2013 年 11 月，党的十八届三中全会《关于科技体制改革若干问题的决定》首次提出“建立国家公园体制”。

2015 年 5 月，国务院批转《发展改革委关于 2015 年深化经济体制改革重点工作意见》提出，在九个省份开展“国家公园体制试点”。同年 9 月，中共中央、国务院印发《生态文明体制改革总体方案》，对建立国家公园体制提出了具体要求，强调“加强对重要

① 《四部门关于加快建立流域上下游横向生态保护补偿机制的指导意见》，中国政府网，2016 年 12 月 30 日。
② 《国务院关于支持福建省深入实施生态省战略加快生态文明先行示范区建设的若干意见》，中国政府网，2014 年 4 月 9 日。

生态系统的保护和利用，改革各部门分头设置自然保护区、风景名胜区、文化自然遗产、森林公园、地质公园等的体制”，“保护自然生态系统和自然文化遗产原真性、完整性”①。12月，三江源率先开展国家公园体制试点。

2017年9月，中共中央印发《建立国家公园体制总体方案》，为国家公园体制改革提供了根本遵循。

2018年2月，中共中央印发《深化党和国家机构改革方案》，组建国家林业和草原局，并加挂国家公园管理局牌子。自此，我国各类自然保护地有了统一管理机构，为建立以国家公园为主体的自然保护地体系提供了制度与组织保障。

2019年6月，中共中央办公厅、国务院办公厅印发《关于建立以国家公园为主体的自然保护地体系的指导意见》（以下简称《指导意见》），成为建立以国家公园为主体的自然保护地体系的根本遵循和指引，标志着我国自然保护地进入全面深化改革的新阶段。《指导意见》明确了建成中国特色的以国家公园为主体的自然保护地体系的总体目标，提出阶段性目标任务。

2020年6月，为贯彻落实党中央、国务院决策部署，国家发展改革委、自然资源部会同科技部、财政部、生态环境部、水利部、农业农村部、应急管理部、中国气象局、国家林草局等有关部门，在充分调研论证的基础上，共同研究编制了《全国重要生态系统保护和修复重大工程总体规划（2021—2035年）》，部署9项重大工程47项重点任务，将山水林田湖草沙冰作为一个有机整体来

① 《中共中央国务院出台方案为生态文明领域改革作出顶层设计》，《人民日报》，2015年9月22日。

保护修复，着力解决割裂保护、单向修复等问题。

三、作出“双碳”承诺

2020 年 9 月，习近平主席在第 75 届联合国大会一般性辩论上发表讲话强调，“宣布中国二氧化碳排放力争于 2030 年前达到峰值，努力争取 2060 年前实现碳中和”[①]。

同年 12 月，中央经济工作会议在北京召开，将“做好碳达峰、碳中和工作”确定为 2021 年八大重点任务之一，会议提出要抓紧制定 2030 年前碳排放达峰行动方案，支持有条件的地方率先达峰。[②]

2021 年 10 月，中共中央、国务院印发《关于完整准确全面贯彻新发展理念做好碳达峰碳中和工作的意见》(以下简称《意见》)。《意见》进一步强调，要处理好发展和减排、整体和局部、短期和中长期的关系，把碳达峰、碳中和纳入经济社会发展全局，以经济社会发展全面绿色转型为引领，以能源绿色低碳发展为关键，加快形成节约资源和保护环境的产业结构、生产方式、生活方式、空间格局，坚定不移走生态优先、绿色低碳的高质量发展道路。[③]

---

① 习近平：《在第七十五届联合国大会一般性辩论上的讲话》，载中共中央党史和文献研究院编：《十九大以来重要文献选编》(中)，北京：中央文献出版社，2021 年版，第 712 页。

②《中央经济工作会议在北京举行》，《人民日报》，2020 年 12 月 19 日。

③《中共中央国务院关于完整准确全面贯彻新发展理念做好碳达峰碳中和工作的意见》，《人民日报》，2021 年 10 月 25 日。

大事记

2012 年

11 月 1 日，海南离岛免税新政策开始实施，海南离岛免税购物限额从每人每次 5000 元提高至 8000 元，并允许免税额度在购买超值商品时调剂使用。新政内容还包括：适用对象的年龄条件调整为年满 16 周岁以上；增加美容及保健器材、餐具及厨房用品、玩具（含童车）等免税商品品种。

11 月 3 日，中国国家统计局发布报告，我国城镇化率首次突破 50%，达到 51.3%，比 2002 年提高 12.2 个百分点，城乡结构发生历史性变化。

11 月 4 日，国务院批准《福建海峡蓝色经济试验区发展规划》。这是继山东、浙江、广东之后，国务院批准的第四个试点省海洋经济发展规划。

11 月 8—14 日，党的十八大举行。大会通过的报告《坚定不移沿着中国特色社会主义道路前进，为全面建成小康社会而奋斗》，总结了过去五年和十六大以来十年的奋斗历程，确定了全面建成小康社会和全面深化改革开放的目标，阐明了中国特色社会主义道路、中国特色社会主义理论体系、中国特色社会主义制度的科学内涵及其相互联系。

11 月 12 日，国务院公布《农业保险条例》，自 2013 年 3 月 1 日起施行。

11 月 20 日，中日韩自贸区谈判宣布启动，三国决定在 2013 年初举行第一轮谈判。

同日，东盟十国与中国、日本、韩国、印度、澳大利亚和新西兰在柬埔寨金边正式启动“区域全面经济伙伴关系”谈判。

11 月 21 日，全国综合配套改革试点工作座谈会召开。

11 月 26 日，国务院办公厅发布《国家农业节水纲要（2012—2020 年）》。

11 月 28 日，国务院召开常务会议，通过《中华人民共和国土地管理法修正案（草案）》，对农民集体所有土地征收补偿制度作出修改。

11 月 30 日，中共中央就当前经济形势和 2013 年经济工作召开党外人士座谈会。

12 月 1 日，国务院发布《服务业发展“十二五”规划》。

12 月 3 日，国家发改委正式发布《中原经济区规划》。

12 月 4 日，中共中央政治局会议通过《十八届中央政治局关于改进工作作风、密切联系群众的八项规定》，涉及改进调查研究、切实改进会风、切实改进文风、规范出访活动、改进警卫工作、改进新闻报道、严格文稿发表、厉行勤俭节约等。

12 月 5 日，环保部公布中国第一部综合性大气污染防治规划——《重点区域大气污染防治“十二五”规划》。

12 月 7—11 日，习近平总书记在广东省考察工作。

12 月 7 日，中海油收购尼克森公司的申请获加拿大政府批准。交易收购金额达 151 亿美元，为中海油乃至中国企业迄今完成的海外最大收购。

12 月 10 日，国务院关税税则委员会发布《2013 年关税实施方案》，自 2013 年 1 月 1 日起实施。

12 月 12 日，全球输送容量最大、送电距离最长、电压等级最高，并代表了当前世界直流输电技术最高水平的直流输电工程四川锦屏——江苏苏南±800千伏特高压直流工程在全面完成系统调试和试运行后正式投入商业运行。

12月15—16日，中央经济工作会议召开。

12月17日，国务院发布《关于修改〈机动车交通事故责任强制保险条例〉的决定》，自2013年3月1日起施行。

12月21日，国务院批准通过《福建省泉州市金融服务实体经济综合改革试验区总体方案》。福建泉州成为继浙江温州市、广东省珠江三角洲之后，第三个国家级金融综合改革试验区。

12月21—22日，中央农村工作会议召开，讨论《中共中央、国务院关于加快发展现代农业进一步增强农村发展活力的若干意见（讨论稿）》，并强调要积极创新农业生产经营体制机制，按照党的十八大要求构建集约化、专业化、组织化、社会化相结合的新型农业经营体系。

12月26日，国务院新闻办公室发表《中国的医疗卫生事业》白皮书，这是我国政府首次就医疗卫生事业发表白皮书。

12月31日，十八届中共中央政治局就坚定不移推进改革开放进行第二次集体学习。

2013年

1月16日，国务院召开常务会议，通过《国家重大科技基础设施建设中长期规划（2012—2030年）》。

同日，全国中小企业股份转让系统在北京揭牌，这一系统是由国务院批准设立的全国证券交易场所，俗称“新三板”。

1月21日，国务院公布《征信业管理条例》和《关于修改〈计算机软件保护条例〉的决定》，自3月15日起施行。

1月21—22日，十八届中央纪委二次全会召开。会上，习近平总书记讲话强调，要坚持“老虎”、“苍蝇”一起打，既坚决查处领导干部违纪违法案件，又切实解决发生在群众身边的不正之风和腐败问题；要加强对权力运行的制约和监督，把权力关进制度的笼子里。

1月25日，国务院发布《能源发展“十二五”规划》，提出2015年能源消费总量控制目标为40亿吨标煤，其中石油对外依存度控制在61%以内。

1月31日，中共中央、国务院发布《关于加快发展现代农业进一步增强农村发展活力的若干意见》。

2月2日，国务院办公厅发布《国民旅游休闲纲要（2013—2020年）》。

2月3日，国务院批转国家发改委、财政部、人社部制定的《关于深化收入分配制度改革的若干意见》。

2月6日，国务院召开常务会议，研究确定促进海洋渔业持续健康发展的政策措施，通过《关于促进海洋渔业持续健康发展的若干意见》。

同日，国务院印发《循环经济发展战略及近期行动计划》，这是我国首部循环经济发展战略规划。

2月17日，国务院发布《关于推进物联网有序健康发展的指导意见》，提出到2015年，突破一批核心技术，培育一批创新型中小企业，初步形成物联网产业体系。

2月26—28日，党的十八届二中全会召开。全会通过《国务院机构改革和职能转变方案》。3月14日，十二届全国人大一次会议批准《国务院机构改革和职能转变方案》。

2月27日，十一届全国人大常委会第三十一次会议通过全国人大常委会代表资格审查委员会关于十二届全国人大代表的代表资格的审查报告。十二届全国人大代表选举是2010年修改选举法后，首次实行城乡按相同人口比例进行的选举。

3月1日，国务院办公厅发出《关于继续做好房地产市场调控工作的通知》。

3月3—12日，全国政协十二届一次会议召开，选举俞正声为全国政协主席。

3月14日，全国人大一次会议第四次全体会议举行，选举习近平为中华人民共和国主席、中华人民共和国中央军事委员会主席。

3月20日，国务院召开全体会议，对政府工作进行部署，并提出要坚决落实向社会承诺的“约法三章”，即本届任期内，政府性的楼堂馆所一律不得新建，财政供养的人员只减不增，“三公”经费只减不增。

3月22—30日，习近平主席对俄罗斯、坦桑尼亚、南非、刚果共和国进行国事访问，并出席在南非举行的金砖国家领导人第五次会晤。23日，习近平主席在俄罗斯莫斯科国际关系学院发表演讲，倡导构建人类命运共同体，呼吁各国共同推动建立以合作共赢为核心的新型国际关系。25日，习近平主席在坦桑尼亚尼雷尔国际会议中心发表演讲时首次提出“真实亲诚”的对非政策理念和正确义利观。

4月3日，国务院召开常务会议，部署开展现代农业综合配套改革试验工作，确定黑龙江省先行开展现代农业综合配套改革试验。

4 月 4 日，中共中央办公厅、国务院办公厅、中央军委办公厅印发《关于进一步加强烈士纪念工作的意见》。

4 月 7—8 日，博鳌亚洲论坛 2013 年年会在海南博鳌举行。年会以“革新、责任、合作：亚洲寻求共同发展”为主题。习近平主席出席年会开幕式，并发表题为《共同创造亚洲和世界的美好未来》的主旨演讲。

4 月 10 日，国务院常务会议决定进一步扩大营业税改征增值税试点，并逐步在全国推行。

4 月 24 日，国务院常务会议决定先行取消和下放 71 项行政审批事项。

4 月 25 日，中央政治局常委会召开会议，研究当前经济形势和经济工作。此后，中央政治局形成制度，原则上每个季度召开会议研究经济形势。

5 月 9 日，中共中央印发《关于在全党深入开展党的群众路线教育实践活动的意见》，提出 2013 年 6 月至 2014 年 9 月，全党分两批开展以为民务实清廉为主要内容的党的群众路线教育实践活动，集中整治形式主义、官僚主义、享乐主义和奢靡之风“四风”问题。

5 月 13 日，全国电视电话会议召开，动员部署国务院机构职能转变工作。

5 月 15 日，国务院发布《关于取消和下放一批行政审批项目等事项的决定》。

同日，国务院常务会议决定进一步提高重点高校招收农村学生比例。

5 月 17—18 日，中央巡视工作动员暨培训会议召开。十八届中共中央共开展12轮巡视，巡视277个党组织，在党的历史上首次实现一届任期内巡视全覆盖。2015年8月3日，中共中央印发《中国共产党巡视工作条例》。2017年7月1日，该条例经修订后重新发布。截至2021年6月，十九届中共中央已开展七轮巡视。

5月24日，国务院批转国家发改委《关于2013年深化经济体制改革重点工作的意见》。

5月27日，中共中央发布《中国共产党党内法规制定条例》《中国共产党党内法规和规范性文件备案规定》。

6月6—10日，首届中国–南亚博览会暨第二十一届中国昆明进出口商品交易会在云南昆明举行。超过1200家境内外企业参展，近10万人次的境内外参展商和采购商到会，外经贸累计成交174.66亿美元。

6月14日，国务院常务会议召开，部署大气污染防治十条措施，研究促进光伏产业健康发展。

6月15日，中国铁路总公司正式实施货运组织改革，推动铁路货运全面走向市场，实现铁路货运加快向现代物流转变。

6月16日，第五届海峡论坛举行，论坛上，大陆方面发布31项对台惠民新政策措施，内容涉及两岸人员往来、赴台旅游、就业、基层调解、文化交流、版权交易、两岸直航、台企融资等多个领域。其中包括开放沈阳、郑州、武汉等13个城市作为第三批大陆居民赴台湾地区个人旅游试点城市。

6月20日，交通运输部发布《国家公路网规划（2013年—2030年）》。

6月22—25日，中共中央政治局召开专门会议，围绕保持党的先进性和纯洁性，以为民务实清廉为主要内容，切实加强马克思主义群众观点教育。

6月26日，国务院召开常务会议，研究部署加快棚户区改造，促进经济发展和民生改善。会议决定，今后五年再改造城市和国有工矿、林区、垦区的各类棚户区1000万户，其中2013年改造304万户。

6月28日，中共中央政治局常委会召开会议，对维护新疆社会稳定，维护各族人民利益做出统一部署。

7月3日，国务院召开常务会议，原则通过《中国（上海）自由贸易试验区总体方案》。

7月4日，国务院印发《关于加快棚户区改造工作的意见》。

7月5日，国务院办公厅发布《关于金融支持经济结构调整和转型升级的指导意见》。

7月6日，中国和瑞士在北京正式签署中国–瑞士自由贸易协定。这是中国与欧洲大陆国家签署的首个自贸协定。

7月12日，国务院召开常务会议，研究部署加快发展节能环保产业。

同日，国务院公布《中华人民共和国外国人入境出境管理条例》，自9月1日起施行。

7月9日、16日，国务院召开经济形势座谈会，明确提出区间调控思路，即经济运行要保持在合理区间，经济增长率、就业水平等不滑出“下限”，物价涨幅等不超出“上限”。此后，在2014年、2015年又相继提出实施定向调控、相机调控和精准调控。

7月14日，中共中央办公厅、国务院办公厅发出《关于党政机关停止新建楼堂馆所和清理办公用房的通知》。

7月20日，中国人民银行对外公布，自2013年7月20日起全面放开金融机构贷款利率管制。

7月23日，中共中央办公厅、国务院办公厅发出《关于党政机关停止新建楼堂馆所和清理办公用房的通知》。

7月30日，中共中央政治局就建设海洋强国研究进行第八次集体学习。

8月13日，中央政法委发出关于切实防止冤假错案的指导意见，要求法官、检察官、人民警察在职责范围内对办案质量要终身负责，并建立健全冤假错案的责任追究机制。

8月14日，国务院印发《关于促进信息消费扩大内需的若干意见》。

8月16日，国务院召开常务会议，确定深化改革加快发展养老服务业的任务措施。

8月17日，国务院正式批准设立中国（上海）自由贸易试验区。到2020年8月，自贸试验区试点由上海逐步扩大到21个省（自治区、直辖市）。

同日，国务院下发《关于印发“宽带中国”战略及实施方案的通知》，以加强战略引导和系统部署，推动我国宽带基础设施快速健康发展。

8月28日，国务院召开常务会议，研究部署促进健康服务业发展，决定进一步扩大信贷资产证券化试点。

8月30日，十二届全国人大常委会第四次会议通过《关于修改商标法的决定》。

9月5日，习近平主席在二十国集团领导人峰会上发表《共同维护和发展开放型世界经济》的主旨讲话。

9月6日，国务院召开常务会议，研究部署有效落实引导民间投资激发活力健康发展的措施。

9 月 7 日、10 月 3 日，习近平主席分别在哈萨克斯坦纳扎尔巴耶夫大学、印度尼西亚国会发表演讲，先后提出共同建设“丝绸之路经济带”与“21 世纪海上丝绸之路”，即“一带一路”倡议。

9 月 10 日，国务院印发《大气污染防治行动计划》。

9 月 11—13 日，第七届夏季达沃斯论坛在大连举行。

9 月 13 日，国务院印发《关于加快发展养老服务业的若干意见》。

9 月 24 日，中央军委印发《关于加强和改进军队领导干部经济责任审计工作的意见》。

同日，国务院召开常务会议，修订政府核准投资项目目录。

9 月 25 日，中共中央、国务院印发《关于地方政府职能转变和机构改革的意见》。

9 月 29 日，中国（上海）自由贸易试验区正式挂牌成立。

同日，国务院办公厅发布《中国（上海）自由贸易试验区外商投资准入特别管理措施（负面清单）（2013 年）》。这是我国第一次用负面清单管理外商对华投资。

10 月 2—8 日，习近平主席对印度尼西亚、马来西亚进行国事访问并出席在印尼巴厘岛举行的亚太经济合作组织（APEC）第二十一次领导人非正式会议。

10 月 14 日，国务院印发《关于促进健康服务业发展的若干意见》。

10 月 15 日，国务院印发《关于化解产能严重过剩矛盾的指导意见》。

同日，国务院办公厅发布《关于进一步加强政府信息公开回应社会关切提升政府公信力的意见》。

10月25日，国务院召开常务会议，部署推进公司注册资本登记制度改革，降低创业成本，激发社会投资活力。

10月30日，国务院召开常务会议，讨论建立健全社会救助制度，推进以法治方式织牢保障困难群众基本生活的安全网。

同日，中组部印发《关于进一步规范党政领导干部在企业兼职（任职）问题的意见》。

11月3—5日，习近平总书记在湖南考察工作期间提出“精准扶贫”理念。

11月4日，中央党的群众路线教育实践活动领导小组发出《关于开展“四风”突出问题专项整治和加强制度建设的通知》。

11月5日，中共中央下发《中央党内法规制定工作五年规划纲要（2013—2017年）》，编制中央党内法规制定工作五年规划。

11月9—12日，党的十八届三中全会召开，通过《关于全面深化改革若干重大问题的决定》。

11月18日，中共中央、国务院印发《党政机关厉行节约反对浪费条例》。

12月3日，中共中央政治局就历史唯物主义基本原理和方法论进行第十一次集体学习。

12月6日，中组部发出《关于改进地方党政领导班子和领导干部政绩考核工作的通知》。

12月10日，习近平总书记在中央经济工作会议上提出“新常态”。

12月11日，中共中央办公厅印发《关于培育和践行社会主义核心价值观的意见》，指出富强、民主、文明、和谐、自由、平等、公正、法治、爱国、敬业、诚信、友善，是社会主义核心价值观的基本内容。

12 月 12—13 日，首次中央城镇化工作会议召开。

12 月 14 日，国务院发布《关于全国中小企业股份转让系统有关问题的决定》，对全国股份转让系统的定位、市场体系建设、行政许可制度改革、投资者管理、投资者权益保护及监管协作等进行原则性规定。

12 月 21 日，中共中央、国务院印发《关于调整完善生育政策的意见》，提出单独两孩的政策。

12 月 30 日，中共中央政治局就提高国家文化软实力研究进行第十二次集体学习。中央全面深化改革领导小组成立。

2014 年

1 月 2 日，中共中央、国务院印发《关于全面深化农村改革加快推进农业现代化的若干意见》。

1 月 9 日，卫生计生委、中医药管理局联合印发《关于加快发展社会办医的若干意见》。

1 月 22 日，习近平总书记主持召开中央全面深化改革领导小组第一次会议，审议通过《中央全面深化改革领导小组工作规则》《中央全面深化改革领导小组专项小组工作规则》《中央全面深化改革领导小组办公室工作细则》和中央全面深化改革领导小组下设的六个专项小组名单；审议通过《中央有关部门贯彻落实党的十八届三中全会〈决定〉重要举措分工方案》。

1 月 28 日，国务院印发《关于取消和下放一批行政审批项目的决定》，再次取消和下放 64 项行政审批事项和 18 个子项。

2 月 7 日，国务院印发《注册资本登记制度改革方案》。

2月18日，银监会发布《商业银行流动性风险管理办法（试行）》。

2月21日，国务院公布《社会救助暂行办法》，自5月1日起施行。

2月24日，农业部印发《关于促进家庭农场发展的指导意见》。

2月26日，习近平总书记听取京津冀协同发展专题汇报，强调实现京津冀协同发展是重大国家战略。

2月27日，习近平总书记主持召开中央网络安全和信息化领导小组第一次会议，审议通过《中央网络安全和信息化领导小组工作规则》等文件。

3月13日，银监会发布《金融租赁公司管理办法》。

3月17日，国务院发布《关于加快发展对外文化贸易的意见》。

3月19日，中共中央办公厅、国务院办公厅印发《关于深化司法体制和社会体制改革的意见》。

4月8日，上海国际经济贸易仲裁委员会第二届委员会第四次会议审议通过《中国（上海）自由贸易试验区仲裁规则》。这是我国首部自贸区仲裁规则，自2014年5月1日起施行。

4月9日，国家发改委、卫生计生委、人社部联合公布《关于非公立医疗机构医疗服务实行市场调节价有关问题的通知》。

4月21日，国家发改委决定废止《食盐专营许可证管理办法》。

4月22日，国务院办公厅发布《关于金融服务“三农”发展的若干意见》。

4月24日，十二届全国人大常委会第八次会议通过新修订的《中华人民共和国环境保护法》。

4月29日，国务院公布新修订的《中华人民共和国商标法实施条例》，自 2014 年 5 月 1 日起施行。

5 月 2 日，国务院印发《关于加快发展现代职业教育的决定》，全面部署加快发展现代职业教育。

5 月 9 日，国务院发布《关于进一步促进资本市场健康发展的若干意见》。

同日，国家发改委、工信部联合发布通告，放开所有电信业务资费，电信企业可以自主制定具体资费结构、资费标准等。

5 月 15 日，国务院公布《事业单位人事管理条例》。

5 月 21 日，亚洲相互协作与信任措施会议第四次峰会在上海举行。习近平主席主持并发表讲话，强调积极倡导共同、综合、合作、可持续的亚洲安全观。

5 月 29 日，国务院办公厅印发《关于改善农村人居环境的指导意见》。

6 月 6 日，国务院部署对稳增长促改革调结构惠民生政策措施落实情况开展全面督查。

6 月 10 日，国务院新闻办发表《“一国两制”在香港特别行政区的实践》白皮书。这是中央政府第一次发表关于“一国两制”及香港问题的白皮书。

6 月 11 日，国务院召开常务会议，部署建设综合立体交通走廊打造长江经济带，通过《物流业发展中长期规划》。

6 月 13 日，习近平总书记主持召开中央财经领导小组第六次会议，研究我国能源安全战略。

6 月 14 日，国务院印发《社会信用体系建设规划纲要（2014—2020 年）》。

6 月 16 日，教育部、国家发改委、财政部、人社部、农业部、国务院扶贫办印发《现代职业教育体系建设规划（2014—2020年）》。

6月23—24日，全国职业教育工作会议在北京召开。

6月30日，中共中央政治局召开会议，审议通过《深化财税体制改革总体方案》《关于进一步推进户籍制度改革的意见》《党的纪律检查体制改革实施方案》《深化财税体制改革总体方案》。

7月12日，中共中央办公厅、国务院办公厅印发《关于全面推进公务用车制度改革的指导意见》和《中央和国家机关公务用车制度改革方案》。

7月15日，金砖国家领导人第六次会晤宣布，成立金砖国家新开发银行并将总部设在中国上海，建立金砖国家应急储备安排。

8月18日，习近平总书记主持召开中央财经领导小组第七次会议，研究实施创新驱动发展战略。

8月20日，中共中央举行纪念邓小平同志诞辰110周年座谈会。

9月4日，国务院发布《关于深化考试招生制度改革的实施意见》。

9月5日，庆祝全国人民代表大会成立60周年大会召开。

9月12日，国务院印发《关于依托黄金水道推动长江经济带发展的指导意见》。

9月21日，庆祝中国人民政治协商会议成立65周年大会召开。

同日，国务院印发《关于加强地方政府性债务管理的意见》。

10月4日，国务院发布《物流业发展中长期规划（2014—2020年）》。

10月9日，国务院出台《关于加快科技服务业发展的若干意见》，要求重点发展知识产权等专业科技服务和综合科技服务。

同日，最高人民法院通报《关于审理利用信息网络侵害人身权益民事纠纷案件适用法律若干问题的规定》，首次划定个人信息保护的范围，明确利用自媒体等转载网络信息行为的过错认定，以及如何对网络水军进行规制。

10月17日，全国社会扶贫工作电视电话会议在北京召开。

10月20—23日，党的十八届四中全会召开。习近平总书记代表中央政治局向全会报告工作，就《中共中央关于全面推进依法治国若干重大问题的决定（讨论稿）》作出说明，并发表讲话。全会审议通过《中共中央关于全面推进依法治国若干重大问题的决定》，提出全面推进依法治国总目标是建设中国特色社会主义法治体系，建设社会主义法治国家。

11月1日，十二届全国人大常委会第十一次会议通过《关于设立国家宪法日的决定》，将12月4日设立为国家宪法日。

11月4日，习近平总书记主持召开中央财经领导小组第八次会议，研究丝绸之路经济带和21世纪海上丝绸之路规划、发起建立亚洲基础设施投资银行和设立丝路基金。

11月6日，中共中央办公厅、国务院办公厅印发《关于引导农村土地经营权有序流转发展农业适度规模经营的意见》，提出把农民土地承包经营权分为承包权和经营权，实现承包权和经营权分置并行。

11月8日，习近平主席主持加强互联互通伙伴关系对话会，指出我们要建设的互联互通，应该是基础设施、制度规章、人员交流三位一体，应该是政策沟通、设施联通、贸易畅通、资金融通、民心相通五大领域齐头并进；宣布中国出资成立丝路基金。

11月19日，国务院办公厅印发《能源发展战略行动计划

（2014—2020 年）》。

11 月 19—21 日，首届世界互联网大会在浙江乌镇举行。

11 月 28—29 日，中央外事工作会议召开。

12 月 2 日，中共中央、国务院印发《丝绸之路经济带和 21 世纪海上丝绸之路建设战略规划》，对推进"一带一路"建设工作作出全面部署。

12 月 9—11 日，中央经济工作会议举行。习近平总书记在会议上指出，我国经济正在向形态更高级、分工更复杂、结构更合理的阶段演化，经济发展进入新常态；认识新常态，适应新常态，引领新常态，是当前和今后一个时期我国经济发展的大逻辑。

12 月 13—14 日，习近平总书记在江苏考察工作期间讲话指出，要主动把握和积极适应经济发展新常态，协调推进全面建成小康社会、全面深化改革、全面推进依法治国、全面从严治党，推动改革开放和社会主义现代化建设迈上新台阶。这是首次将"四个全面"并提。

12 月 22—23 日，中央农村工作会议在北京召开。

12 月 31 日，中共中央办公厅、国务院办公厅印发《关于农村土地征收、集体经营性建设用地入市、宅基地制度改革试点工作的意见》。

2015 年

1 月 1 日，全国 338 个地级及以上城市统一按环境空气质量新标准开展监测，并向社会发布实时监测数据和空气质量指数。

1 月 5 日，中共中央印发《关于加强社会主义协商民主建设的意见》。

1月6日，国务院印发《关于促进云计算创新发展培育信息产业新业态的意见》。

1月8日，中共中央印发《关于加强和改进党的群团工作的意见》。

1月8—9日，中国—拉美和加勒比国家共同体论坛首届部长级会议在北京举行。8日，习近平主席出席开幕式并发表以《共同谱写中拉全面合作伙伴关系新篇章》为主题的讲话。会议通过《中拉论坛首届部长级会议北京宣言》《中国与拉美和加勒比国家合作规划（2015—2019）》等。

1月9日，中国证监会发布《股票期权交易试点管理办法》和《证券期货经营机构参与股票期权交易试点指引》。

1月12日，中共中央办公厅、国务院办公厅印发《关于加快构建现代公共文化服务体系的意见》。

1月14日，国务院发布《关于机关事业单位工作人员养老保险制度改革的决定》。

1月16日，中共中央政治局常委会召开会议，听取全国人大常委会、国务院、全国政协、最高人民法院、最高人民检察院党组工作汇报。此后，这成为实现党中央集中统一领导的一项制度性安排。

1月28日，国务院印发《关于加快发展服务贸易的若干意见》。

2月2日，习近平总书记在省部级主要领导干部学习贯彻党的十八届四中全会精神全面推进依法治国专题研讨班上系统阐述“四个全面”战略布局，强调要把全面依法治国放在“四个全面”战略布局中来把握，抓住领导干部这个“关键少数”，带动全党全国全面推进依法治国。

3月7日，国务院批复设立中国（杭州）跨境电子商务综合试验区。

3月12日，习近平总书记在十二届全国人大三次会议解放军代表团全体会议上提出，把军民融合发展上升为国家战略。

3月13日，中共中央、国务院印发《关于深化体制机制改革加快实施创新驱动发展战略的若干意见》。

3月15日，十二届全国人大三次会议通过《全国人民代表大会关于修改〈中华人民共和国立法法〉的决定》。

3月17日，中共中央、国务院发布《国有林场改革方案》和《国有林区改革指导意见》。

4月1日，黑龙江重点国有林区天然林商业性采伐已全面停止，标志着我国天然林资源从采伐利用转入保护发展的新阶段。

4月3日，中共中央、国务院发布《关于深化供销合作社综合改革的决定》。

4月10日，中共中央办公厅印发《关于在县处级以上领导干部中开展"三严三实"专题教育方案》。

4月20—24日，习近平主席对巴基斯坦进行国事访问并出席在印度尼西亚举行的亚非领导人会议和万隆会议60周年纪念活动。24日，习近平主席在纪念大会上签署《2015万隆公报》。

4月24日，十二届全国人大常委会第十四次会议通过新修订的《中华人民共和国食品安全法》和《中华人民共和国广告法》。

4月25日，中共中央、国务院印发《关于加快推进生态文明建设的意见》。

5月1日，全国法院实行立案登记制，对依法应当受理的案件，做到有案必立、有诉必理，保证当事人诉讼权。

5 月 4 日，国务院印发《关于大力发展电子商务加快培育经济新动力的意见》。2016 年 1 月、2018 年 7 月，国务院先后批复在天津、北京等 34 个城市设立跨境电子商务综合试验区。

同日，教育部印发《关于深入推进教育管办评分离促进政府职能转变的若干意见》。

5 月 5 日，国务院办公厅转发文化部等部门《关于做好政府向社会力量购买公共文化服务工作意见的通知》。

5 月 7 日，国务院印发《关于大力发展电子商务加快培育经济新动力的意见》。

5 月 8 日，中央综治办、交通运输部、公安部、工信部、商务部、海关总署、国家质量监督检验检疫总局、国家安全生产监督管理总局、国家铁路局、中国民用航空局联合发布《关于加强物流安全管理工作的若干意见》。

同日，国务院批转国家发改委《关于 2015 年深化经济体制改革重点工作的意见》。

5 月 13 日，国务院印发《关于推进国际产能和装备制造合作的指导意见》。

5 月 15 日，国务院印发《2015 年推进简政放权放管结合转变政府职能工作方案》。

5 月 18—20 日，中央统战工作会议举行。5 月 18 日，中共中央公布《中国共产党统一战线工作条例（试行）》。7 月 30 日，中央政治局会议决定设立中央统一战线工作领导小组。

5 月 21 日，国务院印发《关于北京市服务业扩大开放综合试点总体方案的批复》，同意在北京市开展服务业扩大开放综合试点，自 2015 年 5 月 5 日起施行，为期三年。

6月11日，中共中央印发《中国共产党党组工作条例（试行）》。

6月15日，国务院办公厅印发《关于促进社会办医加快发展的若干政策措施》。

6月17日，国务院批转《法人和其他组织统一社会信用代码制度建设总体方案》。

6月24日，国务院召开常务会议，通过《中华人民共和国商业银行法修正案（草案）》。

6月26日，中共中央政治局召开会议，审议通过《中国共产党巡视工作条例（修订稿）》《关于推进领导干部能上能下的若干规定（试行）》。

同日，习近平总书记在党的十八届中央政治局第二十四次集体学习时讲话指出，铲除不良作风和腐败现象滋生蔓延的土壤，根本上要靠法规制度。要把法规制度建设贯穿到反腐倡廉各个领域、落实到制约和监督权力各个方面，推动形成不敢腐不能腐不想腐的有效机制。

7月1日，十二届全国人大常委会第十五次会议通过《中华人民共和国国家安全法》。

7月3日，国务院批复同意《中国保险投资基金设立方案》。

7月8日，中共中央办公厅、国务院办公厅发布《行业协会商会与行政机关脱钩总体方案》。

7月18日，中国人民银行、工信部、公安部、财政部、国家工商总局、国务院法制办、中国银行业监督管理委员会、中国证券监督管理委员会、中国保险监督管理委员会、国家互联网信息办公室联合发布《关于促进互联网金融健康发展的指导意见》。

7月19日，中共中央办公厅印发《推进领导干部能上能下若干规定（试行）》。

7月22日，人民银行会同国家发改委、科技部、财政部、知识产权局、中国银监会、中国证监会、中国保监会、外汇局等部门印发《武汉城市圈科技金融改革创新专项方案》。这是国内首个区域科技金融改革创新专项方案，武汉城市圈成为国内首个科技金融改革创新试验区。

8月1日，国务院印发《全国海洋主体功能区规划》。至此，我国主体功能区战略实现陆域国土空间和海域国土空间的全覆盖。

8月11日，中国人民银行决定改革完善人民币兑美元汇率中间价报价机制，明确中间价报价参考前一天收盘价。

同日，国务院印发《关于加快发展民族教育的决定》。

8月13日，国务院印发《关于促进融资担保行业加快发展的意见》。

8月14日，工商总局、中编办、国家发改委、税务总局、质检总局、国务院法制办联合发出关于贯彻落实《国务院办公厅关于加快推进"三证合一"登记制度改革的意见》的通知，要求各相关部门加快推进"三证合一"登记制度改革，确保"三证合一、一照一码"登记模式如期实施。

8月24日，中共中央、国务院印发《关于深化国有企业改革的指导意见》。

8月26日，国务院印发《关于开展农村承包土地的经营权和农民住房财产权抵押贷款试点的指导意见》。

8月28日，中共中央办公厅、国务院办公厅印发《关于在部分区域系统推进全面创新改革试验的总体方案》，京津冀、上海、广东、安徽、四川、武汉、西安、沈阳八个区域被确定为全面创新改革试验区。

8月29日，十二届全国人大常委会第十六次会议通过《刑法修正案（九）》和新修订的《中华人民共和国大气污染防治法》。

8月30日，中共中央办公厅、国务院办公厅印发《环境保护督察方案（试行）》，部署对各地开展环境保护督察工作。

8月31日，中国证监会等四部门发出《关于鼓励上市公司兼并重组、现金分红及回购股份的通知》。

同日，国务院印发《促进大数据发展行动纲要》。

9月17日，中共中央、国务院发布《关于构建开放型经济新体制的若干意见》。

9月18日，国务院印发《生态文明体制改革总体方案》。

9月19日，中共中央办公厅印发《关于加强社会组织党的建设的意见（试行）》。

9月22—28日，习近平主席对美国进行国事访问并出席联合国成立70周年系列峰会。26日，习近平主席出席联合国发展峰会，倡导公平、开放、全面、创新的发展理念。28日，习近平主席出席第七十届联合国大会一般性辩论，强调要继承和弘扬联合国宪章宗旨和原则，构建以合作共赢为核心的新型国际关系，打造人类命运共同体。

9月23日，国务院决定压减《中央定价目录》，具体定价项目从约100项减至20项，并改进定价方法，规范定价行为，定期修订定价目录。

9月24日，中共中央办公厅、国务院办公厅印发《深化科技体制改革实施方案》。

10月2日，国务院办公厅发布《关于推进基层综合性文化服务中心建设的指导意见》。

10 月 18 日，中共中央印发《中国共产党廉洁自律准则》和《中国共产党纪律处分条例》。

10 月 19 日，国务院印发《关于实行市场准入负面清单制度的意见》。

同日，首届全国大众创业万众创新活动周启动。

10 月 21 日，教育部、国家发改委、财政部印发《关于引导部分地方普通本科高校向应用型转变的指导意见》。

10 月 24 日，国务院印发《统筹推进世界一流大学和一流学科建设总体方案》。

10 月 26—29 日，党的十八届五中全会在北京召开，审议通过《中共中央关于制定国民经济和社会发展第十三个五年规划的建议》。

11 月 2 日，中共中央办公厅、国务院办公厅印发《深化农村改革综合性实施方案》。

11 月 10 日，习近平总书记主持召开中央财经领导小组第十一次会议，研究经济结构性改革和城市工作。

11 月 25 日，国务院印发《关于进一步完善城乡义务教育经费保障机制的通知》。

11 月 27—28 日，商务部与香港特别行政区财政司分别签署《〈内地与香港关于建立更紧密经贸关系的安排〉服务贸易协议》《〈内地与澳门关于建立更紧密经贸关系的安排〉服务贸易协议》，标志着内地与香港、澳门服务贸易自由化基本实现。

11 月 29 日—12 月 5 日，习近平主席出席在法国巴黎举行的气候变化巴黎大会，对津巴布韦、南非进行国事访问并主持中非合作论坛约翰内斯堡峰会。11 月 30 日，习近平主席在气候变化巴黎大会开幕式上发表《携手构建合作共赢、公平合理的气候变化治理机制》的讲话。12月4日，在中非合作论坛约翰内斯堡峰会开幕式上发表主旨讲话，提出把中非关系提升为全面战略合作伙伴关系，宣布实施中非“十大合作计划”。

12月9日，中共中央印发《关于加强和改进新形势下党校工作的意见》。

12月13日，国务院公布《居住证暂行条例》，自2016年1月1日起施行。

12月16日，习近平主席在第二届世界互联网大会开幕式上发表主旨演讲，提出推动互联网全球治理体系变革，应该坚持尊重网络主权、维护和平安全、促进开放合作、构建良好秩序的原则；强调网络空间是人类共同的活动空间，呼吁共同构建网络空间命运共同体。

12月18—21日，中央经济工作会议在北京召开。

12月20—21日，中央城市工作会议在北京召开。

12月24日，中共中央、国务院印发《关于深入推进城市执法体制改革改进城市管理工作的指导意见》。

12月25日，中共中央办公厅、国务院办公厅发布《深化国税、地税征管体制改革方案》。

同日，亚洲基础设施投资银行正式成立，总部设在北京，法定资本1000亿美元，意向创始成员国共有57个。

12月28日，中共中央办公厅、国务院办公厅发布《关于全国性文艺评奖制度改革的意见》。

同日，国务院办公厅印发《国务院部门权力和责任清单编制试点方案》。

12 月 30 日，中共中央政治局召开会议，审议通过《关于全面振兴东北地区等老工业基地的若干意见》。

2016 年

1 月 5 日，中共中央、国务院发布《关于实施全面两孩政策改革完善计划生育服务管理的决定》，明确从 2016 年开始实施全面两孩政策。

1 月 12—14 日，十八届中央纪委六次全会召开。

1 月 16—18 日，亚投行开业仪式暨理事会和董事会成立大会在北京举行。

1 月 22 日，中共中央办公厅、国务院办公厅印发《关于进一步加强和改进离退休干部工作的意见》。

2 月 3 日，国务院召开常务会议，审议通过《全国社会保障基金条例》，自 5 月 1 日起施行。

2 月 18 日，中央公车改革领导小组印发《中央事业单位公务用车制度改革实施意见》和《中央企业公务用车制度改革实施意见》。

2 月 19 日，党的新闻舆论工作座谈会召开。

2 月 24 日，中共中央办公厅印发《关于在全体党员中开展“学党章党规、学系列讲话，做合格党员”学习教育方案》。

2 月 26 日，十二届全国人大常委会首次举行宪法宣誓仪式。

同日，国务院发布《中医药发展战略规划纲要（2016—2030 年）》。

同日，十二届全国人大常委会第十九次会议通过《中华人民共和国深海海底区域资源勘探开发法》。

3 月 4 日，习近平总书记看望参加全国政协十二届四次会议的民建、工商联委员并参加联组会，强调非公有制经济在我国经济社会发展中的地位和作用没有变，鼓励、支持、引导非公有制经济发展的方针政策没有变，致力于为非公有制经济发展营造良好环境和提供更多机会的方针政策没有变。

3 月 5—16 日，十二届全国人大四次会议召开，通过《中华人民共和国国民经济和社会发展第十三个五年规划纲要》《中华人民共和国慈善法》。

3 月 22 日，中共中央发布《关于深化人才发展体制机制改革的意见》。

3 月 23 日，澜沧江–湄公河合作首次领导人会议在海南三亚举行，正式启动澜湄合作机制。

4 月 19 日，网络安全和信息化工作座谈会召开。

4 月 22—23 日，全国宗教工作会议召开。

4 月 25 日，习近平总书记在安徽凤阳县小岗村主持召开的农村改革座谈会上指出，新形势下深化农村改革，主线仍然是处理好农民和土地的关系。最大的政策是必须坚持和完善农村基本经营制度。

4 月 26 日，中共中央、国务院发布《关于全面振兴东北地区等老工业基地的若干意见》。

4 月 28 日，国务院办公厅印发《关于健全生态保护补偿机制的意见》。

5 月 16 日，中央财经领导小组第十三次会议召开，研究落实供给侧结构性改革、扩大中等收入群体工作。

5 月 17 日，习近平总书记主持召开哲学社会科学工作座谈会。

同日，国务院办公厅印发《关于加快培育和发展住房租赁市场的若干意见》。

5月20日，中共中央、国务院发布《国家创新驱动发展战略纲要》。

5月30日，国务院印发《关于建立完善守信联合激励和失信联合惩戒制度加快推进社会诚信建设的指导意见》。

5月30日—6月3日，全国科技创新大会、中国科学院第十八次院士大会和中国工程院第十三次院士大会、中国科学技术协会第九次全国代表大会举行。

6月1日，国务院印发《关于在市场体系建设中建立公平竞争审查制度的意见》。

6月5日，国务院办公厅印发《关于营造良好市场环境促进有色金属工业调结构促转型增效益的指导意见》。

6月7日，国务院医改办、国家卫生计生委、国家发改委、民政部、财政部、人社部和国家中医药管理局联合发布《关于推进家庭医生签约服务的指导意见》。

6月10日，国务院办公厅转发国家发改委《营造良好市场环境推动交通物流融合发展实施方案》。

同日，国务院办公厅印发《关于发挥品牌引领作用推动供需结构升级的意见》。

6月14日，中共中央办公厅、国务院办公厅发布《关于深化律师制度改革的意见》。

6月15日，国务院印发《全民健身计划（2016—2020年）》。

6月21日，国务院办公厅印发《关于促进和规范健康医疗大数据应用发展的指导意见》。

6月24日，国务院国资委、财政部联合发布《企业国有资产交易监督管理办法》。

6月27日，国务院办公厅印发《关于加强和改进行政应诉工作的意见》。

6月28日，中共中央政治局召开会议，审议通过《中国共产党问责条例》。

6月30日，国务院办公厅发出《关于加快推进“五证合一、一照一码”登记制度改革的通知》。

7月1日，庆祝中国共产党成立95周年大会举行。

7月8日，中共中央印发《中国共产党问责条例》。

7月12日，中国外交部发布《中华人民共和国政府关于在南海的领土主权和海洋权益的声明》。

7月13日，国务院新闻办发表《中国坚持通过谈判解决中国与菲律宾在南海的有关争议》白皮书。

7月22日，首次“1+6”圆桌对话会在北京举行。此后，中国同世界银行、国际货币基金组织、世界贸易组织、经济合作与发展组织、国际劳工组织、金融稳定理事会每年举行一次“1+6”圆桌对话会。

7月26日，国务院办公厅印发《关于深化改革推进出租汽车行业健康发展的指导意见》。

7月27日，中共中央办公厅、国务院办公厅发布《国家信息化发展战略纲要》。

同日，国务院印发《关于实施支持农业转移人口市民化若干财政政策的通知》。

7月30日，国务院办公厅印发《关于在政务公开工作中进一步做好政务舆情回应的通知》。

8 月 2 日，国务院办公厅印发《关于建立国有企业违规经营投资责任追究制度的意见》。

8 月 3 日，国务院印发《“十三五”加快残疾人小康进程规划纲要》。

8 月 8 日，国务院印发《降低实体经济企业成本工作方案》。

同日，国务院发布《“十三五”国家科技创新规划》。

8 月 19—20 日，全国卫生与健康大会举行。

8 月 22 日，中共中央办公厅、国务院办公厅印发《关于设立统一规范的国家生态文明试验区的意见》和《国家生态文明试验区（福建）实施方案》。

8 月 24 日，国务院召开常务会议，审议通过《消费品标准和质量提升规划（2016—2020 年）》。

同日，中共中央政治局会议审议通过《“健康中国 2030”规划纲要》。

9 月 3 日，十二届全国人大常委会第二十二次会议通过《关于修改〈中华人民共和国外资企业法〉等四部法律的决定》，探索对外商投资实行准入前国民待遇加负面清单的管理模式，对不涉及国家规定准入特别管理措施的外商投资企业设立及变更的事项，由逐案审批制改为备案制管理。

9 月 4—5 日，以“构建创新、活力、联动、包容的世界经济”为主题的二十国集团领导人第十一次峰会在杭州举行。

9 月 11 日，国务院印发《北京加强全国科技创新中心建设总体方案》。

9 月 13 日，国务院办公厅转发国家发改委《物流业降本增效专项行动方案（2016—2018 年）》。

9月18日，国务院首次举行宪法宣誓仪式。

9月20日，国家发改委印发《全国“十三五”易地扶贫搬迁规划》。

9月22日，国务院印发《关于积极稳妥降低企业杠杆率的意见》。

9月30日，国务院办公厅印发《推动1亿非户籍人口在城市落户方案》。

10月1日，人民币正式加入国际货币基金组织特别提款权货币篮子。

10月5日，国务院办公厅印发《老年教育发展规划（2016—2020年）》。

10月9日，民政部、国家发改委等11个部委联合发出《关于支持整合改造闲置社会资源发展养老服务的通知》。

10月10—11日，全国国有企业党的建设工作会议召开。习近平总书记在全国国有企业党的建设工作会议上讲话，强调要坚持党对国有企业的领导不动摇，坚定不移把国有企业做强做优做大。

10月13日，国务院办公厅发布《互联网金融风险专项整治工作实施方案》。

10月17日，中共中央、国务院印发《“健康中国2030”规划纲要》。

10月22日，中共中央办公厅、国务院办公厅印发《关于建立健全国家“十三五”规划纲要实施机制的意见》。

10月23日，国务院印发《关于加快发展康复辅助器具产业的若干意见》。

10月24—27日，党的十八届六中全会召开。10月27日，全会通过《关于新形势下党内政治生活的若干准则》和《中国共产党党内监督条例》。

10 月 25 日，中共中央、国务院印发《“健康中国 2030”规划纲要》，提出健康中国建设的目标和任务。

10 月 27 日，国务院印发《“十三五”控制温室气体排放工作方案》。

同日，国务院办公厅印发《地方政府性债务风险应急处置预案》。

10 月 30 日，中共中央办公厅、国务院办公厅印发《关于完善农村土地所有权承包权经营权分置办法的意见》。

11 月 1 日，国务院印发《关于深入推进实施新一轮东北振兴战略加快推动东北地区经济企稳向好若干重要举措的意见》。

11 月 7 日，十二届全国人大常委会第二十四次会议通过《中华人民共和国网络安全法》。

11 月 22 日，国务院办公厅印发《关于建立统一的绿色产品标准、认证、标识体系的意见》。

11 月 24 日，国务院印发《“十三五”生态环境保护规划》。

11 月 30 日，中共中央政治局召开会议，审议通过规范党和国家领导人有关待遇等问题，以及《中国共产党工作机关条例（试行）》《关于县以上党和国家机关党员领导干部民主生活会的若干规定》。

12 月 4 日，中共中央、国务院印发《关于加强和改进新形势下高校思想政治工作的意见》。

12 月 7 日，国务院办公厅印发《关于全面放开养老服务市场提升养老服务质量的若干意见》。

12 月 12 日，国务院办公厅印发《湿地保护修复制度方案》的通知。

12 月 13 日，中共中央印发《关于加强党内法规制度建设的意见》。

同日，国务院印发《中国落实 2030 年可持续发展议程创新示范区建设方案》的通知。

12 月 14—16 日，中央经济工作会议举行。

12 月 17 日，国务院办公厅印发《关于进一步促进农产品加工业发展的意见》。

12 月 19 日，国务院发布《“十三五”国家战略性新兴产业发展规划》。

12 月 20 日，国务院印发《“十三五”节能减排综合工作方案》。

12 月 21 日，习近平总书记主持召开中央财经领导小组第十四次会议，研究“十三五”规划纲要确定的 165 项重大工程项目进展和解决好人民群众普遍关心的突出问题等工作。

12 月 24 日，国务院印发《“十三五”促进民族地区和人口较少民族发展规划》。

12 月 25 日，国务院办公厅印发《生产者责任延伸制度推行方案》。

同日，十二届全国人大常委会第二十五次会议通过《中华人民共和国中医药法》《中华人民共和国环境保护税法》。

同日，国务院发布《“十三五”旅游业发展规划》。

12 月 26 日，中共中央、国务院印发《关于稳步推进农村集体产权制度改革的意见》。农村集体产权制度改革向全国推开。

12 月 27 日，国务院印发《“十三五”国家信息化规划》《“十三五”深化医药卫生体制改革规划》。

12 月 29 日，国务院印发《关于全民所有自然资源资产有偿使用制度改革的指导意见》。

同日，国务院印发《关于鼓励社会力量兴办教育促进民办教育健康发展的若干意见》。

12 月 30 日，国务院发布《关于加强政务诚信建设的指导意见》。

同日，国土资源部、财政部、农业部联合发出《关于加快推进农垦国有土地使用权确权登记发证工作的通知》。

同日，国家发改委、工信部联合发布《关于运用价格手段促进钢铁行业供给侧结构性改革有关事项的通知》，自 2017 年 1 月 1 日起，对钢铁行业实行更加严格的差别电价政策和基于工序能耗的阶梯电价政策。

同日，国务院办公厅发布《关于加强个人诚信体系建设的指导意见》。

2017 年

1 月 3 日，国务院印发《全国国土规划纲要（2016—2030 年）》。这是我国首个国土空间开发与保护的战略性、综合性、基础性规划。

1 月 10 日，国务院印发《国家教育事业发展“十三五”规划》。

同日，全国农村集体产权制度改革电视电话会议在北京召开。

1 月 12 日，国务院印发《关于扩大对外开放积极利用外资若干措施的通知》。

1 月 19 日，国务院办公厅印发《推行行政执法公示制度执法全过程记录制度重大执法决定法制审核制度试点工作方案》。

同日，国务院办公厅印发《关于促进开发区改革和创新发展的若干意见》。

1 月 20 日，国务院办公厅发布《关于创新管理优化服务培育壮大经济发展新动能加快新旧动能接续转换的意见》。

1 月 21 日，国务院发布《关于第三批取消中央指定地方实施行政许可事项的决定》。

1 月 22 日，中共中央政治局召开会议，决定设立中央军民融合发展委员会，审议《中央政治局常委会听取和研究全国人大常委会、国务院、全国政协、最高人民法院、最高人民检察院党组工作汇报和中央书记处工作报告的综合情况报告》。

1 月 23 日，国务院发布《“十三五”市场监管规划》。这是第一部全国市场监管中长期规划。

1 月 24 日，中共中央办公厅、国务院办公厅印发《关于实施中华优秀传统文化传承发展工程的意见》。

同日，国务院办公厅印发《关于进一步改革完善药品生产流通使用政策的若干意见》。

1 月 26 日，国务院印发《“十三五”促进就业规划》。

2 月 3 日，国务院印发《“十三五”现代综合交通运输体系发展规划》。

2 月 6 日，中共中央、国务院印发《新时期产业工人队伍建设改革方案》。

同日，国务院办公厅印发《关于创新农村基础设施投融资体制机制的指导意见》。

2 月 22 日，十八届中共中央第十二轮巡视工作动员部署会议召开。十八届中共中央共开展 12 轮巡视，巡视 277 个党组织，在党的历史上首次实现一届任期内对地方、部门、企事业单位全覆盖。

2 月 28 日，国务院印发《“十三五”国家老龄事业发展和养老体系建设规划》。

3 月 1 日，国务院发布《“十三五”推进基本公共服务均等化规划》。

同日，外交部和国家互联网信息办公室共同发布《网络空间国际合作战略》。

3 月 9 日，国务院印发《关于新形势下加强打击侵犯知识产权和制售假冒伪劣商品工作的意见》。

3 月 15 日，十二届全国人大五次会议通过《中华人民共和国民法总则》。

3 月 24 日，教育部、国家发改委、财政部和人社部印发《高中阶段教育普及攻坚计划（2017—2020 年）》。

3 月 30 日，国务院印发《全面深化中国（上海）自由贸易试验区改革开放方案》。

3 月 31 日，国务院印发《关于建立粮食生产功能区和重要农产品生产保护区的指导意见》。

4 月 6 日，京津冀协同发展工作推进会议在北京召开。

4 月 13 日，国务院印发《关于做好当前和今后一段时期就业创业工作的意见》。

4 月 24 日，国务院办公厅印发《关于进一步完善国有企业法人治理结构的指导意见》。

5 月 4 日，保监会发布《关于保险业支持实体经济发展的指导意见》。

5 月 11 日，国务院办公厅印发《关于县域创新驱动发展的若干意见》。

5月16日，国务院办公厅印发《关于支持社会力量提供多层次多样化医疗服务的意见》。

5月28日，国务院办公厅印发《兴边富民行动“十三五”规划》。

6月1日，中共中央办公厅、国务院办公厅印发《关于甘肃祁连山国家级自然保护区生态环境问题督查处理情况及其教训的通报》。

6月6日，国务院办公厅印发《关于制定和实施老年人照顾服务项目的意见》。

6月15日，国务院办公厅印发《关于建设第二批大众创业万众创新示范基地的实施意见》。

6月20日，国务院办公厅印发《关于进一步深化基本医疗保险支付方式改革的指导意见》。

6月29日，国务院发布《关于调整工业产品生产许可证管理目录和试行简化审批程序的决定》。

同日，国务院办公厅印发《关于加快发展商业养老保险的若干意见》。

6月30日，国务院办公厅印发《国民营养计划（2017—2030年）》。

7月1日，习近平总书记出席庆祝香港回归祖国20周年大会暨香港特别行政区第五届政府就职典礼并发表讲话指出，中央贯彻“一国两制”方针坚持两点：一是坚定不移，不会变、不动摇；二是全面准确，确保“一国两制”在香港的实践不走样、不变形，始终沿着正确方向前进。

同日，习近平总书记出席在香港举行的《深化粤港澳合作推进大湾区建设框架协议》签署仪式。建设粤港澳大湾区成为国家战略。

同日，中共中央颁发修订后的《中国共产党巡视工作条例》。

同日，全国海关通关一体化正式实施，企业可以在全国范围内任意一个海关完成相关海关手续。

同日，我国全面实施检察机关提起公益诉讼制度。

7 月 3 日，国务院办公厅印发《关于深化医教协同进一步推进医学教育改革与发展的意见》。

7 月 8 日，国务院印发《新一代人工智能发展规划》。

7 月 14—15 日，全国金融工作会议召开，决定设立国务院金融稳定发展委员会。

7 月 26 日，国务院办公厅印发《中央企业公司制改制工作实施方案》。

7 月 27 日，国务院印发《关于强化实施创新驱动发展战略进一步推进大众创业万众创新深入发展的意见》。

同日，工信部、民政部和国家卫计委联合发出《关于开展智慧健康养老应用试点示范的通知》。

7 月 28 日，国资委、中央编办、教育部、财政部、人社部和国家卫计委六部门联合印发《关于国有企业办教育医疗机构深化改革的指导意见》。

8 月 1 日，中共中央办公厅、国务院办公厅印发《关于深化教育体制机制改革的意见》。

8 月 2 日，国务院公布《融资担保公司监督管理条例》，自 10 月 1 日起施行。

8 月 14 日，财政部、民政部、人社部联合发布《关于运用政府和社会资本合作模式支持养老服务业发展的实施意见》。

8月18日，全国首家互联网法院——杭州互联网法院正式揭牌成立。

8月31日，国家医保异地结算系统与所有省份和新疆生产建设兵团以及医疗保险统筹地区连通。9月底，全面完成全国联网和跨省直接结算。

9月1日，十二届全国人大常委会第二十九次会议通过《中华人民共和国核安全法》《中华人民共和国国歌法》和新修订的《中华人民共和国中小企业促进法》。

9月3—5日，金砖国家领导人第九次会晤在厦门举行。习近平主席主持会晤并发表讲话，强调要积极推动全球经济治理改革，提高新兴市场国家和发展中国家代表性和发言权，为解决南北发展失衡、促进世界经济增长提供新动力。

9月8日，中共中央、国务院印发《关于营造企业家健康成长环境弘扬优秀企业家精神更好发挥企业家作用的意见》。

同日，中宣部、文化部、中编办、财政部、人社部、国家文物局、中国科学技术协会联合发布《关于深入推进公共文化机构法人治理结构改革的实施方案》。

9月11日，我国首条民营资本控股高铁——杭绍台高铁PPP项目在浙江杭州签约。这是民营资本在铁路投融资领域首次控股。

9月12日，人社部公布《国家职业资格目录》。

9月14日，国务院办公厅发出《关于推广支持创新相关改革举措的通知》。

9月22日，中央军民融合发展委员会第二次全体会议召开，审议通过《"十三五"国防科技工业发展规划》《关于推动国防科技工业军民融合深度发展的意见》《"十三五"期间推进军事后勤军民融合深度发展的实施意见》《经济建设与国防建设密切相关的建设项目贯彻国防要求管理办法（试行）》。

9月28日，国务院印发《关于在更大范围推进“证照分离”改革试点工作的意见》。

10月2日，中共中央办公厅、国务院办公厅发布《国家生态文明试验区（江西）实施方案》和《国家生态文明试验区（贵州）实施方案》。

10月8日，中共中央办公厅、国务院办公厅发布《关于深化审评审批制度改革鼓励药品医疗器械创新的意见》。

10月9日，国务院召开常务会议，听取公立医院综合改革和医疗联合体建设进展情况汇报。

10月13日，国务院办公厅发布《关于积极推进供应链创新与应用的指导意见》。这是国务院首次就供应链创新发展出台指导性文件。

10月18—24日，中国共产党第十九次全国代表大会召开，通过《决胜全面建成小康社会 夺取新时代中国特色社会主义伟大胜利》的报告，确立习近平新时代中国特色社会主义思想的历史地位，提出新时代坚持和发展中国特色社会主义的基本方略，确定决胜全面建成小康社会、开启全面建设社会主义现代化国家新征程的目标。

10月23日，中共中央办公厅印发《关于在全国各地推开国家监察体制改革试点方案》，截至2018年2月25日，全国省、市、县三级监察委员会已全部完成组建。

10月27日，工信部、国家发改委、科技部、财政部等16部门联合印发《关于发挥民间投资作用推进实施制造强国战略的指导意见》。

10月30日，国务院召开常务会议，通过《深化“互联网+先进制造业”发展工业互联网的指导意见》，促进实体经济振兴、加快转型升级；通过《关于废止〈中华人民共和国营业税暂行条例〉和修改〈中华人民共和国增值税暂行条例〉的决定（草案）》，推动营改增改革成果法治化。

10月31日，国家发改委等28个部门联合发布《关于加强对外经济合作领域信用体系建设的指导意见》。

11月15日，银监会发布《国家开发银行监督管理办法》《中国进出口银行监督管理办法》和《中国农业发展银行监督管理办法》。

11月19日，国务院印发《关于废止〈中华人民共和国营业税暂行条例〉和修改〈中华人民共和国增值税暂行条例〉的决定》。营业税改征增值税改革全面完成。

11月20日，国务院办公厅发出《关于创建“中国制造2025”国家级示范区的通知》。

11月23日，国务院办公厅印发《关于推动国防科技工业军民融合深度发展的意见》。

12月18—20日，中央经济工作会议在北京召开。

12月19日，国务院办公厅印发《关于推进公共资源配置领域政府信息公开的意见》。

12月30日，中共中央印发《关于建立国务院向全国人大常委会报告国有资产管理情况制度的意见》。这是国务院首次按照“全口径、全覆盖”标准向全国人大常委会报告国有资产管理情况。

同日，国务院公布《中华人民共和国环境保护税法实施条例》，自2018年1月1日起与《环境保护税法》同步施行。

2018 年

1 月 3 日，国务院召开常务会议，部署进一步优化营商环境，持续激发市场活力和社会创造力；确定加大支持基础科学研究的措施，提升原始创新能力。

1 月 8 日，保监会、财政部联合印发《关于加强保险资金运用管理支持防范化解地方债务风险的指导意见》。

1 月 15 日，中共中央政治局召开常务委员会，强调全党要把维护党中央权威和集中统一领导作为最高政治原则和根本政治规矩来执行。

1 月 18—19 日，党的十九届二中全会举行。全会通过《关于修改宪法部分内容的建议》。3 月 11 日，十三届全国人大一次会议通过宪法修正案。

1 月 22 日，习近平总书记致信全国个体劳动者第五次代表大会，强调弘扬企业家精神发挥企业家作用坚守实体经济落实高质量发展。

2 月 26—28 日，党的十九届三中全会举行，通过《关于深化党和国家机构改革的决定》和《深化党和国家机构改革方案》，决定组建中央全面依法治国委员会、中央审计委员会等机构。3 月 17 日，十三届全国人大一次会议批准国务院机构改革方案。

2 月 28 日，国务院台办、国家发改委发布《关于促进两岸经济文化交流合作的若干措施》。

3 月 10 日，国务院办公厅发布《跨省域补充耕地国家统筹管理办法》和《城乡建设用地增减挂钩节余指标跨省域管理办法》。

3 月 19 日，中国人民银行发布公告，放开外商投资支付机构准入限制。

3 月 20 日，十三届全国人大一次会议通过《中华人民共和国监察法》。23 日，中华人民共和国国家监察委员会在北京揭牌。

3 月 21 日，中央政治局同志首次向党中央书面述职。

3 月 22 日，国家工商总局、海关总署发出通知，自 2017 年度年报起实施工商、海关年报“多报合一”改革。

4 月 10 日，习近平主席出席博鳌亚洲论坛 2018 年年会开幕式并发表题为《开放共创繁荣创新引领未来》的主旨演讲，强调各国要顺应时代潮流，坚持开放共赢，勇于变革创新，向着构建人类命运共同体的目标不断迈进。

4 月 13 日，习近平总书记在海南省人大会堂出席庆祝海南建省办经济特区 30 周年大会并发表重要讲话，宣布党中央决定支持海南全岛建设自由贸易试验区，支持海南逐步探索、稳步推进中国特色自由贸易港建设，分步骤、分阶段建立自由贸易港政策和制度体系。

4 月 14 日，中共中央、国务院发布《关于支持海南全面深化改革开放的指导意见》。

同日，中共中央、国务院批复《河北雄安新区规划纲要》。

4 月 17 日，习近平总书记主持召开十九届中央国家安全委员会第一次会议，强调要加强党对国家安全工作的集中统一领导。

4 月 18 日，国家移民管理局在公安部新闻发布会上通报，自 5 月 1 日起，在海南省实施 59 国人员入境旅游免签政策，免签入境时间停留为 30 天。

同日，国家发改委和国家能源局发出《关于规范开展第三批增量配电业务改革试点的通知》，确定沧东经济开发区增量配电业务改革试点等97个项目为第三批增量配电业务改革试点，试点项目涵盖河北、陕西、内蒙古、辽宁、吉林等20个省区市。

4月20—21日，全国网络安全和信息化工作会议在北京召开。

4月23日，中共中央政治局召开会议，分析研究当前经济形势和经济工作。

4月26日，深入推动长江经济带发展座谈会召开。

4月27日，中国人民银行、中国银监会、中国证监会、国家外汇管理局联合印发《关于规范金融机构资产管理业务的指导意见》。

5月4日，纪念马克思诞辰200周年大会在北京举行。

5月16日，国务院召开常务会议，部署推进政务服务一网通办和企业群众办事“只进一扇门”、“最多跑一次”。

5月18—19日，全国生态环境保护大会在北京召开。5月23日，中共中央办公厅、国务院办公厅印发《关于深入推进审批服务便民化的指导意见》。

5月24日，国务院印发《进一步深化中国（广东）自由贸易试验区改革开放方案》《进一步深化中国（天津）自由贸易试验区改革开放方案》《进一步深化中国（福建）自由贸易试验区改革开放方案》。

5月25日，国务院印发《关于改革国有企业工资决定机制的意见》。

5月29日，中共中央发布《关于涉党和国家机构改革党内法规和相关文件专项清理的决定》。

5月30日，中共中央办公厅、国务院办公厅印发《关于进一步加强科研诚信建设的若干意见》。

6月5日，国务院印发《关于国务院机构改革涉及行政法规规定的行政机关职责调整问题的决定》。

6月6日，国务院召开常务会议，部署在市场监管领域推进管理方式改革和创新，全面推行“双随机、一公开”监管。

6月9—10日，上海合作组织青岛峰会举行。

6月10日，国家外汇管理局发布《合格境外机构投资者境内证券投资外汇管理规定》。

6月12日，人民银行、国家外汇管理局发布《关于人民币合格境外机构投资者境内证券投资管理有关问题的通知》。

6月13日，国务院下发《关于建立企业职工基本养老保险基金中央调剂制度的通知》，决定建立养老保险基金中央调剂制度，自2018年7月1日起实施。

6月15日，中共中央、国务院印发《关于打赢脱贫攻坚战三年行动的指导意见》。

6月16日，中共中央、国务院印发《关于全面加强生态环境保护坚决打好污染防治攻坚战的意见》。

6月19日，十三届全国人大常委会第三次会议在北京召开，初次审议个人所得税法修正案草案。

6月22日，习近平总书记在中央外事工作会议上讲话指出，把握国际形势要树立正确的历史观、大局观、角色观。当前，我国处于近代以来最好的发展时期，世界处于百年未有之大变局，两者同步交织、相互激荡。要深入分析世界转型过渡期国际形势的演变规律，准确把握历史交汇期我国外部环境的基本特征，统筹谋划和推进外交工作。会议总结并阐述了习近平外交思想。

6月28日，国务院召开全国深化“放管服”改革转变政府职能电视电话会议，强调要以更实举措持续深化“放管服”改革，推动政府职能深刻转变，优化发展环境，最大限度激发市场活力。

同日，国务院新闻办公室发表《中国与世界贸易组织》白皮书。

同日，国家发改委、商务部发布《外商投资准入特别管理措施（负面清单）（2018 年版）》，自 7 月 28 日起施行。

6 月 29 日，银保监会印发《金融资产投资公司管理办法（试行）》。

6 月 30 日，中共中央、国务院印发《关于完善国有金融资本管理的指导意见》，明确对国有金融资本实行统一授权管理，建立健全国有金融资本管理的“四梁八柱”。

7 月 10 日，中国–阿拉伯国家合作论坛第八届部长级会议在北京举行。

7 月 13 日，习近平总书记主持召开中央财经委员会第二次会议，强调必须切实提高我国关键核心技术创新能力，把科技发展主动权牢牢掌握在自己手里，为我国发展提供有力的科技保障。

7 月 16 日，第二十次中国欧盟领导人会晤在北京举行。中欧双方一致倡导多边主义，支持自由贸易，促进世界和平稳定与发展。

7 月 20 日，中共中央办公厅、国务院办公厅印发《国税地税征管体制改革方案》，强调合并省级和省级以下国税地税机构，划转社会保险费和非税收入征管职责。

7 月 31 日，中共中央政治局召开会议，分析研究当前经济形势，部署下半年经济工作。

8 月 3 日，国务院办公厅印发《关于改革完善医疗卫生行业综合监管制度的指导意见》。

8 月 14 日，国务院办公厅发布《全国深化“放管服”改革转变政府职能电视电话会议重点任务分工方案》。

同日，国务院召开西部地区开发领导小组会议，部署深入推进西部开发工作。

8 月 24 日，中央全面依法治国委员会第一次会议召开。

8 月 28 日，国务院办公厅印发《深化医药卫生体制改革 2018 年下半年重点工作任务》。

9 月 3—4 日，中非合作论坛北京峰会举行，通过《关于构建更加紧密的中非命运共同体的北京宣言》和《中非合作论坛——北京行动计划（2019—2021 年）》。

9 月 10 日，全国教育大会召开。

9 月 28 日，习近平总书记在沈阳主持召开深入推进东北振兴座谈会时强调，新时代东北振兴，是全面振兴、全方位振兴。

10 月 29 日，国务院办公厅发出《关于聚焦企业关切进一步推动优化营商环境政策落实的通知》。

11 月 1 日，民营企业座谈会召开。

11 月 5—10 日，首届中国国际进口博览会在上海举行。

11 月 7 日，中共中央、国务院印发《关于学前教育深化改革规范发展的若干意见》。

12 月 5—6 日，国家科技领导小组第一次全体会议召开，研究国家科技发展战略规划、促进创新开放合作，推动落实赋予科研机构和人员更大自主权政策。

12 月 10 日，纪念《世界人权宣言》发表 70 周年座谈会在北京举行。

12 月 18 日，庆祝改革开放 40 周年大会召开。习近平总书记讲话指出，改革开放是党和人民大踏步赶上时代的重要法宝，是坚持和发展中国特色社会主义的必由之路，是决定当代中国命运的关键一招，也是决定实现“两个一百年”奋斗目标、实现中华民族伟大复兴的关键一招。大会向100名获改革先锋称号的同志和10名获中国改革友谊奖章的国际友人颁授奖章。

12月19日，亚洲基础设施投资银行宣布其理事会已批准新一批的6个意向成员加入，成员总数扩大到93个。

12月23—29日，十三届全国人大常委会第七次会议在北京召开，通过关于修改农村土地承包法的决定、耕地占用税法、车辆购置税法等。

2019年

1月2日，《告台湾同胞书》发表40周年纪念会召开。习近平总书记在会上发表《为实现民族伟大复兴、推进祖国和平统一而共同奋斗》的讲话。

1月11日，北京市级行政中心正式迁入北京城市副中心。北京市委员会、北京市人大常委会、北京市人民政府、北京市政协分别举行揭牌仪式。

1月16日，国务院国资委公布《中央企业工资总额管理办法》，对央企工资总额决定机制和管理制度体系进行全面改革。

1月23日，国家发改委等18个部门联合印发《加大力度推动社会领域公共服务补短板强弱项提质量促进形成强大国内市场的行动方案》，从公共服务短板、弱项和质量水平等三个方面促进形成强大国内市场。

1月25日，中共中央政治局召开会议，审议《中央政治局常委会听取和研究全国人大常委会、国务院、全国政协、最高人民法院、最高人民检察院党组工作汇报和中央书记处工作报告的综合情况报告》《中共中央关于加强党的政治建设的意见》《中国共产党重大事项请示报告条例》《党政领导干部选拔任用工作条例》。

1月27日，国务院印发《关于在市场监管领域全面推行部门联合“双随机、一公开”监管的意见》。9月6日，国务院印发《关于加强和规范事中事后监管的指导意见》。

1月31日，中共中央印发《关于加强党的政治建设的意见》《中国共产党重大事项请示报告条例》。

2月13日，国务院发布《国家职业教育改革实施方案》。

2月19日，中共中央、国务院发布《关于坚持农业农村优先发展做好“三农”工作的若干意见》。

3月11日，中共中央办公厅发出《关于解决形式主义突出问题为基层减负的通知》，明确将2019年作为“基层减负年”。

3月15日，十三届全国人大二次会议通过《中华人民共和国外商投资法》。12月26日，国务院公布《中华人民共和国外商投资法实施条例》。

3月18日，习近平总书记主持召开学校思想政治理论课教师座谈会。

3月19日，中共中央办公厅印发《公务员职务与职级并行规定》。

3月25日，习近平主席在巴黎爱丽舍宫同法国总统马克龙会谈，一致同意在新的历史起点上打造更加坚实、稳固、富有活力的中法全面战略伙伴关系。

3月27日，国务院新闻办公室发表《伟大的跨越：西藏民主改革60年》白皮书。

3月29日，中共中央政治局召开会议，审议《中国共产党党组工作条例》和《中国共产党党员教育管理工作条例》。

4 月 7 日，中共中央办公厅、国务院办公厅发布《关于促进中小企业健康发展的指导意见》。

4 月 14 日，中共中央办公厅、国务院办公厅发布《关于统筹推进自然资源资产产权制度改革的指导意见》。

4 月 15 日，中共中央、国务院印发《关于建立健全城乡融合发展体制机制和政策体系的意见》，意旨重塑新型城乡关系，走城乡融合发展之路，促进乡村振兴和农业农村现代化。

同日，国务院公布新修订的《中华人民共和国政府信息公开条例》，自 2019 年 5 月 15 日起施行。

4 月 16 日，国务院办公厅印发《关于推进养老服务发展的意见》。

4 月 22 日，亚洲基础设施投资银行宣布，亚投行理事会已经批准科特迪瓦、几内亚、突尼斯和乌拉圭为新一批成员。至此，亚投行成员达到 97 个。

4 月 26 日，习近平主席在北京国家会议中心出席第二届“一带一路”国际合作高峰论坛开幕式，并发表题为《齐心开创共建“一带一路”美好未来》的主旨演讲。

4 月 28 日，2019 年中国北京世界园艺博览会开幕式举行。习近平主席出席并发表《共谋绿色生活，共建美丽家园》的讲话。

4 月 30 日，国务院召开常务会议，确定使用 1000 亿元失业保险基金结余实施职业技能提升行动的措施，提高劳动者素质和就业创业能力；通过高职院校扩招 100 万人实施方案，加快培养各类技术技能人才促进扩大就业。

5 月 9 日，中共中央、国务院印发《关于建立国土空间规划体系并监督实施的若干意见》。

5月13日，国家医保局、财政部发出《关于做好2019年城乡居民基本医疗保障工作的通知》，要求将大病保险政策范围内报销比例由50%提高至60%。

5月14日，新华社报道：国家卫生健康委联合民政部、国务院扶贫办和国家医保局就农村贫困人口大病专项救治工作做出新部署，提出将救治病种扩大到25种。

5月15—22日，首届亚洲文明对话大会在北京召开。习近平主席在开幕式上发表《深化文明交流互鉴，共建亚洲命运共同体》的主旨演讲。

5月20—22日，习近平总书记在江西考察，主持召开推动中部地区崛起工作座谈会。

同日，国务院办公厅发布《深化收费公路制度改革取消高速公路省界收费站实施方案》，指出力争2019年底前基本取消全国高速公路省界收费站。

5月21日，中共中央印发《关于在全党开展“不忘初心、牢记使命”主题教育的意见》。2019年5月底至2020年1月，全党分两批开展“不忘初心、牢记使命”主题教育。

5月23日，中共中央、国务院发布《关于建立国土空间规划体系并监督实施的若干意见》。

5月24日，国务院办公厅发布《职业技能提升行动方案（2019—2021年）》，提出2019—2021年要开展各类补贴性职业技能培训5000万人次以上。

5月30日，中共中央、国务院印发《长江三角洲区域一体化发展规划纲要》。

5月31日，“不忘初心、牢记使命”主题教育工作会议在北京召开。

6月6日，工信部向四家运营商颁发5G牌照，中国通信行业进入5G时代。到2020年底，我国已建成全球最大5G网络，开通5G基站超过71.8万个，5G终端连接数超过2亿。

6月10日，国务院公布《中华人民共和国人类遗传资源管理条例》，自7月1日起施行。

6月11日，中共中央办公厅、国务院办公厅印发《关于进一步弘扬科学家精神加强作风和学风建设的意见》。

6月12—16日，习近平主席应邀对吉尔吉斯斯坦、塔吉克斯坦进行国事访问，并出席在比什凯克举行的上海合作组织成员国元首理事会第十九次会议和在杜尚别举行的亚洲相互协作与信任措施会议第五次峰会。14日，习近平主席出席上合组织成员国元首理事会第十九次会议并发表重要讲话，强调秉持“上海精神”，携手构建更加紧密的上海合作组织命运共同体。15日，习近平主席出席亚信第五次峰会并发表重要讲话，强调要建设互敬互信、安全稳定、发展繁荣、开放包容、合作创新的亚洲。

6月17日，中国证监会和英国金融行为监管局发布联合公告，批准上海证券交易所和伦敦证券交易所开展沪伦通业务，沪伦通正式启动。

6月19日，国务院办公厅印发《关于新时代推进普通高中育人方式改革的指导意见》，提出制定普通高中新课程实施方案，2022年前全面实施新课程、使用新教材等。

6月20日，最高人民法院发布《关于为设立科创板并试点注册制改革提供司法保障的若干意见》，自6月21日起施行。

6月24日，国务院印发《关于实施健康中国行动的意见》，细化落实《“健康中国 2030”规划纲要》。

6 月 29 日，十三届全国人大常委会第十一次会议通过《中华人民共和国疫苗管理法》，自 12 月 1 日起施行。这是我国对疫苗管理进行的专门立法，将对疫苗实行最严格的管理制度，坚持安全第一、风险管理、全程管控、科学监管、社会共治。

6 月 30 日，国家发改委、商务部发布《外商投资准入特别管理措施（负面清单）（2019 年版）》，清单条目由 48 条减至 40 条。

7 月 5 日，深化党和国家机构改革总结会议在北京召开。

7 月 15 日，中共中央办公厅、国务院办公厅印发《党政主要领导干部和国有企事业单位主要领导人员经济责任审计规定》。

7 月 20 日，国务院金融稳定发展委员会办公室对外宣布，按照“宜快不宜慢、宜早不宜迟”的原则，在深入研究评估的基础上，推出 11 条金融业对外开放措施。

7 月 21 日，国务院新闻办发表《新疆的若干历史问题》白皮书。

7 月 22 日，科创板正式开市。

7 月 31 日，国务院召开常务会议，部署加大力度落实就业优先政策。

8 月 6 日，国务院印发《中国（上海）自由贸易试验区临港新片区总体方案》。

8 月 8 日，国务院办公厅发布《关于促进平台经济规范健康发展的指导意见》，标志着平台经济正式进入科学监管期，朝着规范化标准化的方向发展。

8 月 10 日，国务院办公厅印发《体育强国建设纲要》。

8 月 19 日，中共中央印发《中国共产党农村工作条例》。

8 月 21 日，国务院召开常务会议，决定在自由贸易试验区开展“证照分离”改革全覆盖试点，部署扩大养老服务供给促进养老服务消费，确定稳定生猪生产和猪肉保供稳价措施。

8月26日，中央财经委员会第五次会议召开，研究推动形成优势互补高质量发展的区域经济布局问题、提升产业基础能力和产业链水平问题。

同日，国务院印发《中国（山东）、（江苏）、（广西）、（河北）、（云南）、（黑龙江）自由贸易试验区总体方案》。8月30日，山东、江苏、广西、河北、云南、黑龙江六省区的六个新设自由贸易试验区正式揭牌。

8月27日，国务院办公厅印发《关于加快发展流通促进商业消费的意见》。

9月12日，国务院印发《关于加强和规范事中事后监管的指导意见》。

9月15日，中共中央印发新修订的《中国共产党党内法规制定条例》《中国共产党党内法规和规范性文件备案审查规定》和《中国共产党党内法规执行责任制规定（试行）》。

9月17日，国务院办公厅印发《关于促进全民健身和体育消费推动体育产业高质量发展的意见》。

9月18日，习近平总书记在河南郑州主持召开黄河流域生态保护和高质量发展座谈会。

9月19日，中共中央、国务院印发《交通强国建设纲要》。

同日，国务院新闻办发表《平等发展共享：新中国70年妇女事业的发展与进步》白皮书。

9月20日，中央政协工作会议暨庆祝中国人民政治协商会议成立70周年大会召开。10月7日，中共中央印发《关于新时代加强和改进人民政协工作的意见》。

10月1日，首都各界庆祝中华人民共和国成立70周年大会、阅兵仪式和群众游行举行。

10月8日，国务院召开常务会议，审议通过《优化营商环境条例（草案）》，以政府立法为各类市场主体投资兴业提供制度保障；通过《中华人民共和国档案法（修订草案）》。

10月10日，国家发改委、教育部、工信部、财政部、人社部、国资委联合发布《国家产教融合建设试点实施方案》。

10月22日，国务院公布《优化营商环境条例》，自2020年1月1日起施行。

10月27日，中共中央、国务院发布《新时代公民道德建设实施纲要》。

10月28—31日，党的十九届四中全会召开，通过《关于坚持和完善中国特色社会主义制度、推进国家治理体系和治理能力现代化若干重大问题的决定》。

11月1日，中共中央办公厅、国务院办公厅印发《关于在国土空间规划中统筹划定落实三条控制线的指导意见》。

11月4日，第三次区域全面经济伙伴关系协定（RCEP）领导人会议在泰国曼谷举行。与会领导人在会后发表联合声明，宣布RCEP的15个成员国结束全部文本谈判及实质上所有市场准入谈判。

11月5—10日，第二届中国国际进口博览会在上海国家会展中心开幕。

11月19日，中共中央、国务院印发《关于推进贸易高质量发展的指导意见》。

11月20日，国家统计局、国务院第四次全国经济普查领导小组办公室发布第四次全国经济普查公报。

11月24日，中共中央办公厅、国务院办公厅发布《关于强化知识产权保护的意见》。

11月26日，中共中央、国务院发布《关于保持土地承包关系稳定并长久不变的意见》。

11月29日，中共中央政治局召开会议，审议通过《中国共产党党和国家机关基层组织工作条例》和《中国共产党国有企业基层组织工作条例（试行）》。

12月1日，中共中央、国务院印发《长江三角洲区域一体化发展规划纲要》。

12月4日，中共中央办公厅印发《2019—2023年全国党政领导班子建设规划纲要》。

12月10日，国家医保局印发《关于做好当前药品价格管理工作的意见》。

12月20—21日，中央农村工作会议在北京召开。

12月23日，国务院关税税则委员会宣布自2020年1月1日起，调整部分商品进口关税。

12月30日，国务院公布《保障农民工工资支付条例》。

12月31日，国务院公布《中华人民共和国外商投资法实施条例》，自2020年1月1日起施行。

2020年

1月3日，中央财经委员会第六次会议召开，研究黄河流域生态保护和高质量发展问题、推动成渝地区双城经济圈建设问题。

1月8日，人社部、财政部、农业农村部印发《关于进一步做好返乡入乡创业工作的意见》。

3月6日，决战决胜脱贫攻坚座谈会召开。习近平总书记在会上强调，要动员全党全国全社会力量，凝心聚力打赢脱贫攻坚战，确保如期完成脱贫攻坚目标任务，确保全面建成小康社会。

3月30日，中共中央、国务院印发《关于构建更加完善的要素市场化配置体制机制的意见》。

5月11日，中共中央、国务院印发《关于新时代加快完善社会主义市场经济体制的意见》。

5月28日，十三届全国人大三次会议通过《中华人民共和国民法典》和《关于建立健全香港特别行政区维护国家安全的法律制度和执行机制的决定》。

6月30日，十三届全国人大常委会第二十次会议通过《中华人民共和国香港特别行政区维护国家安全法》。

9月30日，中共中央印发《中国共产党中央委员会工作条例》。

10月5日，中共中央、国务院印发《黄河流域生态保护和高质量发展规划纲要》。

10月14日，深圳经济特区建立40周年庆祝大会举行。

10月23日，纪念中国人民志愿军抗美援朝出国作战70周年大会举行。

10月26—29日，党的十九届五中全会召开，通过《关于制定国民经济和社会发展第十四个五年规划和二〇三五年远景目标的建议》。

11月5—10日，第三届中国国际进口博览会在上海举办。

11月12日，浦东开发开放30周年庆祝大会在上海世博中心举行。

11 月 16—17 日，中央全面依法治国工作会议召开。

11 月 23 日，我国最后 9 个贫困县实现贫困退出。

12 月 24—25 日，中央政治局民主生活会召开。

12 月 25 日，中共中央印发新修订的《中国共产党党员权利保障条例》。

12 月 26 日，十三届全国人大常委会第二十四次会议通过《中华人民共和国长江保护法》。这是首部全国性流域立法。

12 月 30 日，习近平总书记在中央全面深化改革委员会第十七次会议上讲话指出，全面深化改革取得历史性伟大成就，要坚定改革信心，汇聚改革合力，推动新发展阶段改革取得更大突破。十八届三中全会召开七年多来，各方面共推出 2485 个改革方案，十八届三中全会提出的改革目标任务总体如期完成。

2021 年

1 月 1 日，十三届全国人大三次会议通过的《中华人民共和国民法典》正式施行。

1 月 4 日，中共中央、国务院印发《关于全面推进乡村振兴加快农业农村现代化的意见》。

1 月 10 日，中共中央发布《法治中国建设规划（2020—2025 年）》。

1 月 11 日，习近平总书记在省部级主要领导干部学习贯彻党的十九届五中全会精神专题研讨班开班式上讲话，阐述把握新发展阶段、贯彻新发展理念、构建新发展格局。

1 月 25 日，习近平主席出席世界经济论坛“达沃斯议程”对话会并发表特别致辞，提出我们要解决好这个时代面临的四大课题：加强宏观经济政策协调，共同推动世界经济强劲、可持续、平衡、包容增长；摒弃意识形态偏见，共同走和平共处、互利共赢之路；克服发达国家和发展中国家的发展鸿沟，共同推动各国发展繁荣；携手应对全球性挑战，共同缔造人类美好未来。解决问题的出路是维护和践行多边主义，推动构建人类命运共同体。

2 月 2 日，国务院印发《关于加快建立健全绿色低碳循环发展经济体系的指导意见》。

2 月 20 日，党史学习教育动员大会召开。习近平总书记发表重要讲话指出，在全党开展党史学习教育，是党中央立足党的百年历史新起点、统筹中华民族伟大复兴战略全局和世界百年未有之大变局、为动员全党全国满怀信心投身全面建设社会主义现代化国家而作出的重大决策。

2 月 25 日，全国脱贫攻坚总结表彰大会召开。习近平总书记宣告，我国脱贫攻坚战取得了全面胜利，现行标准下 9899 万农村贫困人口全部脱贫，832 个贫困县全部摘帽，12.8 万个贫困村全部出列，区域性整体贫困得到解决，完成了消除绝对贫困的艰巨任务。

3 月 11 日，十三届全国人大四次会议通过《关于修改〈中华人民共和国全国人民代表大会组织法〉的决定》《关于修改〈中华人民共和国全国人民代表大会议事规则〉的决定》《关于完善香港特别行政区选举制度的决定》。

3 月 12 日，《中华人民共和国国民经济和社会发展第十四个五年规划和 2035 年远景目标纲要》发布。

3 月 15 日，习近平总书记在中央财经委员会第九次会议上指出，实现碳达峰、碳中和是一场广泛而深刻的经济社会系统性变革，要把碳达峰、碳中和纳入生态文明建设整体布局，拿出抓铁有痕的劲头，如期实现2030年前碳达峰、2060年前碳中和的目标。5月26日，碳达峰碳中和工作领导小组第一次全体会议召开。

4月14日，国务院召开常务会议，通过《中华人民共和国市场主体登记管理条例》。

4月23日，中共中央、国务院印发《关于新时代推动中部地区高质量发展的意见》。

4月28日，中共中央、国务院印发《关于加强基层治理体系和治理能力现代化建设的意见》。

5月11日，国家统计局公布第七次全国人口普查主要数据，截至2020年11月1日，全国人口共141178万人。

5月13日，习近平总书记在河南南阳实地了解南水北调中线工程建设管理运行和库区移民安置等情况时指出，人民就是江山，共产党打江山、守江山，守的是人民的心，为的是让人民过上好日子。

5月21日，习近平主席出席全球健康峰会并发表讲话，就提高应对重大突发公共卫生事件的能力和水平，提出五点意见：坚持人民至上、生命至上；坚持科学施策，统筹系统应对；坚持同舟共济，倡导团结合作；坚持公平合理，弥合“免疫鸿沟”；坚持标本兼治，完善治理体系。强调要坚定不移推进抗疫国际合作，共同推动构建人类卫生健康共同体，共同守护人类健康美好未来。

5月22日，中共中央印发《中国共产党组织工作条例》。

5月25日，国家发改委发布《关于“十四五”时期深化价格机制改革行动方案的通知》，重点从强化价格调控，推进能源、水资源和公共服务价格改革等方面进行部署。

5 月 28 日，习近平总书记在中国科学院第二十次院士大会、中国工程院第十五次院士大会、中国科协第十次全国代表大会上指出，要加快建设科技强国，实现高水平科技自立自强。

6 月 18 日，中国共产党历史展览馆开馆。习近平总书记参观"'不忘初心、牢记使命'中国共产党历史展览"，并带领党员领导同志重温入党誓词。

7 月 1 日，庆祝中国共产党成立 100 周年大会在北京天安门广场隆重举行，各界代表七万余人以盛大仪式欢庆中国共产党百年华诞。

7 月 9 日，国务院办公厅发布《关于加快发展外贸新业态新模式的意见》。

7 月 11 日，国务院办公厅印发《全国深化"放管服"改革着力培育和激发市场主体活力电视电话会议重点任务分工方案》。

8 月 2 日，中共中央、国务院印发《法治政府建设实施纲要（2021—2025 年）》，确立五年法治政府建设的总体目标。

8 月 11 日，十三届全国人大常委会第二十一次会议通过《中华人民共和国城市维护建设税法》《中华人民共和国契税法》，自 9 月 1 日起施行。

9 月 5 日，中共中央、国务院发布《横琴粤澳深度合作区建设总体方案》。

11 月 5—10 日，第四届中国国际进口博览会在上海举行。

11 月 15 日，北京证券交易所揭牌并开市。

2022 年

1 月 1 日，《区域全面经济伙伴关系协定》（RCEP）正式生效。一年来，成员国多次召开多领域联合会议，协商推进实施协定，同时组建了RCEP产业合作委员会，推动各国贸易、投资、产业合作。为更好推动RCEP落地见效，1 月 27 日，商务部等六部门联合印发了《关于高质量实施RCEP的指导意见》。

同日，《中华人民共和国家庭教育促进法》正式施行，这是我国首次就家庭教育进行专门立法。

1 月 4 日，中共中央、国务院印发《关于做好 2022 年全面推进乡村振兴重点工作的意见》。

同日，国务院常务会议通过《法律、行政法规、国务院决定设定的行政许可事项清单（2022 年版）》。

1 月 5 日，李克强主持召开减税降费座谈会。

1 月 6 日，国务院办公厅印发《要素市场化配置综合改革试点总体方案》。

1 月 9 日，国务院国资委以视频方式召开地方国资委负责人会议暨地方国有企业改革领导小组办公室主任会议，强调要决战决胜国企改革三年行动。

1 月 10 日，李克强主持召开国务院常务会议，部署加快推进“十四五”规划《纲要》和专项规划确定的重大项目。

1 月 11—14 日，省部级主要领导干部学习贯彻党的十九届六中全会精神专题研讨班举行。习近平总书记出席会议发表讲话强调，继续把党史总结、学习、教育、宣传引向深入，更好把握和运用党的百年奋斗历史经验，弘扬伟大建党精神，增加历史自信、增进团结统一、增强斗争精神。

1 月 18 日，国务院印发《关于支持贵州在新时代西部大开发上闯新路的意见》。

1 月 18—20 日，十九届中央纪委六次全会举行。习近平总书记总结新时代党的自我革命的成功实践，阐述全面从严治党取得的历史性开创性成就、产生的全方位深层次影响，指出全面从严治党是新时代党的自我革命的伟大实践，开辟了百年大党自我革命的新境界，强调坚持严的主基调不动摇，坚持不懈把全面从严治党向纵深推进。

1 月 25 日，中国同中亚五国建交 30 周年视频峰会举行。习近平主席主持并发表《携手共命运，一起向未来》的讲话，强调携手构建更加紧密的中国-中亚命运共同体。

2 月 8 日，国务院批复同意在 27 个城市和地区设立跨境电子商务综合试验区；9 月 1 日，新增 14 家国家电子商务示范基地；9 月 28 日，商务部等七部门新设 8 家市场采购贸易方式试点；11 月 3 日，全国增设 29 个国家进口贸易促进创新示范区；12 月 20 日，国务院关于同意在沈阳等 6 个城市开展服务业扩大开放综合试点的批复公布。

2 月 18 日，中国证监会召开 2022 年债券监管工作会议。

2 月 22 日，国务院办公厅印发《关于加快推进电子证照扩大应用领域和全国互通互认的意见》。

2 月 25 日，中共中央、国务院印发《信访工作条例》。

2 月 28 日，习近平总书记主持召开中央全面深化改革委员会第二十四次会议。会议审议通过了《关于加快建设世界一流企业的指导意见》《推进普惠金融高质量发展的实施意见》《关于加强基础学科人才培养的意见》《关于推进国有企业打造原创技术策源地的指导意见》。

同日，《2021 年国民经济和社会发展统计公报》发布，国内生产总值达到 114.4 万亿元，比 2012 年增长 112.2%。

3 月 1 日，国务院印发《关于加快推进政务服务标准化规范化便利化的指导意见》。

同日，《中华人民共和国市场主体登记管理条例》实行。

3 月 4 日，银保监会、人民银行联合印发《关于加强新市民金融服务工作的通知》。

3 月 5—11 日，十三届全国人大五次会议举行。李克强作政府工作报告。会议通过《关于修改〈中华人民共和国地方各级人民代表大会和地方各级人民政府组织法〉的决定》。

3 月 17 日，中共中央办公厅、国务院办公厅印发《全民所有自然资源资产所有权委托代理机制试点方案》。

同日，国务院发布《国务院关于同意在深圳市暂时调整实施有关行政法规规定的批复》。

3 月 18 日，国家发改委印发《关于推动长江三角洲区域公共资源交易一体化发展的意见》。

3 月 21 日，国务院常务会议确定实施大规模增值税留抵退税。

3 月 23 日，国家发改委、市场监管总局联合发布《关于进一步发挥行业协会商会自律作用坚决杜绝乱收费行为的通知》。

3 月 25 日，中共中央、国务院印发《关于加快建设全国统一大市场的意见》。

同日，国务院办公厅印发《促进残疾人就业三年行动方案（2022—2024 年）》。

同日，天津市印发《天津市构建高标准市场体系若干措施》。

4月6日，中国银保监会印发《关于2022年进一步强化金融支持小微企业发展工作的通知》。

4月10—13日，习近平总书记在海南考察时强调，要坚决贯彻党中央决策部署，坚持稳中求进工作总基调，完整、准确、全面贯彻新发展理念，全面深化改革开放，坚持创新驱动发展，统筹疫情防控和经济社会发展，统筹发展和安全，解放思想、开拓创新，团结奋斗、攻坚克难，加快建设具有世界影响力的中国特色自由贸易港，让海南成为新时代中国改革开放的示范。

4月11日，李克强在江西主持召开部分地方政府主要负责人座谈会并讲话。

4月18日，重庆市印发《关于全面落实〈市场准入负面清单（2022年版）〉有关工作的通知》。

4月19日，习近平总书记主持召开中央全面深化改革委员会第二十五次会议，审议通过了《关于加强数字政府建设的指导意见》《关于进一步推进省以下财政体制改革工作的指导意见》《关于建立健全领导干部自然资源资产离任审计评价指标体系的意见》《"十四五"时期完善金融支持创新体系工作方案》《关于完善科技激励机制的若干意见》。

4月20日，十三届全国人大常委会第三十四次会议通过《中华人民共和国期货和衍生品法》、修订后的《中华人民共和国职业教育法》。

4月21日，习近平主席以视频方式出席博鳌亚洲论坛2022年年会开幕式并发表《携手迎接挑战，合作开创未来》的主旨演讲，提出促进世界安危与共的全球安全倡议。

4 月 27 日，国家发改委印发《支持宁夏建设黄河流域生态保护和高质量发展先行区实施方案》。

4 月 28 日，生态环境部联合最高法、最高检和科技部、公安部等 11 个相关部门共 14 家单位印发了《生态环境损害赔偿管理规定》。

4 月 29 日，中共中央政治局召开会议，分析研究当前经济形势和经济工作，会议强调，疫情要防住、经济要稳住、发展要安全。会议审议《国家“十四五”期间人才发展规划》。

同日，习近平总书记在中共中央政治局第三十八次集体学习时指出，要深化资本市场改革。要继续完善我国资本市场基础制度，更好发挥资本市场功能，为各类资本发展释放出更大空间。要健全产权保护制度，深入推进实施公平竞争政策，全面落实公平竞争审查制度，消除各种市场壁垒，使各类资本机会平等、公平进入、有序竞争。

4 月 30 日，中共中央、国务院、中央军委印发《关于加强和改进新时代全民国防教育工作的意见》。

5 月 1 日起，《中国（天津）自由贸易试验区市场主体确认登记试行办法》实施。

5 月 5 日，李克强主持召开国务院常务会议，部署进一步为中小微企业和个体工商户纾困举措，以保市场主体稳就业；确定推动外贸保稳提质的措施，助力稳经济稳产业链供应链。

5 月 11 日，国际货币基金组织在特别提款权定值审查中上调人民币权重。

5 月 13 日，国务院发布《国务院关于同意哈尔滨、大庆、齐齐哈尔高新技术产业开发区建设国家自主创新示范区的批复》。

5 月 20 日，中国证监会发布修订后的《证券登记结算管理办法》。

5月24日，浙江省印发《“钱随人走”制度改革总体方案》，成为全国首个系统化、集成化探索“钱随人走”制度改革的省。

5月25日，国务院办公厅印发《深化医药卫生体制改革2022年重点工作任务》。

5月26日，人民银行印发《关于推动建立金融服务小微企业敢贷愿贷能贷会贷长效机制的通知》。

5月31日，国务院正式发布《关于印发扎实稳住经济一揽子政策措施的通知》。

6月2日，国资委发布《关于企业国有资产交易流转有关事项的通知》，从九部分加强国有资产交易流转管理。

6月13日，国务院办公厅印发《关于进一步推进省以下财政体制改革工作的指导意见》。

6月20日，国资委印发《关于国有资本投资公司改革有关事项的通知》，对国有资本投资公司试点企业进行了调整优化。

6月22日，习近平总书记主持召开中央全面深化改革委员会第二十六次会议，审议通过了《关于构建数据基础制度更好发挥数据要素作用的意见》《关于加强和改进行政区划工作的意见》《关于开展科技人才评价改革试点的工作方案》《强化大型支付平台企业监管促进支付和金融科技规范健康发展工作方案》。

6月23日，习近平主席主持金砖国家领导人第十四次会晤并发表《构建高质量伙伴关系，开启金砖合作新征程》的讲话。

6月23日，国务院印发《关于加强数字政府建设的指导意见》。

6月24日，十三届全国人大常委会第三十五次会议通过《中华人民共和国黑土地保护法》、修订后的《中华人民共和国体育法》，通过《关于修改〈中华人民共和国反垄断法〉的决定》《关于修改〈中华人民共和国全国人民代表大会常务委员会议事规则〉的决定》。

6月27日，河南、山西、内蒙古、四川、云南、陕西、青海、宁夏等八个省（区）同一天公布了高考改革方案。

6月30日，十三届全国人大常委会第二十次会议表决通过了《香港特别行政区维护法》。

7月1日，习近平总书记庆祝香港回归祖国25周年大会暨香港特别行政区第六届政府就职典礼。习近平总书记强调，“一国两制”实践在香港取得举世公认的成功。“一国两制”是经过实践反复检验了的，符合国家、民族根本利益，符合香港、澳门根本利益，得到14亿多祖国人民鼎力支持，得到香港、澳门居民一致拥护，也得到国际社会普遍赞同。这样的好制度，没有任何理由改变，必须长期坚持。7月12日，李克强在北京主持召开专家和企业家座谈会。李克强强调，改革开放是中国的基本国策。要深化改革，持续推进“放管服”改革，打造市场化法治化国际化营商环境，培育壮大市场主体，更大激发市场活力和社会创造力。

7月15日，市场监管总局发布《关于试点开展委托实施部分经营者集中案件反垄断审查的公告》。《中华人民共和国反垄断法》实施以来，国务院反垄断执法机构共审结经营者集中案件逾4500件，案件交易总金额超过50万亿元。

7月22日，中国证监会、国家发改委、全国工商联联合发布《关于推动债券市场更好支持民营企业改革发展的通知》。

7月26日，退役军人事务部、财政部、国家发改委、人社部、国家卫生健康委、国家医保局、中央军委政治工作部、中央军委后勤保障部联合印发《关于推进优抚医院改革发展的意见》。

8 月 1 日，修改后的《中华人民共和国反垄断法》正式施行，这是反垄断法自 2008 年施行以来的首次修改。

同日，《中华人民共和国黑土地保护法》正式施行，这是我国首次以立法的形式对黑土地资源进行保护。

8 月 6 日，市场监管总局发布《关于在全国范围内推进认证机构资质审批“证照分离”改革的公告》。

8 月 18 日，根据《数字经济伙伴关系协定》（DEPA）联合委员会的决定，中国加入DEPA工作组正式成立，全面推进中国加入DEPA的谈判。

同日，十九届中央反腐败协调小组总结党的十九大以来追逃追赃和跨境腐败治理工作取得的成效。党的十九大以来，到 2022 年 7 月，“天网行动”共追回外逃人员 6900 人，其中党员和国家工作人员 1962 人，追回赃款 327.86 亿元，“百名红通人员”已有 61 人归案。

8 月 19 日，中国人民银行、国家发改委、财政部、生态环境部、中国银保监会、中国证监会印发《重庆市建设绿色金融改革创新试验区总体方案》。

8 月 29 日，国务院召开第十次全国深化“放管服”改革电视电话会议。

8 月 29 日，水利部、国家发改委、财政部联合印发《关于推进用水权改革的指导意见》。

9 月 2 日，十三届全国人大常委会第三十六次会议通过《中华人民共和国反电信网络诈骗法》和修订后的《中华人民共和国农产品质量安全法》。

9 月 6 日，习近平总书记主持召开中央全面深化改革委员会第二十七次会议，审议通过了《关于健全社会主义市场经济条件下关键核心技术攻关新型举国体制的意见》《关于深化院士制度改革的若干意见》《关于全面加强资源节约工作的意见》《关于深化农村集体经营性建设用地入市试点工作的指导意见》《关于进一步深化改革促进乡村医疗卫生体系健康发展的意见》。

9月16日，习近平主席在上海合作组织成员国元首理事会第二十二次会议上发表《把握时代潮流，加强团结合作，共创美好未来》的讲话。

9月15日，李克强在人民大会堂出席全国双创活动周，发表重要讲话，宣布活动周启动。

9月16日，国资委公布《中央企业合规管理办法》。

同日，中国气象局印发《新型业务技术体制改革试点工作方案》。

9月21日，李克强主持召开国务院常务会议，会议通过《中华人民共和国行政复议法（修订草案）》。

9月23日，国务院办公厅印发《关于深化电子电器行业管理制度改革的意见》。

9月26日，李克强主持召开国务院常务会议，会议通过《促进个体工商户发展条例（草案）》。

9月29日，人民银行联合银保监会、发改委、工信部、财政部、农业农村部、中国证监会和乡村振兴局向陕西省人民政府印发《陕西省铜川市普惠金融改革试验区总体方案》，联合银保监会、发改委、财政部、农业农村部、中国证监会和乡村振兴局向浙江省人民政府印发《浙江省丽水市普惠金融服务乡村振兴改革试验区总体方案》、向四川省人民政府印发《四川省成都市普惠金融服务乡村振兴改革试验区总体方案》。

10月8日，国家市场监管总局、国家药监局、国家知识产权局印发《关于支持贵州在新时代西部大开发上闯新路的实施方案》。

10月16—22日，党的二十大在北京召开。大会提出，从现在起，中国共产党的中心任务就是团结带领全国各族人民全面建成社会主义现代化强国、实现第二个百年奋斗目标，以中国式现代化全面推进中华民族伟大复兴。大会通过了关于十九届中央委员会报告的决议、关于十九届中央纪律检查委员会工作报告的决议，关于《中国共产党章程（修正案）》的决议。

10月26日，民航局印发《全面深化民航改革行动计划》。

10月30日，十三届全国人大常委会第三十七次会议表决通过了《中华人民共和国妇女权益保障法》，于2023年1月1日起施行。

10月31日，国务院办公厅发布《关于复制推广营商环境创新试点改革举措的通知》。2021年，国务院部署在北京、上海、重庆、杭州、广州、深圳6个城市开展营商环境创新试点。

11月4日，教育部印发《关于进一步加强新时代中小学思政课建设的意见》。

同日，广东省印发《广东省医疗卫生服务体系“十四五”规划》。

11月8日，国家发改委印发《关于进一步完善政策环境加大力度支持民间投资发展的意见》。

同日，广东省政务服务数据管理局发布《广东省数据要素市场化配置改革白皮书》。

11月9日，科技部、教育部、工信部等八部门印发《关于开展科技人才评价改革试点的工作方案》的通知。

11月11日，国务院联防联控机制综合组公布《关于进一步优化新冠肺炎疫情防控措施科学精准做好防控工作的通知》。

同日，中国证监会、国务院国资委联合发布《关于支持央企发行科技创新公司债券的通知》。

11 月 16 日，国务院办公厅印发《关于市场监督管理综合行政执法有关事项的通知》。

11 月 18 日，中国气象局发布《国家级气象科研院所改革发展工作方案》。

11 月 24 日，国务院发布《关于同意在廊坊等 33 个城市和地区设立跨境电子商务综合试验区的批复》。

11 月 28 日，四川省印发《四川省县域民营经济改革试点方案》。

11 月 30 日，国家知识产权局发布《国家知识产权局办公室关于确定数据知识产权工作试点地方的通知》，确定北京市、上海市、江苏省、浙江省、福建省、山东省、广东省、深圳市等 8 个地方试点。

12 月 2 日，国务院印发《关于开展第五次全国经济普查的通知》。

12 月 3 日，银保监会发布有关通知，决定自 2023 年 1 月 1 日起开展养老保险公司商业养老金业务试点，试点区域为北京市、上海市、江苏省、浙江省、福建省、山东省、河南省、广东省、四川省、陕西省等 10 个省市。

12 月 7 日，国务院印发《关于进一步优化落实新冠肺炎疫情防控措施的通知》。

同日，上海市发布《关于进一步降低制度性交易成本更大激发市场主体活力的若干措施》。

12 月 8 日，教育部、农业农村部、林草局、乡村振兴局发布《教育部办公厅等四部门关于加快新农科建设推进高等农林教育创新发展的意见》。

12 月 11 日，《中国区域科技创新评价报告 2022》日前发布，报告显示，2022 年全国综合科技创新水平指数得分为 75.42 分，比 2012 年提高了 15.14 分。其中上海、北京、天津、广东、江苏、浙江创新能力强劲，为我国创新领先地区。

12 月 9 日，首届中国—海湾阿拉伯国家合作委员会峰会在利雅得举行。习近平主席发表题为《继往开来，携手奋进　共同开创中海关系美好未来》的主旨讲话。12 月 13 日，海南省营商环境建设厅在海口正式揭牌成立，这是全国首个单独设立的省级营商环境建设厅。

12 月 15 日，中共中央、国务院印发了《扩大内需战略规划纲要（2022—2035 年）》。

12 月 16 日，国务院办公厅印发《“十四五”现代物流发展规划》。这是我国现代物流领域第一份国家级五年规划。

12 月 18 日，财政部消息，我国全年新增减税降费和退税缓税缓费预计超过 4 万亿元。

12 月 19 日，《中共中央 国务院关于构建数据基础制度更好发挥数据要素作用的意见》对外发布。

同日，国家发改委等 11 部门印发的《关于推动家政进社区的指导意见》对外公布。

12 月 20 日，中国、美国、欧盟等世贸组织主要谈判参加方正式启动《服务贸易国内规制参考文件》在世贸组织的生效程序。

12 月 21 日，中共中央办公厅、国务院办公厅印发了《关于深化现代职业教育体系建设改革的意见》。

12 月 23—24 日，中央农村工作会议在北京举行。会议提出，要扎实做好承包期再延长 30 年的各项工作，确保大多数农户原有承包权保持稳定、顺利延包。要发展适度规模经营，支持发展家庭农场、农民合作社等新型经营主体。要稳慎推进农村宅基地制度改革试点，深化农村集体经营性建设用地入市试点，完善土地增值收益分配机制。要破除妨碍城乡要素平等交换、双向流动的制度壁垒，促进发展要素、各类服务更多下乡，率先在县域内破除城乡二元结构。

12 月 26 日，国家卫生健康委员会发布公告，将新型冠状病毒肺炎更名为新型冠状病毒感染。自 2023 年 1 月 8 日起，解除对新型冠状病毒感染采取的甲类传染病预防、控制措施。

12 月 27 日，增值税法草案提请十三届全国人大常委会第三十八次会议初次审议。草案共 6 章 36 条，总体上按照税制平移的思路，保持现行税制框架和税负水平基本不变，将《中华人民共和国增值税暂行条例》和有关政策规定上升为法律。

12 月 29 日，最高人民法院发布《关于为促进消费提供司法服务和保障的意见》。

主要参考资料

1. 习近平. 习近平谈治国理政[M]. 北京：外文出版社，2014.
2. 习近平. 习近平谈治国理政（第二卷）[M]. 北京：外文出版社，2018.
3. 习近平. 习近平谈治国理政（第三卷）[M]. 北京：外文出版社，2018.
4. 习近平. 习近平重要讲话单行本（2020 年合订本）[M]. 北京：人民出版社，2021.
5. 习近平. 习近平重要讲话单行本（2021 年合订本）[M]. 北京：人民出版社，2022.
6. 习近平. 习近平讲话单行本（合集）[M]. 北京：人民出版社，2022.
7. 习近平. 在庆祝改革开放 40 周年大会上的讲话（2018 年 12 月 18 日）[M]. 北京：人民出版社，2018.
8. 习近平. 习近平谈"一带一路"[M]. 北京：中央文献出版社，2018.
9. 习近平. 论坚持推动构建人类命运共同体[M]. 北京：中央文献出版社，2018.
10. 邓小平. 邓小平文选（第二卷）[M]. 北京：人民出版社，1994.
11. 邓小平. 邓小平文选（第三卷）[M]. 北京：人民出版社，1993.
12. 中共中央文献研究室. 邓小平年谱（一九七五——九九七）[M]. 北京：中央文献出版社，2004.

13. 胡锦涛. 胡锦涛文选（全三卷）[M]. 北京：人民出版社，2016.
14. 江泽民. 江泽民文选[M]. 北京：人民出版社，2006.
15. 中共中央文献研究室. 习近平关于全面深化改革论述摘编[M]. 北京：中央文献出版社，2014.
16. 中共中央党史和文献研究院. 习近平关于三农工作论述摘编 [M]. 北京：中央文献出版社，2019.
17. 中共中央党史和文献研究院. 习近平关于防范风险挑战、应对突发事件论述摘编 [M]. 北京：中央文献出版社，2020.
18. 中共中央党史和文献研究院. 习近平关于尊重和保障人权论述摘编[M]. 北京：中央文献出版社，2021.
19. 中共中央纪律检查委员会. 习近平关于坚持和完善党和国家监督体系论述摘编[M]. 北京：中央文献出版社、中国方正出版社，2022.
20. 中国经济体制改革研究会编写组. 中国改革开放大事记（1978—2008）[M]. 北京：中国财政经济出版社，2008.
21. 国家经济体制改革委员会. 中国经济体制改革十年[M]. 北京：经济管理出版社、改革出版社，1988.
22. 中国经济体制改革研究会. 改革与开放政策对话录[M]. 北京：经济科学出版社，1987.
23. 中国共产党简史[M]. 北京：人民出版社、中共党史出版社，2021.
24. 改革开放简史[M]. 北京：人民出版社、中国社会科学出版社，2021.
25. 中华人民共和国简史[M]. 北京：人民出版社、当代中国出版社，2021.
26. 新华月报. 中国改革开放 30 年大事记（上）[M]. 北京：人民出版社，2008.
27. 新华月报. 中国改革开放 30 年大事记（下）[M]. 北京：人民出版社，2008.
28. 邓力群. 中华人民共和国国史百科全书（1949—1999）[M]. 北京：中国大百科全书出版社，1999.
29. 中共广东省委党史研究室. 习仲勋主政广东忆述录[M]. 北京：中共党史出版社，2013.
30. 万里. 万里文选[M]. 北京：人民出版社，1995.
31. 田纪云. 改革开放的伟大实践——纪念改革开放三十周年[M]. 北京：新华出版社，2009.
32. 宋任穷. 宋任穷回忆录（续集）[M]. 北京：解放军出版社，1996.
33. 谷牧. 谷牧回忆录[M]. 北京：中央文献出版社，2009.
34. 中国人民政治协商会议全国委员会办公厅编. 改革开放的岁月——一九七八以来的谷牧[M]. 北京：中央文献出版社，1995.
35. 李铁映，邹东涛，等. 中国经济体制改革基本经验[M]. 北京：中国人民大学出版社，2008.
36. 李铁映，杨启先，石小敏，等. 中国经济体制改革基本理论[M]. 北京：中国人民大学出版社，2008.
37. 陈锦华，江春泽，等. 论社会主义与市场经济兼容[M]. 北京：人民出版社，2005.
38. 袁宝华. 袁宝华回忆录[M]. 北京：中国人民大学出版社，

2018.

39. 于光远. 1978：我亲历的那次历史大转折[M]. 北京：中央编译出版社，1998.
40. 于光远. 谈谈社会主义公有制和按劳分配问题[M]. 北京：人民出版社，1978.
41. 薛暮桥. 薛暮桥回忆录 [M]. 天津：天津人民出版社，1996.
42. 杜润生. 杜润生自述：中国农村体制变革重大决策纪实[M]. 北京：人民出版社，2005.
43. 陈锡文、赵阳，陈剑波，等. 中国农村制度变迁 60 年[M]. 北京：人民出版社，2009.
44. 陈清泰. 重塑企业制度：30 年企业制度变迁[M]. 北京：中国发展出版社，2008.
45. 魏礼群. 中国经济体制改革 30 年回顾与展望[M]. 北京：人民出版社，2008.
46. 彭森、陈立，等. 中国经济体制改革重大事件（上、下）[M]. 北京：中国人民大学出版社，2008.
47. 彭森、郑定铨. 中国改革 20 年规划总集：构筑社会主义市场经济的蓝图[M]. 北京：改革出版社，1999.
48. 高尚全. 改革历程：献给改革开放 30 年[M]. 北京：经济科学出版社，2008.
49. 隆国强. 构建开放型经济新体制[M]. 广州：广东经济出版社，2017.
50. 宋晓梧. 中国社会体制改革 30 年回顾与展望[M]. 北京：人民出版社，2008.
51. 张卓元，等. 新中国经济学史纲（1949—2011）[M]. 北京：

中国社会科学出版社，2012.

52. 沈宝祥. 真理标准问题讨论始末[M]. 北京：中共党史出版社，2008.

53. 陈述. 改革开放重大事件和决策述实[M]. 北京：人民出版社，2008.

54. 涂俏. 袁庚传：改革现场 1978—1984[M]. 北京：作家出版社，2008.

55. 徐庆全. 中国经验：改革开放 30 年高层决策回忆[M]. 济南：山东人民出版社，2008.

56. 柳红. 八十年代：中国经济学人的光荣与梦想[M]. 桂林：广西师范大学出版社，2010.

57. 吴晓波. 激荡三十年[M]. 北京：中信出版社，2008.

58. 马立诚. 交锋三十年：改革开放四次大争论亲历记[M]. 南京：江苏人民出版社，2008.

59. 马立诚. 大突破——新中国私营经济风云录[M]. 北京：中华工商联合出版社，2006.

60. 吕雷，赵洪. 国运：南方记事[M]. 北京：人民文学出版社，2008.

61. 袁起、邹国良，文朝利. 60 年语录 1949—2009[M]. 北京：中国发展出版社，2009.

62. 杜博奇、唐寅. 中国高层经济智囊[M]. 北京：中信出版社，2011.

63. 张卓元、周叔莲、吕政，等. 中国百名经济学家理论贡献精要[M]. 北京：中国时代经济出版社，2010.

64. 中国（海南）改革发展研究院. 中国人类发展报告 2007/08

——惠及13亿人的基本公共服务[M]. 北京：中国对外翻译出版公司，2008.
65. 迟福林. 第二次转型——处在十字路口的发展方式转变[M]. 北京：中国经济出版社，2010.
66. 中国（海南）改革发展研究院. 直谏中国改革：理论篇[M]. 北京：中国经济出版社，2011.
67. 中国（海南）改革发展研究院. 直谏中国改革：咨询篇[M]. 北京：中国经济出版社，2011.
68. 中国（海南）改革发展研究院. 直谏中国改革：建议篇[M]. 北京：中国经济出版社，2011.
69.《中国1978—2008》撰稿组. 中国1978—2008（解说词）[M]. 北京：中央文献出版社，2009.
70. 迟福林. 中国改革开放全纪录：1978—2018[M]. 北京：五洲传播出版社，2019.
71. 迟福林. 伟大的历程——中国改革开放40年实录[M]. 广州：广东经济出版社，2018.
72. 迟福林. 口述改革历史（上、中、下）[M]. 广州：广东经济出版社，2019.
73. 迟福林. 逐梦自由贸易港——我在海南的33年[M].北京：中国社会科学出版社，2021.
74. 王小鲁. 改革之路：我们的四十年[M]. 北京：社会科学文献出版社，2019.
75. 国家发展改革委宏观经济研究院市场与价格研究所. 市场决定的伟大历程：中国社会主义市场经济的执着探索与锐意创新[M]. 北京：人民出版社，2019.

76. 钟坚、郭茂佳、钟若愚. 中国经济特区文献资料（第 1 辑）[M]. 北京：社会科学文献出版社，2010.
77. 钟坚、郭茂佳、钟若愚. 中国经济特区文献资料（第 2 辑）[M]. 北京：社会科学文献出版社，2010.
78. 钟坚、郭茂佳、钟若愚. 中国经济特区文献资料（第 3 辑）[M]. 北京：社会科学文献出版社，2010.
79. 中共广东省委党史研究室. 广东改革开放决策者访谈录[M]. 广州：广东人民出版社，2008.
80. 薛暮桥. 论社会主义集体所有制[J]. 经济研究，1978（10）.
81. 董辅礽. 关于我国社会主义所有制形式问题[J]. 经济研究，1979（01）.
82. 刘国光，赵人伟. 论社会主义经济中计划与市场的关系[J]. 经济研究，1979（05）.
83. 杜润生. 农业生产责任制与农村经济体制改革[J]. 中共山西省委党校学报，1981（03）.
84. 薛暮桥. 关于调整物价和物价管理体制的改革[J]. 价格理论与实践，1981（01）.
85. 孙尚清. 企业体制改革探讨[J]. 财贸经济，1981（01）.
86. 何建章、张卓元. 社会主义经济模式的选择与价格体制的改革[J]. 财贸经济，1981（06）.
87. 刘卓甫. 价格在国民经济中的地位和作用[J]. 价格理论与实践，1981（01）.
88. 马洪、何建章、黄振奇、吕律平，郑新立. 笔谈“坚持计划经济为主市场调节为辅”[J]. 财贸经济，1982（06）.
89. 薛暮桥. 关于经济体制改革理论需要继续深入讨论的几个问

题——1982 年 9 月 25 日在经济体制改革理论问题讨论交流会上的发言[J]. 经济研究，1983（01）.

90. 蒋一苇. 发挥中心城市作用与经济体制改革[J]. 经济体制改革，1983（01）.

91. 赵守一. 劳动合同制势在必行（赵守一同志在部分省、市试行劳动合同制座谈会上的讲话）[J]. 劳动工作，1983（03）.

92. 马洪. 关于社会主义制度下我国商品经济的再探索[J]. 经济研究，1984（12）.

93. 华生、何家成、蒋跃、高梁、张少杰. 论具有中国特色的价格改革道路[J]. 经济研究，1985（02）.

94. 厉以宁. 所有制改革和股份企业的管理[J]. 中国经济体制改革，1986（12）.

95. 杨启先. 关于我国经济体制改革目标模式研究[J]. 中国经济体制改革，1986（05）.

96. 刘诗白. 试论社会主义股份制[J]. 经济研究，1986（12）.

97. 周叔莲. 从巴山轮会议看中国经济体制改革[J]. 当代世界社会主义问题，1986（01）.

98. 万里. 决策民主化和科学化是政治体制改革的一个重要课题——在全国软科学研究工作座谈会上的讲话[J]. 中国软科学，1986（02）.

99. 杨启先. 关于我国经济体制改革目标模式研究[J]. 中国经济体制改革，1986（11）.

100. 刘诗白. 试论社会主义股份制[J]. 经济研究，1986（01）.

101. 华生，何家成，张学军，罗小朋，边勇壮. 经济运行模式的转换——试论中国进一步改革的问题和思路[J]. 经济研究，1986（02）.
102. 王梦奎. 十三大对经济发展战略的丰富和完善[J]. 教学与研究，1988（02）.
103. 王珏. 跳出旧体制的框架创立新的企业制度[J]. 改革，1991（01）.
104. 刘国光. 计划与市场问题的若干思考[J]. 改革，1991（04）.
105. 常修泽. 由计划经济向市场经济转型问题的探讨[J]. 经济纵横，1993（11）.
106. 项怀诚. 对全面推进分税制财政体制改革的设想[J]. 经济师，1993（10）.
107. 刘克崮. 我国财税体制政策取向及近期改革建议[J]. 财政研究，1993（05）.
108. 郑新立. 社会主义市场经济需要强有力的宏观调控体系[J]. 行政法学研究，1993（02）.
109. 张卓元. 重温孙冶方的“千规律万规律价值规律第一条”——纪念孙冶方同志逝世十周年[J]. 财贸经济，1993（03）.
110. 吴晓灵. 我国外汇体制改革的进展——人民币实现从经常项目可兑换到资本项目可兑换[J]. 金融研究，1997（01）.
111. 张卓元. 国有企业的公司制改革和资产重组[J]. 中国社会科学院研究生院学报，1998（02）.
112. 吴象. 农村第一步改革的曲折历程[J]. 百年潮，1998（03）.
113. 万里. 农村改革是怎么搞起来的？[J]. 百年潮，1998（03）.
114. 吴敬琏. 关于计划经济与市场经济的论争[J]. 百年潮，1998（02）.

115. 中国（海南）改革发展研究院课题组. 赋予农民长期而有保障的土地使用权[J]. 中国农村经济，1999（03）.
116. 田纪云. 正确认识和对待个体私营经济的地位和作用[J]. 瞭望，1999（13）.
117. 陈锡文. 推进税费改革，减轻农民负担[J]. 中国税务，2000（06）.
118. 吴敬琏. 把企业家摆在应有的位置上[J]. 领导决策信息，2001（42）.
119. 迟福林. “入世”：中国的第二次改革[J]. 改革与开放，2001（01）.
120. 刘世锦. 以大企业改制为重点，以多种方式减持国有股[J]. 改革，2001（02）.
121. 林毅夫，刘培林. 以加入WTO为契机推进国有企业改革[J]. 管理世界，2001（02）.
122. 郑刚. 寻访邓小平南巡中的目击者[J]. 紫荆，2004（05）.
123. 韩俊. 建立统筹城乡发展的制度体系[J]. 经济与管理研究，2006（11）.
124. 张学兵. 恢复高考30年（1977—2006）大事记[J]. 中国考试（研究版），2007（08）.
125. 张占斌. 政府层级改革与省直管县实现路径研究[J]. 经济与管理研究，2007（04）.
126. 周瑞金. 一场“姓社与姓资”的交锋[J]. 世纪，2008（06）.
127. 王梦奎. 社会主义市场经济体制的第一个总体设计——十四届三中全会《决定》起草的回忆[J]. 中国发展观察，2008（07）.

128. 王郁昭. 中国改革从农村突破：包产到户及其引申[J]. 改革，2008（08）.

129. 蒲海清. 我所知道的重庆成立直辖市经过[J]. 百年潮，2009（01）.

130. 赵启正、龙永图. 对话：南巡 20 年，浦东再回首[J]. 浦东开发，2012（04）.

131. 发改委副主任连维良谈国有企业发展混合所有制经济[J]. 现代国企研究，2015（19）.

132. 徐绍史. 统筹国内国际两个大局的战略抉择——深入学习习近平总书记关于"一带一路"战略构想的重要论述[J]. 求是，2015（19）.

133. 营改增助力供给侧结构性改革——访中国财政科学研究院院长刘尚希[J]. 中国税务，2016（11）.

134. 何立峰. 谱写共建人类命运共同体新篇章——深入学习贯彻习近平主席在"一带一路"国际合作高峰论坛上的重要讲话精神[J]. 中国经贸导刊（理论版），2017（17）.

135. 隆国强. 中国对外开放战略回顾与展望[J]. 中国经济报告，2018（12）.

136. 刘书林. 从反封锁到构建人类命运共同体——新中国对外开放战略的历史演进[J]. 理论与评论，2018（04）.

137. 盛斌、魏方. 新中国对外贸易发展 70 年：回顾与展望[J]. 财贸经济，2019（10）.

138. 门洪华. 推动中国对外开放进入新时代——党的十八大以来中国对外开放战略的总结与前瞻[J]. 社会科学，2019（01）.

139. 余振、王净宇. 中国对外贸易发展70年的回顾与展望[J]. 南开学报：哲学社会科学版，2019（04）.
140. 迟福林. 高水平开放与深层次市场化改革的互促共进[J]. 人民论坛，2020（35）.
141. 国家发展改革委对外经济研究所课题组. 中国推进制度型开放的思路研究[J]. 宏观经济研究，2021（02）.
142. 钱克明. 建设更高水平开放型经济新体制[J]. 国际贸易论坛，2021（01）.
143. 迟福林. 全面深化改革开放的历史新起点[J]. 中国经济报告，2021（04）.
144. 李钢、叶欣. 中国入世廿周年：进口贸易与关税政策的调整与不断完善[J]. 国际贸易，2021（12）.
145. 陈雨露. 推动中国金融业对外开放行稳致远[J]. 中国金融，2021（24）.
146. 马相东、王跃生. 从加入世界贸易组织到共建"一带一路"：世界经济增长的中国贡献[J]. 中共中央党校（国家行政学院）学报，2021（05）.
147. 钱书法、郑子媛、周绍东. 对外开放与对内开放的协同机制研究——以党的十八大以来区域协调发展战略为例[J]. 现代管理科学，2021（01）.
148. 卢国学. 推进中国—东盟更紧密命运共同体建设[J]. 中国发展观察，2021（24）.
149. 李娣. 我国区域开放合作进展、问题与思考[J]. 全球化，2021（04）.
150. 王跃生，边恩民，张羽飞. 中国经济对外开放的三次浪潮及其演进逻辑——兼论RCEP、CECAI、CPTPP的特征和影响[J]. 改革，2021（05）.

151. 迟福林. 决定当代中国前途命运的关键一招——学习领悟党的十九届六中全会精神[J]. 人民论坛，2022（01）.

152. 林毅夫、刘培林. 以加入WTO为契机推进国有企业改革[J]. 管理世界，2001（02）.

153. 贯彻执行按劳分配的社会主义原则[N]. 人民日报，1978.05.06.

154. 马克思主义的一个最基本原则[N]. 人民日报，1978.06.24.

155. 开滦煤矿实行按劳分配政策获得良好效果[N]. 人民日报，1978.03.12.

156. 吴象. 阳关道与独木桥. 试谈包产到户的由来、利弊、性质和前景[N]. 人民日报，1980.11.05.

157. 王达人. 本市第一家个体经营的悦宾饭馆今天开业[N]. 北京晚报，1980.10.07.

158. 孙冶方. 二十年翻两番不仅有政治保证而且有技术经济保证——兼论"基数大，速度低"不是规律[N]. 人民日报，1982.11.19.

159. 抓横向经济联系，促经济体制改革[N]. 人民日报，1986.03.31.

160. 冲破条块分割才能发展生产力——二论发展横向经济联系的重要意义[N]. 人民日报，1986.04.18.

161. 重要的是维护企业自主权——三论发展横向经济联系的重要意义[N]. 人民日报，1986.05.02.

162. 充分发挥大中型企业的骨干作用——四论发展横向经济

联系的重要意义[N]. 人民日报，1986.05.19.

163. 吴敬琏，胡季. 社会主义商品经济也是一种市场经济[N]. 人民日报，1988.07.14.

164. 王建. 选择正确的长期发展战略——关于“国际大循环”经济发展战略的构想[N]. 经济日报，1988.01.05.

165. 本报评论员. 一件富有历史意义的大事——论沿海地区经济发展战略[N]. 人民日报，1988.05.19.

166. 江泽民纪念彭真同志诞辰一百周年座谈会讲话[N]. 人民日报，2002.10.12.

167. 陈锦华：中国改革不可或缺的亲历者和见证人[N]. 南方周末，2005.07.28.

168. 余梁. 2005 年民营经济：最重要政策成果是非公经济 36 条[N]. 中华工商时报，2006.01.27.

169. 朱文蔚，蓝岸. 时间就是金钱效率就是生命[N]. 深圳特区报，2008.01.30.

170. 邓瑾、陈光：国企产权改革先驱[N]. 南方周末，2008.12.11.

171. 朱森林. 广州放开菜价震动中南海[N]. 南方都市报，2008.04.28.

172. 童大林. 难忘的追忆[N]. 科技日报，2008.03.17.

173. 李灏. 邓小平与特区建设[N]. 北京日报，2008.09.29.

174. 项怀诚. 亲历分税制改革[N]. 中国财经报，2008.08.15.

175. 陈芳、宋振远，刘健. 30 年中央农村工作文件制定访谈：保护农民利益——三十年中央农村工作文件制定访谈录[N]. 人民日报，2008.10.08.

176. 郑良玉：深圳证券市场从考验中走来[N]. 第一财经日报，

2008.09.24.
177. 章迪诚. 试行“拨改贷”[N]. 中国工业报，2008.09.16.
178. 习仲勋. 争到“尚方宝剑”办特区[N]. 南方日报，2010.09.06.
179. 王晓晴、袁庚. 中国改革开放的先锋[N]. 深圳特区报，2010.08.13.
180. 吴敬琏. 1979 年：“调整”与“改革”之争[N]. 经济观察报，2010.01.20.
181. 魏礼群. 正确认识和高度重视解决农民工问题[N]. 人民日报，2016.04.26.
182. 张翼. 中国开放的大门越开越大——党的十八大以来对外开放成果述评[N]. 光明日报，2018.10.23.
183. 蹄疾步稳 中国构建全方位开放新格局[N]. 经济参考报，2020.10.15.
184. “八二宪法”：一部面貌一新的国家大法[N]. 中国青年报，2021.03.29.
185. 开放的大门越开越大——新时代推进高水平对外开放述评（上）[N]. 人民日报，2021.12.23.
186. 以更高水平开放促进更高质量发展——新时代推进高水平对外开放述评（中）[N]. 人民日报，2021.12.26.
187. 让开放的春风温暖世界. 新时代推进高水平对外开放述评（下）[N]. 人民日报，2021.12.27.
188. 贯彻执行按劳分配的社会主义原则[N]. 人民日报，1978.05.06.
189. 马克思主义的一个最基本原则[N]. 人民日报，1978.06.24.

190. 开滦煤矿实行按劳分配政策获得良好效果[N]. 人民日报，1978.03.12.

191. 吴象. 阳关道与独木桥——试谈包产到户的由来、利弊、性质和前景[N]. 人民日报，1980.11.05.

192. 王达人. 本市第一家个体经营的悦宾饭馆今天开业[N]. 北京晚报，1980.10.07.

193. 孙冶方. 二十年翻两番不仅有政治保证而且有技术经济保证——兼论“基数大，速度低”不是规律[N]. 人民日报，1982.11.19.

194. 抓横向经济联系，促经济体制改革[N]. 人民日报，1986.03.31.

195. 冲破条块分割才能发展生产力——二论发展横向经济联系的重要意义[N]. 人民日报，1986.04.18.

196. 重要的是维护企业自主权——三论发展横向经济联系的重要意义[N]. 人民日报，1986.05.02.

图书在版编目（CIP）数据

改革开放大事记 / 迟福林，杨睿主编. — 北京：
中国工人出版社, 2024.1
ISBN 978-7-5008-8354-8
Ⅰ. ①改… Ⅱ. ①迟… ②杨… Ⅲ. ①改革开放—大
事记—中国 Ⅳ. ①D61
中国国家版本馆CIP数据核字（2024）第005831号

改革开放大事记

出 版 人	董　宽
责任编辑	左　鹏
责任校对	张　彦
责任印制	栾征宇
出版发行	中国工人出版社
地　　址	北京市东城区鼓楼外大街 45 号　邮编：100120
网　　址	http://www.wp-china.com
电　　话	（010）62005043（总编室） （010）62005039（印制管理中心） （010）62382916（工会与劳动关系分社）
发行热线	（010）82029051　62383056
经　　销	各地书店
印　　刷	北京印刷集团有限责任公司
开　　本	710 毫米 × 1000 毫米　1/16
印　　张	46
字　　数	530 千字
版　　次	2024 年 6 月第 1 版　2025 年 10 月第 2 次印刷
定　　价	132.00 元